U0358424

北京大学志

王学珍 主编

第二卷

北京大学出版社
PEKING UNIVERSITY PRESS

目　录

第五章　研究生教育

第一节　研究生教育的沿革

　　京师大学堂时期,1902 年的《钦定大学堂章程》规定,大学堂设:(1)大学院,(2)大学专门分科,(3)大学预备科。"大学院为学问极则,主研究不主讲授,不立课程。"1904 年的《奏定大学堂章程》将大学院改名为通儒院,"令大学堂毕业者入焉",规定"通儒院为研究各科学精深义蕴,以备著书制器之所。通儒院生但在斋舍研究,随时请业请益,无讲堂功课",五年毕业。这是规定大学设研究机构培养研究生的开端,但并未实行。

　　中华民国成立后,教育部于 1912 年 10 月公布的《大学令》和 1913 年 1 月公布的《大学规程》中又改通儒院为大学院,规定:"大学院为大学教授与学生极深研究之所。大学院之区分为哲学院、史学院、植物学院等各以其所研究之专门学名之。""大学院以本门主任教授为院长,由院长延其他教授或聘积学之士为导师。""大学院不设讲座,由导师分任各类,于每学期之始提出条目,令学生分条研究,定期讲演讨论。"大学院不设年限。但这些规定直到 1916 年亦未能实行。

　　1917 年 1 月 4 日,蔡元培就任北京大学校长后,于是年年底,在文、理、法三科先后成立了 9 个研究所,由校长于各所教员中推一人为主任,负责研究所的工作。当时设立的研究所及其主任如下表。

文科研究所	哲学门	胡适	国文门	沈尹默	英文门	黄振声
理科研究所	数学门	秦汾	物理门	张大椿	化学门	俞同奎
法科研究所	法律门	黄右昌	政治门	陈启修	经济门	马寅初

　　1919 年 12 月,又决定增设地质学研究所,由何杰任主任。

　　1917 年 11 月,北京大学公布《北京大学研究所简章》,规定:各科之各专门学术，俱得设研究所；本校毕业生都可以志愿入所；本校高年级学生取得研究所主任认可后可以入所；与本校毕业生有同等程度而志愿入所研究者，经校长及本门研究所主任之认可，亦得入所。入所研究的学生称研究员。具备上述条件而不能到所研究者，经校长或学长或本门主任之特许可以为通信研究员。研究员可根据自己的需要选定研究科目，在教师指导下，从事学习和研究。学习的年限未作规定。1918 年年初，各研究所共有研究员 148 人。范文澜、冯友兰、俞平伯都是这一时期的研究员，叶圣陶则是这一时期的通信研究员。这是北京大学也是我国高等学校设立研究机构、培养研究生之始。

1917 年 11 月 16 日，学校公布《研究所办法草案》，规定各研究所得设研究科、特别研究科和本科月会，对研究员（生）的课程学习和学术研究工作均作出比较具体的规定。

1920 年 7 月 30 日，评议会通过北大新的研究所简章，其主要内容如下。1. 研究所是仿德、美两国大学 Seminar 办法，为专攻一种专门知识之所。2. 研究所暂设 4 门：（1）国学研究所（中国文学、历史、哲学）；（2）外国文学研究所（德、英、法、俄及其他外国文学）；（3）社会科学研究所（法律、政治、经济、外国历史、外国哲学）；（4）自然科学研究所（物理、化学、数学、地质学）。3. 研究所不另设主任，课程列入各系内。4. 各系之学课有专门研究必要者，由教员指导学生研究，名曰某课研究，如康德哲学研究等。5. 三年级以上学生及毕业生，均得择习研究课。

1921 年 12 月，蔡元培决定改组研究所。经学校评议会讨论，通过了《国立北京大学研究所组织大纲》，其中规定："研究所为毕业生继续研究专门学术之所"；研究所分"自然科学、社会科学、国学、外国文学四门"；所长"由大学校长兼任"，各门设主任一人，"由校长于本校教授中指任之"；研究的问题与方法，"由相关各系之教员共同商定之"；未毕业学生，经特许"亦得入研究所"。由于受学校的经费等条件的限制，到 1922 年只成立了一个国学门研究所。

国学门研究所成立于 1922 年 1 月。它的研究对象包括中国的文学、史学、哲学、语言学、考古学等方面。它内设编辑室（分辑、编、译三部分）、考古研究室、歌谣研究会、风俗调查会、明清史料整理会、方言调查会等机构，并在校图书馆内开设供研究所用的特别阅览室。设研究所国学门委员会，委员长由蔡元培校长兼任，委员有顾孟余、沈兼士、李大钊、胡适、马裕藻、钱玄同、朱希祖、周作人等。沈兼士任国学门主任。受聘为国学门导师的有罗振玉、王国维、陈垣、陈寅恪、柯劭忞、钢和泰（俄国梵文学家，第一次世界大战后来华，任北大梵文教授）、伊凤阁（苏联人伊凡诺夫的中文名字，汉学家）

等。研究所组织大纲规定,研究生以本校毕业生及未毕业生之有特别研究成绩者为限。在国学门委员会讨论时认为应包括"校外学者"。其具体规定为:"凡本校毕业生有专门研究之志愿及能力者,未毕业之学生及校外学者曾作特别研究已有成绩者,皆可随时到本学门登录室报名,填写研究项目,有著作者并送交著作,一并由本学门委员会审查;其审查结果合格者,得领研究证到所研究。"当时仍规定不能到校研究者得通信研究。国学门研究所成立后即开始招收研究生,郑天挺、容庚、冯淑兰(女)、罗庸、商承祚、张煦、魏建功等都是这一时期的研究生。

1929年,国民政府公布《大学组织法》,其中第八条规定"大学得设研究院"。是年,北大制定《国立北京大学研究院章程》。该章程规定,研究院之任务在研究高深学术,依本校设备及人才之状况,酌设若干科目。该院设院长一人,由校长兼任之;该院设院务委员会,委员由校长于教授中推举若干人,经评议会通过聘任之,院务委员会会议以院长为主席。凡具有下列资格之一,经过规定之入学试验合格者得入该院为研究生:在国内外大学本科毕业者;未在大学本科毕业,志愿研究国学并曾有专门著作,经本院审查合格者。研究生在该院研究年限至少二年,至多五年;研究生入院后最初二年必须在院研究。这时期,研究所拟扩大为研究院,但实际上还是只有国学门。国学门研究所于1929年11月刊登招生启事,到1931年共录取研究生21人。

1932年,学校正式成立研究院,并于是年7月8日经校务会议讨论通过《国立北京大学研究院规程》。研究院院长由校长蒋梦麟兼任。研究院分设三部,原研究所国学门改为研究院文史部,增设自然科学部和社会科学部。凡本校毕业生,国立各大学毕业生,国内外经该院承认之各大学毕业生,皆得应该院研究生入学考试。研究生入院时即须认定主科一种,辅科一种或二种,经主任许可后,由主任商请各学科教员,每科一人,为研究生之指导委员。研究院授予的学位分博士、硕士两种,但在学位法未颁布以前,暂给予甲种或乙种证书,候学位法颁布后分别补授相当学位。是年,三个部均招收研究生。

1934年5月19日,教育部颁发《大学研究院暂行组织规程》。学校据此对本校的研究院规程作了修改,并于是年6月16日公布修改后的《国立北京大学研究院暂行规程》,其中规定将三部改为文科、理科、法科三个研究所,由文、理、法三院院长分别兼任三所主任。研究院院长仍由校长兼任。设院务会议,由院长、各所主任、大学本科课业长及秘书长组织之,遇必要时得请各系主任或教授出席。各所设所务会议,由所主任及各系主任组织之,遇必要时得请相关各系之教授出席。各研究所得依各系之师资与设备情况,先后设立研究科目(包括研究课程及专题研究)招收研究生。研究生工作之指导与管理，均由各系主任及教授担任。各教授指导研究生的人数由各教授自定，但同时不得逾五人。关于研究生的入学资格与学位授予问题等与原来的规程基本相同。

1935年4月22日，国民政府公布了《学位授予法》。同年6月12日，教育部又公布了《硕士学位考试细则》。为此，学校于1935年6月对1934年公布的《国立北京大学研究院暂行规程》进行了一些修改，主要是：（1）将各研究所的所务会议改为研究所委员会，由院长于各所已设研究科目之各部分教员中选聘五人至九人组织之，分别称为"文科研究所委员会""理科研究所委员会""法科研究所委员会"。各所委员会以各所主任为委员长。各所委员会担负各所学术计划及管理责任。（2）研究生入院后，即由各所委员会商定担任指导之教授，由指导教授随时给予指导并审查其成绩。（3）各所为研究生所设之研究课程，大学本科第三、四年级学生经系主任特许亦得选习。研究生亦得在大学本科各系选习其所需学科。同时规定研究生欲为硕士学位候选人者应修习之研究课程至少18学分。（4）研究生已在本院研究一整学年以上，其所习课程均审查及格者，得请求应初试。初试及格者，得于继续研究一年后，以其所作专题研究之成绩作成论文。研究论文完成后，经指导教授与各所委员会审查合格，得由所主任提出院务会议，作为硕士学位候选人，由本院延聘硕士学位考试委员会举行考试。考试合格者，经教育部复核后，由本院授予硕士学位。硕士学位候选人之学位考试依《硕士学位考试细则》举行。规程也对博士学位候选人及博士学位候选人的学位考试作了规定，但由于国家未颁布《博士学位考试细则》，实际未能实行。

1936年，经教育部核准，北京大学研究院设：（1）文科研究所：中国文学、史学两部；（2）理科研究所：数学、物理、化学三部；（3）法科研究所。

1937年，抗日战争全面爆发，北京大学南迁湖南长沙，又迁云南昆明，与清华大学、南开大学组成长沙临时大学，后改称国立西南联合大学。但三校原有的研究院仍由三校分别自办。1937年和1938年，因时局动荡，研究生教育暂时停顿，1939年夏恢复，通知旧生复学，并开始招收新生。在西南联大时期，北京大学研究院文科研究所有中国文学、语学（语言、语音）、史学、考古学、人类学、哲学等6部；理科研究所有算学、物理学、化学、生物学、地质学等5部；法科研究所有法律学、经济学等2部。

抗日战争胜利后，北京大学复员回到北平，1947年恢复招收研究生。是年下半年，根据教育部新公布的《大学研究所暂行组织规程》，将原来的院、所、学部一律改为研究所，经教育部核准，北大文、理、法三科共设15个研究所。其中，文科有中国语文学（分语言文字及文学）、东方语文学（分梵文与阿拉伯文）、西方语文学（设英国文学）、史学（分史学与考古学）、哲学、教育学等6个研究所;理科有数学、化学、物理学、动物学、植物学、地质学等6个研究所;法科有法律、政治学、经济学等3个研究所。1947年,北洋大学北平部并入北大后,增加了电机、电力工程2个研究所。1948年4月,经教育部核准,在北大医学院增设解剖学、生理学、病理学、细菌学、生物化学、公共卫生学等6个研究所。有关研究生教育的其他问题与以前基本相同。

1949年9月22日,校务委员会常委会讨论决定设研究部委员会,为全校研究生事宜的总领导机构,直接向校务委员会负责。研究部委员会由各院研究部主任、教务长、教授代表每院一人,讲助代表二人,研究生代表每院一人组成,由校务委员会指定一人为主席。

1950年6月13日,学校公布《北京大学研究部教学通则》和《北京大学研究部委员会组织暂行规程》。其中规定,本校各院系研究部为培养新中国建设之专门人才、高等教育师资及研究工作者,在设备充足、师资完善之条件下,经研究部委员会同意,报校务委员会批准,得招收研究生。凡大学或独立学院本科毕业,或对专门业务有特殊贡献或著作发明经审查认可,并经本校研究生入学考试及格者,均得为本校研究生。研究生修业年限为二年至三年,助教兼研究生为三年至四年。

1952年院系调整后,取消研究部,研究生工作由一位副校长(汤用彤)领导。教务长、副教务长中也有一人(周培源)协助校长、副校长领导研究生工作。在系里,由系主任和有关教研室主任领导。这时研究生教育逐步采取苏联模式。

1953年11月27日,高等教育部下发《高等学校培养研究生暂行办法(草案)》。该办法规定,凡聘有苏联专家或师资条件较好的高等学校均应担负培养研究生的任务。其目的为培养高等学校师资和科学研究人才。高等学校研究生必须是高等学校助教、毕业生或具有同等学力者。研究生学习年限定为2年至3年。教研组是培养研究生的基层组织。研究生的学习在指导教师指导下进行。研究生的指导教师由苏联专家或教研室的教授、副教授担任。研究生经毕业考试及格或通过毕业论文答辩,准予毕业,发给毕业证书。学校贯彻执行了该办法,其中苏联专家和本校教授、副教授指导的研究生班以听课、学习为主,不要求做论文。

1955年9月28日,学校公布《北京大学培养研究生暂行条例(草案)》,对研究生的培养目标、入学条件、科学指导、学习年限等作了规定。其主要内容为:(1)北京大学研究生的培养目标是在马克思主义理论指导下,具有广泛的、系统的、巩固的专业知识和独立研究能力的科学研究干部和高等学校师资。(2)凡未满35岁、身体健康、思想进步的高等学校毕业生或高等学校的助教、讲师经北京大学考试合格者,得为北京大学研究生。(3)研究生的科学指导由教研室指定并经系主任批准的科学导师负责。(4)研究生学习年限一般是四年。

1956年，高等教育部颁发《1956年高等学校招收副博士研究生暂行办法》。该办法规定，40岁以下并具有下列条件之一的可以报考：(1)高等学校本科毕业并有两年以上科学技术工作、教育工作或其他与科学有关的实际工作经验的；(2)高等学校本科毕业，未参加过实际工作或工作经验不满两年，但学业成绩优异，经原学校或本人工作部门证明的；(3)未经高等学校本科毕业，有三年以上工作经验，经科学机关、高等学校或本人工作部门的证明确实具有高等学校本科毕业的水平和从事科学研究工作能力的。副博士研究生的学习年限暂定为四年，前两年主要学习有关课程，后两年写作论文。同年7月16日，高等教育部又发布《关于现有研究生结业和进一步提高的办法》。是年，北大根据上述两个办法招收了副博士研究生，并决定，1956年入学的研究生学习期限一般为四年。但苏联专家培养的研究生在专家期满后无法继续培养者，仍暂定为二年。这年二年级的研究生，如有需要改四年者，可经学校审查，报高教部批准。1957年3月，高教部通知不用"副博士研究生"这个名称，去年招收的"副博士研究生"一律称为研究生，学习年限仍为4年。

1956年9月，北大取消教务长(1958年恢复设置教务长职务)，设教务处和科学工作处，科学工作处内设研究生科管理研究生工作。

1959年7月，教育部公布《关于高等学校培养研究生工作的几点意见》，规定："高等学校培养研究生的任务主要是培养又红又专的、在本门学科方面具有系统而坚实的理论基础、能够独立进行教学工作和科学研究工作的高等学校师资。学习年限一般定为3年。必要时可适当延长或缩短。""研究生的培养，必须在系和教研组(室)的集体领导下，采取由一个固定的指导教师负责指导的方式。""指导教师应由系和教研组挑选并报告学校批准。""一个教师指导研究生，同一时期内最多不超过5人。"从1959年开始，北京大学根据此意见的规定，招收三年制研究生。

1960年4月，北京大学设置直属于校长、教务长的研究生办公室，加强对研究生工作的领导。1961年学校总结过去的经验，发布《关于培养研究生工作的几点意见》。

1963年1月，教育部在北京召开中华人民共和国建立以来第一次全国性的高等学校研究生工作会议，讨论新修订的《高等学校培养研究生工作暂行条例(草案)》《高等学校理工农医各科研究生专业目录》《关于高等学校制定研究生培养方案的几项原则规定》，并于是年4月29日下发《高等学校研究生工作会议纪要》和修订后的《高等学校培养研究生工作暂行条例(草案)》,7月11日下发《关于制订研究生专业培养方案的通知》。北大根据这次会议和文件的精神,加强了研究生工作的领导,加快了培养研究生的步伐,组织各单位陆续制订研究生培养方案,提高培养研究生的质量;1964年9月又制定了《关于改进培养研究生的几点意见(草案)》,使培养研究生的工作逐步走上正轨。

1966年"文化大革命"开始后,北大研究生教育中断。

1978年,北大恢复了研究生的培养工作,重新设置研究生办公室。1979年1月,改研究生办公室为研究生处。6月,校务会议通过了《北京大学研究生培养和管理工作的决定》,初步规范了研究生教育。

1980年2月12日,第五届全国人民代表大会常务委员会审议通过了《中华人民共和国学位条例》。该条例于1981年1月1日起施行。其中规定我国学位分学士、硕士、博士三级;学士学位由国务院授权的高等学校授予;硕士学位、博士学位由国务院授权的高等学校和科学研究机构授予。

1981年11月3日,国务院批准我校为首批博士学位、硕士学位授予单位,批准我校有权授予博士学位的学科专业45个,博士生指导教师71人,有权授予硕士学位的学科专业93个。其博士学位、硕士学位授予专业数及博士生导师人数,均为全国高校中最多的。

1981年,学校制定了《北京大学关于攻读硕士研究生教学计划的编制和有关教学管理工作的若干规定(草案)》。其中规定培养目标为:拥护中国共产党的领导,拥护社会主义制度,愿意为社会主义现代化服务,在本门学科内掌握坚实的基础理论和系统的专门知识,具有从事科学研究、高等学校教学工作或独立担负专门技术工作的能力;具有健康的体格。学习年限为2至3年。时间分配为用于课程学习的时间占70%左右,用于写论文的时间占30%左右。应修满的学分数,二年制研究生为至少30学分;课程设置分为学校、系、专业要求的必修课、限制性选修课、非限制性选修课和校、系、专业要求必修但不计学分的课程四类。

是年,学校还公布了《北京大学一九八一年招收攻读博士学位研究生的意见》,决定在本校应届毕业研究生中招收一部分攻读博士学位的研究生,凡本校应届毕业研究生均可申请。

1982年1月,学校成立了第一届学位评定委员会。委员会由张龙翔、王竹溪、段学复、虞福春、张青莲、王乃樑、陈阅增、王仁、沈克琦、谢以炳、侯仁之、季羡林、朱德熙、王瑶、周一良、黄楠森、洪谦、陈岱孙、王铁崖、李赋宁、王学珍等21人组成,张龙翔任主席,王竹溪、季羡林任副主席。学校按系设学位评定分委员会,协助校学位评定委员会工作。是月,学位评定委员会通过授予1981届1137名本科毕业生(其中除1978年考取入学、提前毕业的东语系9名学生以外,均为1978年2月入学的77级学生)学士学位,授予355名毕业研究生硕士学位。这是中华人民共和国成立后,我校首次授予毕业本科生和研究生学位。

根据《中华人民共和国学位条例》和《中华人民共和国学位条例暂行实施办法》,结合我校实际情况,1982年4月,我校制定《北京大学学位授予工作细则》,就授予学士、硕士、博士学位申请人的基本要求,学士、硕士、博士学位的业务要求及课程考试,硕士、博士学位论文的基本要求以及论文评阅、答辩程序,授予名誉博士学位,学校学位评定委员会等方面都作出具体规定,使我校学位授予工作有章可循。

1984年,学校在总结三年来培养硕士研究生和博士研究生经验的基础上,制定了《北京大学关于制订攻读硕士学位研究生培养方案的几项规定》和《北京大学关于攻读博士学位研究生培养工作的暂行规定》,进一步明确了培养目标;规定硕士研究生的学习年限为二年半至三年,应修满的总学分数仍为至少30学分,其中第一外国语要求能较熟练地掌握,第二外国语至少修习一年、课内144学时;要求参加教学实习,完成160小时的教学工作量;写论文的时间不少于一年;规定博士研究生的学习年限一般为二至三年,学习课程的时间一般占三分之一;写学位论文的时间占三分之二。

1984年学校还制定了《北京大学关于接受在职人员申请硕士学位的试行办法》,规定具有大学本科毕业学历、已达到研究生毕业水平、年龄不超过40岁、在工作中表现良好的在职人员,可向我校申请硕士学位。申请人通过该专业研究生培养方案规定的课程考试和论文答辩,由学校授予硕士学位。1985年9月21日,国务院学位委员会办公室下发《关于在职人员申请硕士、博士学位进行试点工作的通知》,确定北京大学为在职人员申请博士学位的试点单位。自此,学校在"坚持标准,严格把关,保证质量"的思想指导下,同时开展在职人员申请硕士、博士学位的工作。

1984年8月18日,教育部发出《关于在北京大学等二十二所高等院校试办研究生院的通知》。根据该通知的精神,1984年10月,北京大学成立研究生院。研究生院在校长领导下,统一领导全校研究生教学和行政管理工作。研究生院院长由校长(或副校长)兼任,副院长二人。研究生院设学位评定委员会办公室(处级)、研究生管理处(下设招生办公室、分配办公室、学籍科、教务管理科)、研究生培养处(下设文科培养科、理科培养科)及研究生院办公室(科级)。

根据教育部有关文件规定,研究生院的主要职责如下:

1. 研究制订研究生培养的长远规划和年度招生计划;组织招生工作。

2. 组织制订培养研究生的各项规章制度;审批各专业培养方案;加强研

究生课程建设;积极改善研究生论文工作条件。

3. 组织领导研究生马克思主义理论课教学和思想政治工作。

4. 加强管理机构建设,统一管理研究生的学籍。

5. 严格遴选研究生指导教师,加强教师队伍建设。

6. 根据国务院学位委员会授权,办理有关博士、硕士学位的审核和授予事宜。

7. 集中使用研究生业务费及有关研究生的专门经费。

8. 开展对外联系,聘请国内和国外专家讲学,组织学术交流,编辑出版研究生学位论文集和研究生学术刊物。

9. 检查研究生培养和学位授予质量,组织交流研究生培养和学位授予工作的经验。

1984 年 11 月 14 日,我校首次召开博士生指导教师座谈会。各系的博士生导师及主管研究生工作的系主任等八十余人出席。研究生院沈燮昌副院长首先讲话。他说,我校自 1981 年以来,共招收 103 名博士生,已有 9 人获得博士学位。目前在校博士生 94 人。东语系季羡林教授、化学系唐有祺教授等就培养博士生的意义、博士生的培养目标、政治思想及业务要求、科研训练及创新能力等问题在大会上发了言。

1984 年,我校根据教育部《研究生学籍管理暂行规定》的精神,制定《北京大学研究生学籍管理暂行细则》,就研究生的入学与注册、转学和转专业、休学与复学、退学、奖励和处分、提前毕业和延长学习年限、毕业(结业)和分配等方面都作出具体的规定。

1984 年 12 月,教育部发出《关于硕士生提前攻读博士学位问题的通知》。根据该通知的精神,结合我校研究生培养的实际情况,1985 年年初,我校制定《北京大学关于硕士生提前攻读博士学位的办法》,在有权授予博士学位的学科、专业内,对少数优秀硕士生试行提前攻读博士学位的办法。同时,我校制定《北京大学试行推荐部分应届优秀硕士毕业生免试初取为博士生的办法》,决定从 1985 年起,本校各系和校外单位均可向我校推荐优秀应届硕士毕业生,试行免于参加入学考试、初取为博士生的办法。

1985 年 6 月 7 日至 9 日,我校研究生院召开第一次北京大学研究生工作研讨会。出席研讨会的有各系(所、室)负责研究生工作的主任(所长、室主任)、校自然科学处处长王义道同志、教育部研究生司一处处长佟存德同志以及研究生院各处室的有关同志。研究生院院长朱德熙教授、副院长彭家声同志、沈燮昌教授主持了研讨会。校党委书记王学珍同志、校长丁石孙教授、副校长谢青同志出席了 6 月 9 日的全体讨论总结会,王学珍、丁石孙同志先后在会上作了重要发言。

在研讨会上沈燮昌副院长传达了教育部召开的二十二所重点高等院校研究生院院长座谈会的精神。研讨会本着"提高认识，交流设想，讨论问题，提出改革意见"的精神，围绕着如何正确认识研究生工作的意义、地位，如何提高我校研究生培养质量，这两个中心议题进行了深入的讨论。

1986 年 4 月，国务院学位委员会发布《关于下放硕士学位授权学科、专业审批权试点工作的通知》，经国务院学位委员会批准，北京大学为首批进行试点的工作单位，即在一定学科范围内，我校可自行审批硕士学位授权学科、专业，但需报经国务院学位委员会备案。

1990 年 5 月，我校发布了《北京大学研究生指导教师职责及有关规定》。其中规定，指导教师的职责共 10 条，要求导师应在德、智、体诸方面全面关心研究生的成长，做到既教书又育人，制订研究生的培养计划，检查研究生的课程学习，安排研究生论文选题报告，审查研究生的学位论文等。

1990 年 5 月，研究生院制定《北京大学系（所、中心）主管研究生工作的主任（所长）职责》。为加强研究生培养工作的管理，提高研究生的培养质量，要求各系（所、中心）主管研究生工作的主任，做到熟悉并执行有关研究生教育的各项规定，教育和检查研究生遵守学校的各项规章制度，组织各专业制定或修订硕士研究生培养方案，审批博士生的培养计划，申报并编制研究生年度招生计划，按时开出研究生各门课程，严格教学管理，保证教学质量，认真做好学位论文的审查和答辩工作等。

1991 年 4 月，北京大学研究生院编辑出版北京大学博士生指导教师简介——《燕园师林》（第一集）。本书收集 1981 年至 1989 年年底北京大学190 位博士生导师的简介，内容包括每位导师的简历、学术成就、治学经验和主要著述目录。1996 年 7 月，《燕园师林》（第二集）出版，收入 1990 年年初至 1994 年 8 月我校新增的 169 位博士生导师的简介。计划于 1998 年 4 月出版《燕园师林》（第三集），收入 1994 年 9 月至 1997 年 10 月我校新增的194 位博士生导师的简介。

1992 年 11 月，学校制定了《北京大学培养直攻博士学位研究生的试行办法》和《北京大学硕士研究生、博士研究生连续培养的试行办法》。前者规定，从全国统一招收硕士生的入学考试者中（包括免试推荐）择优录取一部分直攻博士学位的研究生，其人数一般不超过本专业博士生计划招生人数的 50%，学习年限为 5 年。后者规定，在研究生入学后的第二学期末，由研究生本人提出攻读硕士学位或博士学位的申请，由系（所、中心）组成研究生考核委员会，根据他们的学习成绩、平时表现和本人志愿，确定其为硕士研究生或博士研究生。确定为博士研究生者，其学习年限一般定为 5 年。

1993 年 3 月 15 日，国务院学位委员会发出通知，批准北京大学等 17 个博士学位授予单位,在本单位具有的博士学位专业点内,可自行审批增列博士生指导教师,但须报国务院学位委员会备案。依据国务院学位委员会的规定,我校自1993年起,在审定本单位各博士学位专业点招收培养博士生计划的同时,即自行遴选确定博士生指导教师。

1993年5月,国务院学位委员会、国家教委确定我校为培养工商管理硕士(MBA)的试点单位。其培养目标为培养德智体全面发展、适应社会主义工商企业或经济管理部门需要的务实型的高层次的综合管理人才,是一种专业(职业)性学位。1994年我校MBA专业即招收研究生。

1995年5月,国务院学位委员会发布《关于开展法律专业硕士学位试点工作的通知》,北京大学为首批试点单位之一。法律专业硕士学位是专业性学位,其培养目标为:培养德智体全面发展,适应社会主义立法、司法、行政执法、法律服务与法律监督以及经济管理、社会管理等方面需要的高层次法律专业人才和管理人才。我校于1996年开始招收法律专业硕士研究生。

1995年9月,国务院学位委员会发出《关于按一级学科进行学位与研究生教育评估和按一级学科行使博士学位授予权审核试点工作的通知》,我校有数学、化学、力学、计算机科学与技术4个一级学科参加评估。在选优评估的基础上,1996年6月,国务院学位委员会批准我校参加评估的4个一级学科皆可按一级学科行使博士学位授予权,即在该一级学科范围内我校可自行增加或调整二级学科的博士专业点和硕士专业点。至1997年年底,我校共有16个一级学科被批准可按一级学科行使博士学位授予权。

1995年2月,国家教委决定对自1984年以来试办的33所研究生院进行全面评估。评估结果表明,试办的研究生院在十年工作中取得很大成绩。1995年10月,国家教委决定对获本次评估前10名的北京大学等10所高等学校研究生院(试办)给予表彰和鼓励。

1996年1月,《国家教育委员会关于批准北京大学、清华大学等三十三所高等学校正式建立研究生院的通知》下发,标志着中国高等学校研究生院建设步入了一个新的发展时期。

北京大学研究生院历任院长为:朱德熙(副校长)、陈佳洱院士(副校长)。历任常务副院长为:彭家声教授、童沈阳教授、花文廷教授、周其凤院士(截至1997年年底)。

自1978年恢复研究生教育后,北京大学树立本科生教育与研究生教育并重的思想,把立足于国内培养高级专门人才作为自己的重要职责,研究生的招生人数和在校生人数逐年增加。从1997年开始,每年招收研究生人数已超过2000人,1997年在校研究生人数达5415人。从1981年至1997年共授予博士学位1377人,授予硕士学位10009人。

第二节　研究生的学科、专业

　　1917 年年底，北京大学文、理、法三科成立了哲学、国文学、英文学、数学、物理学、化学、法律、政治学、经济学等 9 个研究所，其招收研究生的科目及担任教员见下表。

研究所研究科目及担任教员一览表

		研究科目	担任教员	研究科目	担任教育员
文科研究所	哲学门	社会哲学史	陶孟和	逻辑学史	章行严
		二程学说	马夷初	中国名学	胡适之
		老庄哲学	刘少册	近世心理学史	陈百年
		儒家玄学	陈伯弢	佛教哲学	梁漱溟
		易哲学	陈子存	佛学研究	张克诚
	国文门	音韵	钱玄同	形体	钱玄同　马夷初
		诂训	陈伯弢	文字孳乳	黄季刚
		文	黄季刚、刘申叔	文学史	朱遏先　刘申叔　吴瞿安　刘叔雅
		诗	伦哲如、刘农伯	词	伦哲如　刘农伯
		曲	吴瞿安	小说	周启明　胡适之　刘半农
	英文门	诗	辜汤生	戏曲	威尔逊
		十九世纪散文	威尔逊	高等修词学	陈长乐　胡适
理科研究所	数学门	近世代数	秦汾	高等解析	冯祖荀
		近世几何	王仁辅、叶志	数学教授法	胡浚济
		应用数学	罗惠侨、金涛		
	物理门	热学	张大椿	电学理论	何育杰
		电学	张善扬	光学	李祖鸿

		研究科目	担任教员	研究科目	担任教育员
理科研究所	化学门	物理化学	俞同奎	分析化学	陈世璋
		无机化学	俞同奎	卫生化学	陈世璋
		无机化学	王兼善	应用化学	郭世绾
		理论化学	丁绪贤	有机化学	巴台尔
法科研究所	法律门	比较法律	王宠惠	刑法	罗文干
		国际法	张嘉森	行政法	周家彦
		中国法律史	康宝忠	保险法	左德敏
		美国宪法	陈长乐		
	政治门	政治学	张耀曾	中国国际关系及各种条约	王景歧
	经济门	银行货币学	马寅初	财政学	胡钧
		经济学	陈兆焜	最近发明之科学的商业及工厂管理法	徐崇钦
		农业政策	张武	欧战后世界经济之变迁	张武

1922 年 1 月成立北京大学研究所国学门,其研究对象包括中国文学、文字学、史学、哲学、美学、考古学等学科。

1929—1931 年期间,北京大学研究所国学门招考研究生所设置的研究科目及担任教师如下:

朱希祖:明清史

黄节:汉魏六朝诗

马裕藻:古声韵学

马衡:古器物学、金石学

沈兼士:文字学

刘复:语音学、方言研究

钢和泰:宗教史、宗教美术

陈垣:中国基督教史研究、元史研究

徐炳昶:中国古代哲学(至东汉末止)

周作人:中国歌谣

钱玄同:音韵沿革研究、说文研究

沈尹默:唐诗 （一）初唐诗 （二）中晚唐诗 （三）杜甫诗

许之衡:词曲研究。

1932 年,北京大学研究院设立三个部,原研究所国学门改为文史部,增设自然科学部和社会科学部。当年招收研究生设置的学科:文史部分中国语言文学、中国历史两类;自然科学部分数学、物理、化学、生物、地质、心理等六类;社会科学部分法律、政治经济两类。

1934 年,经教育部核准,北京大学研究院下设 3 个研究所、5 个学部,即:文科研究所:(1)中国文学部(2)史学部;理科研究所:(1)数学部(2)物理学部(3)化学部;法科研究所。

是年,北京大学研究院公布招考研究生章程,其学科设置即为各研究所、部名称(本年度法科研究所不招生)。

理科研究所各部之研究科目如下述。

1. 数学部:解析学、几何学。指导教师:W. F. Osgood、冯祖荀、江泽涵、申又枨。

2. 物理学部:理论物理、原子与分子光谱、气体传电、无线电学、光学仪器设计。指导教师:饶毓泰、朱物华、周同庆、张宗蠡、吴大猷。

3. 化学部:在有机化学、无机化学、物理化学等领域提出 12 个研究课题。指导教师:曾昭抡、钱思亮、孙承谔、刘云浦。

文科研究所各部之研究科目如下述。

1. 中国文学部

(1)语言文字学:中国语言学(罗常培),中国训诂学(沈兼士、罗常培),中国声韵学(马裕藻、魏建功、罗常培),中国文字学(钱玄同、沈兼士、唐兰)。

(2)文学史:中国文学史专题(胡适、周作人、傅斯年、罗庸)。

2. 史学部

(1) 中国史:古代史(傅斯年),两汉史(钱穆),辽金元史(姚从吾),明清史(孟森、陈受颐),近世外交史(张忠绂)。

(2) 中国宗教史:中国佛教史(汤用彤),基督教在中国之早期史(陈受颐)。

(3)中国思想史:中国思想史专题(胡适),中国教育思想制度史(邱椿)。

(4) 中国社会经济史(陶希圣、周炳琳)。

(5) 中国政治法律史:中国政治制度史(张忠绂、陶希圣),中国法律史(董康、刘志敫、程树德)。

抗日战争全面爆发后,在西南联大时期,北大研究院招考研究生的学科专业,文科研究所有中国文学、语学(语言、语音)、史学、考古学、哲学、人类学等 6 个学科;理科研究所有算学、物理学、化学、生物学(动物学、植物学、生理学)、地质学 5 个学科；法科研究所有法律学(中国法律史、中国法律思想史)、经济学(经济理论、财政与金融)两个学科。

抗战胜利复员后的北京大学研究院文、理、法三科共有 15 个研究所。它们是：(1)文科：中国语文学(分语言文字及文学)研究所，东方语文学(分梵文与阿拉伯文)研究所，西方语文学(设英国文学)研究所，史学(分史学与考古学)研究所，哲学研究所，教育学研究所。(2)理科：数学研究所，化学研究所，物理学研究所，动物学研究所，植物学研究所，地质学研究所。(3)法科：法律学研究所，政治学研究所，经济学研究所。培养研究生的学科即为各研究所的名称或为该研究所分设的学科，前者如哲学、教育学、数学等，后者如中国语言文字、中国文学、史学、考古学等。1947 年，增加招收工科的电机、电力工程研究生。1948 年 4 月增加医科的解剖学、生理学、病理学、细菌学、生物化学、公共卫生学等 6 个研究所。

新中国成立后，1949 年至 1952 年，北京大学各研究所的学科设置，除医学院的 6 个研究所随该院划归卫生部领导而脱离北大以外，其余没有变动。

1952 年院系调整后，北大成为一所侧重于文、理科基础学科的综合性大学，取消学院一级，只设系，系内设若干专业，很多专业内又设若干专门组(化)。这期间，研究生的专业范围大体上为不设专门组(化)的专业或学科分支和设专门组(化)专业的专门组(化)。各专业专门组有胜任指导研究生的教授、副教授或有苏联等国的专家，即可经学校报请教育部(高教部)批准招收、培养研究生。上述专业、专门组除东方语言文学系的蒙古语、缅甸语等少数专业以外，均培养过研究生。其中有些专业专门组不是每年都招收研究生。从 1952 年到 1965 年，北大培养过研究生的学科有哲学、中国语言文学、俄语语言文学、西方语言文学、东方语言文学、历史学、经济学、政治经济学、政治学、马列主义基础、法律、图书馆学、数学、力学、物理学、化学、地球物理、无线电电子学、技术物理、生物、地质地理、电机、电力工程等。

"文革"期间，培养研究生工作中断。

1978 年恢复培养研究生工作。从 1978 年至 1981 年，培养研究生的学科、专业有哲学方面的马克思主义哲学、中国哲学、西方哲学、逻辑学、伦理学；经济学方面的世界经济、政治经济学、中国经济思想史、外国经济思想史、中国经济史、外国经济史；法学方面的法学理论、法律思想史、法制史、宪法学、刑法学、民法学、经济法、国际法；国际政治方面的国际政治学、国际共产主义运动；社会学方面的应用社会学；心理学方面的普通心理学、生理心理学；中国语言文学方面的文艺学、中国现当代文学、中国古代文学、中国古典文献学、语言学、现代汉语、汉语史；外国语言文学方面的英语语言文学、俄语语言文学、法语语言文学、德语语言文学、日语语言文学、西班牙语语言文学、朝鲜语语言文学、其他国家语言文学;历史学方面的考古学、中国古代史、中国近代史、世界近现代史、世界地区史和国别史;数学方面的基础数学、计算数学、应用数学、概率论与数理统计;物理学方面的理论物理、原子核物理、固体物理、半导体物理与半导体器件物理、声学、光学、无线电物理、无线电电子学、电子离子物理;化学方面的无机化学、分析化学、有机化学、物理化学、高分子化学、放射化学、环境化学;天文学方面的天体物理;地理学方面的自然地理学、人文地理学、历史地理学、环境地理学、地图学与遥感;大气科学方面的天气动力学、大气物理学;地球物理学方面的固体地球物理学、空间物理学;地质学方面的岩石学、地球化学、古生物及地层学、构造地质学;生物学方面的植物学、植物生理学、动物学、昆虫学、生理学、遗传学、生物化学、生物物理学、细胞生物学;图书馆学与情报学方面的图书馆学;力学方面的一般力学、固体力学、流体力学;计算机科学与技术方面的计算机科学理论、计算机软件。

1980 年 2 月,《中华人民共和国学位条例》公布。该条例规定:"学士学位,由国务院授权的高等学校授予;硕士学位、博士学位,由国务院授权的高等学校和科学研究机构授予。""授予学位的高等学校和科学研究机构(以下简称学位授予单位)及其可以授予学位的学科名单,由国务院学位委员会提出,经国务院批准公布。"1981 年 11 月 3 日,国务院批准首批博士学位授予单位及其学科、专业和指导教师名单和首批硕士学位授予单位及其学科、专业名单。北京大学是首批被批准授予博士和硕士学位的单位。其中,可授予博士学位的学科、专业共 45 个,指导教师 71 人。指导教师中朱光潜、程民德、徐光宪三位教授担任两个学科、专业的指导教师。所以,实际上为 68 人。68 人中,教授 65 人,副教授 2 人,兼职研究员 1 人。另外,还有我校陈德明和张至善教授分别列入中国科学院动物研究所昆虫专业和高能物理所高能物理专业的博士生指导教师。北大被批准可授予硕士学位的学科、专业为93 个。具体名单见下表。

北京大学首批被批准授予博士学位的学科、专业和指导教师名单
(1981 年 11 月 3 日)

序号	学科、专业	指导教师姓名、职称
1	中国哲学史	张岱年教授
2	现代外国哲学	洪谦教授
3	马克思主义哲学史	黄楠森副教授
4	美学	朱光潜教授

序号	学科、专业	指导教师姓名、职称
5	逻辑学	王宪钧教授
6	外国经济思想史	陈岱孙教授
7	中国经济史	陈振汉教授
8	法学理论	陈守一教授
9	国际经济法	芮沐教授
10	国际法	王铁崖教授
11	中国现代文学	王瑶教授
12	中国古代文学	吴组缃教授
13	中国古典文献学	周祖谟教授
14	现代汉语	朱德熙教授
15	汉语史	王力教授
16	英语语言文学	朱光潜、李赋宁、杨周翰教授
17	德语语言文学	杨业治教授
18	印地语语言文学	季羡林教授
19	考古学	宿白教授
20	中国古代史	邓广铭、周一良教授
21	基础数学	丁石孙、庄圻泰、江泽涵、吴光磊、段学复、聂灵沼、程民德、廖山涛教授,姜伯驹副教授
22	计算数学	周毓麟、徐献瑜、黄敦教授
23	应用数学	郭仲衡、程民德教授
24	概率论与数理统计	江泽培教授
25	理论物理	王竹溪、杨立铭、胡宁教授
26	固体物理	褚圣麟教授
27	原子核物理及核技术	胡济民、虞福春教授
28	电子、离子物理	吴全德教授
29	无机化学	张青莲、徐光宪教授
30	分析化学	高小霞教授
31	物理化学	徐光宪、唐有祺、黄子卿教授

序号	学科、专业	指导教师姓名、职称
32	有机化学	邢其毅、张滂教授
33	高分子化学	冯新德教授
34	古生物学及地层学	乐森璕教授
35	自然地理学	王乃樑、林超教授
36	历史地理学与地理学史	侯仁之教授
37	天气动力学	谢义炳教授
38	植物学	李正理教授
39	植学生理学	曹宗巽教授
40	动物学	陈阅增教授
41	昆虫学	林昌善教授
42	生理学	赵以炳教授
43	生物化学	沈同、张龙翔教授
44	固体力学	王仁教授、胡海昌研究员（兼职）
45	流体力学	孙天风、周光炯、周培源教授

北京大学首批被批准授予硕士学位学科、专业名单

（1981 年 11 月 3 日）

序号	学科、专业名称	序号	学科、专业名称	序号	学科、专业名称
1	辩证唯物主义与历史唯物主义	32	文艺学	63	原子核物理及核技术
2	马克思主义哲学史	33	中国现代文学	64	无机化学
3	中国哲学史	34	中国古代文学	65	分析化学
4	外国哲学史	35	中国古典文献学	66	物理化学
5	现代外国哲学	36	语言学	67	有机化学
6	逻辑学	37	现代汉语	68	高分子化学
7	伦理学	38	汉语史	69	放射化学
8	美学	39	汉语文字学	70	环境化学
9	政治经济学	40	图书馆学	71	天体物理
10	中国经济思想史	41	英语语言文学	72	固体地球物理

序号	学科、专业名称	序号	学科、专业名称	序号	学科、专业名称
11	外国经济思想史	42	俄语语言文学	73	古生物学及地层学
12	中国经济史	43	法语语言文学	74	构造地质学
13	世界经济	44	德语语言文学	75	自然地理学
14	国民经济计划和管理	45	日本语言文学	76	人文地理学
15	法学理论	46	朝鲜语言文学	77	历史地理学及地理学史
16	法律思想史	47	印地语语言文学	78	环境地学
17	法制史	48	考古学	79	地图学与遥感
18	宪法	49	中国近现代史	80	天气动力学
19	刑法	50	中国古代史	81	大气物理学
20	经济法	51	世界地区史、国别史	82	植物学
21	国际经济法	52	基础数学	83	植物生理学
22	国际法	53	计算数学	84	动物学
23	国际共产主义运动史	54	应用数学	85	昆虫学
24	中共党史	55	概率论与数理统计	86	生理学
25	国际政治	56	理论物理	87	生物化学
26	民族解放运动	57	固体物理	88	遗传学
27	科学社会主义	58	光学	89	固体力学
28	政治思想史	59	声学	90	流体力学
29	社会学	60	无线电电子学	91	一般力学
30	普通心理学	61	电子离子物理	92	计算机软件
31	生理心理学	62	波谱学及量子电子学	93	计算机科学理论

　　1984 年 1 月 13 日,国务院批准第二批博士学位授予单位及其学科、专业和指导教师名单,及第二批硕士学位授予单位及其学科、专业名单。其中北京大学可授予博士学位的学科、专业 8 个,指导教师 9 人。首批已有博士学位授予权的学科、专业增列指导教师 19 人,可授予硕士学位的学科、专业11 个。具体名单见下列三表。

北京大学第二批被批准授予博士
学位的学科、专业和指导教师名单
（1984 年 1 月 13 日）

序号	学科、专业	指导教师姓名、职称
1	中国经济思想史	赵靖教授
2	政治学	赵宝煦副教授＊
3	社会学	袁方、雷洁琼教授
4	中国近现代史	陈庆华教授
5	世界近现代史	张芝联教授
6	构造地质学	钱祥麟副教授＊
7	大气物理学	赵柏林教授
8	计算机软件	杨芙清副教授＊

注：指导教师职称后注有"＊"者，是经教育部、中国科学院临时学科评议组会议审核通过为教授待教育部批准的人员。

北京大学首批已有博士学位授予权的学科、
专业第二批批准增列的指导教师名单

（1984 年 1 月 13 日）

序号	学科、专业	指导教师姓名、职称
1	中国哲学史	冯友兰教授
2	国际法	赵理海教授
3	中国古代文学	林庚教授
4	中国古典文献学	裘锡圭副教授＊
5	英语语言文学	赵萝蕤教授
6	中国古代史	田余庆教授、张广达副教授＊
7	基础数学	沈燮昌、张芷芬、张恭庆教授
8	应用数学	姜礼尚、钱敏教授
9	理论物理	杨泽森副教授＊、高崇寿副教授＊
10	固体物理	尹道乐副教授＊、甘子钊副教授＊
11	无机化学	苏勉曾教授
12	物理化学	赵国玺教授
13	流体力学	陈文芳教授

注：指导教师职称后注有"＊"者，是经教育部、中国科学院临时学科评议组会议审核通过为教授待教育部批准的人员。

北京大学第二批被批准授予硕士学位的学科、专业名单

（1984 年 1 月 13 日）

序号	学科、专业	序号	学科、专业	序号	学科、专业
1	自然辩证法	5	世界地区史、国别史（亚非史、亚非拉近现代史）	8	地球化学
2	外国经济史			9	生物物理
3	政治学	6	半导体物理与半导体器件物理	10	细胞生物学
4	世界上古史、中古史	7	空间物理学	11	心理学

　　1985 年 12 月 31 日国务院特批博士学位授予单位及其学科、专业和指导教师名单。其中北京大学有学科、专业 6 个，指导教师 6 人，同时增列北大已有博士学位授予权的学科、专业的指导教师 21 人。具体名单见下列二表。

特批北京大学授予博士学位学科、专业和指导教师名单

（1985 年 12 月 31 日）

序号	学科、专业	指导教师姓名
1	波谱与量子电子学	王楚
2	放射化学	刘元方
3	天体物理	岳曾元
4	细胞生物学	翟中和
5	一般力学	黄琳
6	计算机科学理论	马希文

**特批北京大学增列已有博士学
位授予权的学科、专业的指导教师名单**

（1985 年 12 月 31 日）

序号	学科、专业	指导教师姓名
1	外国经济思想史	厉以宁
2	中国现当代文学	严家炎
3	中国古典文献学	金申熊
4	德语语言文学	张玉书
5	基础数学	丁同仁、邓东皋
6	计算数学	应隆安

序号	学科、专业	指导教师姓名、职称
7	理论物理	曹昌祺、曾谨言
8	核物理及核技术	陈佳洱
9	固体物理	张合义、杨威生、章立源
10	电子物理和离子束物理	徐承和、西门纪业
11	物理化学	谢有畅
12	有机化学	金声
13	古生物学及地层学	安太庠
14	天气动力学	王绍武
15	大气物理学	陈家宜
16	流体力学	是勋刚

1985 年 12 月 4 日,国务院批准,今后国务院学位委员会批准的博士、硕士学位授予单位及其学科、专业和博士生指导教师,不再上报国务院批准。

1986 年 7 月 28 日,国务院学位委员会批准第三批博士学位授予单位及其学科、专业和指导教师名单,和第三批硕士学位授予单位及其学科、专业名单。其中,有北京大学授予博士学位学科、专业 16 个,指导教师 20 人,并增列北大已有博士学位授予权的学科、专业的指导教师 49 人;同时批准北大授予硕士学位学科、专业 5 个。具体名单见下列诸表。

北京大学第三批被批准授予
博士学位学科、专业和指导教师名单

（1986 年 7 月 28 日）

序号	学科、专业	指导教师姓名、职称
1	外国哲学史	张世英教授
2	政治经济学	肖灼基、张友仁教授
3	国民经济计划和管理	闵庆全教授
4	法律思想史	饶鑫贤、张国华教授
5	宪法	肖蔚云教授
6	国际政治和国际组织	薛谋洪、赵宝煦教授
7	国际共产主义运动史	张汉清教授

序号	学科、专业	指导教师姓名、职称
8	教育心理学	陈仲庚、邵郊教授
9	语言学	林焘教授
10	法语语言文学	陈占元教授
11	日语语言文学	刘振瀛教授
12	环境化学	唐孝炎教授
13	人文地理学	杨吾扬教授
14	岩石学	董申保教授
15	生物物理	陈德明教授
16	计算机应用	王选教授

第三批增列北京大学已有博士学

位授予权学科、专业的指导教师名单

（1986 年 7 月 28 日）

序号	学科、专业	指导教师姓名、职称
1	中国哲学史	汤一介、朱伯昆教授
2	外国经济思想史	杜度、胡代光教授
3	法学理论	沈宗灵教授
4	国际法	邵津、魏敏教授
5	中国现当代文学	谢冕教授
6	中国古代文学	陈贻焮、袁行霈教授
7	现代汉语	陆俭明教授
8	英语语言文学	胡壮麟教授
9	考古学	吕遵谔、邹衡教授
10	中国古代史	许大龄教授
11	世界近现代史	罗荣渠教授
12	基础数学	李忠教授、潘承彪副教授
13	计算数学	滕振寰副教授

序号	学科、专业	指导教师姓名、职称
14	应用数学	石青云、张恭庆教授
15	固体物理	秦国刚、杨应昌教授
16	无机化学	吴瑾光教授
17	分析化学	慈云祥、孙亦樑教授
18	物理化学	顾惕人、桂琳琳、黎乐民、邵美成教授
19	有机化学	叶秀林教授
20	高分子化学	李福绵、丘坤元教授
21	放射化学	王文清、吴季兰教授
22	天体物理	吴林襄教授
23	自然地理学	崔之久教授
24	古生物学及地层学	白顺良教授
25	构造地质学	何国琦教授
26	天气动力学	陈秋士、仇永炎教授
27	植物生理学	吴相钰教授
28	动物学	王平教授
29	昆虫学	张宗炳教授
30	生理学	刘泰槰教授
31	细胞生物学	胡适宜、朱徽教授
32	固体力学	余同希教授
33	流体力学	吴望一教授

北京大学第三批被批准授予硕士学位学科、专业名单

（1986 年 7 月 28 日）

序号	学科、专业	序号	学科、专业	序号	学科、专业
1	高等教育学	3	印度尼西亚语言文学	5	运筹学（管理科学）
2	波斯语言文学	4	科技情报		

　　1990 年 11 月,国务院学位委员会对博士和硕士的专业目录进行修订,将有些博士点和硕士点专业分开为两个或三个点,有关北京大学的调整情

况如下表。

北京大学专业目录修订后调整分开的博士点和硕士点名单

原博士、硕士点专业名称	调整后分开的博士、硕士点专业名称
外国经济思想史	外国经济思想史、西方经济学
社会学	社会学理论与方法、应用社会学、人口学
自然地理学	自然地理学、地貌与第四纪地质学

1990年10月，国务院学位委员会批准第四批博士和硕士学位授权学科、专业名单和博士生指导教师名单。其中有北京大学博士学科、专业13个，硕士学科专业11个（其中除信号与信息处理以外其他10个点均为北大自行审批并报经国务院学位委员会同意的），博士生指导教师60人，具体名单见下列诸表。

北京大学第四批被批准授予博士学位学科、专业名单

（1990年10月5日）

序号	学科、专业名称	序号	学科、专业名称	序号	学科、专业名称
1	科学技术哲学（自然辩证法）	5	世界地区史国别史（欧洲史）	9	地图学与遥感
2	刑法学	6	半导体物理与半导体器件物理	10	气候学
3	高等教育学	7	光学	11	矿床学
4	俄语语言文学	8	无线电电子学	12	图书馆学
				13	计算力学

北京大学第四批被批准博士生指导教师名单

（1990年10月5日）

序号	学科专业名称	指导教师姓名	序号	学科专业名称	指导教师姓名
1	马克思主义哲学	赵光武	30	概率论与数理统计	郑忠国
2	中国哲学	楼宇烈	31	理论物理	宋行长、赵光达
3	西方哲学	陈启伟	32	原子核物理	卢希庭
4	科学技术哲学（自然辩证法）	孙小礼	33	凝聚态物理	戴道生

531

序号	学科专业名称	指导教师姓名	序号	学科专业名称	指导教师姓名
5	政治经济学	刘方棫	34	半导体物理与半导体器件物理	王阳元
6	国民经济计划与管理	高程德	35	光学	张合义
7	法学理论	赵震江	36	无线电物理	董太乾
8	刑法学	杨春洗	37	无线电电子学	王楚
9	政治学理论	李景鹏	38	无机化学	黄春辉
10	国际政治学	梁守德	39	分析化学	童沈阳
11	国际共产主义运动	曹长盛	40	有机化学	李崇熙
12	应用社会学	江美球	41	物理化学	林炳雄
13	人口学	张纯元	42	高分子化学与物理	陈慧英
14	高等教育学	汪永铨	43	自然地理学	陈静生
15	普通心理学	王甦	44	地貌学与第四纪地质学	杨景春
16	中国现当代文学	孙玉石	45	人文地理学	胡兆量
17	中国古代文学	褚斌杰	46	地图学与遥感	承继成
18	中国古典文献学	孙钦善	47	天气动力学	陈受钧
19	语言学	徐通锵	48	气候学	王绍武
20	汉语史	郭锡良	49	岩石学	任磊夫
21	英语语言文学	陶洁	50	矿床学	冯钟燕
22	俄语语言文学	彭克巽	51	植物生理学	戴尧仁
23	法语语言文学	桂裕芳	52	生理学	高天礼
24	印度语言文学	刘安武	53	生物物理学	张人骥
25	考古学	严文明	54	细胞生物学	吴鹤龄
26	中国古代史	吴荣曾	55	图书馆学	周文骏
27	世界地区史国别史（欧洲史）	马克垚	56	固体力学	王大钧
28	基础数学	王雪平、王尊芳	57	流体力学	陈耀松
29	应用数学	陈亚浙	58	计算力学	武际可

北京大学第四批硕士学位授权学科、专业名单

（1990 年 10 月 5 日）

序号	学科、专业名称	序号	学科、专业名称
1	信号与信息处理	7	世界地区史、国别史（南亚史、东南亚史）
2	统计学	8	世界地区史、国别史（欧洲史）
3	企业管理	9	大气环境
4	行政法学		
5	马克思主义理论教育（中国革命史）	10	计算力学
6	其他国家语言文学（蒙古语言文学）	11	实验力学

　　1993 年 12 月，国务院学位委员会批准第五批博士、硕士学位授权学科、专业名单和博士生指导教师名单。其中有北京大学的博士学位授权学科、专业 6 个，博士生指导教师（包括新批准的学科、专业的指导教师和已授权学科、专业增列的指导教师）36 人。同时，国务院学位委员会同意备案的北大自行审批增列为博士生指导教师 72 人，同意备案的北大自行审批硕士学位授权学科、专业 11 个。具体名单见下列诸表。

北京大学第五批被批准授予博士学位学科、专业名单

（1993 年 12 月 11 日）

序号	学科、专业名称
1	世界经济
2	环境法学
3	科学社会主义
4	阿拉伯语言文学
5	比较文学
6	空间物理学

北京大学第五批被批准博士生指导教师名单

（1993 年 12 月 11 日）

序号	学科、专业名称	指导教师姓名	序号	学科、专业名称	指导教师姓名
1	科学技术哲学（自然辩证法）	何祚庥教授（兼职）	16	凝聚态物理	吴思诚教授

序号	学科、专业名称	指导教师姓名	序号	学科、专业名称	指导教师姓名
2	世界经济	张德修 张康琴教授	17	半导体物理与半导体器件物理	韩汝琦教授
3	国民经济计划与管理	高尚全 王梦奎 教授（均兼职）	18	光学	孙騆亨教授
4	环境法学	金瑞林教授	19	无线电物理	王义遒教授
5	政治学理论	宁骚教授	20	无线电电子学	谢麟振教授
6	科学社会主义	钟哲明 梁柱教授	21	电子、离子与真空物理	薛增泉教授
7	国际政治学	方连庆 陆庭恩 教授	22	天体物理	乔国俊教授
8	国际共产主义运动	黄宗良教授	23	空间物理学	濮祖荫教授
9	高等教育学	闵维方教授	24	岩石学	崔文元教授
10	普通心理学	朱滢教授	25	矿床学	曾贻善教授
11	阿拉伯语语言文学	仲跻昆教授	26	构造地质学	郑亚东教授
12	比较文学	乐黛云教授	27	计算机科学理论	俞士汶教授
13	基础数学	石生明 殷慰平 教授（均兼职）	28	计算机软件	许卓群教授
14	理论物理	林宗涵 俞允强教授	29	计算机应用	陈堃銶教授
15	原子核物理	江栋兴 张启仁教授			

北京大学自行审批并上报

同意备案的增列博士生指导教师名单

（1993 年 12 月 11 日）

序号	学科、专业名称	指导教师姓名	序号	学科、专业名称	指导教师姓名
1	马克思主义哲学	宋一秀 施德福	23	基础数学	李承治 王诗宬 彭立中 徐明曜 文兰
2	中国哲学	陈来	24	概率论与数理统计	陈家鼎 钱敏平 谢衷洁
3	外国哲学	杨适	25	应用数学	程乾生 郭懋正 黄少云

序号	学科、专业名称	指导教师姓名	序号	学科、专业名称	指导教师姓名
4	美学	叶朗	26	无机化学	李标国　顾镇南 高宏成　王祥云
5	政治经济学	傅骊元	27	分析化学	李南强
6	经济思想史	石世奇　晏智杰	28	物理化学	徐筱杰　蔡生明 马季铭
7	国民经济学	陈良焜	29	高分子化学 与物理	曹维孝　张鸿志
8	法律史	王哲	30	自然地理学	陶澍
9	宪法学与 行政法学	罗豪才	31	人文地理学	周一星　谢凝高
10	刑法学	储槐植	32	地图学与地理 信息系统	马蔼乃
11	社会学	马戎	33	气象学	刘式适
12	人口学	曾毅	34	大气物理学与 大气环境	毛节泰
13	汉语言文字学	蒋绍愚　王福堂 何九盈	35	第四纪地质学	任明达
14	中国古代文学	孙静　张少康 葛晓音	36	植物学	陈章良
15	英语语言文学	申丹	37	细胞生物学	丁明孝　尚克刚
16	俄语语言文学	吴贻翼　李明滨	38	生物化学与 分子生物学	茹炳根
17	法语语言文学	王文融	39	一般力学与 力学基础	陈滨　叶庆凯
18	德语语言文学	范大灿	40	固体力学	王敏中　殷有泉
19	日语语言文学	潘金生　徐昌华	41	流体力学	吴江航　黄永念
20	中国古代史	祝总斌	42	工程力学	颜大椿　袁明武
21	中国近现代史	刘桂生	43	环境科学	李金龙

序号	学科、专业名称	指导教师姓名	序号	学科、专业名称	指导教师姓名
22	世界史	林承节　刘祖熙			

北京大学自行审批并上报同意备案的硕士学位学科、专业名单

（1993 年 12 月 14 日）

序号	学科、专业名称	序号	学科、专业名称	序号	学科、专业名称
1	东方哲学	5	科技法学	9	矿物学
2	国际金融	6	行政学	10	地震地质学
3	经济地理学	7	思想政治教育	11	微生物学
4	环境法学	8	教育经济学	12	分子生物学

从 1981 年到 1997 年,北京大学经批准或自行审批报经国务院学位委员会同意备案的授予博士学位学科、专业 101 个,授予硕士学位学科、专业 148 个;博士生指导教师,除去已经去世的,到 1997 年下半年为 524 人。具体名单见下表。

北京大学有权授予博士、硕士学位的学科专业目录

（有 * 专业有权授予博士及硕士学位,没 * 专业仅有权授予硕士学位）

学科门类（代码）	一级学科（代码）	学科专业代码	学科专业名称	批准批次		备注
				硕士	博士	
哲学（01）	哲学（0101）	* 010101	马克思主义哲学	1	1	
		* 010102	中国哲学	1	1	
		* 010103	西方哲学	1	1	
		010104	东方哲学	5		
		* 010105	逻辑学	1	1	
		010106	伦理学	1		
		* 010107	美学	1	1	
		010108	宗教学	6		
		* 010109	科学技术哲学（自然辩证法）	2	4	

学科门类 （代码）	一级学科 （代码）	学科专业 代码	学科专业名称	批准批次		备注
				硕士	博士	
经济学 （02）	经济学 （0201）	＊020101	政治经济学	1	3	
		＊020103	中国经济思想史	1	2	
		＊020104	外国经济思想史	1	1	
		＊020105	中国经济史	1	1	
		020106	外国经济史	2		
		＊020107	西方经济学	1	3	
		＊020108	世界经济	1	5	
		＊020109	国民经济计划与管理（含：国民 经济系统分析）	1	3	
		020112	国际金融	5		
		020122	统计学	4		
		＊020123	企业管理（含：工商管理、企业 财务管理）	4	6	
		0201S6	工商管理（MBA）			
法学 （02）	法学 （0301）	＊030101	法学理论	1	1	
		＊030102	法律思想史	1	3	
		030103	法制史	1		
		＊30104	宪法学	1	3	
		030105	行政法学	4		
		＊030106	刑法学	1	4	
		030107	民法学	3		
		030108	诉讼法学	3		
		＊030109	经济法学	1	6	
		＊030111	环境法学	5	5	
		＊030113	国际经济法	1	1	
		＊030114	国际法	1	1	
		0301S1	科技法学	5		
			法律专业			

学科门类（代码）	一级学科（代码）	学科专业代码	学科专业名称	批准批次 硕士	批准批次 博士	备注
法学（02）	政治学（0302）	* 030201	政治学理论	2	2	
		030202	中外政治思想	1		
		* 030204	科学社会主义	1	5	
		030205	中共党史（含：党的学说与党的建设）	1		
		030206	行政学	5		
		030207	马克思主义理论教育（含：中国革命史）	4		
		030208	思想政治教育	5		
	国际政治（0303）	* 030301	国际政治学	1	3	
		* 030305	国际共产主义运动	1	3	
		030306	民族民主运动	1		
	社会学（0304）	* 030401	社会学理论与方法	1	1	
		* 030402	应用社会学	1	2	
		* 030403	人口学	1	2	
教育学（04）	教育学（0401）	040105	教育经济学	5		
		* 040111	高等教育学	3	4	
	心理学（0402）	* 040201	普通心理学（注：可授教育学、理学学位）	1	3	
文学（05）	中国语言文学（0501）	* 050101	文艺学	1	6	
		* 050102	中国现当代文学	1	1	
		* 050103	中国古代文学	1	1	
		050104	中国民间文学	3		
		050105	中国文学批评史	3		
		* 050106	中国古典文献学	1	1	
		* 050107	语言学	1	3	
		* 050108	现代汉语	1	1	
		* 050109	汉语史	1	1	
		050110	汉语文字学（含：古文字学）	1		

学科门类 (代码)	一级学科 (代码)	学科专业 代码	学科专业名称	批准批次		备注
				硕士	博士	
文学 (05)	外国语言 文学 (0502)	＊050201	英语语言文学(附:英语国家文化研究)	1	1	
		＊050202	俄语语言文学(附:苏联文化研究)	1	4	
		＊050203	法语语言文学(附:法语国家文化研究)	1	3	
		＊050204	德语语言文学(附:德语国家文化研究)	1	1	
		＊050205	日语语言文学(附:日本文化研究)	1	3	
		＊050206	印度语言文学(附:印度文化研究)	1	1	
		050207	西班牙语语言文学(附:西班牙语国家文化研究)	3		
		050208	朝鲜语言文学(附:朝鲜文化研究)	1		
		＊050209	阿拉伯语语言文学(附:阿拉伯国家文化研究)	3	5	
		050213	世界文学	3		
		＊050214	比较文学	3	5	
		050216	其他国家语言文学(印度尼西亚语言文学;越南语言文学;缅甸语言文学;波斯语言文学;蒙古语言文学)	3		
历史学 (06)	历史学 (0601)	＊060103	考古学(含:古文字学,原始社会史) 历史地理(可授理学学位)	1	1	
		＊060104	中国古代史	1	1	
		＊060108	中国近现代史	1	1	
		＊060109	世界上古史、中古史	1	2	
		060112	世界近现代史	2		
		＊060113	世界地区史、国别史(欧美近代	2	2	
		＊060114	史;亚非史;＊欧洲史;东南亚史;南亚史;亚非拉近现代史)	1	4	

学科门类（代码）	一级学科（代码）	学科专业代码	学科专业名称	批准批次		备注
				硕士	博士	
理学（07）	数学（0701）	*070101	基础数学（含：数理逻辑、数论、代数、微分几何、拓扑学、函数论、泛函分析、微分方程）			
		*070102	计算数学	1	1	
		*070103	应用数学（注：可授理学、工学学位）	1	1	
		*070104	概率论与数理统计	1	1	
				1	1	
	物理学（0702）	*070201	理论物理	1	1	
		*070203	原子核物理	1	1	
		*070206	凝聚态物理	1	1	
		*070207	半导体物理与半导体器件物理	2	4	
		070208	声学			
		*070209	光学	1		
		*070210	无线电物理	1	4	
		*070211	无线电电子学	1	4	
		*070212	电子、离子与真空物理	1	4	
				1	1	
	化学（0703）	*070301	无机化学	1	1	
		*070302	分析化学	1	1	
		*070303	有机化学	1	1	
		*070304	物理化学（含：化学物理）	1	1	
		*070305	高分子化学与物理	1	1	
		*070306	放射化学	1	T	
		*070307	环境化学	1	3	
	天文学（0704）	*070401	天体物理	1	T	
	地理学（0705）	*070501	自然地理学	1	1	
		*070502	地貌学与第四纪地质学	4	4	
		*070503	人文地理学	1	3	
		070505	环境地理学	1		
		*070506	地图学与遥感	1	4	
		（020127）	经济地理学	5		

学科门类 （代码）	一级学科 （代码）	学科专业 代码	学科专业名称	批准批次 硕士	批准批次 博士	备注
理学 （07）	大气科学 （0706）	＊070601	天气动力学	1	1	
		＊070602	气候学	3	4	
		＊070603	大气物理学	1	2	
		070604	大气环境	4		
		070605	大气探测与大气遥感	3		
	地球物理学 （0708）	＊070801	固体地球物理学	1	6	
		＊070802	空间物理学	2	5	
		070805	地球动力学与大地构造物理	3		
	地质学 （0709）	070901	矿物学	5		
		＊070902	岩石学	3	3	
		＊070904	矿床学	3	4	
		070905	地球化学	2		
		＊070906	古生物学及地层学	1	1	
		＊070908	构造地质学（含：地质力学）	1	2	
		070909	地震地质学	5		
	生物学 （0710）	＊071001	植物学（注：可授理学、农学学位）	1	1	
		＊071002	植物生理学（注：可授理学、农学学位）	1	1	
		＊071003	动物学	1	1	
		＊071004	昆虫学（注：可授理学、农学学位）	1	1	
		＊071005	生理学（注：可授理学、医学学位）	1	1	
		071009	微生物学（注：可授理学、农学、医学学位）	5		
		071011	遗传学（注：授理学、医学学位）	1		
		＊071013	生物化学（注：可授理学、农学、医学学位）	1	1	
		＊071014	生物物理学（注：可授理学、医学学位）	2	3	
		＊071015	细胞生物学（注：可授理学、农学、医学学位）	2	T	
		071016	分子生物学（注：可授理学、农学、医学学位）	5		
		071017	生态学（注：可投理学、农学学位）	3		

学科门类（代码）	一级学科（代码）	学科专业代码	学科专业名称	批准批次		备注
				硕士	博士	
理学（07）	图书馆与情报学（0712）	＊071201 071202	图书馆学 科技情报	1 3	 4	
	自然科学史（0713）	071301	自然科学史（化学史、物理学史）	3		
工学（08）	力学（可授工学、理学学位）（0801）	＊080102 ＊080103 ＊080104 ＊080407 080108	一般力学 固体力学 流体力学 计算力学 实验力学	1 1 1 4 4	T 1 1 4	
	电子学与通信（0808）	080802	信号与信息处理	4		
	计算机科学与技术（可授理学、工学学位）（0810）	＊081001 ＊081002 ＊081005	计算机科学理论 计算机软件 计算机应用	1 1 3	T 2 3	
	管理科学与工程（0811）	081101	管理科学（注:可授学、工学学位）	3		
	原子能科学与技术（0823）	082302	加速器物理及应用	5		

注:各批次时间:

1:第一批 1981 年 11 月 3 日

2:第二批 1984 年 1 月 13 日

T:特批 1985 年 12 月 31 日

3:第三批 1986 年 7 月 28 日

4:第四批 1990 年 10 月 5 日

5:第五批 1993 年 12 月 11 日

6:第六批 1996 年 4 月 29 日

（共计博士点 101 个,硕士点 148 个）。

北京大学博士生指导教师名单①

一级学科	学科专业名称	导师姓名
哲学	马克思主义哲学	黄楠森　＊赵光武　孙伯揆　施德福　宋一秀　赵家祥　张文儒　陈志尚　张翼星　魏英敏　李士坤
	中国哲学	张岱年　汤一介　朱伯崑　楼宇烈　陈来　许抗生
	西方哲学	张世英　陈启伟　杨适　赵敦华
	逻辑学	刘壮虎
	美学	叶朗　阎国忠
	科学技术哲学（自然辩证法）	＊龚育之　孙小礼（女）　＊何祚庥　马名驹　傅世侠（女）
经济学	政治经济学	吴树青　肖灼基　张友仁　刘方棫　傅骊元　＊孙尚清　陈德华　刘伟　钱淦荣　徐雅民　睢国余　杨开忠
	中国经济思想史	赵靖　石世奇
	外国经济思想史	陈岱孙　厉以宁　晏志杰
	中国经济史	陈振汉　林毅夫
	西方经济学	杜度　胡代光　李庆云　易纲
	世界经济	张德修　张康琴（女）　巫宁耕　海闻
	国民经济计划与管理（含国民经济系统分析）	闵庆全　高程德　陈良焜　＊高尚全　＊王梦奎　曹风岐　秦宛顺　胡健颖（女）
	企业管理	靳云汇（女）　张国有　王其文　朱善利
法学	法学理论	沈宗灵　赵震江　周旺生
	法律思想史	饶鑫贤　王哲　＊武树臣
	宪法学	肖蔚云　＊罗豪才　姜明安
	刑法学	杨春洗　储槐植　张文
	环境法学	金瑞林　魏振瀛　程正康
	国际经济法	芮沐　杨紫烜　吴志攀
	国际法	王铁崖　赵理海　邵津　龚刃韧
	经济法学	贾俊玲（女）

一级学科	学科专业名称	导师姓名
政治学	政治学理论	赵宝煦　李景鹏　宁骚　萧超然　丁则勤　谢庆奎
	科学社会主义	钟哲明　梁柱　阎志民　沙健孙　薛汉伟
国际政治	国际政治学	＊薛谋洪　♯赵宝煦　梁守德　方连庆　陆庭恩　陈峰君　袁明(女)林良光　王杰(女)　龚文库
	国际共产主义运动	张汉清　曹长盛　黄宗良　林代昭　潘国华　林勋建
社会学	社会学理论和方法	＊费孝通　马戎　卢淑华(女)　周星
	应用社会学	＊雷洁琼(女)　王思斌　郭崇德(女)
	人口学	袁方　张纯元　曾毅　涂平
教育学	高等教育学	汪永铨　闵维方
心理学	普通心理学(可授理学学位)	陈仲庚　邵郊　王甦　朱滢　沈政
中国语言文学	文艺学	
	中国现当代文学	严家炎　谢冕　孙玉石　钱理群　洪子诚　温儒敏　陈平原　曹文轩
	中国古代文学	林庚　陈贻焮　袁行霈　褚斌杰　孙静　张少康　葛晓音(女)　费振刚　周强　周先慎
	中国古典文献学	裘锡圭　金开诚　孙钦善　倪其心　安平秋
	语言学	林焘　徐通锵　沈炯
	现代汉语	陆俭明　王福堂　符淮青
	汉语史	郭锡良　蒋绍愚　何九盈
外国语言文学	英语语言文学	李赋宁　赵萝蕤(女)　胡壮麟　陶洁(女)　申丹(女)　胡家峦　王逢鑫
	俄语语言文学	彭克巽　李明滨　吴贻翼　李毓榛　李国辰(女)　陈君华(女)　任光宣
	法语语言文学	陈占元　桂裕芳(女)　王文融(女)　张冠尧　罗芃
	德语语言文学	杨业治　张玉书　范大灿　孙凤城(女)
	日语语言文学	潘金生　徐昌华　顾海根
	印度语言文学	季羡林　刘安武　王邦维
	阿拉伯语语言文学	仲跻昆　孙承熙　张甲民　陈嘉厚
	比较文学	乐黛云(女)　严绍璗　孟华

一级学科	学科专业名称	导师姓名
历史学	考古学	宿白　吕遵谔　邹衡　严文明　陈铁梅　李伯谦　马世长　原思训
历史学	历史地理（可授理学学位）	侯仁之　于希贤
	中国古代史	邓广铭　周一良　田余庆　吴荣曾　祝总斌　吴宗国　王天有　阎步克
	中国近现代史	刘桂生　王晓秋
	世界近现代史	张芝联　林承节　沈仁安　何芳川　林被甸　梁志明　郑家馨
	世界地区史　国别史（欧洲史）	马克垚　刘祖熙　徐天新　郭华榕　何顺果
数学	基础数学	*丁石孙　庄圻泰　段学复　聂灵沼　程民德　姜伯驹　张芷芬（女）　张恭庆　丁同仁　李忠　*潘承彪　王雪平　王萼芳（女）文兰　彭立中　李承治　王诗宬　*石生明　*殷蔚萍　刘嘉荃　张继平　陈维桓　谭小江　赵春来
	计算数学	徐献瑜　黄敦　应隆安　滕振寰　徐明耀　黄少云
	应用数学	♯程民德　钱敏　石青云（女）　♯张恭庆　陈亚浙　郭懋正　程乾生　胡德焜　刘张炬
	概率论与数理统计	江泽培　郑忠国　*龚光鲁　谢衷洁　钱敏平（女）　陈家鼎　程士宏　耿直
物理学	理论物理	杨立铭　胡宁　杨泽森　高崇寿　曹昌祺　曾谨言　宋行长　赵光达　俞允强　林宗涵　彭宏安　李重生
	原子核物理	胡济民　虞福春　陈佳洱　卢希庭　张启仁　江栋兴　方家训　赵渭江　叶沿林　王正行　赵夔
	凝聚态物理	褚圣麟　甘子钊　尹道乐　杨威生　章立源　杨应昌　秦国刚　*王忠烈　戴道生　吴思诚　任尚元　阎守胜　韩汝珊　王世光　张树霖　戴远东　朱星
	半导体物理与半导体器件物理光学	王阳元　韩汝琦　谭长华　*马俊如　张利春　吉利久　武国英　张合义　孙驹亨　邹英华　刘弘度

一级学科	学科专业名称	导师姓名
物理学	无线电物理	董太乾　王义道　杨东海　王楚　谢麟振　项海格
	无线电电子学	王楚　谢麟振　项海格　吴德明　迟惠生 沈伯弘　梁庆林
	电子　离子与真空物理	吴全德　西门纪业　徐承和　薛增泉　吴锦雷
化学	无机化学	张青莲　徐光宪　苏勉曾　吴瑾光(女) 黄春辉(女)　顾镇南　李标国　王夔　严纯华
	分析化学	高小霞(女)　孙亦樑　慈云祥　童沈阳　李南强 常文保
	有机化学	邢其毅　张滂　金声　叶秀林　李崇熙　花文廷 叶蕴华(女)
	物理化学 (含:化学物理)	#徐光宪　唐有祺　赵国玺　谢有畅　黎乐民 邵美成　桂琳琳(女)　林炳雄　徐筱杰　马季铭 蔡生民　赵新生　朱步瑶(女)　来鲁华(女) 杨锡尧　刘忠范　吴念祖　李芝芬(女)
	高分子化学 与物理	冯新德　丘坤元　李福绵　陈惠英(女)　曹维孝 张鸿志　周其凤
	放射化学	刘元方　王文清(女)　吴季兰　王祥云　高宏成 哈鸿飞
	环境化学	唐孝炎(女)　＊戴乾圜　李金龙　叶文虎
天文学	天体物理	岳曾元　吴林豪　乔国俊　吴鑫基
地理学	自然地理学	陈静生　陶澍　崔海亭　蔡运龙　陈传康　黄润华
	地貌学与第四纪地质学	崔之久　杨景春　任明达　倪晋仁　夏正楷
	人文地理学	杨吾扬　胡兆量　周一星　谢凝高　董黎明
	地图学与遥感	承继成　马蔼乃(女)　徐希孺
大气科学	天气动学力	仇永炎　陈秋士　＊廖洞贤　陈受钧　＊丁一汇 刘式适、陶祖钰
	气候学	王绍武　黄嘉佑
	大气物理学	赵柏林　陈家宜　＊周秀骥　毛节泰　刘式达 桑建国　秦瑜

一级学科	学科专业名称	导师姓名
地球物理学	固体地球物理学	臧绍先
	空间物理学	濮祖荫　肖佐　涂传治
地质学	岩石学	董申保　崔文元　王仁民
	矿床学	冯钟燕　曾贻善　艾永富(女)
	古生物学及地层学	白顺良　王新平　郝守刚
	构造地质学	钱祥麟　何国琦　郑亚东　刘瑞珣　李茂松
生物学	植物学	李正理　尤瑞麟　顾红雅(女)　崔克明
	植物生理学	曹宗巽(女)　吴相钰　陈章良　林忠平
	动物学	陈阅增　王平(女)　潘文石　张昀
	昆虫学	林昌善
	生理学	刘泰槐　高天礼
	生物化学	茹炳根　朱圣庚　＊梁宋平
	生物物理学	陈德明　张人骥　吴才宏　卢光莹(女)
	细胞生物学	翟中和　朱澂　胡适宜(女)　吴鹤龄　丁明孝　尚克刚
图书馆与情报学	图书馆学(可授文学学位)	周文骏　吴慰慈
力学	一般力学	黄琳　叶庆凯　陈滨
	固体力学	王仁　＊胡海昌　余同希　王大钧　王敏中　殷有泉　黄筑平　方竞　苏先樾(女)　陈德成
	流体力学	孙天凤　周光坰　吴望一　陈耀松　黄永念　颜大椿　严宗毅　魏庆鼎
	计算力学	武际可　吴江航　袁明武
计算机科学与技术	计算机科学理论	马希文　＊姚天顺　俞士汶　张立昂　袁崇义
	计算机软件	杨芙清(女)　许卓群　董士海　唐世渭
	计算机应用	王选　陈堃銶(女)　宋再生　肖建国

① 录自 1996 年 9 月北京大学研究生院《北京大学博士研究生指导教师名单》。

　＊为兼职博士生导师。♯为两个专业的博士生导师，不重复计数。

第三节　研究生招生

一、1917－1931 年

1917 年年底，北京大学文、理、法三科成立 9 个研究所，并于当年 11 月开始招收研究员（生）。当时《北京大学研究所简章》规定："本校毕业生俱得以自由志愿入研究所。本校高年级学生，主任教员认为合格者，得入研究所。本校毕业生以外，与本科毕业生有同等之程度而志愿入研究所者，经校长之认可，亦得入研究所。""本国及外国学者，志愿共同研究而不能到所者，得为通信研究员。"按照上述规定，自 1917 年 11 月至 1918 年 3 月，9 个研究所共招收研究员（生）148 人，其中已毕业于大学之研究员 80 人，仍在各科肄业之研究员 68 人。研究员中，文科最多，71 人；理科最少，仅 18 人。另外有通信研究员 32 人。范文澜、张崧年（申府）、陈钟凡、黄建中、冯友兰、傅斯年、俞平伯、李续祖、丁绪宝等都是这一时期的研究员。叶绍钧（圣陶）、沈其璋、包玉麟、吴大业等是通信研究员。

1921 年 12 月，北京大学对研究所进行改组，全校只设一个研究所，研究所分自然科学、社会科学、国学、外国文学 4 门。到 1922 年 1 月，只成立一个研究所国学门。《研究所国学门研究规则》规定："凡本校毕业生有专门研究之志愿及能力者，又未毕业生及校外学者，曾作特别研究已有成绩者，皆可随时到本门登录室报名，填写研究项目，有著作者并呈送著作，一并由本学门委员会审查；其审查结果合格者得领研究证到所研究。""凡本校毕业生及校外学者，不能到校而有研究之志愿者，得通信研究，其报名及审查手续，均照上条办理。"研究所国学门自 1922 年 1 月至 1927 年底，经国学门委员会审查合格之研究生共 51 人。罗庸、张煦、容庚、郑天挺、冯淑兰（女）、商承祚、李正奋、魏建功、楚图南等都是这一时期的研究生。这时的研究生已不称研究员。1924 年春，北京大学研究所国学门教授林玉堂（语堂）开办"中国比较发音学"研究班，其宗旨是考定中国重要方言中所有的音声，凡要报名的人须会说一种靠得住的纯粹的乡音。林玉堂讲授方言字母及国际音标，每周 2 小时。班上学员在教员指导下，于一学期中写一篇关于该本地方言的论文。该班共 27 人参加，于当年 5 月中旬结束。

1929 年 11 月和 1930 年 12 月，北京大学先后两次发布《研究所国学门招收研究生通告》。其中规定报考研究生资格：(1)在国内公立大学及教育部立案之私立大学毕业者；(2)未在前项学校毕业，志愿研究国学，曾有专门著作,经本所审查合格者。要求报名者填写报名表,提出研究题目,并说明所提题目之研究方法及目的。要求所提题目须在公布的导师指导研究科目的范围内,均须呈缴旧日著作。审查合格后,再举行笔试及口试。考试成绩合格,录取为研究生。1931 年 6 月,研究所国学门录取研究生 21 名,其中文字学者刘文兴等 4 名,文学者黎昔非等 8 名,史学者张鸿翔、盛代儒等 6 名,哲学者金受申等 3 名。

北大 1917—1931 年招收研究生情况见下表。

北京大学 1917－1931 年招收研究生人数统计表

年级	合计	哲学	国文学	史学	英文学	数学	物理	化学	法律	政治	经济	心理	生物	地质	人类	教育	未分学科
1917—1918	148	19	42		10	4	4	10	40	5	14						
1922	12	1	7	4													
1923	10	2	6	2													
1924	4																4
1925	9																9
1926	6																6
1927	10																10
1931	21	3	12	6													
合计	220	25	67	12	10	4	4	10	40	5	14						29

说明:1928—1930 年未招收研究生。

二、1932－1948 年

1932 年 9 月,学校成立研究院,此后,以北京大学研究院名义招收研究生。《国立北京大学研究院规程》规定,报考研究生的资格为:"凡本校毕业生,国立各大学毕业生,国内外经本院承认之各大学毕业生,皆得应本院研究生入院考试。""校外毕业生报名时,须缴大学毕业文凭,在校各学年详细成绩证书,并须填明志愿入何部,愿选治何种专科,及曾习何种外国语。如有曾研究之专题论著,无论已否印行,皆可附缴。"

研究生入学考试之内容,该规程规定为:"(1)所专习学科之基本知识:以至少能了解所治学科的基本知识及其沿革、历史为及格。(2)外国语:以至少能用一种外国语读书、对译为及格。"

该规程还规定:"本校毕业生在校各学年成绩平均在 80 分以上,外国语成绩平均亦在 80 分以上者,得免其入院考试。""本校各系之助教,愿同时作研究生者,由各系主任推荐,经院务会议审查通过后,得免其入院考试。"

1932 年,北大研究院通过考试,录取研究生 25 人,其中文史部中国语言文学类 8 人,历史类 4 人。自然科学部物理学类 1 人,心理学类 1 人,生物学类 1 人。社会科学部法律学类 1 人,政治学类 3 人,经济学类 6 人。经研究院院务会议决议,本年度录取本校各系推荐免试入院之助教 16 人,免试入院本校毕业生 3 人。

1933 年、1934 年北大研究院未招收研究生。

1935 年夏季,北大研究院公布招考研究生章程。关于报考研究生的资格及考试内容要求,与 1932 年的规定基本相同,只是取消本校助教和优秀本科毕业生免试入院的规定。

1935 年,北京大学研究院录取研究生 12 人,其中理科研究所物理学部马仕俊、郭永怀等 4 人;文科研究所中国文学部侯封祥、阎崇璩等 4 人,史学部陶元珍、陈晋等 4 人。

1936 年 8 月初,北大研究院公布本年度《招考研究生章程》,与上年度的章程基本相同。8 月底,研究院录取研究生 10 人,其中理科研究所物理学部虞福春、马大猷 2 人,化学部陈初尧、张麒等 3 人;文科研究所中国文学部陈慕洁 1 人,史学部韩景清、周辅成等 4 人。

"七七"事变后,北京大学、清华大学、南开大学在长沙、昆明先后组成长沙临时大学和西南联合大学。因时局动荡,北大研究院 1937—1938 年未招收研究生。1939 年夏,北大研究院恢复招收研究生新生,并通知旧生复学。这年 6 月,北大公布《国立北京大学文科研究所招考研究生办法》,规定该所本年度招收研究生 10 人,凡录取的研究生每人每月给予生活费 50 元,学校供给住宿。

同年 8 月,北大研究院理科研究所亦发布招收研究生广告,其中规定本年度该所的算学部、物理学部、生物学部招收研究生(法科研究所本年未招生)。凡录取的研究生可请求津贴。津贴每年每人 600 元,按月发给。津贴名额以 10 人为限。

该年北大研究院通过考试录取研究生 16 名。其中文科研究所:中国文学部逯钦立、阴法鲁 2 人,语学部马学良、周法高等 5 人,史学部汪籛、杨志玖等 5 人,哲学部任继愈 1 人;理科研究所:算学部王湘浩、李盛华 2 人,生物学部萧伦 1 人。复学研究生郭永怀(1935 级)1 人。

1940 年,北大研究院除上一年度招收研究生的学部(科)外,又增加理科研究所的化学部、地质学部,法科研究所的法律学部、经济学部。

1940 年,北京大学研究院录取研究生 8 名。其中文科研究所有中国文学部董庶、语学部高华年、史学部王玉哲等 3 名;理科研究所化学部有陈履鳌;地质学部有黄元宗;法科研究所法律学部有贺祖斌。

1941—1945 年，北大招收研究生的所、部及报考资格、考试科目等与 1940 年基本相同。只是自 1942 年开始，法科研究所增加政治学部的行政组、国际关系组，法律学部增加犯罪学组。

1941—1945 年期间，北大共录取研究生 35 名，其中文科研究所有李孝定、王利器、王叔岷、王达津、方龄贵、胡庆钧、李荣、汪子嵩等 21 人；理科研究所有董申保、黄昆、杨起等 9 人；法科研究所有闻鸿钧、易梦虹等 5 人。

1946 年夏，北京大学复员北平（京）。本年未发布招收研究生广告，仅从本年本科毕业生中推荐免试录取 4 名研究生，即历史学部陈庆华、张镇邦，算学部江泽培，生物学部殷汝棠。

1947 年，北大招收研究生的所、部如下。

文科研究所：哲学部；史学部（分史学组、考古学组）；中国语文学部（分语言文字组、文学组）；东方语文学部（分梵文组、阿拉伯文组）；西方语文学部（设英国文学组）；教育学部。

理科研究所：数学部；物理学部；化学部；地质学部；动物学部；植物学部。

法科研究所：法律学部；政治学部；经济学部。

根据教育部的规定，1948 年初，北京大学将上述 15 个部改名为 15 个研究所，去掉理科、文科、法科三个研究所。该年北京大学医学院设立解剖学、生理学、病理学、细菌学、生物化学、公共卫生学 6 个研究所，并于当年开始招收研究生。

1947 年，北大通过考试录取研究生 30 名，其中有吴林襄、刘若庄、张存浩、吴相钰、王维贤等人。这一年，北大各系助教（或讲员）兼读研究生（已注册）有沈克琦、徐叙瑢、孟庆哲、陈士林、吴敬业等 26 名。

1948 年，北大通过考试录取研究生 20 名，有吴鸣镝、恽瑛、韩德刚、黄楠森、漆侠、舒璐、蒲以森等。

北大 1932—1948 年招收研究生情况见下表。

北京大学 1932—1948 年招收研究生人数统计表

年级	合计	哲学	国文	史学	英文	数学	物理	化学	法律	政治	经济	心理	生物	地质	人类	教育	生化	解剖
1932	25	8	4			1			1	3	6	1	1					
1932①	13	1	3						1	3	5							
1935	12	4	4		4													
1936	10	1	4			2	3											

---

① 1932 年 10 月，北京大学研究院从本校各系助教和本科毕业生中，推荐免试录取研究生 19 人。因只查到 13 人的姓名，另外 6 人无法归入相应学科，故只计 13 人。

年级	合计	哲学	国文	史学	英文	数学	物理	化学	法律	政治	经济	心理	生物	地质	人类	教育	生化	解剖
1939	16	1	7	5		2							1					
1940	8		2	3				1	1					1				
1941	11		5	3				1	1					1				
1942	7		2	1			1		1					1	1			
1943	12		4	3			1		1		1			2				
1944	1						1											
1945	4	1	1								1			1				
1946	4			2		1								1				
1947	30	2			4	1	3	3	1		3		2	3		2		
1947①	26	1	2		2		3	3			2		12			1		
1948	20	1	1	3	3	3	2	1	1		1		1	2			1	1
总计	199	6	38	35	9	7	18	15	11	7	18	1	20	8	1	3	1	1

三、1949—1965 年

中华人民共和国成立后，1949 年到 1952 年院系调整前，大体上仍按原来的办法招收研究生。研究生修业年限为 2 年至 3 年，助教兼研究生为 3 年至 4 年。从 1949 年到 1952 年，各年的招生人数分别为：1949 年 21 人，1950 年 25 人，1951 年 16 人，1952 年 84 人，4 年共招收 146 人。

院系调整后，1953 年 11 月 27 日高等教育部发布《高等学校培养研究生暂行办法（草案）》。其中规定，"凡聘有苏联专家（或人民民主国家的专家）或师资条件较好的高等学校均应担负培养研究生的任务，其目的为培养高等学校师资和科学研究人才"；招生的对象为"（一）高等学校的助教、毕业生（不包括专修科毕业生）经中央高等教育部选派者；（二）高等学校毕业（包括任职二年以上的专修科毕业生）或具有同等学力，由中央一级机关、团体调派，经中央高等教育部同意并经考试及健康检查合格者"；研究生的学习年限为 2 年至 3 年。由于苏联专家等一般聘期为 2 年，所以他们培养的研究生，学习年限一般为 2 年。

---

① 1947 年，北大除通过考试录取 30 名研究生外，本年度推荐免试本校各系助教兼研究生（已注册）26 人。

1953 年,北大共招收研究生 180 人。

1956 年 7 月,高等教育部颁发《1956 年高等学校招收副博士研究生暂行办法》,规定年龄在 40 岁以下、具有下列条件之一的中华人民共和国公民,都可以向指定的高等学校申请报考研究生:(1)高等学校本科毕业并有两年以上科学技术工作、教育工作或其他与科学有关的实际工作经验的。(2)高等学校本科毕业,未参加过实际工作或工作经验不满两年,但学业成绩优异,经原学校或本人工作部门证明的。(3)未经高等学校本科毕业,有 3 年以上工作经验,经科学机关、高等学校或本人工作部门证明确实具有高等学校本科毕业的水平和从事科学研究工作能力的。学习年限暂定为 4 年,前两年主要学习课程,后两年进行副博士论文写作工作。

副博士研究生入学考试的科目:(1)专业课程一般考一至三门,最多四门,由各校根据专业性质决定。(2)政治理论:工、农、林、医各专业考中国革命史,文、理各专业考辩证唯物主义和历史唯物主义,政法、财经各专业考政治经济学。(3)外国语文:由报考人在俄、英、德、法四种语文中自选一种,但有特殊规定的专业应指定必须考某种外国文者例外。

北京大学副博士研究生 1956 年招生计划见下表。

北京大学副博士研究生招生计划(1956 年 7 月)

学校	研究生专业	导师	名额	备注
北京大学	偏微分方程	周毓麟	6	
	解析理论与特征值	申又枨	2	
	复变函数(整函数与半纯函数)	庄圻泰	2	
	实变函数(逼近论)	程民德	3	
	概率论和数理统计	许宝騄	5	
	拓扑学(代数拓扑)	江泽涵 廖山涛	4	
	总体微分几何	吴光磊	2	
	射影微分几何	吴祖基	2	
	群论	段学复	2	
	解析数论	闵嗣鹤	2	
	塑性力学(极限设计与金属压力加工)	王仁	1	
	流体力学(黏性流体运动和湍流)	周培源	1	
	空气动力学(空气弹性力学)	周光炯	1	

学校	研究生专业	导师	名额	备注
	统计物理	王竹溪	2	
	原子核理论	杨立铭	4	
	半导体理论	黄昆	4	
	超声物理	杜连耀	1	
	微波	电子学教研组	2	
	磁学	叶企孙	1	
	光学	赵广增	1	
	天气学	谢义炳	1	
	同位素化学	张青莲	1	
	电化学分析法	高小霞	1	
	光学分析法	高小霞	1	
	稀有元素分析法	严仁荫	1	
	分离方法研究	严仁荫	1	
北京大学	有机合成	张滂	3	
	高分子化学	冯新德	3	
	植物原料化学	邢其毅	2	
	化学热力学	黄子卿	2	
	络合物	徐光宪	3	
	结晶学	唐有祺	2	
	胶体化学	傅膺	4	
	地植物学	李继侗	3	
	动物生物化学	张龙翔	2	
	昆虫学	林昌善 张宗炳	5	
	动物生态	李汝祺	1	
	比较生理学	陈德明	3	
	组织胚胎学	崔之兰	2	
	植物形态解剖	张景钺	1	

学校	研究生专业	导师	名额	备注
北京大学	岩石学	王嘉荫	2	
	古生物	乐森璕	1	
	地史	乐森璕	1	
	中国历史地理	侯仁之	2	
	地形学	王乃樑	2	
	普通语言学	高名凯 岑麒祥	2	
	汉语方言学	袁家骅	2	
	汉语史	王力 杨伯峻	2	
	现代汉语	魏建功 周祖谟 朱德熙 林焘	4	
	中国文学史(先秦部分)	游国恩	1	
	中国文学史(西汉魏晋南北朝)	林庚	1	
	中国文学史(隋唐五代)	蒲江清	1	
	中国文学史(隋唐五代)	吴组缃	1	
	中国文学史(宋元部分)	王瑶	1	
	文艺理论	杨晦 钱学熙	2	
	商周史	张政烺	2	
	魏晋南北朝史	汪籛	1	
	隋唐史	汪籛	1	
	宋史	邓广铭	2	
	秦汉史	翦伯赞	1	
	印度史	季羡林	2	
	原始社会史及国内少数民族地区考古	林耀华 夏鼐	2	
	殷周考古学	郭宝钧 尹达	1	
	秦汉考古学	苏秉琦	1	

学校	研究生专业	导师	名额	备注
北京大学	自然科学中的哲学问题	辩证唯物主义历史唯物主义教研组	8	
	逻辑	王宪钧	2	
	中国哲学史	冯友兰 任继愈 张岱年	3	
	西方哲学史	郑昕 洪谦 任华	3	
	英国语言	李赋宁 俞大絪	2	
	英国文学	杨周翰 赵萝蕤 朱光潜 张恩裕	5	
	德国文学	德语教研组	2	
	法国文学	闻家驷 吴达元 陈占元	2	
	法国语言	郭麟阁 陈定民 齐香	2	

注：本年北大实际招收研究生98人。

1957年3月，高等教育部通知，不用"副博士研究生"名称，但学习年限仍为4年，研究生的研究和学习仍照原定计划进行。

1959年7月21日，教育部颁发《高等学校培养研究生工作的几点意见》和《1959年高等学校研究生选拔考试办法》，对招收研究生作了新的规定，要求高等学校招收的研究生，"在政治上，必须是忠诚可靠，思想进步，作风正派；在业务上，应该是高等学校本科毕业，对所选专业有二三年实际工作经验的在职干部，或有相当于大专文化程度，从事多年实际工作，有丰富经验的在职干部，或高等学校本科优秀的应届毕业生；在体格上，必须是身体健康，能够坚持学习"。同时规定："在职干部报考研究生的，由各高等学校和科学研究机关保送，必要时由国家统一抽调。高等学校本科应届毕业生报考研究生的，由国家计划委员会在分配应届毕业生时确定一定名额,并由有关高等学校负责从毕业生中择优选留。不论在职干部或大学本科毕业生,都要经过严格审查和考试,合乎条件的,方得录取为研究生。对于合乎条件的工农干部应优先录取。"研究生入学考试的科目为:(1)政治课:四门政治课(哲学、社会主义或社会主义和共产主义、政治经济学、中国革命史)任选一门;(2)外语:由报考人在招生学校规定的外语中自选一种。未学过外语的在职工农干部可以免考;(3)专业课:一般一至三门。考试题目与考试方式由招生学校规定。

1963 年 4 月 29 日,教育部发布《高等学校培养研究生工作暂行条例(草案)》,对 1959 年有关招收研究生的规定作了修改。新的规定把研究生分为脱产学习和在职学习两种。脱产研究生学习期限一般为 3 年,在职研究生学习期限一般为 4 年。"凡是每年高等学校应届本科毕业生,本人自愿,经招生单位审查同意,均可报考脱产研究生。凡是具有高等学校本科毕业程度,又有两年以上有关专业工作经验的在职人员,均可报考脱产研究生或在职研究生"。年龄都要在 35 岁以下。研究生的入学考试课程包括:政治理论课程、语文、外国语、基础课程和专业课程。研究生的招生工作由教育部统一组织。

按照上述规定,自 1949 年至 1966 年"文革"前,北大共招收研究生 1181人。1958 年、1966 年未招收研究生。各系录取研究生人数见下表。

北京大学 1949—1966 年分学科招收研究生人数统计表

年度	录取注册人数	入学起止年月	学习年限	数学(数学力学)	物理	化学	生物(动物植物)	地质(地质地理)	原子能(技术物理)	无线电	地球物理	电机电力	中文	史学	哲学	经济	法律	图书馆	马列主义基础	政治经济学	政治	东语	西语	俄语
1949	21	1949.9—1952.9	3	1	2	2		3					3	3	1		1				4		1	
1950	25	1950.9—1953.9	3	2	3	2	2	3	2				2	2	1	4	2							
1951	16	1951.9—1954.9	3		3	3	1	6	1				2											
1952	84	1952.9—1955.9	3	5	13	10	2						3	2					21	24			1	3
1953	180	1953.9—1956.9	3	7	24	35	8	9					15	2	34	4			27				1	14
1954	118	1954.9—1957.9	3		10	4	16						16	17	6				25	23			1	
		1954.9—1958.9	4																					

年度	录取注册人数	入学起止年月	学习年限	数学(数学力学)	物理	化学	生物(动物植物)	地质(地质地理)	原子能(技术物理)	无线电	地球物理	电机电力	中文	史学	哲学	经济	法律	图书馆	马列主义基础	政治经济学	政治	东语	西语	俄语
1955	136	1955.9—1957.9 / 1955.9—1959.9	2 / 4	3	13	20	12	3					18	14	2	3			31				2	15
1956	98	1956.9—1960.9	4	18	9	15	7	4					12	13	13									7
1957	8	1957.9—1961.9	4	1		4																		3
1958																								
1959	48	1959.9—1962.9	3	6	12		4		5				11	4	2		4							
1960	118	1960.9—1963.9	3	12	6	11	10	8	9	2	8		23	8	4	4	4						8	1
1961	58	1962.2—1965.2	3	4	2	3	3	6				1	9	8	7	5	5					2	1	2
1962	86	1962.9—1965.9	3	11	10	14	9		3	2	1		5	4	17	1	9							
1963	55	1963.9—1966.9	3	11	6	9	7	3	1	2	4		1	3	7		1							
1964	56	1964.9—1967.9	3	9	7	3	9	3	2				4	6	6	1	2	2						2
1965	74	1965.9—1968.9	3	14	12	14	11	8	8	4	3													
1966																								
合计	1181			104	132	149	110	50	28	10	17	4	122	85	103	20	26	2	104	47	4	14	14	36

四、1978—1997年

1966年"文化大革命"开始至1977年,培养研究生工作中断。1978年,北大恢复招收研究生。1977年10月教育部下达《高等学校招收研究生的意见》,其中规定,报考研究生的条件为具有大学毕业文化程度,具有一定的研究才能和专业特长。同时规定,有专业特长和研究才能的工农兵、在职职工不受学历限制,但须具有同等的文化程度。研究生从工厂、农村、学校、部队、机关、企事业单位和科研单位选拔，和从应届大学毕业的学生中选留。从应届大学毕业生中选留的研究生，一般不超过 30 岁，从工厂、农村、学校、部队和科研单位选拔的，不受此限，但最大不得超过 35 岁。研究生的招生办法是：自愿报名，单位推荐，文化考试，择优录取；在省、自治区、直辖市招生委员会统一领导下，由招收的学校进行政治审查；文化考试合格后，报省、自治区、直辖市招生委员会批准录取。研究生入学考试的科目为马克思主义理论（政治理论课）、外国语、基础课、专业基础课、专业课。其中政治理论课和外国语由省、自治区、直辖市统一组织。从 1980 年开始，由国家统一命题。从 1978 年到 1980 年，北大各年招收研究生人数为：1978 年 458 人，1979 年 162 人，1980 年 76 人。

1981 年开始，北大为教育部代招出国预备研究生，从 1978 年至 1986 年共招生 291 人。

1980 年，学位条例公布。从 1981 年起，招收的研究生分为硕士生和博士生两种。当年北京大学规定，凡已按国务院学位委员会《关于审定学位授予单位的原则和办法》规定的条件，经学校同意，提出申请博士学位授予权的专业，可从本届毕业研究生中招收攻读博士学位的研究生。导师和教研室必须从德、智、体全面衡量，严格要求，根据该生在校期间的表现、学习成绩和科研能力等情况写出推荐意见后，由系审核，并经校长批准，报教育部备案。是年北大招收博士生 15 人。1981 年 11 月，北大经国务院批准为首批可授予博士、硕士学位的单位后，即根据批准的学科、专业和导师情况，正式招收博士生。

1984 年，为了加强高等学校中少数比较薄弱、对经济和社会发展影响较大的学科、专业及某些公共课、基础课师资队伍的建设，教育部决定，在部分高等院校试办招收研究生班。研究生班研究生学习年限 2 年，主要学习硕士研究生课程，通过考试，成绩合格，发给研究生班毕业证书。研究生班研究生的入学考试同于硕士研究生的入学考试。

1984 年 9 月，教育部通知，允许北京大学等部分重点高校推荐少数应届本科毕业生免试攻读硕士学位。同年 12 月，教育部发出《关于硕士生提前攻读博士学位问题的通知》。1985 年初，北大根据其精神，制定《北京大学关于硕士生提前攻读博士学位的办法》。其中规定，已修满硕士生培养方案规定的总学分数、必修课和限制性选修课中至少有四门的成绩在 85 分以上、有科学研究成果，表现其有较强的科学研究能力的，可申请提前攻读博士学位。同年，学校又制定了《北京大学试行推荐部分应届优秀硕士毕业生免试初取为博士生的办法》，规定本校各系和校外单位均可向我校推荐优秀应届硕士毕业生。被推荐者必须年龄在 40 岁以下，硕士学位课程考试成绩平均在 90 分以上，在学位论文中有新的见解，表明其有较强的科学研究能力。初取的博士生，在硕士学位论文答辩通过后，须将论文送报考的导师审查。如导师认为符合录取条件，经系主任同意后，报研究生院批准，即正式录取为博士生。

1984年，为适应社会对高层次专业人才的需要，除招收由国家财政拨款的国家计划内研究生以外，北大开始招收由用人单位支付培养费、毕业后一律到用人单位工作的计划外委托培养研究生。从1987年开始，北大又招收计划内定向培养研究生。这类研究生的培养费由国家财政拨款，毕业后回原定向单位工作。原来招收的研究生称为计划内非定向研究生。1991年起，北大又招收培养费由考生本人自筹的自筹资金研究生。这样，国家计划内招收的研究生有非定向和定向两种，国家计划外的研究生有委托培养研究生和自筹资金研究生两种。

这期间，除招收本国攻读学位的研究生以外，还招收外国留学生攻读学位。

建立学位制度后，报考硕士生的条件为高等学校本科毕业或具有同等学力者。考试由教育部（国家教委）统一组织，由各省、自治区、直辖市招生部门根据国家统一要求组织实施。考试科目仍为政治理论课、外国语、基础课、专业基础课、专业课。政治理论课、外国语由国家教育主管部门组织统一命题，业务课由招生各校自行组织命题。参加国家统考符合当年录取标准者列入复试名单，由招生学校进行复试。复试主要是结合本学科专业及研究领域（方向）的要求进行进一步的考核和检查，并考察考生综合运用所学知识分析、解决问题的能力。复试合格者，由学校发录取通知。

博士生招生的指导思想、方针、原则大都与硕士生相似。博士生的入学考试，由招生各高校自行组织实施。

为利于有实践经验的在职人员报考硕士生，国家教委于1986年11月20日发布《关于高等学校招收在职人员为硕士生进行单独考试试点的通知》，北大为试点单位之一。该通知规定，对大学本科毕业后有5年以上实践经验（1988年5月，将5年改为4年）且在工作中确有成果的在职人员进行单独入学考试的试点。试点单位组成考试小组，对符合条件的考生，采用笔试和口试相结合的方式，逐个进行考试。但是，该通知对考试时间、地点和考试科目、内容未提出具体规定。1993年7月和1995年8月，国家教委对单独考试又做出补充规定，规定单独考试的考生，必须为推荐单位的定向或委托培养的在职人员，单考生的考试科目、方式及时间，与全国统考的初试相一致，单独考试的考场必须设在招生单位，试题难易程度也应与全国统考的水平大体相当，其招生总数不得超过本单位招生计划的15%。

从1978年到1997年各年研究生录取类别情况和这期间各院（系、所、中心）招收研究生人数见下列诸表。

1978—1997年北京大学历年招收研究生人数统计表(分类别统计)

年份	博士生 录取人数	计划内非定向	计划内定向	其中 计划内在职	委托培养	自费兼读	自筹资金	外国留学生	硕士生 录取人数	计划内非定向	计划内定向	计划内在职	其中 委托培养	自费兼读	自筹资金	外国留学生	预备出国	研究生班研究生 录取人数	计划内非定向	其中 计划内定向	委托培养
总计	3199	2283	220	438	58	33	8	159	15174	11257	990	274	1546	320	150	346	291	745	418	46	281
1978									458	458											
1979									162	162											
1980									76	76											
1981	15	15							379	379											
1982	8	8							435	435											
1983	9	9							533	533											
1984	71	67		2	2				743	388		56	48				250	105	105		
1985	102	97		4	1				874	649			193			6	26	340	103		237
1986	88	83		1	3			1	799	650			133			1	15	95	79		16
1987	143	131		9	3				808	711	14		81			2		78	66		12
1988	166	146		16	4				808	673	65	8	56			6		75	65		10
1989	127	108	3	12	1			3	734	459	216	31	20			8		52		46	6
1990	131	108	4	17				2	721	449	228	25	6	28		13					
1991	161	126	13	20	1			1	809	596	157	15	8			5					

续表

年份	博士生 录取人数	博士生 其中 计划内非定向	计划内定向	计划内在职	委托培养	自费兼读	自筹资金	外国留学生	硕士生 录取人数	硕士生 其中 计划内非定向	计划内定向	计划内在职	委托培养	自费兼读	自筹资金	外国留学生	预备出国	研究生班研究生 录取人数	研究生班研究生 其中 计划内非定向	计划内定向	委托培养
1992	205	163	16	25	1				866	710	58	22	14	41		21					
1993	252	184	17	24	5			22	900	736	49	27	21	37	6	24					
1994	331	225	26	40	6	3	1	30	1093	769	43	31	151	30	5	64					
1995	399	258	27	75	6	4	2	27	1138	799	46	22	109	48	55	59					
1996	485	271	80	86	10	9	1	28	1385	843	59	33	273	68	25	84					
1997	506	284	34	107	15	17	4	45	1558	887	55	4	433	68	59	52					

1978—1997 年各院(系、所、中心)招收研究生数一览表(一)

单位	七八级 博	七八级 硕	七九级 博	七九级 硕	八〇级 博	八〇级 硕	八一级 博	八一级 硕	八二级 博	八二级 硕	八三级 博	八三级 硕	八四级 博	八四级 硕	八五级 博	八五级 硕	八六级 博	八六级 硕	八七级 博	八七级 硕	八八级 博	八八级 硕	八九级 博	八九级 硕	九〇级 博	九〇级 硕	九一级 博	九一级 硕	九二级 博	九二级 硕	九三级 博	九三级 硕	九四级 博	九四级 硕	九五级 博	九五级 硕	九六级 博	九六级 硕	九七级 博	九七级 硕	年级合计 博	年级合计 硕	总计
合计		458		162		76	15	379	8	435	9	533	71	743	102	1204	88	894	143	886	166	883	127	786	131	721	161	809	205	866	252	900	331	1093	399	1138	485	1385	506	1558	3199	15919	19118
数学学院		53		6		3		39		33	2	46	16	51	11	109	11	34	9	32	22	40	8	25	8	24	15	24	10	30	12	22	16	27	23	30	32	51	28	51	228	730	958
概率系																																									21	111	132
力学系		6		2		1																																			108	379	487
物理系		49		7		2																																			156	790	946
地球系		20		6		1																																			98	432	530
技物系		11		1		6																																			93	351	444
电子学系		18		2		3																																			75	433	508
计算机系		4		4		3																																			113	843	956
化学学院		63		12		11																																			392	1082	1474
生命学院		24		16		16																																			230	912	1142
地质系		19		11		11																																			71	385	456
城环系		27		4		4																																			133	468	601
心理系																																									25	203	228
遥感系																																									22	122	144
信息中心																																										138	138
环科中心																																									38	234	272
管理中心																																										63	63
中文系		29		10																																					218	667	885
历史系		7		21																																					101	560	661
考古系																																									45	166	211
哲学系		28		18																																					154	525	679
国关学院		4		10																																					115	709	824

北京大学 1978－1997 年各院(系、所、中心)招收研究生人数一览表(二)

单位＼年级类别	七八级 博	七八级 硕	七九级 博	七九级 硕	八〇级 博	八〇级 硕	八一级 博	八一级 硕	八二级 博	八二级 硕	八三级 博	八三级 硕	八四级 博	八四级 硕	八五级 博	八五级 硕	八六级 博	八六级 硕	八七级 博	八七级 硕	八八级 博	八八级 硕	八九级 博	八九级 硕	九〇级 博	九〇级 硕	九一级 博	九一级 硕	九二级 博	九二级 硕	九三级 博	九三级 硕	九四级 博	九四级 硕	九五级 博	九五级 硕	九六级 博	九六级 硕	九七级 博	九七级 硕	年级合计 博	年级合计 硕	总计
经济学院		4		18				22		19		24	4	34	1	101	1	76	7	61	9	69	5	66	1	35	3	38	9	61	10	64	16	51	21	44	26	56	18	69	131	912	1043
光华管理学院																										23		14	3	11	6	90	10	92	19	154	19	237	57	621	678
法学院		18		14		11		20		28	1	46	1	84	3	96	3	68	6	59	5	59	4	77	6	65	13	90	11	94	18	102	27	111	32	163	56	220	51	245	237	1670	1907
信息管理				10				9		12		7		19		27		26		17		26		18		16	1	20	3	19	2	20	2	17		18	1	17	4	23	13	321	334
社会学系								6		7		5		4	2	36	2	26		14	2	19		7		4	3	13	4	13	5	13	5	18		18	48	229	277
政管系																	28	1	24	2	24		17	3	25	1	19	2	19	11	31	11	40	11	49	56	288	344
东方学系				4		3		6		2	1	1		7		23		8		10		7	2	5		8		5		10	1	10	1	9	5	14	6	22	1	22	18	170	188
西语系		43				10		23	1			20		11		14		15	2	8	2	2		3		10		9		4	1	14	4	13	1	16		14	13	235	248
俄语系				2				7				3		2		6		7		8		9		11		12	1	19	3	16	4	11	2	9		7	3	11	16	140	156
英语系										1	9	2	32	2	24	5	17	2	18	2	19	3	13	1	16	2	22	4	22	5	24	7	22	2	30	44	277	321
马克思主义学院																											2		9	1	84	3	22	7	49	14	35	25	201	226
科社中心										2		8		12		3		6				6		4			2		4		3		4	7	1	4	3	25	59	84
汉语中心													7		5		3		2		4		5				4		6		9		5				57	57
外哲所		21				2		4		7				3		6	3	2	4		3	2	2	2	2			1	4	2	2	3	1			3		26	73	99
亚非所										4				4		3		4		10		4				11		10		10		11		7		89	89
南亚所		10													1		2																13	13
经济中心																														2	10	9	16	11	26	37
社会发展所										3		7		11		20		4		3		3		3		2		3		8		7		6		7		102	102
高教所												4				5		3		4		4		3	2	5	2	5		6	5	3	7	11	6	6	10	26	67	93
人口所																									8	2	16	3	5	5	10	1	10	3	10	3	7	17	66	83

注：1984－1989 级硕士生招生数含研究生班招生数

第四节　研究生培养

一、1917－1931 年

1917 年 11 月,北京大学发布《北京大学研究所通则》和《北京大学研究所办法草案》。关于研究生的培养办法,其中规定研究所得设如下。

（一）研究科

（1）由教员指定所任研究科目。

（2）每学年之始,各研究员须择定愿研究之科目,随时由教员指定书籍自行参考。

（3）每项研究科,每星期或两星期开会一次,会时由本科教员讲演其心得,本科研究员亦得讨论质问。

（二）特别研究科

（1）由研究员自择论题,经主任认可,或由研究科各教员拟定若干题,听研究员选择之。

（2）择题既定,由各员自行研究,随时得请本科教员指示参考书及商榷研究之方法,即以所得结果作论文一篇。

（三）本科月会,本门教员及研究员每月开会一次,每会时由研究员一人或二人报告其特别研究之结果（即论文材料之一部分）。报告毕,各教员及各研究员可自由讨论。

其中还规定,研究员特别研究论题所在之科为其主科,主科之外可择一副科,其副科之范围,或为本门之一种,或为与主科有关之他科等。

按照上述规定,北京大学文科和法科研究所为研究员（生）开设一批研讨性的科目（课程）。1917 年 12 月至 1918 年 6 月,文、法科各研究所每月公布一次课程时间表（又称研究时间表）,公布其课程名称、任课教员、授课时间。学校每周公布各研究所各门课程教学时间和地点。例如 1918 年 1 月 22 日公布的《北京大学法科研究所课程时间表》如下。

学科	担任教员	一个月中会集次数	一个月中第几星期	星期几	集会时间	备考
比较法律	王宠惠					
国际法	张嘉森	四	一、二、三、四	二	上午九时至十一时	

学科	担任教员	一个月中会集次数	一个月中第几星期	星期几	集会时间	备考
行政法	周家彦					
刑法	罗文干					
保险法	左德敏	二	一、三	四	上午十时半 至十二时半	
中国法制史	康宝忠					
美国宪法	陈长乐	四	一、二、三、四	二	下午二时半 至三时半	
政治学	张耀曾					
中国国际关系及各种条约	王景歧	一	一	四	上午九时 至十时	
经济学	陈兆煜	四	一、二、三、四	五	上午十时 至十一时	如时间不敷得延长一小时
财政学	胡钧	四	一、二、三、四	四	上午十时半 至十二时半	试办如此，可随时商改
欧战后世界经济之变迁	张武	四	一、二、三、四	五	下午二时半 至三时半	
贫民生计问题	张武	二	二、四	五	下午一时半 至二时半	
银行货币	马寅初	四	一、二、三、四	五	下午三时半 至四时半	
商业及工厂管理法	徐崇钦	二	二、四	四	上午九时半	每次一小时或二小时

　　1918 年 4 月 11 日,《北京大学日刊》刊登《哲学门研究所四、五月份研究时间表》如下表。

哲学门研究所四、五月份研究时间表

科目	教员	每周次数及时间	会期
佛教哲学	梁漱溟	每周一次,星期(一),二时半至三时半	四月八、十五、二十二日 五月六、十三、廿、廿七日
社会哲学史	陶孟和	两周一次,每一、三星期(一),三时半至四时半	四月十五日 五月六、二十日
逻辑学史	章行严	每周一次,星期(二),三时半至四时半	四月九、十六、廿三日 五月七、十四、廿一、廿八日
最近欧美哲学	胡适之	每周一次,星期(三),三时半至四时半	四月十、十七、廿四日 五月八、十五、廿二、廿九日
二程学说	马夷初	两周一次,第一、三星期(四),二时半至三时半	四月十八日 五月九、廿三日
近世心理学史	陈百年	两周一次,每一、三星期(五),三时半至四时半	四月十九日 五月十、廿四日
儒家玄学	陈伯弢	四周一次,第三星期(六),二时半至三时半	四月二十日 五月二十五日
老庄哲学	刘少珊	两周一次,第二、四星期(六),四时半至六时半	四月十三、廿七日 五月十八日 六月一日

1918 年 4 月 11 日,《北京大学日刊》刊登《国文门研究所课程时间表》如下表。

国文门研究所课程时间表

科目	教员	会期及时间		
音韵	钱玄同	四月十三日	第一星期六	三时至四时
形体	钱玄同	五月四日	第四星期六	三时至四时
形体	马夷初	四月十一、廿五日	第一、三星期四	一时至二时
诂训	陈伯弢	四月十七日	第二星期三	三时至四时
文字孳乳	黄季刚	四月二十七日	第三星期六	三时至四时
文	黄季刚	四月二十日	第二星期六	三时至四时

科目	教员	会期及时间		
文	刘申叔	四月三十日	第四星期二	三时至四时
文学史	朱遏先	四月十日	第一星期三	三时至四时
文学史	刘申叔	四月十八日	第二星期四	三时至四时
文学史	吴瞿安			
文学史	刘叔雅	五月四日	第四星期六	四时至五时
诗	伦哲如	四月十日	第一星期三	四时至五时
诗	刘农伯	四月十七日	第二星期三	四时至五时
词	伦哲如	四月廿四日	第三星期三	四时至五时
词	刘农伯	五月一日	第四星期三	四时至五时
曲	吴瞿安	四月十一、廿五日	第一、三星期四	四时至五时
小说	刘半农 周启明 胡适之	四月十九日、五月三日	第二、四星期五	四时至五时

1918 年 4 月 12 日《北京大学日刊》刊登《英文学门研究所四月份集会时间表》如下表。

英文学门研究所四月份集会时间表

科目	教员	会期	时间
诗	辜汤生	四月十二、廿四日	下午二时半至三时半
戏曲	威尔逊	四月十二、十九、廿六日	下午一时半至二时半
十九世纪散文	威尔逊	四月十二、十九、廿六日	下午二时半至三时半
高等修词学	胡适	四月十一、廿五日	下午三时半至四时半
高等修词学	陈长乐	四月十六、三十日	下午二时半至三时半

国文门研究所小说科,按照国文门研究所课程时间表的安排,于 1917 年 12 月至 1918 年 5 月,共进行 7 次教学研讨会,常到会的教员有刘复、周作人、胡适,研究员有袁振英、崔文龙、傅斯年、俞平伯。小说科教员先后作专题讲演的有:刘复"中国小说""通俗小说之积极教训和消极教训""中国之下等小说",周作人"如何研究小说""俄国之问题小说""日本近三十年小说之

发达"，胡适"短篇小说"。

各研究所按照规定，举行月讲。例如，1918 年 1 月 21 日，哲学门研究所第二次月讲会，由陶孟和教授讲演"心理学应用方面之发展"。莅会教员有陈大齐、韩述祖、梁漱溟，研究员冯友兰、谷源瑞、胡春林、王德鸾、陈钟凡、黄建中、张崧年、李光宇等。

理科各研究所亦经常举行研讨会。数学门研究所自 1917 年 11 月至 1918 年 6 月，共举行 6 次研讨会，常到会的教员有秦汾、冯祖荀、王仁辅、金涛、罗惠侨、叶志，研究员有张崧年、商契衡、刘锡彤、吴维清。

物理门研究所于 1917 年 11 月至 1918 年 5 月底，共举行 10 次研讨会，常到会的教员有何育杰、张大椿、王鏊、李祖鸿、张善扬，研究员有陈凤池、刘彭翙、吴家象、丁绪宝等。

化学门研究所于 1917 年年底到 1918 年 6 月，共举行 12 次研讨会，常到会的教员有俞同奎、巴台尔、陈世璋、郭世绾、王兼善、丁绪贤，研究员有季顺昌、李续祖、许世瑢、顾德珍、陈兆眭、麻沃畲、李冰、谭声传、龚开平、俞九恒等，有时还有本科学生及来宾参加。

1922 年 1 月，北京大学改组研究所，设立研究所国学门。国学门内分设文字学、文学、哲学、史学、考古学五类，专供本校毕业生及校外学者继续研究国学为宗旨。主研究不主讲授，明确指出："本学门之设立，原为学者对于某种学问已有大体之了解，而怀有某部分之问题欲资探讨者，本学门以图书、仪器及教授人材应其研究之便。初不在于泛论学术，如讲堂上课，但资灌输而已。""提出题目，以范围愈狭，性质愈具体为宜。""盖以如此研究，方有相当之成绩可望。"还规定："研究生须将关于研究之经过及其成绩随时报告，以便在本学门所办之杂志中发表或入丛书。""研究生遇必要时，可要求本学门主任与有关系之各学系教授代请本校教员及国内外专门学者指导研究。""本学门随时聘请国内外学者作专门讲演。"

1927 年 1 月，研究所国学门委员会关于研究生培养工作作出重要决定：（1）每学年开始，应由本会支配指导各研究生之教员，并由本门备函通知各导师，请其担任指导某某研究生，并认定到所指导之时间（每星期至少须有 2 小时）。（2）每月 5 日，举行专门学术演讲会一次，由本门同人轮流担任，定名为研究所国学门月讲。公推刘复先生担任月讲干事，办理一切关于月讲事务。

此后，北京大学录取研究生皆指定一位教员担任该生的指导教师，改变过去研究生"不必认定一教员作为导师，可随时易人（导师）"的情况。

二、1932－1948 年

1932 年，北京大学成立研究院，其《国立北京大学研究院规程》对研究生的培养工作又进一步作出明确的规定："研究生入院时，即须认定主科一种，辅科一种或二种（欲得甲种证书者，须有辅科二种），经系主任许可后，即可由主任商请各该科教员，每科一人，为该研究生之指导委员。研究生论文题目之选择，研究科目之选习，书籍之参考，皆由指导委员指导审定。"

关于研究生初试，其中规定："研究生完成下列两条件者，得于每学期末请求应初试：（一）经指导委员证明已在本院研究一个整学年以上（本校助教同时作研究生者倍之）。（二）作过八个读书报告，或实习报告，经指导委员审查及格者。"初试及格后，研究生可进入学位论文阶段。

1933 年 1 月 7 日，《北京大学周刊》刊登北京大学研究院文史部和社会科学部的研究生科目及导师名单的布告（见下表）。

文史部研究生研究科目及导师名单

学类	研究生姓名	暂定论题	科目及导师			备注
			主科	辅科一	辅科二	
中国语言文学类	陶贤棣	宋词	中国文学史 许之衡	唐宋史 赵万里		
	梁崑	清代古文	中国文学史 林损	中国近世史 孟森		
	谢石麟	甲骨及钟鼎文学专题研究	中国文学史 沈兼士	中国音韵史 马裕藻	中国上古史 钱穆	
	黄谷仙	唐代文学专集研究	中国文学史 胡适	中国社会史 陶希圣	西洋文学史 周作人	
	张桂芳	题未定	中国文学史 罗庸	中国社会史 陶希圣	中国思想史 胡适	
	熊正刚	甲骨文字专题研究	中国文学史 钱玄同	中国音韵史 魏建功	金石学 马衡	
	高公润	北宋词专题研究	中国文学史 赵万里	唐宋史 赵万里	中国曲史 许之衡	
	高庆赐	宋元戏曲专题研究	中国曲史 许之衡	中国文学史 罗庸		
	许汝骥	近二十年之文学	中国文学史 刘复	词 胡适		

学类	研究生姓名	暂定论题	科目及导师			备注
			主科	辅科一	辅科二	
历史学类	郝瑞桓	中国古代伦理思想史	中国哲学史 胡适	中国政治史 陶希圣	伦理学 贺麟	
	李光信	未定	中国哲学史 胡适	中国社会史 陶希圣		
	王维诚	梁武帝以前佛儒道思想史	中国思想史 汤用彤	中国佛教史 汤用彤	中国哲学史 胡适	
	赵泉澄	清史专题研究	中国近世史 孟森	未定		
	赖义辉	明清之际中外交通之研究	明清史 孟森	西洋中古史 陈受颐		助教
	焦步青	题未定	中国思想史 胡适	中国社会史 陶希圣		
	赵何日	清代哲学专题研究	中国哲学史 钱穆	中国经济史 陶希圣		

社会科学部研究生研究科目及导师名单

学类	研究生姓名	暂定论题	科目及导师			备注
			主科	辅科一	辅科二	
法律学类	张守正	民事诉讼法上之职权主义	民事诉讼法 李怀亮	破产法 王家驹	刑事诉讼法 陈瑾昆	助教
	张凤岐	题未定	国际关系 张忠绂	经济绝交 张忠绂	国际法 何永佶	
	梁骧	题未定	国际关系 张忠绂	政治制度 邱昌渭	中国社会史 陶希圣	
政治学类政治学类	徐万军	题未定	国际关系 张忠绂	中国社会史 陶希圣		
	陈启昌	题未定	中国社会史 陶希圣	社会进化史 许德珩	经济史 周炳琳	
	桑毓英	清代地方政治制度	政治制度 邱昌渭	中国政治制度史 邱昌渭 张忠绂	中国近代政治史 陶希圣	助教
	李夏云	各国行政机关组织之研究	政治制度 邱昌渭	现代政治思潮 何永佶	国际关系史 张忠绂	助教

| 学类 | 研究生姓名 | 暂定论题 | 科目及导师 | | | 备注 |
			主科	辅科一	辅科二	
经济学类	熊正文	经典学派经济学说与马克思学说之比较	经济理论 赵迺抟	经济史 周炳琳		
	方铭竹	题未定	银行 周作仁	经济学史 赵迺抟		
	王立箴	题未定	农村经济学 赵迺抟	农业经济史 周炳琳		
	刘玉田	题未定	经济学史 赵迺抟	经济史 周炳琳		
	王衍礼	题未定	经济学史 赵迺抟	国际金融 秦瓒		
	陈家芷	世界经济恐慌	经济史 周炳琳	经济学史 赵迺抟		
	马宝珍	题未定	国际贸易 秦瓒	国际金融 秦瓒		
经济学类	李应兆	题未定	经济学史 赵迺抟	经济史 周炳琳		助教
	杨宜春	题未定	经济理论 赵迺抟	经济学史 赵迺抟		助教
	艾和薰	题未定	英伦古典学派经济学说 周炳琳	国际贸易 周炳琳		助教

　　按照该规程规定,研究生在院研究一个学年,完成规定的学习任务,成绩及格,应申请初试。初试之项目,视各生所专习之学科而定之。每项试卷由教授或导师二人以上评定之。所试各项均及格者,作为初试及格。例如,1934 年 12 月,北京大学研究院文科研究所举行初试的情况,每科考试时间以 3 小时为限。其准受初试各研究生姓名及应考之科目、日期及主试导师见下表。

研究生姓名	初试应考之科目	日期	主试导师
王维诚	(一)汉魏六朝思想史 (二)汉魏六朝三教关系史	12.19 12.20	汤用彤
张鸿翔	(一)中国通史 (二)明史	12.19 12.21	孟森
盛代儒	(一)中国通史 (二)元史	12.19 12.24	孟森
李光信	(一)中国宗教史(佛教输入以前) (二)中国宗教史(佛教输入以后)	12.19 12.20	陶希圣 汤用彤
任维焜	(一)中国文学史 (二)明代文学史	12.22 12.24	胡适 黄节 周作人
黄谷仙	(一)中国文学史 (二)唐代文学史	12.22 12.24	胡适 罗庸
林玉福	(一)中国思想史 (二)汉代思想史	12.20 12.22	胡适 胡适

　　1934年6月,北京大学修订《国立北京大学研究院暂行规程》。关于研究生培养方面,其中规定:"本院各研究所得依本校各系之师资与设备情形,先后设立研究科目(包括研究课程及专题研究)招收研究生,研究生工作之指导与管理,均由各系主任及教授担任。""本院研究科目及担任指导之教授,由各所主任于每年暑假之前,会同各系主任与各教授商定,由院务会议审定后公布。研究生所选择之科目,其范围以此为限。""各教授所担任指导研究生之人数由各教授自定之,但同时不得逾5人。"

　　1935年6月,按照学位授予法及硕士学位考试细则的要求,学校又一次修订《国立北京大学研究院暂行规程》。修订后的该暂行规程关于研究生培养方面规定:(1)研究生入院后,即由各所委员会商定担任指导之教授。研究生应于最短期内,与担任指导之教授商定所应修之学科及研究之计划。嗣后应由指导教授随时指导并审查其成绩。(2)研究生之欲为硕士学位候选人者,其第一学年应修习之研究课程须在12学分(每学期6学分)以上;其第二学年著作论文期中,得由指导教授酌减其修习课程至6学分以上。(3)研究生初试及格后,得继续研究一年,以其所作专题研究之成绩,作成论文。

　　为适应培养研究生的需要,1935年、1936年,北京大学理科研究所开出若干门研究生课程,供研究生修习。

七七事变后,北京大学研究院停止招生。到1939年夏,才恢复招收和培养研究生。当时研究生入学后,均有一位导师(有的研究生还有一位副导师)指导其学习和研究工作,要求研究生在2—3年内,完成24个学分的课程学习,完成一篇毕业论文。研究生的课程由北大、清华、南开三校教授统一开出,三校研究生均可选修。

另外,算学系还开出多个讨论班,这是教学和科研相结合的课程,供研究生和高年级本科生选修,如代数讨论班、分析讨论班、群论讨论班、解析数论讨论班、拓扑群讨论班。参加或主持讨论班的教师,定期或不定期作有关专题的学术讲演。

北大研究院文科研究所一般不专门为研究生开设课程,而是由导师给研究生指定阅读书目和参考文献,定期或不定期由导师及相关教员进行考核(口试或笔试)。导师要求研究生学习的书籍和文献较多,使研究生具有扎实的基础和较宽广的知识面,并在专题研究中做出研究成果。

三、1949—1966 年

1949年到1952年,研究生的培养基本上仍按中华人民共和国成立前的办法进行。

1952年院系调整后,高等教育部于1953年发布《高等学校培养研究生暂行办法(草案)》。其中规定,研究生的培养目标是高等学校的师资和科学研究人才;教研组(室)是培养研究生的基层组织。研究生的学习应在指导教师指导下进行;指导教师由苏联专家(或人民民主国家的专家)担任,或由教研组(室)所选定之教授、副教授担任;培养研究生的教学计划,由指导教师根据不同专业及修业年限拟定,经教研组(室)通过,校(院)长核准,报高等教育部备案;马列主义理论、俄文课程及教育实习均应列入教学计划;研究生须根据教学计划订出个人学习计划。

根据高等教育部的此暂行办法(草案),北大规定,研究生的学习年限暂定为3年(苏联专家或人民民主国家专家指导的研究生因受专家聘期的限制,常为两年)。研究生教学计划的内容分为下列四项:(1)共同课程:辩证唯物主义与历史唯物主义(6学时)(哲学系及政治理论课教研室研究生不在此例),俄文(要求达到阅读俄文专业书籍水平);(2)本系专业或专门化课程;(3)科学研究;(4)教学实习。上列四项学习内容的比重和进度为:第一年选习共同课程马列主义基础、中国革命史和俄文,三门课程的课内外学习时间每周不超过25小时,其余25小时学习专业或专门化课程;第二年选习共同课程辩证唯物主义和历史唯物主义及俄文,参加教学实习,选习共同课程和教学实习的时间每周不超过 25 小时,其余 25 小时学习专门化课程;第三年进行科学研究和教学实习。

1954 年,北大制定《北京大学培养研究生暂行条例(草案)》,规定研究生学习年限不超过 3 年。研究生的培养目标是在马克思列宁主义理论指导下具有广泛、系统、巩固的专业知识和独立研究能力的科学研究干部和高等学校师资。研究生的总教学计划包括下列各项:(1)辩证唯物主义和历史唯物主义(共 210 学时,但哲学系及马列主义教研室、中国革命史教研究室和政治经济学教研室研究生不在此列);(2)外国语(俄语及第二外国语,共不超过352 学时,研究生必须达到阅读俄文专业书籍水平后,始得加修不少于三学期 210 学时的第二外国语);(3)教育实习(以教师工作量标准计,不超过 44小时,不少于 32 小时);(4)不多于三次的专业课程考试(专业课程的学习方法以自学为主,必要时也可部分地采用讲授或课堂讨论的方式);(5)不多于两篇的专业论文;(6)毕业论文。

1955 年,研究生的学习年限改为一般为 4 年,有特殊情况经批准可缩短为 3 年,个别的最多为 5 年(苏联和人民民主国家专家培养的研究生仍可为2 年)。培养目标与教学计划的内容与 1954 年相同。

1958 年 9 月,《中共中央、国务院关于教育工作的指示》颁发。为了贯彻该指示,学校于 1959 年制定新的《北京大学培养研究生暂行条例(草案)》,规定研究生的学习年限一般为 3 年,研究生的培养目标为具有坚定的工人阶级立场、共产主义世界观和较高的马克思列宁主义理论水平,在本门学科方面具有坚实理论基础和有关实际知识,能独立进行教学工作和科学研究工作的高等学校师资和科学研究干部。其中规定研究生的教学计划应包括下列各项:(1)哲学和时事政策;(2)外国语:一至二门(研究生的第一外国语必须达到阅读专业书籍水平后,始得加修第二外国语);(3)专业课程:一般是一门基本专业课程和一门与论文有关的专业课程;(4)教学实习(教学时数以 36 学时为限);(5)专题论文与毕业论文;(6)生产劳动:每年一个月。

此后,关于研究生的培养目标,基本精神没有变动,只在文字表达上有些改动。研究生的教学计划和应包括的项目也基本上没有变动,只是有的项目的具体内容有些改变,如政治理论课,1962 年规定:文科开设马、恩、列、斯经典著作选读,时间一年,每周上课四学时,自学四学时;理科开设自然辩证法,时间半年,每周上课四学时,自学六学时。1964 年,根据教育部的规定,该学年研究生新生的政治理论课以学习毛主席著作为主,适当选读其他马克思主义的经典著作。其具体内容为《改造我们的学习》《实践论》《矛盾论》《关于正确处理人民内部矛盾》《自然辩证法》《国家与革命》。学习时间为一年，每周上课四学时，自学四学时。又如生产劳动，1962 年改为每年二周，三年共六周；1964 年又改为每学年集中参加生产劳动时间为一个月，而本年研究生新生一律随同大学生参加"四清"。

四、1978－1997 年

1978 年恢复招收研究生，基本上恢复了"文革"前研究生的培养要求与办法，只是研究生的学习年限有些变化。1978 年 1 月 4 日，教育部在颁发的《全国重点高等学校暂行工作条例（试行草案）》中规定："研究生的学习期限，分为三年制、二年制和四年制三种。三年制的研究生既要完成学习任务，又要完成毕业论文；二年制的研究生，主要完成课程的学习任务，并进行一定的科学研究能力的训练；四年制的研究生，是根据国家需要和学校条件，从二年制毕业的研究生中，择优选拔，再培养两年，着重进行科学研究和写论文的工作。在职研究生的学习期限，一般为 3－5 年。"在北大，从 1978 年到 1980 年，主要是培养三年制的研究生。1981 年，我国开始实施学位条例，颁布《中华人民共和国学位条例暂行实施办法》，规定了硕士生、博士生在课程学习和论文工作方面的培养要求。据此，学校分别制定了《北京大学关于制订攻读硕士学位研究生培养方案的几项规定》和《北京大学关于攻读博士学位研究生培养工作的若干暂行规定》，并在实践中不断进行改进。

（一）硕士生培养

《北京大学关于制订攻读硕士学位研究生培养方案的几项规定》主要内容如下。

1. 培养目标：硕士生的培养目标，应坚持社会主义方向，坚持又红又专和德、智、体全面发展的方针。具体要求是：

（1）进一步学习和掌握马列主义、毛泽东思想的基本原理，逐步树立无产阶级世界观，坚持四项基本原则，热爱祖国，遵纪守法，品行端正，服从国家分配，积极为社会主义现代化建设服务。

（2）在本门学科方面掌握坚实的基础理论和系统的专门知识，掌握一门外国语，具有从事教学、科学研究和其他实际工作的能力。

（3）身体健康。

2. 学习年限：二年半至三年。

3. 应修满的总学分数：至少为 30 学分。具体学分数由各系、各专业根据培养要求确定。

4. 课程设置：

（1）必修课：这是指研究生必须学习的基础课、专业基础课和公共必修课。公共必修课为:马克思主义理论课,3 学分。除全校开设的马克思主义理论课外,各专业可以结合学科需要提出应学的马克思主义理论课,经学校同意后确定。

第一外国语,要求比较熟地掌握一门外国语(外语学科除专业外语之外)。入学考试未达到此要求者,入学后一般应继续学习一年,课内 144 学时,但不计学分。

(2)限制性选修课:这是指限定研究生在一定的范围内选修若干学分的课程。

(3)非限制性选修课:这是指提供研究生任意选修的拓宽知识面的课程,或相关学科课程,或在导师指导下选修的其他院系课程。如选习第二外国语,至少学习一年,课内 144 学时,计入 3 学分。

(4)补修课:这是指少数研究生未修过而必须补修的本专业本科生的必修课。

5. 教学实习:研究生必须参加一定的教学工作,至少应完成 160 小时的教学工作量(包括备课、辅导、改作业等所需要的时数),计 2 学分。

6. 社会调查和科研调查:研究生平时结合课程学习或论文课题,参加一定时间的社会调查、科研调查或学术会议,一般不计学分。作为教学环节安排的社会调查和科研调查,完成一定的工作量并写出报告或论文,达到要求的,可计学分。

7. 学位论文:研究生至少要用一年的时间完成学位论文,不计学分。

8. 其他要求:研究生每年需参加一周的体力劳动,不计学分;每周参加时事政策学习三学时,不计学分。

9. 研究生课程学分的计算方法:

(1)研究生所学课程学分的计算,要根据课程的难易程度和学生所需要的平均学习时数合理计算。原则上,全学期的课程,每周学生需用 4 小时左右的时间进行学习的,可计 1 学分。具体计算办法如下:

课堂讲授:全学期的课程,老师每周讲授 1 学时,学生堂下需用 3 小时左右进行复习、阅读文献等可计 1 学分。

文献阅读课:全学期课程,学生每周需用 4—5 学时进行学习、写读书报告或小论文的,可计 1 学分。

讨论班、实验课及其他形式的课程,均按上述原则合理计算。

(2)不足一学期或一学期以上的课程或教学环节,按比例折算学分。

(3)补修本专业本科生必修课不计学分。跨专业报考的研究生可折半记学分,但其学分总数不得超过应修课程总学分数的三分之一。

为适应社会、经济、科技迅速发展对高层次专门人才的需要,学校于

1984 年、1987 年、1992 年、1996 年先后 4 次修订硕士研究生培养方案及课程教学大纲（内容提要）。如 1992 年的修订方案，进一步强调以下几点。

1. 拓宽专业基础

明确提出硕士研究生培养方案应按二级学科专业口径制订，一般不应按研究方向（三级学科）制订培养方案，使其有利于拓宽研究生专业基础，扩大知识面，增强研究生毕业后的工作适应性。

2. 设置研究方向的要求

（1）研究方向应按三级学科口径设置，每个研究方向应有相对稳定的研究领域，能够体现我校的学科专业的学术优势和培养特点。

（2）研究方向有学术带头人和结构较合理的学术梯队。

（3）有较好的科研基础和实际成果。

（4）能开出本研究方向的主干课和相关课程。

此外，为适应社会主义现代化建设和科学发展的需要，某些新的研究方向，经研究生院同意，可以边创造条件边设立。

3. 课程设置的要求

硕士生课程应有课程教学大纲（内容提要），规定本门课程的教学要求、主要内容、教学方式、授课时数、学分计算、考核方式、主要参考书目等。任课教员应按教学大纲（内容提要）的要求进行授课，以保证教学质量。

4. 社会实践（主要是文科）

硕士生参加社会实践的主要目的是：深入了解国情，培养工农感情，学习和掌握马克思主义理论和专业知识，正确分析和认识社会主义建设事业中的现实问题和理论问题，坚定中国特色社会主义信念，树立正确的人生观和世界观。有条件的专业，还应该要求研究生通过社会实践，深化课堂和书本上学到的知识，促进理论和实践的结合，在实践中发现和提炼研究课题，为学位论文和科学研究的选题提供现实依据。

完成社会实践的任务，考核成绩合格，可计相应的学分。

社会实践的方式可以多样化，例如：（1）集中一段时间到乡、镇、厂、矿等基层单位，一边参加一定的劳动，一边协助基层单位做一些实际工作。有条件的也可到与学科专业有关的基层进行挂职锻炼。（2）结合课程教学、科研课题、学位论文进行社会调查。（3）参加和参与指导本科生的社会实践。

1992 年我校共修订 146 个专业的硕士研究生培养方案。下列诸表是修订后的理科物理化学专业培养方案。

物理化学专业硕士研究生培养方案

专业名称:物理化学	专业代码:070304

一、培养目标:(本表可不填政治思想要求)

培养在物理化学方面掌握坚实的理论基础、系统的专门知识和实验技术、具有从事本学科及相关学科有关物理化学方面的科学研究、高等学校的教学及独立担负专门技术工作能力的专门人才。

二、学习年限:3 年

三、研究方向:1.结构化学 2.生物大分子及药物结构化学
3.功能材料的分子工程学 4.化学动力学 5.激光化学
6.电化学及光电化学 7.光电智能材料
8.溶液化学及生物热化学 9.胶体及表面化学
10.应用物理化学 11.催化化学 12.量子化学

四、应修学分:30—32学分(必修:17学分;限选 7—8学分;选修:5—6学分)

五、课程设置:

类别	课程编号	课程名称	课程学分
必修	004014	马克思主义理论课	3
	004024	第一外国语	不计学分
	104014	量子化学导论	3
	104024	统计热力学	3
	104064	对称性原理(群论)	3
	104074	分子光谱	2
	104034	高等物理化学实验	3
限选	104045	量子力学	4
	104055	高等量子化学	3
	104085	表面结构化学	2
	104095	X射线结晶学和晶体结构分析	3
	104265	表面分析与分子工程	2
	104105	平衡态与非平衡态热力学	3
	104115	电解质溶液理论及其波谱研究	2
	104135	化学动力学选读	2
	104145	理论电化学	2

专业名称：物理化学		专业代码：070304	
限选	104155	多相催化作用原理	3
	104165	表面活性剂物理化学基础	2
	104175	吸附理论	2
	104185	物理化学课堂讨论	2
选修	104206	分子反应的量子理论	2
	104216	激光光谱学	2
	104226	量子化学中的群论方法	2
	104236	非线性化学选读	2
	104246	分子设计技术在化学及生物学中的应用	2
	104256	蛋白质晶体学	2
	104276	结构化学实验	4
	104286	非完整晶体结构测定方法	2
	104296	新型无机物功能材料	2
	104306	金属氢化物的性质与应用	2
	104316	疏水相互作用	2
	104326	水溶液化学	2
	104336	生物热化学	2
	104346	电化学方法	2
	104356	微弱信号检测方法	2
	104366	半导体电化学	2
	104376	胶体稳定性	2
	104386	界面膜及微乳状液	2
	104396	表面热力学	2
	104406	多相催化高等实验基础	3—4
	104416	多相催化动力学	3
	104126	电解质溶液理论导论	2
	104196	功能材料学	2

物理化学专业硕士研究生培养方案执行计划参考表

课程编号	课程名称	类别	学分	周学时/总学时	课程进度 一学年		二学年		三学年		考核方式	开课专业或系、所
					一	二	三	四	五	六		
004014	马克思主义理论课	必修	3	3/54		√					考试	科社中心
004024	第一外国语	必	不计	4/144	√	√					考试	英语系
104014	量子化学导论	必	3	4/72	√						笔试	稀土中心
104024	统计热力学	必	3	4/72	√						笔试	本专业
104064	对称性原理（群论）	必	3	4/80	√						笔试	本专业
104074	分子光谱	必	2	2/40		√					笔试	稀土中心
104034	高等物理化学实验	必	3	8/120	√						笔试	本专业
104045	量子力学	限选	4	4/72	√						笔试	本专业
104055	高等量子化学	限选	3	4/72		√					笔试	稀土中心
104085	表面结构化学	限	2	2/40		√					报告	本专业
104095	X射线结晶学和晶体结构分析	限	3	4/80	√						报告	本专业
104265	表面分析与分子工程	限	2	2/34		√					报告	本专业
104105	平衡态与非平衡态热力学	限	3	4/72		√					笔试	本专业
104115	电解质溶液理论及其波谱研究	限	2	2/40	√						笔试	本专业
104135	化学动力学选读	限	2	2/40	√						笔试	本专业
104145	理论电化学	限	2	2/40	√						笔试	本专业
104155	多相催化作用原理	限	3	2/32	√						开卷	本专业
104165	表面活性剂物理化学基础	限	2	2/36	√						笔试	本专业
104175	吸附理论	限	2	2/36	√						笔试	本专业
104185	物理化学课堂讨论	限	2	2/36	√						报告	本专业
104206	分子反应的量子理论	选修	2	2/36		√					笔试	本专业
104216	激光光谱学	选修	2	2/36		√					笔试	本专业
104226	量子化学中的群论方法	选修	2	4/40		√					笔试	本专业
104236	非线性化学选读	选修	2	2/40	√						报告	本专业
104246	分子设计技术在化学及生物学中的应用	选修	2	2/40	√						报告	本专业
104256	蛋白质晶体学	选修	2	2/36		√					笔试	本专业

课程编号	课程名称	类别	学分	周学时/总学时	课程进度						考核方式	开课专业或系、所
					一学年		二学年		三学年			
					一	二	三	四	五	六		
104276	结构化学实验	选修	4	8/96	√						考查	本专业
104286	非完整晶体结构测定方法	选修	2	2/40	√						报告	本专业
104296	新型无机功能材料	选修	2	2/36	√						报告	本专业
104306	金属氢化物的性质与应用	选修	2	2/36	√						笔试	本专业
104316	疏水相互作用	选修	2	2/40		√					笔试	本专业
104326	水溶液化学	选修	2	2/40		√					笔试	本专业
104336	生物热化学	选修	2	4/45		√					报告	本专业
104346	电化学方法	选修	2	2/40	√						笔试	本专业
104356	微弱信号检测方法	选修	2	2/40		√					笔试	本专业
104366	半导体电化学	选修	2	2/40		√					笔试	本专业
104376	胶体稳定性	选修	2	4/36		√					笔试	本专业
104386	界面膜及微乳状液	选修	2	4/36		√					笔试	本专业
104396	表面热力学	选修	2	4/36		√					笔试	本专业
104406	多相催化高等实验基础	选修	3—4	8/128		√					笔试	本专业
104416	多相催化动力学	选修	3	4/72		√					笔试	本专业
104126	电解质溶液理论导论	选修	2	2/40		√					笔试	本专业
104196	功能材料学	选修	2	2/40	√						笔试	本专业

我校在1992年修订硕士研究生培养方案的同时,要求各系(所、中心)修订或制订研究生课程教学大纲(内容提要)。为了做好此项工作,要求各单位注意以下几点:

(1)研究生专业课内容要尽可能反映出本学科最新科研成果;

(2)注意研究生课程与本科生课程的衔接与区别,在课程内容和教学要求等方面比本科生课程要高出一个层次;

(3)要通盘考虑本专业各门研究生课程的主要教学内容的安排,避免不同课程教学内容的重复;

(4)适当增加相关学科的课程或内容,拓宽研究生的知识面,加强实践性的教学环节,注重培养研究生的实际工作能力,增强研究生毕业后的工作适应性。

1985 年以后，为贯彻落实《北京大学学位授予工作细则》和北京大学研究生培养方案的各项规定，学校制定多项研究生教育、教学、教务等方面具体的规定、办法和要求，主要有：1985 年 11 月，《北京大学攻读硕士学位研究生及研究生班研究生学习成绩考核办法》；1986 年 6 月，《北京大学博士研究生外国语学习暂行管理办法》和《北京大学硕士研究生及研究生班研究生外国语学习的暂行管理办法》；1993 年 10 月，《北京大学博士研究生学科综合考试暂行规定》；1994 年 9 月，《北京大学关于在研究生教育中进一步推行学分制的暂行规定》；同年 12 月，《北京大学关于研究生课程教学工作的若干要求》。这些办法和规定，在以后的实行过程中逐步完善，使研究生教育、教学各项工作有章可循，努力保证研究生培养质量。

(二) 博士生培养

根据国家学位条例和学位条例暂行实施办法的要求，结合我校培养博士生的具体情况，我校 1984 年制订《北京大学关于攻读博士学位研究生培养工作的若干暂行规定》，各学科专业根据该规定，结合本学科专业的实际情况，制订本学科专业的培养方案及博士生个人培养计划。此暂行规定的主要内容如下。

1. 培养目标：培养攻读博士学位的研究生，应坚持社会主义方向，坚持又红又专和德、智、体全面发展的方针。具体要求是：

(1) 进一步学习和掌握马列主义、毛泽东思想的基本原理，逐步树立无产阶级世界观，坚持四项基本原则，热爱祖国，遵纪守法，品行端正。服从国家需要，积极为社会主义现代化建设服务。

(2) 在本门学科上掌握坚实宽广的基础理论和系统深入的专门知识，掌握两门外国语，具有独立从事科学研究工作的能力，在科学或专门技术上作出创造性的成果。

(3) 身体健康。

2. 学习年限：一般为 2 至 3 年，在职博士生为四年。

3. 课程安排

博士生的学习课程时间一般占总学时的三分之一。学习的方式以自学为主。具体的要求是：

(1) 马克思主义理论课：要求较好地掌握马克思主义的基本理论。根据拟定的书目，学习原著，并以马克思主义基本理论指导学习和科学研究工作；提交一篇具有一定理论水平、能够联系实际的报告，在入学后一年内完成。

(2) 外国语：博士生必须掌握两门外国语。第一外国语要求能熟练地阅读专业外文资料,有一定的写作能力和初步的听说能力。第二外国语要求有阅读专业外文资料的初步能力。经校学位委员会的批准,个别专业可以只要求掌握第一外国语。

(3) 基础理论和专业课。此类课程的学习方式,可以是自学、听课或讨论。为检查博士生是否达到在本门学科上掌握坚实宽广的基础理论和系统深入的专门知识,要求举行综合性学科考试,考试时间可安排在入学后一年到一年半之间。综合考试须组织考试委员会,由三至五名教授、副教授(或相当职称的专家)组成。导师参加考试委员会,但不能担任主席。

4. 学位论文与答辩

博士学位论文应能表明作者具有独立从事科学研究工作的能力,在科学或专门技术上作出创造性的成果,并反映作者在本门学科上掌握了坚实宽广的基础理论和系统深入的专门知识。论文要求文字简练,数字可靠,立论正确,层次分明,说理透彻。

博士生完成学位论文和培养计划规定的学习任务后,可提出答辩申请。

通过博士学位论文答辩,经校学位评定委员会审查作出授予博士学位的决定后,可授予博士学位。

答辩不合格的,经答辩委员会同意,可在两年内修改论文后,重新申请答辩一次。

1988 年 7 月,学校修订了《关于攻读博士学位研究生培养工作的暂行规定》,与原暂行规定相比较,主要增加以下内容。

(1) 学习年限:规定博士生可以提前毕业或延长学习年限。博士生提前完成了规定的学习内容和学位论文,可以申请提前进行论文答辩。如果因客观原因未能按期完成学习任务,或学习成绩优秀、经短期延长可取得显著成绩者,可以申请延长学习年限,一般以一学期为限,不得超过一年。

(2) 培养方式:博士生的培养方式以科学研究工作为主,但应根据培养目标和科研课题的需要,继续学习一些有关的基础理论和专业知识。博士生的培养工作实行导师负责制,也可组成指导小组协助导师工作。指导小组主要是与导师在一个科研组工作的成员,也可聘请相关专业的老师参加。指导小组成员在导师领导下开展工作。

(3) 培养计划:导师应根据学位条例要求、专业特点和博士生个人情况,在博士生入学后 3 个月内,制订出博士生培养计划。培养计划应对博士生所应学习的课程、科学研究、学位论文、社会实践、必读书籍和文献资料等方面作出规定。

从 1993 年开始,北大在部分学科专业试行《北京大学培养直攻博士学位研究生的试行办法》和《北京大学硕士研究生、博士研究生连续培养的试行办法》,规定其学习年限为 5 年。所以学校里学习年限为 3 年和学习年限为 5 年的博士生同时存在。为适应新的情况,1994 年 12 月,学校又一次修订了《关于攻读博士学位研究生培养工作的若干暂行规定》,主要在以下列几方面有新的规定。

(1) 学习年限:全日制博士生的学习年限为 3 年;在职博士生的学习年限为 4 年,直接攻读博士学位的研究生,硕士生、博士生连续培养(硕、博连读)的研究生的学习年限为 5 年。博士生可以提前毕业或延长学习年限。

(2) 培养方式:在博士生培养过程中,应合理安排课程学习、社会实践、科学研究、学术交流等各个环节,使其相得益彰。应着重培养博士生的优良学风、探究精神、独立从事科学研究的能力和创新能力。

博士生的培养实行导师指导和集体培养相结合的办法。有条件的单位尽可能成立博士生指导小组。指导小组,由该生的导师为组长,由 3 至 5 名本专业和相关学科专业的专家组成。

(3) 课程学习:直接攻读博士学位的研究生,硕、博连读的研究生,一般应修学分数为 40—50 个学分(1996 年增加:其中基础理论课、专业课和相关学科课程不得少于 33 学分)。学习年限为 3 年的博士生(包括学习年限为 4 年的在职博士),其应修学分数由各院、系(所、中心)自行决定,并列入培养方案(1996 年改为:一般应修的学分不少于 10 学分)。

博士生的必修课(包括限制性选修课)考核成绩达 70 分为合格,选修课(包括非限制选修课)考核成绩达 60 分为合格。

(4) 学科综合考试:学习年限为 3 年的博士生,一般应在入学后的第二学期末,最迟在第三学期末之前,进行学科综合考试。学习年限为 4 年和 5 年的(包括直接攻读博和硕、博连读的)博士生,在入学后的第四学期末之前,进行学科综合考试。逾期未考者,按不合格处理。学科综合考试由考试委员会主持。考试委员会应由本学科和相关学科至少五名教授、副教授(或相当职称的专家)组成。考试委员会主席由教授(或相当职称的专家)担任。导师可以参加考试委员会,但不能担任主席。考试的方式可以是口试,也可以是口、笔兼试,按优、良、不合格三级评定成绩并写出评语。考试成绩达到优、良的,继续读博士学位。成绩不合格的,不得补考,其处理办法是:对于学习年限为 3 年的研究生,予以退学;对于直接攻博或硕、博连读的研究生,由导师提出建议,经院、系(所、中心)领导研究,提出转读硕士学位或予以退学的意见,报研究生院和学校审批。

第五节　毕业论文、学位论文与学位授予

　　毕业论文、学位论文是训练研究生掌握科学研究的基本方法和技能，达到具有独立进行科学研究工作或专门技术工作能力的重要环节，也可检查研究生掌握基础理论、专门知识和相关学科知识的水平和综合运用所学知识分析、解决问题的能力，所以，它是申请学位的研究生所不可或缺的。

一、论文的基本要求及评阅和答辩

（一）1917—1948 年

　　1917 年，《北京大学研究所办法草案》和 1918 年的《北京大学研究所总章》规定，研究员（生）入学后得自择研究之论题，经主任认可，或由各教员拟定若干题听研究员选择之。择题既定，由各员自行研究，随时得请本科各教员指示参考书及商榷研究之方法，即以所得结果作论文一篇。论文完成后，由本门研究所各教员公共阅看，其收受与否由各教员开会定之。论文收受后，由本校发给研究所（生）成绩证书，并将所收受之论文交付大学图书馆保存，或节要采登月刊。

　　1922 年 2 月，《北京大学研究所国学门委员会规则》规定，本委员会审查研究生研究所得之论文，或由本委员会委托相关各学系之教员审查。学校设立研究生奖学金和助学金，奖励在学术上做出贡献的研究生。

　　1927 年 2 月，北京大学研究所国学门委员会决定：研究生所提出之论文，经由委员会公推委员两人（或两人以上）负责审查，遇有不得已时亦可由一人任之；研究生研究终了之论文，经委员会审查评定，得定为甚优、优良、合格三等，由本门发给证书；不合格者不给证书。

　　1932 年，学校制定《国立北京大学研究院规程》，其中规定，本院所授予之学位，分博士、硕士两种。但在学位法未经政府颁布以前，暂给予甲种或乙种证书，俟学位法颁布后，分别补授相当学位。研究生经指导委员（导师）证明已在本院研究一个整学年以上（本校助教同时作研究生者倍之），并作过八个读书报告，经指导委员审查及格者，得请求初试。初试及格者，得以其在主科范围内所作专门研究之成绩，作为论文，经审查并口试合格后，由本院给予乙种证书。初试及格后，又经指导委员证明在本院研究两个整学年以上者（本校助教同时作研究生者，加一个整学年），得以其在主科范围内所作专门研究之成绩，作为正副论文各一篇

（正论文须用本国文字著作，其经指导委员认为必须用外国文字者，仍须附有国文提要），经审查并口试合格后，由本院给予甲种证书（已得乙种证书者，得免作副论文）。

关于乙种论文或甲种论文的考核，其中规定，乙种论文由指导委员审查合格后，由院务会议商请教授或导师三人以上，会同口试。口试不及格者，得于一学期后请求补试。

甲种论文经指导委员之推荐，提出院务会议审查，认为合格者，由院长定期举行口试。口试时，除研究生所治主科及辅科之教授导师均须出席外，全院教员皆可出席，并得由院长邀请院外学者出席参加。口试范围不但讨论所作论文之内容，并得试验研究生关于主科辅科之心得，及学人应具之基本学识。口试不及格者，得于一学年之后请求补试。

1935 年 4 月，南京国民政府公布《学位授予法》，同年 6 月，教育部公布《硕士学位考试细则》，北京大学根据上述文件要求，于同年 6 月进一步修订《国立北京大学研究院暂行规程》。关于研究生论文及学位授予，该暂行规程规定："研究生已在本院研究一个整学年以上，其所习课程均审查及格者，得请求应初试。""初试及格者，得继续研究一年后，以其所作专题研究之成绩，作成论文。研究生论文完成后，经指导教授与各所委员会审查合格，得由所主任提出院务会议，作为硕士学位候选人，由本院延聘硕士学位考试委员会，举行考试。考试合格者，经教育部复核后，由本院授予硕士学位。""凡已得硕士学位后，在本院继续研究两年以上，经本院考核成绩合格，又经教育部审查许可者，得为博士学位候选人。""博士学位候选人，经博士学位评定会考试合格者，由国家授予博士学位。"

当时还按照《硕士学位考试细则》，规定硕士学位考试分为"学科考试"和"论文考试"。两项学科考试，由考试委员会就候选人所修学科中指定与论文有关系之科目二种以上，以笔试行之，必要时并得在实验室举行实验考试。论文考试，由考试委员会就候选人所交论文中提出问题以口试行之，必要时并得举行笔试。考试成绩之核算，论文成绩占百分之六十，学科成绩占百分之四十，两种成绩各在六十分以上，始认为及格。成绩不及格者，须再在本院所继续研究满一年后，始得重行提出论文，并受全部考试。

硕士学位考试委员会，由校长延聘经部核准之校内外委员各若干人（各占半数）组织之，由部指定一人为委员会主席。研究所主任及负责指导候选人研究工作之教授一人为当然委员。

（二）1949—1966 年

1949 年 9 月，学校制订《北京大学研究部教学通则》，其中规定，研究生应于入学后届满一年时，提出毕业论文之计划。论文至迟应于毕业前二个月提出，由导师及校内外专家各一人，组成三人小组审查之。论文经审查接受后，再由导师、系研究部主任、校内外专家共五至七人组成论文考试委员会。论文考试以口试行之，以论文本身及其相关业务知识为范围。论文考试经委员会多数通过及格者，即准予毕业。如不及格而未达到最高修业年限时（当时规定全日制研究生最高修业年限为3年，助教兼研究生为4年），得补考一次。

1955年9月，学校发布《北京大学培养研究生暂行条例（草案）》和《研究生毕业论文答辩工作细则》，其中规定，研究生学习年限一般为4年。培养目标是在马列主义理论指导下具有广泛、系统、巩固的专业知识和独立研究工作能力的科研干部和高等学校师资。研究生毕业论文写作不得迟于第三学年之初开始，一般不得迟于第四学年终完成。导师应不迟于第一学年结束时，和研究生共同拟定毕业论文题目及论文工作初步计划，并在开始论文写作前一个月提出详细的毕业论文计划和进度。论文题目须经教研室审查，系务委员会批准。论文工作计划和进度由教研室主任批准后执行。研究生的毕业论文完成后，由导师给予书面评语，由教研室审查，并经导师和教研室主任签名同意，系务委员会批准后，始得进行论文答辩。系务委员会于答辩前一个月，指定校内或校外专家二人，作为毕业论文审查人，并于答辩前将审查结果及评价向系务委员会报告。系务委员会应将研究生毕业论文摘要若干份，给校内外有关部门及学科专家征询意见，或邀请参加答辩会。研究生之毕业论文答辩在系务委员会组织的公开答辩会上进行，并由系务委员会采用无记名投票的方式按多数原则通过。研究生完成全部个人学习计划和毕业论文答辩通过后，始得毕业，由学校发给研究生毕业文凭。研究生按时完成毕业论文，但答辩未通过，得于一年内重新答辩。

1963年4月，国家教育部下发《高等学校培养研究生工作暂行条例（草案）》，北大贯彻该条例精神，要求研究生毕业论文应有一定的创造性，对研究的专题，要有新见解或新成果；通过毕业论文，使研究生在科学研究方面受到全面训练，掌握科学研究的基本方法和技能，获得独立研究工作的能力。关于毕业论文的评审、答辩等各项要求，基本上仍按照北京大学原有的各项规定进行。

（三）1978—1997年

根据国家《学位条例》和《学位条例暂行实施办法》，结合我校实际情况，北京大学于1982年4月制订《北京大学学位授予工作细则》，稍后，学校陆续制订《北京大学研究生学位论文及论文摘要的基本要求与书写格式》《北京大学关于博士研究生学位论文评阅和答辩的几项要求》《北京大学关于硕士研究生学位论文评阅和答辩的几项要求》，对研究生学位论文的基本要求、论文评阅和答辩、学位授予等作出了具体的规定。

1. 学位论文的基本要求

硕士学位论文，要求对所研究的课题有新见解或新成果，并在理论上或实践上对社会主义现代化建设或对本门学科的发展具有一定的意义，表明作者在本门学科上掌握坚实的基础理论和系统的专门知识，具有从事科学研究工作或独立担负专门技术工作的能力。学位论文应是在导师指导下，由硕士研究生本人独立完成。

博士学位论文，要求对所研究的课题在科学上或专门技术上做出创造性成果，并在理论上或实践上对社会主义现代化建设或对本门学科的发展具有较大意义，表明作者在本门学科上掌握坚实宽广的基础理论和系统深入的专门知识，具有独立从事科学研究工作的能力。学位论文应是在导师指导下，由博士研究生本人独立完成。

学位论文必须是一篇（或由一组论文组成的一篇）系统的完整的学术论文。

2. 学位论文评阅

硕士学位论文完成后，首先由导师进行评阅，并写出详细的学术评语后，由系（所、中心）聘请本学科二位学术造诣较深的教授、副教授（或相当职称的专家）作为论文评阅人（二位评阅人中应有一位是校外专家）。评阅人应就学位论文的选题意义、作者对本研究领域文献资料掌握的程度、论文所用的资料、实验（实践）结果和计算数据的可靠性、论文反映出作者的基础理论和专门知识的水平和独立工作的能力、论文的新见解和创造性成果、论文写作的规范性和逻辑性等方面写出详细的学术评语，并对论文是否可以进行答辩提出明确的意见。如果有一位评阅人不同意答辩，则需另聘一位评阅人对学位论文进行评阅，论文评阅人有 2 人或 2 人以上不同意学位论文答辩，则该论文不能答辩，本次申请无效。

博士学位论文完成后，首先由导师进行审阅，经导师同意并写出详细的学术评语后，由系（所、中心）聘请 10 名同行专家（校外单位同行专家不得少于 5 名），对学位论文或论文详细摘要（8000 字左右）进行评议；还必须聘请 3 名与论文有关学科的教授、副教授或相当职称的专家对论文进行评阅，其中至少有 1 名校外专家。

博士学位论文至少应于答辩前一个半月，由学位论文答辩秘书将论文送交专家评阅。评阅人应在收到学位论文两周内，写出详细的学术评语，并对论文是否可以进行答辩提出明确的意见。三位学术评阅人中如有一人不同意答辩,则需另聘一位学术评阅人进行评阅,学术评阅人如有 2 人或 2 人以上不同意学位论文答辩,则论文不能答辩,本次申请无效。

1996 年 5 月,研究生院修订了《关于博士研究生学位论文评阅和答辩的几项要求》,取消了博士学位论文的 10 名同行专家的评议,将学位论文的学术评阅人由 3 人至加至 5 人,即博士学位论文除由导师评阅外,还必须聘请 5 位与论文有关学科的教授、副教授或相当职称的专家对学位论文进行学术评议,其中至少有 2 位校外专家。5 位论文评阅人中如果有 1 位不同意答辩,则需另聘 1 位论文评阅人进行详阅。论文评阅人中如有 2 人或 2 人以上不同意学位论文答辩,则该论文不能答辩,本次申请无效。

3. 学位论文答辩

（1）学位论文答辩的申请

硕士研究生在完成本专业培养方案规定的各门课程的学习任务和学位论文后,可向指导教师提出申请学位论文答辩。指导教师接到申请后,应审查该研究生完成培养方案规定的各门课程的学习成绩,审阅学位论文,写出详细的学术评语及品德、学风、纪律等方面的表现。如果研究生的课程学习成绩及学位论文等各方面符合要求,指导教师同意申请答辩,则向专业或教研室主任报告,经专业或教研室主任审核同意,报学位评定分委员会主席或主管研究生工作的院(系、所、中心)长(主任)审核,审核同意后方可进行答辩。

博士研究生在完成培养计划规定的各项学习、科研任务和学位论文后,可向导师提出申请学位论文答辩。导师接到申请后,应审查该生完成培养计划规定的各项学习和科研任务情况,审阅学位论文,写出详细的学术评语及品德、学风、纪律等方面的表现。如果导师同意申请答辩,再向专业或教研室主任报告,专业或教研室主任同意,报送学位评定分委员会主席或主管研究生工作的院(系、所、中心)长(主任)审核同意后,再报送研究生院,经研究生院报送校学位评定委员会主席审核批准后,方可进行学位论文答辩。1994 年 12 月,北京大学决定,自 1994 级博士研究生开始,在学位论文答辩前,一般应在国内重要刊物或国际核心刊物上至少发表或被接受发表 2 篇论文(包括硕士研究生阶段发表的论文),或者做出一项具有较重要意义的创造性科研成果,未达到上述要求的,一般不批准学位论文答辩。

（2）答辩委员会的组成

硕士学位论文答辩委员会,由 3—5 名学术造诣较深的专家组成。可以不聘请校外专家参加。导师如果参加答辩委员会(也可以不参加),答辩委员会至少应由 4 人组成,但导师不能担任答辩委员会主席。答辩委员会中应有半数以上的教授、副教授或相当职称的专家。答辩委员会主席应是教授、副教授或相当职称的专家。答辩委员会成员由专业或教研室主任提出初步名单，经学位评定分委员会主席或主管研究生工作的院（系、所、中心）长（主任）批准后，方可进行答辩。硕士学位论文答辩委员会设秘书一人。

博士学位论文答辩委员会由教授、副教授或相当职称的专家5—9人组成，成员的半数以上应是教授或相当职称的专家，其中必须包括2—3位校外专家。导师可以参加答辩委员会，但不能担任答辩委员会主席。答辩委员会主席应是教授或相当职称的专家。答辩委员会设秘书一人。答辩委员会的组成人员由专业或教研室主任提出初步名单，经学位评定分委员会主席或主管研究生工作的院（系、所、中心）长（主任）审核同意后，报送研究生院，经校学位评定委员会主席审核批准后，方可进行学位论文答辩。

（3）学位论文答辩过程的主要程序

答辩委员会主席宣布答辩委员会组成人员名单，主持答辩会的各项议程；导师简要介绍研究生的学习成绩及科学研究情况；研究生报告学位论文的主要内容（约半小时）；答辩委员会成员及答辩会参加人员提问，研究生答辩；答辩委员会举行会议，评议学位论文的水平及研究生答辩情况并以不记名投票方式进行表决，经全体委员三分之二以上（含三分之二）同意，方得通过；最后答辩委员会主席宣读《北京大学研究生学位论文答辩委员会决议书》及投票表决结果。

学位论文答辩一般应公开进行。

硕士学位论文答辩未通过的，一般只发给结业证书，但答辩委员会可以根据论文的水平情况，建议准予毕业，发给毕业证书，而不给学位。以上两种情况，经答辩委员会投票表决同意，均可在一年内修改论文，重新申请答辩一次。

博士学位论文答辩未通过，但有补充修改的基础，经答辩委员会投票表决同意，可以在两年内修改论文，重新申请答辩一次。答辩通过者，补发学位证书。如答辩仍未通过，则不再补行答辩。

二、学位审批

1935年，南京国民政府颁布《学位授予法》，北京大学按照上述文件的规定，开始授予硕士学位（当时国家未实行授予博士学位的制度）。对申请学位的硕士生，由学校研究院延聘的硕士学位考试委员会举行考试，考试成绩合格，经校长批准、报教育部复核后，由北大研究院授予硕士学位。1935—1947年，北大共授予29人硕士学位，各学科授予学位人数见下表。

1935－1947 年北大各学科授予硕士学位人数统计表

年份	合计	文科				理科			法科
		历史	中国文学	语学	哲学	算学	物理	地质	经济
1935	2	2							
1941	9	2	2	2	1	2			
1942	4	1	2	1					
1943	5	1	2				1	1	
1944	4	3	1						
1945	4	1	2					1	
1947	1								1
总计	29	10	9	3	1	2	2	2	1

中华人民共和国成立之后,1949—1980 年无学位制度,故北京大学未授予研究生学位。1981 年 1 月 1 日,中华人民共和国施行学位条例,北大为首批授予博士、硕士单位,开始办理授予学位工作。

学校设学位评定委员会领导和审批全校学位授予的工作。各院(系、所)设学位评定分委员会,协助校学位评定委员会工作。

硕士或博士学位论文答辩委员会作出授予硕士或博士学位的建议,报告学位评定分委员会。学位评定分委员会要逐个对其政治思想表现、课程考试成绩和学位论文答辩等情况进行全面的审核,以不记名投票方式进行表决,经出席会议的学位评定分委会委员三分之二或以上的成员通过(同意通过的委员人数,还应达到分委会全体成员的半数),方可同意授予学位,并报校学位评定委员会审批。对某些学位论文,经答辩委员会通过,但学位评定分委员会审核后认为不合格的,也可作出在一年内(对硕士学位论文)或两年内(对博士学位论文)修改论文、重新申请答辩一次的决议。该决议亦须以不记名投票方式通过。

凡学位评定分委员会审核并表决通过授予硕士学位的,必须报校学位评定委员会批准。对授予硕士学位有争议的或未全票通过的,校学位评定委员会须作进一步的审核,以决定是否同意授予学位。

由学位评定分委员会审核并表决通过授予博士学位的,学位评定分委员会还必须把全部学位申请材料上报校学位评定委员会,在校学位评定委员会会议上,对博士学位申请者逐个进行审核,以不记名投票方式表决,经出席会议的校学位评定委员会委员的三分之二或以上成员同意,方得通过(同意通过的委员人数,还应达到校学位评定委员会全体成员的半数),授予博士学位。表决不能用通讯方式进行。

对某些学位论文,经答辩委员会通过,但校学位评定委员会审核后认为不合格的,也可作出一年内(对硕士学位论文)或两年内(对博士学位论文)修改论文、重新申请答辩一次的决议。该决议亦须以不记名投票方式表决。

凡学位论文答辩委员会未通过,不建议授予硕士或博士学位的,学位评定委员会或分委员会一般不进行审核,但对个别有争议的,学位评定委员会或分委员会可组织力量重新审核,经校学位评定委员会审定,确实达到硕士或博士学位标准的,可作出授予硕士或博士学位的决定。

1982－1997 年北京大学授予博士、硕士人数见下表。

1982－1997 年北京大学授予博士、硕士学位人数统计表(按学科门类,含同等学力申请学位数)

年度	合计		哲学		经济学		法学		教育学		文学		历史学		理学(含部分工学)		工学	
	博	硕	博	硕	博	硕	博	硕	博	硕	博	硕	博	硕	博	硕	博	硕
1982		489		33		18		36				78		26		298		
1983	1	87		8		1		15				19		10	1	34		
1984	12	234		24		19		24				32		8	12	127		
1985	7	555	3	25		41		48				56		54	4	331		
1986	13	448		26		32	1	69		4		50	1	24	11	243		
1987	31	426		30		6	1	74			3	42	1	28	26	246		
1988	57	745	1	71	2	75	3	89		4	5	79	4	38	42	389		
1989	75	730	5	48	1	89	3	122			5	81	5	35	56	355		
1990	67	709	3	38	4	58	5	114		3	7	82	4	47	44	367		
1991	96	722	9	30	5	54	12	121		3	13	89	3	32	54	393		
1992	97	625	8	29	5	24	10	132		2	2	52	8	36	64	350		
1993	90	727	6	41	1	67	11	138		4	7	84	3	31	62	362		
1994	134	749	8	26	1	46	17	175		6	13	85	7	34	88	374		3
1995	187	789	10	31	11	67	17	167	2	6	8	95	7	38	132	381		4
1996	228	849	15	30	11	106	29	194		3	28	112	7	46	138	349		9
1997	282	1125	21	43	12	207	54	335		5	39	102	18	51	138	371		11
合计	1377	10009	89	533	53	910	163	1853	2	40	130	1138	68	538	872	4970		27

三、同等学力申请学位

为全面贯彻国家学位条例和适应社会对培养高层次专门人才的需求,1983 年 3 月,国务院学位委员会第四次会议决定,从 1984 年起,逐步开展在职人员申请学位工作。由此,国务院学位办公室起草了《关于开展在职人员申请学位试点工作的几点意见（讨论稿）》。北京大学作为试点单位之一，根据上述文件精神，于1984年制订《北京大学关于接受在职人员申请学位的试行办法》，对申请人的条件、申请手续、课程考试、论文的评阅和答辩等作出具体要求。北大于当年接受一名申请者，通过课程考试、论文评阅和答辩，获得博士学位。

1985年2月，国务院学位委员会决定，从1985年起正式开展在职人员申请学位工作，并于当年9月下发《关于在职人员申请硕士、博士学位的试行办法（送审稿）》，确定北京大学、北京钢铁学院、中国科学院等3个单位进行在职人员申请博士学位的试点。为此，北京大学根据国务院学位委员会下发的文件精神，于1986年修订了《北京大学关于在职人员申请学位的试行办法》。我校该试行办法的主要内容如下。

申请学位的对象：凡是拥护中国共产党的领导，拥护社会主义制度，积极为社会主义建设服务的在职人员，在完成本职工作任务的前提下，在教学、科研或专门技术上做出了优异成绩，已达到我校攻读硕士、博士学位研究生毕业水平者，可申请硕士或博士学位。

申请学位的学科、专业范围：凡我校有权授予硕士学位或博士学位且已授过学位的专业，均可接受在职人员申请相应的学位。

（一）硕士学位

申请人条件：具有大学本科学历，已达到我校硕士研究生毕业水平，在工作中表现良好的在职人员。申请人应在本专业或相近专业工作三年以上，并至少在全国性学术刊物上发表过一篇学术论文。

申请手续：申请人所在单位应将《北京大学接受在职人员申请硕士学位审查表》《申请学位推荐书》（两位教授、副教授或相当职称的专家推荐书）、已发表的学术论文及其他著作，送我校学位评定委员会办公室。我校组织专家审查申请人的资格。

学位课程考试：申请人的资格审查合格后，必须在半年内通过我校该专业硕士生培养方案规定的课程考试，考试成绩达70分以上为合格。对申请免考的硕士毕业研究生及在职攻读硕士学位的校内人员（在申请学位前3年，已修我校硕士研究生专业培养方案中规定的必修课和限制性选修课，考试成绩在70分以上，可作为研究生的成绩），经有关学位评定分委员会审核后，决定申请人是否可以免除部分或全部学位课程考试。申请人的课程考试成绩三年内有效。

硕士学位论文的评阅、答辩和学位授予：申请人通过学位课程考试后，由校学位办公室按照在校硕士研究生的学位论文评阅、答辩和学位授予的要求和程序进行。经校学位评定委员会审核批准后，方获得硕士学位，发给学位证书。由于申请人不是在读研究生，因此，他们只能取得学位证书，而没有研究生毕业证书。

硕士学位论文答辩不合格的，如经答辩委员会表决同意，可以在一年内修改论文，重新申请答辩一次。

（二）博士学位

申请人条件：已获得硕士学位或同等学力者，并在工作中表现良好的在职人员，在所申请的学科专业范围内工作一段时间，近年来在全国性刊物上发表过较高水平的学术论文（已获硕士学位者，除硕士学位论文外，需要三篇以上，同等学力者，需要五篇以上）。

申请手续：申请人所在单位将《在职人员申请博士学位审查表》《申请学位推荐书》、学术论文、著作等寄送我校学位办公室。我校在两个月内组织专家审查，决定是否同意接受申请。若接受申请，则组织申请人的学位课程考试。

学位课程考试：博士学位课程考试，按照我校相应学科、专业博士研究生的要求，在资格审查合格后半年内完成。博士学位的考试课程主要有：马克思主义理论课；基础理论课和专业课；两门外国语。课程考试成绩达到优、良为合格。一门不合格，则本次申请无效。

申请博士学位人员，如果在科学或专门技术上有重要的著作、发明、发现或发展的，可申请免除部分或全部课程考试。

博士学位论文的要求和评阅：申请人提交的博士学位论文，应是本人在工作实践中独立完成的，在科学或专门技术上有创造性的成果。学位论文的评阅，按照我校在校博士生的学位论文的要求和规定办法进行。

学位论文答辩和学位授予：申请人通过全部课程考试，成绩合格，论文评阅人都同意进行学位论文答辩，经学位评定分委员会审核，同意学位论文答辩，报送校学位评定委员会，经校学位评定委员会主席审核批准后，方可进行学位论文答辩。

学位论文答辩和学位授予的要求和程序，与在校的博士生的学位论文答辩和学位授予的要求和程序相同。校学位评定委员会审核批准后，方获得博士学位。

博士学位论文答辩不合格，如经论文答辩委员会表决同意，可在两年内修改论文，重新申请答辩一次。

1988年3月，国务院学位办公室下发《关于研究生班毕业生申请学位等问题的通知》，1991年4月，国务院学位委员会下发《关于授予具有研究生毕业同等学力的在职人员硕士、博士学位暂行规定》等多个文件，北京大学根据这些文件精神，对原有的相关文件作了修改或补充，主要如下。

申请人的条件，要求申请硕士学位的在职人员，已在本专业或相近专业工作三年以上（以后又改为申请人在获得学士学位后，到获得硕士学位的期限，一般不得少于五年）。申请博士学位人员，已在本专业或相近专业工作五年以上（可以含攻读硕士学位的年限），近年来在全国或国际性刊物上发表过学术论文，或已有专著。

对博士学位申请人，如果学校条件允许，申请人可到相应的专业从事短期工作和学习（一般不超过 3 个月），以考察其独立从事科学研究工作的能力。

申请人虽有本科（或研究生）学历，但属跨专业申请非相近专业的硕士（或博士）学位的，应在进行资格审查时，考核所申请专业的本科（或研究生）主干课程，课程考试成绩全部合格后，方能认可其申请资格。1997 年，又规定在职人员申请学位工作，实行逐级申请学位的政策，即申请硕士学位人员必须已获得学士学位，申请博士学位人员必须已获得硕士学位。

自 1984 年至 1997 年，北大共接受在职人员申请学位的人数见下表。

以同等学力在职申请学位人数统计(1984—1997)

	1984	1985	1986	1987	1988	1989	1990	1991	1992	1993	1994	1995	1996	1997	合计
博士	1		3	1		5	2	7	5	4	2	3	3	3	39
硕士				12	21	54	65	52	39	18	18	19	50	196	544
合计	1		3	13	21	59	67	59	44	22	20	22	53	199	583

四、授予名誉博士学位

我国的名誉博士学位是一种授予国内外著名学者、政要等社会知名人士的高级荣誉称号。新中国学位条例及实施办法规定，名誉博士学位由国务院授权博士学位授予单位授予。授予名誉博士学位须经学位授予单位的学位评定委员会讨论通过，由学位授予单位报国务院学位委员会批准后，方可授予。授予名誉博士学位时应举行授予仪式，由授予单位负责人颁发《名誉博士学位证书》。

1920 年 8 月 31 日，北京大学举行授予班乐卫（法国前总理、数学家）、儒班（法国里昂大学校长）二人名誉博士学位典礼，由蔡元培校长授予班乐卫、儒班二人名誉博士学位证书。这是北京大学也是我国大学第一次授予名誉博士学位。

1920 年 10 月 17 日，北京大学举行第二次授予名誉博士学位典礼，授予美国前驻华公使芮恩施先生名誉法学博士学位及美国著名学者杜威名誉哲学博士学位。

1983 年 8 月，我校授予联合国教科文组织总干事姆博名誉博士学位，这是新中国成立后我国授予的第一个名誉博士学位。到 1997 年年底，我校共向 12 个国家的 23 位知名人士授予名誉博士学位。

北京大学授予名誉博士名单(1920－1997)

序号	国别	姓名	性别	职业与现职务	所授学位	批准日期	授予日期
1	法国	班乐卫	男	法国前总理、数学家	名誉理学博士		1920.8.31
2	法国	儒班	男	里昂大学校长	名誉理学博士		1920.8.31
3	美国	芮施恩	男	美国驻华公使	名誉法学博士		1920.10.17
4	美国	杜威	男	美国哲学家、教育家	名誉哲学博士		1920.10.17
5	塞内加尔	阿马杜·马赫塔尔·姆博	男	联合国教科文组织总干事	名誉博士	1983.8.1	1983.8.4
6	美国	李政道	男	理论物理学家	名誉博士	1984.12.15	1985.7.3
7	日本	井上靖	男	中日文化交流协会会长	名誉博士	1985.6.22	1986.4.21
8	印度	纳金德拉·辛格	男	联合国国际法院院长	名誉博士	1986.9.9	1986.9.10
9	美国	E. M. 斯坦因	男	普林斯顿大学数学系教授	名誉博士	1985.11.9	1988.5.28
10	丹麦	欧格·玻耳	男	教授、院士	名誉博士	1985.11.9	
11	巴西	若泽·萨尔内·科斯塔	男	总统	名誉博士	1988.6.15	1988.7.4
12	日本	宇都宫德马	男	日中友协会长	名誉法学博士	1989.6.15	1989.8.17
13	阿根廷	何塞·马利亚·鲁达	男	联合国国际法院院长	名誉法学博士	1990.4.18	1990.4.25
14	意大利	齐吉基	男	高能物理学家	名誉理学博士	1990.7.10	1990.10.18

序号	国别	姓名	性别	职业与现职务	所授学位	批准日期	授予日期
15	意大利	朱利奥·安德雷奥蒂	男	总理	名誉法学博士	1990.7.10	1991.9.16
16	中国	李嘉诚	男	香港长江实业集团董事长	名誉博士	1990.11.28	1992.4.28
17	南非	纳尔逊·曼德拉	男	非国大主席	名誉法学博士	1992.9.29	1992.10.5
18	美国	彼得·拉克斯	男	纽约大学教授	名誉理学博士	1993.4.5	1993.7.2
19	意大利	焦瓦尼·斯帕多利尼	男	参议院议长历史学教授	名誉历史学博士	1994.1.20	1994.2.19
20	阿根廷	卡洛斯·萨乌尔·梅内姆	男	总统	名誉博士	1995.9.27	1995.10.5
21	美国	欧内斯特·博伊尔	男	卡内基基金会主席	名誉博士	1995.4.6	1996.4.4
22	中国	石景宜	男	香港汉荣书局有限公司董事长，全国政协委员	名誉博士	1997.6.17	1998.10.29
23	罗马尼亚	埃米尔·康斯坦丁内斯库	男	总统	名誉博士	1997.9.3	1997.9.9

五、做出突出贡献的中国博士、硕士学位获得者

1991 年 1 月 24 日，国家教委、国务院学位委员会发布《关于表彰在工作中做出突出贡献的中国博士、硕士学位获得者的决定》，决定对 695 名中国博士、硕士学位获得者予以表彰，并授予"做出突出贡献的中国博士、硕士学位获得者"荣誉称号。其中北大有 29 人获国家授予的"做出突出贡献的中国博士、硕士学位获得者"荣誉称号。其名单见下表。

序号	姓名	学位	学位类别	工作单位
1	陈来	博士	哲学	北京大学
2	陈平原	博士	文学	北京大学
3	程宜山	硕士	哲学	空军导弹学院

序号	姓名	学位	学位类别	工作单位
4	邓广林	硕士	理学	解放军信息工程学院
5	高毅	博士	历史学	北京大学
6	葛晓音（女）	硕士	文学	北京大学
7	龚旗煌	博士	理学	北京大学
8	姜春良	博士	理学	军事科学院
9	焦奎	博士	理学	青岛化工学院
10	金相灿	硕士	理学	中国环境科学研究院
11	来鲁华（女）	博士	理学	北京大学
12	茹重庆	博士	理学	中国科学院力学研究所
13	沈弘	博士	文学	北京大学
14	王邦维	博士	文学	北京大学
15	王道全	博士	理学	北京农业大学
16	徐明曜	硕士	理学	北京大学
17	严纯华	博士	理学	北京大学
18	阎步克	博士	历史学	北京大学
19	晏凤桐	硕士	理学	云南省地震局
20	杨家振	硕士	理学	辽宁大学
21	袁家荣	硕士	历史学	湖南省文物考古研究所
22	张继平	博士	理学	北京大学
23	梁宋平	博士	理学	湖南师范大学
24	刘庸	博士	理学	华中师范大学
25	倪亚明	博士	理学	同济大学
26	李承治	博士	理学	北京大学
27	张克宁	博士	法学	外交部条约法律司
28	张筑生	博士	理学	北京大学
29	荣新江	硕士	历史学	北京大学

第六节　学籍管理与毕业分配

一、学籍管理

研究生的学籍管理，主要包括入学与注册、休学与复学、退学、奖励和处分、提前毕业与延长学习年限、毕业（结业）与就业等方面的规定。

1917 年 11 月，北大开始招收和培养研究员（生）。研究员入学时须详细填写其简历，包括姓名、别号、年龄、籍贯、经过学校、研究科目、通信处等。1918 年 7 月，北大制定的《研究所总章》规定，研究员研究之论题择定后，由各员自行研究，以所得结果于一年内作为论文，文成后由本门研究所各教员公开阅看，其收受与否由各教员开会定之。论文收受后，由本校发给研究所成绩证书，并将所收受之论文交付大学图书馆保存，或节要采登日刊；其未经收受者，由各教员指出应修改之处，付著作者自修正之。1927 年 1 月，北大研究所国学门委员会将上述规定改为：研究生研究终了之论文，须经委员会公推委员两人（或两人以上）负责审查，经委员会审查评定，得定为甚优、优良、合格三等，由本门发给证书；不合格者不给证书。

1930 年 8 月，北京大学公布《国立北京大学研究院章程》，规定："研究生在本院研究年限，至少二年，至多五年，每半年须将研究情况及已得结果报告一次，如继续两次未提出报告，得取消其研究生资格。""研究生研究完毕，其论文及毕业试验均及格者，给予研究院毕业证书；其未能及格者，不给任何证明书。至于学位之授予，依照部章办理。""研究生研究成绩不良或品行不端者，经院务委员会之决议，得取消其研究生资格。"

1934 年 6 月，《国立北京大学研究院暂行规程》规定："研究生入院后，即应于最短期内，与担任指导之教授商定研究之计划。嗣后至少应于每一个月内，做读书报告或实习报告一次，交指导教授审查。若于入学后一学期内无成绩报告，或指导教授认为其成绩不及格者，得由指导教授报告院长，由院务会议决定，或予以警告，或令其退学。""研究生初试不及格者，得于一学期后请求补试；其只有一项不及格者，得单独补试该项；其有二项以上不及格者，须全部补试。""乙种论文（相当于硕士论文）口试不及格者，得于一学期之后请求补试。补试以二次为限。""甲种论文（相当于博士论文）口试不及格者，得于一年后请求补试。补试以二次为限。"

1949 年 9 月，北大校研究部委员会制订《北京大学研究部教学通则》，规定研究生之修业年限为 2－3 年，助教兼研究生为 3－4 年。遇有特殊情形，经系研究部提请校研究部委员会之同意,得延长一年。研究生在校修业时期最低不得少于一年。研究生休学不得超过二次,每次不得超过一年。研究生于最高修业年限内不能完成工作者,或由导师及系研究部认为其不能继续研究者,经校研究部委员会提请校务委员会通过,应取消其资格。研究生毕业论文考试及格,即准予毕业。如不及格而未达最高修业年限时,得补考一次。

1955 年,北大《培养研究生暂行条例(草案)》规定,研究生无故不按期完成个人学习计划者,或经导师正式提出认为无培养前途者,经校长批准,可令其退学,另行分配工作。

1963 年 4 月,国家教育部下发《高等学校培养研究生工作暂行条例(草案)》,其中规定,脱产研究生学习期限一般为 3 年,在职研究生学习期限一般为 4 年。研究生学习期限,经教育部批准,可以适当缩短或延长。延长期限不得超过一年。研究生有一门课程不及格,或超过规定的考试期限无故不参加考试者,或无特殊原因不能按期完成毕业论文者,经校长和校务委员会批准,取消研究生学籍,另行分配工作。研究生如有违反国家法令和破坏学校规章制度等严重错误,应该开除学籍。

1963 年 10 月,教育下发《关于高等学校研究生学籍处理问题的几项暂行规定》,就研究生转专业、转学校、改换导师、休学、延长学习期限、取消学籍和退学、奖励和处分等方面作了规定。从此时开始,才有研究生学籍管理方面的具体规定。但是该暂行规定发布后,因为按照中央指示,组织研究生下放参加"四清"运动,不久又爆发了了"文化大革命",上述规定许多未能实施。1978 年 8 月,教育部下发《研究生学籍管理暂行规定》。1984 年 2 月,教育部又下发《研究生学籍管理暂行规定(修改稿)》。学校根据其精神,于1984 年 6 月制定《北京大学研究生学籍管理暂行细则》。

以下是该暂行细则的主要内容。

(一)入学与注册

1. 新生必须持录取通知书和有关证件(户口、粮油关系等)按规定日期到校报到。新生报到后,须在规定的时间内到校医院进行健康复查。复查合格者方可办理注册手续,取得学籍,发给研究生学生证和校徽。

新生有下列情况之一者,取消入学资格:

(1) 健康复查不符合招生体检标准;

(2) 无故逾期两周不报到者;

(3) 逾假或病假一个月期满,未申请保留入学资格而不报到者;

(4) 经政审复查,发现入学前有严重政治问题或道德败坏者,在报考过程中徇私舞弊者,在入学后三个月内,查实清楚,即取消入学资格,退回原单位。

因(1)(2)(3)项原因取消入学资格者,由研究生处提出,教务长批准。因(4)项原因取消入学资格者,由人事处、各系(所、室)或研究生招生办公室提出,经研究生处,送教务长审核,报校长批准。

2. 新生健康复查发现患有疾病,不能坚持正常学习,由校医院诊断证明,经过治疗能在一年内达到健康标准的,可以保留入学资格一年。

3. 每学期开学时,研究生必须按学校规定的日期返校,持研究生学生证到研究生处办理注册手续。不能按时到校注册者,均须事先向研究生处和所在系(所、室)请假,并同时报告导师。不请假或请假未获批准而不按时注册,以旷课论(每天以旷课4学时计,下同)。

(二)转学和转专业

研究生一般不得转学转专业。如因专业调整、导师变动,或因研究生学习期间身体变化等人力不可抗拒的原因,致使本单位无法继续培养者,可以转学或转专业。

在校内转专业的,由所在系(所、室)提出申请,征得拟转入系(所、室)同意,送研究生处审核,报教务长批准。

转学的(转入外校或科研院所),由所在系(所、室)提出申请,送研究生处,经教务长审核,报校长批准。所在系(所、室)应协助学校与拟转入单位进行联系,在征得拟转入单位同意后,方可办理转学手续。

外单位研究生要求转入北京大学的,须向研究生处提交申请,经研究生处审查,确认其符合转入条件并征得拟转入系(所、中心)和导师同意后,送教务长审核,报校长批准。

(三)休学与复学

1. 研究生因病不能坚持学习,经校医院诊断证明,确需休养并在短期内可以治愈的,由本人申请,导师和所在系(所、室)审核,附校医院诊断证明书,送研究生处审核,报教务长批准,准予休学。

研究生休学,一般以一学期为限,期满后仍不能复学的,可继续申请休学,但休学时间累计不得超过一学年。研究生休学期间,享受公费医疗。休学半年内,助学金照发。

2. 研究生休学期满,如确已恢复健康,应在学期结束前一周向所在系(所、室)申请复学(在外地休养治疗者,须附县级以上医院诊断证书),经系(所、室)同意后,由所在系(所、室)通知其在开学前一周到校医院复查。确认能坚持正常学习者,由系(所、室)在本人申请书上签署意见,经研究生处审核,送教务长批准,准予复学,并应按时到校办理复学手续。

(四)退学与取消学籍

1. 研究生休学期满,不申请复学者,或休学后准予复学,在开学后两周内不到校办理复学手续者,按自动退学处理。休学一年期满,仍不能复学者,予以退学。研究生因业务基础差、身体有病或其他原因,难以坚持学习者,应予以退学。

凡退学的研究生,由本人或导师提出申请,经所在系(所、室)主管主任签署意见,或由所在系(所、室)提出申请,送研究生处,报教务长审核,校长批准。并报教育部备案。

2. 研究生在学习期间,非经教育部研究生司批准,校内外任何单位不得抽调(包括出国进修和短期学习)。擅自接受抽调的研究生按自动退学处理。如研究生所在系(所、室)擅自抽调,则要追究其责任。

研究生在学习期间,不得请假出国探亲(个别因直系亲属发生事故者除外)。

3. 研究生必须按培养方案的要求学习规定的课程,完成规定的学分数,参加所学课程考试,考试成绩合格,方能获得学分。

硕士生和研究生班研究生学期考试(考查)课程如有一门不合格(必修课和限选课70分以上为合格,非限选课60分以上为合格,下同),可以补考一次,补考成绩合格,可登录本门课程成绩。在一学期中,必修课或限选课考试成绩不及格超过一门或一门必修课或限选课补考仍不及格者,取消学籍。博士生有一门必修课考试不合格(不得补考)者,取消其学籍。

研究生考试(考查)作弊者,一律取消其学籍。

研究生因故不能参加考试(考查),必须事先提出缓考申请,经任课教员同意,系(所、室)主管负责人批准,公共课程须经研究生处批准,方可缓考。

研究生无故不完成论文计划,明显表现出科研能力差者,或在科研工作中伪造数据,或剽窃他人成果者,取消其学籍。

因以上原因取消学籍的研究生,由导师(考试、考查作弊者,由监考教师)提出意见,经系(所、室)主管主任签署意见,或由系(所、室)提出意见,送研究生处,报教务长审核,校长批准,取消其学籍,并报教育部备案。

4. 研究生属下列情况之一者,应予取消学籍:

在一学期内旷课累计达48学时者,或擅自离校达两周以上者;

在一学期内事假累计超过一个月者;

患有精神病等疾病,经校医院诊断证明,难以坚持学习,一年内不能治愈者。

因上述原因取消学籍的研究生,由导师提出申请,经所在系(所、室)主管主任签署意见,或由系(所、室)提出申请,送研究生处,经教务长审核,报校长批准。

退学或取消学籍的研究生,在等待安排期间,享受原助学金和公费医疗。安排落实后,通知本人,应按规定时间办理离校手续,逾期不办理者,即停发助学金和停止公费医疗。

退学和取消学籍的研究生,不得申请复学。在校学习不满一年者可以发给学历证明;学习满一年或一年以上且考试(考查)合格者,可以发给肄业证书。

(五)奖励和处分

1. 对于品学兼优或在某方面表现突出的优秀研究生,应予表扬和奖励。其方式有通报表扬、发给奖状或奖品、授予称号等。

2. 对于政治表现不好,品质恶劣,违反校规校纪以及触犯国家政策、法令、刑律的研究生,根据情节轻重和本人的认错态度,可以分别给予警告、记过、留校察看、勒令退学、开除学籍的处分。

研究生有下列情况之一者,可给予勒令退学或开除学籍的处分:

有反对四项基本原则的言行者,或煽动闹事,扰乱学校和社会秩序者;

违反国家政策法令情节严重或触犯国家刑律者;

蓄意破坏公共财产或盗窃国家、集体和私人财物,造成重大损失和严重危害者;

品行恶劣,道德败坏,有流氓、打架斗殴行为,危害他人身心健康或人身安全者;

违反学校纪律,情节极为严重者。

3. 对犯错误的研究生,要进行说服教育,处理时要持慎重态度,坚持调查研究,实事求是。要将思想认识问题同政治立场问题区别开来,处分要适当。处理结论要同本人见面。允许本人申辩、申诉和保留不同意见。对本人申诉有关单位要认真进行复查。对坚持错误、无理取闹者,要从严处理。

给予警告、记过处分的,由所在系(所、室)决定;给予留校察看、勒令退学和开除学籍处分的,由所在系(所、室)提出意见,并征求导师意见,送学生工作处审核,报学校领导批准,并报北京市高等教育局和国家教育部备案。

(六)提前毕业和延长学习年限

1. 研究生提前修满培养方案中规定的全部课程,完成了规定的教学实习和劳动任务,可以申请提前进行论文答辩。论文答辩通过后,经研究生处审核,报校批准,准予提前毕业。

2. 研究生如因客观原因未能按期完成规定的学习任务,或经短期延长可取得更好的成绩者,由导师提前一学期提出申请,系(所、室)审查同意,送研究生处,报教务长批准,可以延长学习年限。延长学习年限,一般以一学期为限,不得超过一学年。

（七）毕业（结业）与分配

硕士研究生和研究生班研究生完成培养方案所规定的全部学习任务，成绩合格，通过毕业论文答辩，由所在系（所、室）将全部毕业报批材料送研究生处审核，报校长批准，准予毕业，发给毕业证书。研究生未通过论文答辩者，则发给结业证书。经答辩委员会同意，硕士生可在一年内申请补答辩一次，博士生可在两年内申请补答辩一次。答辩通过者，补发学位证书。如答辩仍未通过，则不再补行答辩。

（八）在职研究生

在职研究生为北京大学的在校研究生，应按培养方案（或培养计划）规定的学习任务进行学习。在职研究生同时又是所在单位的在职人员，享受在职人员的有关待遇，完成所在单位安排的工作任务。由应届毕业生中选拔的脱产研究生，或从在职人员中选拔的脱产研究生，不得改为在职研究生。

1984 年 10 月，北大成立研究生院。1986 年 9 月，学校修订《研究生学籍管理暂行细则》，修订后称之为《北京大学研究生学籍管理暂行规定》，修改之处主要有：原来报"教务长审核"或"批准"的，一律改为报"研究生院院长审核"或"批准"；用"予以退学"替代"取消学籍"的提法。自 1989 年起，毕业研究生分配工作，实行"双向选择"办法，故删去"服从国家统一分配"的要求，此后，还有几次修订，但其基本原则无大变化。

历年北京大学毕业研究生数，见下列三表。

北京大学硕士研究生毕业人数统计表（1935－1947 年）

毕业年份	1935	1941	1942	1943	1944	1945	1947	合计
人数	2	9	4	5	4	4	1	29

北京大学研究生毕业人数统计表（1950－1966 年）

毕业年份	一九五〇	一九五一	一九五二	一九五三	一九五四	一九五五	一九五六	一九五七	一九五九	一九六一	一九六二	一九六三	一九六四	一九六五	一九六六	"文革"期间			合计
主要毕业年级	四七	四八	四九	五〇	五一	五二	五三	五四	五五	五六	五七	五九	六〇	六一	六二	六三	六四	六五	1124
人数	8	10	18	20	15	84	175	112	126	75	8	46	107	52	84	54	56	74	

北京大学研究生毕业人数统计（按学科门类，1980－1997年）

年度	合计		哲学		经济学		法学		教育学		文学		历史学		理学		工学		管理学	
	博	硕	博	硕	博	硕	博	硕	博	硕	博	硕	博	硕	博	硕	博	硕	博	硕
1980		26				6		5		1		6				7				1
1981		402		45		4		21				78		7		234		13		
1982		117				13		17		1		12		13		52		3		6
1983	1	60		2				18				9		4	1	30		5		2
1984	8	205		22		18		23				21		2	8	99		12		8
1985	10	461	3	26		19		42		2		44		52	7	235		34		7
1986	10	540		26		19	1	87		9		37	1	24	7	233	1	90		15
1987	34	831		40		78	1	140	3	3		105	2	36	27	309	1	86		34
1988	74	798	5	82	4	55	5	143		14	5	76	4	38	41	309	10	61		20
1989	81	786	4	54	1	76	3	149		14	9	74		38	52	285	7	61		35
1990	83	751	2	41	5	70	10	136	1	12	10	72	3	34	44	300	8	57		29
1991	95	722	10	33	5	58	9	135		7	13	70	2	32	54	293	2	74		20
1992	103	590	8	24	5	23	10	105	1	12	4	53	9	26	64	278	2	48		21
1993	94	727	7	40	1	62	13	132	1	14	6	86	3	32	54	283	9	50		28
1994	147	742	8	28	2	36	19	160		21	12	81	8	32	86	287	11	55	1	42
1995	183	784	8	41	11	39	19	145	2	19	9	88	5	36	109	314	18	59	2	43
1996	228	812	14	55	8	44	30	152	1	21	25	106	7	46	122	270	17	67	4	51
1997	286	948	23	94	11	46	53	189	3	21	36	104	17	54	120	282	21	61	2	97
总计	1437	10302	92	653	53	666	173	1789	9	171	132	1122	66	506	796	4100	107	836	9	459

北京大学各学年度研究生学籍异动情况统计表（1978—1997年度）

项目 学年度	合计 博	合计 硕	新生未注册 博	新生未注册 硕	取消入学资格 博	取消入学资格 硕	减少 转学(出) 博	减少 转学(出) 硕	出国 博	出国 硕	自动退学 博	自动退学 硕	予以退学 博	予以退学 硕	勒令退学 博	勒令退学 硕	开除学籍 博	开除学籍 硕	取消学籍 博	取消学籍 硕	死亡 博	死亡 硕	硕转博 硕	增加 合计 博	增加 合计 硕	增招 博	增招 硕	恢复学籍 博	恢复学籍 硕	转学(入) 博	转学(入) 硕
计	309	1494	93	288	6	16	2	4	32	548	84	322	39	85	5	23	2	7	45	17	1	5	183	31	38	29	34	1	3	1	1
1978.9~1981.7		149								130		18																			
1981.9~1982.7		6										6												8		8					
1982.9~1983.7		31								29		2												9		9					
1983.9~1984.7		54								47		7																			
1984.9~1985.7		42										42																			
1985.9~1986.7	14	191	1	15					11	153	1	1	1	9								1	13								
1986.9~1987.7	5	92	1	11				1	4	59		6		6									15								
1987.9~1988.7	13	124	3	26		3	1		1	62	6	30	3	20								1	12		1		1				
1988.9~1989.7	33	155	11	25					1	60	20	44	2	10							1		11								
1989.9~1990.7	48	99	12	32			1	1	9		18	37	7	6	1		2		2	7	1		17	1				1			
1990.9~1991.7	34	89	7	47					1	2	7	29	14	8	4	1	5	2	25	2		1	3		13		13				
1991.9~1992.7	41	76	3	16					1	1	5	15	5	2	3	4			14	2			4								
1992.9~1993.7	38	56	8	29					1	1	9	11	4	6	1		1			2		1	12		6		6				
1993.9~1994.7	18	77	12	28					1	2	4	20	2	8		2	1				1	1	15		4		4				
1994.9~1995.7	12	53	9	28		3			1	2		2	2	6					2			1	22	3	3	3	3				
1995.9~1996.7	27	89	9			3		2	3	2	11	32		8						2		1	25	3	6	3	3		3		
1996.9~1997.7	26	111	17	31	1		2		1	3	3	26	1	9		4			4		1	1	34	7	5	6	5			1	1

注：1. 表中出国数不含退学后出国及获学位后出国人数，亦不含短期出国人数。2. 硕生数据含研究生班研究生数据。

二、毕业分配

中华人民共和国成立前，毕业研究生自谋职业，国家不管毕业研究生分配工作。中华人民共和国成立后，国家实行计划经济体制，毕业研究生由国家分配工作。

1953年，高等教育部下发《高等学校培养研究生暂行办法（草案）》，规定研究生的调动及毕业分配，由中央高等教育部统一管理。其中各高等学校、机关和厂矿企业调派带职学习者，毕业后仍回原单位工作。

1957年7月，高等教育部下发《关于1957年高等学校招收四年制研究生的规定》，规定本届高等学校毕业生考取研究生的，毕业后由国家统一分配工作，凡在职人员考取高等学校作研究生的，毕业后在国家统一分配的原则下，优先照顾原在单位的需要，分配到原在单位工作。

1963年4月，教育部下发《高等学校培养研究生工作暂行条例（草案）》，规定研究生毕业后，原由高等学校本科毕业生中直接考试录取的，由国家统一分配工作，培养学校可以按国家计划，选留一部分作为师资或专职科学研究人员。原由在职人员中考试录取的，原则上回原单位工作。

1985年8月，国家计委、国家教委联合发出《关于印发1985年度全国毕业研究生分配计划的通知》。该通知指出，1985年度全国毕业研究生11000余人，而各方面需要的毕业研究生达25000人，供需矛盾突出，分配着重考虑高等学校急需补充的师资和国家重点科研攻关项目与重点技术改造项目急需的人才。同年10月10日，国家教委、国家计委联合发出《关于高等学校毕业生分配工作统由国家教育委员会主管的通知》。该通知说明，经国务院批准，决定从1986年起，原由国家计委主管的大学毕业生、毕业研究生分配计划的编制工作，移交由国家教委统一主管。

1986年12月，国家教委下发《毕业研究生分配工作暂行办法》，规定根据国家计划招生取得毕业资格者，由国家分配工作。毕业研究生的分配，要继续充实高等学校的师资和科学研究机构的研究人员；要加强国家重点建设项目的科研攻关和设计、生产部门，以及专业技术部门所需人员的配备；要适当照顾领导机关和经济管理等部门对较高层次管理人员的需要。

该办法还规定，对不顾国家需要、坚持个人无理要求、经说服教育拒不服从分配的毕业生，自宣布分配名单之日起，超过三个月仍不去报到者，由培养单位报经地方主管部门批准，宣布取消分配资格，限期离校（所）。

根据国家教育部或国家教委有关毕业研究生分配的方针、政策和规定，1980—1987年，我校共分配了八届毕业研究生，总计参加分配的人数是2698人，其中毕业博士生68人，毕业硕士生2205人，研究生班毕业生425人，包括委托培养的研究生 322 人。分配的结果是:到高等学校当教师的 1464 人,占 54％;科研单位 770 人,占 29％;党政机关 120 人,占 5％;公司企业 64 人,占 2％;其他 271 人,占 10％。

1988 年 7 月,国家教委下发《关于改进 1989 年毕业研究生分配工作的通知》。该通知指出,根据全国高校会议精神,为了深化改革,逐步把竞争机制正确地引入毕业研究生分配工作,增强高等学校主动适应经济和社会发展需要的动力和活力,调动研究生的学习积极性,促使用人单位尊重知识和人才,国家教委直属高等学校 1989 年毕业研究生分配,可普遍试行在国家分配方针、政策指导下,学校推荐、学生选择职业、用人单位择优录用的"双向选择"办法。为做好毕业研究生"双向选择"的就业工作,北大进行了以下几项工作:(1)邀请有关省市和部委主管毕业研究生工作的领导来我校参观和座谈,或学校组织调研小组到国家重点单位、企业和高校等用人单位进行调研。这样,一方面向社会展示北大教育改革的现状和前景,介绍我校毕业研究生的全面情况;另一方面,了解用人单位对人才需求的趋势、社会各界对我校毕业生使用情况的意见,以及对我校研究生教育的专业结构、课程设置、教学内容等方面的建议,为研究生教育、教学改革提供参考依据。(2)学校举办大、中、小型供需见面会,给毕业生提供更多的双向选择机会。(3)学校成立毕业生就业指导中心,加强对毕业生就业的指导工作。该中心设置就业指导咨询室、编印就业指导刊物、举办就业指导讲座等,使毕业生了解就业的方针、政策,明确择业方向。

自 1989 年毕业研究生分配实行"双向选择"后,北大毕业研究生就业分配去向如下表所示。

北京大学毕业研究生分配去向统计(根据现有资料)

学年度		1993		1995		1997	
类别		博士	硕士	博士	硕士	博士	硕士
合计人数		78	695	164	739	232	836
		773		903		1068	
考博及博士后		56		105		108	
出国及其他		98		120		174	
参加分配		619		678		806	
分配单位	高等院校	255(41.2％)		252(37.2％)		300(37.2％)	
	科研单位	119(19.2％)		119(17.6％)		114(14.1％)	
	党政机关	141(22.7％)		180(26.5％)		227(28.2％)	
	大、中型企业	29(4.6％)		43(6.5％)		75(9.3％)	
	其他事业单位	59(9.5％)		68(10.0％)		78(9.7％)	
	部队	16(2.6％)		8(1.2％)		5(0.6％)	
	回省分配			8(1.2％)		7(0.9％)	

第六章　成人教育

成人教育有学历教育和非学历教育两类。新中国成立前，北京大学只有非学历的成人教育。新中国成立后，北大的成人教育主要包括两部分：成人高等学历教育和继续教育；继续教育即为非学历教育。

第一节　中华人民共和国成立前的成人教育

北大的成人教育始于 1918 年创办的校役夜班（夜校）。此后，成人教育有了较大的发展，教育形式也更加多样化，归纳起来大体有夜校、短期讲习班、补习学校、专题研究班等多种类型。

一、夜校

（一）校役夜班

1918 年 4 月，由蔡元培校长亲自发起和主持筹备的校役夜班正式成立。4 月 14 日，夜班举行开学典礼，蔡元培莅会并发表演说。他说："在常人之意以为学校为学生而设，与校役何涉，不知一种社会无论小之若家庭若商店，大之若国家，必须此一社会之各人，皆与社会有休戚相关之情状，且深知此社会之性质，而各尽其责，故无人不当学，而亦无时不当学也。"他认为夜班对校役有两个好处：一是有益于现在的工作，"且略知修身大义，则于卫生之道，勤勉诚实之行，皆能心知其意，而切实行之，必不至有不正之行，取非分之财"；二是有益于他种职业之准备，"若于性之所近，力求进步，亦未尝不可成为学者，为乡村学校之教师"。校役夜校对本校全体校役所施教育，以树立、培养其道德观念，增进其生活常识为宗旨，教授之标准以高等小学同程度为限。夜班置教务主任、庶务主任、事务员、书记等职务。教务主任由教授会公举一人任之，承校长之委托负责教务一切事宜；庶务主任由本校庶务主任任之，承校长之委托负责庶务及管理事宜；事务员负责稽查校役上课勤惰及秩序等事宜；书记负责教务处一切事宜。当时的夜班课程分为：必修课

（修身、国文、算术、理科）和随意课（外国语，世界语、英、法、德语任择一种），不久，将修身与国文合并。1920 年，将必修课改为国文、公民常识、科学浅说、算学四门，将随意课删去，有愿意学习英文、世界语者，可先到校役夜班教务处报名，斟酌情形，另行开班。夜班学员为全体校役（凡校役必须入班学习），当时共 251 人，翌年增至 253 人。依学员考试结果，就其程度之高下，将其分为甲、乙、丙、丁、特、别六级。甲、乙、特、别各一班，丙三班，丁四班，共十一班。甲级学员能作颇清顺的浅近文章；乙级能作浅易文字，但不甚清顺；丙级仅能识字，其中有识字颇多者；丁级多属不识字者；特班已超过高等小学程度；别班为粗识字及不识字而年已逾 40 者。1920 年，将原有的班次并为八班，分为甲组一、二、三三班，乙组一、二、三三班，别班一班，星期讲演一班。大致能作 50 字以上短文的归入甲组；能作 50 字以下短文和识字不能作文或识字很少的归入乙组；年 40 岁以上识字很少的，仍为别班；平日不能上课，仅星期日能上课的，入星期讲演班。每班（除星期讲演班以外）每周上课 3 次，每次 2 小时，共 6 小时。学员毕业无定期，随时视其程度酌予证书。学员不纳学费，上课教员全部由学生义务担任。许多学生除认真授课外，还发起募捐，为学员购买书籍。校役夜班共办了两年多的时间。

（二）平民夜校

1920 年 1 月，在蔡元培校长的赞助下，学生会教育股创办了平民夜校。平民夜校实行男女同校，当时共招收 350 名学生，其中男生 240 名，女生 110 名；年龄最长者 38 岁，最小者 6 岁；主要是学校附近的平民子弟，其中贫而无力求学者居多。夜校的教学和管理工作均由北大学生义务承担。夜校经费由学校每月津贴 40 元（包括学生书籍费），其余由组织学生半工半读，通过贩卖实物或募捐获得。1 月 18 日，夜校在法科礼堂举行开学典礼，蔡元培、陈独秀均以来宾身份莅会，并发表演说。蔡元培说："今日为北京大学学生会平民夜校开学日，此事不唯关系重大，也是北京大学准许平民进去的第一日。从前这个地方是不许旁人进去的，现在这个地方人人都可以进去。"夜校经过逐步完善，到 1922 年 10 月时有学生近 400 人，分为 10 个班，其中国民班 5 个班，高小班 3 个班，中学及英文专修班各 1 个班。国民班和高小班的程度与普通小学相等，中学班的课程按照教育部规定的普通中学课程设置。1926 年 1 月时有学生 182 人，分为国民、高小、特别 3 个班。其中国民班一年级 40 人，二年级 35 人，三年级 32 人，四年级 21 人；高小班一年级 18 人，二年级 8 人；特别班分甲乙两部，甲部 16 人，乙部 12 人。国民、高小两班的程度完全与普通小学相等，教授目的在于使学员能直接应用，不在于为他们升学做预备，所以教材偏重于地理、历史、国语、常识及算术计算法。特别班乙部程度与初中前三学期相等，甲部与初中后三学期相等，学生多来自中学,属于补课性质。学生实行分科制,不受年级限制,即某科程度达到某年级时就在该年级上课;同一学生不同课程可在不同年级上课,而以其重要课程所在的最低一级,代表其年级。1927年1月17日增设校役补习夜班一班,利用校役工余,授以相当教育,凡北大校役均须入校肄业,分甲乙两组,轮流听讲。

（三）第二平民夜校

1921年12月,北大学生会开办了第二平民夜校。是月11日举行开学典礼,12日开始正式上课。学校以养成健全人格之平民、求社会改良实效为宗旨,附设在北京大学第三院。学校设主干(正副各一人)、教务会、教授会、委员会(临时机构)。正副主干对校内外负责;教务会下设文书、会计、庶务、管理四组;教授会有国文教授会、史地教授会、数学教授会、特别教授会(当时为英文)。学校教职员均为北大学生,其中多为平民教育社的社员。学校实行男女同校,依程度分班,无毕业年限,但经本校认为具有健全智识者,得审查成绩,予以证明。学校所设学科为:普通必修科有国文(语体文、文言文),算术,常识(科学常识、公民常识、普通常识);分科必修科有历史、地理、修养谈话、图画、唱歌、书法、习字;特别选修科有外国语(先设英语)、音乐。授课时间为每晚七时至十时。学生入校一概免费,并得斟酌情形发给书籍文具。学校经三次招生,到12月31日有学生142名,依国文程度分为四班:第一班标准程度约相当高小毕业,并有中学一、二年者;第二班约相当高小三年;第三班约相当国民三年;第四班约相当国民二年。又另依算术程度分为四班:第一班现学浅近簿记;第二班现学诸学等[①];第三班现学四则;第四班分甲乙二组,甲组现学乘法,乙组程度最低最杂,所学大部为初步。开学后,因多数学生要求开设英文班,所以又开了英文四个班。1922年春假后,学校将第一班改为师范班,以期造就普通师资,为将来平民教育之基础。4月添招商业班。学校于1921年冬刊行油印周刊,1922年改为铅印。

（四）北大工余补习夜校

1922年2月10日,热心劳动教育的学生邓中澥、黄绍谷、朱务善等开办北大工余补习夜校,专教北大出版部印刷工人及新知书社印刷工人。学生约50人。

（五）民众夜校

1929年12月,大学生会开办"北大学生会民众夜校",附设在北大第二院;29日,举行招生考试。民众夜校以增进民众知识、俾能服务社会为宗旨。

---

① "现学诸学等"这句话的原文就是如此。原文见《北大日刊》1922年2月刊载的《北大第二平民学校民国十年总报告》。

夜校由校务会议议决聘请指导员若干人。夜校教职员由北大学生担任,但必要时得延请校外热心民众教育者担任之。夜校设校务、教务、训育、事务四股,每股设正副主任各一人,同时设校务、教务、级任三种会议。夜校实行男女同校,开始时暂设小学、师范二部,遇必要时,得设中学、成人班。

　　课程分必修、选修二科。必修科:(1)初级小学设国语、常识、算术、习字、缀句、作文、党义;(2)高级小学设国语、算术、英文、历史、地理、自然、珠算、作文、党义;(3)专修班设国文(文言文、语体文、文法、作文),英文(读本、文法、翻译、作文、会话),数学(算术、代数、几何、三角);(4)成人班设国文、英文、算术、尺牍、作文、公民珠算;(5)中学师范班课程于设立时再定。选修科:音乐、跳舞、手工、图画、缝纫、体操。授课时间为每晚七时到十时,但选修课得于星期日授之。学习年限为小学初级四年,高级一年,专修班及成人班均为一年。修业期满、考试成绩及格者,发给毕业证书或证明书。经费来自北京大学每月津贴五十元和募捐。学费免收,书籍及一切文具免费供给,但师范、中学等班书籍需自备。到1930年7月,共有学生320余人。

　　(六)单科夜校

德文夜校:1918年9月21日,经校长特许,于大学马神庙内指定讲室开设德文夜校。凡学校内教职工及学生有志斯学者,均得自由入学,唯外来附学者,须有各校教职员或相当之介绍为之证明方许入学。班次分为初级、高级、特别三班。初学者入初级,已习者入高级,专攻文法会话者入特别。授课时间为午后六时至九时,每班授课一小时,第一时初级,第二时高级,第三时特别,愿旁听他班时亦可。学生每月纳费现洋三元,北大教职员学生纳费减半,以示优遇。

英文夜校:英文夜校专为有志学习英文而不得适当学校者而设。它于1918年10月18日招生,11月1日开学。学生分初级、高级两班,初级班自字母学起,高级班专读文学以及练习实用文件(如翻译、写信之类)。除星期日外,每晚授课一小时(初级班为七时至八时,高级班为八时至九时)。学费每月现银二元。

法文夜校:1918年2月18日,李大钊等为便于同仁学习法文,商请华法教育会会员龚礼南先生,附设一夜班于北京大学,并经北大校长认可。该夜班全名为"大学公余法文夜校"。凡北大同仁及北大同仁所介绍者均可入学。该校之宗旨与功用为:(1)直接读法文书籍或备参考,或供译述;(2)练习会话及通俗文字,以资应用;(3)研究法国之学术与情形,为有志赴法游学或调查者之预备。夜校由北大同仁周同煌、李大钊、段宗林、李辛白、徐之杰等发起,教课由华法教育会会员担任,并常延请中西学者轮流讲演。夜校分三科:普通法语科(第一年)、译述科(第二年)和语言科(第三年)。卒业分两种：在三科中之一科卒业，发给本科证书；在三科中完全卒业时，以前三种证书换给全科卒业文凭。授课时间为每星期八小时，学费每月二元。

二、短期讲习班

（一）夏季讲习科

1918 年 6 月 18 日，北大教员陈定模等承社会之要求，以为将来完全夏季大学之预备，创夏季讲习科。科目为国文、英文、美术、论理、心理、教育、社会、财政、法政、商业十门。时间为 7 月 15 日至 9 月 6 日，每门每星期六小时，上课时间为每日上午八时至十二时。学费为习一门者三元，二门者五元，三门者七元。

（二）法文暑假班

北大的法文夜班因假期将停课，故于 1918 年 6 月决定组织暑假班。暑假班课程为拼音、句读、读本、文法、翻译、作文。学生按程度分为甲乙两班。已习程度甚深或较深者为甲班，未习或初习程度较浅者为乙班。每周上课 12 小时，时间为七、八两个月。学费四元。

（三）中等学校理科教师暑期讲习班

1934 年，教育部以上年度各省市举行会考总核学生成绩，以自然科学及数学为最劣，为补救计，会北大、清华、师大等校举办中等学校理科教员暑期讲习班。北大、清华决定两校联合举办，名额定为 150 名：北平 50 名，天津 20 名，河北 40 名，其他省市 40 名。讲习班分数学、理化、生物三组，每组包括高初二级，不分班教授。期限为四星期。讲习班缴纳学费十元，讲义费二元、杂费一元，预存赔偿费理化组五元，生物、数学组三元。膳费及参观采集时所需旅费自理。7 月 15 日开班。

（四）中学师范教员暑假讲习班

1937 年，教育部指定一些公私立大学举办暑期中学及师范学校教员讲习班，其中生物、理化两组由清华、北大负责。讲习时间为 7 月 5 日至 8 月 15 日共六周，每周授课 18 小时。学员向讲习班缴纳学费十元、讲义费二元、宿费二元。

三、新闻学研究班

新闻学研究班由北大新闻学研究会举办。1918 年 7 月，蔡元培校长发起成立北大新闻学研究会并任会长。该研究会公布的简章中指出，"本会以灌输新闻智识、培养新闻人才为宗旨"，并"可随时介绍会员，往各新闻社参观考察，及与中外通讯社联络接洽，但须先得该新闻社及中外通讯社之同意"；"研究之方法，采取讲授、联席二种形式"；"校内会员每人年纳会费现洋四元,校外会员年纳现洋八元,分二期缴纳"。同年10月,新闻学研究会举办了以本会会员为对象的研究班,并每周举行两次研讨活动。1919年10月16日,新闻学研究会第一次研究期满式在北京大学文科事务室举行,蔡元培校长为参加研究的学员颁发证书并致训词。其中得听讲一年之证书者有陈公博等23人,得听讲半年之证书者有毛泽东等32人。

四、补习学校

(一)北大预科补习班

1918年7月,北京大学为预科应试见遗诸生特设此补习班,分别补习各课,以入预科正班为宗旨。但已是北大预科暂取生者,得由本校委托本班教员特别补授未及格科目。补习班的入学资格为:曾应预科入学试验成绩较优,或有中学毕业证书,经本班教员试验合格者。补习班设国文、英文、数学、历史、地理、理化、博物诸门,国文、英文、数学三门每周各授课八小时,历史、地理、理化、博物四门每周各授课六小时。每人年缴学费五十元,膳宿由各生自理。学生于次年暑假,按照入学试验各科程度举行学年试验,其及格者,得升入预科第一年。预科暂取生补习办法按照考试委员会指定应补习之科目,由北大教员或补习班教员分别补授。补习科目以第一学期为限,其第一学期试验不及格者,即令退学。补习时间不得与预科授课时间冲突,以便补习生随正取生听讲。暂取生每补习一科应缴学费三元。

(二)北京高等补习学校

1919年8月,北大为有志投考北大及高等专门学校而程度不足者补习功课,设北京高等补习学校。补习学校各种学科皆以国立大学预科及各高等专门学校入学试所需程度为标准。入学资格以曾在中等学校毕业,或经本校试验认有同等程度者为限。补习期一年。学费每人每年现洋四十元。

(三)北大画法研究所暑期补习班

1920年6月,北大画法研究所于暑假添设此补习班,招收中国画部学生30名,外国画部学生20名,自7月1日起补习两个月,共收学费四元。

(四)北大暑期补习学校

1922年至1934年期间的暑期,北大曾开办暑期补习学校,主办者为北大学生。它以补习中小学程度所不及而欲升入大学或中学者为宗旨,凡曾在中小学肄业或毕业或有同等学力之男女学生,皆可报名入学。学生分为三个班次:甲班为旧制中学毕业生或高中肄业生投考大学之预备;乙班为补习旧制中学二、三年级之功课或初中程度者;丙班为补习高小毕业或初中一年级之功课者。教员为北大毕业生或高年级学生深有研究者。

（五）北京暑期学校

1926 年，北大教育系、中华教育改进社、京师矿务局联合开办北京暑期学校，校址在北河沿北京大学第三院。该校分特别、甲、乙三组：特别组专为男女中小学教员研究教育问题而设；甲组专为男女中学毕业生补习而设；乙组专为预备入中等学校之学生而设。特别组缴纳学费为中学教员八元，小学教员四元，其中由各省教育机关派送者得酌减二元。甲组缴纳学费八元，乙组六元。暑期学校除上课外，每周并有公开讲演、社会科学讲演和自然科学讲演。

（六）本科补习班

1928 年 2 月，京师大学校文科（即原北大文科）举办此补习班。补习班以补授中学主要课程俾得升学为宗旨。修业期限一年，期满考试及格成绩优异者，得升入京师大学校文科之预科。凡三年中学毕业生及四年中学毕业生均得入班肄业，学生应缴纳报名费二元，学费每学期四十元，讲义费每学期五元，图书费每学期二元，体育费每学期一元，徽章费五角。

第二节　中华人民共和国成立至"文化大革命"前的成人教育

1949 年 9 月，中国人民政治协商会议第一届全体会议通过《中国人民政治协商会议共同纲领》，提出要有计划有步骤地实施普及教育，加强中等教育和高等教育，加强劳动者的业余教育和干部的在职教育。1950 年 6 月 9 日，教育部副部长钱俊瑞在全国高等教育会议上所作的《团结一致，为贯彻新高等教育方针，培养国家高级建设人才而奋斗》报告中也强调指出，根据上述共同纲领规定的新中国高等教育的方针和任务，要尽一切可能建设新型的完全符合上述方针的高等学校，以及和它们相联系的专科学校、各种技术学校、函授班、训练班等，以应对各种建设的需要。

为适应新中国成立后国家建设事业的需要，北大发扬了面向工农大众开办成人教育的优良传统，从 1950 年开始就陆续开办了各种类型的成人教育。此后，随着我国建设事业的发展和社会需求的不断变化，北大的成人教育有了新的发展，走出了一条主动适应社会发展需求，多形式、多类别、多层次、多规格地为社会培养急需专业人才的新路子，形成了独具北京大学特点的成人教育新体系。

北大的成人教育是面向社会具有高中及以上文化程度的各类成年人，对这些成年社会成员实施的高等教育和大学后的继续教育。学历教育主要办学形式有函授、夜大学、成人脱产班、干部专修科和接受行业、系统委托，为行业、系统培养专业工作骨干的插班生、委培借读生等。成人学历教育学生修业期满,成绩合格者发给相应的学历证书。非学历教育主要是大学后继续教育,其办学方式灵活,层次多样,科类各不相同。主要办学形式有各院系接收进修教师、访问学者,也有各院系开办各类辅导班、训练班、培训班、进修班、研修班、研讨班等。成人非学历教育学生学习结束由学校发给相应的结业证书。

一、成人学历教育

(一)脱产学习的干部专修科

1950 年 9 月 25 日,北京大学校务委员会举行会议,通过了北京大学经济学系与中国人民银行合作举办"银行专修科"①的决定。10 月 21 日,经济学系与中国人民银行合作的银行干部专修科如期开学,经济学系学生会召开联欢晚会,欢迎银行专修科的学员。本期银行干部专修科学员共 120 人,均为中国人民银行各大区分行选调出来的老干部,其中大多数是科长、主任或处长;多数人是抗战初期参加革命的,有 4 人曾参加长征。学员年龄在 18 岁至 45 岁之间,学习期限为三年。

举办银行系统干部专修科,开创了新中国成立后北京大学以成人高等学历教育为社会培养专门人才的先河,也是北京大学开办成人脱产班最早的一例。1951 年 8 月上旬,教育部组织华北及东北高等学校实行统一招生,北京大学与清华大学联合在京津两地招收了新一届银行专修科学员。11 月 12 日,当年招收的银行干部专修科学员共 200 余人陆续到校并开始上课。

1952 年 1 月,教育部批复同意《北京大学与中国人民银行总行合办银行专修科合约及经济开支细则》,同时指出,1950 年秋抽调的 100 多名学员的学习期限为三年制,1951 年秋开始每年按大学招生标准招收高中毕业程度的学生,招生名额视具体情况确定。学生毕业后由中国人民银行总行分配工作,办学经费由中国人民银行拨付,并由中国人民银行拨款在北京大学校址内修建教室平房及宿舍楼各一处,产权属中国人民银行。

1952 年 2 月下旬,在学校公布的 1951 学年度第二学期注册的学生中,包括中国人民银行干部专修科在内的银行干部专修科在校学生已达 232 人。

1952 年 8 月 25 日,京津高等学校院系调整北京大学筹备委员会办公室编制了"新北大系、专业及专修科设置"方案。该方案指出,今后北大、清华

---

① "专修科"为当时高等学校所设专业中专科层次的统称。银行专业专修科招收的由银行系统选派的干部学员班属成人教育范畴,并被称为"银行干部专修科",以区别于非成人教育的银行专业专修科。此后,"干部专修科"即作为北京大学成人脱产学历教育的一种办学形式被沿用。

银行专修科均调整到中央财经学院。至此,北大银行干部专修科不再招生。

(二)插班生学历教育

外语插班生:1951 年 1 月 26 日,教育部通知北京大学,决定在全国范围内选拔 100 名青年到北京大学学习印地、蒙古、维吾尔、阿拉伯、越南、暹罗、缅甸、日本、朝鲜及西南少数民族语文,以培养少数民族及东方语文方面的干部。这些学生的学习期限为 4 年,跟普通班一起编班就读,在校期间给予学生供给制待遇,毕业后由中央统一分配。这批学生于 2 月底前来校报到。

化学兵委托培养的借读生:1951 年年初,中国人民解放军化学兵学校(即后来的防化指挥工程学院)在北京成立。为给化学兵学校培养科技和学术骨干,教育部专门召开北京大学、清华大学、燕京大学、协和医科大学负责人参加的会议,决定由这些学校接受中央军委训练总监部的委托,以借读方式为化学兵部队培养专业骨干。1951 年 9 月 13 日,化学兵部队选送的 33 名借读生入北大化学系借读。借读的学员均为大学未毕业就参军的青年学生,化学系将他们单独编为一班,并执行专为其制订的教学计划。他们的学习期限与北大化学系其他学生相同,毕业后由化学兵部队统一分配。1952 年、1953 年,化学兵部队又分别从化学兵学校选送了两批借读生入北京大学化学系学习,1956 年、1957 年,他们毕业后均回到化学兵学校,并成为化学兵学校的专业骨干。

(三)函授教育

1951 年 2 月 21 日,教育部召开座谈会,研究设置图书馆学系和博物馆学系问题。会议建议,自 1951 年暑假开始,将北京大学图书馆专修科扩充为系,并设图书馆专业函授班(比正式生多学一年,毕业后发文凭,以在职图书馆人员为主,由教育部与国家文物局共同筹办)。为此,教育部组织了一个课程改革小组,以草拟该系的课程设置、教材编译和设备标准。小组成员中有北京大学的王重民(召集人)、孙云涛、刘国钧、向达等。后该函授班因各种原因未能如期举办。

1956 年,新中国步入了社会主义建设事业全面展开的新的历史时期。为适应这一时期社会发展进步的客观需求,国家在大力发展普通大学教育的同时,也提出要大力发展各类成人业余教育,以便为我国社会主义建设事业培养大批有政治觉悟、有文化的各类劳动者、科技骨干和管理干部。1956 年 5 月 31 日,中华人民共和国高等教育部下发《关于综合大学开办函授教育的通知》,提出"为提高职工的科学水平,培养国家建设干部,我部决定自一九五六秋季起在若干综合大学开办函授教育",并就专业设置、培养目标、招生对象、学习年限、教学计划、教学大纲、教材教法等提出了明确要求。与此同时,该通知还明确了 1956 年要开办函授教育的高等学校,并要求北京大学于 1956 年"开办动物学、植物学、图书馆学专业"的函授教育,招生指标为动物学、植物学专业各招生 75 人,图书馆学专业招生 140 人。

根据高等教育部的文件精神,北京大学组织相关院系研究了有关工作,并根据函授生在职学习的特点,明确了函授生与全日制本专科学生实行相同的教材、教学大纲和培养目标,在适当精简个别课程、把学习年限分别延长至六年和四年的基础上制订了函授教育的教学计划。函授生完成教学计划规定的全部课程,成绩合格者由学校发给与高等教育相应专业、层次具有同等效力的毕业证书。与此同时,学校决定成立函授教育招生委员会组织招生工作。动、植物专业在北京、天津、沈阳、保定、太原五个城市招生,招生对象为中等学校生物课的教师,农林、医药卫生部门、科研机关所属单位的工作人员及高等院校有关动植物专业的试验人员。图书馆专业在北京、天津、沈阳、济南、南京、上海、武汉等七个城市招生,招生对象为省市级图书馆、高校图书馆和机关图书馆的工作人员。函授生入学考试科目与本科生入学考试科目相同;由机关保送具有高中毕业文化程度、身体健康、政治上可靠的在职干部报考也需参加入学考试。

1956 年 10 月 3 日,北大函授教育班正式开学。图书馆学系在北京招收的 43 名函授生到校集中上课,外地招收的 78 名函授生也收到了北大教务处组织图书馆学系、马列教研室编写的函授教材、课程讲义和学习方法指导书等并开始自学。生物学系动、植物专业因报考生源缺乏而未能开办。

1958 年,北大地球物理系气象学函授专修科开始招生。该函授专修科由北京大学与中央气象局合作举办,修业年限为 4 年,招生对象为中央气象局系统各地气象站的工作人员。学生修完教学计划规定的课程,成绩合格,由北京大学发给毕业证书。

1960 年 9 月 16 日,北大图书馆学系发出通知:本系 1956 年开设的专科函授班,由于师资教改等原因,曾于 1959 年暂停招生;决定从 1961 年起继续在全国 5 个大中城市招收图书馆在职干部参加函授学习,招生人数为 100—200 人,学习期限 2 年。招生名额分配给各地区,委托各地区省、市图书馆党委代为组织招生。学生由机关单位负责向该地区接受委托的图书馆保送,再由北大负责审查测验后决定是否录取。招生工作于 1960 年 12 月至 1961 年 1 月进行。学生入学后第一学年每周学习 4 学时,做毕业论文时脱产一周,两年共授课 93 周。

1961 年 6 月 5 日,按教育部要求,学校以专文就图书馆学系、地球物理系函授教育的专业设置、招生区域范围、教学计划、课程设置、教师配备、教材、学习方式等向教育部作了汇报。汇报中表明,当年图书馆学系有在校函授生 270 名,招生范围为北京、天津、沈阳、哈尔滨、呼和浩特、太原、银川、兰州、西安、郑州、济南、南京、上海等16个城市；地球物理系气象专业函授在校学生325人，学生分别来自全国各省、自治区、直辖市及解放军系统的气象工作人员。两个专业的函授生都在所在单位按教学计划的规定进行学习。

1963年11月25日，学校以专文向北京市教育局报告函授教育情况：（1）北大与中央气象局合办的气象学函授专修科，由北大地球物理系主管，修业年限4年。1962年毕业生20人，1963年招收新生135人，现在校学生555人，预计1963年毕业25人。教职工10人（讲师1人，教员9人）。（2）图书馆学函授专修科由北京大学图书馆学系主管，修业年限2.5年，在校学生92人（三年级），预计毕业人数为90人。教职工有专任教员1人，兼任教师2人，各地辅导站教师5人。

1964年10月27日，北大向高等教育部报告函授教育情况：北大气象学函授专修科与中央气象局合作举办，修业4年；1964年实际毕业26人，实际招收新生170人，在校学生为576人（一年级170人，二年级191人，三年级99人，四年级86人，五年级30人）；1965年预计毕业生116人。图书馆学函授专修科由北大自办，修业2.5年，1964年实际毕业生79人，实际招收新生140人，在校生140人，1965年无毕业生。

1965年，气象学函授专修科和图书馆学函授专修科继续举办。

1956年至1958年，北大只有图书馆学系开办了图书馆学函授专修科。函授专修科的教学管理办法由图书馆学系制定，报学校批准后施行。1958年，地球物理系开始举办气象学函授专修科。是年，为加强对函授教育的管理，学校在总结图书馆学函授教育经验的基础上，制定了《北京大学函授教育暂行规程》。其主要内容如下。

1. 关于函授生的学籍管理：（1）入学注册，经统一招生考试被北大录取的函授生，必须按照学校规定办完注册手续后始取得学籍，无故不按期办理注册手续的，取消其入学资格。函授学习以自学为主，辅以重点讲授和口头或书面辅导（外地尽可能设立函授辅导站）等教学形式。自学时间每周12小时。（2）请假：函授生必须按时来校（或其他指定地点）参加集中学习和课程的考试、平时测验，因故不能参加时，应事前提出证明，由所在单位签注意见后向学校请假。函授生因故不能参加规定的辅导时，应向学习组长请假。（3）转组或调职学习：函授生调动工作，其新的工作单位仍在原地或在有本校函授生的其他地区，而其业务工作与所学仍能结合的，得申请转组继续学习。函授生转组学习，应由新的工作机关提交学习保证书向学校提出申请，学校同意后编入适当小组学习。函授生调到无本校函授生的其他地区工作，或新的业务工作与所学不能结合时，学校得视情况不同意其继续学习。不同意继续学习的应办理退学手续。（4）休学、复学与退学：函授生因故不能跟班继续学习得申请休学,休学以一年为期,期满后仍不能复学,得继续申请休学一年,但休学年限累计不得超过两年。函授生具有下列情况之一的得申请退学,或令其退学:因故长期不能学习的;休学期满未按期办理复学手续,或休学满两年仍不能复学的;因调工作而新的业务工作与所学不相结合,或调到无本校函授生的地区而继续学习有困难的;课程考试考查不及格根据学校规定应令其退学的;因其他原因不能继续学习的。

2. 函授生的书面作业:(1)书面作业是函授教学的主要教学形式之一。函授生应在深入钻研与掌握教材内容的基础上独立完成书面作业。(2)函授生必须按照规定的日期完成书面作业。因故不能完成时,须书面说明理由(由所在单位签注证明意见),并提出补交日期。函授生一学期内无故缺交书面作业1/3的,即不得参加该门课程的考试,该门课程即作为不及格。平时书面作业有不及格的,学校得视其不及格次数多少等情况,酌情准予参加考试或令其补做及格后再参加考试。(3)教师批阅作业时应对该函授生对教材的理解和掌握的情况,作出评语,并对缺点和错误提出改进意见。

3. 函授生的辅导工作:函授生在自学过程中遇有疑难问题,可请当地兼任辅导教师在辅导时解答,或函请学校教师书面解答。教师在收到函授生所提问题后,一般应在五天内给以解答;对函授生所提共同性问题,可给以综合解答。

函授生的费用,按教育部的规定,函授生到学校集中学习时,其来回路费由学生所在单位在差旅费内报销。途中伙食补助费、住勤费、交通费等,由个人负担。函授生的教材讲义费用,由本人负担。至于函授生平时在本市区参加集中学习、辅导等所需的交通费,由所在单位负担或还是由学生本人负担,由各单位自行决定。

据统计,1956年至1966年的十年间,北京大学共招收函授生1732人(图书馆学系881人,地球物理系气象学专业851人)。其中,气象学专业1963年后招收的函授生和图书馆学专业1964年后招收的函授生因"文化大革命"的影响未能按期毕业。

二、成人非学历教育

(一)医科预备班

1951年12月21日,教育部民族事务委员会与卫生部联合发出通知,委托北大开办少数民族医科预备班,学习期限为二年。第一期结业后再续办第二期,以后每隔两年招生一次,每期暂定招收学生80人,第一期名额分配为新疆40名,其余40个招生名额分给其他省、自治区、直辖市。本期医科预备班1952年1月25日报到,春季学期开学上课。学员在校学习期间为中灶供给制待遇。到 1951 至 1952 学年度第二学期,在校的医科预备班学生共154 人。1952 年院系调整后未再举办。

(二) 训练班

俄文翻译训练班:1956 年 7 月 6 日,北大组织的俄文翻译训练班结业。训练班招收的主要是高校教师,学习期限半年。参加此次训练班学习的有北大的 4 名教师和地质学院、兰州大学、复旦大学、北京工业学院等高校的 7 名教师。

无线电电子物理、计算机和半导体训练班:1960 年 9 月 5 日,受教育部委托,无线电电子学系开设的无线电电子物理和计算机两个训练班开学。其中无线电电子物理训练班招收学员 41 人,学习期限二年半;计算机训练班学员 38 人,学习期限为两年。两个训练班学员均由各省、自治区、直辖市、各部委及北师大、北京市选送。同年 9 月 11 日,教育部委托北大物理系开办的半导体训练班开始上课,该班学习期限两年,30 名学员均由各省、自治区、直辖市、各部委及北师大选送。

1961 年 7 月 2 日,学校根据教育部的要求,对无线电电子物理和计算机两个训练班的情况进行检查,并于当日备文向教育部汇报了如下情况:无线电电子物理训练班学习期限两年半,现有学员 42 人,分别在三个专门化学习;42 人中有 8 人跟不上班,其中 6 人准备送回原单位,2 人为新疆少数民族学员,拟予以特殊照顾,让他们多学一年,将功课学完。计算机训练班学习期限两年,现有学员 39 人,38 人单独开班,1 人随无线电物理专门化四年级上课,成绩均可。准备精简两个训练班课程,使训练班学员提前半年毕业。

1961 年 12 月 1 日,北大就无线电电子物理训练班教学计划变动事宜备文向教育部报告,确定无线电电子物理训练班一部分学员按无线电基础教师培养,学习期限为两年;另一部分学员业务基础较好,原单位又有工作需要,按无线电物理专业师资培养,学习期限仍为二年半。

上述训练班于 1962 年完成培训计划后结束,学员均由学校介绍回原单位工作。

(三) 代培生

代培生教育是北大根据教育部的指示及有关部委、大专院校的委托,接受兄弟院校选送的在校学生或部委系统工作骨干进入相应专业跟班就读的非学历教育。代培生学习结束后由选派单位安排使用。1958 年后,北大接受的代培生逐渐增多。

1961 年,因选送单位的急需,一些单位要求将 1958 年选送到北大代培的 210 名学生(均为四、五年级)调回原单位工作。北大拟同意这些单位的要求,并于是年 9 月得到教育部的批准。

1961 年 9 月 4 日,北大向教育部报告:"自 1958 年以来学校共接受代培生 1353 名,其中高等院校 498 人,事业单位 518 人,北京市 190 人,外交部 147 人。这些学生政治、业务水平均较好。但近几年来我校发展很快,校舍紧张,今年又是理科第一年改为六年制,除地质地理系有毕业生外,其他理科各系均没有毕业生。为了保证和提高教学质量,各系补课任务很重,师资力量甚感不足。因此希望在暑假后将学习困难的 48 名代培生退回原单位。另外,地质地理系 1958 年为中国科学院地质研究所代培的 82 人,分别在地球化学、构造、古生物三个专业学习,现这些代培生即将开始做学年论文或毕业论文。由于地质地理系导师力量不足,所以拟将这 82 位代培生退回到地质研究所,由科技大学继续培养。"9 月 6 日,教育部批准同意了以上意见。

1962 年 6 月,教育部指示,今后不再招收代培生,在校学习的代培生成绩合格者转为学校的正式学生,不合格的根据情况处理。当时,北大有代培生 644 人(不包括外交部的代培生及医预班的 130 名学生),其中在高等学校有学籍的学生 222 人,机关事业单位的 128 人,省、市教育局的 294 人;初步了解有 200 多人成绩不能达到北京大学正式生水平。

教育部在发出上述指示后,又于 1962 年 8 月通知北大和北京师范大学,当年中央民族学院汉语文化补习班新疆籍毕业生 26 名,请北大和北师大代为培养。其中北大代为培养 16 名,学习数学、物理专业。如学生跟班学习有困难,可单独编班。此代培学生列入全校学生基数,培养费用列入学校经费预算,不向新疆收费。

根据教育部的上述指示和北大代培生的实际情况,学校于 1962 年 10 月提出 4 种情况的代培生不转为北大正式生的意见:一是代培生入学时是委托单位的在校学生,已可按原校学制规定毕业,但由于我校有些专业学制较长,所以仍在校学习代培;二是个人坚持不愿意转为北大正式生者;三是军委各单位送来的代培生大都是现役军人,按规定不能转为高校学生;四是新疆维吾尔自治区教育厅和一些新疆高校送来的代培生不转为北大正式学生,仍由北大继续培养至毕业,并由北大发给毕业证书后送回新疆工作,不列入国家统一分配的毕业生名单。这 4 条意见,是年 11 月经教育部同意后,学校即按之对代培生进行了处理。

(四)进修教师

进修教师是北大接受兄弟院校和企事业单位的委托,由兄弟院校、科研机构、企事业单位选派到北大相关系科专业选修部分课程或参加一定科研、教学工作的教师和科技研究人员及有关管理人员的统称(也常被统称为"进修生")。

新中国成立后不久,北大就开始接受进修教师。1953 年,学校计划当年招收兄弟院校进修教师 20 人。据统计，1954 年至 1959 年，各年在校的进修教师（进修生）人数为：1954 年 9 月，126 人；1955 年 12 月，108 人；1957 年 10 月，289 人；1958 年 9 月，155 人；1959 年 9 月，209 人，另有培训生 310 人。

1960 年 7 月，教育部发布《1960 年度高等学校原子能方面专业教师进修工作的通知》，并附《北京大学 1960 年度原子能专业接受进修教师计划表》。该表规定北大共接受进修教师 149 名（原子核物理及实验 80 人，放射化学 60 人，生物物理 9 人），其中外埠 80 人，本市 69 人。翌年 12 月，学校向教育部报告技术物理系进修教师情况说，该系放射化学和原子核物理两个进修班学员已于 2 月份随该系本科生正式上课，学习期限为二年半。其中放射化学进修人员 25 人中有 5 人基础差，随 1958 级上课，1963 年暑假结业；另 20 人随 1957 级上课，可提前于 1962 年暑假结业。

1960 年 9 月，北大根据北京市的要求，开办了哲学和政治经济学两个进修班，招收北京市属各兄弟院校挑选的 110 名学员，进修期限为两年。

1964 年 7 月 17 日，高等教育部通知，安排 50 名骨干教师到有关重点高校进修和参加科研工作，进修时间一至两年，一般情况下不得中途调回。当年，北大共接受 18 名兄弟院校骨干教师来校进修。

1964 年 9 月，学校计划 1964—1965 年度各系接受进修教师的人数为：数学力学系 35 名（数学 24 名，力学 11 名），物理学系 6 名，化学系 12 名，地球物理系 3 名，生物学系 16 名，放射化学 2 名，地质地理系 5 名，无线电电子学系 3 名，经济系 4 名，历史系 3 名，政治系 3 名，哲学系 7 名。

1965 年 3 月，各系 1964—1965 学年第二学期在校的进修教师为 71 人。

第三节 "文化大革命"时期的成人教育

1966 年"文化大革命"开始，成人教育工作停顿。1970 年起陆续开展了一些非学历继续教育的培训工作。是年 7 月，学校按照中共中央批转的《北京大学、清华大学关于招生（试点）的请示报告》，开始招收工农兵学员，同时也开始招收一些非学历教育的短训班、培训班、学习班。当年共招收各种短训班学员 257 人（均在总校）。1971 年 1 月，地质地理系举办的北京市区、县地质员学习班在北京房山县南窖公社开学，招收学员 63 人，实行社来社去、厂来厂去，学习结束后回原单位工作。同年 9 月，数学系举办了"五七"油田数学训练班，招收学员 55 人。同年，地球物理系开办了气象卫星云图照片培训班、地震科技培训班。1973 年举办的短训班有：化学系的同位素分析短训班，地球物理系的太阳、射电物理短训班，无线电系的无线电技术短训班，法律系的政法干部短训（司法）班。此后,各年都举办了不少短训班、培训班、学习班。如 1974 年法律系的政法干部短训（公安）班、数学系的代数编码进修班、中文系的新闻进修班、地质地理系的牙形石进修班、历史系的古籍整理进修班、东语系的日语进修班、俄语系的俄语进修班等。1974 年 12 月,国际政治系举办了研究国际形势学习班,参加学习的有北京市委 10 个试点单位的理论骨干和其他单位的工农兵理论骨干 124 人,学习时间为 15 天。1975 年 1 月,学校举办了两期新宪法学习班,校内各单位的理论骨干及工业、交通、城建、财贸战线和农村、部队的业余理论骨干 900 多人参加了学习。同年,法律系还举办了政法干部短训（公安）班等。据 1975 年 1 月校党委办公室下发的《关于北大教育革命情况的材料》中记载,1970 年招生以来,在校内外学习过的各类短训班学员有 7 万多人。

1973 年开始,学校举办了一些进修班,招收进修班学员。

1973 年举办的进修班有:物理系地磁进修班;生物系的植物形态进修班和生化进修班;西语系的法语进修班;哲学系的欧洲哲学史教师进修班等。

1974 年举办的进修班有:中文系的新闻进修班;经济系政治经济学进修班;国际政治系的国际政治进修班;图书馆学系的图书馆学进修班;力学系的惯性导航总体分析进修班、数学系的数学进修班等。

1975 年举办的进修班有:数学系的组合数学进修班;物理系的半导体激光测距仪进修班、半导体双异质结激光器进修班、机电进修班;化学系石油化学专业的催化剂结构测试进修班;电子仪器厂的电子计算机 150 机进修班、电子计算机 200 系列机程序进修班;中文系的新闻进修班、新闻专题研究进修班、文学进修班;历史系的中国史、考古进修班;经济系的政治经济学进修班、世界经济进修班;东语系的日本语、泰语、朝鲜语、印地语、越南语、缅甸语、印尼语 7 个进修班;俄语系的俄语进修班、苏联专题批判进修班等。

1976 年举办的进修班有:感光胶化、催化剂研制、气象（中期天气预报）、组合数学、新闻、中国史、世界史、考古、国际政治、俄语等进修班。

据统计,1973 年招生以来至 1976 年,已结业的进修班学员共 723 人。

第四节　改革开放、建设中国特色社会主义时期的成人教育

一、成人学历教育

（一）函授教育

"文革"结束后,北大的函授教育因所招学生地区的不同,而有两种培养

的方式。一是北京以外各省、自治区、直辖市招收的函授生要在当地函授站聘请的兼职辅导教师指导下，自学教材、教学参考资料，完成规定的作业、实验、实习，并按学校的规定每学期抽出一定时间到函授站，集中听取北大派往各函授站授课教师的系统讲授、辅导，参加考试，以完成各自的学习任务。二是在北京招收的函授生，除平时的自学、完成作业外，还同夜大学一样，每周利用业余时间到学校上课 10—12 学时，听取北大教师的系统讲授，完成实验、实习课程并参加考试。从 1996 年起，北大在北京市只办夜大学，不再招收函授生。

1. 图书馆学系（信息管理系）的函授教育

1979 年年底，学校报经教育部批准，同意图书馆学系恢复函授教育，举办图书馆学系函授专修科。1980 年年初，该系在北京、天津、沈阳、大连、吉林、黑龙江六省、市图书馆分别举行招生考试，共录取考生 390 人。另有上述六省、市因"文革"而中断学习的原图书馆函授专修科学生 101 人及其他院校原该专业函授生 2 人，也被重新录入本次招考录取的名单中。1980 年 3 月，图书馆函授专修科开学上课，当时报到入学的学生实际为 492 人。

1981 年 3 月，图书馆学函授专修科在北京、兰州、宁夏、山西、新疆、陕西、河北、青海、内蒙古录取函授生 602 人。1983 年 3 月，在北京、天津、沈阳、大连、长春、哈尔滨、成都录取函授生 342 人。1984 年 4 月，在南京、合肥、济南、青岛、郑州、天津、西宁等市录取函授生 311 人。

1984 年 3 月中旬，正在图书馆学系招考、录取函授生期间，教育部成人教育司召开了成人教育跨省市招生工作座谈会，印发了教育部、财政部《关于成人高等学校一九八四年由省、市、自治区统一招生考试的通知》。该通知规定，国务院部委所属院校，凡向某一地区招生的，应参加当地的考试。由于在此之前，北大图书馆学系函授教育招生工作已进行到录取阶段，故教育部同意北大成人教育当年的招生考试录取结果。1985 年起，北大的成人教育始纳入各省、自治区、直辖市或部委组织的统一考试之中。

1985 年初，教育部批准北大图书馆学系从是年起增设"五年两段制"的函授本科。具体办法是：五年分为专科和本科两个阶段；学生在规定的年限内修完专科段教学计划规定的全部课程，成绩合格、达到专科培养目标要求者，可获得专科毕业证书；愿意继续学习的，可进入本科段继续修读，在修完本科段教学计划规定的全部课程、成绩合格、达到本科培养目标要求者，可获得本科毕业证书和相应的学士学位。是年 6 月，图书馆学系在北京、南京、天津、广州、厦门五省市录取函授生 709 人。

1986 年，经国家教委批准，图书馆学系开始在北京招收五年一贯制的函授专科生。当年录取学生 114 人。

1987 年 2 月,国家教委同意北大图书馆学系试办大专起点的函授本科。其招生对象为"从事图书情报资料工作,坚持四项基本原则,年龄在 40 岁以下,具有大专以上学历,工作两年以上的在职人员"。当年北大录取了大专起点的函授本科生 115 名。

1988 年 7 月,图书馆学系 1985 年招收的"五年两段制"函授生专科段学习即将结束。学校于 1987 年 11 月制定了《关于 85 级图书馆学系五年两段制函授班升段办法》并上报国家教委,同年 12 月,国家教委批复同意北大提出的这个升段办法。该办法的主要内容为:(1)专科阶段专业课考试成绩及格,平均成绩达 70 分以上,同时各学期英语成绩均在及格分数以上者,可转入本科继续学习;(2)符合以上条件者,如英语在 4 个学期考试中,一次曾不及格参加补考后方及格者,需再参加一次英语考试,成绩合格者方可升入本科;(3)专业课曾有一门不及格经补考及格者,需参加专业课综合考试,合格者可升入本科;(4)不愿进入本科段继续学习或考试成绩不符合上述要求、不能进入本科段的学员,学完专科阶段全部课程,成绩合格者,准予专科毕业,发给专科毕业证书,不符合专科毕业要求者,发给专科结业证书;(5)进入本科段继续学习者,不发专科毕业证书,可发一便函证明其具有专科学历,待本科毕业时再发给本科毕业证书。后图书馆学系即按此办法办理了五年两段制函授生升段和毕业的各项事宜。

1988 年 1 月,国家教委成人教育工作会议决定:(1)各校成人教育招生均纳入全国成人高考招生考试、录取系统,并按照国家批准的招生计划执行;(2)非师范类专升本尚处于试点阶段,计划招生人数不宜增加,考后如上线人数过多,可在录取过程加以调剂;(3)非师范类专升本专业课是否由招生院校命题,由各省成人招办决定。是年,报考北大图书馆专业的函授生,包括专升本生,均在各地参加全国成人高考。当年共录取函授生 727 人,其中图书馆专科 160 人,专升本 518 人;编辑出版专科 43 人。

1993 年 11 月,国家教委发出《一九九四年全国各类成人高等学校招生工作有关事项的通知》,规定各专业专科起点的函授本科的招生考试,包括专业课命题,均纳入国家成人高考考试范围。

1996 年统计,信息管理系(原图书馆学系)自 1980 年恢复函授教育至 1996 年,共招收录取函授生 6259 人,已毕业 5132 人,正在学习的 875 人。

2. 北大在中国人民武装警察部队中开展的函授教育

1985 年 4 月 16 日,为贯彻全民共建社会主义精神文明和物质文明的方针,提高中国人民武装警察部队的科学文化素质和专业素质,培养军地两用人才,推进成人教育的改革和发展,北大与武警部队签订《北京大学与中国人民武装警察部队关于在部队中进行大专函授教育协议书》,并规定双方共同组建共建共育领导小组，负责领导、统筹、协调共建共育的办学工作。小组组长由武警总部政治部主任龚杰担任，副组长由武警总队政治部副主任许德善、北大副教务长花文庭、北大成人教育部主任盛皿担任。小组成员有武警总部政治部、司令部、后勤部有关处室的负责人和北大成人教育部的负责人，领导小组下设共建共育办公室作为办事机构。武警部队师以上单位成立共育领导小组并建立育才办公室等相应的办事机构，以保证各项工作落到实处。

1985年5月，共建共育领导小组举行第一次会议，决定：（1）鉴于1985年全国成人高考已经结束，武警部队欲参学者已不可能于当年通过全国成人高考被录取的实际情况，商定北大在武警部队招收函授生的工作分两步走。第一步，1985年7月，由北大参照全国成人高考命题范围命题，以"选拔预考"的方式，在武警各部队报名者中选拔出成绩合格者作为"准读生"，进入全国成人高考的复习备考阶段；第二步，组织"准读生"参加1986年的全国成人高考招生报名和考试，被正式录取的"准读生"始能取得北大函授教育相应学籍，并由北大注册为正式函授学员。（2）从1985年下学期开始，北大在武警部队"准读生"中试开两门大学专科基础课，以取得教学组织管理工作经验，为在武警部队中全面开展函授教育工作做好各方面的准备。（3）研究制定《中国人民武装警察部队、北京大学关于在部队中进行大学专科函授教育的暂行规定》，就函授教育的规划、组织领导体制、招生录取、教学组织以及准读生、正式函授生的学籍、考绩、经费等事项作出明确规定。

会后，由北大命题，组织了"准读生"的预考选拔，在3万多名报名者中录取了"准读生"11200人，其中法律专科10100人，经济管理专科1100人。与此同时，全国武警师级以上单位各育才办公室建立的38个中心函授站、440个教学点也开始运行。

1985年9月9日，武警北京地区两个专科函授班开始上课，由北大教师分别面授法学基础课理论和政治经济学。两门课程教师的讲授由北大电教中心录制成录像带，连同法律系和经济系编制的函授通讯（包括所开课程的教学大纲、教学进度、自学指导等）陆续发到各函授点。10月10日，各函授点全部开始上课，向学员播放教师讲课的录像带。12月底，各函授站均按照北大教学计划的要求，完成了预定的教学进度。12月31日，各函授站组织了两门大学专科基础课的期末考试，北大派教师会同武警部队育才办公室同志到各教学点分送了考卷并主持、指导了各点的监考和考试组织工作。此次考试评卷结果表明，绝大多数准读生都获得了及格以上的成绩。

1986年1月，共建共育领导小组举行第二次会议。根据这次会议的精神，2月武警总部成立北京大学武警函授部（对内称中国人民武装警察部队函授部),直属政治部,业务工作归宣传文化处;各总队设函授站,直属总队政治部,业务工作归总队宣传文化处,并视函授学员多少从编余干部中解决各级函授教育组织机构的编制问题。5月,组织准读生在各地参加了成人高考,是年,有3407名准读生被录取为北大函授教育的正式学生。另有533名具有大专以上学历证明的武警干部,通过各省招生机构的免试资格审查,被录取为北大函授专修科学生。

1986年8月26日,北京大学武警专修科举行开学典礼,正式开始上课学习。

在部队中开展大规模的函授教育,对于北京大学和武警部队都是新事物,为保证教育教学质量,培养出合格的军地两用人才,北大与武警部队密切配合,做了大量工作。主要包括:(1)制定既符合专修科业务要求又适应部队建设需要的教学计划。武警部队是执行警卫、守卫、看押和担负重要领域部分经济建设的特殊部队,为适应部队实际需要,法律专修科教学计划中,增设了青少年法学、劳动改造法、国际法学等课程,经济管理专修科开设经济法学、西方经济学、国际经济学课程,强化了应用性专业人才的培养。(2)为适应部队学员的情况,法律系老师重新编写了《刑法》《刑事诉讼法》《宪法学》等函授专用教材,经济系编辑出版了《货币银行学》《西方经济学》等新教材。(3)突破传统函授教育方式的局限,在函授教育中使用教学录像等现代化教学手段。学校各课教师的授课录制成30—50学时不等的教学录像带,分发至各函授站、点,各函授站、点可根据实际情况随时安排学员观看,形成以电化教学授课为主,当地聘请的兼职辅导教师集中答疑、批改作业为辅和函授通信指导相结合的教学模式;(4)利用武警部队执法护法和直接承担经济建设工作任务的有利条件,组织学员参与到部队、地方的普法宣传、法律事务咨询、案件侦办审理、旁听开庭审判等法律事务工作中去,使学员能把所学理论和专业知识应用于工作实践,从而既巩固、提高所学的理论和知识,又增强了业务工作的能力。(5)按照"统筹规划、分工负责、分级管理、通力合作"的指导思想,建立和完善学校、院系、函授站三级管理体系。同时,以"以会代训"方式加强对各站工作人员和兼职教师的培训工作。每学年,北大和武警函授部都要分片召开函授站工作人员和兼职辅导教师的教学工作研讨会。

1987年6月,全国拥军优属、拥政爱民经验交流会在黑龙江佳木斯举行。北大成人教育学院副院长盛皿以《高举共建共育旗帜、共育两用人才》为题在会上作了书面发言。中共中央政治局委员、书记处书记、军委总政治部主任余秋里在大会上指出:"培养两用人才,是军委邓主席提出来的,是新的历史条件下军队工作的一个创举,越来越受到部队、社会的欢迎。""现在,军队每年为地方输送几十万掌握一定技术、知识的两用人才，这对国家和地方建设是一个贡献。"

1987年8月，北大与武警总部在兰州市共同召开了函授教育工作交流会。会议期间，有25个武警部队的函授站（点）和9名函授学员在会上做了经验介绍。会后，武警部队和北大成人教育学院编了《武警部队、北京大学函授教育工作经验交流会材料选编》一书，下发武警部队以推进此后的函授教育工作。

1989年，1986年被录取的武警函授生有3688人完成了教学计划规定课程的修习任务，达到北大函授专修科的毕业要求。是年12月14日，北大法律、经济管理两函授专修科在武警北京总队礼堂举行毕业典礼。典礼上，除颁发北大毕业证书外，还由北大副教务长向景浩宣布了对评选出的李文智等649名武警优秀学员的表彰决定，武警部队副司令员宣布了对13个先进函授点和38个先进函授教育工作者的表彰命令。

据统计，自1989年至1993年北大在武警部队招收的函授专修科各年度毕业人数为：1989年3688人（其中法律3317人，经济管理371人）；1990年620人（其中法律568人，经济管理52人）；1991年781人（其中法律746人，经济管理35人）；1992年216人（其中法律215人，经济管理1人）；1993年27人（法律27人）。五年总共有5341人获得了北大颁发的大专毕业证书。另有一些未通过全国成人高考但修完全部或部分课程的准读生，也获得了北大颁发的结业证明及学习成绩证明文件。

3. 法律系的函授教育

1986年，北大应鞍山市的要求，在鞍山大学和丹东设立函授站，招收了第一批当地的函授生，并沿用了武警部队函授生的教学模式，即采用播放课程录像授课、聘请当地兼职教师辅导和批改作业、以函授通信指导学员学习相结合的方式组织教学工作。1986年9月14日，两个函授专修科在鞍山市招收的第一届学员开学，并在鞍山大学举行开学典礼。

1986年，法律系在鞍山市招收法律函授专修科的同时，在北京试点招收经济法函授专修科的学员，当年共录取了学员220人。这些学员与京外的学生不同，每周都要利用业余时间到校上课10—12学时，以完成实验、实习，并参加考试。

1987年年初，国家教委指示，为弘扬中华民族优秀文化传统，迎接香港回归，为港澳地区培养中国法律方面的专业人才，要求北大与香港树仁学院合作，在香港地区举办法律专业函授教育。同年5月，国家教委同意北大报送的《北大法律系与香港树仁学院合作在香港开设法律专业函授教育计划》和《北大法律系与香港树仁学院合办法律专业文凭及学位函授教育简介》。

其中规定,在港澳地区招收的法律专业文凭及函授教育执行单独的教学计划,北大每学期派教师到香港树仁学院进行面授教学。学生经两年以上学习,取得 95 学分,本人不再学习者,发给大专文凭;经过四年学习,修完教学计划规定的全部课程,取得 133 学分者,发给本科文凭并授予学士学位。1987 年 9 月,在港澳地区首次招收的函授生开学授课,1991 年 8 月完成学业毕业。

据统计,1987 年至 1997 年,北大与香港树仁学院合作的法律函授教育各年级毕业人数为:1987 级 349 人,1988 级 190 人,1989 级 21 人,1990 级 57 人,1991 级 96 人,1992 级 137 人,1993 级 272 人,1994 级 247 人,1995 级 267 人,1996 级 125 人,1997 级 196 人。

1992 年 5 月,北大接到最高人民法院教育厅《关于委托中国人民大学、北京大学在部分省、市为法院系统在职干部举办法学专业专科起点本科函授班函》。该函称,全国法院系统有干部 24 万多人,其中具有大学专科学历的 7.7 万人,本科学历的 1.5 万余人。这种人才结构不合理的状况难以适应人民法院审判工作需要,为改变这种状况,最高人民法院制定的《1991—1996 年全国法院干部教育培训规划》要求,中级人民法院以上的各级法院要安排审判人员中具有大专学历者到高等学校接受法律专业函授(或夜大学)教育,以提高审判人员的学历层次。为此,拟委托北大和中国人民大学在部分省市为法院干部举办法律专业专升本函授班,并希望从 1993 年起列入国家教委成人教育招生计划。同月,北大向国家教委报送了《关于接受最高人民法院委托,1993 年起在部分省、市为法院干部举办法律专业专科起点本科函授的请示报告》。此报告经国家教委批准后,法律系为法院系统举办的经济法和法律学两个专业专升本函授班,于 1993 年在北京、郑州两地招生,当年共录取函授生 124 人。此后,法律系专升本函授班每年均招收学生。各年录取的学生数为:1994 年经济法专业 41 人,1995 年法律学专业 88 人,1996 年法律学专业 72 人,1997 年法律学专业 60 人。

4. 经济学院(经济系)的函授教育

经济学院(经济系)的函授教育始于为武警部队开办的经济管理函授专修科。1986 年,经济管理函授专修科在面向武警部队招生的同时,也开始面向社会招生。当年,在北京和辽宁的鞍山、丹东招收了学生 545 人。此后,该学院又于 1988 年增开了工业企业管理函授专修科,1989 年增开了财务管理函授专修科,1992 年增开了国民经济管理专科起点的函授本科。1993 年,光华管理学院从经济学院分出单独设院时,上述三个函授专修科均划归光华管理学院。同年,经济学院另设了金融与贸易、国际经济与贸易两个函授专修科。1994 年又增设财务会计函授专修科、货币银行与理财专科起点的函授本科。

5. 光华管理学院的函授教育

1993 年光华管理学院成立时,有从经济学院划分来的经济管理、工业企业管理、财务管理三个函授专修科和国民经济管理函授本科。1995 年又增设了市场营销函授专科和理财学专科起点函授本科。

6. 国际政治系的函授教育

1993 年,应青岛市的要求,国际政治系开设了政治学专科起点的函授本科。当年在青岛招收函授生 26 人,1994 年继续在该市招收函授生 11 人。1995 年后未再招生。1994 年,该系增开外事管理与涉外秘书函授专修科,当年在北京、贵阳等地招收函授生 23 人。此后,1995 年招生 26 人,1997 年招生 50 人。

7. 政治学与行政管理系的函授教育

政治学与行政管理系于 1990 开设行政管理函授专修科。当年开始在山东潍坊市军队转业干部培训中心设站招生。1993 年该系增设行政管理专科起点的函授本科,并在内蒙古包头市教委设函授站招生。到 1997 年,该系在北京、包头、太原等地的六个函授站有函授专修科和专科起点的函授本科学生 476 人。

8. 马克思主义学院的函授教育

1992 年马克思主义学院成立后,除承担全校成人教育部分公共政治理论课的教学任务外,还于 1994 开设经济管理函授专修科和国民经济管理专科起点的函授本科。当年共招收函授生 177 人。1995 年又增开了金融与贸易函授专修科。当年三个专业共招收函授生 208 人。1996 年,金融与贸易函授专修科和经济管理函授本科继续招收了学生 328 人。1997 年招收函授生 261 人。到 1997 年,函授生总数达 770 多人。

9. 艺术教研室(系)的函授教育

1993 年 1 月,北大接到文化部少数民族文化司《关于委托北京大学招收文化艺术管理专业专科函授生的函》,委托北大艺术教研室于 1993 年在全国少数民族地区文化系统开办文化艺术管理专业专科函授教育,为少数民族和边远地区培养高水平文化艺术管理人才,以适应改革开放的发展需要。该函还提出,希望将招生区域分为南北两片,南片包括广西、云南、贵州、四川,函授站设在云南省文化厅;北片包括内蒙古、黑龙江、吉林、辽宁、河北、北京,函授站设在北京,考虑到少数民族地区对文化管理专业人才的需求十分迫切,希望将该专业学习年限定为两年,通过强化教学以保证教学质量。北大经教育部同意,于当年成人高考中,在西南四省区录取了文化艺术管理专科函授学员 33 人,9 月报到入学,北方四省区由于生源不足而未能开办。

1994年,艺术教研室又在北京开设了广告学函授专修科,录取了函授学员48人。1995年后,艺术教研室的函授教育招生地区扩大到了武汉、宜昌地区,并在宜昌市文化局设立了函授站。到1997年,艺术学系函授在校学生达377人,分别在北京、天津、宜昌、云南等函授站学习。

10. 城市与环境学系的函授教育

1993年,城市与环境学系面向北京地区开办了房地产函授专修科,当年录取学生30人;1994年录取34人;1995年录取387人。1996年后未再继续招生。

11. 俄罗斯语言文学系的函授教育

1993年,俄语系在黑龙江黑河地区开办国际经济函授专修科(俄语方向)。是年招收学生31人。此后未再招生。

12. 知识产权中心的函授教育

1994年,知识产权中心开办知识产权法专科起点的函授本科。当年在江西科委设立函授站,招收函授生30人。1995年增设知识产权法函授专修科,在江西录取函授生92人,1996年录取40人,1997年知识产权法专科起点的函授本科又在江西招收函授生62人。

13. 计算中心的函授教育

1995年,计算中心举办计算机应用专科起点的函授本科。当年在唐山市广播电视大学函授站招收学生31人;1996年招收66人。1997年未连续招生。

14. 环境科学中心的函授教育

1994年,环境科学中心在山东济南环保干校设立函授站,开办了环境保护专科和环境工程专科起点本科函授教育。当年该两个专业通过成人高考录取共录取学生39名。1995年环境工程专科起点本科在山东录取学生38名,1996年录取39名。环境保护专科未招生。

15. 北大在各地设立的函授教育辅导站

函授教育辅导站(简称"函授站")是由举办函授教育的高等学校,按照函授教育工作特点和函授生所属业务主管部门或地方配合,通过建站协议的方式建立起来的函授教育基层教育教学管理机构。其主要任务是贯彻实施主办校的教学计划,就地聘请兼职教师对函授生进行辅导,接待主办校派出的面授教师,组织各教学环节的实施和管理工作,负责本站函授生的学籍管理、考绩和思想政治教育工作。函授站业务上接受主办学校的领导,行政上由设站单位领导并接受当地教育行政部门的检查、监督与指导。"文革"后,北大的函授教育有了很大的发展。学校和主办函授教育的系(院、中心)都很重视函授站的建设工作。到1986年,除在武警部队各省总队设立的38

个函授站以外，有图书馆学函授教育在各省图书馆设立的 20 个函授站和面向地区招生的 2 个函授站。1987 年，国家教委发布《普通高等学校函授教育暂行工作条例》，1993 年颁布了《普通高等学校函授教育辅导站暂行规程》。根据这些文件的精神，北大重新调整了函授站的布局，加强了函授站的规范化、现代化建设，推进了函授教育各项工作。到 1997 年，北大在各地设有函授站 37 个，分布在 22 个省、自治区、直辖市。

（二）夜大学

夜大学属业余成人高等学历教育办学形式之一。其招生对象为在京的各类成年人。学生通过全国成人高考招生考试被录取后，需利用假日或夜晚工余时间到校参加每周 8—12 学时的面授学习，同时通过自学，完成学业。夜大学学生修完教学计划规定的全部课程，成绩合格，可获得相应专业和层次的学历证书。

"文革"前，北大没有举办过有学历的夜大学。"文革"后，1980 年，北大在恢复函授教育的同时，向教育部报告，准备开办计算机软件专修科夜大学。同年 9 月，教育部批准了这个报告。虽然后来这个专修科夜大学未能办成，但这是教育部批准北大开办夜大学之始。1985 年 4 月，教育部在《关于公布第四次审定的普通高等学校举办函授部和夜大学名单的通知》中，再次认定北大举办夜大学的资格。从 1985 年开始至 1997 年，北大举办过的夜大学专业如下述。

（1）中文秘书专修科和专科起点的中国文学专业本科：中文秘书专修科由中国语言文学系于 1985 年开始举办。从 1985 年至 1992 年，各年录取的学生分别为：1985 年 49 人，1986 年 131 人，1987 年 94 人，1988 年 116 人，1989 年 49 人，1990 年 48 人，1991 年 64 人，1992 年 85 人。1993 年起，中文秘书专科未再招生。同年，中文系开办了夜大学中国文学专科起点的本科班，招收学生 14 人，1994 年起未再招生。

（2）化学实验技术专修科和专科起点的本科：1985 年，化学系开办夜大学化学试验技术专修科。其培养目标是为高校、科研院所、化工企业培养实验室及生产一线的职业技术专业人才。当年招收学生 21 人，1987 年招收 38 人，1988 年招收 37 人。1993 年，化学系开办了夜大学化学专业专科起点的本科，招收 13 人。此后，没有再招夜大学学生。

（3）生物实验技术专修科：1986 年，生物系举办夜大学生物实验技术专修科，培养生物科学实验室和生产一线的实验技术人员以及中小学生物课教师，当年招收学生 52 人。该专修科只办了一届。

（4）心理学专修科：夜大学心理学专修科由心理学系于 1985 年举办，当年招收学生 52 人。此后未再招生。

（5）历史学专修科：夜大学历史学专修科由历史学系于 1987 年举办,在中小学教师和有志于从事历史学工作的在职人员中招生,当年招收学生 50 人。此后未再招生。

（6）俄语专修科：夜大学俄语专修科由俄语系于 1993 年举办,当年招收学生 19 人,1994 年招收 9 人。1995 年后未再招生。

（7）英语专修科和专科起点的英国语言文学专业本科：夜大学英语专修科和英语专业专科起点的本科由英语系举办,从 1993 年开始招生。专修科各年的招生数为:1993 年 84 人,1994 年 91 人,1996 年 99 人。专科起点的本科各年的招生数为:1993 年 67 人,1994 年 126 人。1995 至 1997 年英语系夜大学专科起点的本科未再招生。

（8）行政管理专修科：夜大学行政管理专修科由政治学与行政管理系于 1989 年举办,当年招收学生 22 人。1990 年以后未再招生。

（9）经济预测与保险决策专修科及精算与保险决策专修科：1995 年,概率统计系开办夜大学经济预测与保险决策专修科,目的是为保险公司等经济部门培养经济风险预测与决策的专门人才。当年招收在经济部门工作的在职人员 29 人。1996 年,该系调整了专修科的专业方向,明确是为保险行业培养专门人才,并将专修科改为"精算与保险决策"专修科。当年招收保险行业在职人员 21 人。此后,该专修科移植到该系全日制普通高等教育本科举办,夜大学不再招生。

（10）计算机实用技术专修科与专科起点计算机及应用技术专业本科：由北大计算中心主办。1993 年始办计算机实用技术专修科后,各年度招生录取的人数分别为:1993 年 50 人,1994 年 69 人,1995 年 43 人。1996 年后未再招生。1994 年计算中心主办了夜大学计算机及应用专科起点本科,当年录取学生 23 人,1995 年录取 34 人,1996 年录取 66 人。

（三）干部专修科

1980 年 8 月 20 日,教育部、国家计委、财政部联合下发《关于高等学校、中等学校举办干部专修科和干部培训班暂行办法的通知》。该通知的主要内容有:(1)举办干部专修科的中央部门主管高校由有关主管部门批准,地方主管院校由省、市、自治区人民政府批准。省、自治区、直辖市委托中央部门主管的学校举办干部专修科,须征得中央有关部门同意。(2)干部专修科学习年限 2 至 3 年,其招生指标由学校主管部门或主管省、自治区、直辖市编制计划,报教育部、国家计委审批,纳入当年国家招生计划,但不参加全国高等学校统一招生考试,不属于全国高等学校统一招生范围。招生来源计划由主管部门或主管省、市、自治区确定,并发有关单位。(3)高校举办的干部专修科主要培训县级以上机关和相当于县级或县以上的企事业单位负责人员，主办高校根据各部门、各系统事业发展需要确定学习专业、教学计划，并建立相应的学习管理制度。(4)招生对象为年龄在45岁以下、具有高中毕业文化程度（或同等学力）、身体健康、有培养前途的优秀中青年干部。招生、报名由有关部门和省、市、自治区高教、教育局（厅）会同党委宣传部和政府人事部门组织，经高等学校进行文化考试和体格检查后择优录取。(5)干部专修科在学习期间，工资由原单位照发，并按国家规定享受探亲和公费医疗等非生产性的福利待遇，所需费用由原派送单位支付。(6)学员学习期满，成绩合格者由高校发给毕业证书，国家承认学历，并按照大学专科毕业生待遇对待。学员毕业后原则上回原单位工作。(7)中央、国务院各部门和各省、自治区、直辖市对委托高校举办的干部专修科，必须在师资、校舍、经费、设备和图书资料等方面给以大力支持，切实保证。因办干部专修科需要增加校舍，由委托部门安排基建投资解决。高校收费标准应参照1979年11月22日教育部、财政部《关于在高等学校进修人员经费开支等有关问题的规定》执行。

据此，北大于1982年开始接受委托，由有关学系负责，举办了以下干部专修科。

1. 国际政治系的政治学干部专修科

1982年2月为主动适应我国现代化建设对干部队伍提出的新要求，北大起草了《北京大学开办干部专修班的初步设想》，上报教育部。4月，教育部电话通知：(1)原则上同意北大举办干部专修班。(2)关于招收对象、条件、办法、地区等问题已请中组部协助你们共同研究制定。(3)关于经费问题，在新办法修改好之前，仍按理科每人700元、文科500元（或600元），由选送单位资助。(4)人员编制，目前先由学校自行调剂解决，以后统一考虑。6月，北大接到中组部《关于北京大学招收政治学干部专修科学员的通知》。该通知说，根据中央关于实现干部队伍革命化、知识化、专业化、年轻化的精神，北京大学从1982年起试办政治学干部专修科。第一期计划在各省、市、自治区党政管理部门招生100名，学制两年。该通知还就干部专修科的报名、考试、录取等做出了规定，并要求各省、自治区、直辖市有关部门认真做好招生报名、入学考试的组织工作，配合好北大的录取工作，以确保新生质量。

按照中组部、教育部的有关规定，北大于1982年在北京、天津、河北、辽宁、吉林、黑龙江和中央直属机关、国家机关招收了政治学专修科学员109人，并于是年9月开学上课。他们均具有5年以上实践经验和高中文化程度或同等学力，年龄最大的45岁，最小的25岁。

1983年3月，中组部通知北大继续举办政治学干部专修科，为中共中央纪律检查委员会系统培养在职干部 100 名。是年 9 月,该专修科在中纪委系统招收了学员 112 人,1984 年招收 99 人。

1985 年 3 月,中纪委发出《关于北京大学招收政治学干部专修科学员的通知》,对招生办法和经费等作了新的规定,主要内容是:报考者必须是年龄在 40 岁以下的中共党员,且具有 5 年以上工龄和高中以上或同等学力;报考名额按招生数的三倍分配;入学考试参加全国成人高考,考试科目为政治、语文、数学、历史、地理,考试大纲与全国成人高考招生考试课程大纲相同;学员学习期间待遇按教育部、国家计委、财政部 1984 年的规定执行,学费每人每年 700 元,由学员所在工作单位统一拨给北大。1985 年北大政治学专修科在中纪委系统招收学员 62 人,1986 年招收 73 人。

1986 年 11 月,中纪委与北大签订《中央纪律检查委员会委托北京大学举办培养纪检干部政治学专修科的协议书》,其中规定:办学名称为北京大学政治学干部专修科,学制两年,学习形式为全脱产,招生对象为年龄在 40 岁以下、5 年工龄以上的纪检系统在职干部,计划每年招生 100 人,学员毕业回原单位工作。为支持北大纪检干部政治学专修科的办学工作,中纪委按有关规定每年向北大暂拨业务费 3 万元,并一次性拨付基建经费 160 万元,同时,学员所在单位每年需向北大交纳学费每人 900 元。协议书规定的协议有效期为 1986 年至 2000 年。按此协议精神,1987 年以后,各年通过成人高考录取的学员人数为:1987 年 99 人,1988 年 102 人,1989 年 70 人,1990 年 50 人,1991 年 63 人,1992 年 74 人,1993 年 69 人,1994 年 68 人,1995 年 52 人,1996 年 68 人,1997 年 57 人。

2. 法律系的经济法与法律学干部专修科

1982 年 10 月,法律系受国务院经济法规研究中心委托,与中国人民大学联合举办了一期经济法干部进修班。该班 50 名学员大多数是来自国务院各部委的在职干部,部分学员来自天津、广东、福建等省市的政府管理部门。该进修班的成功举办,为经济法干部专修科的举办提供了经验。1983 年,法律系接受国务院经济法规研究中心委托,举办了第一期经济法干部专修科。当年,面向国务院各部委和各省、市、自治区政府管理部门在职干部招收学员 53 人。1985 年,根据该研究中心的要求,在继续举办经济法干部专修科的同时,开始举办了法律学干部专修科。是年前者招收学员 34 人,后者招收学员 193 人。此后,法律系的干部专修科招收的学员人数分别为:1986 年法律学干部专修科 183 人;1987 年经济法干部专修科 18 人,法律学干部专修科 101 人;1988 年法律学干部专修科 114 人。1989 年后未再招生。

3. 经济系的经济管理干部专修科和经济学师资专修科

1983 年,根据中央组织部的要求,经济系开办了经济管理干部专修科。

当年,面向中央直属机关、国家机关、北京市招收县处级以上或准备担任相应职务的在职干部52人。同时,面向各地院校及有关部门开办的经济学师资专修科招收学员共43人。此后,经济管理干部专修科举办年度和招生人数分别为:1984年106人,1985年107人,1987年62人。

4. 哲学系的哲学干部专修科

1985年,按照中组部、教育部的要求,哲学系举办了一期哲学干部专修科,面向各级政府部门、行业系统招收在职干部96人。后因生源不足未继续招生。

(四)思想政治教育专业干部本科班

为加强高校思想政治教育工作和管理队伍建设,提高高校思想政治教育工作者和管理干部的马克思主义理论水平、科学知识水平和工作能力,哲学系根据教育部、国家计委、财政部1984年发出的《关于在普通高等学校举办中等学校教师本科班和专科班的通知》精神和教育部思想政治工作司、北京市高教局的委托,于1985年和1987年,举办了两期思想政治教育本科班。该班招生对象为各高校具有五年以上工龄和大学专科以上学历的从事思想政治教育工作和管理工作的干部,学习期限为1.5—2年,学员修完教学计划规定的全部课程,成绩合格者,由北大发给相应证书。第一期招收学员60人,第二期招收学员102人。

(五)成人脱产班

1992年前后,一些成人高校试行了在参加普通高考的应届高中毕业生中,以招生招工相结合的方式招收成人高等教育脱产班的尝试。这一招生方式后被称为"双招班"。1993年7月,国家教委在《关于一九九三年全国各类成人高校招生录取工作有关事项的通知》中规定,各类成人高校根据用人部门的需求,以招工与招生相结合方式录取新生,均须由省级成人高校招生办公室审批。审批时学校应有用人部门开具的招工与招生合同。录取参加普通高考的应届高中毕业生,应在不低于当地普通高校招收自费生录取分数线以下10分内录取。

遵照上述通知的精神,1993年,北大成人教育学院接受山东潍坊人事局人才交流中心和黑龙江省黑河市计划委员会、人事局的委托,开办了俄语和经济管理两个专业的"双招班",通过普通高考录取学生78人(其中经济管理48人,俄语30人)。同年,面向社会招生的国际经济和计算机实用技术两个成人脱产学习的专修科班,也通过成人高考录取了学生54人(其中国际经济专业45人,计算机实用技术9人)。这两个"双招班"和两个成人脱产班均由成人教育学院统一管理,教学任务由相关院系承担。

1993年12月,国家教委印发《关于成人高等学校试办"双招"专科学历教育的实施意见》,其中规定,"'双招'试点班主要由独立设置的成人高等学校承办"。据此,1994年,北大停止了"双招班"的招生工作,只招收面向社会的成人脱产班的学生。当年,新开设的英语专科成人脱产班通过成人高考录取学生49人。同时,国际经济、财务会计、计算机实用技术专修科录取的部分函授、夜大学新生188人,也转为脱产学习,使成人脱产班在校生达到367人。

1995年,成人脱产班办学形式进一步发展,除了已举办的国际经济、财务会计、计算机实用技术、英语四个专修科以外,增加了国际贸易、国际商务和企业管理三个专修科。当年共招收学生414人。1996年又增加了现代会计、计算机软件、计算机技术三个专修科,当年共录取新生237名。1997年,成人脱产班新开设了国际贸易、计算机应用两个四年制本科和房地产与物业管理、电子与计算机技术、建筑(结构)工程、市场分析与营销、财务与贸易、生物化学及分子生物学、法语、西班牙语、广告学等专修科。原有的国际贸易、财务会计、计算机实用技术、计算机软件、现代会计等专修科也继续招生。当年共录取新生758人,在校学生为1210人。

(六)函授夜大学教育评估

1993年12月30日,国家教委印发了《关于各类成人高等学校评估工作的意见》,其中明确今后逐步建立各类成人高等教育评估制度,并就评估目的、评估方式、评估体制、评估工作程序等做出原则规定。1994年10月17日,国家教委下发《关于印发〈普通高等学校函授教育评估基本内容和准则〉等文件的通知》,公布了函授、夜大学评估基本内容、准则和评估指标体系。1995年6月14日,国家教委《关于做好普通高等学校函授、夜大学教育评估工作的通知》中就普通高等学校函授、夜大学教育评估对象、内容、重点、依据、组织方法和步骤等做出明确规定,并明确评估工作分为启动试点、全面展开、检查总结三个阶段,到1997年5月底完成评估工作。1995年8月29日,国家教委在北京召开了全国普通高等学校函授、夜大学评估工作会议,北京大学闵维方副校长应邀在会上以《发挥优势、加强管理、增加投入、推动成人教育健康发展》为题,向与会代表介绍了北京大学成人教育改革发展及工作经验,并听取了国家教委对评估工作的各项指示精神和具体部署。1995年9月20日,北京市高教局下发的《关于在北京地区普通高等学校开展函授、夜大学教育评估工作的通知》中公布了"北京地区普通高等学校函授、夜大学教育评估工作小组"名单并部署了有关工作。

为贯彻国家教委、北京市高教局有关评估工作的指示精神,北京大学成人教育学院在认真学习领会有关精神的基础上,于1995年10月20日拟订了《关于贯彻国家教委和北京市的有关指示精神,开展函授、夜大学教育评估工作的意见》及领导小组、工作小组名单报学校审定。11 月 24 日，第 362 次校长办公会讨论通过了该意见并下发各院系执行。北大函授、夜大学评估工作也由此开始。

北大函授、夜大学评估工作共经历了三个阶段。第一阶段为动员准备阶段（1995 年 10 月—1995 年 12 月），在这一阶段学校传达贯彻了国家教委及北京市的文件和指示精神，细化了评估指标体系，制定了评估工作方案，组成了梁柱副校长为组长的评估领导小组和工作组，召开了主管系主任、教务管理人员、函授站站长会议，培训了各级工作人员，抓了院系、函授站的评估试点，研究了评估中可能遇到的问题和解决办法。第二阶段是全面展开阶段（1995 年 12 月—1996 年 5 月），评估领导小组、工作组在总结试点经验的基础上，推动了自评工作的全面展开，各院系按照评估工作要求，对照指标体系分别对本院系函授、夜大学教育进行自评，并针对存在的不足加以改进和加强建设，写出自评报告报校评估工作组。第三阶段为总结复评阶段（1996 年 5 月—1996 年 7 月），在这一阶段中，校评估工作组检查验收了各院系评估工作情况，汇总了各院系自评结果，按照国家教委颁布的评估指标体系进行了自评打分，并写出学校的自评报告报国家教委和北京市高教局申请复评。

1996 年 9 月 2 日，北京市教委评估工作组及国家教委部分专家组成员进驻北京大学对评估工作进行复评检查。复评工作组听取了校评估领导小组组长梁柱副校长的工作报告和评估工作组有关评估情况的汇报，参观了函授、夜大学教育评估展示室，查看了教育、教学、管理工作各类档案资料和各院系的自评报告，抽查了部分院系的学生成绩评定情况，随机检查了成人教育课堂教学情况，分别召开了学生、教师座谈会，广泛听取了学生、教师对成人教育工作的评价和意见，并布置了对北大部分函授站进行评估检查的有关事宜。在全面履行了复评工作程序后，专家组在《关于北京大学函授、夜大学教育评估意见》中高度评价了北大成人教育改革发展所取得的成绩及评估工作，并希望北大能充分发挥自身优势，进一步加强成人教育科学研究，推进成人教育改革，积极探索成人教育工作规律，在成人教育领域发挥好重点高校的带头示范作用。最后，北大函授、夜大学均以"优良"的成绩通过了市教委评估工作组的复评检查验收，北京大学也被北京市高教局授予"北京普通高等学校 1997 年成人高等教育评估优良学校"的称号并受到表彰。

二、成人非学历教育

"文革"结束后，成人非学历教育和成人学历教育一样，有了很大的发展。到 1990 年前后,已初步形成了多学科、多层次、多规格、多形式的办学新格局。

(一)进修教师

1. 单科进修

1978 年,为帮助兄弟院校提高师资水平,以适应"四化"建设对高等教育提出的新要求,北大恢复了接受进修教师工作。当年接受兄弟院校单科进修教师 165 名。按照当时的规定,单科进修教师的入学条件是必须具有在本门学科专业大学毕业或相当于大学毕业的水平,有两年以上教学实践,具备完成进修任务所必需的业务基础;重点培养的骨干教师还需要具有从事本门学科科学研究的能力。单科进修教师入学后,要在学校选派的指导教师的指导下,制定主修一门、辅修两门课程的进修计划;学有余力者可在导师指导下,参与一些北大的教学、科研工作,以提高教学水平和科研能力。单科进修期限一般为一年,特殊情况经选派单位同意后可适当延长,但最长不得超过两年。单科进修教师完成进修计划,考核成绩合格,由指导教师写出评语,由北大发给进修(结业)证书。此后,随着教育事业和整个社会主义建设事业的发展,选派来我校进修的单科进修教师也由原来单一的高等院校教师逐步扩展为大专院校、重点中等学校教师及一些科研院所、企事业单位、政府机关的科技工作者和管理人员。

2. 助教进修班

1984 年 3 月,教育部颁发《关于在高等学校试办助教进修班的通知》和《高等学校举办助教进修班的暂行规定》,其中规定:(1) 助教进修班的培养目标,是使参加进修班的助教具备本专业扎实的理论基础和专业知识,初步掌握高等学校教学的原则和规律,为他们在教学实践中进一步提高业务能力和以后担任讲师工作打下较好的基础。助教进修班一般开设六门硕士研究生的主要课程,共约六百学时。课程考试全部合格者,发给助教进修班结业证书以及各门课程考试的考试成绩证明。(2) 助教进修班接受对象为具有大学本科以上学历或同等学力、两年以上教学工作实践,政治思想和工作表现良好、身体健康、年龄在三十五岁以下的高校助教。符合条件者由所在学校推荐参加举办学校组织的入学考试,由举办学校择优录取。入学考试科目一般不超过三门,主要考基础课和专业基础课,部分专业可加试外语。(3) 助教进修班学习期限一般为一年,必要时可延至一年半,教学形式以授课为主,并给予一定的教学和科研工作训练。(4) 举办助教进修班的学科、专业一般应具有硕士学位授予权。任课教师必须由学术水平高、教学经验丰富、具有讲师以上职称的教师担任。办班学校须将助教进修班招生和教学计划报主管部门审核后报教育部批准。(5) 助教进修班计划要纳入举办高校发展规划和年度计划,并为助教进修班提供必要的学习和生活条件。(6)助教进修班学员在进修期间,享受进修教师同等待遇。学习期满后回原单位工作。

按照教育部文件精神,并经教育部批准,学校于1984年9月至1986年1月举办了三个助教进修班进行了试点。它们是:哲学系举办的马克思主义哲学原理班,物理系举办的普通物理班,数学系举办的基础数学班。三个班的学习期限均为一年半。此后,从1990年开始,学校在总结上述三个班经验的基础上扩大了举办助教进修班的院系和班次,学习期限则从一年半改为一年。1990年起,各年举办的助教进修班如下:

1990年有历史学系举办的中国古代史班和世界近现代史班;哲学系举办的马克思哲学原理班;经济学院举办的西方经济理论研究班;国际政治系举办的世界经济与国际关系班。

1991年有数学系举办的基础数学班;物理系举办的近代物理班;心理系举办的心理学班;中国语言文学系举办的中国文学、汉语班;经济学院举办的经济学班;国际政治系举办的世界经济与国际关系班;政治学与行政管理系举办的中国革命史班;历史系举办的中国古代史班和世界近代史班;俄罗斯语言文学系举办的世界文学班。

1992年有中国语言文学系举办的中国文学班;历史系举办的中国古代史班和世界近代史班;政治学与行政管理系举办的政治学班。

3.国内访问学者

1984、1985年,国家在总结向国外派出访问学者和国内高校接受进修教师工作经验的基础上,决定在部分师资力量较强、实验设备和图书资料条件较好的高校,开展接受国内访问学者的工作;同时提出,接受国内访问学者是促进校际间学术交流、活跃高校学术氛围、培养大批学术骨干和学科带头人的有效方式,也是实现高级专门人才培养立足国内的重要途径之一。1986年1月,国家教委颁发《高等学校接受国内访问学者的试行办法》。该试行办法的主要内容有:(1)国内访问学者通过在接受院校的学习和工作,接触和了解本学科的学术前沿动态,加深基础理论,拓宽知识面,提高学术水平,为回原单位后发挥学术带头人或学术骨干的作用打下基础。(2)国内访问学者必须具备坚实的基础理论和专业知识功底,有较强的独立从事教学和科研工作能力,并具有一定的实践经验。接受对象一般应具有副教授职称。(3)接受国内访问学者的单位应是科研工作、实验设备、图书资料条件较好,有博士学位授予权的学科点或国家投资重点建设的实验室。指导国内访问学者的导师应由博士生导师或学术造诣较深的教授担任。(4)国内访问学者要在导师指导下,以参加科研工作为主,并协助导师指导研究生、参加教材编写或其他教学工作。(5)国内访问学者研修期限一般为半年至一年。接受学校要按照不低于博士研究生的标准为其提供学习、工作、生活条件,并视其担负的教学科研工作任务情况适当给予补贴。访问学者要在导师指导下,根据选派学校原定课题方向制定研修计划。指导教师全面负责访问学者的培养工作,并按照要求检查计划执行情况,写出考核意见。国内访问学者研修结束,由接受学校发给国内访问学者证书。(6)接受访问学者的单位须将接受国内访问学者的学科、专业、课题方向、指导教师及对接受对象的具体要求报国家教委教师管理办公室审核同意后在《中国教育报》上公布。接受对象要在本人申请、所在单位推荐的基础上,经本人与接受学校导师协商同意后,由接受学校决定是否接受。

1988年,学校按照国家教委的指示精神,由历史系接受了以中国古代史为研究方向的两位国内访问学者,指导教师为邓广铭教授。1991年以后,接受访问学者的学科专业逐步扩大,各院系博士点、重点实验室等有条件的单位都开展了接受国内访问学者的工作。

4.骨干教师进修班

1989年9月,国家教委下发了《关于一九九〇——一九九一学年度全国高等学校接受进修工作及计划安排的通知》。该通知提出,要在搞好各类进修教师培训工作的同时,有条件的高校可以试办以培养骨干教师为主的进修班,主要接受年轻讲师,以某一学科或专业为主(尤其是即将"断代"的学科和专业),开设部分博士生课程和专题讲座,以提高参培者的教学能力;办班时间可视教学内容多少而定,一般为两个月至半年。1990年8月,国家教委又下发了《关于一九九一至一九九二学年度高等学校教师培训工作的通知》,提出要继续试办骨干教师进修班,规定骨干教师进修班办班单位一般应具有博士学位授予权,办班时间为半年,学员由各选送单位推荐,由办班高校录取。骨干教师进修班以授课为主,开设部分与本专业发展方向一致的博士生课程,有条件的可以参加一定的科研课题和科研训练,以实现进一步加强和开拓本专业所需要的理论知识基础,提高教学效果和质量,培养基础课及专业课教学骨干的目标。

1991年9月,我校哲学系受国家教委委托,按照上述文件精神,举办了第一期马克思主义哲学骨干教师进修班。参加这期进修班的有来自全国45所大专院校的47名骨干教师。这些教师的年龄大多在30岁至40岁之间,职称均为讲师以上,教龄一般为七八年,最高达二十年。该班以集体讲授、导师分别指导和组织学员参加研讨相结合的方式组织教学。开设的课程有当代马克思主义哲学问题、当代西方哲学和中国文化与中国哲学三门主干课程,同时组织学员选修部分研究生课程。该班于1992年1月结束。从

1992年起，历年举办骨干教师进修班的院系如下：1992年，概率统计系、物理系、化学系、哲学系、经济学院；1993年，化学系、心理系、中国语言文学系、哲学系、经济学院、政治学与行政管理系、马克思主义学院；1994年，物理系、化学系、心理系、中国语言文学系、哲学系、政治学与行政管理系；1996年，哲学系、政治学与行政管理系、马克思主义学院、外国哲学研究所；1997年，数学学院、中国语言文学系、经济学院。到1997年，以此方式共为兄弟院校培养骨干教师323名。

5. 以毕业研究生同等学力申请硕士学位教师进修班

以毕业研究生同等学力申请硕士学位教师进修班（简称"硕士学位教师进修班"）是高校教师在职进修与申请硕士学位相结合，有计划、有目的地提高中青年教师素质的一项改革尝试。1995年11月，国家教委人事司和国务院学位委员会联合下发《关于举办1996年度以毕业研究生同等学力申请硕士学位教师进修班的通知》。是年，经国家教委批准，我校首次举办了两个硕士学位教师进修班，一个是历史系的中国近现代史硕士学位教师进修班，一个是马克思主义学院的政治经济学硕士学位教师进修班。1997年又举办5个硕士学位教师进修班，分别为历史系的世界近现代史、国际关系学院的国际政治、信息管理系的图书馆学、西方语言文学系的世界文学、高等教育科学研究所的高等教育学。当年，在校学习的硕士学位教师进修班共有88人。

1978年我校恢复进修教师工作以后至1997年历年接受的各类进修人数见下表。

各类进修教师人数统计(1978—1997年)

入校进修时间(年)	总人数	单科进修	访问学者	硕士学位班	助教进修班	骨干教师进修班
1978	165	165				
1979	167	167				
1980	260	260				
1981	241	241				
1982	325	325				
1983	431	431				
1984	422	338			84	
1985	460	460				

入校进修 时间(年)	总人数	单科进修	访问学者	硕士 学位班	助教 进修班	骨干教师 进修班
1986	373	326			47	
1987	321	233			88	
1988	215	174	2		39	
1989	239	239				
1990	349	195			154	
1991	484	143	40		245	56
1992	445	199	52		78	116
1993	390	149	84		86	71
1994	408	159	99		111	39
1995	503	211	173		119	
1996	341	78	175	30	28	30
1997	357	137	135	58	16	11
总计	6896	4658	760	88	1067	323

(二)专业证书班

1988 年 4 月 28 日,国家教委、人事部印发了《关于成人高等教育试行〈专业证书〉制度的若干规定》。该规定的主要内容包括:专业证书制度,是由用人单位根据工作岗位需要,有针对性地选拔已在专业技术岗位或专业性较强的管理岗位上工作的人员,为使其达到上岗任职所要求的专业知识水平,有目的地进行专业知识教育的一种证书制度;专业证书是学员经过学习、考试合格,表明已达到了岗位所要求的大专层次专业知识水平的一种证明,不能作为岗位培训合格证书,也不等同于大学专科毕业证书。专业证书只在本行业本专业的工作范围内适用,仅作为评定、聘任专业技术职务和其他职务的任职资格的依据之一。

专业证书班招生对象必须是从事专业技术工作或专业性较强的管理工作,确属本系统、本单位工作需要而尚未达到岗位所要求的大专毕业文化程度的在职人员,且须具有高中毕业文化程度,五年以上本岗位专业工龄,所学专业对口,年龄一般在三十五岁以上。

专业证书班由国家教委或原教育部审定备案的普通高等学校和成人高等学校承办。办班时由省、自治区、直辖市有关业务主管部门或中央直属企、事业单位根据本部门、本单位的实际需要,在落实承办学校后,向承办学校所在省、自治区、直辖市教育主管部门申报,经批准后方可开班。学员由所在单位推荐、上级业务主管部门批准,办班院校组织文化考核通过后,方能入学。

专业证书的专业设置应根据国家教委批准的普通高等学校和成人高等学校已开设的专业来确定,教学计划和大纲由省、市、自治区业务主管部门或国务院有关部委组织有关教师、企事业单位专业技术人员研究制订,教学计划和大纲要根据岗位规范和实际工作的需要,在岗位专业知识上要达到高等专科学校同类专业规格的质量要求,课程设置一般为八至十门,理论教学总学时不低于八百学时。学制及办学形式由省、市、自治区教育主管部门或国务院有关部委做出规定。

专业证书学员学完教学计划规定的全部课程,考试成绩合格者,可发给由各省、自治区、直辖市或国务院有关部委教育司局统一印制、承办学校盖章、经有关业务主管部门验印后的成人高等教育专业证书。

1988 年开始,北大接受有关单位的委托,并按国家教委和人事部的上述规定,先后举办了 7 期专业证书班。

(1)图书馆专业证书班:受北京语言学院委托,由图书馆学情报学系于 1988 年 12 月开办。该班采取业余面授为主、辅以部分时间自学的方式组织教学,学习期限为 1.5 年。1988 年 12 月,该班招收的 39 名学员入学学习,1990 年 6 月结业。

(2)文物、博物馆专业证书班:受国家文物局、中国人民武装警察部队政治部委托,由考古系于 1989 年 9 月举办。该班共招收学员 46 名,以全脱产面授方式组织教学,在校学习期限为一年,1990 年 8 月结业。

(3)财务会计专业证书班:受北京市医药总公司委托,由经济学院经济管理系举办。该班以业余学习为主、面授为辅的函授方式组织教学,学习期限两年。1989 年 9 月被录取的 57 名学员入学学习,1991 年 7 月结业。

(4)财务管理专业证书班:受中国人民解放军海军北海舰队委托,由经济学院经济管理系举办。该班为函授教学班,学习期限 1.5 年,共招学员 84 名,1989 年 9 月开班,1991 年 3 月结业。

(5)图书情报学专业证书班:受中央国家机关及中科院文献中心委托,由图书馆学情报学系于 1992 年 2 月举办。该班为函授教学班,共招收学员 85 名。学习期限 1.5 年,1991 年 8 月结业。

(6)行政管理专业证书班:受北京大学人事处委托,由政治学与行政管理系于 1990 年 2 月举办,教学方式以业余面授为主,自学为辅,学习期限为 1.5 年。该班共有学员 128 名,1991 年 8 月结业。

（7）纪律检查专业证书班：受中共中央纪律检查委员会委托，由国际政治系举办的函授教学班。该班于1990年2月正式开学，1991年9月结业。

（三）与美中教育服务机构合作举办的全外教英语培训班

美中教育服务机构（简称ESEC）是由爱国华侨余国良博士和彭永宁博士倡导，于1980年在美国洛杉矶创办的一家专门从事中美民间教育交流与服务的非营利性机构。该机构本着"非以役人，乃役于人"的宗旨和工作精神，在美国选派工作团队到中国并服务于中国的改革开放和教育事业的发展。1981年年初，ESEC总裁余国良和彭永宁等一行四人访问北京，在与国家外国专家局建立合作关系的同时，访问了北大，并与北大就美中教育服务机构从美国选派教师到北大、为北大举办出国教师英语口语培训班等事宜达成共识。1982年暑假后，北大与美中教育服务机构合作举办的第一期全外教英语培训班正式开办，北大各院系拟出国访问交流的43名教师参加了该班学习。当时双方商定，该班教学计划由美中教育服务机构与北大共同研究制定，教材、电教设备、图书报刊资料、音像制品和教师均由美中教育服务机构提供，教学场地、任教外籍教师的住宿和必要的生活费用及学员的遴选等由北大负责。教学工作由美国教师主导，北大主管部门协助组织。学习期限为半年。每一期根据学员的英语实测成绩，可分为A、B、C三个等级班，每个等级班学员15人左右，但三个等级班学员可根据在班学习成绩及英语水平提高的情况及时升班或降班。三个等级班都根据学员的英语水平分别开设口语、听力、阅读、评析、写作及个别辅导等课程，并配有音像、投影、图书、报刊等英文原版资料供学员使用。该班还通过组织文献解析、模拟演讲、表演、聚会、郊游等活动，在向学员介绍异国文化特点、开阔学员文化视野的同时，也加强了学员之间的相互交流，使学员的外语思维和表达能力得到提高。

1982年，在全外教英语培训班举办成功的基础上，美中教育服务机构决定在北大设立国内第一个固定教学点，并将该班每年一期、每期45人扩大为每年两期，每期50人左右。1985年，美中教育服务机构又决定从是年起为北大增开研究生全外教英语培训班数期。1990年，为适应中国高等教育发展需求，美中教育服务机构又与北大合作开办了两期高等教育评估暑期讲习班。据统计，自1982年至1997年，北大与美中教育服务机构合作举办的全外教英语培训班共办了31期，经该班培训的北大教师、研究生达1500人。

（四）其他各类成人非学历教育

除上述成人非学历教育外，学校还接受各方面的委托，举办各类大学后继续教育班和少数职业、岗位或专项技能培训班。其名称有研讨班、研修班、进修班、培训班、短训班、学习班、辅导班等。办学方式主要有全脱产、半脱产、全业余三种。学习期限最长一年,最短不到一星期。学习结束后达到培养目标要求者,由学校发给结业证书。如 1980 年,由教育部委托,北大英语系开始举办高校英语教师培训班。该班分高、中级两种,学习期限半年,每期招生 50 人左右,招生对象为各高校英语教师,授课教师均由北大从美国高校聘请。从 1980 年至 1982 年共办了 6 期,培训高校英语教师 300 人左右。此后各年举办的成人非学历教育班包括:1984 年有计算机软件培训班,1985 年有阿拉伯语培训班等,1986 年有伦理学教师进修班、美学教师进修班、哲学原理教师进修班、马克思主义哲学史教师进修班、阿拉伯语培训班、计算机软件培训班、纪检干部培训班、辐射应用技术人员培训班等。据统计,从 1986 年至 1997 年举办成人非学历教育班的数目为:1986 年 8 个,1988 年 18 个,1989 年 19 个,1990 年 42 个,1991 年 32 个,1992 年 67 个,1993 年 54 个,1994 年 34 个,1995 年 15 个,1996 年 20 个,1997 年 26 个。

三、圆明园校区成人教育基地建设

1995 年年初,北京大学与海淀区政府经过多次协商,就联合办学事宜达成了共识。1995 年 7 月 21 日,北大副校长梁柱和海淀区副区长李凤岭签署了《北京大学与海淀区联合办学协议书》,北大成人教育学院与海淀区农民科学技术学校签署了《北京大学、海淀区联合办学协议书实施办法》。协议双方商定,北京大学与海淀区农民科学技术学校合作利用海淀区农民科学技术学校校园开展联合办学。为此,北大出资 420 万元给海淀区农民科学技术学校,用于该校按双方统筹的规划方案改造原校园。海淀区农民科学技术学校为北大提供 1.22 万平方米土地使用面积,由北大出资新建校舍约 1.2 万平方米用于北大各类成人教育学生教学与生活用房。协议中还规定,北大新建的校舍产权归海淀区所有,北大使用五十年后所有建筑和设施均无偿归还海淀区。该区域在北大使用期间称为"北京大学圆明园校区"。

1995 年 12 月 28 日,双方合作完成了该校区的总体规划设计,并于 1996 年 3 月开工建设。1996 年 9 月,圆明园校区第一期工程 7145 平方米的各类用房完工,成人脱产班学生和部分进修教师入住该校区。1997 年 9 月,圆明园校区第二期工程(5296 平方米的房子)完工,北大当年接受的访问学者、进修教师也全部入住该校区。圆明园校区的建成,缓解了北大成人教育事业发展与校舍资源紧张的矛盾,并为其进一步发展创造了条件。

第七章　体育与医疗卫生

第一节　体育

一、中华人民共和国成立前

（一）京师大学堂时期

1898 年，京师大学堂建立时即将体育（当时称"体操"）列为学生的正式课程。当年经光绪批准的《奏拟京师大学堂章程》第二章"学堂功课例"规定，学生课程分为普通学和专门学两类，前者为学生皆当通习，后者每人各占一门。普通学共有课程 10 门，其中有体操学一门。不过，1898 年 12 月，大学堂正式开办时，由于受慈禧太后发动政变的影响，只设有仕学院，当时规定仕学院的学生对"体育、兵操兼学与否，概听自愿"。

1902 年，大学堂恢复举办。当年颁行的《钦定京师大学堂章程》第二章"功课"，将"体操"列入京师大学堂预备科和师范馆的课程表，预备科每周 2 或 3 小时，师范馆每周 3 小时。当时规定学生上体育课时要穿学校统一发的操服（运动服）。1903 年制定的《学生记过条规》规定："体操给发冠帻衣靴之后，倘有不换服而上场者，由教习记过一次。"

1905 年 3 月 5 日，大学堂总监督张亨嘉以原有操场面积太小，奏请拨地建操场。此请求得到了允准，于是大学堂修建了比较宽阔的操场，即后来汉花园红楼校区的运动场。

1905 年 5 月 28 日和 29 日，京师大学堂在新修建的操场上举行第一次全校运动会。两天的运动会共完成了掷球、跳远、跳高、竞走等 32 个项目。

1906 年 4 月 25、26 日和 1907 年 4 月 7、8 日，京师大学堂又举行了第二次和第三次全校运动会，比赛项目新增计算竞走、障碍物竞走、撑竿跳高等。

京师大学堂时期，除全校运动会外，有的学馆也举行运动会，例如 1907 年 5 月 12 日至 14 日，译学馆举行春季练习运动会，并邀请其他学馆参加，如拉绳一项就有预备科对师范二期的比赛。

1902 年恢复后的大学堂规定"体操"是学生毕业考试时必考的科目之一。如 1907 年 2 月 25 日至 3 月 2 日，大学堂举行分科毕业考试，就有"体操"一项，内容是徒手柔软。

（二）中华民国成立至全面抗战爆发之前时期

中华民国成立后的头几年，学校虽然规定预科有每周 2 小时（有时候是 1.5 小时，也有时是 3 小时）的体操课，但没有教师，而是由学生自由进行体育活动，不少学生往往不到。

1917 年，蔡元培就任北大校长。他重视体育，早在 1912 年初即提出军国民教育、实利主义教育、公民道德教育、世界观教育和美感教育"五育并举"的教育方针。军国民教育即军事体育教育。他主持校务后，大力提倡体育。1917 年 5 月，他支持学生组织的"以强壮体格、研究我国固有之尚武学术为宗旨"的技击会，同意担任该会的名誉会长，并专门拨给五间房屋作为事务所，开展拳术锻炼。1917 年 12 月，在蔡元培的大力支持下，学生发起成立了体育会。体育会"以练习各种运动技术强健身体为宗旨"，暂以网球、足球、篮球、排球、田径、游泳诸部组织之，其余适当运动随时增加。学校决定从此年秋开始向学生征收体育费一元，交体育会作为该会经费，扩充体育设施，先后建立了台球室、乒乓球室、游艺室、野操场、游泳池等，还购置了五匹马，供学生进行马术训练，作为一项军事操练（后来，由于教育经费紧缺，马术训练未能坚持，游泳池也无力修缮）。

1919 年，学校为预科延聘了体操教员，规定从是年 5 月 19 日起，每次上课由体操教员记明各生分数，凡不到及临时弛惰者，均酌量扣分。

1922 年 4 月，直奉战争爆发。4、5 月间，直奉双方在北京近郊发生战争，学校为自我保护，成立有 300 多名学生加入的妇孺保卫团。直奉战争结束后，蔡元培为在学生中建立一种永久性的军事体育组织，于是年 6 月，将保卫团改编为学生军，并制定学生军章程大纲，确定学生军以锻炼身体、增进军事常识为宗旨；规定学生军的编制为军下分为若干队，每队分为三排，进行军事训练；规定学生军的修业年限为初级二年、高级一年，共三年，分术科、学科、操行三项成绩，合格者给毕业证书。

在成立学生军的同时，为促进全体学生体育发展，学校成立了体育委员会，请胡适、顾孟余、蒋百里等七人为委员，同年设立体育部，负责体育指导和体育设备之制备等任务。学生军的总教练即由体育部主任担任。

1928 年 7 月，国民政府公布《高级中学以上学校军事教育方案》，规定凡高级中学以上学校，"除女生外，均应以军事教育为必修科目"。1929 年 8 月，从北平大学北大学院复校的北大，按教育部令，于是年 11 月规定军事训练为三年级和四年级的必修课。

1935 年 9 月,学校决定体育为一年级学生的必修课,每人每周两小时。1936 年 8 月,学校又规定:本校一、二年级学生,均须以体育为必修课。这样,体育课和军事训练课均成为学生的必修课。

蔡元培长校后,北大的体育竞赛活动日渐开展起来。1922 年,学校举行中华民国成立后的第一届全校师生春季运动会。这次运动会,虽然参加比赛的正式运动员只有 34 人,但学校很重视。蔡元培校长亲自担任运动会主席,艺风堂、丁燮林、胡适、颜任光、李四光、陈启修等教授分别担任评判长、司令员、评判员、计时员等。蔡元培还在《北京大学日刊》上发表了《运动会的需要》一文。此后,学校每年都举行全校性的运动会。1937 年,时任体育部主任的李仲之主张体育普及化,废除选手制,增设晨操,增开球场,着重于在校同学的体育活动,并于是年 5 月举办了第一届普及运动会。

除组织校内的体育竞赛活动外,学校也开始积极参加校外的体育竞赛活动,如 1921 年 12 月与交通大学举行的足球比赛、1922 年 3 月与清华大学举行的篮球比赛和足球比赛等。1930 年代初,北大还与清华大学、师范大学、燕京大学、辅仁大学联合举行"五大学联赛",冬季举行足球、篮球及越野跑比赛,春季举行排球、棒球、乒乓球比赛,后又增加拔河比赛。

当时,北京中等以上学校联合运动会基本上每年都举行一次,北大从 1920 年起基本上每次都组队参加,获得不错的成绩,如 1927 年那一次,获得铁饼第一名,标枪和跳远两个第二名,跳高和标枪两个第三名,四人 800 米接力赛第四名。

1913 年,华北运动会开始举办,从 1913 年至 1934 年共举办过 18 次。其中,1931 年以前的 14 次,以学校为单位参加,北大组队参加了其中的第 10 次(1923 年)至第 12 次(1925 年),其中第 11 次获撑竿跳高第一名,100 米赛跑第二名,200 米赛跑、三级跳远、铁饼三个第三名,跳远第四名;第 12 次获跳远和铁饼两个第一名,100 米、200 米、400 米接力赛和四人 800 米接力赛四个第四名,跳高两个并立第四名。第 13 次和第 14 次,北大先后被并入京师大学校和北平大学,不能自己组队参加。第 15 次起,华北运动会改为以省市为单位组队,北大运动员作为北平队员参加。

(三)西南联大时期

这一时期,虽然各方面的条件都很差,影响体育运动的开展,但学校重视体育,聘请马约翰为体育卫生组(后改为体育部)的主任,规定学生从一年级到四年级都必修每周 2 学时的体育课,体育不及格,必须重修,否则不予毕业。体育教学的内容主要是培养学生参加体育活动的习惯,掌握在各种条件下进行体育运动的基本方法与技能。体育课同其他课一样,每学期都要进行考试测验,不过,考虑到战时学生的生活、营养条件,测验的标准不高,只要不缺课,一般总能及格。课外体育活动由于条件的限制,主要是一些爱好体育的积极分子参加。他们自发组织起各自的体育会,开展体育活动,组织校内外的体育比赛。其中成员较多、比较活跃的有铁马体育会、喷火体育会等。

(四)复员返平后时期

抗战胜利,北大复员回北平后,聘请留美归国的管玉珊任体育部主任,仍规定体育课为必修,期末要进行考试。体育课以篮球、排球为主,田径、体操为辅。当时,由于蒋介石国民党发动内战,政府把财政预算的 80% 充作内战经费,教育经费严重短缺,学校的体育设施得不到改善,使课外体育活动受到限制,不过,爱好体育的同学还是组织起体育社团,开展各种体育活动。其中最有影响的体育社团是 1946 年 12 月成立的北星体育会。其会员比较多,组织有篮球队、垒球队、游泳队等。

二、中华人民共和国成立后

(一)概述

中华人民共和国成立后,党和国家关心学生的健康,重视体育。1950 年6 月和 1951 年 1 月,毛泽东主席两次给时任教育部部长的马叙伦写信,提出"健康第一,学习第二"的方针。学校也重视体育。1951 年 6 月,马寅初出任新中国成立后北大第一任校长。他就任伊始,就叮嘱同学们说:"我希望大家把身体锻炼好,这是建设国家的本钱。我虽然年纪大了,每天还是坚持洗冷水澡,经常爬山。"

当时,学校仍请管玉珊任体育部主任。1952 年,经院系调整,北大迁入原燕京大学校园燕园,请原燕大留美体育教授赵占元为直属学校的体育教研室主任。教授除赵占元外,还有林启武、闫华棠等,教师队伍更为充实。学校的体育场馆设施也比在城内时好。

1954 年 5 月,国家体委公布《准备劳动与保卫祖国综合体育制度》(简称"劳卫制")。1956 年 2 月,高教部、国家体委、卫生部、青年团中央发出《关于加强领导进一步开展一般高等学校体育运动的联合指示》。该指示指出:"体育教育是整个教育过程中的主要组成部分。""各高等学校在体育教育中应努力完成下列任务:(1)培养学生的共产主义道德品质。(2)以《准备劳动与保卫祖国综合体育制度》为基础,增进学生的健康,并使其全面发展。(3)使学生掌握体育与运动的基本知识和技能,并能在生产劳动、社会活动和日常生活中运用。(4)培养学生系地从事体育和运动的习惯,并提高学生的运动技巧的水平,达到'劳卫制'二级的标准。"学校认真贯彻执行了这一指示。

1959 年至 1961 年的三年经济困难时期,学生营养不足,体质下降,影响了体育教学和课外体育活动的开展。经济情况好转以后,体育教育继续得到发展。

"文革"期间,前几年由于"停课闹革命"、停止招生,体育教育全部停顿。工农兵学员进校后,虽规定有体育课,但由于理科实行"厂办专业""开门办学",文科强调"以社会为工厂",学生许多时间都在工厂、农村边劳动边学习,体育教育不能正常进行。

"文革"结束,恢复全国高校统一招生考试制度后,学校重新确立体育在整个教育中的地位和作用,恢复正常的体育教育,建立和健全体育工作的正常秩序。

1979 年 10 月,教育部、国家体委发布《高等学校体育工作暂行规定(试行草案)》,指出:"高等学校体育工作的基本任务是:指导学生锻炼身体,增强体质;使学生掌握体育的基本理论知识和运动技能,学会科学锻炼身体的方法,养成经常锻炼的习惯,逐步提高运动技术水平;向学生进行共产主义思想、品德教育,树立良好的体育道德风尚。""高等学校体育工作要面向全体学生。贯彻普及与提高相结合的方针,重点抓好普及;同时,也要不断提高体育运动技术水平。"它还对体育教学和科研、课外体育活动等作出了规定。北大贯彻执行该规定,使学校的体育工作进一步走上了制度化、规范化的轨道。

(二)体育教学

北京解放至 1952 年院系调整前,体育教学一如解放以前,未及改革。院系调整以后,北大根据学生的体质情况和运动能力,把体育课分为一般体育课和提高体育课两类,并增加季节性课内容,夏季统一上游泳课,冬季统一上滑冰课。与此同时,为照顾慢性病学生,学校开设了医疗体育课(后改称为体育保健课),以帮助他们尽快恢复健康。

1954 年,"劳卫制"施行以后,"劳卫制"规定的项目和田径、体操、球类成为体育教学的主要内容,配以季节性的游泳、溜冰。

三年暂时经济困难时期,学校考虑到学生营养不足、体质较弱的情况,采取了"小型、轻量、多样、效大"的方针,对教学工作进行了较大的调整,把学生兴趣较高的球类和运动量不大的太极拳、体育游戏等作为体育课的主要内容。1961 年以后,随着经济的恢复和发展,体育教学的内容也逐步恢复到暂时经济困难时期以前的情况。

"文革"期间,直到工农兵学员进校以后,大部分体育教师才被从"五七"干校调回学校,为工农兵学员上体育课,体育教研室也随之恢复。从 1972 年至 1976 年,学校采取体育教师分到各系(包括办有专业、招收工农兵学员的校办工厂）的办法，小系派一名教师，大系派两名教师，体育课的上课项目有球类、体操、武术（初级长拳、初级剑等）和季节性项目游泳、滑冰。不过，当时由于强调"开门办学"，学生常要下厂、下乡，打乱了体育教学的进程。

"文革"后，规定体育课为本科一、二年级的必修课，学生须修满4学分（每周2小时，一学期为1学分），考试合格方能毕业。体育课的内容以"国家锻炼标准"项目为主，包括田径、球类、体操、武术和季节性的游泳、滑冰等项目。一些军事体育和竞技体育特点较强的项目如队列练习、手榴弹、跨栏、背越式跳高、纵箱分腿腾越等，也包括在体育课之内。

1983年起，在三年级开设选项体育课，每两周上课一次，每次90分钟，受到学生的欢迎。后因场地、师资等条件限制停开。

1985年改为一年级第一学期上以提高身体素质为主的综合课，一年级第二学期和二年级的两个学期，已达到"国家锻炼标准"的学生可选专项课，未达标的继续上综合课。

1986年，实行一、二年级两年四个学期全部开设专项课的体育教学模式，对体弱、残疾学生则恢复开设以保健、康复锻炼为主的保健体育课。体育考试采用综合结构考试办法，具体权重比例为：体育课的出勤及课堂表现占10%，体育基础知识占20%，运动技能技巧占30%，身体素质和运动能力占40%。同年，由喜勋教授主编的女生体育教学大纲和配套教材编写完成。其中增加了高低杠、技巧、艺术体操、垒球、韵律操等女学生喜欢的内容，受到欢迎。

1990年10月开始施行国家教委颁发的《大学生体育合格标准》。

1991年3月，国家教委印发《关于开展普通高等学校体育课程评估工作的通知》。1991年和1992年，在全校试行各类课程的教学评估中，体育教学连续两年获得全校教学评估总分第一的成绩。

1994年，体育教学除了使学生掌握体育基础课和选项课规定的体育的基本理论知识和技能以外，提出"一拳、一操、会游泳"的教学目标，即男生学会太极拳、女生学会健美操、全体学生学会游泳。经过1994、1995两个学年的实施，男生学会太极拳和游泳的人数比例从原来的80%和70%，达到98%以上；女生学会健美操和游泳的人数比例也从原来的80%和50%，达到98%以上。

1995年3月，体育教研室改称体育教研部。它组织修订了教学大纲，修订和充实了理论课教材，增添了音像资料和电化教学，基本上做到了风雨天不影响体育教学，不停体育课。

1996年，体育教研部获"北京市教学成果集体一等奖"。

（三）课外体育锻炼活动

中华人民共和国成立初期，虽然学校号召学生要积极参加体育锻炼，但当时,文、理、法三个学院的学生和工学院、医学院一年级的学生都住在校本部沙滩区,而沙滩区只有一个不大的运动场——民主广场,学生宿舍区如三院、西斋等也没有什么空地,这使开展体育锻炼受到了限制。1952年,毛泽东主席向全国发出"发展体育运动,增强人民体质"的号召,正好这时学校已迁入燕园,运动场所增多,于是,体育锻炼活动开展起来,很多学生除参加早操和课间操外,还积极参加球类、跑步、武术、太极拳、游泳、滑冰等运动。1954年,国家体委发布"劳卫制"后,北大即大力推行"劳卫制"锻炼。许多班级和小组把同学组织起来集体参加课外体育锻炼,到是年10月,参加"劳卫制"锻炼的学生已达2090人,约占学生总数的50%。1954—1955学年有1118名学生达到"劳卫制"预备级标准,有712名学生达到"劳卫制"一、二级标准。1955—1956学年,达到"劳卫制"一、二级标准的学生增到1514人,其中达到一级标准的1254人,达到二级标准的260人。此后,达标人数继续增加,1958年,在北京市高校"劳卫制"达标评比中,北大被评为高校达标先进单位。

三年暂时经济困难时期,课外体育锻炼和体育教学一样,采取"小型、多样、轻量"的方针,坚持"一日两操(早操、课间操)"和一周有两次课外体育活动(每次一小时)。1963年,体育教研室经学校同意,根据国家的体育锻炼标准,结合北大的实际状况,制定了五项运动锻炼标准①,每项100分,简称"500分锻炼标准",引导学生积极参加锻炼。

"文革"期间,体育锻炼受到了冲击。"文革"后,国家体委制定新的《国家体育锻炼标准》,并于1977年12月发出通知;从是年12月起,开始颁发"国家体育锻炼标准"证书和证章。1978年4月,教育部、国家体委、卫生部下发《关于加强学校体育、卫生工作的通知》,要求积极推行《国家体育锻炼标准》,广泛开展群众性体育活动。学校认真贯彻该通知精神,并结合学校情况重新制定《北京大学体育锻炼标准》,开展以达到"北京大学体育锻炼标准"和"国家体育锻炼标准"为主要内容的体育锻炼活动。从1979年起,北大连续六年被评为北京市高校达标先进单位。1982—1984年的检查验收情况见下表。

年度	参加检查		达到及格以上		其中达到优秀的		其中达到良好的	
	年级	人数	人数	百分比	人数	百分比	人数	百分比
1982	一、二、三年级	6130	5576	90.96%	1856	30.27%	2400	39.15%
1983	一、二、三年级	6578	6286	95.56%	1481	22.51%	3321	50.48%
1984	一、二年级	4602	4436	96.39%	883	19.18%	2453	53.30%

---

① 五项运动锻炼标准,即:①速度(男100米,女100米);②耐力(男1500米,女800米);③灵敏(跳高或跳远);④力量(男引体向上或双杠双臂屈伸,女仰卧起坐);⑤体操(第四节广播体操或武术一套)。

20 世纪 80 年代中期,健美操运动悄然兴起。共青团中央、团市委、市体委委托北京体育大学创编一套"青年韵律操",在青少年中推行,从此,健美操运动也成为我校不少学生课外体育运动的一项重要内容。

20 世纪 90 年代,北大达到"国家体育锻炼标准"的学生仍保持在 95％以上,连续被评为北京市高校达标先进单位和北京市开展群众性体育活动的甲级院校,并多次被评为"北京市高校群体量化标准"先进学校。

（四）体育代表队、运动队和体育社团

新中国成立后,在 20 世纪 50 年代和 60 年代,北大根据课内与课外相结合、普及与提高相结合的方针,在上好体育课、抓好课外体育锻炼的同时,建立了各种体育代表队、运动队,在体育课以外进行提高体育技术的训练。先后成立的有男女篮球、男女排球、田径、体操、游泳、武术、乒乓球、羽毛球、网球、滑冰、男子冰球、足球、棒球、女子垒球等代表队。20 世纪 50 年代中后期,开展了国防体育运动,先后建立有射击、摩托车、航海、无线电等运动队。1957 年,世界青年联欢节在莫斯科举行,中国派文艺、体育团队出席。我校篮球队队员、化学系的李安作为代表中国大学生篮球队的成员,参加了比赛,教师林启武作为中国羽毛球队领队出席了联欢节。1963 年,我校国防体育各运动队曾获北京高校航海等多项竞赛男子、女子总分第一名。

"文革"开始,体育代表队解散。工农兵学员进校后,恢复了一些代表队,但由于其成员经常要随所在系级到工厂、农村"开门办学",不能坚持正常的训练。

"文革"后,体育代表队恢复并坚持正常的训练。20 世纪 80 年代初,北大率先在高校中成立艺术体操代表队,喜勋教授是代表队的指导教师,她为艺术体操在高校中的普及与提高做出了重要贡献。

1987 年北京市政府批准北大为"北京市试办高水平运动队学校",1993年国家教委批准北大为"国家试办高水平运动队学校",这进一步促进了北大高水平运动队的建设与发展。

新中国成立前,北大的学生社团很活跃,新中国成立后得到进一步的发展。学生社团有体育性质的社团。"文革"前,体育性质的学生社团不多,有武术队、田径队等。"文革"中没有社团活动。"文革"后,体育性质的社团得到了很大发展。从 1979 年到 1997 年底共有 38 个体育性质的社团。

（五）体育竞赛

1. 校内体育竞赛

新中国成立后,体育竞赛成为学生课外活动的一项重要内容。学校除举行一些全校性的单项体育项目的比赛和鼓励与支持院系之间举行各种体育竞赛外,还于 1954 年开始,举行一年一次的全校学生田径（举重）运动会。1954

年5月举行的校运会,有13个单位800多名运动员参赛。民族医预班从1954年至1966年"文革"前(包括1966年),除了1961年与1962年因为暂时经济困难、学生体质下降和1965年因为学校进行"社会主义教育运动",没有举行校运动会以外,其他各年都于每年的4月、5月举行校运动会。"文革"期间,1967年至1970年未举行校运动会,1970年9月,工农兵学员入学,1971年5月举办"文革"中首次学生(工农兵学员)田径运动会,后确定每年举行一次。"文革"后,1978年开始恢复举行校运动会。此后,一直到1997年,除个别年份如1989年未举行外,其他各年均按例举行。

1980年研究生会成立,曾举行过几次研究生运动会。

2. 市高校间的体育竞赛

北京市从1955年起到1992年共举行过35届市高校学生田径运动会,即1955—1960年,第1—6届;1963—1966年,第7—10届;1972—1976年,第11—15届;1977—1988年,第16—27届;1990—1997年,第28—35届。我校获奖的具体情况见下表。

北大在各届市高校学生田径运动会上获得团体前三名成绩表

届次	时间	男队名次	女队名次	男女团体名次
十六	1977年5月	2	2	3
十七	1978年5月	3	1	1
十八	1979年5月	2	1	1
十九	1980年5月	3	2	2
二十	1981年5月	3	3	3
二十一	1982年5月	3		
二十四	1985年5月		3	
二十八	1990年5月	1	1	1
三十四	1996年5月		2	3

我校除参加一年一度的市高校学生田径运动会以外,还积极参加市高校的篮球、排球、足球、乒乓球、手球、网球、艺术体操、健美操、武术、游泳、冰上运动、射击、航海、越野等比赛。其中,游泳、艺术体操、健美操、乒乓球等是我校的强项。我校在市高校各主要单项比赛中获得团体前三名的情况见下表。

北大在市高校学生单项体育竞赛中获得前三名成绩表①

时　间	赛事名称	名次（只列前三名）
1955 年	市西郊高校冰上运动会	女子团体第二名
	市高校"三好杯"排球赛	男女团体第二名
1958 年	市高校体操赛	女子团体第二名
1959 年	市高校羽毛球冠军赛	冠军
1960 年	市高校游泳赛	男女团体第二名
1962 年	市高校"三好杯"射击赛	团体第二名
1963 年	市航海多项赛（高校组）	男子团体第一名 女子团体第一名 男女团体第一名
1964 年	市高校手球比赛	团体第一名
	市高校男女体操赛	女子一级第一名
	市高校游泳比赛	男女团体第二名
1977 年	市高校游泳比赛	女子团体第二名 男女团体第一名
	市高校乒乓球赛	男子团体第一名
1978 年	市高校游泳比赛	男子团体第一名 女子团体第一名 男女团体第一名
	市高校越野赛	女子团体第一名
1979 年	市高校游泳赛	男子团体第一名 女子团体第一名 男女团体第一名
	市高校乒乓球赛	男女团体第一名
	市高校排球赛	女排第一名
	市高校篮球赛	男篮第一名

① 此表根据现已找到的材料编制,可能不全。

时 间	赛事名称	名次（只列前三名）
1980 年	市高校游泳赛	男子团体第一名 女子团体第一名 男女团体第一名
	市高校乒乓球赛	男女团体第一名
	市高校排球赛	男排第一名 女排第一名
	市高校篮球赛	男篮第一名 女篮第一名
	市高校艺术体操比赛	女子总分第一名
1981 年	市高校游泳赛	男子团体第一名 女子团体第一名 男女团体第一名
	市高校篮球赛	女篮第一名
	市高校排球赛	女排第一名
	市高校艺术体操比赛	女子一等奖
	市高校乒乓球赛	男子团体第一名
1982 年	市高校游泳赛	男子团体第一名 女子团体第一名 男女团体第一名
	市高校排球赛	女排第一名 男排第一名
	市高校篮球赛	女篮第一名
1983 年	市高校竞技体操、艺术体操比赛	甲组男子总分第一名 女子总分第一名
	市高校乒乓球赛	男子团体第一名 女子团体第二名
	市高校羽毛球邀请赛	男子团体第三名
	市高校体操比赛	二级动作组男子团体第一名①

---

① 分二级动作组和三级动作组比赛，二级动作组难度大。

时　间	赛事名称	名次（只列前三名）
1984 年	市高校游泳赛	男子团体第一名 女子团体第一名 男女团体第一名
	市高校排球赛	男排第一名
	市高校乒乓球赛	男子团体第一名 女子团体第一名
	市高校竞技体操、艺术体操比赛	男子总分第一名 女子总分第一名
1985 年	市高校游泳赛	男子团体第一名 女子团体第一名 男女团体第一名
	市高校篮球赛	男篮第一名
	市高校乒乓球赛	男子团体第一名 女子团体第一名
	市高校竞技体操、艺术体操比赛	男子总分第一名 女子团体第一名
1986 年	市高校游泳赛	男子团体第一名 女子团体第一名
	市高校竞技体操、艺术体操比赛	男子总分第一名 女子总分第一名
	市高校武术比赛	团体总分第三名
1987 年	市高校游泳比赛	男子团体第三名 女子团体第一名 男女团体第二名
	市高校排球赛	男排第二名
	市高校篮球赛	男篮甲级第二名 女篮乙级第一名
	市高校乒乓球赛	男子团体第三名 女子团体第三名
	市高校艺术体操比赛	女子总分第一名

时　间	赛事名称	名次（只列前三名）
1988 年	市高校游泳赛	女子团体第一名
	市高校"热浪杯"游泳运动会	甲 A 男子团体总分第一名 甲 A 团体总分第一名
	市高校排球甲级联赛	男排第一名 女排第三名
	市高校足球甲级联赛	男足第二名
	市高校乒乓球赛	男子团体第一名 女子团体第二名
1989 年	市高校女子排球甲级联赛	女排第二名
	市高校乒乓球赛	男子团体第一名 女子团体第一名
	市高校学生健美操比赛	男女团体第一名
	市高校艺术体操比赛	团体第一名
	市高校武术邀请赛	团体第二名
1990 年	市高校攀岩赛	襄括全部名次
	市高校乒乓球赛	男子团体第一名
1991 年	市高校游泳比赛	男子团体第三名 女子团体第二名 男女团体第二名
	市高校乒乓球甲级队赛	男子团体第二名 女子团体第二名
1992 年	市高校乒乓球赛	男子团体第一名 女子团体第一名
1993 年	市高校乒乓球赛	男子团体第一名
	市高校艺术体操、健美操锦标赛	团体一等奖
1994 年	市高校羽毛球赛	女子团体第一名
	市高校艺术体操、健美操比赛	艺术体操、健美操及艺术体操、健美操三项团体第一名

第七章　体育与医疗卫生

时　　间	赛事名称	名次（只列前三名）
1995 年	市高校乒乓球赛	男子团体第一名
	市高校"奥德杯"羽毛球赛	女子团体第一名
1996 年	市高校乒乓球赛	男子团体第一名 女子团体第一名
1997 年	市高校游泳比赛	甲组男子团体第一名 甲组女子团体第一名

3. 全国高校间的体育竞赛

1979 年 8 月举行的全国大学生男子"三好杯"篮球比赛，共有 28 个大学代表队参加。我校篮球队在这次比赛中获得第三名。

1980 年 8 月举行的全国大学生"三好杯"排球赛，我校代表队代表北京市高校参加，获女排第一名，男排第二名。

1982 年 8 月，在全国第一届大学生运动会上，我校运动员获三枚金牌、两枚铜牌。

1986 年 8 月，在全国第二届大学生运动会上，我校运动员获跳远第一名和七项全能第一名。

1988 年 8 月，在全国第三届大学生运动会上，我校运动员获九枚金牌、四枚银牌。

1996 年 8 月，在全国第五届大学生运动会上，我校田径运动员获两枚金牌、一枚银牌、四枚铜牌。

（六）体育场馆设施

新中国成立之初，北大在城里的沙滩校本部只有三个篮球场和一个"民主广场"（不标准的 400 米田径运动场）。1952 年院系调整后迁至燕园，当时有 400 米的田径运动场一个（习惯称东操场）、室内体育馆两个（第一体育馆、第二体育馆）、网球场四个（现北大图书馆所在地）和东操场北面的篮球场以及第二体育馆东面八个篮球场、七个排球场。

1958 年，随着学生人数的增加、校体育代表队训练和群众体育活动的开展，利用校园内的空闲地方陆续新建了一批篮、排球场。它们主要集中在现五四田径场（原叫"棉花地"，因曾种植过棉花而得名）内。现勺园大楼所在地当时称农园，是地势较低的一片芦苇地，被用作投掷训练的场地。另外，在当年"大跃进"的氛围中，全校师生经过 18 个昼夜的奋战，将现校景亭南侧的一个死水塘修成"红湖"室外游泳池，作为学生上游泳课和师生员工消夏游泳的场所。20 世纪 70 年代初"红湖"游泳池因水源枯竭、水质恶化被废弃。

1962 年,将棉花地修建为正规的五四运动场。

1963 年,无线电电子学系和数学力学系力学专业的大部分教职工和学生迁往昌平十三陵新校区,为此,在十三陵新校区建造了一个 400 米跑道的田径运动场和若干个篮、排球场及一个游泳池。

1974 年,在五四运动场东侧修建两个长 50 米、宽 30 米的游泳池,称为"五四游泳池",其中深水池水深 1.60—2.20 米,浅水池水深 1.30—1.50 米。

1976 年,将第二体育馆东西两侧的篮、排球场铺上沥青,并在其中的一个篮球场安装了灯光设施,改善了运动条件。

1986 年,翻修了五四运动场,铺设了火山岩跑道,翻建了运动场看台,补充了配套器材。至此,五四运动场成为集教学、训练、比赛多功能于一身的标准田径运动场。与此同时,还在运动场一旁兴建了体育活动中心,内设有游泳馆(25m×13m),八个室内羽毛球场,铺设了四条 140 米长的室内塑胶跑道,加大了办公区面积,增建了大会议室、电化阶梯教室,扩展了资料室。

1996 年,将五四体育中心羽毛球场铺上地板,改为室内轮滑场,开设轮滑课,课外对师生家属开放。

1997 年,将第二体育馆西侧的排球场改造为六块简易塑胶网球场。

(七)体育部、体育教研室负责人

新中国成立后,北大历任体育部、体育教研室、体育教研部负责人见下表。

新中国成立后北大历任体育部、体育教研室、体育教研部负责一览表

职务	姓名	任职时间	职务	姓名	任职时间
体育部主任	管玉珊	1949 年 2 月—1951 年			
体育部主任	刘士英	1951 年—1952 年 9 月			
体育部主任	赵占元	1952 年 10 月—1954 年	体育部副主任	刘士英	1952 年 10 月—1954 年
体育教研室主任	赵占元	1954 年—1966 年 6 月	体育教研室副主任	刘士英	1954 年—1966 年 6 月
			体育教研室副主任	马士沂	1958 年 12 月—1966 年 6 月

职务	姓名	任职时间	职务	姓名	任职时间
主持体育教研室工作	夏伯海	"文革"后—1977年7月	协助主持体育教研室工作	王余	"文革"后—1977年7月
代理主持体育教研室工作	王余	1977年7月—1978年			
主持体育教研室工作	刘士英	1978年—1979年	协助主持体育教研室工作	王余	1978年—1979年
体育教研室主任	刘士英	1979年—1985年1月	体育教研室副主任	王余	1979年—1995年3月
			体育教研室副主任	林志超	1980年3月—1988年9月
			体育教研室副主任	张兴华	1984年—1985年1月
体育教研室主任	周宝恩	1985年1月—1988年9月	体育教研室副主任	李德昌	1985年1月—1988年9月
体育教研室主任	林志超	1988年9月—1995年3月	体育教研室副主任	陈庆树	1988年9月—1995年3月
			体育教研室副主任	田敏月	1990年3月—1997年6月
			体育教研室副主任	鞠传进	1993年6月—1995年3月
体育教研部主任	鞠传进	1995年3月—1997年6月	体育教研部副主任	胡京翔	1995年3月——
体育教研部主任	田敏月	1997年6月——	体育教研部副主任	张健	1997年6月——
			体育教研部副主任	滕伟莹	1997年6月——

第二节 医疗卫生

一、中华人民共和国成立前

京师大学堂成立时，附设医学堂。医学堂设提调一人，总理堂中一切事务；派中医教习二人，一内科，一外科；聘西学教习二人，一西人，一华人。堂中兼寓医院之制，每日施诊，中西并用。1900年夏，大学堂停办，医学堂包括医院随之停办。

1902年，京师大学堂恢复。1903年设立医学实业馆。医学实业馆分习业所和卫生所两部分。习业所习医学，卫生所司诊治。大学堂设医学提调一员，稽查医学馆学生功课，兼司学堂诊治及一切卫生事。卫生所设治病院一处，中西药房各一处。凡大学堂居室饮食一切关系卫生之事，俱由卫生所察看，如有不合法之处，应由提调教习陈明大学堂总教习总办，以便酌改。凡大学堂官员学生执事人等，遇有疾病，悉送卫生所诊治，至若时疫流行，自总教习总办以下各色人等均应受卫生所之考察。凡学生中遇有疾病宜防传染者，送入治病院中居住诊治。病人所居之室分为两等，一为两人特居之室，二为四人合居之室。凡提调、襄办、教习俱兼司诊治。另治病院需用司事一名，服役人五六名，中西药房中需各用出入药物之司事两名，配制药物之药工两名，司账一名。

1904年1月颁行的《奏定大学堂章程》规定，大学堂设卫生官。卫生官以各科正教员各一人及监学兼任，并由各员中举一人为首领总司其事，名曰总卫生官，秉承于斋务提调。

1907年1月，经学部奏准，将医学实业馆改为京师专门医学堂，由学部直辖。

中华民国成立后，学校设有校医。学校向教育部呈报的《北京大学四年度（1915年）周年概况报告书》中曾载有当年校医变动的情况："四年七月，分科西医沈之桢辞职，以预科西医曹志沂兼充。"1919年12月，评议会通过的《国立北京大学内部组织试行章程》规定，学校设总务处管理全校之事务，设总务长一人，总掌事务；总务委员若干人，分掌各部分事务；分掌各部之总务委员称某部主任。当时共分13个部，其中有卫生部。1920年10月，经教育部批准备案的北大章程规定，总务处下的庶务部设有卫生课，同时还设有校医室，办理治疗疾病事务。1931年8月，学校公布的《国立北京大学行政组织系统草案》规定，学校设秘书处，秘书处下设卫生课（后改为组），同时仍设有校医室或校医处。这些卫生医疗机构，除负责全校师生员工的疾病治疗以外，还负责全校的防疫工作和学生、主要是新生（或考生）的体格检查工作等。前者如 1921 年 2 月，校长贴出布告说：现京津一带天花盛行，兹为先事预防起见，业商校医室购备疫苗以便诸生自由接种，事关学校公共卫生及诸生个人之安全，望早日赴种，以重卫生是为至要。此后，每逢季节，如有需要，都有种豆及其他预防注射之举。如 1935 年冬，为防校中白喉及猩红热之传染，学校通告全校学生于 12 月 2 日至 15 日前往校医室注射。后者，自 1918 年起，于新生入学试验之前，例需检查体格。1934 年，学校还制定了《北京大学体格检查规程》。其中规定，凡新生入学后，由注册组将新生名单送卫生组，由卫生组规定检查日期，各新生应按期到卫生组受检验。凡新生经检查后，发现有肺病、心脏病、肾脏病、精神病或传染病，须经相当时期之治疗或休养者，由校医报告课业处，令其休学治疗，病愈后，经校医复验认为痊愈者，方准复学。其须治疗而能同时照常上课者，由校医令其按期治疗，随时加以检验。凡本校各系学生，于第三年级开始后，亦须受体格检查，其办法同上。

长沙临时大学时期，行政系统在常委会之下分设秘书、总务、教务、建筑设备四部分。在总务部分设有校医室。当时学校还与在长沙的湘雅医院接洽合作办法，请其在卫生医疗方面给予学校帮助。1938 年初，经国民政府批准，临大决定西迁入滇。学校规定赴滇学生须注射伤寒预防针，此事即由校医室负责。学生可凭赴滇许可证到校医室注射。

长沙临大迁至昆明并改称西南联大后，设有总务处，总务处下设有校医室。校医室掌理本校医药、防疫及其他卫生事项。1940 年 3 月，遵教育部令，将校医室并入训导处体育卫生组。1938 年 8 月，常委会通过《对贫寒学生急性或长期病症者补助或贷与办法》。该办法规定：学生患急性病症经校医诊断，急需入医院治疗或施行手术而该生确系贫寒者，得向学校请求补助或贷与医疗或手术费；学生疾病，经校医诊断，认为须长期休养，必须住入医院或其他疗养处所，而该生确系贫寒者，得向学校请求补助或贷与疗养费。本校接受是项请求后，得斟酌情形，分补助与贷与二项办法，其确属贫寒经师长证明者，得请求补助；其或因汇兑不通，暂时费用告急者，得请求贷与。请求贷与学生，俟有款进来时，均须尽先缴还贷款。1939 年 1 月，常委会又通过对上述办法的修改，并将其名称改为《西南联大学生请求津贴医药费办法》。该办法规定：学生患病经校医诊断，须入院治疗或施行手术，而该生确系贫寒者，得向学校请求补助或贷与住院费（以三等为限）、医药费或手术费；贷金委员会接受是项请求后得斟酌情形，分别决定予以补助全数或半数、贷与全数或半数；受贷与医药费之学生，俟有款汇来时，须尽先缴还贷款。

抗战胜利,北大复员北平,在训导处设学校卫生委员会,并在沙滩总务办事处、农学院、工学院、国会街第四院、医学院分设五个校医室,每室设主任一人。另外,医学院还有附属医院(简称北大医院)。校医室除治疗疾病外,还负责学生体检、防疫及其他卫生工作。在治疗疾病方面,如遇有各校医室不能应付之病状,可到北大医院诊治。北大医院对本校师生员工有优待办法,主要内容如下。(1)学生:门诊或住院患者,除饭费、煤火费及医院代付费用,例如输血及特别看护等,应照数交纳外,其余费用均按五折交纳。(2)教职员:门诊或住院患者,除饭费、煤火费及医院代付费用,应照数交纳外,其余费用,均按七五折交纳。(3)教职员之直系家属(父、母或妻及子女)之优待办法与教职员同。(4)学生住院以三等为限,倘如住头、二等者,其优待办法与教职员同。(5)受优待之员生与教职员之直系家属须持有校医室之证明文件(1948年改为教职员学生以服务证及学生证为凭,直系家属以身份证及各学院证明为凭,工友以身份证及主管庶务室证明为凭)。在体检方面,除每年对新生进行体格检查外,1946年11月,还应"善后救济总署冀热平津分署北平办事处"的要求,对全校教职员学生进行了一次体格检查,对其中患有肺病及需要特别营养者,取具医师详确证明并造名册汇送办事处,以便该处经复查核实,酌予配发营养物品,以资调养。在防疫方面,如1948年6月,曾对本校学生和教职员工及其家属进行霍乱预防注射。此外,为救济贫病同学,学校还特设医药救济金。确系无法支付医药费之急病同学,得向训导长申请。

二、中华人民共和国成立后

1949年2月28日,北平市军管会文化接管委员会接管北大,宣布取消训导制,训导长和训导处相应取消,校医室改隶秘书处秘书长。1949年4月,北大四院撤销,该处房舍交其他单位使用。同年9月,农学院与清华大学农学院、华北大学农学院合并组成农业大学。1950年,医学院脱离北大,改由中央卫生部领导。这些单位的校医室撤销或随学院脱离北大。1952年院系调整后,在总务长属下设卫生室负责全校的医疗卫生工作,此后,随着学校的发展,医疗卫生工作也得到了很大发展,医疗卫生机构也由卫生室改为卫生所,再改为北京大学医院。

(一)卫生室(所)、医院概况

1952年10月,北大迁入燕园后,学生卫生室设在原燕京大学校医室的原地址。它位于未名湖西、临湖轩南一个小湖的南面,现生物系实验东馆的所在地。它是一座建筑面积640.1平方米的二层小楼。当时,卫生室主要设有内科、外科（下设手术室）、口腔科三个科，另有一个其他科。室主任为吴继文。

原燕京大学只有学生不到一千人，1952 年 10 月北大迁入后，学生增加了好几倍，教职员工人数也相应增加很多，卫生室用房面积实在太少，不够用。1955 年，学校在燕南园西边新建的卫生室用房竣工。新用房建筑面积为 3155 平方米。1956 年，卫生室改名为卫生所。当时，除已设的内科、外科、口腔科以外，增设了儿科、结核病科和中医科三个科，有住院病床 63 张。

1958 年 10 月，学校决定将校卫生所改名为北京大学医院（简称校医院），任命原校卫生所主任吴继文为北京大学医院院长。医院设有内科、外科、口腔科、妇产科、眼科、耳鼻喉科、中医科等科室。学校还批准医院人员编制为 112 人，当年实际在职人员为 83 人。到 1962 年，在职人员增至 143人，其中卫生技术人员 107 人。

"文革"期间，校医院也成为重灾区。"文革"后，1979 年 12 月，学校任命苏流为校医院院长，医院继续得以发展。

1987 年，学校为医院建造的一座病房楼落成。病房楼的位置就在医院的旁边，建筑面积为 3236 平方米。是年，医院职工增至 174 人。医务人员中有主任医师 4 人，副主任医师 11 人，主治医师 48 人。设有内科、外科、妇产科、小儿科、皮肤科、五官科、中医科、传染病科、保健科等科室，设有病床 130张。大型医疗设备有 B 型超声机、多导心电图仪、牙科综合治理机、X 光间接摄影机等。

1989 年，医院病床增至 204 张，分设内科病房、外科病房、产科病房、高干病房、综合病房、传染病房。门诊部科室有内科、外科、妇产科、小儿科、皮肤科、口腔科、眼科、耳鼻喉科、中医兼针灸科等。到 1997 年，医院有职工169 人，其中卫生技术人员 127 人。医师中有主任、副主任医师高级职称的28 人，有主治医师中级职称的 68 人。设普通门诊 10 个，专家、专业、专科门诊 20 余个。医院用房为两栋楼房加一些辅助建筑，建筑面积共约 8000 平方米，占地 1120 平方米。800 元以上的固定资产总价值 450 多万元。

1997 年，北京大学医院被北京市卫生局定为二级合格综合医院。

院系调整后，历任卫生室（所）、医院负责人见下表。

历任卫生室（所）、医院负责人（院系调整后）

职务	姓名	任职时间	职务	姓名	任职时间
卫生室（所）主任	吴继文	1952 年 10 月－1958 年 10 月	卫生室（所）副主任	郭湘贤	1957 年 8 月－1958 年 10 月

职务	姓名	任职时间	职务	姓名	任职时间
医院院长	吴继文	1958 年 10 月－1966 年 6 月	医院副院长	苏流	1958 年 10 月－1966 年 6 月
			医院副院长	郭湘贤	1958 年 10 月－1966 年 6 月
			医院副院长	戴新民	1961 年 6 月－1963 年？月
医院院长	苏流	1979 年 12 月－1984 年 4 月	医院副院长	王慧芳	1981 年 6 月－1984 年 4 月
			医院副院长	闫志良	1981 年 6 月－1987 年？月
医院院长	孙宗鲁	1987 年 9 月－1995 年 3 月	医院副院长	李鸿明	1987 年 6 月——
			医院副院长	王慧芳	1990 年 1 月－1995 年 3 月
医院院长	王慧芳	1995 年 3 月——	医院副院长	余志英	1995 年 3 月——

1985 年 1 月,医院成立直属于校党委的总支委员会,书记为周玉芳,副书记付新。1988 年 7 月,医院成立党委,周玉芳任党委书记,付新任副书记。1993 年 3 月至 1997 年,付新任党委书记,叶树青任副书记。

（二）公费医疗

新中国成立后,北大按照国家的规定,对教职员工和学生都实行免费治疗。为规范这一工作,1953 年,学校颁布实施《北京大学教职员工及学生公费医疗实施暂行办法》,规定:(1) 公费医疗的对象包括本校编制以内的教员、职员、工警及具有正式学籍的在学学生。(2) 在本校卫生室门诊、住院或经校医同意转至其他医疗机构门诊、住院所需的诊疗费、手术费、住院费以及门诊或住院时由医师处方的药费,均可由公费医疗费内付给。(3) 享受公费医疗待遇的本校教职员工及学生经本校校医同意转至其他医疗机构诊治者,须向卫生室领取"转诊证"。转诊至其他医疗机构治疗的病人,原则上不能由公费医疗费内预先垫付任何款项,其费用应先由病人自行筹措,病人在校外医疗机构诊疗后,持"转诊证"、原始单据及私章至本校卫生室报账,办理领款手续。

1957年，学校对上述暂行办法进行修订，公布《北京大学公费医疗实施办法（修订）》。其中规定：（1）公费医疗对象包括本校编制以内的教职员工及具有正式学籍的学生，兼任教员、进修教师、借读生及其他学校保送的研究生，公费医疗费已由原单位按期拨交本校的，亦可在本校享受公费医疗待遇。（2）公费医疗的使用范围包括在本校卫生所门诊、住院或经卫生所转至其他医疗机构门诊、住院所需诊疗费、手术费、住院费及药费。（3）公费医疗报销范围包括：本校卫生所因设备或技术条件不能解决的疾病急症，经卫生所医师指定转至其他医疗机构诊疗及住院者；经本校卫生所中医师转至校外中医治疗者；患慢性病（如结核病、精神病等）之教职工经领导批准回籍疗养者；学生因病批准休学，在本校或回籍疗养由学校发给一定之助学金者；因公出差外埠、团体出外参观及生产实习期中发生疾病者；寒暑假或请假回家发生急病就诊者；产假回籍分娩和在此期中患有其他疾病者。（4）经本校卫生所转至其他医疗机构诊疗者，可持"报销证"、原始单据及私章至卫生所报销，但每次诊疗费用单据的报销期限不得超过一个月。慢性病员经领导批准回家疗养及学生因病批准休学回籍疗养，由学校发给一定助学金者，须在本校卫生所指定的医疗机构治疗，每月凭正式单据及诊断书报销一次，报销期限不得超过一个月。出差、参观及生产实习期中发生疾病者，可在当地公立医疗机构治疗。报销时需由病者所属单位证明出差、参观或实习的时间地点，并取得正式单据方能报销。但如患慢性病，则须事先与本校卫生所联系，经卫生所同意后发给"报销证"。寒暑假回家发生急病就诊者，应取得急诊证明书及正式单据，方予报销。正常分娩住院期限七天（产假回籍生产者同），超过七天的住院费应由产妇自行负责。难产及手术不受此规定限制。婴儿的住院、药费、奶费等不能报销。（5）凡经卫生所转至指定医疗机构诊疗者，如遇指定医疗机构不能治疗，需再次转院，应取得该院证明，并经卫生所主任同意。凡享公费医疗待遇的本校教职工及学生，经卫生所医师认为有必要转诊时，在诊断或治疗上有疑难的病症，应持有主任医师或主治医师同意开具的转诊单，至卫生所总务组领取"就诊联单""报销证"。转诊限于卫生所指定之医院及分科，病人不得自行指定转诊医院。寒暑假回家不予转诊治疗。转诊至本市指定之医院住院者，除按前项规定办理外，可由本校卫生所出具住院介绍信，其住院期间的住院费、治疗费、手术费均可由卫生所负责结算。但病人住院期间的伙食费、特别护士费等可由卫生所负责结算，但按规定应由病人自己负担。

1972年校医院制定《关于公费医疗报销、转诊的暂行规定》，经学校批准，公布施行。其中规定："公费医疗经费报销手续一律按照财务会计管理制度办理。凡不符合公费医疗经费管理规定,自行购买的一切药品及卫生材料、备用药品等,均不能报销。教职工、学生因出差,或在外地执行任务时,生病所用的医疗费用,凭单位革委会介绍信办理报销手续。教职工、学生假期回外地探亲,凭单位证明信可以报销急诊费用。""本校享受公费医疗人员,治病一律在本院就诊,如本院不能处理时,由门诊大夫与有关负责人会诊后可作转院处理。我院转诊、转院的范围,只限北医三院、中医研究院。""凡未经转诊转院,而自行投医,或超过转诊转院期限所用的一切医疗费用,一律不予报销。"

1985 年,学校根据北京市《关于本市医疗卫生系统进行改革的请示》的通知,制定《关于改革公费医疗管理办法的暂行规定》,并于是年 6 月 1 日开始施行。其主要内容有:(1)实行门诊药费"定额包干、节约归己、超支报销"的办法,即每人每月发给门诊药费补贴一元,每次门诊就医自付药费 20%,全年自付门诊药费不足 12 元者,节约归己,超过 12 元,其超出部分予以报销。到校医院门诊就医者,其自付的 20% 药费,由校医院开收据(由就医者个人保管)。自付药费超过 12 元时,持收据到校医院换取公费医疗报销证,以后再到校医院就医者,凭此证不再交纳 20% 的药费。到合同医院(北医三院和西苑中医研究院)门诊就医者,停止使用"三联单",改由个人垫付药费,凭转诊证明和药费收据,根据自付药费 20% 的原则,到校医院报销。(2)门诊费定额包干办法只限于门诊治疗,住院(包括疗养院)治疗期间所需医药费全部给予报销,住院(疗养院)超过一个月即停发当月的门诊药费补贴。(3)全校教职员工(含按规定享受公费医疗的离退休职工),除享受医疗照顾者(持有北医三院 102 号门诊或友谊医院外宾门诊挂号证者)外,一律从六月一日起执行本暂行规定。享受医疗照顾者及在校生仍执行原公费医疗管理办法。(4)非本校正式工作人员,不享受门诊药费补贴,到校医院门诊就医,取消记账办法,一律现金收费。

1990 年 3 月,北京大学医院发布《关于公费医疗报销的有关规定》。其主要内容包括:"持我院转诊单及单据,自付款治疗不超过转诊日期者可以报销,但报销中药、中成药及西药费 60 元以上均需附处方。外出时发急症在就近公立医疗机构救治者,需持急诊诊断证明及单据,经我院负责审核同志批准,方可报销。家住校园或校园附近非外出发生的急症均在本院救治,自去外院治疗者不得报销。""教职员工出差、探亲期间患病可在就近一个公立医院就诊,报销需持本单位证明及医院急诊诊断证明和单据。学生在外地实习、社会实践期间患病者,需持本系证明及医院单据,按 3.5 元/月报销。学生寒暑假期间患病者,需持本系证明和医院急诊诊断证明、单据,每月报销 3.5 元。""报销本年度医药费单据,可延至下年度一月底,过期不予报销。"

同时还规定，"凡打架、斗殴、酗酒、交通肇事以及自杀抢救的医药费""不属于公费医疗范围的挂号费、出诊费、煎药费、健康检查费、取暖费、验光费、陪住费、护理费、救护车费、镶牙、配镜及各种矫形美容整形手术费等"不予报销。

（三）卫生保健

对学生和教职工进行体检。每年新生入学都必须经由卫生室（所）、校医院进行体格检查。体检合格才能发给学生证。体检不合格，经诊断证明可以在短期内治愈的，经学校批准，可保留入学资格一年。对于病残体弱不能上正常体育课的学生，经诊断证明和体育教研室审核同意，可上保健体育课。从1979年开始，校医院为全校教职工进行体格检查。此外，根据预防为主的方针，还重点开展一些健康检查工作，如防癌普查，糖尿病普查等。

传染病、流行病防治。如1952年院系调整后，经卫生室检查，在校学生中有200多人患有肺结核病（当时对于患一般肺结核病的学生，允许在校一边学习，一边疗养）。学校将他们与其他同学分开，单独住一栋宿舍楼，单独办伙食。卫生室还帮助他们组织肺病同学健促会，以互相鼓励、互相帮助，并对他们进行定期检查，对他们的学习、生活方式、疗养等进行指导。又如1981年3月，校医院发现肝炎的发病率比往年高，便及时进行研究，提出预防措施，保健科的同志深入学生宿舍，访查发病房间的接触者，给他们预防药，进行房间消毒。校医院还建立传染病疫情报告制度，对国家规定的25种急性传染病进行监测，发现情况，立即登记上报。

与学校有关单位配合，对集体食堂餐饮单位进行卫生检查，保证食品安全，并对食堂炊事员及其他食品制作人员，进行体检，发现有传染病、皮肤病等不适合工作者，由学校立即调离。

第八章　科学研究

第一节　概述

　　京师大学堂时期，虽然在办学章程上规定设有大学院、通儒院，主研究不主授课，"为大学教授与学生极深研究之所"，但实际上并没有成立。这一时期的学术活动，主要反映在一些教师结合教学编写的讲义和编译局翻译的西学方面的教科书和相关论著。如在上海设立的译书局从 1903 年 1 月至 1904 年 4 月，先后五次向大学堂呈送各种译稿 25 种、82 册。1907 年 1 月，大学堂把将届毕业的旧班师范生各学科讲义 39 种呈送教育部进行甄择，要求甄择之后"仍交本学堂原任编纂各教员修改润色，俾成精本，以飨方来"。这些讲义，在当时来说多是开创性的，具有一定的学术价值。

　　民国初年的北大同京师大学堂时期一样，没有专门的研究机构，也不培养研究生，教师的任务就是教书，有些教师结合教学编点讲义、教材。

　　1916 年 12 月蔡元培出任北大校长，对北大进行了卓有成效的改革。他十分重视大学的研究功能，认为："大学者，研究高深学问者也。""所谓大学者，非仅为多数学生按时授课，造成一毕业生之资格而已，实以是共同研究之机关。凡大学必有各种科学的研究所。"在蔡元培的倡导和推动下，北大创办研究所，成立各种研究会、学会，刊行学术刊物，举办学术讲座，开展学术交流和学术讨论，自由辩论蔚为风气。

　　1917 年底，北大成立了文、理、法三科九门研究所，后又增设了地质学门研究所。研究所招收研究员，师生共同开展研究活动。1920 年 7 月学校评议会通过研究所简章，合并各科研究所，改设自然科学、社会科学、国学、外国文学四门研究所。由于受经费、图书资料所限，1922 年 1 月只成立了研究所国学门。研究所国学门聘请著名学者为导师，招收研究生；下设歌谣研究会、明清史料整理室、考古学会、风俗调查会、方言研究会等机构，研究范围包括中国文学、语言学、史学、哲学等领域；创办《国学季刊》《国学门周刊》《国学门月刊》《歌谣周刊》等学术刊物；提倡用科学的方法系统地整理国学材料。研究所国学门推出了一批研究国学的学术论著，培养了一批国学研究人才。

　　五四运动前后，北大先后成立了数十个各科各类研究会、学会，社团活动异常活跃。著名的有哲学研究会、新闻学研究会、马克思主义学说研究会、社会主义研究会、音乐研究会、数理研究会、化学研究会、地质学研究会等。各研究会竞相举行学术演讲会讨论会，进行专题研究，出版学术刊物，学术活动异彩纷呈，有声有色。1918年10月成立的新闻学研究会是中国第一个研究新闻学的团体，北京大学马克思学说研究会是中国最早的学习和研究马克思主义的学术团体。

北大创办学术刊物，始于1919年1月出版的《北京大学月刊》，这是全校性的文理综合的学术刊物，是中国大学最早的学报。1922年出版《社会科学季刊》，刊载政治、经济、法律、教育、伦理、史地以及其他社会科学方面的论文，为"校内外研究社会科学，讨论学理，发挥心得之公共机关"；1923年出版的《国学季刊》，"发表国内及国外学者研究中国的结果"；加上后来出版的《自然科学季刊》，为这一时期著名的三大学术季刊。

由研究会、学会等社团创办的刊物有《新闻周刊》《新潮》《国民》《国故》《绘学杂志》《音乐杂志》《北大经济学会半月刊》《北京大学数理杂志》《北大化学会会年刊》《北大地质研究会年刊》等。这些期刊，展示和交流学术研究成果，传播新思想新思潮，对促进学术繁荣起了积极作用。1919年，李大钊在《新青年》发表长文《我的马克思主义观》，系统地阐述了马克思的唯物史观、科学社会主义和政治经济学，标志着马克思主义在中国全面系统的传播。胡适在《新青年》发表《文学改良刍议》一文，首倡新文学运动。鲁迅在《新青年》发表第一篇白话小说《狂人日记》，奠定了中国现代文学的基石。《〈国学季刊〉发刊宣言》提出用科学的方法系统地整理国学材料，为当时国学研究明确了方向。北京大学是中国学习研究和传播马克思主义的最初基地，也最早把爱因斯坦的相对论学说介绍到中国。1922年11月、12月，举办了"爱因斯坦演讲月"，共有九讲，听众踊跃，盛况空前。同年夏元瑮翻译了爱因斯坦的《相对论浅释》，这样，20世纪人类另一大思想成果——相对论学说，在中国得到了介绍和传播。

这一时期出版的学术论著，据不完全统计有40多种。胡适的《中国哲学史大纲》（上卷），是中国近代第一部系统地用新的学术观点和方法写成的中国哲学史；徐宝璜的《新闻学》被誉为"在我国新闻学界破天荒之作"；鲁迅的《中国小说史略》、刘师培的《中国中古文学史讲义》等，都是中国文学史的奠基之作；孙云铸的《中国北部寒武纪动物化石》是中国学者第一部古生物学专著；丁绪贤的《化学史通考》是中国第一部化学史专著。

1927年至1929年，北京大学先后被合并于京师大学校和北平大学，师生开展复校斗争，学校处于动荡之中，科学研究陷于停顿。1929年8月，校名恢复，研究所国学门的研究工作也随之恢复。从1928年到1937年，北大的研究机构更加健全，教学和研究都有新的进展。1932年9月，成立了北京大学研究院，下设自然科学部、文史部（原研究所国学门）和社会科学部。

1934 年，又将三部改称文科研究所、理科研究所和法科研究所。校长蒋梦麟兼任研究院院长，文、理、法三学院院长分别兼任三研究所的主任。

1931 年 7 月，在蒋梦麟和胡适等人积极争取下，北大和中华教育文化基金董事会（简称中基会）设立了合作研究特款，自 1931 年至 1935 年，双方每年各提供国币 20 万元。学校利用这笔经费，设立了研究教授职称，其待遇优于一般教授。由此，得以延聘了一批国内一流的学者、科学家。还利用这笔经费兴建了新的图书馆和地质馆，扩充了图书、仪器设备，为教学和科学研究创造了条件，使理科的教学和研究得到较快发展，取得了一批重要研究成果。如在地质学方面，李四光 1931 年发现了江西庐山冰川作用遗迹，1933 年发表《扬子江流域之第四纪冰川》，1934 年发表《关于研究长江下游冰川问题的材料》，1936 年发表《安徽黄山之第四纪冰川现象》，1937 年完成了《冰期之庐山》一书，成为我国第四纪冰川学的奠基者。他从 20 世纪 20 年代就开始注意研究地质力学，1929 年发表《东亚一些构造型式及其对大陆运动问题的意义》，1930 年发表《扭转天平之理论》，1932 年发表《再论构造型式与地壳运动》，1936 年发表《中国之构造轮廓及其动力学解释》。他成为中国地质力学的创始人。

在人文社会科学方面，罗常培著有《厦门音系》，魏建功著有《古音系研究》，刘复著有《十韵汇编》《中国文法讲话》，孟森著有《明元清系通纪》《清初三大疑案考实》，钱穆著有《先秦诸子系年》《近三百年学术史讲义》，汤用彤写出了《汉魏两晋南北朝佛教史》，熊十力著有《新唯识论》，朱光潜著有《谈美》，许德珩著有《社会学概论》、译作有《唯物史观社会学》等。

这一时期，各种学会、研究会也很活跃。学校继续编辑出版《国学季刊》《社会科学季刊》《自然科学季刊》等刊物，各学系、学会创办的刊物有《史学》《史学论丛》《北京大学经济学报》《北京大学地质学会会刊》等。

西南联大时期，集中了北大、清华、南开三校优秀教师。他们怀着抗战必胜的信念，以刚毅坚卓的精神，克服战时经费、设备等极度缺乏的困难，坚持教学和科学研究，各个学科都取得了一些重要研究成果。

1939 年，联大即恢复了三校的 8 个研究所，开展学术研究，培养研究人才。北京大学的文、理、法三个研究所恢复后，共设有 14 个学部。文科研究所下设中国文学部、语学部、史学部、哲学部、考古学部、人类学部；理科研究所下设算学部、物理学部、化学部、生物学部、地质学部；法科研究所下设法律学部、经济学部、政治学部。文科研究所突出的成绩，一是派向达等参加中央研究院组织的西北史地考察，有不少新的发现；二是对西南少数民族语言的调查研究，取得了丰富的成果。

理科比较突出的成绩是地质系对西南各省的地质、地层、矿产等进行的调查研究,写出了一批调查报告和论著。1941 年 7 月,化学系曾昭抡教授率领由师生共同组成的"西康科学考察团",从昆明出发,横渡金沙江,到达西昌,再横跨大凉山,进入彝族区,对沿途的矿产资源进行了普查和核实,并记录了交通情况。这些成果成为后来我国西南地区重要钢铁基地攀枝花矿区开采时的重要参考资料。

据不完全统计,联大教授编写的教材,被教育部专家评审委员会评为部定教材的有 25 部。在 1941 年到 1944 年间,出版的学术著作有 150 部。

1941 年至 1946 年,教育部进行了六届学术成果评审和奖励,西南联大师生在前五届(1941－1945)共获奖 33 项,其中一等奖 7 项,占一等奖总数的43％,二等奖 13 项,三等奖 13 项。获一等奖者为:冯友兰《新理学》(1941)、汤用彤《汉魏两晋南北朝佛教史》(1943)、陈寅恪《唐代政治史述论稿》(1943)、华罗庚《堆垒素数论》(1941),周培源《湍流论》(1942)、吴大猷《多元分子振动光谱与结构》(1942)、杨钟健《许氏禄丰龙》(1943)。这些获奖成果集中反映了西南联大的科学研究水平。

抗战胜利后,北大复员北平北大,在原来文、理、法三个学院基础上,又增设了农、工、医三个学院,学校规模扩大了,系科更齐全。但由于国民党发动内战,社会动荡,物价飞涨,办学遇到重重困难,科学研究难以全面开展。文科研究所各室进行了资料整理,一些研究活动取得了一定的成绩,一些系科的教师也写出了一些学术论著。这一时期的学术论著多刊载于《国学季刊》《国立北京大学五十周年纪念论文集》。

新中国成立后,学校起初是根据新民主主义教育方针和《共同纲领》的有关规定进行初步的教育、教学改革。1952 年全国高等学校进行院系调整,学校又忙于院系调整和校址搬迁,接着是学习苏联的教育经验进行教学改革。这一段时间的科学研究只是少数教师自发进行的。院系调整后,北京大学成为主要从事文理基础学科教学和研究的综合大学。1953 年 9 月,高教部召开全国综合大学会议,提出"综合大学虽然主要是高等教育机构,但同时也是科学研究机构","是国家文化和科学发展的一个重要标志","必须特别重视科学研究工作"。会议之后,学校的科研工作提上日程,逐步有计划地开展。

1955 年开始举行全校性的"五四科学讨论会"。是年 7 月,创刊了《北京大学学报》"人文科学版"和"自然科学版",刊登师生的科学研究成果。据统计,1954—1955 学年,共有科研课题 337 项,其中重点项目有 9 项,参加科研的教师 344 人。1955—1956 学年,共有科研课题 478 项,其中重点项目有 35项,参加科研的教师有 381 人,占全校教师的 50％。1954—1955 学年,共完成科研项目 229 项,其中人文社会科学 150 项,自然科学 79 项。

1956年,党中央发出"向科学进军"的号召,广大师生积极响应。国家制定了《1956－1967年科学技术发展远景规划纲要》。我校一些教授参与了该纲要的制定工作。学校也相应制定了科学研究规划。根据国家需要,学校承担了国家科技术发展远景规划中一些课题的研究任务。1954－1957年,共有研究课题1723项。其中,人文社会科学938项,自然科学785项。1956年9月,学校设立了科学工作处,以加强科学研究工作的管理。1954－1957年,理科教师共发表论文231篇。

1958年和1960年,在"大跃进"和"教育革命"运动中,学校开展了科学研究的"大跃进"和"群众运动",组织文科师生搞社会调查,编写"四史"(家史、厂史、村史、连队史);组织理科师生在校内外搞技术革新和技术革命。当时,提出和完成的项目很多,但真正有科学价值和实际意义的不是很多。在理科,主要是数学力学系研制成功电子计算机,生物系研制出八肽中的三肽,以及在基本粒子、原子核结构、加速器、半导体物理等尖端科学和新技术方面取得一些进展,为进一步研究打下了基础。在文科,中文系文学专业1955级学生在短时间内集体编写的《中国文学史》受到好评。

从1961年起,学校认真贯彻"调整、巩固、充实、提高"的八字方针和《高校六十条》,恢复了正常的教学秩序;本着以教学为主的原则,调整了科研项目,缩短了科研战线,集中力量保证重点。理科1960年在研项目250项,1961年为171项,1962年为161项。学校明确了综合大学应把基础理论研究放在重要位置。基础理论项目由1960年占在研项目的24%,增至1962年占54%。1963年,根据国家科委《1963－1972年科学技术发展规划》和教育部直属高等学校自然科学研究工作会议精神,制定了《北京大学1963－1972年自然科学发展规划纲要》,确定了承担国家规划中的任务和重点项目,对国家科委下达的161项任务(按中心问题统计),经过安排落实,作为主持单位的20项,作为负责研究单位的108项、作为参加单位的18项,共146项。同时还承担了5项国家重点项目,学校也确定了5个重点项目。

1961年后,文科的科学研究主要是承担国家教委委托的编写教材任务。1961年4月,中宣部会同文化部、高教部召开了全国高校文科教材会议,指出我们国家要变为强国,需要两支强大的队伍,一支科学技术队伍,一支马克思主义理论队伍。高等学校文科在培养马克思主义理论人才、文化建设人才方面,负有很大的责任。会议制定了文科七类(语言文学、历史、哲学、政治、政治经济学、教育、外语)共14个专业、126种教材编选计划。我校仅中文、历史、哲学和经济四系,就承担了编写28部教材的任务,完成了一批高质量的统编教材,如王力主编的《古代汉语》、游国恩等主编的《中国文学史》、翦伯赞主编的《中国史纲要》、朱光潜主编的《西方美学史》、法律系编写的《国际法》等。这一时期编写的教材，后来在 1988 年评选的全国高校优秀教材奖中有 8 部获特等奖，11 部获优秀奖。

1964 年，贯彻中央关于加强外国问题研究的指示，经高教部决定在北大设立了外国哲学研究所、亚非研究所、世界近代现代史研究室等研究机构。理科则设立了物理化学及胶体化学研究室、理论物理研究室、半导体物理研究室。这些研究机构的研究工作刚刚起步，北大便被卷入 1964 年开始的"社教运动"和 1966 年开始的"文化大革命"，科学研究工作一度陷于停顿。

"文革"十年，北大是重灾区，广大干部和教师受到种种打击迫害，教学和科研工作被严重破坏。在十分复杂和困难的条件下，忠于教育事业的教职工仍取得了一定成绩。如文科一些教师对《论语》《孟子》《老子》等古代经典进行注译，历史学系编写出版了《简明世界史》《沙皇俄国侵略扩张史》等。理科承担了中央部门和北京市的一些科研任务。截至 1976 年 4 月，完成和取得阶段性成果的有 751 项，有 300 多项应用于工农业生产和国防建设，如研制每秒运算 10 万－15 万次的"6912"电子计算机、每秒运算百万次的"150"集成电路电子计算机。在基本粒子、重离子核物理、太阳物理、分子生物学等基础理论方面的研究也取得了若干重要成果。

1976 年 10 月，粉碎了"四人帮"，结束了十年内乱。1978 年召开的党的十一届三中全会，实现了伟大的历史转折。在改革开放新时期，拨乱反正，解放思想，落实知识分子政策，迎来了科学研究的春天，广大师生教学和研究的积极性空前高涨。北大文科承担了多项国家教委和北京市哲学社会科学"六五""七五""八五"规划的重点研究项目，其中承担和参与国家"六五"规划项目 38 项，"七五"规划项目 41 项，"八五"规划项目 29 项、"九五"规划项目 44 项。20 世纪 80 年代经教育部（国家教委）批准，成立了马列主义研究所、中国中古史研究中心、中国古文献研究所、高等教育科学研究所、国际法研究所、人口研究所等 12 个研究机构。20 世纪 80－90 年代经学校批准先后成立了六七十个实体、虚体的研究所、室、中心，科学研究进入发展和繁荣时期。据统计，1986 年，发表学术论文 780 篇，出版学术著作 230 部，获国务院部委奖 19 项，省市单项奖 5 项；1988 年，发表学术论文 710 篇，出版学术著作 180 部，获国家级奖 13 项；1990 年发表学术论文 800 篇，出版学术著作 238 部，获各级各类奖 54 项；1992 年，发表学术论文 1936 篇（其中在国外刊物发表 104 篇），出版学术专著 196 部、教材 167 部、工具书 52 部、译著 55 部，共计 470 部，获各级各类奖 58 项，其中国家级 7 项、部委级 12 项；1994 年，发表学术论文、译文共 1714 篇（其中在国内刊物上发表 1472 篇，在国外刊物上发表 119 篇、译文 123 篇），出版学术著作 600 部，其中学术专著 212 部，教材 175 部。在此期间，举办了一系列规模和影响较大的国际性、全国性的学术会议,开展了广泛的学术交流和合作。

1978年3月,中共中央在北京召开全国科学大会。此次会议的目的在于"动员全党全国重视科学技术,制定规划,表彰先进,研究加速发展科学技术的措施"。大会制定了《1978—1985年全国科学技术发展规划(草案)》,表彰了7657项优秀科研成果。北大共有68项科学技术研究成果获奖。大会之后,学校的科研经费、图书资料、仪器设备等条件不断改善。1981—1994年,经上级批准设立了19个研究所,8个研究中心,连同20世纪六七十年代设立的研究机构,共有23个研究所,8个研究中心,2个研究室。1981—1997年间,学校批准成立了51个自然科学类的研究所、中心和研究室。

1978—1981年,理科各系由学校上报给教育部的重大科研成果有71项,经教育部审核,向国家科委推荐了17项。1981年理科在研项目229项,其中列入国家重点项目的33项。1982年,根据国家的科技方针,我校提出"理科应继续重视基础研究,使之得到稳定的发展,同时要积极解决国民经济中重大问题的应用研究和开发研究,特别是全国科技攻关项目的研究"。1986年,学校贯彻中央科技体制改革的方针,提出了《扬长补短、加强组织、开创科研工作新局面》的意见。"七五"期间(1986—1990),建成了5个国家重点实验室,为基础研究创造更好的实验条件。随后,根据我校"211工程"所定的战略目标和战略任务,确定理科的目标是建设成为中国基础研究和应用研究的高水平研究中心及高新技术探索的重要基地。

1980年代和1990年代,理科在研项目中,国家重点项目、国家科技攻关项目、"863"高科技项目、自然科学基金项目占有相当比重。1981—1986年,在研项目2775项,其中国家重点项目232项,占8.36%;教育部重点项目285项,占10.27%;自然科学基金项目565项,占20.36%。1987—1992年,在研项目4412项,其中国家科技攻关项目543项,占12.31%;"863"高科技项目143项,占3.24%;自然科学基金项目1828项,占41.43%。1993—1997年,在研项目4102项,其中攀登计划项目、基金委重大项目和基金委重点项目478项,占11.65%;科技攻关项目、"863"高科技项目、国防科工委专项共575项,占14.02%。

这一时期理科科研经费来源渠道有所增加,其中包括科技攻关项目、"863"高科技项目、攀登计划项目、自然科学基金、科技三项费用、部委省市自治区级项目、博士点基金、协作科研等。科研经费的增加,为科研开展提供了支持和保障。据统计,1981—1983年,科研经费6800万元,平均每年约2266万元;1984—1993年,科研经费30555万元,平均每年约3055万元;1994—1995年,科研经费7503万元,平均每年约3751万元;1996—1997年,科研经费17361万元,平均每年约8680万元。

这一时期科研成果和获奖项目也逐年增加。据不完全统计,1980—1997 年,理科在国外学术刊物发表论文 6122 篇,在全国性学术刊物发表论文 15866 篇,在地方性学术刊物发表论文 1558 篇,合计发表论文 23546 篇;出版专著 1315 部,译著 223 部,合计 1538 部。1978—1997 年,理科科研成果中有 1079 项获奖,其中获全国科技大会奖 68 项、国家自然科学奖 46 项、发明奖 9 项、科技进步奖 61 项、星火奖 1 项,合计 185 项;部委、省市自治区科技成果奖 274 项;国家科技攻关奖 98 项;科技专项奖 189 项;国家教委科技进步奖 297 项、教学仪器奖 12 项。此外还有 479 项获北大自己设立的科学研究成果奖。

在上述获奖项目中较重要的有:(1)北大化学系与中国科学院上海生物化学研究所、中科院上海有机化学研究所协作,经过六年又九个月的研究,于 1965 年 9 月 17 日在世界上第一次用人工的方法合成了一种蛋白质——结晶牛胰岛素。这是新中国成立以来,我国在基础理论研究方面的重大成果,1982 年获国家自然科学一等奖。(2)数学系廖山涛教授从 20 世纪 60 年代初即开始"微分动力系统稳定性研究",形成了自己独特的研究体系——"微分动力体系",1982 年获国家自然科学二等奖;1984 年他证明了三维离散系统和四微无奇点稳定性推测,此项研究成果 1984 年获国家自然科学一等奖。(3)北大计算机科学技术研究所王选教授领衔研制成功"华光型计算机——激光汉字照排系统",这是中国印刷技术的第一次革命。此项研究成果 1986 年获第 14 届日内瓦国际发明展览会金奖,1987 年获国家科技进步一等奖。(4)1991 年 3 月,北大计算机科学技术研究所与北大新技术公司推出新一代电子出版系统——"北大方正电子出版系统",1993 年获北京市科技进步特等奖,1995 年获国家科技进步一等奖。(5)地球物理学系赵柏林教授等与有关单位协作,研制成气象用 5mm—3cm 波段中 5 个频率的"微波辐射计及其环境遥感应用",1986 年获国家教委科技进步一等奖,1987 年获国家科技进步一等奖。(6)物理学系甘子钊教授等的"高临界温度氧化物超导体的研究",1988 年获国家教委进步一等奖。(7)化学系徐光宪教授的"应用量子化学——成键规律和稀土化合物的电子结构"和唐有祺教授的"晶体结构与晶体化学的基础研究",同时于 1987 年获自然科学二等奖。

1985 年 4 月 1 日,我国开始实行专利法,从 1986 年至 1997 年,我校获得授权专利 79 项,其中发明专利 49 项,实用新型专利 30 项。

第二节　科研机构

一、京师大学堂时期

这一时期具有学术研究性质的机构,先后有编译局、译书局、编书局和文典处等。《奏拟京师大学堂章程》规定:"今宜在上海等处开一编译局。……局中集中西通才,专司纂译。其言中学者,荟萃经子史之精要及与时务相关者编成之,取其精华,弃其糟粕;其言西学者,译西人学堂所用之书,加以润色,既勒为定本。"1898 年 7 月,光绪谕派"举人梁启超给六品衔办理译书局事务"。梁启超奏拟了《译书局详细章程》,光绪给宽拨了二万两开办经费和每月三千两的常年用费。但因发生戊戌政变,梁启超逃亡,后又发生庚子之乱,大学堂停办,编译局一无成果。

1902 年大学堂恢复后,管学大臣张百熙奏请在上海设译书局,并拟定译书局章程。译书局设总译一人,分译 4 人,不住局而领译各书者无定数。1902 年 4 月奏派直隶候补道严复为译书局总办。译书局从 1903 年 1 月至 1904 年 7 月 5 次共呈送译稿 25 种 82 册。上海译书局 1904 年 7 月停办。

1902 年大学堂还在北京设立了编书局,下分编书处和译书处。编书局以李希圣为总纂,邹代钧为舆地总纂,李稷勋、罗惇曧等 5 人为分纂。编书局的活动情况和编纂成果不详。

1903 年 8 月,京师大学堂译学馆设文典处,从事翻译和编辑英、法、俄、德、日五种文字的字典。每种文字的字典有三种:一种是由中文查外文的;一种是由外文查中文的;一种是专门学术名词。这些工作到 1911 年译学馆停办时,均未能完成。

二、中华民国成立至抗日战争全面爆发时期

1916 年至 1927 年间,在蔡元培校长的倡导和推动下,创设研究所,创办学术刊物,学术研究成为大学的一项基本任务。

(一)附设"国史编纂处"

1917 年 4 月 19 日,"国史馆"奉命停办,由教育部接收。是年 6 月 28 日,教育部训令北京大学:"前经酌定,并入文科大学中国史学门附设国史编纂处办法,并拟定章程十五条呈准在案。"要求北大克日派员接收。章程规定,国史编纂处处长由校长兼任,下设纂辑和征集二股,各设主任 1 人。纂辑股纂辑民国史及历代通史,征集股征集史料。议定先修通史长编,国史入手

先做大事表。1919 年 8 月 27 日,教育部又训令北大称:"国史馆官制,系于民国元年经参议院决议公布。原定为独立机关……仅由学校附设机关不足以昭郑重。兹奉谕改归国务院办理。"9 月 16 日,蔡元培校长致函教育部,将该处所有文件书籍等一并移交。

（二）设立文、理、法三科九门研究所

1917 年 11 月 16 日,学校公布《北京大学研究所通则》,规定研究所的任务为:"研究学术,研究教授法,特别问题研究,中国旧学钩沉,审定译名,译述名著,介绍新著,征集通信研究员,发行杂志,悬赏征文。"1917 年底,先后成立了文、理、法三科九门研究所。文科是:哲学门(主任胡适)、国文门(主任沈尹默)、英文门(主任黄振声)。理科是:数学门(主任秦汾)、物理门(主任黄大椿)、化学门(主任俞同奎)。法科是:法律学门(主任黄右昌)、政治门(主任陈启修)、经济学门(主任马寅初)。1919 年 12 月又增设地质学研究所(主任何杰)。

1918 年 7 月 16 日,公布《北京大学研究所总章》,规定:"本校毕业生俱得以自由志愿入研究所;本校高年级学生经研究所主任认可,亦得入研究所。""与本校毕业生有同等之程度而志愿入研究所者,经校长及本门研究所主任之认可,亦得入研究所。""本国及外国学者志愿共同研究而不能到所者,得为研究所通信员。""研究员得自择特别研究之论题请教员审定,或由各教员拟定若干题听研究员选择之。择题既定,由各研究员自行研究,随时得请本所各教员指示参考书及商榷研究方法,即以所得于一年之内作出论文……论文收受后,由本所发给研究所成绩证书,并将所收之论文交付大学图书馆保存,或节要择登月刊。""各研究所合出月刊一种,为发表及讨论各门研究所之结果之机关,即定名《北京大学月刊》。"

1917 年 11 月 22 日、25 日,《北京大学日刊》刊载《文科研究所国文门研究认定科目表》,其中有:音韵、形体、诂训,文字孳乳之研究;文、诗、词、乐府、曲、小说、文学史;注音字母之研究、制定标准韵之研究;字典编纂法、词典编纂法、文典编纂法。已认定科目的研究员有陈钟凡、孙本文、傅斯年、冯友兰、范文澜等。国文门研究所的导师有沈尹默、黄侃、胡鸣盛、陈汉章、沈兼士、钱玄同、周作人、刘半农、刘师培、朱希祖、吴梅、田北湖等。

1918 年 11 月 18 日,《北京大学日刊》公布哲学门研究所研究科目及指导教员:希腊哲学、欧美最近哲学之趋势、逻辑学史(章士钊);中国名学钩沉(胡适);伦理学史、近世心理学史(陈大齐);儒家玄学(陈汉章);二程学说(马叙伦);心理学、身心之关系(韩述祖);社会哲学史(陶履恭);唯心论(林损)。有 15 名研究员承担上述研究科目。

1917 年 12 月 6 日,《北京大学日刊》公布《文科英文门研究所教员及研究员表》:(1)研究科目及教员:诗(辜汤生)、戏曲(威尔逊)、十九世纪散文

（威尔逊）、高等修辞学（胡适、陈长乐）、英文文字学（徐仁镜）、译名（辜汤生、徐仁镜、徐宝璜、胡适）、教授法（黄振生、周思教、王彦祖、陈长乐、郭汝颐、黄国聪）；（2）研究员（附认定之科目）（略）。

1917年12月22日，《北京大学日刊》公布《法科学者报告书》。所列法科研究所科目及教员为：比较法律（王宠惠）、政治学（张耀增）、国际法（张嘉森）、财政学（胡钧）、经济学（陈兆焜）、银行货币学（马寅初）。

1917年11月22日，《北京大学日刊》刊载11月17日理科研究所第二次会议报告，其中对第一次会议所定研究所教员分担科目调整如下：

数学门：秦汾（高等数学）、冯祖荀（解析）、王仁辅（近世几何）、胡浚济（解析）、金涛（应用数学）、叶志（近世几何）；

物理学门：何育杰（电学原理）、王荃（电学）、张大椿（热学、电学）、李祖鸿（光学）；

化学门：俞同奎（无机化学、物理化学）、陈世璋（分析化学、卫生化学）。

理科研究所还制定了《理科研究所通信研究规则》等规章制度。

（三）成立研究所国学门

1920年7月8日，根据蔡元培校长提议，校评议会通过研究所简章，将文、理、法各门研究所合组改为四门：国学门、外国文学门、社会科学门、自然科学门。1921年12月14日，校评议会通过《国立北京大学研究所组织大纲》，其中规定：(1)本校为预备将来设大学院起见，设立研究所，为毕业生继续研究专门学术之所。(2)本所分为自然科学、社会科学、国学、外国文学四门。(3)本所设所长一人，由大学校长兼任。(4)本所各门设主任一人，经理本门事务，由校长于本校教授中指任之，任期两年。(5)本所原为本校毕业生有专门研究之志愿及能力者而设；但未毕业之学生曾作特别研究已有成绩者，经所长及各该学系教授之特许，亦得入研究所。

1922年1月17日，研究所国学门在《北京大学日刊》上刊登启事，宣告正式成立。由于经费、图书资料等条件有限，其他三门未能成立。沈兼士任研究所国学门主任。设立研究所国学门委员会，规划一切进行事项。第一届委员是：蔡元培（校长兼研究所所长）、顾孟余（教务长）、沈兼士（本门主任）、李大钊（图书馆主任）（以上均当然委员），马裕藻（国文系主任）、朱希祖（历史系主任）、胡适（英文系主任）、钱玄同（国文系教授）、周作人（国文系教授）。

研究所国学门设立"导师"和"通信员"，聘任居住在北京的外籍学者，或不在北大任教的中国学者为"导师"。给予住在北京之外或国外学者以"通信员"名义。"导师"负有指导研究生研究之责；"通信员"主要是对研究所的发展建言献策。

据 1927 年编印的《国学门概略》中"主要职员录"收录，1922 年至 1927 年担任过研究所国学门所长、主任、委员、导师、通信员的包括：

所长蔡元培（蒋梦麟、余文灿先后代理）；

主任沈兼士（连续任主任至 1927 年）；

委员会委员有：蔡元培、顾孟余、沈兼士、李大钊、马裕藻、朱希祖、胡适、钱玄同、周作人、蒋梦麟、皮宗石、单不庵、马衡、周树人、徐旭生、张凤举、刘复、陈垣、李宗侗、袁同礼、沈尹默。

导师有：王国维、陈垣、钢和泰（俄国学者）、伊凤阁（俄国学者）、柯劭忞、夏曾佑、陈寅恪。

通信员有：罗振玉、伯希和（法国学者）、今西龙（日本学者）、泽村专太郎（日本学者）、吴克德（丹麦学者）、阿脑尔特（法国学者）、卫礼贤（德国学者）、田边尚雄（日本学者）。

研究所国学门下设五个研究会和登录室、研究室、编辑室。

1. 歌谣研究会

1920 年 12 月 19 日成立，其前身是 1918 年 2 月设立的"北京大学歌谣征集处"。1922 年 1 月歌谣研究会并入研究所国学门，由周作人主持。会员有常惠、顾颉刚、魏建功、董作宾、沈兼士、钱玄同、傅振伦、容庚、张四维、刘经庵、容肇祖、伊凤阁、林语堂、李宗侗等。据 1926 年统计，收到各地歌谣共 13908 首。1922 年 12 月 17 日创刊《歌谣周刊》，到 1925 年共出 96 期为止。此为中国第一份民间文学刊物。研究会还先后编辑出版《歌谣汇编》《歌谣选粹》以及"歌谣丛书"。丛书有顾颉刚的《吴歌甲集》、常惠的《北京歌谣》和《山歌一千首》、刘经庵的《河北歌谣》、白启民的《南阳歌谣》、台静农的《淮南民歌》、孙少先的《昆明歌谣》等。

2. 民俗调查会

1923 年 5 月 24 日成立，张竞生发起并为主席（后为江绍原）。该会简章说明其宗旨是调查、研究全国风俗，征集关于风俗之器物，计划设立风俗博物馆。1925 年 4 月 5 日，顾颉刚、容庚等五人到北京妙峰山进行进香调查，《京报副刊》连续六期刊登《妙峰山进香专号》和两期《关于妙峰山的研究通讯》。他们还对东岳庙、白云观及财神殿进香风俗进行了调查，调查所得材料和研究论文，都在《歌谣周刊》上发表。

3. 考古学会

1922 年 1 月，研究所国学门即设有考古学研究室，马衡任主任；聘请罗振玉和法国东方学家伯希和为考古学通信导师；招收了少量研究生。

1923 年 5 月 24 日。考古学研究室成立"古迹古物调查会"，参加者有叶瀚、李宗侗、陈万里、沈兼士、容庚、陈垣、徐炳昶、李煜瀛等，马衡为主席。调查会宗旨是"用考古学的方法调查研究过去人类之物质的遗迹及遗物"。1924 年

5月19日,"古迹古物调查会"改称"考古学会"。这是中国第一个正式以"考古学"命名的学术团体。该会推举沈兼士、马衡、李宗侗、陈垣、顾孟余为常务理事,袁复礼为常务干事。该会下设古物陈列室、石刻室、照相室、传拓室。容庚、董作宾、黄文弼、傅振伦先后任考古学会助教及事务员。1923年9月,马衡到河南新郑、孟津两县调查出土的周代铜器,购回铜器90余种630余件。1924年2月,顾颉刚、容庚等调查北京西郊大觉寺大宫山古迹及碧云寺古冢。

考古学会还于1924年8月调查洛阳北邙山汉晋太学遗址及出土的汉魏石经;1925年2—7月,派陈万里参加美国哈佛大学华尔纳敦煌考古队,进行敦煌古迹调查。马衡赴朝鲜参观乐浪郡汉墓之发掘。马衡等还曾计划到洛阳、安阳等地准备进行考古发掘,因土匪攘扰未能进行,直到1930年才在河北易县发掘了燕下都古城遗址。从考古学研究室成立到1926年8月,收集金石、甲骨、玉、砖瓦、陶等器物4087件,金石拓片12553种。整理及著述待印之成果有《甲骨刻辞》《封泥存真》《古明器图录》《金石书目》《燕下都考古记》《西行日记》《大同云冈石刻、甘肃调查古物之照相》等。

1927年,考古学会发起成立"中国学术团体协会",促成合组"中瑞西北科学考察团"。1926年年底,瑞典探险家斯文赫定一行来华,拟赴我国西北新疆等地考察。考古学会获此消息,为防止外国人在中国境内进行"文化抢掠",即由马衡出面联络中华图书馆协会、中央气象台天文学会、清华国学研究院、历史博物馆、故宫博物院等10余个文化学术机构,组成"中国学术团体协会"(协会设在北大研究所国学门,国学门主任刘复出任协会常务理事),发表《反对外人随意采集中国古物之宣言》,迫使斯文赫定于1927年4月26日与我"学术团体协会"签订协议,合组"中瑞西北科学考察团"。这是近代以来中国人与外国人在平等的基础上签订的第一个科考协定。北大教务长、国学门导师徐炳昶任中方团长,中方团员10人。该西北科考团从1927年5月9日出发,到1933年为止,考察活动延续6年,所得居延汉简等文物运回北京存放于北大研究所国学门考古学会,由马衡、傅振伦等进行整理考释。黄文弼代表北大考古学会在新疆考察了三年,采集古物90余箱,照片500余幅,后出版了《罗布淖尔考古记》《塔里木盆地考古记》《吐鲁番考古记》。

4. 方言研究会

1924年1月26日成立"方言调查会",推举英文系教授林语堂为调查会主席。是年5月19日改称"方言研究会"。其宗旨以调查及研究中国方言为主,举凡与中国语言之研究有关系者,皆在研究范围。1924年3月,举办了为期三个月的标音原则学习班,由林语堂讲授国际音标和他拟定的"方音字母草案"。这年暑假印制《方言地图调查表》两千份,分发校内外人士,分省进行调查,为编制"方言地图"作准备。

1925 年 9 月，在刘复策划下，研究所国学门与国文系合作建立了中国第一个"语音乐律实验室"，刘复任室主任，魏建功是助手。刘复 1920 年赴欧洲留学，在法国巴黎大学修习欧洲语言学中最新科学——实验语音学。1924 年他在上海群益书社出版了《四声实验录》，这是对汉语声调进行定量和定性研究的一个突破。1925 年他以著作《汉语字声实验录》《国语运动略史》和自制的测音仪器，获法国国家文学博士学位。是年秋，刘复回国任北大国文系教授。

5. 明清史料整理会

1921 年，北京政府教育部属下的历史博物馆将保存的明清内阁大库档案约四分之三计八千麻袋十五万斤，以大洋四千元出售给纸店造纸，后为罗振玉斥资从纸商手里购得。研究所国学门主任沈兼士请蔡元培于 1922 年 5 月 12 日呈文教育部，申请将历史博物馆所余明清内阁档案全数拨归北大，由国学门和史学系进行分类整理。教育部代部长陈垣批准了北大申请。1922 年 5 月 22 日，沈兼士、马衡、朱希祖到历史博物馆办理接收手续，6 月 17 日将 62 木箱和 1502 麻袋档案运进北大，由国学门和史学系、国文系部分教员组成"清代内阁大库档案整理委员会"，分三步进行整理。第一步区别种类，分别朝代；第二步编号摘录；第三步内容研究。经教务会议议决，史学系学生加入档案整理，作为实习功课。1924 年 9 月，"清代内阁大库档案整理委员会"改称"明清史料整理会"，由陈垣任主席。1924 年 9 月完成分类、编号和摘录。共整理出 523200 多件和 600 多册，并将档案目录和摘录的重要资料刊登在《北京大学日刊》上。至 1927 年，出版《明清史料整理会要件目录》等多种资料。

研究所国学门先后创办了《国学季刊》《歌谣周刊》《国学门周刊》《国学门月刊》，出版国学门自著丛书。从 1922 年到 1927 年，经研究所审查合格的研究生（含以通信方式研究的）共 46 人，研究生提交论著的 11 人。国学门导师和编辑室出版（编印）的专著有陈垣的《中西回史日历》《二十史朔闰表》，顾颉刚的《中国学术年表说明》，黄文弼的《秦筑长城用料考》，陈政的《古满洲民族考》等。编辑室编辑待印者有《〈艺文类聚〉引用书籍目录》《〈太平御览〉引用书籍增订目录》《〈说文〉古本考校勘记》等 11 种。

（四）成立各科研究会、学会

1. 哲学研究会

1919 年 1 月，由陈大齐、马叙伦、杨昌济、梁漱溟等发起成立。研究会简章称："以研究东西诸家哲学、启新知为宗旨。""研究方法分讲授、编辑、调查等项。"先后由屠孝寔演讲"新理想主义之人生观"、吴康讲"社会学与各科学之关系"、梁漱溟讲"因明在佛法之地位"、胡春林讲"孔子伦理学之研究"、梁启超讲"评胡适《中国哲学史大纲》"等。

2. 史学会、国史研究会

1922 年 11 月 15 日成立史学会，蔡元培、蒋梦麟、胡适、朱希祖等到会。1924 年史学会议决刊行《史学季刊》。

1925 年 12 月 15 日成立"国史研究会"，简章称："本会以研究中国史为宗旨。"

3. 新闻学研究会

1918 年 10 月 4 日成立"新闻研究会"，蔡元培校长主持会议，并拟定《新闻研究会简章》，说明："本会以灌输新闻知识、培养新闻人才为宗旨。"

1919 年 2 月 19 日，新闻研究会召开改组会议，通过新的章程，将"新闻研究会"改称"新闻学研究会"，新章程说明："本会以研究新闻学理，增长新闻经验，以谋求新闻事业之发展。""本会之研究重要项目暂定为：(1)新闻学之根本知识。(2)新闻之采集。(3)新闻之编辑。(4)新闻之选题。(5)新闻之通信。(6)新闻社与新闻通信社之组织。(7)评论。(8)广告术。(9)实验新闻学。"新闻学研究会由校长兼任会长，徐宝璜为副会长，聘请《京报》社长邵飘萍等为导师。1919 年 4 月 20 日出版《新闻周刊》，是中国最早传播新闻知识之刊物。研究会先后邀请李大钊、高一涵、胡适等作演讲，举办研究班，由邵飘萍讲授新闻学基础知识、新闻采访方法和记者的修养等。1921 年 10 月 21 日，《北京大学日刊》刊载《新闻学研究会发给证书纪事》称："新闻学研究会第一次研究期满，业于本月十六日下午八时在文科事务室由会长蔡元培发给证书，并致训词，次由导师徐宝璜教授演说'中国报纸之未来'。得听讲一年之证书者共二十三人，得听讲半年之证书者共三十二人。"获得证书者中有毛泽东、陈公博、高君宇、罗章龙、谭平山等。新闻学研究会是中国第一个研究新闻学的团体。

4. 马克思学说研究会

1920 年 3 月，在李大钊指导下，由邓中夏、高尚德、何孟雄、罗章龙等 19 人秘密发起成立"北京大学马克思学说研究会"，这是中国最早的学习和研究马克思主义的学术团体。1921 年 11 月 17 日，经蔡元培校长同意，在《北京大学日刊》上公开发表《发起马克思学说研究会启事》，说明成立该会的缘由和任务，宣布六条暂拟的规约。研究会以研究马克思派的著述为目的，对于马克思派学说有兴味愿意研究者都可以成为会员。入会手续，由会员介绍或自己请愿，经学会认可。研究方法分四种：(1) 收集马氏学说的德、英、法、日、中文各种图书。(2) 讨论会。(3) 讲演会。(4) 编译刊印马克思全集和其他有关的论文。

1922 年 2 月 2 日，《北京大学日刊》发表《马克思学说研究会通告》，向会员报告：成立月余，开过两次讨论会，一次纪念会。会员增至 63 人，组成三个研究小组:一是劳动运动研究;二是《共产党宣言》研究;三是远东问题研究。拟定了 10 个分组研究题目:第一组唯物史观,第二组阶级斗争,第三组剩余价值,第四组无产阶级专政及马克思议定共产主义完成的三个时期,第五组社会主义史,第六组晚近各种社会主义比较及其批评,第七组经济史,第八组俄国革命史及其建设,第九组布尔什维克党与第三国际之研究,第十组世界资本主义国家对各弱小民族掠夺之实况——特别注意于中国。另设资本主义研究组,陈启修为本组导师。

马克思学说研究会设立了"亢慕义斋"图书室,1922 年 2 月 6 日发通告称:"本会现已有英文书籍四十余种,中文书籍二十余种。"研究会还成立了一个翻译室,翻译马克思的著作,分英文、德文和法文三个翻译组。德文组翻译了《共产党宣言》和《资本论》第一卷,都是油印本。

马克思学说研究会的活动持续了六七年之久,会员曾达到 152 人。

5. 北京大学数理学会

1918 年 10 月 27 日,由学生吴家象、吴维清、毛淮等 17 人发起成立。蔡元培校长、数学门主任秦汾、物理门主任张大椿、数理教员冯祖荀、何育杰等到会。该会 1919 年 1 月创刊《北京大学数理杂志》,以研究数学物理为宗旨,是北大最先出版的学术刊物之一。它最早介绍爱因斯坦相对论到中国,年出三期,合为一卷。1921 年第三卷起年出四期,由上海商务印书馆印行。

6. 北京大学化学研究会

1922 年 11 月 5 日成立。该会于 1926 年 6 月 1 日创刊《北京大学化学会年刊》,在"发刊词"中强调该刊目的:介绍新知,建议国内化学事业之创设或扩充,报告国内化学工业之现状。

7. 北京大学地质研究会

1920 年 10 月 10 日成立。1929 年研究会改称"北京大学地质学会",年刊遂也改称《北京大学地质学会会刊》。

这一时期,先后成立的各学科研究会、学会还有:社会主义研究会(1920 年 12 月成立),政治学研究会(1921 年 2 月 3 日成立),法律研究会(1921 年 2 月 25 日成立),太平洋问题研究会(1921 年 9 月 10 日成立),经济学研究会(1921 年 12 月 3 日成立,1922 年创办《北京大学经济学会月刊》),教育研究会(1922 年 3 月 19 日成立),社会科学研究会(1922 年 10 月 23 日成立),学术研究会(1925 年 12 月 12 日成立),国家主义研究会(1926 年 1 月 15 日成立),国事研究会(1926 年 3 月 17 日成立)。

1927 年 6 月,控制着东北、华北的奉系军阀成立安国军政府。9 月,安国军政府教育部将北大合并于京师大学校,将北大研究所国学门改为"京师大学校国学研究馆",叶恭绰任馆长。研究馆设研究部、总务部和编辑部,下分哲学组、史学组、文学组、考古学组、语言文学组、艺术组,总务部下设事务室和陈列室。但研究工作尚未开展,1928年6月随着安国军政府的倒台,京师大学校也告结束。

1928年6月,南京国民政府将京师大学校改为中华大学,9月21日又改为北平大学,隶属北平大学区。北平大学将"国学研究馆"改称"国学研究所"。1929年1月,国民政府教育部同意把北大原来的一院(文科)、二院(理科)、三院(法科)合在一起称为"国立北平大学北大学院"。北大学院又将"国学研究所"改回原称"研究所国学门",由沈兼士、马裕藻、朱希祖、刘复、马衡组成委员会,沈兼士任主任。1929年7月,停止大学区制。8月,北大复校。从1927年8月到1929年8月,学校处于动荡之中,研究工作基本处于停顿状况。

1929年8月,北大复校后,整顿、健全科学研究机构,研究工作逐步展开。

1929年9月1日,北大依据教育部颁发的《大学组织法》,制定了《国立北京大学研究院章程》。1932年7月8日,校务会议通过修改后的《国立北京大学研究院章程》,9月正式成立了北京大学研究院。研究院下设自然科学部、文史部和社会科学部。原研究所国学门改为研究院文史部。将隶属于原国文系的"语音乐律实验室"划归文史部。校长兼任研究院院长。三部主任各一人,由院长聘请本校教授兼任,任期一年,但得连任。当时聘刘半农为文史部主任,陶孟和为社会科学部主任,丁文江为自然科学部主任。设研究院委员会,由校长、本院各部主任、各学院院长、大学秘书长和课业长组织之。

1934年6月,学校按照教育部上年5月颁行的《大学研究院暂行组织规程》,将研究院自然科学部、文史部、社会科学部改称文科研究所、理科研究所、法科研究所。各研究所主任,由文、理、法三学院院长分别兼任,理科研究所主任张景钺、文科研究所主任胡适、法科研究所主任周炳琳。研究院设院务会议,由院长、各所主任和大学课业长、秘书长组成。各研究所设所务会议,由各所主任及各系主任组成。1935年修订的研究院规程,又把研究所所务会议改成"研究所委员会",委员会由院长于各所已设研究科目之各部中选聘五至九人组织之,所主任为委员长,推一名委员为秘书。

文科研究所设中国文学部和史学部,下设考古学室、金石拓片室、明清史料室、语音乐律实验室和编辑室。

(1)考古学室,室主任马衡(1934年马衡出任故宫博物院院长后由胡适兼任)。藏有各类古器物五千多件,文献资料二万余份,西北科学考察团存放于北大的汉简一万余件。工作重点为整理所收藏的金石拓片,整理居延汉简。陈受颐、蒙文通、傅斯年、孟森等参加了对汉简的整理。编著有《金石拓片目录》《武阳城内外遗迹考》《燕下都老姆台发掘报告》《唐仵钦墓发掘报告》等。

（2）明清史料整理室，孟森主持。购入清内阁大库所藏明清史料档案六十余万件，1933 年起进行整理、研究和刊印。孟森著有《明元清系通记》《清初三大疑案考实》。陈受颐进行了明末清初中西文化接触方面的研究。由商务印书馆出版的"文史丛刊"有《封泥存真》《明南京车驾司职掌》《崇祯存实疏钞》等。由本校出版的有《顺治元年奏折》《太上皇起居注》《清九朝京省报销册目录》等。

（3）语音乐律实验室，刘复主持，1934 年 7 月刘复病逝后由罗常培主持。1930 年刘复发明"声调推断尺"，可以直接把声音每次颤动的长度自然而然地表现在图纸上，1934 年又在此基础上研制出"乙二声调推断尺"，可以求得语音的绝对音高。1930 年刘复翻译出版了《比较语言学概论》，1932 年兼任研究院文史部主任，主要精力投入古代声律的研究，编纂《中国俗曲总目稿》。实验室的著述有罗常培的《厦门音系》《中原音韵声类考》《中国音韵沿革》、魏建功的《古音系研究》《方言研究》等。

（4）1936 年 5 月，由胡适、周作人、罗常培、顾颉刚、常惠、魏建功等发起组织"中国风谣学会"，参加者有沈从文、朱光潜等 30 余人。学会隶属于文科研究所，主要是发掘和研究民间文学（包括歌谣、风俗、故事等）；恢复 1926 年 6 月停刊的《北大歌谣周刊》，出版六期；编印"新国风"丛书。

1930 年代成立的学会、研究会主要有：国文学会、史学会、哲学会、教育学会、英文学会、政治学会、经济学会、法律学会、音乐会、造型美术研究会、演说辩论会、自然科学研究会、无线电学会、生物学会、心理学会、化学会、物理学会、数学会等。其活动主要是主办学术讨论会、座谈会，邀请专家学者作学术演讲，出版刊物，编辑丛书，进行特种研究。如 1935 年胡适、冯友兰、金岳霖、黄子通、贺麟等发起成立"中国哲学会"，为全国性哲学研究组织。1935 年 4 月 13 日，中国哲学会成立，到会学者 20 多人。1936 年 4 月 4 日第二届年会，30 余位学者与会，宣读论文多篇，有沈有鼎的《论自然数》、马叙伦的《中国哲学中的命的问题》、周叔迦的《谈佛教唯识主义》、汤用彤的《关于肇论》、朱光潜的《克罗齐美学的批评》、胡适的《程绵庄的哲学》、冯友兰的《朱子所说理与事务之关系》等。1936 年 12 月 20 日，史学会举行座谈会，由顾颉刚、钱穆、孟森、姚从吾等教授谈编修中国通史问题。各学会举办的学术演讲则比较多，如哲学会至 1935 年 1 月举行公开学术演讲六次。

在各学会中地质学会比较活跃，设置地质陈列室，整顿实验室，印行学会会刊，出版北大地质丛书，约请王烈编著《岩石学及矿物学》、葛利普编著《中国地层学》和《中国标准化石》、何杰编著《经济地质学》和《煤油地质》、孙云铸编著《普通古生物学》、翁文灏编著《地文学》和《中国矿产概论》、温宗禹编著《冶金学》和《定量分析》、李四光编著《构造地质学》和《亚洲地壳运动》等。

三、西南联合大学时期

（一）研究机构的恢复和设置

1939 年 7 月，西南联大常委会议决：本校暂不举办研究院，由三校就现有教师、设备为基础，并依照分工合作原则，酌行恢复研究院、所、部。

同年 8 月，北大恢复了研究院，由蒋梦麟校长兼任院长。研究院仍设文科、理科和法科三研究所，所下设 13 个学部。研究所所长由北大各学院院长兼任，各学部主任由北大相关学系主任担任。

1. 文科研究所

所长傅斯年，副所长郑天挺。次年傅辞职，汤用彤任所长。先后设六个学部：中国文学部（主任罗常培）、语学部（主任罗常培）、史学部（主任姚从吾）、哲学部（主任汤用彤）、考古学部（主任姚从吾）、人类学部（主任姚从吾）。成立了编辑委员会，设立了文籍校订、中国文学史、中国语言、英国语言、宋史、明史、中国哲学与宗教七个工作室。

2. 理科研究所

所长张景钺。下设五个学部：算学部（主任江泽涵、杨武之）、物理学部（主任朱物华、饶毓泰）、化学部（主任不详）、生物学部（主任不详）、地质学部（主任孙云铸）。

3. 法科研究所

所长周炳琳。下设三个学部：法律学部（主任燕树棠，分三个研究组：中国法律史中国法律思想组，国内司法调查组，犯罪学组）；经济学部（主任赵迺搏，分经济理论组和财政与金融组）；政治学部（主任不详，分行政组和国际关系组）。

在三个研究所之外，还成立了两个研究室。

1. "北京大学法律研究室"，1939 年成立，有研究人员三人，均为助教。曹树经完成《中国法制史导言》及《史前法制之探讨》两文，胡正谒写出《中国特别刑法之研究》。

2. "行政研究室"，1939 年设立，由钱端升主持。参加研究和助理的人员先后有七人。写出的作品以"西南联合大学行政研究室丛刊"名义印行的有两种：一是陈仲强的《中国外交行政》，1943 年 10 月由商务印书馆出版；二是施养成的《中国省行政制度》，1946 年 8 月由商务印书馆出版。

（二）文科研究所的调查研究活动

西南联大时期，在极端困难的条件下，文科研究所师生在云南和西北进行了一系列的调查研究，取得了丰富的成果。

1. 参加西北史地、考古考察运动

1942 年，研究所派向达教授参加中央研究院西北史地考察团，赴敦煌莫高窟及安西榆林考察，返回后，发表《论敦煌千佛洞的管理研究及其他连带的几个问题》，提出敦煌千佛洞应收归国有，交由学术机关管理。1944—1945 年，文科研究所和中央研究院史语所、中国地理研究所合组西北科学考察团，向达任历史考古组组长，研究生阎文儒为组员，赴甘肃临洮、玉门关、敦煌、武威等地进行调查和考古发掘，写出并发表多篇调查报告和论著。

2. 对西南少数民族语言的调查和研究

1942 年 1 月，罗常培到大理调查了摆夷、俅子、怒子、那马、民家等几种语言，写出《贡山俅语初探》；1943 年 1 月，又记录了山头、茶山、琅速语的有关词汇和故事。1944 年 7 月，罗常培、郑天挺、张印堂、潘光旦等调查了兰坪、大理等地的民间语，撰写了《云南之语言》《贡山怒语初探叙论》等论文。袁家骅调查了峨山窝尼语、骆南阿细语，写了《峨山窝尼语初探》等论文。研究生马学良写了《撒尼保语语法》，高年华写了《昆明核桃等村的土语研究》等论文。

3. 对云南地区社会风俗、经济地理的调查研究

论文有罗常培的《论鸡足山悉檀寺的木氏宦谱》、游国恩的《火把节考》、张印堂的《云南边疆种族地理》、费孝通领导的社会调查小组写的《禄村调查》等。

（三）理科研究所的调查研究活动

理科研究所较突出的是地质学部对西南各省的地质、地层、矿产等方面进行的调查和研究。如对云南的铝、锡、铁、铜、铅、磷、汞等矿产的调查，发现麻哈金矿、蒙经铜矿等。在地层及构造的研究方面，有孙云铸写的《云南西部之奥陶纪海林檎动物群》、孙云铸与张席禔合写的《滇西上寒武纪之发现》等。

四、复员北平后时期

1946 年北大复员北平后，继续设有文科、法科和理科研究所，并招收研究生。

据《国立北京大学三十六学年度研究所概况报告简表》，文科研究所设哲学部（主任汤用彤）、史学部（主任郑天挺）、教育学部（主任陈雪屏）、中国语文学部（主任胡适）、西方语言文学部（主任朱光潜）；1948 年又增设东方语

言学部。理科研究所设数学部（主任申又枨）、物理学部（主任饶毓泰）、化学部（主任钱思亮代）、动物学部（主任庄孝惠代）、植物学部（主任张景钺）、地质学部（主任孙云铸）。法科研究所设法律学部（主任周炳琳）、政治学部（主任王铁崖）、经济学部（主任赵廼搏）。

在1948年的研究生招生简章中，各学部都以研究所名之，计有：哲学研究所、史学研究所（分史学组、考古组）、中国语文学研究所（分语言文字组、文学组）、东方语文学研究所（分梵文组、阿拉伯文组）、西方语文学研究所（内设英国文学组）。法科研究所三学部称为法律学研究所、政治学研究所、经济学研究所。理科研究所各学部称数学研究所、物理学研究所、化学研究所、地质学研究所、动物学研究所、植物学研究所，还有生物化学研究所、解剖学研究所。

1948年北大医学院成立医学研究所，下设解剖、生理、病理、细菌、生物化学、公共卫生等六个学部。

1946年10月，文科研究所由校本部红楼及松公府图书馆迁至翠花胡同。分设四室：古器物整理室（主任向达）、明清史料整理室（主任郑天挺）、金石文字整理室（主任姚从吾）、语音乐律实验室（主任罗常培，时在美国，由周祖谟代），后又辟"周季木藏陶纪念室"（周季木先生旧藏古文字陶片等，承孙思白、周叔弢两先生捐赠，特辟此纪念室）。文科研究所设委员会，由文学院院长、各系主任及本所各工作室负责人组织之，主持研究所工作。

1. 古器物整理室

聘请梁思永、裴文中为考古学导师。1946年接受了日本东亚考古学会存放于北京的邯郸、曲阜文物及张仁蠡的一批六朝至唐、辽石刻。1947年裴文中率文科研究所人员及史学系学生调查发掘北京西郊黑山、田村一带汉代遗址。1948年阎文儒、宿白代表古器物整理室接收徐森玉先生捐赠的洛阳出土唐宋墓志。整理室对原研究所国学门考古学会所藏之文物重新清点、登记卡片、分类陈列、编制新目，对抗战胜利后接收、采购、受赠之甲骨、铜器、陶器等进行整理和编目。1948年为庆祝建校50周年，文科研究所和图书馆共同举办"敦煌考古工作展览""本所藏品和研究工作展览"。

2. 金石拓片整理室

旧藏金石拓片一万三千种以上，以1925年所收缪氏艺风堂拓片为大宗，此外有千唐志斋藏石、陕西和北平碑志拓片等。整理室对这些拓片进行分类整理，加以签题，编成《北京大学文科研究所艺风堂金石拓片草目》，共8册；对1946年所接收的张氏柳风堂所藏碑刻拓片编成细目。

3. 明清史料整理室

对所藏清内阁大库档案中有关历史事件资料选出陈列。继续整理清顺治、康熙、乾隆三朝题本。对题行稿、题本、奏本、揭帖、朱谕、墨谕、敕谕、诏书及贡表、贺表等存于午门之三法司档案，继续进行按件摘录、缮写卡片、造册。编辑了《明史料目录稿》四卷。

4. 语音乐律实验室

修理"七七事变"以来受损的仪器；用罗常培教授从美国购置的新型仪器——钢丝灌音器，灌制方音音档；整理白涤洲《关中音系遗稿》；编纂西南边语之材料等。

法科研究所的行政研究室于1946年年底恢复，挂靠在政治学系，管理人员以政治系助教名义支薪，其他经费由校方拨给。法学院院长周炳琳兼任研究室主任，楼邦彦具体主持。研究指导教授有龚祥瑞、王铁崖等。助理人员有陈体强、何锦山等人。工作重点是收集补充资料。

另外，中国哲学会的西方哲学编译委员会由北大代管，贺麟主持。北大哲学系的汪子嵩、晏成书、邓艾民、王太庆、顾寿观等在该委员会做研究和编辑工作。该委员会还出版由贺麟主编的《哲学评论》。

五、中华人民共和国成立至"文革"结束时期

新中国成立至1952年院系调整前，北大的科研机构只有一个文科研究所，系接办1949年前原有的文科研究所。院系调整时，文科研究所被撤销。此后，整个20世纪50年代，北大只于1953年2月成立了一个文学研究所。该所1956年划归中国科学院。1964年经高教部批准，北大文理科各建立了几个科研机构。文科有外国哲学研究所、亚非研究所和中国近现代史研究室；理科有物理化学及胶体化学研究室、理论物理研究室、半导体物理研究室。这些研究机构，"文革"初期研究工作陷于停顿，"文革"中后期有些所研究工作有所恢复。"文革"中，1973年5月，因中国人民大学停办，其苏联东欧研究所、马列主义发展史研究所调入北大。另外，1964年6月，国务院外事办公室批准设立中国科学院宗教研究所，该所设在北京大学，编制、经费归中国科学院哲学社会科学部负责，思想政治工作和其他日常工作由北大负责。

（一）文科研究所

1. 文科研究所组织机构的变革

1949年9月，校务委员会聘罗常培兼文科研究所所长。文科研究所的机构，将原有金石拓片整理室改称"文籍整理室"，将前哲学编译委员会并入该所，改称"新哲学编译室"（后又改称哲学编译室）。1949年4月14日，文化接管委员会将"国史馆北平办事处"并入北大文科研究所，改称"民国史料整理室"。至此，文科研究所下设六个室：古器物整理室（负责人向达）、文籍

整理室（负责人唐兰）、明清史料整理室（负责人郑天挺）、民国史料整理室（负责人金毓黻）、语音乐律实验室（负责人袁家骅）、哲学编译室（负责人贺麟）。至 1951 年，全所共有研究人员和工作人员 29 人，研究生 13 人。

2. 文科研究所各室业务开展情况

古器物整理室：整理并登记古器物共 7091 件。编定徐森玉所赠石刻 34 方目录，编辑《中国考古学论文索引》。1950 年先后参加文物局雁北文物勘察团和华北古迹调查团，在大同、山阴、应县、浑源、阳高等地进行考古调查和发掘。阎文儒和宿白分别撰写了《广武和古城的汉墓》《浑源古建筑调查报告》。1951 年 4 月，参加文物局发掘北京东郊高碑店汉墓，调查白云观辽城遗址。1951 年 12 月，宿白、刘慧达参加发掘河南白沙水库战国至宋墓葬100 余座。后由宿白编著《白沙宋墓》一书，1959 年出版。

文籍整理室：整理柳风堂旧藏金石拓片 11048 种，编成《北大文科研究所所藏柳风堂金石拓片草目》八册。核对《张仁蠡金石清册》六本。整理、编成《北大文科研究所藏朝鲜金石拓片目录》和《龙门造像拓片目录》《八思巴文拓片目录》。整理甲骨文卜辞释文 22 种，收甲骨片 12967 件。

明清史料整理室：编定清顺治、康熙、雍正三朝题本、揭帖卡片 15000 余件，清代诏、敕、谕共 300 余件，满文黄册 7000 余件。编辑"明清史料丛书"，其中有明末农民起义史料、明末辽东军事史料（这两种于 1951 年由开明书店出版）、明末北方边防史料和西南民族问题史料、清初圈地史料、义和团部分史料等。

民国史料整理室：编定《民国史料目录》《民国大事日历》。整理北海静心斋所藏《中日战争史料》。编辑《太平天国史料》（1950 年由开明书店出版）、《太平天国史参考书目》、《太平天国史料丛刊》、《近代人物传记史料》、《中国共产党初期史料》等。

语音乐律实验室：整理白涤洲关中方言调查遗稿。参加"中央西南访问团"，分赴康藏、贵州、云南等地调查少数民族语言。调查新疆锡伯语。用钢丝录音器记录梵文读音及康藏语故事等。

哲学编译室：编译"哲学研究丛刊"12 种，已出版《唯物论历史观》，正在校阅的有斯宾诺莎的《伦理学》、巴克莱的《人类知识原理》、费尔巴哈的《宗教的本质》。正在编译的有《古希腊哲学著作残篇》、列宁的《哲学笔记》、黑格尔的《哲学札记》、普列汉诺夫的《唯物论史论丛》等。

3. 文科研究所主要成果

文科研究所出版、发表和完稿的研究、调查、编译成果，计有 19 种。如1950 年北大出版社出版的罗常培的《语言与文化》、影印罗常培和邢庆兰的《莲山摆彝语文初探》，1951 年开明书店出版《明末农民起义史料》。1950 年

7 月发表于《国学季刊》的向达的《西征小记》、阎文儒的《河西考古简报》等。已完稿或在编写中的有民国史料整理室的《中国共产党初期的报纸》《孙中山与中国的政党》(初稿三分之一)、《李大钊传》(初稿三分之一)，王辅世译、袁家骅与齐声乔校的《马尔派语言学批判》，王太庆译的费尔巴哈《宗教的本质》和《狄德罗哲学选辑第一期》，宿白的《半瓦当文研究》、阎文儒的《汉代人民服饰研究》、王达津的《尚书中的古史料研究》、周定一的《新文字方案研究》等。

4. 文科研究所的撤销

1952 年 11 月 11 日，教育部批示北京大学："兹决定将你校文科研究所撤销。该所各机构具体处理办理，我部原则上同意你校筹备委员会于 7 月 14 日来文所提意见。但对少数民族的器物，应由社会文化事业管理局暂行保存。"11 月 22 日，教育部的批示通知到文科研究所所长罗常培，文科研究所遂予撤销。其中古器物整理室划归历史学系。古器物整理室所藏汉画像砖、六朝刻石、造像碑、洛阳唐俑、稷县兴化寺壁画等一批重要文物及明清档案于 1952 年 12 月 6 日移交文化部社会文化事业管理局。

（二）北京大学文学研究所

1953 年 2 月 22 日，经高教部批准，成立了北京大学文学研究所。任命郑振铎为所长，何其芳为副所长(何从马列学院调入北大)。文学研究所直属学校。北大中文系教授俞平伯、余冠英、孙楷第等调入该所。文学研究所设中国文学部和外国文学部。中国文学部分中国古典文学组、中国现代文学组和民间文学组。外国文学部分西方文学组、东方文学组和文学理论组。还设有图书馆和文书组。成立之初，有研究人员 17 人，行政人员 6 人。1954 年 5 月，研究人员增至 36 人，行政人员 10 人，共计 46 人。1955 年全所达 50 余人。主要研究员有何其芳、俞平伯、钱钟书、卞之琳、蔡仪、李健吾、余冠英、王伯祥、孙楷第、罗大纲、杨思仲等。

研究所的经费 1953 年由高教部拨发，1954 年改由北京大学分发。1954 年 5 月 22 日，高教部和文化部通知，文学研究所行政上受高教部和北大领导，业务上由文化部负责。1954 年 10 月 16 日，北大呈文高教部，同意文化部关于一年后文学研究所改由中国科学院领导的意见。1955 年 10 月 22 日，国务院第二办公室通知北大，同意将文学研究所划归科学院。在文学研究所没有全部搬入中科院以前，一切维持现状，该所仍为北大的一个组成部分，北大根据需要，得聘请文学研究所人员兼课。1956 年，文学研究所搬入中科院。

（三）20 世纪 60—70 年代的科研机构

1. 文科成立的三个外国问题研究所（室）

1963 年 12 月 25 日，中央下发《关于加强研究外国工作的报告》，决定在高等学校和有关省市建立一批外国问题研究机构。1964 年 6 月 19 日，高教部通知北大：高教部《关于在高等学校建立研究外国问题机构的报告》已经国际研究指导小组和国务院外事办批准，决定在北京大学建立外国哲学研究所、亚非研究所、世界近代现代研究室。据此，学校于 1964 年 4 月至 6 月先后成立了这三个研究机构。

（1）外国哲学研究所

1964 年 4 月成立，由洪谦教授任所长。成立时仅有 3 人，后增加了当年毕业留校的青年教师 3 人。主要研究现代西方哲学思潮及其流派和欧洲哲学史。成立不久，因参加"社教运动"和"文化大革命"，研究工作陷于停顿。1972 年 9 月，周总理指示恢复高校外国问题研究工作。学校工（军）宣队指定王永江为恢复外哲所负责人，将哲学系任华、张世英教授和青年教师陈启伟调入外哲所，后又陆续调进张显扬、张惠秋二人。但这一时期，研究所成员主要在哲学系参加大批判和"教育革命"等运动。1976 年 3 月 5 日，学校决定将外哲所、亚非所和 1973 年由中国人民大学（当时已停办）调入北大的马列主义发展史研究所、苏联东欧研究所四所合在一起，成立一个党总支统一领导。此后，外哲所与哲学系即分开活动。1976 年 1 月，外哲所编辑出版《外国哲学资料》，至 1979 年共出 7 期。

（2）亚非研究所

1964 年 6 月成立，当时计划编制 60 人，实际有 13 人。1964 年、1965 年留毕业生 12 人，到"文革"前共 26 人。它直属学校，所长季羡林、副所长赵宝煦。主要研究亚非地区和国家的政治、经济及国际关系现状，兼及历史、文化、社会、民族、宗教等领域。成立不久，因参加"社教运动"和"文化大革命"，研究工作中断了 8 年。"文革"前期，亚非所人员与国际政治系一起活动。1972 年 9 月恢复研究所的工作，但主要仍是参加"教育革命""批林批孔"等运动。曾编辑出版不定期刊物《亚非问题参考资料》。

（3）世界近代现代研究室

1964 年 6 月成立，由历史系副主任周一良兼任主任，有成员 12 人。主要研究苏联、美国、日本等国的近现代史。成立不久，被卷入农村"四清"运动和"文化大革命"，研究工作未能开展。

2. 理科成立的三个研究室

1964 年，经高教部批准，理科成立了"物理化学及胶体化学研究室""理论物理研究室""半导体物理研究室"三个研究室，由黄子卿、王竹溪、黄昆分别任主任。1965 年时,物理化学与胶体化学研究室有职工 34 人,其中研究技术人员 24 人;理论物理研究室有职工 12 人,均为研究技术人员;半导体物理研究室有职工 10 人,其中研究技术人员 7 人。

3. 由中国人民大学转来的两个研究所

（1）马列主义发展史研究所

该所 1964 年在中国人民大学成立。"文革"中,因中国人民大学停办,于 1973 年转入北京大学,由哲学系代管。有专职研究人员 23 人,主要研究马克思主义政治思想、哲学思想、经济思想及其发展历史。1978 年中国人民大学复校后转回。

（2）苏联东欧研究所

该所 1964 年在中国人民大学成立。"文革"中,因中国人民大学停办,1973 年 6 月转入北京大学,由经济系代管。主要研究苏联东欧政治经济情况。曾编印《苏修问题译丛》《苏修问题资料》等。1978 年转回中国人民大学。

六、改革开放时期

1980 年以后,为适应开展科学研究工作的需要,学校陆续建立了一批科学研究机构;1988 年 3 月在总结经验的基础上发布《北京大学关于设立研究机构的原则规定》。该规定指出:"北京大学作为既是教育中心又是科学研究中心的重点大学,各系各教研室都应同时承担教学和科学研究双重任务。""为了集中力量完成国家下达或有关部门提交的重大科学研究或科技开发任务,发挥我校具有优势学科领域的科研潜力和学术影响,开拓有前景的边缘交叉学科及承担综合性的研究课程,自主开发新技术、新产品和开展科技服务,建设和运行重大科学技术设施,以及争取国内外社会上对我校科研工作的支持和合作,在有条件的情况下,可以设立科学研究机构。"该规定还对科学研究机构设立的目的、条件、人员编制、管理等进行了具体规定,并把已有的科研机构从管理体制上分为以下六种类型:由学校直接领导的独立的研究机构;由学校直接领导的跨学科的综合研究中心;与系（教研室）相结合的研究机构;与系（教研室）合一的研究机构;多学科横向联合的虚体研究中心;受国家有关部门或企业委托代管的研究机构。

这一时期的科研机构,按照文科和理科分别列表如下。

(一) 文科

1. 高教部(教育部)批准设立的科研机构

序号	机构名称	成立时间	类型	领导或挂靠单位	备注
1	外国哲学研究所	1964.4	实体	直属学校领导	1995年11月,该所与哲学系结合,由哲学系主任叶朗兼任所长
2	亚非研究所	1964.6	实体	直属学校领导	1996年1月,该所与国际政治系、国际关系研究所组成国际关系学院,由国际关系学院领导。现任所长李玉
3	世界近代现代史研究室	1964.6	实体	历史学系	现任研究室主任沈仁安
4	马列主义毛泽东思想研究所	1981	实体	学校领导	1979年7月,学校批准设立该所,1981年获高教部批准。1993年更名为社会发展研究所
5	中国中古史研究中心	1982.10	实体	历史系	成立时为相当系一级独立建制实体研究机构。1988年10月学校决定中心的人事相对独立,其他方面接受历史系领导,系主任兼中心主任
6	国际法研究所	1983.5	实体	法律学系	1978年学校批准设立国际法研究室,1983年教育部同意扩建为国际法研究所。所长王铁崖、毕季龙、饶戈平。1985年在该所和国际政治研究室的基础上成立了国际关系研究所
7	高等教育科学研究所	1980.3	实体	学校领导	1980年3月,学校批准设立高等教育研究室,1984年2月,教育部批准成立该所。所长闵维方

序号	机构名称	成立时间	类型	领导或挂靠单位	备注
8	古文献研究所	1984.2	实体	挂靠中文系	该所同时受"全国高校古籍整理研究工作委员会"领导和经费资助。所长孙钦善、安平秋
9	经济法研究所	1984.2	实体	法律学系	1983年4月,学校批准设立经济法研究室。1984年2月教育部批准成立该所。所长杨紫烜
10	人口研究所	1979	实体	学校领导	1979年学校批准设立经济系人口研究室。1984年7月教育部批准成立人口理论研究所。1989年3月更名为人口研究所。1991年6月,世界卫生组织命名为"世界卫生组织生育健康与人口科学合作研究中心"
11	比较文学与比较文化研究所	1981.1	实体	中文系	1981年1月,学校批准设立"比较文学研究中心",1985年3月国家教育部批准成立"比较文学研究所",1994年又改称"比较文学与比较文化研究所"。所长乐黛云
12	中国语言文学研究所	1985.3	实体	中文系	所长谢冕
13	社会学人类学研究所	1985.3	实体	社会学系	系所结合的研究机构,成立时称"社会学研究所",1992年4月改称"社会学人类学研究所"。费孝通为名誉所长,马戎为所长

序号	机构名称	成立时间	类型	领导或挂靠单位	备注
14	国际关系研究所	1985.3	实体	国际关系学院	在"国际政治研究室"和"国际法研究所"基础上建立的系所结合的研究机构,1996年1月该所与国际政治系、亚非研究所组成国际关系学院。国际关系研究所受国际关系学院领导。所长袁明
15	南亚东南亚研究所	1986.11	实体	学校领导	1978年,北大与社会科学院合办"南亚研究所",1985年1月社科院人员撤回,北大部分于1986年11月更名为"南亚东南亚研究所"。1991年5月该所合并到亚非研究所
16	国家教委社会科学发展研究中心	1987.3	实体	国家教委领导	该中心设在北大,业务受国家教委领导

2. 学校批准设立的科研机构

序号	机构名称	成立时间	类型	领导或挂靠单位	备注
1	鲁迅研究中心	1981.9	虚体	中文系	该中心任务是组织师生从事鲁迅和鲁迅著作的研究
2	中国传统文化研究中心	1992.1	虚体	挂靠社会科学处	该中心为跨系所跨学科的虚体研究机构。中心主任袁行霈
3	世界现代化进程研究中心	1987.11	虚体	历史学系	跨学科的综合性虚体研究机构,主任林被甸
4	中外妇女问题研究中心	1992.5	虚体	历史学系	跨学科的综合性虚体研究机构,负责人郑必俊、齐文颖
5	东北亚研究所	1993.6	虚体	历史学系	跨学科综合性虚体研究机构。所长宋成有

序号	机构名称	成立时间	类型	领导或挂靠单位	备注
6	欧洲研究中心	1997.1	虚体	历史学系	跨系跨学科虚体研究机构,中心主任张芝联
7	当代企业文化研究所	1996.1	虚体	历史学系	由历史系和当代商城合办,所长王天有
8	陶瓷考古与艺术研究所	1989.5	实体	考古学系	主任杨根
9	党史校史研究室	1986.11	实体	学校领导	主任王学珍
10	宗教研究所	1989.5	实体	哲学系(先)宗教学系(后)	研究人员为哲学系和宗教系相关教员。1994年宗教学系成立后,为系所结合的研究机构。主任楼宇烈
11	科学与社会研究中心	1986.4	实体	挂靠哲学系	跨学科综合性教学和研究机构。主任孙小礼、任定成
12	人学研究中心	1991.4	虚体	哲学系	主任黄楠森
13	中国哲学暨文化研究所	1993.3	虚体	哲学系	该所为国学研究机构。所长汤一介
14	现代科学与哲学研究中心	1996.7	虚体	哲学系	其前身是1989年5月设立的"现代科学与马克思主义认识论"讨论班。1996年7月升格为研究中心。主任赵光武
15	中国特色社会主义理论研究中心	1984.4成立	虚体	挂靠哲学系	
16	美学与艺术研究中心	1990.2	实体	哲学系	与美学教研室相结合的跨学科研究机构
17	东方文化研究所	1987.2	实体	东方学系	系所结合的研究机构。所长叶奕良

序号	机构名称	成立时间	类型	领导或挂靠单位	备注
18	阿拉伯伊斯兰文化研究所	1986.11	实体	东方学系	
19	印尼-马来文化研究所	1989.1	虚体	东方学系	
20	伊朗文化研究所	1990.5	虚体	东方学系	
21	泰国研究所	1996.11	虚体	东方学系	
22	朝鲜(韩国)文化研究所	1987.1	虚体	东方学系	
23	日本文化研究所	1987.1	虚体	东方学系	
24	韩国学研究中心	1991.4	虚体	挂靠东方学系(先)亚非研究所(后)	前身是朝鲜历史文化研究所
25	南亚文化研究所	1990.1	虚体	东方学系	所长王邦维
26	东南亚研究所	1992.4	虚体	东方学系	
27	世界文学研究中心	1986.12	虚体	俄语系(先)西语系(后)	由中文、西语、俄语、东语等系联合组成的跨学科虚体研究机构。主任张玉书
28	俄罗斯(独联体)研究所	1988.1	实体	俄语系	原名"苏联学研究所",为系所结合的研究机构。主任李明滨
29	中国加拿大研究及学术合作中心	1989.4	虚体	西语系	
30	德语研究中心	1983.7	虚体	西语系	
31	意大利文化研究中心	1994.3	虚体	西语系	
32	法国文化研究中心	1997.2	虚体	挂靠比较文学与比较文化研究所	该中心同时作为欧洲研究中心的分中心

序号	机构名称	成立时间	类型	领导或挂靠单位	备注
33	英语语言文学研究所	1990.3	实体	英语系	系所合一的研究机构 所长胡家峦
34	澳大利亚研究中心	1996.9	虚体	英语系	主任胡壮麟
35	世界社会党研究中心	1986.1	虚体	国际政治系	跨学科虚体研究机构,主任曹长盛
36	苏联东欧问题研究中心	1986.1	虚体	挂靠国际关系研究所	
37	中国与世界研究中心	1997.1	虚体	国际关系学院	
38	日本研究中心	1988.4	虚体	亚非研究所	主任王学珍
39	亚洲太平洋研究中心（亚太研究中心）	1989.3	虚体	亚非研究所	名誉主任季羡林,主任郝斌
40	国际文化传播研究所	1996.8	实体	国际关系学院	与教研室结合的研究机构
41	国际政治研究中心	1993.5	虚体	国际政治系	
42	国际组织研究中心	1995.12	虚体	国际政治系	
43	台湾研究所	1994.4	虚体	国际政治系	主任刘伟、李义虎
44	国际战略研究中心	1994		国际政治系	
45	国际政治研究室	1983.4	实体	国际政治	1985年在该室和国际法研究所的基础上成立了国际关系研究所
46	经济研究所	1989.4	实体	经济学院	院所结合的研究机构,所长刘伟
47	国际经济研究所	1993.6	实体	经济学院	与教研室结合的研究机构,所长张德修

序号	机构名称	成立时间	类型	领导或挂靠单位	备注
48	外国经济学说研究中心	1993.4	虚体	经济学院	多学科横向联合虚体研究机构,中心主任胡代光
49	市场经济研究中心	1996.4	虚体	经济学院	中心主任丁国香、晏智杰
50	经济战略管理研究所	1995.3	虚体	经济学院	
51	经济筹划研究中心	1995.3	虚体	经济学院	
52	中国经济研究中心	1994.8	实体	学校领导	实体独立研究机构,主任林毅夫
53	社会与发展研究中心	1993.2	虚体	经济学院	
54	海外华人经济研究中心	1992.5	虚体	经济学院	
55	金融与证券研究中心	1995.11	虚体	光华管理学院	跨学科虚体研究机构,中心主任曹凤岐
56	国际经营管理研究所	1995.3	实体	光华管理学院	院所合一的研究机构,所长张国有
57	国际会计与财务研究中心	1995.11	虚体	光华管理学院	中心主任厉以宁
58	工商管理研究所	1997.1	实体	光华管理学院	院所结合的研究机构
59	比较法和法律社会学研究所	1988.3	实体	法律学系	所长沈宗灵、朱苏力
60	犯罪问题研究中心	1988.3	实体	法律学系	与教研室结合的研究机构,主任康树华
61	港澳台法律研究中心	1993.3	虚体	法律学系	主任萧蔚云
62	科技法研究中心	1990.4	虚体	法律学系	跨学科研究机构,主任赵震江

序号	机构名称	成立时间	类型	领导或挂靠单位	备注
63	税法研究中心	1997.2	虚体	法律学系	主任刘隆亨
64	知识产权教学与研究中心	1995.5	虚体	法律学系	跨学科的综合性教学与研究机构
65	知识产权信息中心	1986.11	虚体	法律学系	
66	立法研究中心	1993.3	虚体	法律学系	
67	金融法研究中心	1993.9		法律学系	主任吴志攀
68	资源、能源与环境法研究中心	1997.1		法律学系	主任汪劲
69	司法研究中心	1996.7		法律学系	
70	劳动法与社会保障法研究所	1997.4		法律学系	所长叶静漪
71	人权与人道法研究所	1997.4		法律学系	所长龚韧刃
72	社会调查研究中心	1993.5	实体	社会学系	原名"社会调查研究与咨询中心",主任王汉生
73	人类学与民俗研究中心	1994.4	虚体	社会学人类学研究所	主任蔡华
74	港澳台研究中心	1994.4	虚体	马克思主义学院	跨系所跨学科的虚体研究机构,主任梁柱
75	德育研究所	1995.3	虚体	马克思主义学院	
76	邓小平理论研究中心	1994.4	虚体	马克思主义学院	主任吴树青
77	社会经济与文化发展研究中心	1994.6	虚体	马克思主义学院	跨学科虚体研究机构
78	社会发展研究所	1993	实体	马克思主义学院	前身是"马列主义毛泽东思想研究所",所长徐雅民
79	图书情报研究室	1986.4	实体	图书馆学系	

序号	机构名称	成立时间	类型	领导或挂靠单位	备注
80	燕京美国问题研究中心	1983.4	虚体	挂靠图书馆	成立时称"美国问题研究中心",主任王铁崖,副主任洪君彦、马士沂、赵宝煦。1987年3月改现名,主任齐文颖
81	中国国情研究中心	1989.2	虚体	政治学与行政管理系	跨学科综合性研究机构。中心名誉主任赵宝煦、主任沈明明
82	教育经济研究所	1999.2	实体	高等教育科学研究所	与高等教育科学研究所是一套人马两块牌子
83	企业研究中心	1996.1	虚体	校办产业管理办公室	该中心为北大经济学院、同和律师事务所、北京新天地电子信息技术研究所共同建立

除了上述研究机构以外,还有两个挂靠在北大的研究会。一个是1989年4月5日由彭真等革命前辈倡议成立的李大钊研究会,会长为我校党委书记王学珍。另一个是由高教界、学术界一些人士发起成立的中国蔡元培研究会,于1986年4月在北京举行成立大会,选举我校校长丁石孙为会长。

3. 部分科学研究机构简介

(1) 外国哲学研究所

1964年成立。从成立到"文革"结束前,该所的研究工作实际上均处于停顿状态,1976年"文革"结束后,才得以正常开展,并对研究人员进行了调整和补充,1978年增至15人。1979年由洪谦教授出任所长。1980年研究所分设两个研究室,一是"西欧北美哲学研究室"(主任陈启伟),一是"苏联东欧哲学研究室"(主任王永江)。20世纪八九十年代,陆续派员出国访问、进修和研究。除承担科研任务外,还招收硕士、博士研究生。1992年,该所有成员20人,其中教授5人,副教授3人。1995年,学校决定外哲所和哲学系结合,由哲学系主任兼任所长。

历任所长(负责人):王永江、洪谦、陈启伟、叶朗。

(2) 亚非研究所

1964年成立,"文革"结束后,该所调整充实力量,开展对亚非地区和国家的政治、经济及国际关系现状和历史的研究。1978年,中国社会科学院和北京大学共建南亚研究所,亚非所有14人参加了该所。1985年1月,社科院人员撤回,北大继续开办北大南亚所。1986年11月,国家教委批准更名为南亚东南亚研究所，所长季羡林。1991年5月，学校决定将该所合并到亚非研究所。至20世纪90年代末，亚非所有专职教师22人，其中教授8人，副教授8人，讲师4人，助教2人。设有东北亚研究室、东南亚研究室、南亚研究室、西亚中亚研究室和非洲研究室。1978年开始招收硕士研究生，1994年起招收博士研究生。创办不定期刊物《亚非研究》和《亚非研究动态》。承担国家社科基金项目、国家教委及北京市重点科研项目，开展国内外学术交流。

1996年7月，该所与国际政治系、国际关系研究所组建国际关系学院，后为院所结合的实体研究机构，接受国际关系学院领导。

历任所长：季羡林、赵宝煦（兼）、夏吉生、陆庭恩、李玉。

（3）高等教育研究所

1980年3月，学校决定成立高等教育研究室，与党委政策研究室合署办公。1984年2月，教育部批准设立高等教育科学研究所，下设"教育经济与教育管理研究室""高等教育与比较高等教育研究室""高等教育评估研究室""高等教育情报研究室"。重点研究中国高等教育改革与发展的重大理论和实际问题。出版和发表的论著有《中国高等教育结构研究》《中国高等教育规模扩展的形式与办学效益研究》《教育投资在国民收入中的比例和教育投资经济效益的衡量》《中国大学教育史》《美国高等教育发展史》《台湾高等教育》《中、日、韩高等教育改革比较研究》等。该所现有教授4人、副教授6人，兼职教授8人，国外客座教授5人。汪永铨、闵维方先后任所长。

（4）马列主义毛泽东思想研究所

1979年7月，学校批准设立该所，1981年获教育部批准。主要研究方向是关于社会主义的理论，以中国社会主义建设和改革中提出的理论和实践问题为重点。设有社会主义理论与历史研究室、社会主义现代化研究室、社会主义体制改革研究室和社会主义比较研究室。近期研究的重点有中国特色社会主义理论、社会主义体制改革理论和民主社会主义等。据1992年统计，该所有成员23人，其中教授5人，副教授5人，兼职教授3人。历任所长：马石江（兼）、徐雅民。副所长：阎志民、薛汉伟。

（5）古文献研究所

1984年2月17日，经教育部批准成立，编制定25人。其前身是1983年4月学校批准设立的中国古文献研究室。研究人员主要是中文系古典文献专业教师，还有设在北京大学的全国高校古籍整理研究工作委员会秘书处成员。研究所分设古文献和古文字两个研究室和《古籍整理与研究》刊物编辑部。

据1992年统计，该所有成员27人，其中专职人员13人，兼职人员14

人。现有教授 5 人、副教授 5 人。孙钦善、安平秋先后任所长。

（6）比较文学与比较文化研究所

1981 年 1 月，经学校批准成立了比较文学研究中心。1985 年 3 月，经教育部批准成立比较文学研究所，1994 年 3 月更名为比较文学与比较文化研究所；为相对独立的实体科研机构，行政挂靠中文系。下设中法文学与文化关系研究室、东北亚文学与文化关系研究室、比较诗学研究室、文化理论研究室。据 1992 年统计，有专职研究人员 6 名（教授 2 人、副教授 1 人）、兼职教授 5 人、副教授 5 人。现有教授 4 人、副教授 3 人。乐黛云、严绍璗先后任所长。

（7）中国语言文学研究所

1985 年 3 月，经国家教委批准设立，实体研究机构，挂靠中文系。主要研究中国现当代文学、现代汉语、文学理论与思潮、诗歌发展等。科研成果有《台湾名家诗选》、《台港澳及海外华人文学大系》12 卷、《二十世纪中国文学》10 卷、《百年中国文学经典》8 卷、《中国文学百年经典文库》10 卷、《百年中国文学总系》12 卷、《中国历代文学精品》等，发表论文 600 余篇。承担国家"七五"规划重点项目"二十世纪中国小说史""二十世纪中国文学批评史""现代汉语词类研究"等。该所有兼职教授（研究员）15 人，专职教授 1 人。所长：谢冕。

（8）中国中古史研究中心

1982 年 10 月，教育部批复北大同意建立北京大学中国中古史研究中心。中心运作采取系所结合的方式，为相当系一级的实体建制。1988 年 10 月，学校决定其人事从历史系相对独立出来，其他方面仍接受历史学系的管理和指导。中心下设魏晋南北朝研究室、隋唐五代史研究室、宋史研究室、辽金元史研究室、图书资料编译室。中心在中国古代政治与制度史研究、中国古代社会与文化史研究、古代中外关系史研究、古代典籍整理和研究、敦煌吐鲁番文献整理研究、海外收藏中国古地图研究、古代妇女史研究等领域取得丰硕的成果，出版了一批学术专著，培养了一批硕士、博士生。据 1992 年统计，中心有专职人员 16 名，其中正、副教授 7 人，兼职教授 7 人。现有教授 4 人、副教授 6 人。中心主任最初为邓广铭。1991 年后，由历史系主任何芳川、马克垚、王天有先后兼任中心主任。

（9）世界现代化进程研究中心

1987 年 11 月，经学校批准成立，是跨学科综合性虚体研究机构，挂靠在历史学系。主要研究方向是现代化和发展的基础理论、各国现代化的比较，探索建立马克思主义的中国现代化研究学派。中心培养了一批现代化方向的硕士、博士生，开展了国内外学术交流。中心主任：罗荣渠、林被甸。

（10）中外妇女问题研究中心

1992 年 5 月，经学校批准成立，为跨系跨学科的虚体研究机构，挂靠在历史学系。主要研究中外妇女文学、历史、哲学、法律、社会、人口、心理、教育、环境保护、生育健康等问题。设有妇女史研究室、女性人口与发展研究组、中外妇女文学研究组。开设"中国古代妇女史"、"中外妇女历史与文化"等课程。每年出版两期《妇女研究动态》。据 1992 年统计，在国内外学术刊物和学术会议上发表论文 20 余篇，翻译介绍研究论著 100 余万字。参加中心研究工作的教授、副教授有 20 余人。中心主任：郑必俊。

（11）宗教研究所

1989 年成立，挂靠在哲学系。1994 年宗教系成立后，为系所结合的实体研究机构。研究方向为马克思主义宗教学原理、西方宗教学理论、比较宗教学、宗教与哲学、宗教与文化、宗教伦理学，以及基督教、伊斯兰教、佛教、道教和现代新兴宗教等。出版专著 5 部，发表论文数十篇。举办了中美、中日哲学宗教学国际学术会议，三期宗教文化高级研讨班。该所有教授 5 人，副教授 4 人。所长：楼宇烈、张志刚。

（12）人学研究中心

1991 年 4 月经学校批准成立，是跨学科研究机构，挂靠在哲学系；旨在研究人的基本理论，建立比较系统的人学理论体系；结合当代社会实践研究有关人的重大理论问题，如以人为本、人权问题、社会和人的可持续发展问题、人的自由全面发展问题、人的世界观、价值观、人的信仰和理想问题等。研究人员由本校教师和聘请校外专家兼任，有教授 17 人、副教授 3 人。中心主任：黄楠森。

（13）科学与社会研究中心

1986 年 4 月成立，是跨学科综合性教学研究机构，独立建制，挂靠在哲学系。中心以马克思主义为指导，开展自然科学、社会科学和哲学的交叉领域研究，如"自然科学的哲学问题探索""科学技术与当代中国社会的发展""创造力研究与开发"等。中心有教授 6 人、副教授 2 人。中心主任：孙小礼、任定成。

（14）现代科学与哲学研究中心

1996 年 7 月成立，其前身是 1989 年设立的现代科学与马克思主义认识论讨论班。中心为虚体研究机构，挂靠哲学系；进行生命科学与哲学、思维科学与哲学、逻辑学与哲学、经济学与哲学、信息科学与哲学、钱学森与现代科学技术、复杂性探索与后现代哲学等课题的研究。中心主任：赵光武。

（15）中国哲学暨文化研究所

1993 年 3 月成立，虚体研究机构，挂靠在哲学系。研究所以道教研究为中心,兼及儒家思想。下设道教、佛教、基督教、儒学四个研究室。所长汤一介,副所长陈鼓应、李中华、魏常海、王守常。

（16）国际关系研究所

1985年3月国家教委批准成立的独立建制的研究机构,挂靠国际政治系。1996年7月,与国政系、亚非所合组国际关系学院,接受学院领导。研究方向为大国关系（主要是中美关系）、中国与周边国家关系以及国际关系理论。组织召开了多次有影响的国际学术讨论会,如中美关系、东北亚地区安全与合作、历史文化与多边关系的发展等。出版多部专著,发表一批论文。据1992年统计,该所有专职研究人员9人,其中教授2人,副教授4人,另有兼职教授4人。所长袁明,副所长刘金质。

（17）世界社会党研究中心

1987年成立,是跨学科的研究机构,挂靠国际政治系;主要研究世界各国社会党及其国际组织的理论、历史、现状。中心主任:曹长盛。

（18）社会学人类学研究所

1985年3月,经国家教委批准成立的系所结合的实体研究机构,初名社会学研究所,1992年4月更名为社会学人类学研究所。该所研究方向为:城乡社会发展、边区与民族地区发展、人类学和民族学、乡镇企业、乡镇组织的制度结构与运作机制、社区研究、环境与社会经济发展等。据1992年统计,已出版著作23本,发表论文136篇。据1992年统计,有专职科研人员15人,其中高级职称者6人,博士后2人。现有教授5人、副教授5人。历任所长:费孝通、周尔流（兼）、潘乃谷、马戎。

（19）国际法研究所

1983年5月,经教育部批准成立。行政上隶属法律系管理。研究所的宗旨是集中力量加强对国际法各个领域的研究,提高我国国际法研究的总体水平;积极开展学术交流,培养国际法人才。据1994年建所十年时的不完全统计,本所研究人员发表学术论文200多篇、学术专著及教科书32部、资料选编11部。其中在国外刊物上发表的英文论文20多篇,获国家、部委、市级奖励的论著5部（篇）。主编《中国国际法年刊》。研究所在职及返聘教授4人、副教授2人、讲师3人。历任所长:王铁崖、毕季龙（兼）、饶戈平。

（20）经济法研究所

1984年2月经教育部批准成立,是系一级法学研究机构。主要研究经济法学,特别是我国经济体制改革和对外开放中有关经济法的重大理论问题和实际问题,积极参加国家的经济立法工作。出版专著、教材30余部,该所为本科生、研究生、进修教师和高级法官培训班开设、讲授经济法课程。该所有教授5人,副教授2人,兼职研究人员近10名。所长:杨紫煊。

（21）港澳台法律研究中心

1993 年成立，虚体，挂靠在法律系。主要研究《香港基本法》《澳门基本法》和台湾法律，推进内地和港澳台三地的学术交流。中心有兼职研究人员8 人，其中教授 7 人、副教授 1 人，中心主任：肖蔚云。

（22）科技法研究中心

1990 年 1 月成立。是跨学科综合性的虚体研究机构，挂靠在法律学系。中心任务是开展科技法研究、教学和学术交流，培养科技法人才，提供科技法咨询服务，参与科技法制的建设。中心主任：赵震江。

（23）人口研究所

人口研究所的前身是 1979 年成立的经济系人口研究室；1984 年 7 月，经教育部批准扩建为人口理论研究所；1989 年 3 月更名为人口研究所；1991年 6 月被世界卫生组织命名为"世界卫生组织生育健康与人口科学合作研究中心"。主要研究方向：人口经济学、工商人口学、人口社会学、人口分析方法和运用、家庭人口预测方法和运用、生育健康的社会科学研究、计划生育与人口控制机制的改善、人口地理与生态环境。1993—1996 年发表论文 187篇，出版专著 3 部、编著 11 部、译著 2 部。该所现有教职员 23 人，其中教授6 人、副教授 6 人、讲师 4 人。设有硕士专业（人口学、政治经济学）、博士专业（人口学）。历任所长：张纯元、曾毅、郑晓瑛。

（24）管理科学研究中心

1985 年 3 月成立，是跨学科的实体研究机构。中心宗旨是发挥北大多学科优势，组成管理科学研究队伍，培养管理人才。完成了"国家教育投资模型""宏观经济模型""草原畜牧业发展模型""开发区可行性分析""中国社会福利模型"等研究。据 1992 年统计，中心有专职人员 9 人，兼职人员 8 人，其中教授 4 人、副教授 3 人。历任中心主任：丁石孙（兼）、厉以宁。

（25）中国经济研究中心

1994 年 8 月成立。中心直属学校，实行董事会领导下的主任负责制。主要研究方向是微观经济学、宏观经济学、计量经济学、国际经济学、农业经济理论、发展经济理论、环境经济、城市经济、人口经济、货币经济、中国经济史、中国经济问题、产业组织及企业理论等。中心出版专著 10 种，发表论文30 余篇，有多部著作获奖，在美国出版的社会科学引用索引中，1996 年中心有 6 篇论文入选。承担课题有"粮食市场与流通问题""国有企业经营机制转换""农村劳动力转移"等。中心有教授 4 人，副教授 4 人。主任：林毅夫。

（26）中国传统文化研究中心

1992 年 1 月 6 日成立，是直属学校领导、跨系所跨学科的虚体研究机构。设管理委员会，负责决策，委员由中文、历史、哲学、考古四系主任和有关专家组成,袁行霈教授任主任委员。设秘书处负责日常工作,吴同瑞任副主任委员兼秘书长。中心充分发挥文、史、哲、考古等系的学术力量,联系全校 160 多位学者、专家,组织、协调中国传统文化的研究和传播工作,坚持学术提高和文化普及相结合的方针。开展边缘学科、交叉学科的综合研究。编辑出版学术年刊《国学研究》和《国学研究丛刊》《北京大学百年国学文粹》。规划和资助了 33 项研究课题,出版 13 种专著。中心主任:袁行霈。

(27)日本研究中心

1988 年 4 月成立,是跨院系(所)的综合性虚体研究机构,挂靠在亚非所。中心宗旨是加强和促进日本学研究,组织和推进同国内外日本学研究机构和学者的学术交流与合作,增进和发展中日两国人民的相互了解和友谊。编辑出版《日本学》学术刊物,收录论文 200 余篇。资助和指导 20 多名硕士生、博士生完成有关课题的研究。派学者赴日访问、研修、讲学,开展学术交流与合作。中心主任王学珍,常务副主任彭家声。

(28)亚洲太平洋研究中心

1989 年 3 月成立,是跨系所跨学科的虚体研究机构,挂靠在亚非所。主要从事亚洲太平洋地区政治、经济、法律、社会、文化、教育、人口、华侨和海外华人历史等问题的研究。组织和协调出版学术专著数十种,编辑出版不定期刊物《北大亚太研究》。中心名誉主任季羡林,主任郝斌,常务副主任何芳川。

(29)东方文化研究所

1987 年成立,为系所结合的研究机构,设有 8 个分所和 3 个研究室:朝鲜文化研究所、日本文化研究所、阿拉伯—伊斯兰文化研究所、印度—马来文化研究所。伊朗文化研究所、南亚文化研究所、希伯来文化研究所、东南亚文化研究所,及社会文化研究室、东方文学研究室、东方语言研究室。该所拥有 10 余种东方语言和数种西文语言的藏书 10 余万册。已出版专著 30 余部、译著 80 余部、论文 350 余篇。创办不定期学术刊物《东方研究》,承担了一批国家和教委重点科研项目,举办了多次国际学术会议。该所研究人员主要是东语系教师,据 1992 年统计,有教授 16 人,副教授 4 人。历任所长:陈嘉厚(兼)、叶奕良、王邦维。

(30)英语语言文学研究所

1983 年 11 月成立,是与英语系所结合的研究机构。主要研究方向为英美文学与文化。组织召开"文艺复兴时期英国文学讨论会""后现代主义与中国当代文学"等英美文学和语言方面的国际学术讨论会,负责编辑《北京大学学报·英语语言专刊》。该所有教授 18 人、副教授 24 人。所长:胡家峦。

（31）俄罗斯（独联体）研究所

1988 年成立，原名苏联学研究所，是与俄语系系所合一的研究机构。该所以独联体国家（主要是俄罗斯联邦）的社会与文化为研究方向。该所有教授 4 人、副教授 6 人。所长：李明滨。

（32）世界文学研究中心

1986 年成立，是由东方学系、西语系、英语系、俄语系、中文系、比较文学研究所及《国外文学》编辑部组成的跨系科的横向联合虚体研究机构，挂靠在西语系。中心组织研究力量相互协作，促进世界文学研究的发展。中心顾问：季羡林、李赋宁。主任张玉书，副主任陆嘉玉、乐黛云、刘安武、李明滨、罗经国。

（33）邓小平理论研究中心

1994 年成立，是跨系所跨学科的虚体研究机构。中心研究方向是邓小平理论与马克思列宁主义、毛泽东思想的关系问题，特别是建设有中国特色社会主义理论的思想实质和哲学基础。主要研究成果有吴树青《社会主义本质与公有制》、黄楠森《再论建设社会主义市场经济的哲学问题》、陈占安《邓小平建设有中国特色社会主义理论的哲学基础》、王东《现代化探索的不惑之道——试论建国 45 年、改革 15 年的历史经验》等。中心主任：吴树青。

（34）党史校史研究室

1984 年 9 月，根据中央和市委关于编写党的组织史、党史的指示，学校党委成立了"北大组织史编写小组"，后扩大为"北大党史校史研究室"。1987 年 9 月，贯彻北京市委"北京党史工作会议"精神，校党委成立"北大党史研究领导小组"，王学珍任组长。1991 年 4 月 23 日，校党委决定：（一）"北大党史研究领导小组"改称"北大党史校史研究领导小组"，（二）党史校史研究室是党委所属的一个研究机构，同时也是行政系统的一个研究机构。研究室主任：王学珍，副主任王效挺。

（35）国际经济研究所

1993 年 6 月成立，其前身是经济学院国际经济教研室。主要研究方向是国际经济理论、国际经济关系、国际经济组织、国际直接投资、国际企业制度等。该所有教授 4 人，副教授 2 人，兼职研究人员 5 人。所长：张德修。

（36）比较法与法律社会学研究所

1988 年 6 月成立，挂靠在法律系，其成员均为兼职。主要研究中国法与比较法、现代西方法学理论、法律社会学的理论与应用。研究成果有《比较法总论》《比较法学的新动向》《现代西方法理学》《西方人权学说》《法与国家的一般理论》等论著。承担的重点课题有"美国法律概论""比较法研究"等。所长：沈宗灵。

（37）中国国情研究中心

1988 年 9 月成立，是跨学科综合性研究机构。中心致力于对中国国情特别是改革开放以来中国政治经济发展状况的实证研究，积极开展各种形式的国内外学术交流与合作。据 1992 年统计，该中心成员 25 人，其中教授18 人，副教授 5 人，均为兼职。赵宝煦、沈明明先后任中心主任。

（38）中国李大钊研究会

1989 年 4 月 5 日成立，是全国性学术研究团体，挂靠在北京大学。1988年 9 月，彭真、薄一波、李运昌等 72 位革命前辈联名倡议，中共中央党史研究室、中共北京市委宣传部、中共河北省委宣传部、北京大学、北京李大钊研究会和全国党史研究会等单位联合发起成立中国李大钊研究会。1989 年 2月，由研究会筹委会报请国家教委转民政部审核批准，同年 4 月 5 日，在北京大学举行了成立大会。会议通过了研究会章程，选举彭真、薄一波、李运昌等 6 人为名誉会长；程子华、李葆华、陆平等 16 人为顾问；北京大学党委书记王学珍为会长，刘荣惠、张静如、沙健孙、郝斌、成汉昌为副会长。中国李大钊研究会成立后，得到中央领导和国内外研究者的重视和支持，开展了一系列研究工作和学术交流活动。1989 年 10 月 29 日，会同中央党史研究室等单位，筹备召开了"李大钊百年诞辰全国学术研讨会"。与会学者出席了党中央召开的李大钊百年诞辰纪念大会，会后中共中央政治局常委、国家主席杨尚昆和彭真等领导同志接见了与会学者。1991 年 7 月，研究会与北京大学联合举办了主题为"李大钊与中国社会主义道路"的"纪念建党 70 周年全国学术研讨会"。1994 年 10 月 29 日，在河北唐山市举办了主题为"李大钊与现代中国"的"纪念李大钊诞辰 105 周年全国学术研讨会"；1997 年与唐山市委党史研究室等单位举办了"纪念李大钊就义 70 周年学术研讨会"。1992年，应中共北京市委宣传部要求，撰写、出版了《革命先驱李大钊》学习小册子。1996 年，北大党委和李大钊研究会向中央提出由研究会重新整理、校勘、编辑、出版《李大钊文集》注释本。经批准后，研究会组织有关学者，对以往各种版本收录的李大钊文章进行了篇目考订、文字校勘和注释，计划于1999 年完成五卷本《李大钊文集》（注释本），交由人民出版社出版。研究会还将其主办的每次全国性学术研讨会中一些比较重要的文章编成文集出版。现已出版《论李大钊》《李大钊与中国社会主义道路》，还有一本《李大钊研究论文集》已交出版社付印。

（39）中国蔡元培研究会

1986 年 4 月 10 日在北京大学举行成立大会。会议推举叶圣陶、钱昌照、许德珩、陆定一、楚图南为名誉会长，梁漱溟、陈翰笙、刘海粟、冯友兰、俞平伯等 13 人为顾问。选举北大校长丁石孙为会长，高平叔（南开大学教授）、沙健孙（北大副校长）为副会长（章程规定研究会的会长由北大现任校长担任，北大分管文科的副校长为副会长）。理事会成员有丁石孙、千家驹、刘开渠、蔡晬盎、萧超然等。由总干事（萧超然）、副总干事（庄守经、张家谦、葛淑英）负责具体工作的进行。研究会成立以后，举办了多次纪念蔡元培的活动和学术会议。1988 年 1 月，筹备召开"纪念蔡元培诞辰 120 周年会议"；5 月举办了"纪念蔡元培诞辰 120 周年国际学术讨论会"，会后编辑出版了《论蔡元培》论文集。1995 年由台湾锦绣出版有限公司出版了蔡元培研究会编辑的 14 卷本《蔡元培文集》，按专题分卷，约 500 万字。后又编辑 18 卷本《蔡元培全集》，交由浙江教育出版社出版。此外重要成果还有高平叔编著的《蔡元培年谱长编》（四卷本，人民出版社出版）、梁柱和王世儒编著的《蔡元培与北京大学》（1995 年，山西教育出版社）、梁柱著《蔡元培与北京大学》（1996 年，北京大学出版社）。研究会设有"蔡元培研究基金"，举行过一届"蔡元培研究优秀成果奖"评选。蔡元培研究会会长先后为：丁石孙、吴树青、陈佳洱。

（二）理科

1. 高教部、教育部（国家教委）等领导机关批准设立的科研机构

序号	机构名称	批准部门	成立时间	类型	领导或挂靠单位	备注
1	物理化学研究（室）所	高教部	1964 年	实体	化学系	1964 年高教部批准设立物理化学及胶体化学研究室。1983 年 5 月在研究室的基础上，成立了物理化学研究所
2	理论物理研究（室）所	高教部	1964 年	实体	物理学系	1964 年高教部批准设立理论物理研究室。1983 年 5 月在研究室基础上成立了理论物理研究所
3	半导体物理研究室	高教部	1964 年	实体	物理学系	

序号	机构名称	批准部门	成立时间	类型	领导或挂靠单位	备注
4	计算机科学技术研究所	教育部	1983.5	独立实体	学校领导	1978年教育部发文同意设立该所,先开展工作,1983年5月正式批准成立。
5	遥感与地理信息系统研究所	教育部	1983.5	独立实体	学校领导	1983年5月成立遥感技术应用1985年4月该所从地理学系分离出来,成为独立单位。1993年4月更名为遥感与地理信息系统研究所。
6	数学研究(所)院	教育部	1983.5	院所结合的实体	数学科学学院	1979年学校批准设立数学研究所,1983年5月获教育部批准。1995年7月更名为数学研究院。
7	固体物理研究所	教育部	1983.5	实体	物理学系	1978年经学校批准设立,1983年5月获教育部批准。
8	重离子物理研究所	教育部	1983.5	实体	技术物理系	1978年经学校批准设立,1983年5月获教育部批准。
9	分子生物学研究所	教育部	1983.5	实体	生物学系	
10	高等学校联合遥感应用研究中心	教育部	1984.12	实体(北大代管)	学校领导	此中心在北大、北师大等五校成立的"高等学校遥感应用研究协作组"的基础上建立的,教育部委托北大领导。

序号	机构名称	批准部门	成立时间	类型	领导或挂靠单位	备注
11	大学化学教育中心	教育部	1985.3	实体（化学系代管）	化学系	该中心由教育部委托北大化学系建立。中心既是全国化学类各专业教学研究学术性机构，又是教育部的一个咨询机构。
12	北京现代物理研究中心	国家教委	1986.9	独立实体	学校领导	该中心是著名美籍物理学家、诺贝尔奖获得者李政道倡议成立的。国家教委聘李政道为中心主任、学术委员会主任。
13	环境科学中心	国家环境保护局	1986.12	独立实体	学校领导	北大1980年成立环境科学中心。1986年12月国家环境保护局和北大合办"环境科学中心"。日常工作由北大领导。
14	电子出版新技术国家工程研究中心	国家计委	1986.11	实体	学校领导	
15	联合国国际疫苗研究所北京中心	联合国国际疫苗研究所选址委员会	1984.7	实体	学校领导	该中心设在北京大学生物城内。

2. 学校批准设立的科研机构（3个研究室、16个研究所、33个研究中心）

序号	机构名称	成立时间	类型	领导或挂靠单位	备注
1	微电子学研究室	1983.4	系所结合实体	计算机科学技术系	属教研室一级建制,由电子仪器厂微电子学研究室和计算机科学技术系微电子学教研室合并组成。
2	无线电电子学研究室	1983.4	实体	无线电子学系	教研室一级建制
3	力学研究所	1983.7	实体	力学系	系所结合的研究机构
4	管理科学中心	1985.3	虚体	学校领导	由数学系、经济学系、地理学系等有关专业教师组成,成员不脱离本单位。
5	信息科学中心	1985.6	虚体	学校领导	由数学、计算机、无线电、地理、生物、心理、图书馆等系及计算机科学技术研究所有关教师组成,成员不脱离本单位。
6	系统科学研究中心	1986.7	虚体	力学系	
7	计算语言研究所（中软计算语言研究所）	1986.9	实体	学校领导	1987年1月北大计算语言研究所与中国软件公司协议共建"中软计算语言研究所",研究所行政上由北大领导。
8	自然科学史研究室	1986.9	实体	挂靠化学系	
9	稀土化学研究中心	1986.9	实体	化学系	处级建制,系所结合
10	天然产物化学研究中心	1986.9	虚体	挂靠化学系有机化学教研室	非实体横向联合研究中心。成立时名为"天然产物研究和开发中心"。1993年12月更名为"天然产物化学研究中心。"

序号	机构名称	成立时间	类型	领导或挂靠单位	备注
11	凝聚态与辐射物理中心	1986.9	虚体	挂靠物理学系	该中心是1986年建立的国际科学文化民间组织"世科实验室"设在中国的"中国高等科学技术中心"的组成部分。中心主任李政道。
12	计算机系统与软件研究所	1986.9	实体	计算机科学技术系	该所由北大与机电部计算机司共同建立，所长由北大计算机科学技术系主任兼任。
13	微电子学研究所	1987.2	独立实体	计算机科学技术系	该所为系一级科研机构行政工作由计算机科学技术系代管。
14	岩石圈地质科学研究所	1987.2	实体	地质学系	系所结合
15	大气科学研究所	1987.2	实体	地球物理学系	系所结合
16	综合技术研究所	1987.3	虚体	挂靠无线电电子学系。后改为挂靠学校科学技术开发部	多学科联合研究机构
17	城市区域开发与环境研究所（地理研究所）	1988.3	实体	地理学系	系所合一的研究机构，后改名为地理研究所
18	心理学研究所	1988.3	实体	心理学系	系所合一的研究机构
19	石油天然气研究中心	1989.4	虚体	挂靠自然科学处	虚体跨学科联合研究机构
20	数理统计研究所	1991.4	实体	概率统计系	系所结合的研究机构
21	非线性科学研究中心	1991.5	虚体	挂靠力学系	多学科联合研究机构

序号	机构名称	成立时间	类型	领导或挂靠单位	备注
22	近代通信研究所	1992.5	实体	无线电电子学系	系所结合
23	历史地理研究中心	1992.5	实体	城市与环境学系	该中心是在原历史地理研究室基础上成立的
24	焊接技术研究所	1993.2	虚体	化学系	虚体研究机构
25	地球动力学研究中心	1993.2	虚体	地质学系	跨学科虚体研究机构
26	管理信息中心	1993.3	虚体	无线电子学系	虚体研究机构
27	药物研究开发中心	1993.6	实体	化学系	按企业机制运行和管理
28	药物研究所	1993.6	虚体	化学系	虚体研究机构
29	生命科学中心	1993.9	实体	生命科学学院	
30	细胞及分子药物学研究所	1993.9	实体	生命科学学院	
31	老龄问题研究中心	1993.4	虚体	学校领导	
32	中韩大气科学研究中心	1993.9	虚体	地球物理学系	协调中韩间大气科学研究工作
33	药物教育与研究中心	1993.9	虚体	化学系	
34	中国持续发展研究中心	1993.11	虚体	环境科学中心	多学科交叉虚体研究机构
35	包头—北大神木煤综合利用实验中心	1993.11	实体	化学系	北大与包头市联合建立
36	地理信息系统研究中心	1994.5	虚体	遥感与地理信息系统研究所	

左侧竖排文字：北京大学志（第二卷）

序号	机构名称	成立时间	类型	领导或挂靠单位	备注
37	环境工程研究所	1994.5	实体	城市与环境学系	应用型研究机构
38	区域科学研究中心	1994.5	虚体	城市与环境学系	虚体研究机构
39	不动产研究鉴定中心	1994.8	虚体	城市与环境学系	虚体研究机构
40	光学研究中心	1994.8	虚体	北京现代物理研究中心	虚体研究机构
41	大熊猫和野生动物保护和研究中心	1994.8	虚体	生命科学学院	虚体研究机构
42	土地科学中心	1995.6	虚体	城市与环境学系	虚体研究机构
43	中国—惠普DSP技术研究中心	1995.6	虚体	设备实验室管理处	虚体研究机构
44	智能材料研究中心	1995.9	虚体	化学与分子工程学院	虚体研究机构
45	生态研究与教育中心	1995.9	实体	城市与环境学系	该中心可挂"景观生态研究中心"牌子。
46	企业研究中心	1996.1	实体	校办产业管理办公室	该中心由北大经济学院，同和律师事务所、北京新天地电子信息技术研究所共同建立。
47	金融教学与金融工程研究中心	1997.2	虚体	成立时挂靠在数学科学院。1997.7变更挂靠在计算机科学技术研究所	虚体研究机构
48	生物信息中心	1997.2	虚体	蛋白质工程与植物基因工程国家研究室	虚体研究机构

序号	机构名称	成立时间	类型	领导或挂靠单位	备注
49	肿瘤物理诊疗技术研究中心	1997.3	虚体	重离子物理研究所	虚体研究机构
50	维信天然药物研究所	1997.3	实体	技术物理系	该所由技术物理系与北大维信生物技术有限公司联合建立
51	景观规划与设计中心	1997.4	实体	城市与环境学系	
52	纳米科学与技术研究中心	1997.9	虚体	化学与分子工程学院	虚体研究机构

3. 部分科学研究机构简介

（1）数学研究所

1979 年由学校批准成立,1983 年 5 月获教育部批准。研究领域涉及基础数学、应用数学、计算数学、概率统计与信息处理等方向。该所在"微分动力系统""低维流形拓扑""非线性分析""现代数学物理""有限群论""函数论"等方面的研究取得了显著成绩,曾获得"第三世界科学院首届数学奖""陈省身数学奖"、多项国家自然科学奖一、二、三等奖等。该所对外开放,常有国内外数学家来所访问,开展合作研究。结合数学领域的重点课题,举行国内或国际学术会议、讨论班等。1996 年成立的国家教委高等学校"数学研究及高等人才培养中心"挂靠在该所。历任所长:程民德、张恭庆。

（2）数理统计研究所

1991 年 4 月成立。主要从事数理统计与概率论的基础理论研究、应用研究与技术开发工作。主要研究方向为随机场和时间序列分析、随机过程及应用、概率极限理论、统计推断理论与数据分析、应用统计与统计软件。历任所长:陈家鼎、郑忠国。

（3）力学研究所

1983 年 7 月成立,是系所合一的研究机构,由八个研究室组成,其研究方向分别是:①复杂动力系统学与控制研究室:控制理论,多体柔性机械手的动力学与控制,非线性系统动力学;②弹塑性动力学研究室:弹塑性屈曲问题,高分子材料动态特性,在冲击载荷下的结构响应问题及塑性加工成形问题;③计算结构力学研究室:大型结构静力和动力计算的微机软件,线性和非线性结构力学与固体力学问题的计算方法和软件开发问题;④实验力学研究室:力学的实验原理、实验方法和实验技术;⑤湍流研究室:湍流统计理论,湍流模式理论、混沌、分叉与流动稳定性及湍流实验;⑥生物流体力学研究室：生物体特别是人体的流体、固体力学问题；⑦环境流体力学研究室：人类生活环境的流体力学问题；⑧空气动力学实验室：航空与非航空的低速风洞实验及低速风洞的实验技术研究。所长：王仁。

（4）理论物理研究所

理论物理研究所的前身是 1964 年高等教育部批准建立的理论物理研究室。1978 年学校批准建立理论物理研究所，1983 年 5 月获教育部批准。主要研究领域为：基本粒子理论、原子核物理、等离子体理论、统计物理、引力和天体物理理论。该所在基础理论研究上取得了多方面的成果。20 世纪 60 年代就与有关单位合作，提出了当时具先进水平的关于强子结构的层子模型，此项成果 1982 年获国家自然科学奖二等奖。1978 年以来，该所各个领域的研究都获得相当迅速的进展，取得一系列新成果，其中"关于原子核集体运动形态及核内新自由度的研究""强子结构和强作用动力学"分别获国家教委 1985 年科技进步奖一等奖及二等奖。历任所长：胡宁、赵光达。

（5）固体物理研究所

固体物理研究所的前身是物理学系的固体物理研究室，1978 年学校批准建立固体物理研究所，1983 年 5 月获教育部批准。北大的固体物理研究，早在 20 世纪五六十年代就在开拓我国半导体科技与半导体工业以及磁性材料与物理、金属物理、低温物理、超导物理和固体结构分析研究等方面，起过重要的作用，成立研究所以后，又取得新的重要进展，在高临界温度超导体研究的材料制备、物理研究、薄膜和薄膜器件等方面，都取得了重要成果。在稀土磁性材料物理研究、半导体中深能级杂质和缺陷研究、固体表面结构分析等领域，也取得了重要成果。该所的实验室在新型材料制膜、薄膜与叠层材料制备、微加工技术、低温、强磁场、电性和磁性测量、光谱学、激光光谱、光散射、X 光衍射和 X 光光谱、顺磁共振等方面，均有比较现代化的实验设备。所长：甘子钊。

（6）微电子学研究所

1987 年 2 月成立，其前身是 1964 年高等教育部批准建立的半导体研究室。该所设有六个研究室，主要研究方向是：①微机电系统；②超高速双极集成电路；③SOI 技术；④新结构器件；⑤深亚微米器件可靠性；⑥基于 VHDL 的 ASIC 设计方法学。微电子学研究所是我国硅栅 NMOS 集成电路技术的发源地，20 世纪 70 年代在国内首先研制成功硅栅 N 沟道 1024 位 DRAM，为我国 MDS 集成电路的发展作出了重要贡献，该项成果获 1978 年全国科学大会奖。20 世纪 80 年代以来，承担了多项国家重点科技攻关和国防科工委军事电子预研项目，取得一批重要成果，其中有十多项成果先后获国家教委和机电部科技进步奖一、二、三等奖及国防科工委光华科技基金奖,一项国家科技进步奖二等奖,一项国家发明奖三等奖,该所新工艺、新器件和电路研究在国家"八五"科技攻关中取得重要成果;在工艺技术及测试仪器方面获五项专利。该所是国家从事集成电路新工艺、新器件、新结构及其应用基础研究的重点单位之一。所长:王阳元。

(7)北京现代物理研究中心

1986年9月由国家教育委员会批准成立。该中心是由著名美籍物理学家、诺贝尔奖金获得者李政道教授倡议成立的。该中心每年都邀请一批国内外杰出学者前来进行研究工作、讲学和参加学术活动。中心学术委员会主任:李政道;副主任:周光召、陈佳洱。中心主任:李政道;副主任:陈佳洱、甘子钊、杨泽森。

(8)凝聚态与辐射物理中心

1986年9月成立。该中心是1986年建立的国际科学文化民间组织"世界实验室"设在中国的"中国高等科学技术中心"(主任是美籍物理学家李政道教授)的三个组成部分之一。中心主任:甘子钊。

(9)大气科学研究所

1987年2月成立。该所是由地球物理学系大气物理学教研室和天气动力学教研室联合建立的。主要研究方向是:大气湍流与边界层物理、大气遥感与大气辐射、大气化学、大气环流与大气动力学、气候变化和气候模拟与预测、数值天气预报。该所的科研成果多次获国家自然科学奖和国家科技进步奖。其中"微波辐射计及其环境遥感应用"和与其他单位合作完成的"短期数值天气预报业务系统(B)的建立与推广应用"获国家科技进步奖一等奖。历任所长:刘式达、黄嘉佑。

(10)重离子物理研究所

1978年经学校批准成立,1983年5月获教育部批准。主要研究方向是:①核物理,包括低能核物理(中子和裂变物理)与中高能核物理;②加速器物理与技术,包括加速器质谱计及其在地球、考古、材料、环境等多种学科中的应用,射频超导加速技术与低能强流加速技术;③离子束物理,包括团簇束与团簇膜物理、离子束生物效应、离子束材料制备、改性与分析;④医学物理与核药物化学,包括核磁共振成像、核医学成像、肿瘤治疗技术与核药物的合成制备(天然药物和合成药物)。涵盖前三个方向的重离子物理国家教委开放实验室于1986年起对国内外开放。医学物理与核药物化学研究方向纳入北大物理诊疗技术研究中心。由该所研制的4.5MV静电加速器,是我国自行设计和制造的第一台最高端电压的静电加速器。历任所长:虞福春、陈佳洱(兼)。

（11）现代通信研究所

1992 年 5 月成立。该研究所以电子学系为主体,主要研究方向是:光纤通信、卫星通信、无线通信以及计算机通信网。在光纤通信领域,"八五"期间,完成了"863"计划重大项目"12 路波分复用光纤通信系统"。后又完成了"4x2.488Gb/s 双向 154km 无中继光纤通信实用化系统",达到国内领先、国际先进的水平。在卫星通信领域,研制成功我国独立设计的 TDM/CDMA 小型地球站卫星通信系统,该系统已完成设计定型,交付使用,并开展了 Ku 频段系统研制工作。在无线通信领域,从事无线用户环路的研究。在数字通信网可靠性的理论研究方面也取得重要进展,进入可靠性设计研究,"水文测报网"已实现商品化。在计算机网的研究方面也有了数项实用化成果。所长:王楚(兼)。

（12）计算机科学技术研究所

计算机科学技术研究所的前身是北京大学文字信息处理技术研究室,始建于 1977 年 9 月。1978 年教育部发文,拟同意北京大学成立计算机科学技术研究所,先开展工作;1983 年 5 月正式批准成立该所。主要研究方向是:电子出版系统、新闻综合业务系统、多媒体技术、地理信息与地图出版系统、活动影像技术、系统集成技术、手写汉字识别系统、语言识别技术等。该所研制的华光 I、II、III、IV 型计算机激光照排系统和北大方正电子出版系统,是世界上使用最广泛的中文电子出版系统,占领了国内 80% 以上的出版印刷市场,并远销十几个国家,引发了印刷业"告别铅与火"和"彩色印刷"的技术革命。该系统从 1988 年投放市场以来,已销售了 2 万余套,获得 20 多项奖励,其中两次获国家科技进步奖一等奖,并两次入选"全国十大科技成就"。该所研制的"新闻综合业余网络系统"使新闻出版部门实现了网络化和自动化。该所大部分成果已成功地转化为商品,带来了很大的社会效益和经济效益。历任所长:林建祥、王选。

（13）计算机系统与软件研究所

1986 年 9 月成立,由北大与机电部计算机司共同建立,所长由北大计算机科学技术系主任兼任,行政工作由该系负责。主要研究方向是:软件工程与软件开发环境、软件复用及软件构件技术、数据库技术及管理信息系统、数据仓库技术、计算机图形学与图像处理、多媒体技术、人工智能及专家系统、地理信息系统、计算机网络、CAD 系统等。该所自成立以来,承担并完成了一批国家攻关课题、"863"课题和自然科学基金项目,取得多项重要研究成果,并获得多项国家和部委级奖励。特别是在"七五""八五""九五"国家科技攻关课题中,该所作为牵头单位,联合国内二十多所大学科研产业及产业单位,研制成功大型软件开发环境青鸟系统,为我国软件产业的发展提供了重要的基础设施,获电子工业部科技进步奖特等奖。该所还完成了一些面向企业的横向研究及开发项目。所长:杨芙清。

(14)计算语言研究所

1986年7月成立。1987年1月,该所与中国软件技术公司协议,共同建立"中软计算语言研究所",其工作地点设在北大,行政上属北大领导,业务上向双方负责。主要研究方向是:自然语言处理的理论与基础工程、机器翻译与机器翻译评价、多语种语言工程。该所的建制与研究方向,体现并发挥了北京大学人文科学和自然科学兼备、学科间相互结合渗透与支持的综合研究优势。历任所长:朱德熙、杨芙清。

(15)物理化学研究所

物理化学研究所是在北大原物质结构研究基地和物理化学及胶体化学研究室(1964年高等教育部批准建立)的基础上,于1983年5月获教育部批准成立的,属系一级建制,行政工作由化学系代管。它设有结构化学、胶体和界面化学、溶液化学、应用物理化学四个研究室,一个国家重点实验室(联合)(分子动态与稳态结构国家重点实验室)。该所以分子工程学和生命过程中的化学为主要研究方向,分别在分子结构和化学键理论、表面物理化学、胶体及界面化学、溶液理论、固态化学等分支学科开展基础及应用研究。在晶体体相结构与晶体化学的基础研究、分子筛结构研究、氧化物或盐类在载体上单层分散的自发倾向及其应用、蛋白酶抑制剂系列复合物立体结构研究、新型稀土复合氧化物催化剂、表面活性剂物理化学、吸附理论等方面,都取得了重要的研究成果,获得多项国家级和部委级奖励。"八五"期间承担了国家重大基础研究项目"生命过程中若干化学问题""功能体系的分子工程学研究"和数项"863"高科技项目及国家自然科学基金资助项目的研究课题。所长:唐有祺。

(16)稀土化学研究中心

1986年9月成立。主要研究方向是:稀土配位化学(光电磁功能分子)与生物无机化学;稀土分离化学与稀土材料;稀土理论化学与谱学。该中心的研究成果"应用量子化学—成键规律和稀土化合物的电子结构""串级萃取理论及其应用"分别获国家自然科学奖二等奖、三等奖,"稀土萃取分离工艺的一步放大"获国家科技进步奖三等奖;还获得国家教委科技进步奖一等奖3项、二等奖2项,省部级科技进步奖2项,以及多项校级奖励。1995年有21篇文章被SCI收录。历任中心主任:黎乐民、徐光宪。

(17)分子生物学研究所

1983年5月经教育部批准成立。主要研究方向:①生物大分子(蛋白质和核酸)的结构与功能,生物大分子活性,小分子的晶体结构,核磁共振及三维重构,生物分子的自然进化与实验进化;②细胞分子生物学,包括细胞和细胞器的超分子结构、细胞骨架、细胞核和细胞器的自组装;③基因表达调控与发育分子生物学;④蛋白质工程、植物基因工程、动物基因工程、生物技术制药等。所长陈德明,副所长潘唯钧。

(18)遥感与地理信息系统研究所

遥感与地理信息系统研究所,原名遥感技术应用研究所,1983年5月经教育部批准成立。1975年,地质地理学系在举办了多次遥感培训班的基础上成立了遥感研究组,1978年成立了遥感研究室。1981年国家科委和教育部在北大建立国家遥感中心技术培训部。在此基础上,1983年5月成立遥感技术应用研究所。1984年12月,教育部还在北大设立了高等学校联合遥感应用研究中心。1985年4月,遥感技术应用研究所从地理学系分离出来,成为一个独立单位。1993年4月,更名为遥感与地理信息系统研究所。该所主要从事遥感、地理信息系统和全球定位系统的教学、理论研究和应用开发,是国内最早成立的从事遥感与地理信息系统技术应用研究的机构之一。在高新技术的地学应用研究方面具有较雄厚基础,尤其是遥感成像机理、地理信息科学、影像的光学图像处理和计算机图像处理、遥感定量分析和地理信息系统开发,以及应用研究等方面,处于国内领先地位。在国家"六五""七五""八五""九五"重大科技攻关课题中承担了多项遥感与地理信息系统攻关课题,获得国家科技进步奖二等奖1项、三等奖1项,部委级科技进步奖一等奖多项。从1975年开始,累计为国家短期培训遥感和地理信息系统学员数千人,亚太地区短训班学员24人,对中国和亚太地区的遥感和地理信息系统发展起到了积极的推动作用。历任所长:沈克琦、杨开忠;副所长:陈凯、承继成、徐希孺、马蔼乃、秦其明、曾琪明。

(19)岩石圈地质科学研究所

1987年2月成立。该所主要是探索发生于岩石圈的地质作用的奥秘。研究方向以基础科学研究为主,兼顾应用科学和边缘科学,涉及结晶学、矿床学、岩石学、地球化学、地层学、古生物学、构造地质学、地球动力学、地热地质学和地震地质学等基础学科。近年来还开展了应用基础和应用学科方面的研究,如石油地质、工程地质、环境地质、信息地质、非金属材的应用、宝石学等。1987年以来发表的文章被SCI收录的有65篇,出版专著、译著64部,科研成果获国家自然科学奖一、二、三等奖各1项(合作完成),获国家教委及省部级科技进步奖35项。历任所长:何国琦(兼)、刘瑞珣(兼)、李茂松(兼)。

(20)地理研究所

地理研究所,原名城市区域开发与环境研究所,成立于1988年3月,是系所合一的研究机构。1993年更名为地理研究所。该所在研究理论地理学的基础上,重视和发展应用地理学研究;在土地利用、泥石流等地貌灾害的形成与防治、地市历史地理、沙漠历史地理、城市化与城市体系、景观生态学与城市生态学、环境科学与环境管理、区域发展、风景名胜区规划和旅游资源开发、工业地理等方面,取得一批研究成果,得到有关部门的重视和奖励。其中,"泰山风景名胜资源综合考察评价及其保护应用研究"获建设部、国家环境保护局科技进步奖一等奖和联合国奖励,"中国土壤环境背景值研究"获国家环境保护局科技进步奖一等奖、国家科技进步二等奖,"中国南极长城站地区地貌与沉积研究"获国家教委科技进步奖二等奖。历任所长:崔海亭(兼)、崔之久。

(21)心理学研究所

1988年3月成立。该所侧重于心理过程的基础研究,主要研究方向为:认知心理、认知神经科学、生物心理、临床咨询、心理测量、应用心理学。拥有八道生理仪、细胞电生理仪、眼动仪、录像设备及多媒体微机等实验设备。所长:王甦(兼)。

(22)环境科学中心

1982年成立,1986年12月,北大与国家环境保护局合办"国家环境保护局—北京大学环境科学中心",日常工作由北大领导。该中心参与制订《中华人民共和国环境保护法》《国土整治条例》《大气环境质量标准》,参加"北京西郊环境质量评价探索研究"等工作。获得了几十项国家级及省部级科研成果奖,1995年获"全国环境教育先进单位"称号。该中心还参与了涉及太平洋沿岸各国的 PEM/WEST 大气化学研究,负责测量中国地面臭氧有关物种浓度及其变化规律。接受国家环境保护局委托、在《蒙特利尔议定书》多边基金委员会的支持下负责编制的《中国消耗臭氧层物质的逐步淘汰国家方案》,获国务院和《蒙特利尔议定书》多边基金委员会的批准和好评,被推荐为国家方案的样板。历任中心主任:唐孝炎、张远航。学术委员会主任:唐孝炎。

(23)环境工程研究所

1994年5月成立。该所是一个以理科为基础、以理工结合为特色,集教学、科研和工程技术咨询为一体的研究机构。先后主持了欧盟科技合作项目、国家"九五"攻关项目、国家杰出青年基金、国家优秀中青年人才专项基金、国家自然科学基金等基础研究项目,并主持了三峡大坝大江截流过程模拟系统开发、香港—深圳联合治理深圳河一期和二期环境监测与审核、长江特大洪水防御措施可行性论证研究、深圳市宝安区环境总体规划等30余项应用研究项目。"固液两相流理论及在泥沙运动研究中的应用""拦减粗泥沙对黄河河道冲淤变化的影响"获国家教委科技进步奖二等奖。所长:倪晋仁。

（24）信息科学中心

1985 年 6 月成立。该中心旨在促进信息科学研究的发展,加强北大有关系所的横向联系,开展综合性的研究,培养具有较好基础及较广知识面的年轻科技人才。中心拥有国家重点实验室"视觉与听觉信息处理实验室"。其主要研究方向是:紧密结合智能计算机、智能机器人、智能武器及指挥系统、资源及管理自动化等国家重大课题和发展需要,开展机器视觉与听觉信息处理方面的基础研究与应用基础研究;特别是开展关于计算机视觉,语言、文字的识别处理与自然语言理解,多媒体信息处理,图像识别和图像数据库,视觉与听觉的神经计算模型和人工神经网络等方面的基本理论与基本方法研究,以及具有显著经济和社会效益的应用研究中的基础性工作,以期为实现实用的机器人视觉系统与听觉系统提供可用的方法与技术,指导实用产品的开发。该中心研制的"指纹自动识别系统"获国家教委科技进步奖一等奖及国家科技进步奖二等奖。历任中心主任:石青云、迟惠生（兼）、唐世渭。中心学术委员会主任:程民德。

第三节　科研成果及获奖项目

一、京师大学堂时期

这一时期,科学研究尚未提上日程。可视为学术成果的,一是译书局翻译的书稿和编书处编写的课本,二是部分教师编写的讲义。

大学堂设立在上海的译书局,从 1903 年 1 月至 1904 年 7 月,先后五次呈送大学堂的译书稿计有 25 种、82 册包括:《学校改良论》2 册、《欧美教育观》2 册、《爱国心》1 册、《中学矿物学教科书》1 册、《垤氏实验教育学》5 册、《新体欧洲教育史要》3 册、《实验学校行政之职员儿童篇》3 册、《实验学校行政法内之立法司法外政篇》4 册、《泛论设备篇》2 册、《格氏特殊教育学》2 册、《西洋伦理学史》2 册、《美国通史》5 册、《教育古典》2 册、《德意志教授法》4 册、《儿童矫弊论》3 册、《博物学教科书植物部》2 册、《财政学》6 册、《地文学》4 册、《矿物学教科书》1 册、《博物学教科书生理部》2 册、《经济统计学》上编 4 册、《今世欧洲外交史》上篇 10 册、《经济统计学》下篇 4 册、《天文浅说》4 册、《博物学教科书动物部》4 册。

编书处编纂课本的情况不详。

教师编写的讲义,在 1907 年 1 月 10 日《大学堂呈送师范旧班讲义请学部甄择文》中称:"现在旧班师范生将届毕业、所有各类学科讲义裒辑排比共得三十九种……呈请贵部发交图书局暨审定科各员详加甄择,俾成精本,以飨方来。"这39种讲义的目录不详。从有关史料查到的大学堂所编讲义有以下数种:

(1) 副总教习张鹤龄的《京师大学堂伦理学讲义》、《修身伦理教育杂说讲义》。

(2) 汉文教习王舟瑶的《京师大学堂经学讲义》;《中国通史讲义》。

(3) 汉文教习屠寄的《京师大学堂中国史讲义》。

(4) 史学教习陈黻宸的《京师大学堂中国史讲义》)。

(5) 教习汪荣宝的《本朝史讲义》。

(6) 经科、文科教习林纾的《京师大学堂修身讲义》(2卷)。

(7) 教习杨道霖的《京师大学堂掌故学讲义》。

(8) 译学馆教习蔡元培的《京师大学堂国文学讲义》。

(9) 教习邹代钧的《京师大学堂中国地理讲义》、《中国地理志》。

(10) 日本教习服部宇之吉的《京师大学堂心理学讲义》(共两篇9章)、《京师大学堂万国史讲义》。

(11) 日本教习於荣三郎的《京师大学堂经济学讲义》、《京师大学堂经济学各论》。

二、中华民国成立至抗日战争全面爆发时期

(一) 1912—1927年

这一时期,从1917年起,在蔡元培的倡导下,学校创办研究所、印行学术刊物、举办学术讲座,学术研究蔚成风气,在学科建设、史料整理、社会调查、国学研究等方面,取得了一批具有开创性的研究成果。尤其是高举民主与科学旗帜,首倡文学革命,推动新文化运动深入发展,学习、研究和传播马克思主义,介绍相对论等自然科学理论,对中国近现代思想理论、学术文化、科学技术和高等教育的发展发挥了重大作用。

1919年1月,首先创刊的《北京大学月刊》在第一卷第一号上刊载有蔡元培的《哲学与科学》、钱玄同的《中国文字形体变迁新论》、朱希祖的《文学论》、冯祖荀的《以图像研究三次方程式之根之性质》、何育杰的《X线与原子内部构造之关系》等。在陆续出版的月刊上发表的关于自然科学方面研究的论文有《中国数学源流考略》《近世几何学概论》《百年来化学发达史略》《今后研究化学之趋向》《安斯顿(即爱因斯坦)相对论》等。

1922年1月成立的研究所国学门所进行的史料搜集、整理和研究,成果丰硕。(1)明清史料整理会,对明清内阁大库部分档案进行分类、编号和摘编,整理出533200多件和600多册;编辑出版了《明清史料整理会要件陈列

室目录》《清九朝京省报销册目录》《清顺治元年内外官府奏疏》《嘉庆三年太上皇起居注》等。(2)考古学会，组织了古迹古物的调查和研究，收集金石、甲骨、玉、砖瓦、陶等器物 4087 件，金石拓本 12553 种；编辑了《甲骨刻辞》《金石书目》《封泥存真》《古明器图录》等。(3)歌谣研究会，据 1926 年统计，征集各地歌谣 13900 余首；编辑出版了《歌谣汇编》《歌谣选粹》；出版了 8 种《歌谣丛书》；出版了《歌谣周刊》。(4)方言研究会，由林语堂拟定"方音字母草案"，印制《方言地图调查表》，分省调查各地方言。(5)风俗调查会，顾颉刚、容庚等到北京妙峰山、东岳庙、白云观等处进行进香风俗调查，在《京报》副刊连载调查研究通讯。

研究所国学门导师和指导教师研究成果丰硕，如导师陈垣编著的《中西回史日历》《二十史朔闰表》，钢和泰著、胡适译《音译梵书与中国古音》，伊凤阁的《西夏国书说》等。研究生也有不凡的研究成绩，如商承祚的《殷墟甲骨文字汇编》、容庚的《金文编》等。

这一时期出版的学术论著(译著)主要有两部分。一部分是商务印书馆出版的"北京大学丛书"和由新潮社出版的"新潮丛书"，另一部分是不包括在丛书之内的论著。

1."北京大学丛书"

(1)陈大齐著《心理学大纲》。我国第一本大学心理学教科书。

(2)胡适著《中国哲学史大纲》(卷上)。

(3)周作人著《欧洲文学史》

(4)梁漱溟著《印度哲学概论》

(5)陈映璜著《人类学》

(6)高一涵著《欧洲政治思想史》

(7)张祖训著《政治学大纲》

(8)何炳松译《新史学》

2.由新潮社出版的"新潮丛书"

(1)鲁迅著《中国小说史略》(上下册)

(2)王星拱著《科学方法论》

(3)陈大齐著《迷信与心理学》

(4)陶履恭译《近代心理学》

(5)周作人辑译《点滴》

(6)杜威讲演，吴康、罗家伦译《思想的派别》

(7)李小峰《疯狂的心理》

3.不包括在丛书之内的论著

(1)刘师培著《中古文学史》

（2）刘文典著《〈淮南鸿烈〉集解》

（3）梁漱溟著《东西文化及其哲学》

（4）熊十力著《唯识论概论》

（5）钱玄同著《文字学音篇》

（6）刘复著《四声实验录》

（7）张竞生著《美的人生》

（8）陈汉章著《中国通史讲义》《中国上古史》

（9）朱希祖著《中国文学史要略》《中国史学概论》

（10）马衡著《中国金石学概要》

（11）顾颉刚编著《古史辨》（第一册）

（12）陈垣编著《中西回史日历》《二十史朔闰表》

（13）崔适著《〈论语〉足征记》《〈史记〉探源》《春秋复始》

（14）商承祚编著《殷墟甲骨文字汇编》

（15）张煦注《〈公孙龙子〉注》

（16）罗庸著《〈尹文子〉校注》

（17）游国恩著《楚辞概论》

（18）马叙伦著《古书疑义举例》《庄子札记》

（19）杨昌济著《西洋伦理学史》《伦理学之根本问题》

（20）陈大齐著《哲学概论》《心灵现象学》、译《审判心理学大意》

（21）胡适著《墨子哲学》《先秦名学史》

（22）黄节著《诗学》

（23）吴梅著《曲学通论》、《古今名剧选》

（24）陶履恭著《社会与教育》

（25）张颐著《黑格尔的伦理学》

（26）朱溶译《儿童心理学》

（27）何基鸿著《现行律例关于民事有效部分》

（28）王建祖著《财政学参考》

（29）马寅初著《经济名词英和索引》

（30）康宝忠著《中国法制史》（上下卷）

（31）冯承钧著《中国法制史讲义》

（32）叶瀚著《中国美术史》

（33）何炳松编译《中古欧洲史》、《近世欧洲史》

（34）徐宝璜著《新闻学》

（35）萧一山著《清代通史》

（36）夏元瑮译《相对论浅析》（爱因斯坦著）

（37）李书华著《普通物理学实验讲义》（第一册）

（38）丁绪贤著《化学史通考》

（39）孙云铸著《中国北方寒武纪动物化石》、《中国的寒武系、奥陶系与志留系》

（40）李四光著《华北晚近冰川作用的遗迹》、《中国第四纪冰川作用的证据》、《地球表面形象变迁之主因》等。

（41）葛利普著《地质学教程》（第二册，地史学）、《震旦系》、《中国古生物志》（上）、《中国地质史第一卷（古生代）》、36幅《亚洲古地理图》及说明书。

（二）1927—1937年

1927年8月至1928年8月北京大学先后被合并于京师大学校、北平大学，师生开展复校斗争，学校处于动荡之中，科学研究陷于停顿。

从1929年8月北大校名恢复，至1937年"七七事变"南迁长沙前，这期间社会相对稳定，国家财政拨付的教育经费有一定保障，又有中华教育文化基金会合作研究特款的资助，有条件扩充图书馆、实验室的建设，增加仪器设备的购置。科研机构进一步完善，成立了研究院，设立了研究教授职称，聘请了一批知名学者、科学家，科学研究工作有了新的进展，特别是理科发展较快，取得了一批重要成果。

这一时期，各系科科研的发展及其取得的主要成果大体如下。

在数学方面，有冯祖荀的《柯虚氏积分公式之新证法》《柯虚氏收敛定理之新证法》《椭圆函数论》；江泽涵用直接的方法研究二度的有向的闭族之抽象的彭加莱群，著有《平面区域调和函数之歧》等，还进行了关于势函数的临界点问题、二锥流形在连续变换下不动点问题的研究；申又枨的解析函数的逼近及插值问题的研究；斯伯纳与希莱亚合著《解析几何及代数》第二卷出版。

在物理学方面，王守竞与助教一起建立了真空系统、阴极溅射设备、制造渥拉斯顿线的设备和磨制光学平面的设备，制出直径十余厘米的光学平面，不平度小于$1\mu m$并从理论上得一测定玻璃不平度的方法，其论文在1932年中国物理学会年会上宣读。1933—1938年，物理学系教师在国内外物理期刊上发表理论及实验论文21篇，绝大部分是光谱学和原子分子结构方面的，其中有饶毓泰对多原子分子斯塔克效应的研究，周同庆和赵广增对汞分子光谱的研究，吴大猷、饶毓泰、郑华炽、孙承谔（化学系）等对多原子光谱及拉曼光谱的研究。吴大猷还进行理论研究，包括氢原子的双激发态、原子的自电离、原子的电子亲和性等。他引入了原子激发态的电子亲和性的概念，在三年多的时间里，单独或与他人合作发表论文达15篇之多。朱物华、张仲桂从事滤波器特性的理论与实验研究，发表论文3篇。

在化学方面,刘树杞发表制革方面的论著有、《铬革乳液上油过程的研究》、《皮革制造中灰浸法的研究》等,另有《从熔盐 $Na_4P_2O_7$—Na_3PO_4—WO_3 体系中电解生产钨粉》《铂在铜上的电解沉积》等电化学工艺的论文发表。曾昭抡 1932—1937 年发表学术论文 50 余篇,其中"对亚硝基苯酚"的研究成果"马利肯熔点测定仪的改进"被广泛采用;在有机化学理论方面提出化合物沸点的计算公式;在有机卤化物、有机金属化合物、酚与醌类化合物、胺类化合物的合成及有机元素分析等领域成果更多。钱思亮发表的论文有《某些卤化甲基硫酚的合成》、《某些取代基对酚的杀菌性能的影响》以及在立体化学、有机试剂在无机分析中的应用方面的多篇论文。孙承谔 1935—1936 年发表了《对乙烯的氢加成反应的理论探讨》《某些包含自由基反应的活化能》《不饱和酸的溴化》《卤化氢对乙烯加成反应的活化能》等论文。

在生物学方面,有汪敬熙的大脑皮质之运动中枢与瞳孔的伸缩关系的研究,在《中国生理学杂志》上发表的研究报告《以光刺激网膜所引起视觉大脑皮上和上四叠体内的动作电势》,张景钺的论文《被子植物所生韧皮之发达》,以及关于芥菜叶的生产率问题的研究等。

在地质学方面,美籍教授葛利普从 1920 年应聘北大教授到 1937 年,发表论著 130 部(篇),主要有《震旦系》《中国泥盆系》《中国古生物珊瑚》《中国古地理图》《中国地层问题》《中国早二叠纪化石》《中国之石炭纪及其与各国相当地层分层之研究》《中国地质史》等专著。李四光早在 20 世纪 20 年代就在古生物蜓科化石的研究方面获得了重要成果,出版了《中国北部之蜓科》专著。英国伯明翰大学因他的此项研究特于 1931 年 7 月授予他自然科学博士学位。他是我国第四纪冰川学的奠基者。1921 年夏他在山西大同盆地首次发现第四纪冰川作用遗迹,发表的论文《华北晚近冰川作用的遗迹》是中国第四纪冰川研究的第一篇文献。1931 年夏他在江西庐山也发现冰川作用遗迹,发表了《扬子江流域之第四纪冰川》、《关于研究长江下游冰川问题的材料》、《安徽黄山之第四纪冰川现象》等论文。1932 年他完成了《冰期之庐山》一书,这本书由于战争的影响,直到 1942 年才用中英文同时出版。李四光还以其关于地质力学的研究而闻名于地质学界。他在这方面的研究始于 1920 年,从 1929 年起发表了《东亚一些构造型式及其对大陆运动问题的意义》、《扭转天平之理论》、《中国东南部古生代后期之造山运动》、《再论构造型式与地壳运动》、《中国之构造格架》、《中国之构造轮廓及其动力学解释》等。1935 年他在英国 8 所大学讲演,介绍中国地质构造问题,讲稿整理成《中国地质学》一书(此书 1939 年在英国出版)。丁文江发表《丁氏石燕与谢氏石燕宽高率差之统计研究》,1933 年他与葛利普合写两篇论文《中国之石炭纪及其与密西西比系及宾夕法尼亚系分类的关系》《中国的二叠系及其在二叠系划分上的意义》。谢家荣在煤矿研究方面发表了《江西乐平煤——中国煤之一新种》《浙江长兴煤田地质报告》《煤之成因与分类》（1934）等论文；在铁矿研究方面，1935 年发表了《扬子江下游铁矿志》（与孙健初、程裕淇、陈恺合著）；在石油矿床研究方面，1934 年发表了《浙江长兴煤田内发生油苗之研究》《山西盆地和四川盆地》等论著，后者在潘钟祥调查结果的基础上确认陕北产油地层为陆相。这是中国地质学家第一次提出陆相地层产油的论述。他还发表了《中国之石油》、《中国之石油储量》、《中国之石油富源》等论文。在矿床综合研究方面，他发表了《中国中生代末第三纪初之造山运动火成岩活跃及与矿产造成之关系》、《中国之矿产时代及矿产区域》等论文。孙云铸在 1924 年即著有《中国北方寒武纪动物化石》一书。这一时期他的代表性著作有《中国中部和南部奥陶纪三叶虫》、《中国北部上寒武纪之三叶虫化石》等。他是我国研究笔石化石的先驱，是最早研究棘皮动物化石的学者。斯行健 1932—1937 年发表论文 16 篇，主要有《新疆迪化之木化石研究》《湖南跳马涧系为最古鳞木之发现》《山西、四川、贵州三省植物化石》等。

在人文社科的语音学、语言学方面，文科研究所的罗常培著有《厦门音系》《楚韵探迹》，魏建功著有《古音系研究》（1935）、《方言研究》等。刘复1932 年翻译出版了《比较语言学概论》后，陆续编撰了《中国俗曲总目稿》《十韵汇编》，发表了《中国文法讲话》《西汉的日晷》等著述，并发明了声调推断尺，研制出"乙声调推断尺"。

在史学方面，明清史料整理室对购入的 60 万件清内阁大库所藏有关明清史料档案进行整理、研究和刊印。孟森还著有《明元清系通纪》《清初三大疑案考实》（三大疑案指清太后下嫁、清世祖出家、清世宗入承大统）。陈受颐进行了"明末清初中西文化接触"研究。钱穆著有《先秦诸子系年》《近三百年学术史讲义》《秦汉三国史》。姚从吾著有《北京大学历史研究法》。唐兰著有《殷墟文字记》。张相文著有《中国地理沿革》。考古学室主要是对西北科学考察团在甘肃等地所得一万多件汉简进行整理和研究，著名学者陈受颐、蒙文通、傅斯年、孟森等参加了整理工作。郑天挺、姚士鳌、罗尔纲等参加了对考古室所藏金石拓片的整理，编辑了《金石文字目录》。

在哲学方面，汤用彤写出了《汉魏两晋南北朝佛教史》的提纲，张颐著有《黑格尔哲学思想研究》，贺麟著有《黑格尔学术》《黑格尔》，熊十力著有《新唯识论》、《佛家名相通释》，朱光潜著有《谈美》《西方文艺批评史》《致青年的十二封信》等。

在政治、经济、法律、社会学方向的论著有：许德珩的《社会学概论》《社会学方法论》《家庭进化论》《唯物史观社会学》，张忠绂的《中国国际关系》《近代远东外交史》《欧洲外交史（1915—1933 年）》，赵迺搏的《英国制度经济学前驱人琼斯》《重农学派与重商主义之比较》等。

三、西南联合大学时期

西南联合大学时期，在经费设备等极端困难的条件下，教师们克服困难，坚持教学和研究，一些学科取得了重要的科研成果。

算学系教师在国内外数学刊物上发表论文 127 篇。其中，华罗庚关于素数变数的华林问题的研究，以及变数之素数的方程组的研究，获得国内外数学界的较高评价。陈省身在微分几何中高斯－波内公式的研究和拓扑学方面的研究获得重要成果。

物理学系师生，包括清华大学金属研究所、无线电研究所师生，在国内外学术期刊上发表论文 108 篇，其中在国外期刊发表 50 篇。周培源在相对论研究方面，于 1939 年发表有关弗里特曼宇宙的论文 9 篇；在湍流的研究方面，从 1938 年开始，带领师生发表论文 12 篇。他的"湍流理论研究"1942 年获教育部第二届自然科学类一等奖。饶毓泰、吴大猷、郑华炽等指导青年学生薛琴访、虞福春、黄昆等在原子、分子结构及光谱的研究方面发表论文 26 篇。吴大猷的专著《多原子分子之结构及其振动光谱》（英文版）1942 年获教育部第二届自然科学类一等奖。他的"建筑中声音之涨落的现象"1945 年获得教育部第五届自然科学类二等奖。王竹溪在热力学与统计物理的研究方面发表论文 8 篇，与人合作发表论文 1 篇，在他指导下，林家翘、杨振宁、李萌远等发表论文 5 篇。他的"热学问题之研究"1943 年获教育部第三届自然科学类二等奖。在介子理论和量子理论研究方面，马仕俊和他指导的薛琴访、虞福春发表论文 11 篇，马仕俊的"原子核及宇宙射线之向学研究"1942 年获教育部第二届自然科学类二等奖。在核物理研究方面，张文裕、王承书、赵忠尧等人发表论文 6 篇。在 X 射线吸收的研究方面，吴有训等发表论文 2 篇。在 X 射线晶体结构分析研究方面，余瑞璜、赫崇本、黄培云等发表论文 13 篇。在电子学研究方面，任之恭、孟昭英等发表论文 18 篇。在生物物理研究方面，汤佩松等发表论文 4 篇。

化学系张青莲先后发表关于重水研究的论文 19 篇，《重水研究》论文集 1943 年获教育部第三届自然科学类二等奖。曾昭抡和孙承谔著有《脂肪熔点的计算》《原子半径与沸点的关系》《原子半径与密度的关系》《原子半径与临界温度的关系》等论文。朱汝华的"关于分子重排及有机综合论"1942 年获教育部第二届自然科学类三等奖。

生物学系教师，据不完全统计共发表论文 28 篇。李继侗在光合作用的原发反应研究中，与他的学生殷宏章一起作出了重要贡献。他们利用离体培养法研究银杏的胚胎发育过程，是我国人工培养组织和器官的开端。殷宏章还发表《生长素对于 Chlorella 生长之影响》等 5 篇论文。沈嘉瑞是我国甲壳动物研究的创始人之一，发表了《华北蟹类杂记》《华南蟹类之研究》《中国蟹类之四新种》等论文 10 篇。牛满江发表了《北平水蛙志》《金鱼鼻腔表皮细胞之研究》等 5 篇论文。陈阅增发表了《北平之端足类》《淡水苔藓虫之组织学研究》等论文。沈同和他的学生关于余甘子（滇橄榄）的维生素 C 的研究成果在《自然杂志》第 152 期上发表。

地质地理气象学系的研究是结合西南特别是云南的地质矿产进行的，如对易门铁矿、个旧锡矿、东川铜矿、滇中铁矿、富源锑矿等的调查，对煤、铁、铝、锡、铜、锑、铅、汞、磷等资源都有新的发现。该系发表论文共有 82 篇。其中地质调查方面的论文 4 篇，如冯景兰的《云南滇缅铁路沿线地质》《云南呈贡县地质》等。矿产方面的论文 20 篇，如冯景兰的《川康滇铜矿纪要》《川康滇铜矿之表生富集问题》等。冯景兰的《川康滇铜矿纪要》1942 年获教育部第二届自然科学类二等奖。古生物研究方面的论文 12 篇，如孙云铸的《滇西晚寒武世凤山期三叶虫动物群之发现》《湖南泥盆纪之二新三叶虫》、张席褆的《广东连滩之新笔石层》等。杨钟健的《许氏禄丰龙》1943 年获教育部第三届自然科学类一等奖。地层研究方面的论文 14 篇，有孙云铸的《关于中国寒武纪地层界限问题》、张席褆的《云南古生代的地质略史（节要）》等。孙云铸的《中国古生代地层之划分》获 1942 年教育部第二届自然科学类二等奖。构造地质方面的论文 3 篇，如米士的《云南构造史》、孙云铸的《早古生代中缅地槽的范围与特征》等。地文方面的论文 3 篇，如冯景兰的《关于中国东南部红色岩层之划分的意见》《云南大理县之地文》等。考古方面的论文 2 篇，如袁复礼的《蒙新五年行程记》（上卷）等。地理方面的论文 21 篇，如张印堂的《云南经济地理》、洪绂的《中国之地理区域》、林超的《第二次世界大战之地理基础及其展望》、鲍觉民的《云南呈贡县落河区的土地利用》等。张印堂的《滇缅铁路沿线经济地理》1942 年获教育部第二届社会科学类三等奖。气象方面论文 3 篇，如李宪之的《气压年变型》，赵九章的《非恒态吹流之理论》《现代气象学之研究与天气预报》等。赵九章的《大气之涡旋运动》1943 年获教育部第三届自然科学类二等奖。

中国文学系教师，有的将多年来的研究成果整理成专著，有的因地制宜开拓新的研究领域。朱自清、叶圣陶合著《精读指导举隅》《略读指导举隅》对阅读教学作出了贡献。刘文典的《三余札记·读〈文选〉杂记》记录了他在"文选"课的讲授内容。王力的《中国现代语法》《中国语法理论》先后在商书印书馆出版。《中国语法理论》1942 年获教育部第二届文学类三等奖。朱光潜的《诗论》1943 年获教育部第三届文学类二等奖。闻一多的《楚辞校补》1943 年获教育部第三届古代经籍类二等奖。阴法鲁的《先汉乐律初探》1943

年获教育部第三届音乐类三等奖。李嘉言的《贾岛年谱》1944 年获教育部第四届文学类二等奖。唐兰著《古文字学导论》《王命传考》等。

历史学系雷海宗 1940 年出版《中国文化与中国的兵》论文集。吴晗著有《从僧钵到皇权》，出版名为《明太祖》，增订版改为《朱元璋传》。郑天挺《清代皇室之氏族与血系》等关于清史研究的论文，用大量史料证明满汉之间密不可分的联系，有力地驳斥了日本制造的"满洲独立论"。这些论文收入1946 年出版的《清史探微》一书。钱穆著《国史大纲》由商务印书馆出版。向达于 1941—1942 年、1942—1943 年两次代表北京大学参加西北史地考察团历史考古组，发表《论敦煌千佛洞的管理研究及其他连带的几个问题》，提出千佛洞应收归国有，以保护和研究敦煌艺术，促成敦煌艺术研究所的成立。陈寅恪的《唐代政治史述论稿》1943 年获教育部第三届社会科学类一等奖。

哲学心理学系，冯友兰将自己的哲学思想系统化，写成《新理学》，接着又写出《新事论》、《新世训》、《新原道》、《新原人》、《新知言》，共六本书，合称"贞元六书"。《新理学》1941 年获教育部第一届哲学类一等奖。汤用彤的《汉魏两晋南北朝佛教史》1943 年获教育部第三届哲学类一等奖。金岳霖所著《论道》一书建立了他的哲学体系，1941 年获教育部第一届哲学类二等奖。贺麟出版了专著《知难行易说与知行合一论》、《近代唯心论简释》和译著《致知篇》(斯宾诺莎著)。郑昕著有《康德学述》。

法商学院政治学系，钱端升与王世杰合著的《比较宪法》，是全国高校政治学系的重要教材。钱端升还著有《中国政府与政治》。王赣愚著有《中国政府》《县政府》等。经济学系杨西孟著有《当前通货膨胀的实质》。樊弘的《资本积蓄论》1945 年获教育部第五届社会科学类二等奖。法律学系蔡枢衡著有《中国法律之批判》、《刑法学》等。社会学系陈达著 *Emigrant Communities in South China* 1940 年在美国纽约出版。潘光旦著有《人文史观》、《优生原理》和译著《性心理学》(霭理士著)等。李树青著有《蜕变中的中国社会》、《土地经济学》(上下册)。费孝通著有《江村经济》(英文版)、《禄田农村》、《内地农村》等。《禄田农村》1942年获教育部第二届社会科学类三等奖。

师范学院国文学系张清常的《中国上古音乐史论丛》1943 年获教育部第三届音乐类三等奖。教育学系罗建光的《教育行政》1943 年获教育部第三届社会科学类三等奖。工学院土木工程系在水利工程、公路研究、材料试验等方面做了不少实际工作，发表论文 74 篇。机械工程学系初期与云南省建设厅合作，成立农县改进委员会，从事设计、制造适用于云南的风车、水车以及浅耕犁之改良研究，后在资源委员会经费补助下开展科学研究，发表 8 篇论文。电机工程学系在资源委员会的资助下，在电气铁道、电力系统、冶金工业等方面完成 12 项科研成果。航空工程学系庄前鼎 1940 年在昆明白龙潭建成 5 英尺风洞，这是当时国内唯一可用于开展空气动力学研究的风洞，后又建成烟气风洞，研制成我国第一架滑翔机。当时昆明汽油严重短缺，为寻找代用燃料，化学工程学系教师起初办了几个小型酒精厂，后创建了一个中型酒精厂，又创建了用煤炼油的利滇化工厂。此外，还创办了自动化工厂，用云南盛产的榉子油水解制造硬脂酸。

1941—1946 年间，教育部学术评审会议共进行了六届学术奖励，西南联大在前五届共获奖 33 项，其中一等奖 7 项，二等奖 13 项，三等奖 13 项。具体情况见下表。

年份	届次	获奖类别	获奖等级	获奖者	获奖项目
1941	第一届	文学类	三等	陈铨	野玫瑰
		哲学类	一等	冯友兰	新理学
		哲学类	二等	金岳霖	论道
		自然科学类	一等	华罗庚	堆垒素数论
		自然科学类	二等	许宝騄	数理统计论文
1942	第二届	文学类	三等	王力	中国语法理论
		社会科学类	三等	张印堂	滇缅铁路沿线经济地理
		社会科学类	三等	费孝通	禄村农田
		自然科学类	一等	周培源	湍流理论研究
1942	第二届	自然科学类	一等	吴大猷	多原子分子结构及其振动光谱
		自然科学类	二等	钟开莱	对于概率论与数论之贡献
		自然科学类	二等	马世骏	原子核及宇宙射线之向学理论
		自然科学类	二等	孙云铸	中国古生代地层之划分
		自然科学类	三等	朱汝华	关于分子重排及有机综合论
		自然科学类	三等	冯景兰	川康滇铜矿纪要
		应用科学类	二等	李谟炽	公路研究

年份	届次	获奖类别	获奖等级	获奖者	获奖项目
1943	第三届	文学类	二等	朱光潜	诗论
		文学类	三等	高华年	昆明核桃等村土语研究
		哲学类	一等	汤用彤	汉魏两晋南北朝佛教史
		古籍整理研究类	二等	闻一多	楚辞校补
		社会科学类	一等	陈寅恪	唐代政治史述论稿
		社会科学类	三等	郑天挺	《法羌之地望与对音》等论文三篇
		社会科学类	三等	罗廷光	教育行政
		自然科学类	一等	杨钟健	许氏禄丰龙
		自然科学类	二等	王竹溪	热学问题之研究
		自然科学类	二等	张青莲	重水研究
		音乐类	三等	张清常	中国上古音乐史论丛
		音乐类	三等	阴法鲁	先汉乐律初探
1944	第四届	文学类	二等	李嘉言	贾岛年谱
1945	第五届	社会科学类	二等	樊弘	资本积蓄论
		自然科学类	二等	吴大猷	建筑中声音之涨落现象
		自然科学类	三等	阴法鲁	唐宋大曲之来源及其组织

四、复员北平后时期

1946 年北大复员北平后,由于国民党发动内战,社会动荡,物价飞涨,办学困难重重,科学研究工作未能全面开展。但在师生的努力下,某些方面也取得了一些成绩。

理学院数学系进行了关于统计数理方面和插值问题的研究。系主任江泽涵曾赴欧洲考察数学的教学和研究,在瑞士研究拓扑学。物理学系的研究主要集中在光谱学方面,如吴大猷研究日晷光谱与夜天光谱,其著作《振动光谱及复原子的分子构造》得到中外学者的赞许和引证。马大猷关于建筑声学、张宗燧关于相对论性场论的研究取得了一定的进展。化学系进行了脂肪酸的糟脂的研究、氢键学说在有机化学中应用问题的研究。动物学系的研究,在形态及解剖精确认识的基础上,向实验动物学方面发展,进行了马蛔虫畸形机体的研究、蝾螈实验胚胎学研究、内分泌与瘤产生关系的研究以及发生时期神经和行为之关系的研究、发生时期各胚胎层的关系和对器官发生的影响的研究等。植物学系编写了《普通植物学—形态部》并进行了淀粉综合酶的细胞化学的研究。地质学系孙云铸在地层学和古生物学方面发表了《云南东部马龙曲靖之志留纪地层》（与王鸿祯合著）、《云南保山区地层及地质构造》（与司徒穗卿合著）、《云南横断山脉之地质观察》《云南古生代地层问题》、《亚洲多房海林檎种的地层学与生物学地位》（与司徒穗卿合著）、《滇西一些奥陶纪与志留纪海林檎的早期发现及其意义》等著作。1948 年他在伦敦第 18 届国际地质大会上宣读论文《太平洋——早期古生代生物扩散的主要中心》，这是一篇古生物学、地层学、古生物地理学综合研究的论著。王竹泉教授发表的论文有《最近平东地震之原因》、《山西临县紫金山碱性正常岩岩浆分化之我见》、《31 年来中国地质调查与研究》、《华北地质构造之新解释》等。其他教师的论文有王嘉荫的《衡山花岗岩中石英脉之岩组分析》、《南岭一段》、《湖南山系构造概略》、《放射性元素探寻管见》，徐仁的《一平浪中生代植物化石》，王鸿祯的《云南志留纪珊瑚之新材料》，杜恒俭的《陕西汉中梁山二叠纪地层之初步研究》、《近十年内陕甘境内脊椎动物化石新地点之发现》等。1948 年北大建校 50 周年，地质学系编辑刊印了纪念文集地质学卷。

医学院的主要研究项目有生物化学科的低级抗体、果物自结果至成熟期间两种维生素及氧化酶之测定、大豆食品制造之改善以及血液中胆固醇与诸种食物的关系。外科方面有试用气管内麻醉法、硬脊膜外麻醉法和连续尾追麻醉法于会阴部手术，骨结核完全切除后施以植骨术等。外科专任讲师吴阶平发表了关于泌尿科治疗新法的两篇学术论文。农学院、工学院的研究也有一定程度的开展。农学院罗道庄校园曾被日军占据八年之久，建筑等破坏严重，需恢复重建，科研开展受到局限。

在人文社会科学方面，文科研究所古器物整理室聘请梁思永、裴文中为导师，对 1946 年接收日本东亚考古学会存放于北京、曲阜等地的文物进行整理，对原研究所国学门考古学会所藏文物等重新清点、登记卡片、编制新目、分类陈列。明清史料整理室对所藏清内阁大库有关顺治、康熙、乾隆三朝题本和有关明末农民起义的资料进行整理，缮造清册，编辑《明史料目录稿》四卷。西方哲学编译委员会，由贺麟主编的《哲学评论》在 1947—1948 年间有较大影响，他的新著《哲学与人生》1947 年由商务印书馆出版。

文学院、法学院的教师也进行了一些学术研究工作，如东方语文学系马坚译注《古兰经》，政治学系有的教师收集有关国民党各级政府行政方面的资料,经济学系教师编制北大教职员生活指数等。

这一时期的重要学术论著基本收录在《国立北京大学五十周年纪念论文集》中。

五、中华人民共和国成立至"文化大革命"结束时期

(一)文科

1. 1949—1952 年

从 1949 年 1 月北平解放至 1952 年全国院系调整这两年多时间,学校和广大教师的主要精力是进行初步的教学改革,只有少数人进行了一些科学研究工作,取得了一些成绩,主要如下。

阎文儒:《河西考古简报》(1950 年《国文季刊》)

王辅世译、袁家骅、齐家乔校:《马尔派语言批判》(1950 年 7 月)

明清史料整理室:《明末农民起义史料》(1951 年,开明书店)

民国史料整理室:《中国共产党初期的报纸》(1950 年 7 月完稿)

王太庆译:《费尔巴哈之宗教本质》《狄德罗哲学选辑第一辑》(初稿)

宿　白:《半瓦当古文研究》(初稿)

周定一、陈士林、喻世长:《新文字方案研究》

王达津:《尚书中的古史料研究》(初稿)

民国史料整理室:《孙中山与中国的政党》《李大钊传》(部分初稿)

2. 1952—1966 年

这一时期出版的部分论著如下。

王　瑶著:《陶渊明集》(1956 年)、《中古文学史论》、《中国新文字史稿》(1953 年)

袁家骅著:《阿细民歌及其语言》(1953 年,科学出版社)、《汉语方言概要》(1956 年,文字改革出版社)

高名凯著:《普通语言学》(1957 年)、《语法理论》(1960 年)、《语言论》(1963 年)

王　力著:《古代汉语》(上、下四册,1962—1964 中华书局)、《汉语音韵》(专著,1963 年)、《语言与逻辑》(论文,1961 年)、《略论语言形式类》(论文,1962 年)

游国恩等著:《中国文学史》(四卷本,1963 年 7 月,人民出版社)、《中国文学史教学大纲》(1957 年,高等教育出版社)、《中国文学史大纲》(1962 年,人民文学出版社)

游国恩、吴小如合编:《先秦文学史参考资料》(1957 年,高等教育出版

社）、《两汉文学史参考资料》（1959 年,高等教育出版社）

林　庚著:《诗人屈原及其作品研究》（1952 年,上海棠棣出版社,1955 年再版）

吴组缃著:《宋元文学史纲》、《明清文学史纲》、《说稗集》（1987 年 8 月,北大出版社。该书收录了作者研究《红楼梦》《三国演义》《水浒传》《西游记》《儒林外传》等古典名著的论文）

翦伯赞主编:《戊戌变法》（"中国近代史料丛刊"第八种,共四册,1953 年上海神州国光出版社）

翦伯赞著:《历史问题论丛》（收录 1950 年至 1955 年八篇论文,1956 年,三联书店出版）

翦伯赞主编、齐思和等合编:《中外历史年表（公元前 5000 年－公元 1918 年）》（1958 年,三联书店出版,1963 年中华书局再版）

翦伯赞、郑天挺主编:《中国通史参考资料》（古代部分,第一册至第四册,1962 年至 1966 年,中华书局出版）

翦伯赞主编:《中国史纲要》（第三册自五代至明清,1963 年,人民出版社;第四册自鸦片战争至五四运动,1964 年,人民出版社;第二册,自魏晋至隋唐,1965 年,人民出版社。）

邵循正主编:《中法战争》（"中国近代史料丛刊"之一,1955 年上海新知识出版社出版）

邵循正主编:《中日战争》（"中国近代史丛刊"之一,1956 年由上海新知识出版社出版）

邵循正、翦伯赞、胡华合作编写:《中国史纲要》（1956 年,人民出版社出版）

周一良著:《亚洲各国古代史》（上册,1958 年,高等教育出版社）

周一良、吴于廑主编:《世界通史》四卷本（1962 年,人民出版社）

周一良著:《魏晋南北朝史论集》（1963 年,中华书局）

邓广铭著:《王安石》（1953 年,三联书店）、《辛弃疾（稼轩）传》

齐思和著:《世界中世纪讲义》（1952 年,高等教育出版社）。

齐思和主编:《鸦片战争》（"中国近代史丛刊"之一,1954 年）

王太庆译:《宗教的本质》（1953 年,人民出版社）、《唯物论史论丛》（1953 年,人民出版社）

贺麟译:《小逻辑》（1954 年,三联书店）

贺　麟、王太庆译:《哲学史讲演录》（第 4 卷,黑格尔著）（1959 年,三联书店）

贺　麟、张世英著:《黑格尔关于辩证逻辑与形式逻辑的关系的理论》

（1956 年，上海人民出版社）

洪　谦译：《未来哲学原理》(1955 年，三联书店)

洪　谦等译：《哲学史简编》(1957 年，人民出版社)

汤用彤、任继愈著：《魏晋玄学中的社会政治思想略论》(1956 年，上海人民出版社)

汤用彤著：《魏晋玄学论稿》(1957 年，人民出版社)、《往日杂稿》(1962 年，中华书局)

冯友兰著：《中国哲学史》(1961 年，中华书局)、《中国哲学史史料学初稿》(1962 年，上海人民出版社)、《中国哲学史新编》(第 1 册殷周至战国)(1963 年，人民出版社)、《中国哲学史新编》(第 2 册秦至东汉)(1964 年，人民出版社)

张岱年著：《中国唯物主义思想简史》(1957 年，中国青年出版社)、《中国哲学大纲》(上下册)(1958 年，商务印书馆)

任继愈著：《老子今译》(1956 年，古籍出版社)

金岳霖著：《逻辑通俗读本》(1962 年，中国青年出版社)

张世英著：《论黑格尔的哲学》(1956 年，上海人民出版社)、《黑格尔〈精神现象学〉述评》(1962 年，上海人民出版社)

李世繁著：《形式逻辑讲话》(1957 年，中国青年出版社)、《形式逻辑思维规律对思维形式和证明的应用》(1958 年，上海人民出版社)、《大众逻辑》(1963 年，北京出版社)、《戴震——十八世纪中国唯物主义哲学家》(1957 年，湖北人民出版社)

周辅成著：《论董仲舒的思想》(1961 年，上海人民出版社)

朱谦之著：《日本的古学及阳明学》(1962 年，上海人民出版社)

唐　钺选译：《心理学原理》(1963 年，商务印书馆)、《道德形而上学探本》(1957 年，商务印书馆)

宗白华译：《判断力批判》(上卷：审美判断力批判)(1964 年，商务印书馆)

石峻、任继愈、朱伯崑著：《中国近代思想史讲授提纲》(1955 年，人民出版社)

马寅初著：《联系中国实际来谈谈综合平衡理论和按比例发展规律》《新人口论》《我的经济理论和政治立场》(财政出版社，1958 年 2 月)

朱光潜著：《论美是客观与主观的统一》(1957 年，《哲学研究》第 4 期)、《西方美学史》(上下卷)(人民文学出版社)、翻译柏拉图《文艺对话》(1954 年，人民文学出版社)、翻译黑格尔《美学》(1970 年)

外国哲学史教研室编译一套"西方古典哲学原著选读"，陆续由商务印书馆出版：《16—18 世纪西欧各国哲学》(1958 年，三联书店)、《18 世纪末 19 世纪初德国哲学》(1960 年)、《古希腊罗马哲学》(1961 年)、《18 世纪法国哲学》(1963 年)、《欧洲中世纪与文艺复兴时期哲学》(未出版)

中国哲学史教研室选编了一套"中国哲学史教学资料汇编"，由中华书局出版：《先秦部分》(上下册)(1962 年)、《两汉部分》(上下册)(1963 年)、《隋唐部分》(上下册)(1965 年)

1958 年 7 月，全校开展科学研究"大跃进"，以群众运动的形式，组织师生集体编写教材，写四史(村史、家史、厂史、连队史)和批判文章。"科学大跃进"的成果，绝大多数质量不高，不过，其中有些也存留了一些有价值的史料。

1958 年编写的部分论著和教材

类别	名称	作者	写作时间	出版单位
教材	《中国文学史》（第一版）	中文系四年级学生 40 余人	1958 年 8—10 月	人民文学出版社
教材	《现代汉语》（上册）	中文系汉语教研室教师 10 余人	1958 年 8—10 月	高等教育出版社
工具书	《汉语成语小辞典》	中文系四年级学生 19 人	1958 年 10 月	商务印书馆
教材	《德国文学简史》（上册）	西语系德语专业三年级学生 20 余人	1958 年 10 月	人民文学出版社
著作	《清河制呢厂厂史》	历史系二年级学生 20 余人	1958 年 8—10 月	北京出版社
著作	《语言学研究与批判》	中文系教师 20 余人	1958 年 9 月	高等教育出版社
著作	《文学研究与批判专刊》	中文系学生 200 余人	1958 年 8—10 月	人民文学出版社 高等教育出版社
论文集	《学习毛泽东哲学思想》	哲学系辩证唯物主义教研室及部分同学	1958 年 9 月	科学出版社

类别	名称	作者	写作时间	出版单位
著作	《高举马克思主义语言学的红旗前进》	中文系语言学教研室	1958 年 10 月	中华书局
著作	《普及哲学读本》	哲学系三年级学生 90 余人	1958 年 10 月	河北人民出版社
著作	《马克思主义与语言》	中文系语言学教研室青年教师 10 余人	1958 年 9 月	中华书局
著作	《破除迷信》	中国哲学史教研室教师 7 人	1958 年 8—10 月	科学出版社

1959 年编写的部分论著、教材和社会调查资料

类别	名称	作者	写作时间	出版单位
调查报告	《黄村人民公社调查报告》	哲学系王庆淑等师生合作	1959.1—5	北京出版社
教材	《中国文学史》（修订本）	中文系 1955 级学生、文学史教师	1959.7—8	人民文学出版社
教材	《现代汉语》（中、下册）	中文系汉语教研室教师 10 余人	1959.8	高等教育出版社
教材	《古代汉语》（第一册）	中文系汉语教研室教师 10 余人	1959.8	高等教育出版社
教材	《语言学基础》	中文系汉语教研室教师 10 余人	1959.11	高等教育出版社
工具书	《印地语辞典》	东语系印地语教研室师生 40 余人	1959.2—7	商务印书馆
工具书	《法汉辞典》	西语系法语三年级学生 30 余人	1959.8	商务印书馆
论文	《试论陶渊明》	中文系 1956 级学生 40 余人	1959.9	《光明日报》

类别	名称	作者	写作时间	出版单位
论文	《替曹操恢复名誉》	历史系翦伯赞	1959.5	《光明日报》
论文	《目前历史教学中的问题》	历史系翦伯赞	1959.5	《红旗》《北京大学学报》
资料	《陶渊明研究资料汇编》	中文系学生 30 余人	1959.2—4	中华书局
论文	《关于现实主义与反现实主义论纲》	中文系文艺理论教研室教师 6 人	1959.5	《北京大学学报》
论文	《杰出的诗人王维》	中文系师生 20 余人	1959.5	《北京大学学报》
论文	《李大钊与新文化运动》	政治课教研室教师	1959.5	《历史研究》
论文	《老子研究》	哲学系任继愈等	1959.5	《新建设》《光明日报》
资料	《毛泽东同志国际问题言论选录》	法律系教师	1959.6	世界知识出版社

3. 1966—1976 年

"文化大革命"十年,北大是重灾区,整个科研工作陷于停顿。

1975 年,中文系汉语专业部分教师和工农兵学员编写《古汉语常用字典》,后几经修改,1979 年由商务印书馆出版。

1974 年,历史学系世界史专业教师集体编写的《简明世界史》(共三卷,包括古代部分、近代部分、现代部分),由人民出版社出版。

1974 年,历史系和北京汽车制造厂联合编写《社会发展简史》(上、中、下),分别于 1974 年、1976 年在《北京大学学报(哲学社会科学版)》刊载。

1972 年哲学系各教研组编写内部发行的教材《形式逻辑》《〈路德维希·费尔巴哈和德国古典哲学的终结〉提要和注释》《欧洲哲学史资料简编》等;1974 年在"批林批孔"运动中编写《论语批注》《孙子兵法新注》等;编写《简明欧洲哲学史》;1975 年编写《〈唯物主义与经验批判主义〉教学参考资料》;

1976年哲学系和中文系合编的《历代法家著作译注》(上下册)由人民出版社出版。

(二)理科

1. 1949—1952年

新中国成立后,教师们在初步进行教学改革的同时,还进行了一些科学研究工作,发表了一些论文,如:数学系程民德的《侦察与反侦察》(1951)、申又枨的《长度与面积》(1952)、闵嗣鹤的《由拣石子得到的定理》(1952);物理学系李宪之的《气象与国防》(1952)、《气象与林火和其他自然灾害》(1952);化学系冯新德的《毒气化学的认识》、严仁萌的《毒气的防御》(1951)、唐有祺的《X射线结晶学及其应用》(1952);动物学系陈阅增的《原生动物的培养》(1951)、刘次元的《组织浸出液对于离体蟾蜍心脏搏动的影响》(1951)、赵以炳的《生物人体的统一性》、《巴甫洛夫与生理学》(1952);植物学系张宗炳的《新杀虫剂的介绍》(1951);地质学系王嘉荫的《碎裂变质岩分类之检讨》(1949)、《吉林磐石与石咀子铜矿问题》(1950),王鸿祯的《吕梁运动后加里东运动前之中国古地理》(1950),杜恒俭的《浙江宁海白垩纪鲚鱼的发现与中国鲚鱼类(亚目)化石的分布及其地层上的意义》(1950),孙云铸的《从地层学论点论古生物学》(1951)、《葛氏脉动说的意义》(1951),马杏垣的《平谷县罗峪沟震旦纪之火山颈》(1951),王鸿祯的《加里东运动后东吴运动前之中国古地理》(1951),王嘉荫的《历史上的黄土问题》(1952)等。

2. 1952—1957年

这期间,主要是1953年9月高等教育部召开综合大学会议后,学校加强了对科学研究工作的领导,科学研究题目及参加科学研究的教师逐步增加。其间理科教师共发表论文261篇,具体情况如下表。

1952—1957年理科教师发表论文统计

年份＼学系	数学系	物理学系	化学系	生物学系	地质地理学系	小计
1952	2	2	2	1		7
1953	3	8	9	3		23
1954	3	3	5			11
1955	5	13	14	16	11	59
1956	8	12	16	19	11	66
1957	12	21	32	24	6	95
合计	33	59	78	63	28	261

数学力学系发表的 33 篇论文中,有:许宝騄的《论矩阵偶的一种变换》,吴光磊的《新欧几何的创立》,庄圻泰的《关于单位圆内解析函数的一般性定理及其应用》,潘承洞的《论算术级数中之最少素数》,周培源的《湍流理论的近代发展》《均匀各生同性湍流在后期衰变时的涡性结构》,程民德等的《多生三角级数的唯一性》,段学复的《近代中国数学家在代数方面的贡献》,廖山涛的《周期变换与不动点定理 II 流形》,姜伯驹的《平面上紧致子集的同调群及不动点性质》。

物理学系发表的 59 篇论文中,有:叶开沅的《变厚度弹性圆薄板问题》,黄昆的《液体的性质》《晶体中电子跃迁的理论》,周光召的《双力程核子力的讨论》,褚圣麟的《物质的微观结构》,王竹溪的《在选绝对温标为标准后引起的一些实际问题》,胡宁的《关于发展我国物理学理论的研究工作的意见》,杨立铭的《原子核内核子轨道角动量分布与核子密度》,曾谨言的《原子核电荷分布半径及结合能》,胡济民的《核力唯象理论》,虞福春的《牛顿运动第二定律是不是定义的问题》,杜连耀的《人造卫星中的电子学》,吴全德的《光电子的初能量分布与角度分布》,徐承和的《关于静电柱形透镜的球差》,谢义炳的《斜压大气中涡旋运动方程及其在天气预报中的应用》《中国下半年几种降水天气的分析研究》(1956),仇永炎的《在一种寒潮情况下的水平温度及冷锋构造》。

化学系发表的 78 篇论文中,有:黄子卿的《近年来水溶液中电解质盐效应理论的发展》《钴铬酸盐对正戊酸在水中溶解度的影响》,傅鹰的《色谱法》,邢其毅的《结核杆菌的类脂物质》,孙承谔的《辩证唯物主义认识论与化学》,徐光宪的《旋光理论中的临近作用》《一个新的电子能级分组法》,唐有祺的《单质的晶体结构》《论无水亚硫酸钠的晶体结构》,张青莲的《重水分析用深沉子的升降速度与温度间的关系》,张滂的《核酸的化学》,高小霞的《双铂级电流滴定法同时测定锌和镉》,冯新德的《聚丙烯酸胺的水解》。

生物学系发表的 63 篇论文中,有:李汝琪等的《总鳍鱼肺鱼与两栖动物的关系》《在稻田秋收时鼠类活动的初步观察》,赵以炳的《高级神经活动生理学基础》,张宗炳的《原子能在昆虫研究中的应用》,陈桢的《关于鸟鼠同穴问题》,崔之兰的《骨和软骨的结构发育与生长》,汤佩松的《水稻幼苗的呼吸作用及其生理适应》《高等植物中天门冬氨酸合成的初步报告》,朱澂的《化学物质处理水稻种子对初期生长的影响》,吴相钰的《氮和磷对于四联藻光合作用的影响》,冯午的《根系在同化矿物质中的作用》,曹宗巽的《关于示踪原子应用于植物学研究中的一些原理和方法》,李正理的《凤眼莲的根尖结构小记》。

地质地理学系发表的 28 篇论文中，有：乐森璕的《四川龙门山区泥盆纪地层分层及其对比》《中国泥盆纪珊瑚的新资料》（与俞昌民合著），侯仁之的《北京都市发展中的水源问题》《历史上海河流域的灌溉情况》，王乃梁的《一些沉积学的方法在区域地形研究中的应用》，刘迪生的《鸟瞰图的摄影和透视》，刘心务的《海河流域的水文地理》，胡兆量的《徽州专区经济地理调查报告》《经济地理学与自然地理学特性及其相互关系的商榷（讨论）》，陈静生的《地理圈构造》《北戴河海滨》，陈传康的《陇东与南部黄土地形类型及其发育规律》，崔之久的《贡嘎山的现代冰川的初步观察——纪念为征服贡嘎山而英勇牺牲的战友》。

3. 1958—1966 年

这期间在基本理论研究方面，人工合成牛胰岛素（与中国科学院上海生化所、中国科学院有机所合作）和基本粒子强相互作用的研究，得到国际学术界的好评；半导体中杂质扩散基本规律的研究，积累了新的有价值的资料。在实验原子核物理方面，建立了实验理论，为开展扇形聚焦回旋加速器的研制打下了基础。在新科学技术方面，红旗数字计算机已进入试算、稳定阶段，运算速度可达每秒 6000—7000 次；重水分析方法已被有关方面采用。在仪器仪表新产品试制方面，已完成的有：高频调场式顺磁共振波谱仪、100 道脉冲幅度分析器、10 厘米 O 型返波管、魏森堡式 X 光单晶照相机、光抽运气泡式原子频率标准（与四机部第 17 研究所合作完成，是我国第一台铯原子频率标准）、银氧铯真空光电管等。以上产品均已由有关单位投入生产。

1965 年高等教育部《科研特刊》选载全国高校科研成果 21 项，其中我校有 3 项：牛胰岛素的合成、顺磁共振波谱仪、100 道脉冲幅度分析器。

1965 年年底至 1966 年年初，高等教育部举办直属高等学校自然科学研究和生产产品展览会，我校参展的展品有：（1）人工合成具有生物性的结晶质蛋白质——牛胰岛素；（2）基本粒子理论；（3）毛乌素沙地自然特征及其改造利用途径；（4）北京古代河流水道的复原；（5）硒红外偏振片；（6）银氧铯真空光电管；（7）10 厘米 O 型反波管；（8）高频调场式顺磁共振波谱仪；（9）100 道脉冲幅度分析器；（10）魏森堡式 X 光单晶照相机；（11）多用途示波极谱仪。

4. 1966—1976 年

这一时期理科各系已取得研究成果和已取得重要阶段性成果的有 751 项，其中 300 多项已应用于工农业生产和国防建设。

其中在新技术、新产品研发方面主要有：电子仪器厂研制成功的每秒 10—15 万次的"6912"电子计算机；电子仪器厂与有关单位协作研制成功我国第一台每秒百万次的"150"集成电路电子计算机，并研制成功大规模集成电路 1024 位 MOS 随机存储器，为我国电子工业的发展作出重要贡献。物理学系研制成功氮液化器，为低温超导的教学和科研创造了能在－269℃温度下进行实验的基地；研制成微型制冷机，可提高雷达作用距离；研制成激光通讯机。物理学系工厂生产出罐形磁芯、砷化镓发光二极管、砷化镓单晶。化学系研发成彩色电视机用的荧光粉氧化钇生产新工艺，发光度达到日本同类产品水平；用混合芳烃催化氧化剂制苯酐；用硅烷法生产多晶；用润滑油加氢"一顶三"，即用一套催加氢装置代替原来的三套装置，其总收率达 75％，为石油炼制工业的技术革新创出一条新路。化学系工厂生产出新型聚砜－聚醚砜，还生产出电解锂、氧化镧。制药厂生产出细胞色素丙（主治因缺氧引起的脑、心、肺部疾病）、安络血（止血药）、肾上腺素（激素类药物）、四咪唑（驱线虫药）、多粘菌素（治疗局部创伤）、氯普鲁卡因（局部麻醉）、胰岛素（治疗糖尿病及神经性皮炎）、氯胺酮（新型快速麻醉药）等。生物学系研制出"6：26"综合治疗仪 SBD－1、SBD－2，这是新诊疗法的辅助仪器，可增强针刺的强度和作用面积。无线电电子学系与 768 厂协作，研制成功铷原子频标（即铷原子钟），稳定度相当于 300 年误差 1 秒，这是国防生产和科学技术研究方面急需的设备，还研制成功微光夜视仪、水声探雷仪。无线电工厂生产出 SR－10 脉冲示波器、DL－6 型宽量程真空规管、10 兆脉冲示波器、可控硅励磁装置、可控硅元件。电子仪器厂生产出单晶硅、3DK4 晶体管、3DG12 晶体管、固体组件。六五三分校电子仪器厂生产出高频小功率晶体管、扩大机、"212"雷达、充氧过程射流自动控制装置。地球物理学系研制成功可见光天空亮度分布测量装置、地震前兆土仪器、我国第一台核子旋进式分量磁力仪；还与有关单位协作，研制成功微波探空设备无球探空仪，可以直接观测到从地面至 10 千米高空的温度和压力，是气象观测的一种新手段。

在基础科学研究和应用科学研究方面，主要有化学系、生物学系与中国科学院物理所、生物物理所协作进行的猪胰岛素晶体结构测定，该成果 1984 年获国家自然科学奖二等奖。数学系关于等离子体平衡方程解的个数的研究结论在数学理论上有突破；应用代数理论解决了一项十分复杂的计算任务，提高计算效率 1400 多倍；在抽象代数群论中的置换和有限域理论方面总结出几个新定理。化学系完成了速效新型麻醉剂氯胺酮、高效镇痛药芬太尼、阿糖胞苷、别嘌呤醇等 30 多种药品的研制和生产，与有关单位协作，完成了阻碍酚类抗氧剂、同位素标记化合物、分散染料、新型农药、镀铜光亮剂等 60 多项研究课题。地球物理学系师生与有关单位合作，翻阅了大量史籍，对我国北方五百年来降水和干旱情况进行了系统的研究，并预报了今后十年旱涝趋势。地球物理学系地磁研究组从1973年起,利用自制的核旋分量仪,在辽宁、山东、河北三省渤海沿岸进行地磁测量,发现大连地磁变化大大超过正常,与有关单位协作,提出在最近一两年内辽东半岛及其邻近领域可能有六级以上大地震的预报,为1975年2月辽南地区强烈地震的中期预报作出了贡献。地质地理学系师生参加冀东铁矿会战、找油、找铜等工作,参加河北邢台、山西大同盆地、京津唐地区、辽宁熊岳、海城地区、云南昭通地区、河北唐山—丰南一带地震地质调查。地热研究组开展了地热普查勘探与利用的科学试验,1970年与有关单位合作,在河北省怀来县后郝窑进行地热发电试验,利用86℃的低温热水,建立了我国第一个双工质(即中间介质法)200千瓦的地热试验电站,实际出电达300千瓦,还试验成功一种"氟离子吸收剂",使后郝窑一带地下热泉水含氟量从每千克7—12毫克,降到每千克1.5毫克,达到饮用标准,基本解决了当地群众的饮水问题;1973年,与有关单位组织云南腾冲地热联合调查组,在云南保山地区腾冲县进行火山与地热资源勘查,首次提出腾冲热海地热田是一个高温湿蒸气田,发电能力可达10万千瓦;1975年,参加中国科学院组织的"青藏高原综合科学考察队",成为该队地热组的主力,完成了西藏自治区地热资源的普查;与有关单位合作,在羊八井进行高温地热发电试验,推进了我国第一个高温地热电站的建立。

新中国成立至"文革"结束,出版的科学技术专著和译著具体情况见下列二表。

1949—1976年出版的科学技术专著

年份	序号	书名	作者	出版社
1950	1	《普通植物学》(上编)	李继侗	北京大学出版部
	2	《生物学纲要》	李汝祺	北京大学出版社
1952	1	《理论力学》	周培源	人民教育出版社
	2	《普通地质学》	王嘉荫	人民教育出版社
1953	1	《达尔文学说基础》	张宗炳	大众出版社
	2	《矿物学纲要》	王嘉荫	南京联营书店
	3	《油浸法透明矿物鉴定》	王嘉荫	科学出版社
1954	1	《达尔文》	张宗炳	中国青年出版社
	2	《动物的进化》	张宗炳	中国青年出版社

年份	序号	书名	作者	出版社
1955	1	《热力学》	王竹溪	人民教育出版社
	2	《物理化学》	黄子卿编著	高等教育出版社
	3	《中国标准化石·无脊椎动物第一分册腔肠动物门珊瑚分册》	王鸿祯 俞建章 乐森璕	地质出版社
	4	《火成岩》	王嘉荫	地质出版社
1956	1	《统计物理学导论》	王竹溪	人民教育出版社
	2	《石英》	王嘉荫	地质出版社
	3	《微分方程教程》	朱德威	高等教育出版社
	4	《略论我国经济地理学界意见的分歧》	胡兆量	新知识出版社
	5	《湖南省经济地理》	胡兆量	湖南人民出版社
1957	1	《有机化学》	邢其毅编著	高等教育出版社
	2	《结晶化学》	唐有祺编著	高等教育出版社
	3	《漫谈昆虫毒理学》	张宗炳	中国青年出版社
	4	《原子能在昆虫学中的应用》	张宗炳	科学技术出版社
	5	《〈本草纲目〉中的矿物史料》	王嘉荫	科学出版社
	6	《钨矿的广度和强度研究》	王嘉荫	地质出版社
	7	《火成岩》（增订版）	王嘉荫	地质出版社
1958	1	《解析几何学》	裘光明	高等教育出版社
	2	《无机化学教程》	戴安邦、张青莲等编著	高等教育出版社
	3	《人体及动物生理学》	北京大学生物系人体及动物生理教研室	高等教育出版社
	4	《关于中国生物学史》	《生物学通报》编辑委员会编	科学普及出版社
	5	《昆虫毒理学》（上册）	张宗炳	科学出版社

年份	序号	书名	作者	出版社
1958	6	《昆虫毒理学》（下册）	张宗炳	科学出版社
1959	1	《计算方法》	胡祖炽	高等教育出版社
	2	《纤维丛理论及其应用中的几个问题》	廖山涛	高等教育出版社
	3	《物质结构》	徐光宪编著	高等教育出版社
	4	《脊椎动物学》（上册）	郝天和	高等教育出版社
	5	《植物学（形态学及解剖学部分）》	胡适宜	高等教育出版社
	6	《隐花植物学（蕨类植物）》（下册）	李正理	科学出版社
	7	《杀虫药剂的毒力测定》	张宗炳	上海科学技术出版社
	8	《农业害虫防治》	张宗炳	上海科学技术出版社
	9	《认识矿物的方法》	王嘉荫	地质出版社
	10	《清代黑龙江流域的经济发展》	徐兆奎	商务印书馆
	11	《唐山经济地理》	魏心镇	商务印书馆
	12	《天气学原理》	谢义炳等	气象出版社
1960	1	《胶体化学》	北京大学化学系物理化学教研室（胶体化学教研室）	人民教育出版社
1961	1	《解析几何》	吴光磊　丁石孙　姜伯驹　田　畴　程庆民	人民教育出版社
	2	《数学分析》（上册）	北京大学数学力学系数学分析与函数论教研室	人民教育出版社
	3	《数学分析》（下册）	北京大学数学力学系数学分析与函数论教研室	人民教育出版社

年份	序号	书名	作者	出版社
1961	4	《理论力学补充教材》	北京大学数学力学系固体力学教研室编	人民教育出版社
	5	《普通物理学》（力学部分）	丛树桐 李椿 钱尚武	人民教育出版社
	6	《普通物理学（分子物理与热力学部分）》	李椿 丛树桐 钱尚武	人民教育出版社
	7	《电动力学》	曹昌祺	人民教育出版社
	8	《原子核理论讲义》	夏蓉（杨立铭和于敏的笔名）	人民教育出版社
	9	《核物理实验方法》（全国第一本核物理实验方法教材）	于群（虞福春等的笔名）	
	10	《放射化学》（上册）	群力	人民教育出版社
	11	《放射化学》（下册）	群力	人民教育出版社
	12	《物质结构》（上册）	徐光宪编著	人民教育出版社
	13	《物质结构》（下册）	徐光宪编著	人民教育出版社
	14	《有机化学（第二版）》	邢其毅编著	高等教育出版社
1962	1	《一笔画和邮递路线问题》	姜伯驹	中国青年出版社
	2	《高速附面层理论》	陆涵江（陆士嘉、张涵信、吴江的笔名）	高等教育出版社
	3	《代数学 I》	姜伯驹	中国青年出版社
1963	1	《数学物理方程》	兰州大学数学系 北京大学数学系	人民教育出版社
	2	《对称》	段学复	人民教育出版社
	3	《电动力学》	胡宁	人民教育出版社
	4	《定性分析》	张锡瑜编著	高等教育出版社
	5	《化学热力学导论》	傅鹰编著	科学出版社

年份	序号	书名	作者	出版社
1963	6	《无机化学实验》	化学系无机化学教研室编	人民教育出版社
	7	《维管植物比较形态学》	李正理	科学出版社
	8	《害虫防治新论》	张宗炳	科学普及出版社
	9	《中国地质史料》	王嘉荫	地质出版社
1964	1	《多面形的欧拉定理和闭曲面的拓扑分类》	江泽涵	人民教育出版社
	2	《高等代数讲义》	北京大学数学力学系代数教研室代数小组	高等教育出版社
	3	《拓扑学导论》第一分册：点集拓扑学	江泽涵	上海科学技术出版社
	4	《场的量子理论》	胡宁	科学出版社
	5	《热力学简程》	王竹溪	人民教育出版社
	6	《统计力学及其在物理化学中的应用》	唐有祺编著	科学出版社
	7	《聚合与解聚合反应》	李福绵编著	上海科学技术出版社
	8	《电解质溶液理论导论》	黄子卿编著	科学出版社
	9	《脊椎动物学》（下册）	郝天和	高等教育出版社
	10	《昆虫毒理学》	张宗炳	科学出版社
	11	《昆虫生理学及生物化学评述》	张宗炳	上海科学技术出版社
	12	《珊瑚化石》	乐森璕 吴望始	科学出版社
1965	1	《原子物理学》	褚圣麟	高等教育出版社
	2	《原子核物理学导论》	褚圣麟	高等教育出版社
	3	《特殊函数概论》	王竹溪 郭敦仁	科学出版社
	4	《数学物理方法》	郭敦仁	高等教育出版社
	5	《缩聚与聚加成反应》	李福绵编著	上海科学技术出版社
	6	《植物系统学》	张景钺 梁家骥	高等教育出版社
	7	《昆虫毒理学》（上）	张宗炳	科学出版社

第八章 | 科学研究

年份	序号	书名	作者	出版社
1966	1	《高等代数简明教程》	北京大学数学系几何代数教研室代数小组	高等教育出版社
	2	《空间解析几何简明教程》	吴光磊	高等教育出版社
	3	《平面解析几何补充教程》	吴光磊、田畴等	人民教育出版社
	4	《统计物理学简明教程》	王竹溪	高等教育出版社
	5	《植物解剖学》	李正理	科学出版社
	6	《植物界》	李正理	上海科学技术出版社
	7	《植物系统学》	张景钺	北京大学出版社
1967	1	《地震勘探数字技术》（共四册）	闵嗣鹤、程乾生、甘章泉等	科学出版社
1973	1	《非电解质溶液理论》	黄子卿 编著	科学出版社
	2	《植物解剖学实验和解说》（上册）	李正理	科学出版社
	3	《植物制片学》	李正理	科学出版社
	4	《种子植物解剖》	李正理	上海人民出版社
1974	1	《计算方法》	清华大学、北京大学《计算方法》编写组	科学出版社
	2	《管理程序》	杨芙清	《半导体与计算机专刊》
	3	《化学动力学和反应器原理》	唐有祺编著	科学出版社
1976	1	《铁磁学》	北京大学物理学系《铁磁学》编写组编	科学出版社
	2	《天气分析和预报》	北京大学地球物理学系气象教研室编	科学出版社
	3	《植物解剖学实验和解说》（下册）	李正理	科学出版社

1949—1976 年出版的科学技术译著

年份	序号	书名	作者　译者	出版社
1952	1	《定性分析理论基础》	吴相钰 刘诺庄译	商务印书馆
1953	1	《理论力学基本教程》	钱尚武　钱敏译	商务印书馆
	2	《数学万花镜》	裘光明译	中国青年出版社
	3	《普通化学教程》	张青莲等译	高等教育出版社
1954	1	《高等几何学》	裘光明译	高等教育出版社
	2	《高等数学教程》（第三卷第一分册）	聂灵昭　丁石孙　王尊芳等译	
	3	《积分方程论讲义》	胡祖炽译	高等教育出版社
	4	《数学分析简明教程》	北京大学数学力学系数学分析与函数论教研室译	高等教育出版社
	5	《微积分学教程》（第二卷第一、二分册）	北京大学数学力学系高等数学教研室译	人民教育出版社
	6	《微积分学教程》（第二卷第三分册）	徐献瑜　冷生明　梁文骐等译	人民教育出版社
	7	《系统无机化学》	苏勉曾编译	商务印书馆
1955	1	《流体动力学》	林鸿荪　陈耀松　谢义炳　杨大升等译	高等教育出版社
	2	《地植物学研究简明指南》	李继侗译	科学出版社
	3	《被子植物的起源》	朱澂　汪劲武译	科学出版社
1956	1	《复变函数引论》	闵嗣鹤　程民德　董怀允　吴文达　萧树铁　陈杰译	高等教育出版社
	2	《画法几何》	裘光明译	高等教育出版社
	3	《数论基础》	裘光明译	高等教育出版社

年份	序号	书名	作者　译者	出版社
1956	4	《动力气象学》	仇永炎　杨大升等译	高等教育出版社
	5	《植物生物化学实验指导》	曹宗巽等译	高等教育出版社
	6	《人体解剖学》（校订合订本）	王平等译	高等教育出版社
	7	《高等植物营养器官形态学》	朱澂译	高等教育出版社
	8	《植物生物化学研究法》	吴相钰译	科学出版社
1957	1	《逼近论讲义》	程民德译	科学出版社
	2	《气候学教程》	盛承禹　唐知愚　杨大升等译	高等教育出版社
	3	《有机化学原理》（第Ⅰ卷）	A. E. 齐齐巴宾著　邢其毅　潘瑶　戴乾圜　李琬　王文江　庞礼　陈慧英　田日灵　徐瑞秋　张滂　叶秀林　师树简译	高等教育出版社
	4	《有机化学》	张滂译	高等教育出版社
	5	《植物解剖学及形态学实验》	伏罗宁著　张景钺等译	高等教育出版社
1958	1	《几何基础》	江泽涵等译	科学出版社
	2	《解析集合论及其应用讲义》	丁石孙译	科学出版社
	3	《连续映射的和矢量场的同伦理论》	江泽涵等译	科学出版社
	4	《连续映射的同伦理论》	裘光明译	科学出版社
	5	《数学物理方程》	钱敏等译	高等教育出版社
	6	《数学物理方法》	钱敏　郭敦仁译	科学出版社

年份	序号	书名	作者　译者	出版社
1958	7	《气象学教程》	仇永炎等译	高等教育出版社
	8	《植物的光合作用》	吴相钰　冯午译	科学出版社
	9	《景观地球化学概论》	彼列尔曼著 陈传康　王恩涌 陈静生译	地质出版社
1959	1	《拓扑学》	江泽涵译	人民教育出版社
	2	《消化生理学》	库尔岑著 邝宇宽译	高等教育出版社
	3	《微体化石概论》	D. J. 琼斯著 乐森璕　秦鸿宾译	科学出版社
	4	《自然地理学理论基本问题》	H. M. 查别林著 陈传康译	科学出版社
	5	《人口地理与城市地理》（论文集）	杨吾杨　汪安祥 等译	科学出版社
1960	1	《分子的结构及物理性质》	M. B. 伏肯斯坦著 张乾二　韩德刚 沈文建　沈联芳等译 刘若庄校	科学出版社
1961	1	《复变函数论》	北京大学数学力学系数学分析与函数论教研室译	人民教育出版社
1962	1	《植物解剖学》	李正理　张景钺 等译	科学出版社
1963	1	《代数学 I》	丁石孙等译	科学出版社
	2	《同调论》（上册）	江泽涵　丁石孙 姜伯驹　程庆民译	上海科学技术出版社
	3	《脊椎动物比较解剖学基础》	A. F. 赫特纳尔著 崔之兰译	人民教育出版社
1964	1	《偏微分方程的有限差分方法》	胡祖炽　吴文达 陈永和译	上海科学技术出版社

北京大学志（第二卷）

年份	序号	书名	作者　译者	出版社
1964	2	《统计试验法（蒙特卡罗法）》	王毓云　杜淑敏译	上海科学技术出版社
	3	《准解析函数》	闻国椿译	科学出版社
	4	《高功率铁磁共振及铁氧体微波放大器》	李国栋　戴道生等编译　廖莹　史隆垣　朱生传　周文生等参译	科学出版社
	5	《乳状液理论与实践》	P.贝歇尔著　傅鹰译	科学出版社
1965	1	《铁磁学》（上册）	C.B.冯索夫斯基　R.C.舒尔著　廖莹译	科学出版社
	2	《有机化学基本原理》（第Ⅱ卷）	A.E.齐齐巴宾著　叶秀林　庞礼　花文廷　金恒亮　唐恢同　隋乐恕译	高等教育出版社
1973	1	《植物解剖学（上册）：细胞与组织(第二版)》	李正理等译	科学出版社
1975	1	《马克思数学手稿》	北京大学《数学手稿》编译组	人民教育出版社

六、改革开放时期

（一）文科

1976 年"文革"结束。广大教师焕发出学术研究积极性和创造性,出版了数以千计的学术专著,发表了数以万计的学术论文。其中一批学术水平较高的论著、教材、译著等,先后荣获国家级、部委级等各种奖励。人文社会科学的学术研究呈现出繁荣景象。

1. 1977—1994 年出版的著作和发表的论文统计

著作统计表

年份	专著	教材	译著	资料	工具书	论文集	古籍整理	外文注释	总计
1977—1981 年	102 部	69 部	113 部	19 部	23 部	14 部	13 部	5 部	358 部
1986 年	230 部								230 部
1987 年	179 部								179 部
1988 年	180 部								180 部
1989 年	150 部								150 部
1990 年	238 部								238 部
1991 年	111 部	145 部	101 部		51 部				408 部
1992 年	196 部	167 部	55 部		52 部				470 部
1993 年	208 部	173 部	70 部		119 部				570 部
1994 年	212 部	175 部	81 部		112 部		20 部		600 部

论文统计表

年份	国内刊物发表的论文	国外刊物发表的论文	发表的译文	共计
1986 年				780 篇
1987 年				703 篇
1988 年				710 篇
1989 年				500 篇
1990 年				800 篇
1991 年	1068 篇	62 篇	181 篇	1311 篇
1992 年	1194 篇	104 篇	98 篇	1396 篇
1993 年	1393 篇	119 篇	105 篇	1617 篇
1994 年	1472 篇	119 篇	123 篇	1714 篇

2. 1977—1981 年出版的专著、教材等

中文系：共 64 部

书名	作者　译者
《马恩列斯论文艺》	吕德申　张少康等
《文学理论学习资料》（上、下册）	刘烜　闵开德等编
《西方作家谈创作》	段宝林编

书 名	作者　译者
《历代诗歌选》（四册）	季镇淮　冯钟芸　陈贻焮　倪其心等编
《唐诗论丛》	陈贻焮
《当代文学概观》	张钟　洪子诚等著
《曲艺概论》	汪景寿等
《民间文学概论》	段宝林
《楚辞选注》	金申雄编注
《茅盾论中国现代作家作品》	乐黛云编
《知春集》	严家炎
《鲁迅思想的发展道路》	袁良骏
《鲁迅思想论集》	袁良骏
《鲁迅〈野草〉论稿》	孙玉石
《国外鲁迅研究论集》	乐黛云编
《北京大学纪念鲁迅百年诞辰论文集》	王瑶等
《赵树理评传》	黄修己
《相声溯源》	汪景寿等著
《相声艺术论丛》	汪景寿等
《北京书简》	谢冕
《湖畔诗评》	谢冕
《先秦诸子的文艺观》	张少康
《马克思、恩格斯美学思想浅说》	李思孝
《中国文言小说书目》	袁行霈　侯忠义编
《〈水浒传〉会评本》	陈熙中等编
《文艺心理学论稿》	金申雄
《怎样写学术论文》	陈熙中编
《日本的中国学家》	严绍璗
《〈高适集〉编年校注》	孙钦善编注
《高岑集注》	陈铁民编注
《读书丛札》	吴同宝

书名	作者 译者
《中国文史工具资料书举要》	吴同宝
《绿野仙踪》	侯忠义整理
《龙虫并雕斋文集》（两卷）	王力
《楚辞韵读》	王力
《诗经韵读》	王力
《现代汉语语法》	朱德熙
《古代汉语》	郭锡良等
《语言学概要》	徐通锵 叶蜚声
《简明实用语法》	马真
《汉字、古文字》	裘锡圭
《李金发和初期象征派诗歌》	孙玉石
《汉语句法分析》	吴竟存 侯学超
《中国小说史》（协作项目）	《中国小说史稿》编写组
《古汉语常用字字典》（协作项目）	《古汉语常用字字典》编写组编
《〈离骚〉纂义》	游国恩 金申雄参订
《〈天问〉纂义》	游国恩 金申雄参订
《古音通晓》	何九盈 陈复华
《古汉语词汇讲话》	蒋绍愚 何九盈
《汉字知识》	郭锡良
《司马迁》（修订本）	季镇淮
《汉语语音史》（修订本）	王力
《同源字典》	王力
《普通语言学教程》	高名凯 岑麟祥 叶蜚声
《历史比较语言学讲话》	岑麟祥
《语言论》	袁家骅 甘世福 赵洲开
《上古音手册》	唐作藩
《广韵韵反切今读》	周祖谟
《五代韵书辑成》	周祖谟
《〈古文观止〉注释》	古典文献教研室集体编注 阴法鲁主编
《历代小说选》	吴组缃 吕乃岩 沈天佑 周先慎 侯忠义编

书名	作者 译者
《古代汉语》（新版）	王力主编
《诗词格律》（新版）	王力
《中国文学史》（新版）	游国恩等主编

历史学系：共 22 部

书名	作者 译者
《简明世界史》（修订）	《简明世界史》编写组著
《世界近代史知识》	齐文颖 丁建弘 周南京
《商周考古学》	邹衡
《岳飞传》（修订）	邓广铭
《北京大学学生运动史》	《北大学运史》编写组著
《世界通史》（修订）	周一良 吴于廑主编
《中国史纲要》（修订）	翦伯赞主编
《中国史探研》	齐思和
《古文字学》	高明
《秦汉史》	翦伯赞
《翦伯赞历史论丛》	翦伯赞
《汪篯隋唐史论稿》	汪篯
《沙皇扩张史》（上、下册）	刘祖熙等
《世界历史编年纪》	罗荣渠 李开物 张广达译
《中国人民保卫海疆斗争史》（协作项目）	张寄谦 王晓秋 徐万民等
《〈论衡〉注释》	陈庆华 祝总斌等
《张太雷年谱》	丁则勤 王树棣编著
《〈三国志〉人名索引》	杨济安 高秀芳编著
《莫斯科中山大学和中国革命》	丁则勤等译
《敦煌文书评注》	王永兴 张广达等编著
《〈唐律疏议〉校注》	刘俊文
《北京史》	《北京史编写组》

哲学系：共 38 部

书名	作者　译者
《中国哲学史》（上、下册）	张岱年　楼宇烈等
《中国哲学史新编》（第一册修订稿）	冯友兰
《中国哲学史料学》	张岱年
《简明欧洲哲学史》	朱德生　李真等
《中国历代哲学家评传》（第一册）	中国哲学史教研室集体
《〈王弼集〉校释》	楼宇烈
《列宁〈哲学笔记〉注释》（上、下册）	黄楠森等
《马列主义哲学史》（协作项目）	黄楠森　施德福等
《〈自然辩证法〉学习参考提要》	黄耀枢等
《数理逻辑哲学导论》	王宪均
《辩证逻辑纲要》	李世繁
《美学、美学史论文集》	杨辛等
《中国艺术发展史》	葛路
《历史唯物主义》	赵光武　李清崑　赵家祥
《哲学疑难问题探讨》	原理教研室
《马克思伦理学原理》（苏）	魏英敏等译（内部发行）
《唯物辩证法》（苏）	施德福译（内部发行）
《辩证逻辑》（协作项目）	杜岫石参加编写
《唯物主义专题初探》	赵光武
《马恩列斯论历史唯物主义》（协作项目）	芮盛楷等
《中国哲学史教学资料选辑》（上、下册）	中国哲学史教研室
《中国佛教思想资料选编》（第一卷）	中国哲学史教研室
《〈老子〉校》	许抗生
《隋唐佛教史稿》	汤用彤
《西方哲学史原著选读》（上、下册）	西哲史教研室编
《亚里斯多德的三段论》	李真译
《西方认识论史》（协作项目）	朱德生等
《毛泽东论思想方法》	毛泽东哲学思想教研室

书名	作者　译者
《毛泽东哲学思想研究资料》(协作项目)	朱一秀等编
《毛泽东美学史资料选编》(上、下册)	美学教研室编
《中国美学史资料选编》	美学教研室编
《西方美学家论美和美感》	美学教研室
《美学散步》	宗白华
《西方现代绘画流派画论选》	宗白华编
《经济学—哲学手稿评介》	杨克明
《西方伦理学名著选辑》(下册)	周辅成编
《形式逻辑》(苏)	宋文坚等译
《形式逻辑》(协作项目)	晏成书参加编写
《中国古代美学思想发展史》	葛路

经济系:共45部

书名	作者　译者
《〈资本论〉释义》(第一、二卷)	徐淑娟等编著
《中国近代经济思想史》(上、下册)	赵靖　易梦虹主编
《经济学说史》	陈岱荪主编
《政治经济学》(资本主义部分)	张纯元　肖灼基等编著
《从古典学派到马克思》	陈岱荪主编
《主要资本主义国家经济简史》(协作项目)	朱克烺参加编写
《论加尔布雷思的制度经济学说》	厉以宁
《弗利德曼和他的货币主义》	胡代光
《宏观经济与微观经济》	张培刚　厉以宁
《二十世纪的英国经济》	罗志如　厉以宁
《当代资产阶级经济学主要流派》	胡代光　厉以宁
《世界经济概论》(协作项目)	世经教研室编著
《政治经济学》(社会主义部分)(协作项目)	解万英参加编写
《拔沙录》(一)	赵廼搏编

书名	作者 译者
《〈清实录〉经济资料汇编》（一）	熊正文 陈振汉编
《马寅初经济论文选》（上、下册）	马寅初
《亚当·斯密和现代政治经济学》	晏志杰
《中华人民共和国经济大事记》	李德彬等编
《控制人口与发展经济》	人口研究室编译
《人口普查与人口分析》	胡健颖等
《经济思想史研究论文集》	罗志如 胡代光等
《国民经济管理数学模型》	杜度编著
《国外帝国主义研究》	余泽波编著
《英国经济政策分析》	罗志如 厉以宁
《财务管理和经济分析教学资料》	陈颖源编
《国民经济核算体系与国民经济平衡表体系的比较》	闵庆全译
《国民经济核算体系》	闵庆全等译
《价格理论及其应用》	闵庆全 范家骧等译
《宏观经济分析》	闵庆全 厉以宁等译
《国民经济统计年鉴的编写说明》	闵庆全译
《苏联国民收入》	蔡沐培等译
《南斯拉夫银行》	张德修译
《苏联国民经济六十年》	张康琴译
《马克思再生产理论的形成》	色文苏尔译
《日本的经济效益》	陈颖源译
《数学在经济学中的应用》	秦万顺 靳云汇译，闵庆全校
《基建投资效果计算方法》（译文选）	陈颖源译
《列宁关于社会主义经济学的发展》	商德文译
《马克思主义经济学》	金以辉译
《能源问题》	傅骊元译
《社会主义经济思想史》	张友仁译

书名	作者 译者
《社会主义制度下的非生产领域》	智效和译
《预测国民经济发展的方法论》	睢国余译
《现代经济辞典》（协作项目）	胡代光 闵庆全等编译
《韦氏大辞典》（协作项目）	胡代光 闵庆全等参加编译

法律系：共 16 部

书名	作者 译者
《法学基础理论》	陈守一 张宏生主编
《法学基础理论参考资料》（五册）	王勇飞编
《刑法总论》	杨春洗 甘雨沛等
《中国法制史》	肖永清主编
《刑事诉讼法概论》	王国枢等
《宪法资料选编》（五册）	肖蔚云等编
《西方国家的司法制度》	龚祥瑞 罗豪才 吴撷英
《美国合同法》	汪士贤等译
《美国标准公司法》	沈四宝译
《学习宪法讲话》	肖蔚云等著
《英汉法律词汇》	何士英 罗豪才 沈四宝译
《西方政治思想简史》	岫 荣编著
《联合国宪章的修改问题》	赵理海
《法国民法典》	马育民译
《外国保护儿童法选编》	康树华等编
《经济法简论》	刘隆亨

图书馆学系：共 12 部

书名	作者 译者
《图书馆学基础》（协作项目）	图书馆学教研室编著
《图书馆工作概要》	周文俊
《中国书的故事》	刘国钧 郑如斯

书名	作者 译者
《中文工具书简介》	朱天俊 陈宏天
《现代西方主要图书分类法评选》	刘国钧
《图书馆目录》	李纪友等编著
《中国书史简编》	刘国钧 郑如斯著
《比较图书馆学概论》	龚厚泽 陈宏舜译
《分类目录主题索引编制法》	肖自力等译
《情报管理入门讲座》	关懿娴等译
《目录学概论》(协作项目)	目录学教研室编著
《三遂平妖传》	张荣起整理

国际政治系:共 3 部

书名	作者 译者
《黄金之国》	宁骚
《中国古代政治思想史》	陈哲夫 谢庆奎等
《民族解放运动史》	梁守德等

马列主义教研室:共 6 部

书名	作者 译者
《北京大学校史》	肖超然等
《重新学习〈苏联社会主义经济问题〉》	辛守良 杨娴等
《大众经济》	王俊彦等
《马克思和马克思主义》	涂继武 谢龙等
《政治经济学辅导材料》	辛守良 王俊宜等
《哲学辅导材料》	李诗坤 赵建文

亚非所:共 19 部

书名	作者 译者
《阿拉伯联合酋长国》	梁英明 王禹功 吴国衡译
《日中友好运动史》	吴晓新 高作民等译
《昭和五十年》	赵晨 付清玉 张光佩译

书名	作者　译者
《田中三百天》	卞立强译
《岸信介》	卞立强　丘培等译
《山民》	卞立强译
《新西游记》	卞立强译
《洛江东》	杨永骠译
《地下的星星》	沈圣英译
《第三世界石油斗争》(协作项目)	陈悠久等
《石油王国——沙特阿拉伯》	西亚研究室著
《日本保守党史》	东北亚研究室译
《为党生活的人》	卞立强译
《池田大作》	赵城译
《日本研究方法论》	卞立强译
《日本人名大辞典》(协作项目)	东北亚研究室编
《日本文学家辞典》(协作项目)	东北亚研究室编
《大百科全书简编》(协作项目)	梁英明等译
《大百科全书》(协作项目)	杨永骠等编

外哲所:共10部

书名	作者　译者
《逻辑实证主义资料选编》	洪谦主编
《二十世纪资产阶级哲学》	苏联东欧哲学研究室译
《外国哲学资料》(3—6期)	外哲所译
《1945—1975年德国哲学》	陈嘉映译,熊伟校
《关于人的本质的哲学》	苏联东欧哲学研究室译
《西欧哲学史》	苏联东欧哲学研究室译
《〈西欧哲学史〉讨论会资料》	苏联东欧哲学研究室译
《卡尔·马克思与青年黑格尔派》	陈启伟等译
《唯一者及其所有物》	金海民译
《共产党宣言是怎样产生的?》	金海民译

南亚所：共 26 部

书名	作者　译者
《大百科全书》(协作项目)	南亚所
《宗教简明辞典》(协作项目)	南亚所
《外国哲学史辞典》(协作项目)	南亚所
《韦氏英文大辞典》(协作项目)	南亚所
《沙恭达罗》(新版)	季羡林译
《罗摩衍那》(第一篇)	季羡林译
《罗摩衍那》(第二篇)	季羡林译
《罗摩衍那初探》	季羡林
《古代印度文艺理论文选》	金克木译
《印度近代哲学家辩喜研究》	黄心川
《新实在论》	黄心川
《世界三大宗教》	黄心川　戴康生
《沙俄利用宗教侵华史》	黄心川
《沙俄利用东正教侵华史话》	黄心川　张伟达
《印度现代文学》	刘安武编选
《天竺心影》	季羡林
《古代印度语言论文集》	季羡林
《朗润录》(散文集)	季羡林
《季羡林选集》	季羡林
《波你尼梵语语法概述》	金克木
《印度佛教简史》	黄心川
《高山王国尼泊尔》	王宏伟编著
《斯里兰卡概况》	刘兴伟编著
《印度各邦历史和文化》	刘国枏　王树英编著
《那罗传》	赵国华译
《薄伽梵歌》	张保胜译

马列所：共 2 部

书名	作者　译者
《30—70年代的托洛茨基主义》	苗为振　陈承秀　阎志民译
《共产国际人名辞典》（协作项目）	曲军锋译

西语系：共 51 部

书名	作者　译者
《汉法成语词典》	法语教研室编著
《德汉词典》	杨业治等编著
《德语基础教程》（1、2册）	赵登荣　韩万衡等
《德语中级教程》（1、2册）	赵登荣　韩万衡等
《英语常用词用法词典》	齐声乔等
《法语》（第5、6册）	齐香　杨维仪　徐继曾　桂裕芳
《法语句法和句型初探》	郭麟阁
《柯赛特：〈悲惨世界〉节选》	王庭荣注释
《德国民间故事》	包智星注释
《双城记》	石幼珊注释
《法语简明语法》	陈燕芳译
《欧洲文学史》	杨周翰等
《外国文学简编》	罗经国
《现代欧美文学》	孙凤城　孙坤荣　谭得玲著
《司汤达和〈红与黑〉》	赵隆勷
《红与黑》（司汤达）	闻家驷译
《西方美学史》（修订）	朱光潜
《美学》（第1—4卷）	朱光潜译
《歌德谈话录》	朱光潜译
《拉奥孔》（莱辛）	朱光潜译
《谈美书简》	朱光潜
《美学拾穗集》	朱光潜
《莎士比亚评论集》	杨周翰选集
《狄更斯评论集》	罗经国编选

书名	作者　译者
《论浪漫派》	张玉书译
《梅林文学论文选》	张玉书等译
《德语国家中短篇小说选》	张玉书　孙坤荣　孙凤城编选
《斯·茨威格小说选》	张玉书等译
《绿衣亨利》(上)	田德望译
《论音乐的美》	杨业治译
《埃米尔捕盗记》	王燕生　周祖生译
《莫扎特去布拉格的路上》	严宝瑜译
《论戏剧情节》	张玉书译
《冒牌的尼罗》	张荣昌等译
《迪伦马特戏剧选》	张荣昌等译
《波尔中短篇小说选》	孙凤城　孙坤荣　倪诚恩　张荣昌等译
《外国现代派作品选》	收有赵萝蕤　闻家驷　杨业治　孙凤城等译文
《黄狗》	蔡鸿滨译
《笑》	徐继曾译
《法国史》	蔡鸿滨　王泰来等参加翻译
《基希报告文学选》	孙坤荣　赵登荣编选
《马丁·里瓦斯》	赵德旺译
《比较文学译文集》	张隆溪编选译
《灯船》	倪诚恩译
《静思姑娘》	沈石岩　赵德明译
《城市与狗》	赵德明译
《法语介词 a 和 de 的用法》	法语词典组编译
《无家可归》	俞芷倩注释
《小故事集》	陈燕芳注释
《汤姆叔叔的小屋》	黄继忠译
《卢卡契论文选》	严宝瑜　范大灿　孙凤城等(译)

俄语系：共 16 部

书名	作者　译者
《化学词语汇编》（修订）	公共俄语教研室
《物理词语汇编》（修订）	李廷栋　何端孙
《数学词语汇编》（修订）	俞仁山　贾弃暨
《生物词语汇编》（修订）	雷秀英
《地理词语汇编》（修订）	张旭箴
《大学文科俄语阅读文选》》	公共俄语教研室
《公共俄语语法》（词法、句法）	公共俄语教研室
《苏联概况》	李明滨　林明虎　郏惠康参加编写
《外国文学简编》	李明滨参加编写
《西方文学史》	岳凤麟参加编写
《现阶段苏联文学》	俄苏文学研究室翻译
《50—60 年代苏联文学》	俄苏文学研究室译
《苏联解冻文学评论集》	同上
《"拉普"文集》	文学教研室
《苏联当代作家阿斯塔菲耶夫小说集》	杜风珍　顾蕴璞　李毓珍译
《涅克拉索夫诗选》	魏真译

东语系：共 13 部

书名	作者　译者
《汉朝词典》	朝语教研室编
《朝鲜语基础教材》	朝语教研室编
《波汉词典》	波斯语教研室编
《基础日语一、二册》	孙宗光等
《日本语音》	顾海根
《汉阿词典》	阿拉伯语教研室
《〈印汉词典〉初稿》	印地语教研室
《〈毛主席诗词〉印地语的翻译与定稿》（协作项目）	金鼎汉

书名	作者　译者
《中缅关系史》	陈炎
参加《毛主席诗词》翻译定稿	颜保
参加《毛选》五卷翻译定稿	颜保
《历史上若干战略决战》	昌瑞颐校译
《我们祖先打败敌寇》	越南语教研室译

公共英语教研室：共 10 部

书名	作者　译者
《高校理科英语教材》（第 1—3 册）	杜秉正　赵琏　王家富　郑培蒂　沈一鸣编著
《学习辅导》（第 1—3 册）	赵琏　沈一鸣　郑培蒂　毕金献　杜秉正　王家富编著
《词汇浅释》	杜秉正　沈一鸣　毕金献　钱敬明　赵琏编注
《公共英语专题讲座》	公共英语教研室编著
《高校理科英语教材》（重编版）（第一册）	沈一鸣　赵琏编
《学习辅导》（重编版）（第一册）	沈一鸣　赵琏编
《高校理科英语教材》（重编版）（第二册）	杜秉正　毕金献编
《学习辅导》（重编版）（第二册）	杜秉正　毕金献编
《高校理科英语教材》（重编版）（第三册）	杜秉正　沈一鸣编
《学习辅导》（重编版）（第三册）	杜秉正　沈一鸣编

其他：共 5 部

书名	作者　译者
《美学向导》	文艺美学丛书编委会编　北大出版社编
《北京大学纪念中国共产党成立六十周年论文集》	社会科学处编
《顺天府志》	北大出版社　图书馆整理
《国朝典故》	北大出版社　图书馆整理
《类编增广黄先生大文全集》	北大出版社　图书馆整理

3. 1980—1997 年文科科研成果历年获奖情况统计

年份	奖励名称	等级及数量
1980 年	农业部颁发奖项	二等奖 1 项
1983 年	全国政治理论通俗读物奖	二等奖 2 项
1883 年	中国社科院青年学者论文奖	1 项
1983 年	东北三省朝鲜文优秀图书奖	一等奖 1 项
1984 年	吕叔湘青年语言学家奖	2 项
1984 年	《历史研究》第一届优秀论文奖	2 项
1984 年	首届孙冶方经济学优秀论文奖	3 项
1984 年	中国社科院优秀理论文章奖	二等奖 1 项
1984 年	《红旗》杂志优秀理论文章奖	1 项
1985 年	国家教委金牛山人化石发掘成果奖	1 项
1985 年	《文学评论》优秀论文奖	二等奖 1 项
1985 年	纪念雨果逝世百周年巴黎市铜质奖章	1 项
1985 年	农科院颁发奖项	三等奖 1 项
1985 年	全国中青年经济学优秀论文奖	1 项
1985 年	中青年经济体制改革研讨会奖	二等奖 1 项
1985 年	山西省社科院优秀论文奖	1 项
1985 年	全国法学奖	一等奖 1 项
1985 年	中国社科院优秀论文奖	1 项
1985 年	《教育研究》优秀论文奖	1 项
1986 年	《北京日报》优秀论文奖	1 项
1986 年	农科院农业科技技术改进奖	1 项
1986 年	中国社科院考古所首届夏鼐基金会考古研究成果奖	一等奖 1 项
1986 年	首届"北方十三省市自治区哲学社会科学优秀图书奖"	一等奖 1 项
1986 年	德国格氏城—伦兴市"格里美豪森金质奖章"	1 项

年份	奖励名称	等级及数量
1986 年	北京大学首届科研成果奖	荣誉奖 15 项、著作一等奖 12 项、著作二等奖 38 项;论文一等奖 16 项、论文二等奖 55 项;青年鼓励奖 9 项。
1987 年	北京市首届哲学社会科学和政策研究优秀成果奖	荣誉奖 7 项、一等奖 11 项、二等奖 17 项、青年奖 10 项
1987 年	全国优秀畅销书奖	1 项
1987 年	中国企业改革与发展优秀论文"金三角奖"	1 项
1987 年	中国中文信息学会中文电脑公开赛"中华杯"金杯奖	1 项
1987 年	农业部科技进步奖	三等 1 项
1987 年	电子工业部全国计算机及新产品展览会优秀项目奖	二等 1 项
1987 年	第二届韩素音、陆文星中印友谊奖	2 项
1987 年	第二届"北方十三省市自治区哲学社会科学优秀图书奖"	1 项
1987 年	美国人口学会汤姆斯优秀论文奖	1 项
1988 年	全国高等学校优秀教材奖	特等奖 5 项、优秀奖 10 项
1988 年	首届国家教委高校优秀教材奖	一等奖 14 项、二等奖 10 项
1988 年	全国纪念党的十一届三中全会召开 10 周年理论讨论会论文奖	优秀 2 项、入选 9 项
1988 年	北京大学第二届科学研究成果奖	荣誉奖 7 项、著作一等奖 7 项、论文一等奖 2 项;著作二等奖 32 项、论文二等奖 27 项
1988 年	北京大学首届优秀教材奖	26 项
1989 年	第三届全国优秀图书奖	一等奖 1 项
1989 年	第二届全国通俗政治理论读物奖	一等奖 1 项
1989 年	北京市高等教育学会教育科学研究成果奖	二等奖 2 项 三等奖 2 项

年份	奖励名称	等级及数量
1989 年	冯至德国文学研究奖	二等奖 1 项
1990 年	首届全国比较文学图书奖	荣誉奖 3 项，一等奖 5 项、二等奖 3 项
1990 年	全国教育科学优秀成果奖	一等奖 2 项
1990 年	第四届全国图书金钥匙奖	优秀奖 1 项
1990 年	国家教委科技进步奖	一等奖 1 项
1990 年	国务院发展研究中心世界社会主义研究所优秀论文奖	优秀奖 4 篇
1990 年	北京市教育科学研究优秀成果奖	三等奖 1 项
1990 年	第三届韩素音、陆文星"中印友谊"奖	3 项
1990 年	金岳霖学术奖	二等奖 1 项
1990 年	首届光华青年教师科研成果奖	17 项
1991 年	国家科技进步奖	二等奖 1 项
1991 年	北京市第二届社会科学优秀成果奖	特等奖 2 项、一等奖 14 项、二等奖 30 项、中青年奖 10 项
1991 年	首届全国优秀外国文学图书奖	10 项
1991 年	"光明杯"优秀哲学社会科学著作奖	荣誉奖 1 项、一等奖 2 项、二等奖 2 项、三等奖 1 项
1991 年	北京市党史党建学会"北京市纪念建党 70 周年优秀论文奖"	一等奖 1 项
1991 年	北京市自然辩证法研究会优秀论文著作奖	5 项
1991 年	《党建》等杂志庆祝中国共产党成立 70 周年优秀党史党建图书奖	1 项
1991 年	第四届孙冶方经济科学著作奖	1 项
1991 年	"深圳杯"社会主义纵横谈征文奖	二等奖 1 项
1991 年	《北京大学学报》首届优秀论文奖	荣誉奖 12 项、优秀奖 28 项
1991 年	第二届光华青年教师科研成果奖	16 项
1991 年	光华安泰青年教师优秀成果奖	19 项

年份	奖励名称	等级及数量
1991年	北京大学第三届科学研究成果奖	荣誉奖8项、著作一等奖9项、论文一等奖11项、著作二等奖29项、论文二等奖31项
1992年	第二届全国普通高校优秀教材奖	特等奖3项、优秀奖4项
1992年	第二届国家教委高校优秀教材奖	一等奖1项、二等奖9项
1992年	国家教委首届高校出版社优秀学术著作奖	特等奖3项、优秀奖4项
1992年	全国首届古籍整理图书奖	一等奖2项、二等奖3项、丛书奖2项
1992年	司法部部级优秀教材奖	1项
1992年	全国第四届优秀党建读物"本钢杯"奖	三等奖1项
1992年	北京市高校中国革命史教学研究会优秀科研奖	1项
1992年	韩素音、陆文星"中印友谊"奖	2项
1992年	光华安泰青年教师优秀成果奖	21项
1993年	国家教委高校理论战线优秀论文奖	荣誉奖2项、优秀奖2项
1993年	北京大学第四届科学研究成果奖	著作一等奖9项、论文一等奖5项;著作二等奖50项、论文二等奖25项
1993年	北京大学第二届优秀教材奖	34项
1993年	意大利国家翻译奖	1项
1993年	第二届吴玉章人文社会科学奖	一等奖1项、优秀奖2项
1993年	北京大学首届505中国文化奖	10项
1994年	新闻出版署首届国家图书奖	26项
1994年	第一届全国青年优秀社会科学成果奖	一等奖1项、二等奖1项、三等奖1项、优秀奖1项

第八章 科学研究

1994 年	北京市第三届哲学社会科学优秀成果奖	特等奖 2 项、一等奖 13 项、二等奖 18 项、中青年奖 11 项
1994 年	孙冶方经济科学著作奖	1 项
1994 年	首届朱光潜美学与西方文学奖	5 项
1994 年	光华安泰青年教师优秀成果奖	46 项
1994 年	首届岗松青年教师科研成果奖	7 项
1995 年	全国高校首届人文社会科学优秀成果奖	一等奖 18 项、二等奖 24 项
1995 年	全国"五个一工程"优秀论文奖	1 项
1995 年	光华安泰青年教师优秀成果奖	12 项
1995 年	岗松青年教师科研成果奖	5 项
1995 年	美国通用电器公司经济学奖	9 项
1996 年	第三届国家教委高校优秀教材奖	一等奖 7 项、二等奖 7 项
1996 年	北京市第四届哲学社会科学优秀成果奖	特等奖 1 项、一等奖 10 项、二等奖 20 项
1996 年	北京大学第三届优秀教材奖	28 项
1996 年	北京大学第五届科学研究成果奖	著作一等奖 12 项、论文一等奖 2 项;著作二等奖 28 项、论文二等奖 20 项
1997 年	第二届全国青年优秀社会科学成果奖	专著奖 4 项、论文奖 3 项、研究报告 3 项
1997 年	全国"五个一工程"优秀著作奖	1 项
1997 年	第三届吴玉章人文社会科学奖	特等奖项、优秀奖 1 项

4. 1980－1997 年文科科研成果获各级各类奖励项目

这一时期,各级各类奖励项目大幅度增加,大体分为五类:(1)全国高校优秀教材奖、人文社会科学优秀成果奖;(2)国家教委奖励项目;(3)北京市奖励项目;(4)有关部委(省市)、期刊、学会、学者基金奖励项目;(5)北京大学各种奖励项目。兹将这五类分别以奖励年份为序列表介绍如下。

(1)获全国高校优秀教材奖、人文社会科学优秀成果奖

1988 年获全国高等学校优秀教材奖（文科）项目

序号	院系	作者	获奖论著	等级
1	中文系	王力编著	《古代汉语》(1—4)	特等奖
2	中文系	游国恩等编著	《中国文学史》(1—4)	特等奖
3	历史系	翦伯赞主编	《中国史纲要》(上下)	特等奖
4	西语系	朱光潜编著	《西方美学史》(上下)	特等奖
5	法律系	《国际法》编写组	《国际法》	特等奖
1	中文系	王瑶	《中国新文学史稿》	优秀奖
2	中文系	朱德熙	《语法讲义》	优秀奖
3	英语系	杨周翰、吴达元、赵萝蕤	《欧洲文学史》	优秀奖
4	历史系	考古教研室商周组	《商周考古》	优秀奖
5	哲学系	黄楠森主编	《〈哲学笔记〉注释》	优秀奖
6	哲学系	外国哲学史教研室编译	《西方哲学原著选读》（上下）	优秀奖
7	经济学院	赵靖、易梦虹主编	《中国近代经济思想史》（上下）	优秀奖
8	经济学院	陈岱孙主编	《政治经济学史》（上下）	优秀奖
9	法律系	法学理论教研室	《法学基础理论》（新编本）	优秀奖
10	法律系	张国华、饶鑫贤主编	《中国法律思想史纲》（上）	优秀奖

1992 年获第二届全国普通高校优秀教材奖（文科）项目

序号	院系	作者	获奖论著	等级
1	中文系	裘锡圭	《文字学概要》	特等奖
2	考古系	高明	《中国古文字学通论》	特等奖
3	俄语系	曹靖华	《俄国文学史》	特等奖
1	中文系	严家炎	《中国现代小说流派史》	优秀奖
2	历史系	张注洪	《中国现代革命史史料学》	优秀奖
3	哲学系	黄楠森	《马克思主义哲学史》(上中下)	优秀奖
4	校办	吴树青	《中国社会主义建设》	优秀奖

1995 年获全国高等学校首届人文社会科学研究优秀成果奖

序号	院系	作者	获奖论著	等级
1	中文系	林庚	《天问论笺》	一等奖
2	中文系	王力	《同源字典》	一等奖
3	中文系	孙钦善	《中国古文献史》	一等奖
4	中文系	徐通锵	《历史语言学》	一等奖
5	历史系	田余庆	《东晋门阀政治》	一等奖
6	历史系	周一良	《魏晋南北朝史论文集续编》	一等奖
7	历史系	罗荣渠	《现代化新论——世界与中国的现代化进程》	一等奖
8	考古系	邹衡	《夏商周考古论文集》	一等奖
9	哲学系	冯友兰	《中国哲学史新编》(1—6)	一等奖
10	经济学院	胡代光等	《评当代西方学者对马克思〈资本论〉的研究》	一等奖
11	光华管理学院	厉以宁等	《教育经济学研究》	一等奖
12	法律系	肖蔚云	《一国两制与香港基本法律制度》	一等奖
13	法律系	沈宗灵	《现代西方法理学》	一等奖
14	东方学系	季羡林	《敦煌吐鲁番吐火罗语研究导论》	一等奖
15	英语系	杨周翰	《十七世纪英国文学》	一等奖
16	人口所	曾毅	《中国人口发展态势及对策探讨》	一等奖
17	社会学人类学所	费孝通	《行行重行行》	一等奖
18	城环系	侯仁之等	《北京历史地图集》	一等奖
1	中文系	陈贻焮	《杜甫评传》	二等奖
2	中文系	葛晓音	《汉唐文学的嬗变》	二等奖
3	中文系	陈平原	《中国小说叙事模式的转变》	二等奖

序号	院系	作者	获奖论著	等级
4	中文系	王福堂等	《汉字方言字汇》(第二版)	二等奖
5	中文系	蒋绍愚	《古汉语词汇纲要》	二等奖
6	中文系	王岳川	《艺术本体论》	二等奖
7	中文系	裘锡圭	《古文字论集》	二等奖
8	考古系	严文明	《仰韶文化研究》	二等奖
9	哲学系	陈来	《朱熹哲学研究》	二等奖
10	哲学系	张翼星	《列宁哲学思想的历史命运》	二等奖
11	哲学系	万俊人	《西方现代伦理学史》(上下卷)	二等奖
12	政治学系	宁骚	《非洲黑人文化》	二等奖
13	经济学院	刘方棫等	《90年代中国市场消费战略》	二等奖
14	光华管理学院	闵庆全	《国民经济核算体系》	二等奖
15	法律系	周旺生	《立法学》	二等奖
16	法律系	杨春洗等	《刑事法学大辞书》	二等奖
17	法律系	罗豪才	《中国司法审查制度》	二等奖
18	东方学系	刘安武	《印度印地语文学史》	二等奖
19	高教所	闵维方	《高等教育规模扩展形式与办学效益研究》	二等奖
20	高教所	汪永铨	《中国高等教育结构研究》	二等奖
21	外哲所	陈嘉映等	《存在与时间》	二等奖
22	比较文学所	乐黛云	《比较文学原理》	二等奖
23	马克思主义学院	薛汉伟	《社会主义社会阶段划分的理论和实践》	二等奖
24	历史系	王小甫	《唐、吐蕃、大食政治关系史》	二等奖

1991年获国家科技进步奖项目

序号	院系	作者	获奖论著	等级
1	人口所	曾毅	《适用于中国等第三世界国家的家庭状态生命表的创立及计算机软件研制》	二等奖

（2）获国家教委奖励项目

1988 年获国家教委高等学校优秀教材奖(文科)项目

序号	院系	作者	获奖论著	等级
1	中文系	郭锡良等主编	《古代汉语》(上中下)	一等奖
2	中文系	林庚、冯沅君	《中国历代诗歌选》(1－4 册)	一等奖
3	中文系	唐弢、严家炎	《中国现代文学史》(1－3)	一等奖
4	历史系	周一良、吴于廑主编	《世界通史》(1－4 册)	一等奖
5	历史系	周一良、吴于廑主编	《世界通史资料选辑》	一等奖
6	历史系	杨人楩	《非洲通史简编(从远古到 1918)》	一等奖
7	历史系	翦伯赞等主编	《中国通史参考资料(古代部分)》	一等奖
8	哲学系	王宪钧	《数理逻辑引论》	一等奖
9	哲学系	中国哲学史教研室	《中国哲学史教学资料选辑》(上下)	一等奖
10	经济学院	北大、复旦合编	《国民经济管理学》	一等奖
11	社会学系	费孝通主编	《社会学概论》	一等奖
12	东语系	日语教研室	《基础日语》(1－4 册,附语音编)	一等奖
13	图书馆学系	《目录学概论》编写组	《目录学概论》	一等奖
14	图书馆学系	北大、武大图书馆系合编	《图书馆学基础》	一等奖
1	中文系	叶蜚声等编	《语音学纲要》	二等奖

序号	院系	作者	获奖论著	等级
2	哲学系	叶朗	《中国小说美学》	二等奖
3	哲学系	杨辛等编	《美学原理》	二等奖
4	经济学院	梁小民	《西方经济学导论》	二等奖
5	经济学院	张纯元主编	《人口经济学》	二等奖
6	法律系	肖蔚云等编	《宪法学概论》（修订本）	二等奖
7	西语系	赵登荣主编	《德语基础教程》（1、2册）	二等奖
8	西语系	齐香等编	《大学法语课本》(第三学年用)	二等奖
9	图书馆系	赖茂生等编	《科技文献检索》	二等奖
10	心理系	赫葆源等编	《实验心理学》	二等奖

1992年获国家教委第二届高等学校优秀教材奖(文科)项目

序号	院系	作者	获奖论著	等级
1	英语系	胡壮麟	《语音学教程》	一等奖
1	中文系	唐作藩	《音韵学教程》	二等奖
2	中文系	胡经之、王岳川等	《西方文艺理论名著教程》（下册）	二等奖
3	历史系	张传玺	《中国古代史纲》(上、下)	二等奖
4	法律系	姜明安	《行政法概论》	二等奖
5	法律系	杨紫烜等	《经济法原理》	二等奖
6	社会学系	卢淑华	《社会统计学》	二等奖

第八章 科学研究

序号	院系	作者	获奖论著	等级
7	东语系	傅成劼	《越南语基础教程》	二等奖
8	图书馆学系	邵献图等	《西文工具书概论》	二等奖
9	心理系	许政援等	《儿童发展心理学》	二等奖

1996 年获国家教委第三届全国普通高等学校优秀教材奖(文科)项目

序号	院系	作者	获奖论著	等级
1	中文系	现代汉语教研室	《现代汉语》	一等奖
2	哲学系	张岱年、方克立	《中国文化概论》	一等奖
3	东方学系	季羡林等	《印度古代文学史》	一等奖
4	英语系	李赋宁	《英语史》	一等奖
5	法律系	沈宗灵、方文显	《法理学》	一等奖
6	经济学院	赵靖、石世奇	《中国经济管理思想史教程》	一等奖
7	校长办	吴树青等	《政治经济学》	一等奖
1	中文系	阴法鲁	《中国古代文化史》	二等奖
2	历史系	朱龙华	《世界历史(上古部分)》	二等奖
3	历史系	徐天新	《当代世界史(1945－1992)》	二等奖
4	哲学系	孙小礼等	《自然辩证法通论》	二等奖
5	国政系	梁守德	《国际政治学概论(自然论)》	二等奖
6	东方学系	张甲民	《阿拉伯语基础教程》	二等奖
7	法律系	杨春洗	《中国刑法论》	二等奖
1	法律系	王小能	《票据法教程》	中青年奖
2	信息系	谢新洲	《商业经济信息处理和检索》	中青年奖
3	人口所	曾毅	《人口分析方法与应用》	中青年奖

1992 年获国家教委首届高等学校出版社优秀学术著作奖项目

序号	院系	作者	获奖论著	等级
1	中文系	袁行霈	《中国诗歌艺术研究》	特等奖
2	历史系	田余庆	《东晋门阀政治》	特等奖
3	法律系	沈宗灵	《比较法总论》	特等奖
1	中文系	褚斌杰	《中国古代文体概论》	优秀奖
2	中文系	张少康	《中国古代文学创作论》	优秀奖
3	哲学系	张岱年	《中国文化与文化论争》	优秀奖
4	经济学院	张秋舫	《住宅经济改革的理论与实践》	优秀奖

1993 年获国家教委高校理论战线优秀论文奖项目

序号	院系	作者	获奖论著	等级
1	哲学系	张岱年	《我们为什么信持唯物主义》	荣誉奖
2	哲学系	黄楠森	《列宁主义的历史命运》	荣誉奖
3	马克思主义学院	梁柱	《李大钊和五四运动》	优秀奖
4	经济学院	智效和 石禾	《关于国营大中企业的所有制改革——兼评私有化的主张》	优秀奖

1990 年获国家教委科技进步奖项目

1	人口所	曾毅	《适用于中国等第三世界国家的家庭状态生命表的创立、应用及计算机软件的研制》	一等奖 1 项

（3）获北京市奖励项目

1987 年获北京市首届哲学社会科学和政策研究优秀奖项目

序号	院系	作者	获奖论著	等级
1	中文系	王瑶	《鲁迅〈故事新编〉散论》（论文）	荣誉奖
2	历史系	周一良	《魏晋南北朝史札记》（专著）	荣誉奖

序号	院系	作者	获奖论著	等级
3	哲学系	张岱年	《中国哲学发微》(论文集)	荣誉奖
4	哲学系	冯友兰	《中国哲学史新编》(专著)	荣誉奖
5	东语系	季羡林	《原始佛教的语言问题》(专著)	荣誉奖
6	经济学院	陈岱孙	《现代西方经济学的研究和我国社会主义经济现代化》(论文)	荣誉奖
7	社会学系	费孝通	《小城镇四记》(专著)	荣誉奖
1	中文系	朱德熙	《自指与转指》、《汉语方言里的两种反复问句》(论文)	一等奖
2	中文系	裘锡圭	《战国货币考》(论文)	一等奖
3	中文系	陈贻焮	《杜甫评传》(上卷)	一等奖
4	历史系	马克垚	《西欧封建经济形态研究》(专著)	一等奖
5	历史系	《北京史》编写组	《北京史》(专著)	一等奖
6	哲学系	黄楠森主编	《〈哲学笔记〉注释》(专著)	一等奖
7	科学与社会研究中心	孙小礼主编	《自然辩证法讲义》(教材)	一等奖
8	经济学院	赵靖 易梦虹	《中国近代经济思想史》(专著)	一等奖
9	经济学院	胡代光 厉以宁	《当代资产阶级经济学主要流派》(专著)	一等奖
10	法律系	法学理论教研室	《法学基础理论(新编本)》	一等奖
11	社会学系	江美球	《把秦皇岛建成首都新门户》(调查报告)	一等奖
1	中文系	徐通锵	《宁波方言的"鸭"〔ε〕类词和"儿化"的残迹》(论文)	二等奖
2	中文系	葛晓音	《论初盛唐诗歌革新的基本特征》(论文)	二等奖

序号	院系	作者	获奖论著	等级
3	中文系	严家炎	《求实集》（专著）	二等奖
4	中文系	孙玉石	《〈野草〉研究》（专著）	二等奖
5	历史系	刘俊文	《唐律疏议》（古籍整理）	二等奖
6	考古系	严文明	《甘肃彩陶的源流》（论文）	二等奖
7	考古系	邹衡	《商周考古学论文集》（专著）	二等奖
8	哲学系	叶朗	《中国小说美学》（专著）	二等奖
9	哲学系	许全兴	《〈实践论〉〈矛盾论〉和苏联 30 年代哲学的关系》（论文）	二等奖
10	经济学院	刘方棫	《消费经济学概论》（专著）	二等奖
11	法律系	张国华 饶鑫贤 主编	《中国法律思想史纲》（上册）	二等奖
12	法律系	邵津	《专属经济区和大陆架的军事利用的法律问题》（论文）	二等奖
13	东语系	叶奕良 张鸿年 曾延生 主编	《波斯语汉语词典》	二等奖
14	英语系	张祥保 周珊凤 主编	《大学英语》（教材）	二等奖
15	马列所	薛汉伟等	《革命与不断革命研究》（专著）	二等奖
16	高教所	陈良琨等	《教育经费占国民生产总值比例的国际比较》（研究报告）	二等奖
17	中国革命和建设研究中心	杨娴 李顺荣	《经济腾飞的先导行业——北京市第三产业的调查报告》	二等奖
1	历史系	林被甸	《现代亚非拉民族资产阶级革命的作用》（论文）	中青年优秀成果奖
2	哲学系	杨适	《马克思"经济学哲学手稿"述评》（专著）	中青年奖
3	哲学系	王东	《试论哲学史和认识史》（论文）	中青年奖

序号	院系	作者	获奖论著	等级
4	国政系	宁骚	《论南非种族隔离制及其对黑人的掠夺》（论文）	中青年奖
5	经济学院	靳云汇等	《我国厂丝出口模型及其应用初探》（论文）	中青年奖
6	法律系	张力行等	《电脑辅助法律研究》（论文）	中青年奖
7	法律系	香港问题研究小组	《香港问题研究系列报告》	中青年奖
8	英语系	沈弘	《古英语用语初探》（论文）	中青年奖
9	社会学系	王汉生等	《企业干部素质》（研究报告）	中青年奖
10	图书馆系	杜毅	《试论情报价值》（论文）	中青年奖

1991 年获北京市第二届哲学社会科学优秀成果奖项目

序号	院系	作者	获奖论著	等级
1	中文系	裘锡圭	《文字学概要》（专著）	特等奖
2	哲学系	黄楠森　宋一秀等	《马克思主义哲学史》(6、7 卷)	特等奖
1	中文系	袁行霈	《中国诗歌艺术研究》（专著）	一等奖
2	历史系	周一良主编	《中外文化交流史》（专著）	一等奖
3	历史系	田余庆	《东晋门阀政治》（专著）	一等奖
4	哲学系	朱伯崑	《易学哲学史》（上、中册）（专著）	一等奖
5	东语系	季羡林	《佛教与中印文化交流》（专著）	一等奖
6	考古系	严文明	《仰韶文化研究》（专著）	一等奖
7	经济学院	罗志如等	《当代西方经济学说》（上下）	一等奖
8	经济学院	陈振汉等	《清实录·经济史资料上辑·农业篇》（资料）	一等奖
9	校长办公室	吴树青	《改革开放必须坚持社会主义方向》（论文）	一等奖

序号	院系	作者	获奖论著	等级
10	政治学与行政管理学	肖超然	《北京大学与五四运动》（专著）	一等奖
11	法律系	肖蔚云等	《一国两制与香港基本法律制度》（专著）	一等奖
12	人口所	曾毅	《我国人口发展态势与对策探讨》（调查报告）	一等奖
13	高教所	闵维方	《高等教育规模扩展的形式与办学效益研究》（论文）	一等奖
14	图书馆系	邵献图等	《西文工具书概论》（教材）	一等奖
1	中文系	褚斌杰	《中国古代文体概论》（专著）	二等奖
2	中文系	葛晓音	《八代诗史》（专著）	二等奖
3	中文系	张少康	《古典文艺美学论稿》（专著）	二等奖
4	中文系	陆俭明	《"V来了"试析》《"VA了"述补结构语义分析》（论文）	二等奖
5	中文系	吕德申等	《马克思主义文艺理论发展史》（专著）	二等奖
6	历史系	孙淼	《夏商史稿》（专著）	二等奖
7	历史系	祝总斌	《两汉魏晋南北朝宰相制度研究》（专著）	二等奖
8	历史系	罗荣渠	《建立马克思主义的现代化理论的初步探索》（论文）	二等奖
9	中古史中心	刘俊文	《敦煌吐鲁番唐代法制文书考释》（专著）	二等奖
10	考古系	宿白	《洛阳地区北朝石窟的初步考察》（论文）	二等奖
11	哲学系	万俊人	《现代西方伦理学史》（上卷）	二等奖
12	哲学系	王东	《社会主义建设中的哲学问题探索——改革之路的哲学沉思》（专著）	二等奖
13	哲学系	魏英敏	《伦理道德问题再认识》（专著）	二等奖

序号	院系	作者	获奖论著	等级
14	哲学系	田心铭等	《当代大学生哲学思潮》(专著)	二等奖
15	国政系	赵宝煦等	《政治民主与地方人大——调查与思考之一》(调查报告)	二等奖
16	国政系	钟哲明	《评意识形态"多元化"等观点》(论文)	二等奖
17	国政系	方连庆等	《现代国际关系史(1917 — 1949)》(专著)	二等奖
18	经济学院	徐淑娟等	《〈资本论〉释义》(1、2、3卷)(专著)	二等奖
19	经济学院	张秋舫等	《住宅经济改革的理论与实践》(专著)	二等奖
20	经济学院	刘方棫等	《生产力经济学教程》(专著)	二等奖
21	法律系	康树华	《青少年犯罪与治理机制》(专著)	二等奖
22	法律系	李志敏	《中国古代民法》(专著)	二等奖
23	法律系	张国华等	《中国法律思想史纲》(下)	二等奖
24	法律系	沈宗灵	《比较法总论》(专著)	二等奖
25	东语系	阿拉伯－伊斯兰文化研究所阿拉伯语言文化教研室	《汉语阿拉伯语词典》(工具书)	二等奖
26	东语系	刘安武	《印度印地语文学史》(专著)	二等奖
27	俄语系	李明滨	《苏联当代文学概观》(专著)	二等奖
28	马列所	薛汉伟	《社会主义社会阶段划分的理论和实践》(专著)	二等奖
29	亚非所	陆庭恩	《非洲与帝国主义(1941 — 1939)》(专著)	二等奖
30	心理系	姜德珍等	《延缓衰老的奥秘——老年心理学漫谈》(普及读物)	二等奖

序号	院系	作者	获奖论著	等级
1	中文系	董学文	《走向当代形态的文艺学》（专著）	中青年优秀成果奖
2	中文系	张剑福	《首都群众文艺欣赏意向调查》（调查报告）	中青年奖
3	历史系	王晓秋	《近代中日启示录》（专著）	中青年奖
4	哲学系	韩水法	《康德物自身说研究》（专著）	中青年奖
5	经济学院	李庆云	《国际货币制度与发展中国家》（专著）	中青年奖
6	经济学院	智效和	《关于在事实上坚持社会主义公有制》（论文）	中青年奖
7	经济学院	刘伟	《比较经济学：发展、体制、政策》（专著）	中青年奖
8	法律系	周旺生	《立法学》（专著）	中青年奖
9	英语系	申丹	《论文体学·客观性与常规惯例的关联》（论文）	中青年奖
10	英语系	辜正坤等	《世界名诗鉴赏词典》	中青年奖

1994 年获北京市第三届哲学社会科学优秀成果奖项目

序号	院系	作者	获奖论著	等级
1	哲学系	黄楠森　施德福	《马克思主义哲学史》（8 卷本，第 6,7 卷）	特等奖
2	东方学系	季羡林	《敦煌吐鲁番吐火罗语研究导论》	特等奖
1	中文系	徐通锵	《历史语言学》	一等奖
2	中文系	金开诚	《屈原辞研究》	一等奖
3	中文系	孙钦善等	《全宋诗》	一等奖
4	中文系	钱志熙	《魏晋诗歌艺术原论》	一等奖
5	历史系	罗荣渠	《现代化新论——世界与中国的现代化进程》	一等奖

序号	院系	作者	获奖论著	等级
6	哲学系	赵家祥	《历史唯物主义原理》（新编本）	一等奖
7	国政系	许渊冲	《汉英对照〈诗经〉》	一等奖
8	国政系	陈峰君	《印度社会述论》	一等奖
9	经济学院	赵靖	《中国经济思想通史》第一卷	一等奖
10	光华管理学院	厉以宁	《中国经济增长与波动》	一等奖
11	光华管理学院	秦宛顺	《教育投资决策研究》	一等奖
12	外哲所	张世英	《黑格尔辞典》	一等奖
13	高教所	曲士培	《中国大学教育发展史》	一等奖
1	中文系	方锡德	《中国现代小说与文学传统》	二等奖
2	中文系	张双棣	《〈吕氏春秋〉词典》	二等奖
3	历史系	成汉昌、刘一皋	《中国当代农民文化——百村调查纪实》	二等奖
4	哲学系	张翼星	《列宁哲学思想的历史命运》	二等奖
5	政治学与行政管理系	谢庆奎	《当代中国政府》	二等奖
6	经济学院	晏智杰	《〈剩余价值理论〉释义》（一、二、三卷）	二等奖
7	经济学院	孙祁祥	《模式转换时期的收入流程分析》	二等奖
8	光华管理学院	胡健颖	《社会总供求状态监测、预警和调控》	二等奖
9	光华管理学院	曹凤岐	《中国企业股份制的理论与实践》（修订版）	二等奖
10	法律系	周密	《美国经济犯罪和经济刑法研究》	二等奖
11	英语系	祝畹瑾	《社会语言学概论》	二等奖
12	东方学系	张鸿年	《波斯文学史》	二等奖
13	信息管理系	秦铁辉	《情报研究概论》	二等奖

序号	院系	作者	获奖论著	等级
14	人口所	李涌平	《中国宫内节育器的使用和成本效益研究》	二等奖
15	亚非所	张俊彦	《变化中的中东经济》	二等奖
16	亚非所	周南京等	《世界华侨华人词典》	二等奖
17	科学与社会研究中心	孙小礼	《方法论》	二等奖
18	马克思主义学院	钟哲明	《毛泽东探索中国国情社会主义的思路》	二等奖
1	比较文学所	戴锦华	《浮出历史地表》	中青年奖
2	历史系	王小甫	《唐·吐蕃·大食政治关系史》	中青年奖
3	历史系	高毅	《法兰西风格：大革命的政治文化》	中青年奖
4	历史系	牛大勇	《英国对华政策与国民革命的危机》	中青年奖
5	哲学系	姚卫群	《印度哲学》	中青年奖
6	国政系	叶自成	《落后国家向社会主义过渡理论的历史发展》	中青年奖
7	政治学与行政管理系	张国庆	《我国行政管理体制改革的若干思考》	中青年奖
8	法律系	姜明安	《行政诉讼法学》	中青年奖
9	法律系	郭自力	《安乐死：困境中的选择》	中青年奖
10	社会学系	马戎	《边区开发论著》	中青年奖
11	社会学系	周星	《民族政治学》	中青年奖

1996 年获北京市第四届哲学社会科学优秀成果奖项目

序号	院系	作者	获奖论著	等级
1	东方学系	季羡林等	《东方文学史》	特等奖
1	中文系	何九盈	《中国现代语言学史》	一等奖

序号	院系	作者	获奖论著	等级
2	中文系	商金林	《叶圣陶传论》	一等奖
3	中文系	沈阳	《现代汉语空语类研究》	一等奖
4	考古系	林梅村	《西域文明》	一等奖
5	哲学系	赵敦华	《基督教哲学 1500 年》	一等奖
6	经济学院	刘伟等	《工业化进程中的产业结构研究》	一等奖
7	法律学系	武树臣等	《中国传统法律文化》	一等奖
8	东方学系	王邦维	《〈南海寄归内法传〉校注》	一等奖
9	马克思主义学院	沙健孙等	《中国共产党的创立》	一等奖
10	中国经济研究中心	林毅夫等	《中国的奇迹：发展战略与经济改革》	一等奖
1	中文系	蒋绍愚	《近代汉语研究概况》	二等奖
2	中文系	夏晓虹	《晚清文人妇女观》	二等奖
3	历史系	张传玺等	《中国历代契约会编考释》（上下册）	二等奖
4	历史系	朱孝远	《神法、公社和政府——德国农民战争的政治目标》	二等奖
5	哲学系	丰子义	《现代化的理论基础——马克思现代社会发展理论研究》	二等奖
6	哲学系	阎国忠	《朱光潜美学及其理论体系》	二等奖
7	哲学系	王东	《中国经济起飞的新道路》	二等奖
8	国际关系学院	曹长盛	《世界社会主义共产主义运动》	二等奖
9	国际关系学院	关世杰	《跨文化交流学》	二等奖
10	政治学与行政管理系	王浦劬	《政治学基础》	二等奖

序号	院系	作者	获奖论著	等级
11	经济学院	王跃生	《变化世界中的经济体制——90年代的比较经济体制》	二等奖
12	经济学院	萧琛	《美国微观经济运行机制——成熟的市场与现代企业制度考察》	二等奖
13	光华管理学院	朱善利	《经济繁荣之路——资源的有效配置与所有权》	二等奖
14	法律学系	钱明星	《物权法原理》	二等奖
15	法律学系	朱苏力	《法律活动专门化的法律社会学的思考》	二等奖
16	西语系	赵登荣	《德语教程》（三、四册）	二等奖
17	俄语系	李国辰	《俄语教学心理学》	二等奖
18	社会学系	袁方等	《老年学导论》	二等奖
19	亚非所	耿引曾	《中国载籍中南亚史料汇编》（上下册）	二等奖
20	科学与社会研究中心	马名驹	《中国高技术的今天和明天》	二等奖

（4）获有关部委（省市）、学会期刊和学者基金奖励项目

农业部、农科院奖

年份	院系	获奖者	获奖论著	等级
1980	经济学院	田万苍	《日本农业财政金融政策》	农业部等
1985	经济学院	田万苍	《日本农业发展战略》	农科院三等奖

全国政治理论通俗读物奖

年份	院系	获奖者	获奖论著	等级
1983	历史系	陈庆华	《近代中国通史》	二等奖
1983	马列主义教研室	集体编写	《大众政治经济学》	二等奖
1989	历史系	王晓秋	《近代中日启示录》	第二届

中国社会科学院论文奖

年份	院系	获奖者	获奖论著	等级
1983	英语系	张隆溪	《悲剧与死亡（莎士比亚悲剧研究之一）》	青年学者论文奖
1984	经济学院	张康琴	《评苏联从重工业开始实现工业化的经济发展模式》	优秀理论文章二等奖
1985	南亚东南亚研究所	林良光	《略论孟加拉国的人口问题》	优秀论文奖

东北三省朝鲜文优秀图书奖

年份	院系	获奖者	获奖论著	等级
1983	东语系	韩振乾	《汉朝动物名称词典》《汉朝植物名称词典》	一等奖

《历史研究》第一届优秀论文奖

年份	院系	获奖者	获奖论著	等级
1984	历史系	罗荣渠	《扶桑猜想和美洲的发现——兼论文化传播问题》	优秀奖
1984	历史系	马克垚	《罗马和汉代奴隶制比较研究》	优秀奖

《红旗》优秀理论文章奖

年份	院系	获奖者	获奖论著	等级
1984	法律系	肖蔚云	《新宪法是新时期治国安邦的总章程》	优秀奖

吕叔湘青年语言学家奖

年份	院系	获奖者	获奖论著	等级
1984	中文系	李家浩	《战国时代的"冢"字》《信阳楚简"澮"字及从"关"之字》	
1984	中文系	蒋绍愚	《唐诗词语礼记》	

孙冶方经济学奖

年份	院系	获奖者	获奖论著	等级
1984	经济学院	肖灼基	《关于改革经济管理体制的若干设想》	首届优秀论文奖

序号	院系	作者	获奖论著	等级
1984	经济学院	杨勋	《认真总结历史经验改变农业落后面貌》	首届优秀论文奖
1984	经济学院	周元 周勤英 等	《劳动价值论是揭露现代资本主义制度剥削的强大思想武器》	首届优秀论文奖
1991	经济学院	胡代光	《评当代西方学者对马克思〈资本论〉的研究》	经济学著作奖
1994	经济学院	刘方棫	《九十年代中国市场消费战略》	经济学著作奖

国家教委颁发的大学文科首次重大科研成果奖

年份	院系	获奖者	获奖成果	
1985	考古系	旧石器时代考古队	"金牛山人化石"发掘成果	

中国企业改革与发展优秀论文"金三角奖"

年份	院系	获奖者	获奖论文	
1985	经济学院	厉以宁	《所有制改革和股份企业的管理》	

山西省社科院优秀论文奖

年份	院系	获奖者	获奖论文	
1985	经济学院	厉以宁	《智力投资与知识密集型经济》	

全国中青年经济学优秀论文奖

年份	院系	获奖者	获奖论文	
1985	经济学院	刘伟	《经济体制改革模式探讨》	

中青年经济体制改革研讨会奖

年份	院系	获奖者	获奖论文	等级
1985	经济学院	何小锋	《我国经济体制改革模式》	二等奖

全国法学优秀论文奖

年份	院系	获奖者	获奖论文	
1985	法律学系	赵震江 季卫东	《法律与科学技术》	

《文学评论》优秀论文奖

年份	院系	获奖者	获奖论文	
1985	中文系	岳黛云	《〈蚀〉和〈子夜〉比较分析》	二等奖

《教育研究》优秀论文奖

年份	院系	获奖者	获奖论文	
1985	高教所	郝光明 王永铨等	《建国以来我国文科高等教育的几点经验教训》	

纪念雨果逝世百周年获巴黎市铜质奖章

年份	院系	获奖者	获奖成果	
1985	西语系	王泰来	对法国文学研究所作的贡献	

联邦德国格氏城——伦兴市"格里美豪金质奖章"

年份	院系	获奖者	获奖成果	
1986	西语系	李淑	翻译《痴儿西木传》	

中国社会科学院考古所夏鼐考古研究成果奖

年份	院系	获奖者	获奖成果	等级
1986	考古系	考古系与新疆文管会合编	《中国石窟·克孜尔石窟》	首届一等奖

北方十三省市自治区哲学社会科学优秀图书奖

年份	院系	获奖者	获奖论著	等级
1986	哲学系	李清崑等	《普列汉诺夫与唯物史观》	首届一等奖
1987	哲学系	阎国忠等	《朱光潜美学思想研究》	第二届优秀奖

《北京日报》优秀论文奖

年份	院系	获奖者	获奖论著	
1986	中国革命和建设研究中心	杨娴 李顺荣	《经济腾飞的先导行业——关于北京市第三产业的调查报告》	

全国计算机及新产品展览会优秀项目奖

年份	院系	获奖项目	等级
1987	法律系	经济法制信息系统	二等奖

农牧渔业部科技进步奖

年份	院系（所）	获奖者	获奖论著	等级
1987	亚非所	谢福苓	《国外沿海港口城市和开发地区农业发展方向的研究》	三等奖

美国人口学会汤姆斯最优论文奖

年份	院系（所）	获奖者	获奖论著	等级
1987	人口所	曾毅	《中国家庭人口的变迁》	最优论文奖

中国中文信息学会中文电脑公开赛"中华杯金杯奖"

年份	院系	获奖者	获奖成果	
1987	图书馆系	于金凤 肖忠义	"嵌套字素编码法"研制成果	

韩素音、陆文星中印友谊奖

年份	院系	获奖者	获奖论著	备注
1987	东语系	季羡林等	《〈大唐西域记〉校注》《〈大唐西域记〉今译》	第二届
1987	东语系	王邦维	《〈大唐西域求法高僧传〉校注》	第二届
1990	东方学系	刘安武	《印度印地语文学史》	
1990	东方学系	金鼎汉	《印地汉语成语辞典》	
1992	东方学系	张保胜	《薄伽梵歌》（翻译）	
1992	历史系	林承节	《印度民族独立运动的兴起》	

1988 年获"全国纪念党的十一届三中全会召开十周年理论讨论会"论文奖

序号	院系	作者	获奖论著	等级
1	哲学系	黄楠森	《十年来马克思主义哲学在中国的发展》	优秀论文奖
2	历史系	罗荣渠	《论一元多线历史发展观》	优秀论文奖
1	中文系	董学文	《文艺学的当代反思与未来发展》	入选论文奖
2	哲学系	赵光武	《随着生活前进并指导生活前进》	入选论文奖
3	哲学系	孙小礼	《从"判决性实验"引起的思考》	入选论文奖

序号	院系	作者	获奖论著	等级
4	哲学系	田心铭	《实践唯物主义与实践唯心主义》	入选论文奖
5	经济学院	胡代光	《我们从现代西方经济学中可以学到什么》	入选论文奖
6	经济学院	周元	《论我国社会主义初级阶段公平与效率的关系》	入选论文奖
7	经济学院	刘方棫	《论我国当前消费需求膨胀及治理对策》	入选论文奖
8	经济学院	刘伟	《论我国宏观经济调控模式的目标导向》	入选论文奖

1989 年获北京市高等教育学会科研优秀成果奖

序号	院系	作者	获奖论著	等级
1	俄语系	胡守信	《对大学俄语教学中的几个理论原则问题的认识》	二等奖
2	政策研究室	赵存生等	《评价当代西方思潮，在比较中学好马克思主义》	二等奖
3		王义遒　苏志中	《对教学改革中几个问题的探讨》	三等奖
4	政策研究室	赵亨利	《首都高等教育发展战略目标的探讨》	三等奖

1989 年获第三届全国优秀图书奖项目

序号	院系	作者	获奖论著	等级
1	哲学系	黄楠森	《马克思主义哲学史》（三卷本）	

1989 年获冯至德国文学研究二等奖项目

序号	院系	作者	获奖论著	等级
1	西语系	简明	《历史观点和美学思想的结合——论赫尔德美学思想和文学理论的几个基本观点》	二等奖

1990 年获全国首届比较文学图书奖项目

序号	院系	作者	获奖论著	等级
1	东语系	季羡林	《中印文化关系史论集》	荣誉奖

序号	院系	作者	获奖论著	等级
2	东语系	金克木	《比较文学论集》	荣誉奖
3	西语系	杨周翰	《镜子与七巧板》	荣誉奖
1	中文系	严绍璗	《中日古代文学关系史稿》	一等奖
2	中文系	乐黛云	《比较文学原理》	一等奖
3	中文系	温儒敏	《新文学现实主义演变》	一等奖
4	中文系	陈平原	《在东西文化碰撞中》	一等奖
5	比较文学所		《中日比较文学年鉴》	一等奖
1	中文系	乐黛云	《中西比较文学教程》	二等奖
2	中文系	乐黛云	《多种文学与文化史》（英文论文集）	二等奖
3	英语系	王宁	《超学科比较文学研究》	二等奖

1990 年获全国教育科学成果一等奖项目

序号	院系	作者	获奖论著	等级
1	高教所	汪永铨　郝克明	《中国高等教育结构研究》	一等
2	经济学院	厉以宁　陈良焜	《中国教育经济研究》	一等

1990 年获国务院发展研究中心社会主义研究所优秀论文奖项目

序号	院系	作者	获奖论文	等级
1	历史系	刘祖熙	《苏联模式与波兰国情》	
2	经济学院	张康琴	《试析苏联经济改革走向》	
3	经济学院	张德修	《南斯拉夫新政府摆脱经济危机的措施及其成效》	

1990 年获金岳霖学术奖二等奖项目

序号	院系	作者	获奖成果	等级
1	哲学系	刘壮虎	《等度和不等度的结构及在 P－T 度下集合的分离性质》	二等奖

1991年获全国优秀外国文学图书奖项目

序号	院系	作者	获奖论著
1	西语系	朱光潜译	《拉奥孔》
2	西语系	周祖生等译	《马克思和流浪儿》
3	英语系	杨周翰	《十七世纪英国文学》
4	西语系	桂裕芳译	《爱的荒漠》
5	西语系	徐继曾等译	《追忆似水年华》
6	英语系	陶洁等译	《我弥留之际》
7	东语系	季羡林译	《罗摩衍那》
8	东语系	季羡林主编	《东方文学作品选》
9	俄语系	曹靖华等	《俄国文学史》
10	英语系	王宁等译	《夜色温柔》

1991年获"光明杯"优秀哲学社会科学学术著作奖项目

序号	院系	作者	获奖论著	等级
1	历史系	周一良主编	《中外文化交流史》	荣誉奖
1	历史系	田余庆	《东晋门阀政治》	一等奖
2	哲学系	黄楠森、宋一秀	《马克思主义哲学史》（八卷本）（6、7卷）	一等奖
1	哲学系	汤一介	《郭象与魏晋玄学》	二等奖
2	经济学院	刘方棫	《生产力经济学教程》	二等奖
1	法律系	康树华	《青少年犯罪与治理机制》	三等奖

1991年获深圳杯"社会主义纵横谈征文奖"二等奖项目

序号	院系	作者	获奖论文	等级
1	马克思主义学院	徐雅民 薛汉伟	《谈谈社会主义同发达资本主义的比较》	

1992年获全国首届古籍整理图书奖项目

序号	院系	作者	获奖论著	等级
1	历史系	王永兴等	点校《通典》（唐·杜佑撰）	一等奖
2	东语系	季羡林等	校注《大唐西域记》（唐·玄奘著）	一等奖
1	哲学系	楼宇烈	校注《王弼集》（魏·王弼撰）	三等奖

序号	院系	作者	获奖论著	等级
2	中文系	阴法鲁主编	《〈古文观止〉译注》	三等奖
3	中文系	周祖谟编	《唐五代韵书集存》(影印)	三等奖
1	中文系	安平秋主编	《中国近代小说大系》	丛书奖
2	中文系	倪其心等编	《古代文史名著选译丛书》	丛书奖

获第三届吴玉章人文社会科学奖项目

年份	院系	作者	获奖论著	等级
1992	经济学院	胡代光	《评当代西方学者对〈资本论〉的研究》	一等奖
1992	历史系	田余庆	《东晋门阀政治》	优秀奖
1992	哲学系	王东	《辩证法科学体系的"列宁构想"》	优秀奖
1997	哲学系	黄楠森等主编	《马克思主义哲学史》(8卷本)	一等奖
1997	中文系	王力	《王力文集》(20卷)	特等奖

1994年获国家新闻出版署首届国家图书奖2项

序号	院系	作者	获奖论著	等级
1	历史系	田余庆	《东晋门阀政治》	
2	中文系	裘锡圭	《文字学概要》	

1994年获首届北京大学朱光潜美学与西方文学奖项目

序号	院系	作者	获奖论著	等级
1	中文系	王岳川	《后现代主义文化研究》	
2	哲学系	章启群	《西方美学中美的本体之流变》	
3	西语系	李昌珂	《1890—1930年间德国文学中的中国题材小说》	
4	英语系	刘锋	《隐喻、语言和人的认识》	

第八章　科学研究

1994 年获第一届全国青年优秀社会科学成果奖项目

序号	院系	作者	获奖论著	等级
1	经济学院	刘伟	《所有权的经济性质、形成及职能结构》	一等奖
2	历史系	荣新江	《通颊考》	二等奖
3	历史系	欧阳哲生	《试论中国新文化运动的传统起源》	三等奖
4	国政系	叶自成	《国家向社会主义过渡理论的历史发展》	优秀奖

获全国"五个一工程"优秀论文奖项目

年份	院系	作者	获奖论著	等级
1995	校长办公室	吴树青	《坚持社会主义必须搞清楚什么是社会主义》	
1997	哲学系	黄楠森等主编	《马克思主义哲学史》(8 卷本)	

（5）获北京大学各项奖励

1987 年北京大学首届优秀教材奖(文科)项目

序号	院系	作者	获奖教材	备注
1	中文系	林庚	《魏晋南北朝文学史参考资料》	
2	中文系	张钟、洪子诚、周祖谟、汪景寿	《当代文学概观》	
3	中文系	文艺理论教研室	《文学理论学习资料》(上下册)	
4	历史系	世界史编写组	《简明世界史》	
5	哲学系	孙小礼等	《自然辩证法讲义》	
6	哲学系	魏英敏、金可溪	《伦理学简明教程》	

序号	院系	作者	获奖教材	备注
7	哲学系	于民、叶朗	《中国美学史资料选编》(上下册)	
8	哲学系	叶朗	《中国美学史大纲》	
9	哲学系	赵家祥	《马克思主义的社会形态理论简论》	
10	哲学系	谢龙、高宝钧等主编	《马克思主义哲学原理》	
11	经济学院	陈颖源、郭志顺	《管理会计和工程经济》	
12	经济学院	张友仁、刘方棫、陈德华等	《政治经济学(社会主义部分)》	
13	经济学院	厉以宁	《教育经济学》	
14	经济学院	资本论教学组	《〈资本论〉释义》(1、2、3卷)	
15	经济学院	刘方棫	《消费经济学概论》	
16	法律系	罗豪才、吴撷英	《资本主义国家的宪法和政治制度》	
17	法律系	王作堂、魏振瀛李光敏等	《民法教程》	
18	法律系	王国枢主编	《刑事诉讼法概论》	
19	国政系	梁守德、李景荫、宁骚等	《民族解放运动史》	
20	图书馆学系	李纪有	《图书馆目录》	
21	图书馆学系	李严、史永元	《图书分类》	
22	西语系	李秀琴编著	《法语词汇学概述》	
23	英语系	周珊凤、张祥保	《大学英语》(1—4册)	

序号	院系	作者	获奖教材	备注
24	英语系	陈瑞兰、沈一鸣	《英语（文科）》	
25	英语系	杜秉正、沈一鸣 赵琏等	《英语及英语学指导》（1－4册）	
26	俄语系	龚人放、 刘晓波、 李廷栋等	《俄语语法（词法、句法）》	

1993 年获北京大学第二届优秀教材奖项目

序号	院系	作者	获奖教材	备注
1	中文系	贾彦德	《语义学导论》	
2	中文系	倪其心	《校勘学大纲》	
3	中文系	阴法鲁等	《中国古代文化史》	
4	中文系	张钟等	《当代中国文学概观》	
5	历史系	马克垚等	《世界历史》	
6	历史系	徐天新等	《当代世界史》	
7	国政系	张汉清等	《简明国际共产主义运动史》	
8	国政系	向青	《共产国际和中国革命关系史稿》	
9	国政系	林代昭等	《中国监察制度》	
10	政治系	岳麟章	《从马基亚维利到尼采》	
11	经济系	刘方棫等	《生产力经济学教程》	
12	经济系	李德彬	《中华人民共和国经济史简编》	
13	经管系	闵庆全	《国民经济核算综论》	
14	经管系	曹凤岐	《货币金融学》	
15	经管系	胡健颖等	《实用统计学新编》	
16	经管系	高程德	《经济法学》	
17	经管系	杨岳全	《中国市场学》	
18	经管系	陈颖源	《现代会计学》	
19	国际经济系	巫宁耕	《战后发展中国家经济》	

序号	院系	作者	获奖教材	备注
20	国际经济系	张康琴等	《外国经济统计分析概论》	
21	法律系	蒲坚	《中国法制史》	
22	法律系	王哲	《西方政治法律学史》	
23	法律系	沈宗灵	《法学基础理论》	
24	图书馆学系	郑如斯等	《中国书史》	
25	图书馆学系	王万宗	《情报学概论》	
26	图书馆学系	朱天俊等	《中文工具书》	
27	俄语系	董青等	《大学俄语》（三册）	
28	俄语系	吴贻翼	《现代俄语句法》	
29	东语系	潘德鼎	《泰语基础教程》	
30	东语系	韦旭升	《朝鲜文学史》	
31	西语系	赵德明	《拉丁美洲文学史》	
32	西语系	顾嘉琛	《法语系统语法》	
33	西语系	姚保琮等	《大学德语》	
34	英语系	王逢鑫	《英语意念语法》	

1996 年获北京大学第三届优秀教材奖项目

序号	院系	作者	获奖教材	备注
1	中文系	温儒敏	《中国现代文学批评史》	
2	中文系	石安石	《语言学概论》	
3	历史系	王晓秋	《近代中日文化交流史》	
4	考古系	马鸿藻	《考古绘图》	
5	哲学系	魏英敏	《新伦理学教程》	
6	哲学系	冯国瑞	《系统论控制论信息论与马克思主义认识论》	
7	哲学系	赵家祥	《历史唯物主义新编》	
8	国政系	孔寒冰	《涉外企业创建和运行管理》	

序号	院系	作者	获奖教材	备注
9	国政系	龚文库	《说服学——攻心的学问》	
10	政治学系	谢庆奎	《当代中国政府》	
11	经济学院	刘文忻	《现代西方经济学原理》	
12	经济学院	傅骊元	《亚太 2000 合作与发展》	
13	经济学院	张秋舫	《现代资本主义新发展》	
14	法律学系	杨殿升	《刑事侦查学》	
15	法律系	康树华	《青少年立法论》	
16	法律系	由嵘	《外国法制史》	
17	法律系	姜明安	《行政法与行政诉讼》	
18	法律系	肖蔚云	《香港基本法与一国两制伟大实践》	
19	法律系	周旺生	《立法论》	
20	信息管理系	李严	《图书分类》	
21	信息管理系	王锦贵	《中国历史文献目录学》	
22	俄语系	吴贻翼	《现代俄语功能语法概要》	
23	西语系	赵蓉恒	《德语高级教程》	
24	英语系	胡壮麟	《语篇的衔接与连贯》	
25	东方学系	汪大年	《缅甸语基础教程》(1—4 册)	
26	亚非所	梁英明	《现代东南亚(1511—1992)》	
27	科社中心	马名驹	《系统观与人类前景》	

1986 年获北京大学首届科学研究成果奖项目

序号	院系	作者	获奖论著	等级
1	中文系	王瑶	《〈故事新编〉散论》(论文)	荣誉奖
2	中文系	王力	《同源字典》(著作)	荣誉奖
3	中文系	林庚	《〈天问〉论笺》(著作)	荣誉奖
4	中文系	周祖谟	《唐五代韵书集存》(著作)	荣誉奖

序号	院系	作者	获奖论著	等级
5	哲学系	冯友兰	《中国哲学史新编》（第一、二卷）	荣誉奖
6	哲学系	张岱年	《中国哲学史发微》（著作）	荣誉奖
7	哲学系	王宪钧	《数理逻辑引论》（著作）	荣誉奖
8	经济学院	陈岱孙	《从古典经济学派到马克思》（著作）	荣誉奖
9	经济学院	陈岱孙	《现代西方经济学的研究和我国社会主义经济现代化》（论文）	荣誉奖
10	经济学院	罗志如等	《二十世纪的英国经济——"英国病"研究》（著作）	荣誉奖
11	法律系	陈守一等	《我国法制建设三十年》（论文）	荣誉奖
12	俄语系	曹靖华	《我的革命文艺道路》（录音）	荣誉奖
13	社会学所	费孝通	《小城镇四记》（著作）	荣誉奖
14	南亚所	季羡林	《印度古代语言论集》（著作）	荣誉奖
15	南亚所	季羡林	《新博本吐火罗语 A（焉耆语）〈弥勒会见记〉剧本》（论文）	荣誉奖
1	中文系	陈贻焮	《杜甫评传》	著作一等奖
2	历史系	马克垚	《西欧封建经济形态研究》	著作一等奖
3	哲学系	叶朗	《中国小说美学》	著作一等奖
4	科学与社会研究中心	孙小礼、李慎、葛明德等	《自然辩证法讲义》	著作一等奖
5	考古系	邹衡	《夏商周考古论文集》	著作一等奖
6	国政系	许渊冲	《汉英对照唐诗一百五十首》	著作一等奖
7	法律系	沈宗灵等	《法学基础理论》（新编本）	著作一等奖
8	经济学院	胡代光、厉以宁	《当代资产阶级经济学主要流派》	著作一等奖
9	东语系	叶奕良、曾延生、张鸿年等	《波斯语－汉语词典》	著作一等奖

序号	院系	作者	获奖论著	等级
10	英语系	杨周翰、吴达元、赵萝蕤等	《欧洲文学史》（上下卷）	著作一等奖
11	亚非所	陈悠久马秀卿等	《第三世界石油斗争》	著作一等奖
12	马列所	薛汉伟、潘国华等	《革命与不断革命研究》	著作一等奖
1	中文系	朱德熙	《自指和转指》、《汉语方言中的两种反复问句》	论文一等奖
2	中文系	裘锡圭	《战国货币考》	论文一等奖
3	中文系	徐通锵	《宁波方言的"鸭"[ɛ]类词和"儿化"的残迹》	论文一等奖
4	中文系	葛晓音	《论初盛唐诗歌革新的基本特征》	论文一等奖
5	历史系	林被甸	《现代亚非拉民族资产阶级的革命作用》	论文一等奖
6	考古系	严文明	《甘肃彩陶的源流》	论文一等奖
7	哲学系	许全兴	《〈实践论〉、〈矛盾论〉和苏联三十年代哲学的关系》	论文一等奖
8	经济学院	赵靖	《我国近代振兴实业思想的总结——论孙中山的"实业计划"》	论文一等奖
9	经济学院	张国有　王其文	《决策与竞争模拟》	论文一等奖
10	经济学院	范培华　王家卓	《我国教育投资—国民收入经济计划模型》	论文一等奖
11	经济学院	曹凤岐	《积累和消费的比例关系对货币流通的影响》	论文一等奖
12	法律系	陈力新	《在法律体系中的国际私法观念》	论文一等奖
13	法律系	邵津	《专属经济区和大陆架的军事利用的法律问题》	论文一等奖
14	法律系	赵震江、季卫东	《法律与科学技术》	论文一等奖

序号	院系	作者	获奖论著	等级
15	社会学系	江美球	《把秦皇岛建成首都新门户的调查报告》	论文一等奖
16	高教所	陈良焜等	《教育经费占国民生产总值比例的国际比较》	论文一等奖
1	中文系	孙玉石	《〈野草〉研究》	著作二等奖
2	中文系	郭锡良 唐作藩 何九盈 蒋绍愚等	《古代汉语》(上、中、下)	著作二等奖
3	中文系	董学文	《马克思主义与美学问题》	著作二等奖
4	中文系	黄修己	《赵树理评传》	著作二等奖
5	中文系	张钟 洪子诚 佘树森 赵祖谟等	《当代文学概论》	著作二等奖
6	中文系	张少康	《中国古代文学创作论》	著作二等奖
7	中文系	刘烜	《闻一多评传》	著作二等奖
8	历史系	马斌	《日本文言文法入门》	著作二等奖
9	历史系	张寄谦	《中国通史讲稿(近代部分)》	著作二等奖
10	历史系	刘俊文	《唐律疏议》(点、校、编目)	著作二等奖
11	历史系	林承节	《印度民族独立运动的兴起》	著作二等奖
12	哲学系	黄楠森 张翼星 宋文坚等	《〈哲学笔记〉注释》	著作二等奖
13	哲学系	杨适	《马克思〈经济学—哲学手稿〉述评》	著作二等奖
14	哲学系	黄楠森 陈志尚 赵光武等	《马克思主义与人:人道主义和异化问题研究》	著作二等奖

序号	院系	作者	获奖论著	等级
15	哲学系	赵家祥	《马克思主义的社会形态理论简论》	著作二等奖
16	国政系	向青	《共产国际与中国革命关系论文集》	著作二等奖
17	国政系	梁守德 李景荫 宁骚	《民族解放运动史》	著作二等奖
18	经济学院	高程德	《经济法学》	著作二等奖
19	经济学院	肖灼基	《恩格斯传》	著作二等奖
20	经济学院	《资本论》教学组	《〈资本论〉释义》（1—3卷）	著作二等奖
21	经济学院	范家骧	《国际贸易理论》	著作二等奖
22	经济学院	刘方棫	《消费经济学概论》	著作二等奖
23	法律系	张国华 饶鑫贤等	《中国法律思想史纲》（上册）	著作二等奖
24	法律系	王作堂、魏瀛等	《民法教程》	著作二等奖
25	图书馆学系	赖茂生、徐克敏	《科技文献检索》	著作二等奖
26	图书馆学系	朱天俊等	《文史工具书手册》	著作二等奖
27	法律系	赵理海	《联合国宪章修改问题》	著作二等奖
28	东语系	安炳浩	《朝鲜汉字音体系研究》	著作二等奖
29	东语系	孙宗光、徐昌华等	《基础日语》（1—4册）	著作二等奖
30	西语系	赵振江	《阿根廷民族史诗〈马丁·菲耶罗〉》（译著）	著作二等奖
31	西语系	齐香、杨维仪等	《大学法语（第三学年）》	著作二等奖

序号	院系	作者	获奖论著	等级
32	英语系	张祥保、周珊凤	《大学英语》（1—4册）	著作二等奖
33	俄语系	魏荒弩	《涅克拉索夫初探》、《涅克拉索夫诗集》（译著）	著作二等奖
34	马列所	阎志民	《当代世界社会主义极左派——托派第四国际》	著作二等奖
35	中国革命与建设研究中心	王隽彦、王俊宜等	《大众政治经济学》	著作二等奖
36	中国革命与建设研究中心	谢龙、高宝均等	《马克思主义哲学史原理》	著作二等奖
37	中国革命与建设研究中心	肖超然、沙健孙等	《中国革命史稿》	著作二等奖
38	出版社	李一华等	《汉语成语词典》	著作二等奖
1	中文系	袁行霈	《〈山海经〉初探》	论文二等奖
2	中文系	谢冕	《历史的沉思》	论文二等奖
3	中文系	马振方	《论小说的情节艺术》	论文二等奖
4	中文系	严绍璗	《中日古代文学关系》（一组六篇）	论文二等奖
5	中文系	沈炯	《北京话声调的音域和语调》	论文二等奖
6	中文系	钱理群	《试论鲁迅和周作人的思想发展道路》	论文二等奖
7	中文系	乐黛云	《尼采与中国现代文学》	论文二等奖
8	中文系	蒋绍愚	《唐诗词语札记：祖堂集词语试释》	论文二等奖
9	中文系	何九盈等	《古韵三十部归字总论》	论文二等奖
10	中文系	陆俭明	《由指人的名词自相组合造成的偏正结构》	论文二等奖

序号	院系	作者	获奖论著	等级
11	中文系	吕德申	《钟嵘的诗歌理论》	论文二等奖
12	历史系	罗荣渠	《有关开创世界史研究新局面的几个问题》	论文二等奖
13	历史系	王天有	《万历天启时期的市民斗争和东林党议》	论文二等奖
14	历史系	牛大勇	《美国对华政策与"四·一二"政变的关系》	论文二等奖
15	历史系	徐凯	《清初逃人事件述略》	论文二等奖
16	历史系	沈仁安 林铁森	《大化前代史史料述评》	论文二等奖
17	历史系	徐天新	《布尔什维克党在十月革命准备时期的农民政策》	论文二等奖
18	哲学系	黄耀枢	《论数学发展史三次危机的实质和意义》	论文二等奖
19	哲学系	赵常林	《马克思在〈德法年鉴〉时期"彻底转变"论不能成立》	论文二等奖
20	哲学系	王东	《试论哲学史和认识史》	论文二等奖
21	哲学系	刘笑敢	《〈庄子〉内篇早于外杂篇新证》	论文二等奖
22	哲学系	魏英敏	《论共产主义道德基本原则及其层次性问题》	论文二等奖
23	哲学系	于民	《从人品到文品》	论文二等奖
24	国政系	宁骚	《论南非种族隔离制及其对黑人的掠夺》	论文二等奖
25	国政系	钟哲明	《也谈马列主义关于历史的创造者的提法》	论文二等奖
26	国政系	黄宗良	《列宁对俄国走向社会主义道路的探索》	论文二等奖
27	经济学院	陆卓明	《现代生产力地理分布的规律与我国生产力布局的原则》	论文二等奖

序号	院系	作者	获奖论著	等级
28	经济学院	李庆云	《特别提款权与国际货币制度的改革》	论文二等奖
29	经济学院	李德彬	《新中国成立后我国工农业产品交换的剪刀差问题》	论文二等奖
30	经济学院	周元 周勤英等	《劳动价值是揭露现代资本主义剥削的强大思想武器》	论文二等奖
31	经济学院	秦宛顺、靳云汇	《我国厂丝出口模型及其应用初探》	论文二等奖
32	经济学院	王永治	《正确处理工资与物价的关系》	论文二等奖
33	经济学院	张纯元	《试论农村老年人口的社会福利事业》	论文二等奖
34	经济学院	田万苍	《日本农业的发展与财政金融政策》	论文二等奖
35	法律系	王国枢	《实事求是的客观验证》	论文二等奖
36	法律系	曹三明	《明清封建法制对资本主义萌芽的摧残》	论文二等奖
37	法律系	徐友军	《中国的文化传统与诉讼意识》	论文二等奖
38	法律系	李贵连	《大清新刑律与大清现行刑律辩证》	论文二等奖
39	考古系	李仰松	《试论中国古代的军事民主制》	论文二等奖
40	考古系	李伯谦	《我国南方地区几何形印纹陶遗存的分区分期及其有关问题》	论文二等奖
41	图书馆学系	杜毅	《试论情报价值》	论文二等奖
42	图书馆学系	王锦贵	《编年体史籍在传统史书中地位的升降》	论文二等奖
43	图书馆学系	肖东发等	《我国年鉴编纂出版的回顾与展望》	论文二等奖
44	东语系	陈炎	《略论海上丝绸之路》	论文二等奖
45	东语系	郭应德	《伊斯兰教产生的历史背景》	论文二等奖

第八章 科学研究

序号	院系	作者	获奖论著	等级
46	东语系	潘德鼎	《泰语中的谓语种类》	论文二等奖
47	西语系	范大灿	《关于卢卡契文艺思想的几个问题》	论文二等奖
48	西语系	张玉书	《思想家海涅》《诗人海涅》	论文二等奖
49	英语系	胡壮麟	《言语方式的差异》	论文二等奖
50	俄语系	吴贻翼	《关于俄语句法结构问题》（论文两篇）	论文二等奖
51	俄语系	赵陵生	《俄汉语词序比较》系列论文（四篇）	论文二等奖
52	亚非所	夏吉生	《试论里根政府对非洲的政策》	论文二等奖
53	南亚所	周南京等	《菲律宾华侨将军刘亨赙生平事迹考》	论文二等奖
54	南亚所	林良光	《伟大的民族民主主义战士巴沙尼》	论文二等奖
55	中国革命与建设研究中心	杨娴　李顺荣	《经济腾飞的先导行业——关于北京市第三产业的调查报告》	论文二等奖
1	中文系	刘勋宁	《现代汉语句尾"了"的来源》	青年鼓励奖
2	中文系	吕艺	《孔子"兴观群怨"本义再探》	青年鼓励奖
3	中文系	黄子平	《论中国当代短篇小说的艺术发展》	青年鼓励奖
4	哲学系	陈战难	《试论毛泽东哲学思想形成的标志》	青年鼓励奖
5	哲学系	陈来	《朱熹理气观的形成和演变》	青年鼓励奖
6	经济学院	何小锋	《劳动价值论初探》	青年鼓励奖
7	经济学院	刘伟　朱善利等	《我国计划商品经济的理论模式》	青年鼓励奖
8	法律系	张力行等	《电脑辅助法律研究系统》	青年鼓励奖
9	高教所	陈学飞	《关于高校教师队伍结构问题的探讨》	青年鼓励奖

1988 年获北京大学第二届科学研究成果奖项目

序号	院系	作者	获奖论著	等级
1	中文系	林庚	《唐诗综论》(著作)	荣誉奖
2	历史系	周一良主编	《中外文化交流史》(著作)	荣誉奖
3	外哲所	洪谦	《逻辑经验主义文选》(上下卷)	荣誉奖
4	社会学所	费孝通	《边区开发与社会调查》	荣誉奖
5	英语系	杨周翰	《十七世纪英国文学》(著作)	荣誉奖
6	英语系	赵萝蕤	《我自己的歌》(译著)	荣誉奖
7	南亚所	季羡林	《佛教开创时期的一场被歪曲被遗忘了的路线斗争》(论文)	荣誉奖
1	中文系	马振方	《聊斋艺术论》	著作一等奖
2	中文系	袁行霈	《中国诗歌艺术研究》	著作一等奖
3	哲学系	王东、张翼星等	《社会主义建设中的哲学问题探索——改革之路的哲学沉思》	著作一等奖
4	经济学院	厉以宁	《社会主义政治经济学》	著作一等奖
5	法律系	沈宗灵	《比较法总论》	著作一等奖
6	马列研究所	薛汉伟	《社会主义社会阶段划分的理论和实践》	著作一等奖
7	高教所	郝克明、汪永铨等	《中国高等教育结构研究》	著作一等奖
1	历史系	罗荣渠	《建立马克思主义的现代化理论的初步探索》(三篇)	论文一等奖
2	考古系	宿白	《洛阳地区北朝石窟的初步考察》	论文一等奖
1	中文系	金开诚	《文艺心理学概论》	著作二等奖
2	中文系	洪子诚	《当代中国文学的艺术问题》	著作二等奖
3	中文系	郭锡良	《汉字古音手册》	著作二等奖
4	历史系	孙淼	《夏商史稿》	著作二等奖
5	历史系	袁良义	《明末农民战争》	著作二等奖

序号	院系	作者	获奖论著	等级
6	历史系	王晓秋	《近代中日启示录》	著作二等奖
7	哲学系	朱伯崑	《易学哲学史》	著作二等奖
8	外哲所	陈嘉映 熊伟等	《存在与时间》	著作二等奖
9	经济学院	晏智杰	《经济学中的边际主义》	著作二等奖
10	经济学院	李德彬	《中华人民共和国经济史简编（1949－1985）》	著作二等奖
11	经济学院	张德修	《东欧经济概论》	著作二等奖
12	经济学院	钱淦荣　杨娴	《政治经济问题剖析》	著作二等奖
13	法律系	张国华等	《中国法律思想史纲》（下册）	著作二等奖
14	法律系	王贵国	《中国涉外投资法》	著作二等奖
15	法律系	魏敏、刘高龙等	《国际法概论》	著作二等奖
16	国政系	许渊冲	《唐宋诗一百首》（英译、法译）	著作二等奖
17	政治学与行政管理系	肖超然、梁柱等	《中共党史简明词典》（上下册）	著作二等奖
18	社会学系	韩明谟、孙立平等	《社会学教程》	著作二等奖
19	亚非所	陆庭恩	《非洲与帝国主义（1914－1936）》	著作二等奖
20	马列所		《伟大的探索》	著作二等奖
21	体育教研室	喜　勋	《艺术体操》	著作二等奖
22	图书馆	陈秉才、王世儒等	《中国农业经济文献目录》	著作二等奖
23	出版社	彭松建	《西方人口经济学概论》	著作二等奖
24	东语系	刘安武	《印度印地语文学史》	著作二等奖
25	东语系	韦旭升	《朝鲜文学史》	著作二等奖
26	东语系	金鼎汉	《印地语汉语成语词典》	著作二等奖
27	西语系	周祖生	《德语词义词例释》	著作二等奖
28	俄语系	左少兴	《文字的产生和发展》	著作二等奖
29	俄语系	冯加	《断头台》	著作二等奖

序号	院系	作者	获奖论著	等级
30	英语系	周学艺	《英美报刊文章选读》(上下)	著作二等奖
31	英语系	李赋宁、陶 洁、胡壮麟	《英语学习指南》	著作二等奖
32	中文系	严绍璗	《中日古代文学关系史稿》	著作二等奖
1	中文系	沈炯	《北京话合口呼零声母的语音分歧》	论文二等奖
2	中文系	王洪君	《山西闻喜方言的白读层与宋西北方音》	论文二等奖
3	中文系	马真	《"比"字句新探》	论文二等奖
4	考古系	赵化成	《寻找秦文化渊源的新探索》	论文二等奖
5	考古系	刘绪	《从墓葬陶器分析二里头文化的性质与二里岗商文化的关系》	论文二等奖
6	哲学系	万俊人	《康德与萨特主体论思想比较》	论文二等奖
7	哲学系	施德福	《"温州模式"及其对我们的理论启示》	论文二等奖
8	图书馆学系	郭友仁	《汉语文献自动标引专家系统中的知识表达》	论文二等奖
9	图书馆学系	何建章	《汉语科文献自动抽词的探讨与实验》	论文二等奖
10	图书馆学系	王万宗	《情报传递对象的初步研究》	论文二等奖
11	南亚所	张保胜	《〈数论颂〉析辨》	论文二等奖
12	政治学与行政管理系	丁则勤	《美日的私人议和活动与〈美日谅解案〉的形成》	论文二等奖
13	经济学院	张纯元等	《2000年人口与社会发展战略研究》	论文二等奖
14	国政系	钟哲明	《"灌输论"的首创者不是考茨基而是马克思恩格斯》	论文二等奖

序号	院系	作者	获奖论著	等级
15	国政系	关世杰	《英国宪章派与第一次鸦片战争》	论文二等奖
16	法律系	储槐植	《一个半因果关系》	论文二等奖
17	社会学系	杨小东	《乡镇企业领导人行为的系统考察》	论文二等奖
18	马列所	阎志民	《关于理想的几个辩证关系》	论文二等奖
19	南亚所	梁英明	《马来西亚新经济政策与华人社会》	论文二等奖
20	东语系	孔远志	《论马来—印尼语中的汉语借词》	论文二等奖
21	西语系	孙凤城	《德国文学在中国的影响作用问题》	论文二等奖
22	英语系	姜望琪等	《计算机辅助英语习题系统》	论文二等奖
23	政治学与行政管理系	江荣海	《论儒家的功利思想》	论文二等奖
24	研究生院	汪太辅、张丽霞	《总结经验探讨规律为培养高质量的博士而努力》	论文二等奖
25	社会科学处		《关于我校文科学生参加社会实践活动情况的调查》	论文二等奖
26	亚非所	陈悠久	《欧佩克与油价预测》	论文二等奖
27	学报	龙协涛	《关于创作、批评和鉴赏关系的思考》	论文二等奖

1991 年获北京大学第三届科研成果奖项目

序号	院系	作者	获奖论著	等级
1	历史系	张芝联	《从高卢到戴高乐》（专著）	荣誉奖
2	经济学院	闵庆全	《国民经济核算综论》（专著）	荣誉奖
3	经济学院	罗志如	《当代西方经济学说》（上下）（专著）	荣誉奖

序号	院系	作者	获奖论著	等级
4	经济学院	陈振汉	《〈清实录〉经济学史资料》(四册)	荣誉奖
5	经济学院	厉以宁等	《教育经济学研究》(专著)	荣誉奖
6	东语系	季羡林主编	《简明东方学史》(专著)	荣誉奖
7	社会学系	费孝通	《中华民族的多元一体格局》(论文)	荣誉奖
8	社会学系	韩明谟	《社会学的重建、探索和突破》(论文)	荣誉奖
1	中文系	裘锡圭	《文字学概要》	著作一等奖
2	历史系	田余庆	《东晋门阀政治》	著作一等奖
3	考古系	严文明	《仰韶文化研究》	著作一等奖
4	哲学系	黄楠森等	《马克思主义哲学史》(三卷本)	著作一等奖
5	国政系	方连庆主编	《现代国际关系史(1917—1945)》	著作一等奖
6	法律系	肖蔚云主编	《一国两制与香港基本法律制度》	著作一等奖
7	东语系	阿拉伯—伊斯兰文化研究所等	《汉语阿拉伯语词典》	著作一等奖
8	东语系	印度尼西亚语言文学教研室	《新印度尼西亚语汉语词典》	著作一等奖
9	英语系	辜正坤主编	《世界名诗鉴赏词典》	著作一等奖
1	中文系	董学文	《评新时期刘再复的文学理论观》	论文一等奖
2	中文系	陆俭明	《"V来了"试析》《"VA了"述补语结构语义分析》	论文一等奖
3	历史系	罗荣渠	《从"西化"到现代化》《论现代化的世界进程》	论文一等奖
4	哲学系	张文儒	《评"趋同论"》	论文一等奖
5	国政系	钟哲明	《评意识形态"多元化"等观点》	论文一等奖

序号	院系	作者	获奖论著	等级
6	经济学院	何小锋	《香港金融中心的优势与隐忧——兼论香港、东京、新加坡三大金融中心的关系》	论文一等奖
7	经济学院	张胜宏	《论我国国营大中型企业的所有制改革——兼评私有化主张》	论文一等奖
8	法律系	吴志攀	《论香港银行制度与银行法》	论文一等奖
9	英语系	申丹	《论文体学、客观性与常规惯例的关联》	论文一等奖
10	高教所	闵维方	《高等教育规模扩展的形式与办学效益研究》	论文一等奖
11	人口所	涂平	《上海、陕西婴儿、儿童死亡率影响因素之比较分析》	论文一等奖
1	中文系	吕德申主编	《马克思主义文艺理论发展史》	著作二等奖
2	中文系	蒋绍愚	《古汉语词汇纲要》	著作二等奖
3	历史系	祝总斌	《两汉魏晋南北朝宰相制度研究》	著作二等奖
4	考古系	高明	《古陶文汇编》、《古陶文字征》	著作二等奖
5	哲学系	田心铭等	《当代大学生哲学思潮》	著作二等奖
6	哲学系	科学与社会研究中心	《北京大学科学与社会丛书》(第一辑)	著作二等奖
7	国政系	林代昭主编	《中国监察制度》	著作二等奖
8	国政系	梁守德等	《战后亚非拉民族民主运动》	著作二等奖
9	政治学系	张国庆主编	《行政管理学概论》	著作二等奖
10	政治学系	王浦劬等	《政治现实与政治意识——评当代西方政治》	著作二等奖
11	经济学院	曹凤岐	《货币金融学》	著作二等奖
12	经济学院	张秋舫主编	《住宅经济改革的理论与实践》	著作二等奖
13	经济学院	王俊宜等	《现代资本主义经济》	著作二等奖
14	法律系	康树华	《少年犯罪与治理机制》	著作二等奖

序号	院系	作者	获奖论著	等级
15	法律系	李志敏	《中国古代民法》	著作二等奖
16	图书馆学系	吴慰慈等	《图书馆藏书》	著作二等奖
17	社会学系	卢淑华	《社会统计学》	著作二等奖
18	西语系	王庭荣译	《法语简史》	著作二等奖
19	西语系	赵振江编	《拉丁美洲历代名家诗选》	著作二等奖
20	俄语系	顾蕴璞译	《叶赛宁诗选》	著作二等奖
21	俄语系	李明滨	《中国文学在俄苏》	著作二等奖
22	英语系	王逢鑫	《英语意念语法》	著作二等奖
23	亚非所	张俊彦主编	《中东国家经济发展战略研究》	著作二等奖
24	外哲所	杜小真	《一个绝望的希望——萨特引论》	著作二等奖
25	马列所	阎志民主编	《社会主义理论与实践》	著作二等奖
26	北大图书馆、李大钊研究会		《李大钊史事综录》	著作二等奖
27	马克思主义理论教育中心	杨娴等	《中国社会主义建设》	著作二等奖
28	体育教育室	陈庆树等	《体育理论课教科书》	著作二等奖
29	艺术教研室	朱秋华	《现代音乐概念及欣赏》	著作二等奖
1	中文系	王联荣	《汉魏六朝佛经释词》	论文二等奖
2	中文系	贾彦德	《现代汉语配偶称谓的义位附加成分》	论文二等奖
3	历史系	牛大勇	《关于1927年南京事件的考察》	论文二等奖
4	历史系	杨树升	《革命先驱李大钊》	论文二等奖
5	考古系	吕遵谔等	《大型食肉类动物啃咬骨骼和敲骨取髓破碎骨片的特征》	论文二等奖
6	哲学系	李清崑	《唯物史观理论来源研究》	论文二等奖

序号	院系	作者	获奖论著	等级
7	国政系	曹长盛	《民主社会主义同科学社会主义的对立和区别》	论文二等奖
8	经济学院	秦宛顺	《我国货币需求模型与分析》	论文二等奖
9	经济学院	周勤英	《论私有制痕迹是全民所有制内部存在商品关系的原因》	论文二等奖
10	经济学院	陈为民	《珍贵的遗产宝贵的启示——浅谈孙中山的民生主义》	论文二等奖
11	经济学院	刘方棫	《社会主义制度的本质特征不容抹杀——评两种社会制度"趋同论"》	论文二等奖
12	法律系	武树臣	《让历史预言未来——论中国法律文化的总体精神与客观样式》	论文二等奖
13	法律系	谭志泉等	《中国法律法规检索系统》	论文二等奖
14	政治学系	金安平	《近代留日学生与中国早期共产主义运动》	论文二等奖
15	图书馆学系	王万宗	《知识测量指标问题》	论文二等奖
16	图书馆学系	李严	《略论我国近代图书分类法的演化与超越》	论文二等奖
17	社会学系	林彬等	《现阶段我国社会结构的分化和整合》	论文二等奖
18	社会学系	李银河	《当代中国人的择偶标准》	论文二等奖
19	东语系	韩振乾	《朝鲜语词源探考》	论文二等奖
20	西语系	范大灿	《两种对立的马克思主义文学观——评卢卡契和布莱希特的分歧和争论》	论文二等奖
21	俄语系	藏仲伦等	《俄语翻译讲座》(系列论文)	论文二等奖
22	马列所	潘国华	《马克思主义与"一国两制"——学习邓小平"一国两制"的思想》	论文二等奖
23	亚非所	樊建明	《学历社会剖析》	论文二等奖

序号	院系	作者	获奖论著	等级
24	南亚所	尚会鹏	《种姓与印度教社会的现代化》	论文二等奖
25	人口所	张纯元等	《多胎生育态势及解决计划外多胎生育的对策》	论文二等奖
26	中古史中心	薄小莹	《敦煌莫高窟六世纪末到九世纪中叶的装饰图案》	论文二等奖
27	北大图书馆	张玉范	《北大图书馆藏敦煌遗书目》	论文二等奖
28	政策研究室	赵存生	《对高等学校学生政治思想工作几个问题的思考》	论文二等奖
29	政策研究室	赵亨利	《从亚洲学者的评选结果看世界第一流大学的特点和标志》	论文二等奖
30	教务长办公室	孙桂玉等	《北京大学毕业生分配使用情况调查报告》	论文二等奖
31	学生工作部	黄建钢	《大学生的群体特征与大学生的思想教育及管理》	论文二等奖

1993 年获北京大学第四届科研成果奖项目

序号	院系	作者	获奖论著	等级
1	中文系	金开诚	《屈原辞研究》	著作一等奖
2	中文系	古文献所	《全宋诗》(1—10 册)	著作一等奖
3	历史系	成汉昌、刘一皋	《中国当代农民文化——"百村"调查纪实》	著作一等奖
4	哲学系	杨适	《中西人论的冲突：文化比较的一种新探索》	著作一等奖
5	经济学院	赵靖主编	《中国经济思想通史》(六卷本第1卷)	著作一等奖
6	经济学院	厉以宁主编	《中国宏观经济的实证分析》	著作一等奖
7	法律系	沈宗灵	《现代西方法理学》	著作一等奖
8	东方学系	缅语教研室	《缅汉词典》	著作一等奖

序号	院系	作者	获奖论著	等级
9	亚非所	周南京主编	《世界华侨华人词典》	著作一等奖
1	经济学院	朱克烺	《关于资本主义经济史研究中的几个问题》	论文一等奖
2	东方学系	段晴	《于阗文〈元量寿宗要经〉》	论文一等奖
3	英语系	刘意青	《现代小说的先声:塞缪尔·理查逊和书信体小说》	论文一等奖
4	高教研	闵维方	《职业技术教育的经济效益研究》	论文一等奖
5	政策研究室	王学珍、赵亨利	《继承和发扬北京大学的光荣传统》	论文一等奖
1	中文系	严绍璗	《日本中国学史》(第一卷)	著作二等奖
2	中文系	王岳川	《后现代主义文化研究》	著作二等奖
3	中文系	方锡德	《中国现代小说与文学传统》	著作二等奖
4	中文系	徐通锵	《历史语言学》	著作二等奖
5	历史系	何芳川	《崛起的太平洋》	著作二等奖
6	考古系	高崇文	《当阳赵家湖楚墓》	著作二等奖
7	考古系	资料室	《中国考古学文献目录》	著作二等奖
8	哲学系	孙小礼主编	《方法的比较——研究自然和研究社会》	著作二等奖
9	经济学院	弓孟谦	《攀登者的探索——〈资本论〉的理论方法和实践》	著作二等奖
10	法律系	杨敦先	《经济犯罪学》	著作二等奖
11	国政系	梁根成	《美国与非洲》	著作二等奖
12	政治学系	谢庆奎主编	《当代中国政府》	著作二等奖
13	社会学系	肖国亮	《皇权和中国经济》	著作二等奖
14	图书馆学系	肖东发等	《年鉴学概论》	著作二等奖
15	东方学系	刘金才	《现代日语敬语用法》	著作二等奖
16	西语系	李秀琴	《汉字演变》	著作二等奖

序号	院系	作者	获奖论著	等级
17	西语系	段若川	《〈别墅〉及序言》（译著）	著作二等奖
18	西语系	马文韬	《〈歌德与绿蒂〉及序言》（译著）	著作二等奖
19	俄语系	臧仲伦	《中国翻译史话》	著作二等奖
20	英语系	胡家峦等译	《现代主义》（译著）	著作二等奖
21	马克思主义学院	潘国华	《科学社会主义若干概念的考察与研究》	著作二等奖
22	马克思主义学院	冯瑞芳、祖嘉合等	《变革、矛盾、进步——现阶段农民观念变革研究》	著作二等奖
23	外哲所	陈启修主编	《现代西方哲学论著选读》（译著）	著作二等奖
24	艺术教研室	彭吉象	《电影·银幕世界的美学魅力》	著作二等奖
25	图书馆	庄守经主编	《中文核心期刊要目总览》	著作二等奖
1	中文系	何九盈	《〈说文〉省声研究》	论文二等奖
2	中文系	沈炯	《汉语语调模型刍议》	论文二等奖
3	中文系	张京媛	《从寻找自我到颠覆主体：当代女性主义文学批评的发展趋势》	论文二等奖
4	中文系	陈跃红	《天国的竖琴——中国诗学的死亡意识研究》	论文二等奖
5	历史系	朱孝远	《农民革命与政治变迁——1525年德国农民战争时期的传单研究》	论文二等奖
6	历史系	陈长年	《康梁在两广的勤王活动》	论文二等奖
7	历史系	徐凯	《论雍乾枢要之臣张廷玉》	论文二等奖
8	历史系	李孝聪	《论唐代后期华北三个区域中心城市的形成》	论文二等奖
9	考古系	权奎山	《中国南方隋唐墓的分区分期》	论文二等奖
10	哲学系	阎国忠	《对建筑的审美解释》	论文二等奖
11	哲学系	赵常林	《马克思"跨越论"的几点看法》	论文二等奖

序号	院系	作者	获奖论著	等级
12	哲学系	冯国瑞	《现代科学应当以马克思主义哲学为指导》	论文二等奖
13	政治系	梁守德	《中国国际新秩序倡议的理论探讨》	论文二等奖
14	国政系	叶自成	《落后国家向社会主义过渡理论的发展》	论文二等奖
15	国政系	李石生	《对国际新秩序几个问题探讨》	论文二等奖
16	政治学系	张国庆	《论政策科学的缘起及其主要研究范畴》	论文二等奖
17	政治学系	丁则勤	《论1941年美日谈判中美国政府的对日妥协倾向与中国问题》	论文二等奖
18	经济学院	姚长辉	《我国举借内债与经济的增长关系的实证分析》	论文二等奖
19	经济学院	靳云汇	《中国农村家庭教育支出的社会经济效益初步分析》	论文二等奖
20	经济学院	巫宁耕	《世界格局变动中发展中国家面临的挑战》	论文二等奖
21	经济学院	李庆云	《国际资本流动中的供求问题》	论文二等奖
22	经济学院	肖琛	《世界经济正在经历一场大的变革——兼论改革开放思想观念的调整》	论文二等奖
23	经济学院	李心愉	《投入产出分析方法的再认识》	论文二等奖
24	法律系	程道德	《试述南京国民政府建立初期争取关税自主权的对外交涉》	论文二等奖
25	法律系	王晨光	《不同国家法律间的相互借鉴与吸收》	论文二等奖
26	法律系	饶戈平	《"台湾地位未定论"的法律透视》	论文二等奖
27	法律系	魏振瀛、楼建波	《企业法人分支机构若干法律问题的探讨》	论文二等奖
28	社会学系	卢淑华、韦鲁英	《生活质量研究中主客观指标的作用机制与评价》	论文二等奖

序号	院系	作者	获奖论著	等级
29	社会学系	丁元竹	《费孝通社区研究方法的特色》	论文二等奖
30	图书馆学系	刘苏雅	《论西方图书馆目录职能的演进及其动力》	论文二等奖
31	图书馆学系	张伟	《高校图书馆评估若干问题研究》	论文二等奖
32	东方学系	赵杰	《汉语的渗透和满语的连锁式音变》	论文二等奖
33	东方学系	金鼎汉	《杜勒西达斯与孔子》	论文二等奖
34	俄语系	李毓榛	《肖洛霍夫和曹雪芹写作手法比较》	论文二等奖
35	英语系	韩敏中	《坐在窗台上的简·爱》	论文二等奖
36	英语系	沈弘	《北京大学图书馆部分西文善本书评介》	论文二等奖
37	英语系	李淑言	《当代美国的文化批评》	论文二等奖
38	马克思主义学院	秦玉珍	《对搞好国营大中型企业问题的再认识》	论文二等奖
39	马克思主义学院	李士坤	《论两种不同的社会自由观》	论文二等奖
40	马克思主义学院	易杰雄	《苏共指导思想的根本改革与新的社会民主主义》	论文二等奖
41	亚非所	高鲲	《试论印度的教派主义》	论文二等奖
42	亚非所	张振国	《伊朗君主制为什么终止于巴列维王朝》	论文二等奖
43	高教所	丁小浩	《中国高等院校规模效益类型质量的实证分析》	论文二等奖
44	外哲所	杜小真	《理性与经验的和谐》	论文二等奖
45	管理科学中心	陈良焜	《中国人口年岁结构对教育的影响及家庭教育支出潜力的思考》	论文二等奖
46	人口所	张纯元	《农村人口流动与经济收入的增长》	论文二等奖

序号	院系	作者	获奖论著	等级
47	人口所	涂平	《我国出生婴儿性别比问题探讨》	论文二等奖
48	体育教研室	王谦培、林志超等	《关于高校体育改革的几点思考》	论文二等奖
49	出版社	江溶	《为了故园不再孤独——加西亚·马尔克斯〈百年孤独〉创作史初探》	论文二等奖
50	对外汉语教学中心	李晓琪	《现代汉语复句中关联词的位置》	论文二等奖

1996 年获北京大学第五届科学研究成果奖项目

序号	院系	作者	获奖论著	等级
1	中文系	洪子诚	《中国当代新诗史》	著作一等奖
2	中文系	王福堂	《汉语方言词汇(第二版)》	著作一等奖
3	历史系	郑家馨、陆庭恩等	《非洲通史》(古代卷、近代卷、现代卷)	著作一等奖
4	历史系	邓小南	《宋代文官选任制度诸层面》	著作一等奖
5	哲学系	赵敦华	《基督教 1500 年》	著作一等奖
6	政治学与行政管理系	陈哲夫	《监察与监督》	著作一等奖
7	中国经济研究中心	林毅夫	《中国农村科研优先化》(研究报告)	著作一等奖
8	法律系	武树臣	《中国传统法律文化》	著作一等奖
9	东方学系	季羡林等	《东方文化史》	著作一等奖
10	东方学系	王邦维	《〈南海寄归内法传〉校注》	著作一等奖
11	英语系	刘意青	《女性心理小说家塞缪尔·理查逊》	著作一等奖
12	马克思主义学院	沙健孙	《中国新民主主义革命概论》	著作一等奖

序号	院系	作者	获奖论著	等级
1	考古系	秦大树	《埃及福斯塔遗址中发现的中国陶瓷》	论文一等奖
2	哲学系	周北海	《嫁接框架与 SI－完全性》	论文一等奖
1	中文系	夏晓虹	《晚清文人妇女观》	著作二等奖
2	中文系	商金林	《叶圣陶传论》	著作二等奖
3	比较文学研究所	孟华	《伏尔泰与孔子》	著作二等奖
4	历史系	臧健	《近百年中国妇女论著总目提要》	著作二等奖
5	哲学系	李超杰	《理解生命：狄尔泰哲学引论》	著作二等奖
6	哲学系	李醒尘	《西方美学史教程》	著作二等奖
7	哲学系	张志刚	《宗教文化学导论》	著作二等奖
8	国际关系学院	刘金质	《国际政治大辞典》	著作二等奖
9	国际关系学院	许振洲	《中国法家的政治艺术》	著作二等奖
10	经济学院	萧琛	《美国微观经济运行机制：成熟的市场与现代企业制度考察》	著作二等奖
11	经济学院	郑学益	《中国价格思想史稿》	著作二等奖
12	光华管理学院	张红霞	《积货一夜销－市场营销艺术》	著作二等奖
13	法律学系	白建军	《金融欺诈及预防》	著作二等奖
14	法律学系	钱明星	《物权法原理》	著作二等奖
15	法律学系	张守文等	《市场经济与新经济法》	著作二等奖
16	东方学系	姚秉彦	《缅甸文学史》	著作二等奖
17	东方学系	孔远志	《郑和与印度尼西亚》	著作二等奖
18	俄语系	任光宣	《俄国文学与宗教》	著作二等奖
19	俄语系	李国辰	《俄语教学心理学》	著作二等奖
20	西语系	王东亮	《符号与交易》	著作二等奖

序号	院系	作者	获奖论著	等级
21	西语系	徐曾惠	《爱情与荣誉》及译本序言	著作二等奖
22	英语系	辜正坤	《老子道德经》（英译）	著作二等奖
23	英语系	申丹	《文学文体学与小说翻译》	著作二等奖
24	社会学系	袁方等	《老年学导论》	著作二等奖
25	马克思主义学院	谢龙	《中西哲学与文化比较研究》	著作二等奖
26	亚非所	高鲲等	《南亚政治经济发展研究》	著作二等奖
27	亚非所	葛振家	《崔溥〈漂海录〉研究》	著作二等奖
28	社会科学处	吴同瑞等	《中华文化讲座丛书》（第一、二集）	著作二等奖
1	中文系	宋绍年	《汉语结果补语式起源再探》	论文二等奖
2	中文系	钱志熙	《审美、历史、逻辑——论文学史研究的三种基本方法》	论文二等奖
3	中文系	张健	《〈诗家一指〉的产生时代与作者——兼论〈二十四诗品〉作者问题》	论文二等奖
4	历文系	徐万民	《佛教学俄罗斯学派论稿》	论文二等奖
5	考古系	赵朝红	《从旧石器时代向新石器时代过渡的清晰轨迹》	论文二等奖
6	国际关系学院	贾庆国	《重新认识中美关系》	论文二等奖
7	政治学与行政管理系	袁刚	《隋唐三省体制析论》	论文二等奖
8	光华管理学院	吴安等	《国家重点实验室专家和科技人员管理信息系统》	论文二等奖
9	法律学系	朱苏力	《法律活动专门化的法社会学思考》	论文二等奖
10	社会学系	孙立平	《改革以来中国社会结构的变迁》	论文二等奖

序号	院系	作者	获奖论著	等级
11	信息管理系	祁延莉	《中国专利法及专利情报服务》	论文二等奖
12	信息管理系	吕艺	《〈河图〉生八卦之迷破解》	论文二等奖
13	科学与社会研究中心	刘华杰	《百年非线性动力混沌思想简史》	论文二等奖
14	高教所	魏新等	《关于我国实行高等教育基金制的研究》	论文二等奖
15	马列所	智效和	《俄罗斯私有化:期望与现实》	论文二等奖
16	马克思主义学院	李顺荣	《我国劳动力市场的两重性》	论文二等奖
17	人口所	顾鉴塘	《关于人口、资源与环境若干问题的思考》	论文二等奖
18	人口所	郑晓英	《节育措施在控制人口过程中的作用》	论文二等奖
19	社会学人类学所	王铭铭	《中国城市作为宇宙图型》	论文二等奖
20	汉语教学中心	李晓琪	《中介语与汉语虚词教学》	论文二等奖

1991 年获《北京大学学报》首届优秀论文奖项目

序号	院系	作者	获奖论文	等级
1	中文系	朱德熙	《现代书面汉语里的虚化动词和名词》	荣誉奖
2	历史系	邓广铭	《朱陈论辩中陈亮王霸义利观的确解》	荣誉奖
3	历史系	王永兴	《论唐代均田制》	荣誉奖
4	中古史中心	吴小如	《说张若虚〈春江花月夜〉》	荣誉奖
5	哲学系	张岱年	《如何分析中国哲学人性学说》	荣誉奖
6	社会学系	雷洁琼	《新中国建立以来婚姻家庭制度的改革》	荣誉奖

序号	院系	作者	获奖论文	等级
7	经济学院	陈岱孙	《现代西方经济学的研究和我国社会主义经济现代化》	荣誉奖
8	经济学院	陈振汉	《〈清实录〉的经济史料价值》	荣誉奖
9	法律系	赵理海	《"人类的共同继承财产"是当代国际法的一项重要原则》	荣誉奖
10	社会学系	费孝通	《中华民族的多元一体格局》	荣誉奖
11	社会学系	袁方	《中国老年人家庭、社会中的地位和作用》	荣誉奖
12	东方学系	季羡林	《佛教开创时期的一场被歪曲被遗忘了的"路线斗争"——提婆达多问题》	荣誉奖
1	中文系	金开诚	《〈离骚〉创作年代考》	优秀奖
2	中文系	董学文	《五四运动与中国现代文化发展方向的选择——兼论什么是五四精神》	优秀奖
3	中文系	葛晓音	《论齐梁文人革新晋宋诗风的功绩》	优秀奖
4	中文系	马真	《先秦复音词初探》	优秀奖
5	中文系	商金林	《闻一多的风采——闻一多与胡适、梁实秋、吴晗、朱自清、鲁迅之比较》	优秀奖
6	历史系	邓小南	《试论北宋前期任官制度的形成》	优秀奖
7	历史系	林被甸	《独立战争前夕西属美洲资本主义因素问题考察》	优秀奖
8	考古系	严文明	《略论中国栽培稻的起源与传播》	优秀奖
9	哲学系	芮盛楷	《真理是多元的吗?》	优秀奖
10	马克思主义学院	张守民等	《"生产力系统"概念质疑》	优秀奖
11	哲学系	张世英	《朱熹和柏拉图、黑格尔》	优秀奖

序号	院系	作者	获奖论文	等级
12	地球物理系	罗先汉	《现代天体演化理论及其哲学意义》	优秀奖
13	政治学与行政管理系	丁则勤	《论华北事变前后的冀东走私问题》	优秀奖
14	政治学与行政管理系	宁骚	《论国际关系中的均势问题》	优秀奖
15	马克思主义学院	钟哲明	《坚持马克思主义"灌输论"，加强马克思主义教育》	优秀奖
16	经济学院	何小锋	《我国外资项目的外汇效益问题》	优秀奖
17	经济学院	张秋舫	《发展社会主义房地产业的理论分析和政策措施》	优秀奖
18	经济学院	杨学林	《非均质经济的宏观运行分析：论凯恩斯学说对我国的不适用性》	优秀奖
19	经济学院	蓸凤岐	《我国货币政策问题的最终目标和中介目标》	优秀奖
20	社会学系	王思斌	《经济体制改革对农村社会关系的影响》	优秀奖
21	法律系	魏振瀛	《论构成民事责任条件的因果关系》	优秀奖
22	法律系	刘守芬	《论新技术犯罪》	优秀奖
23	法律系	杨敦先等	《试论刑法中的法规竞合》	优秀奖
24	信息管理系	余金凤等	《汉字输入编码评测探论》	优秀奖
25	信息管理系	孟昭等	《曹丕与图书》	优秀奖
26	西语系	王宁	《西方文艺思潮与新时期中国文学》	优秀奖
27	西语系	程朝翔	《悲剧中的人——中西悲剧英雄的比较》	优秀奖
28			《人学研究专栏》	优秀奖

1990年获首届光华青年教师科研成果奖项目

序号	院系	作者	获奖论著
1	中文系	张猛	《〈诸神的起源〉声韵训诂错误举例》
2	中文系	王岳川	《西方文艺理论名著教程》（下）
3	历史系	岳庆平	《中国人的家国观》
4	考古系	高崇文	《西周时期铜壶的形态研究》
5	哲学系	陈来	《朱子书信编年考证》
6	政治学系	袁刚	《延英奏对制度初探》
7	经济系	智效和	《坚持社会主义公有制问题研究》
8	经济系	王立彦	《社会总供求平衡状态的统计测试与调控信息研究》
9	法律系	武树臣	《中国法律文化研究》
10	法律系	姜明安	《行政法学》
11	法律系	李贵连	《沈家本年谱初探》
12	东语系	赵杰	《现代满语研究》
13	东语系	任一雄	《汉泰单句谓语的比较研究》
14	英语系	申丹	《从中英翻译看逻辑性在文学中的美学作用》
15	图书馆学系	王锦贵	《〈汉书〉和〈后汉书〉》
16	南亚所	段晴	《于阗文中的曜》
17	中古史中心	邓小南	《宋代文官差遣除授制度研究》

1991年获第二届光华青年教师科研成果奖项目

序号	院系	作者	获奖论著	备注
1	中文系	商金林	《叶圣陶年谱》	
2	中文系	李小凡	《苏州方言系列研究》	
3	历史系	徐凯	《清代八旗制度研究》	
4	考古系	刘绪	《论卫怀地区的夏商文化》	
5	哲学系	张学智	《贺麟前期思想研究》	

序号	院系	作者	获奖论著	备注
6	政治学系	江荣海	《慎到学派思想研究》	
7	国政系	袁明	《中美关系史上沉重的一页》	
8	经济系	郑学益	《中国近代对外开放思想研究》	
9	法律系	谭志泉	《中国涉外经济法研究》	
10	法律系	丛培国	《中国企业的法律结构研究》	
11	社会学系	孙立平	《社会现代化》	
12	社会学系	肖国亮	《清代封建国家干预商业经济研究》	
13	图书馆学系	肖东发	《中国古代出版印刷史专论》	
14	马列所	杨元明	《社会主义理论与实践研究》	
15	人口所	吴忠	《贫困与反贫困的理论探讨》	
16	中古史中心	阎步克	《士、事、师论——社会分化与中国古代知识群体的形成》	

1991年获北大光华安泰青年教师科研成果奖项目

序号	院系	作者	获奖论著	备注
1	中文系	陈平原	《二十世纪中国小说史》(第一卷)	
2	中文系	葛晓音	《八代诗史》	
3	历史系	王晓秋	《近代中日启事录》	
4	考古系	葛英会等	《古陶文汇编》《古陶文字征》	
5	中古史中心	刘俊文	《敦煌吐鲁番唐代法制文字考释》	
6	哲学系	王东等	《社会主义建设中的哲学问题探索——改革之路的哲学沉思》	
7	哲学系	田心铭	《当代大学生哲学思潮》	

序号	院系	作者	获奖论著	备注
8	哲学系	万俊人	《现代西方伦理学史》	
9	哲学系	韩水法	《康德物自身学说研究》	
10	哲学系	陈来	《朱熹哲学研究》	
11	经济学院	刘伟	《比较经济学：发展、体制、政策》	
12	经济学院	曹凤岐	《货币金融学》	
13	经济学院	李庆云	《国际货币制度与发展中国家》	
14	法律系	周旺生	《立法学》	
15	东语系	阿拉伯语教研室	《汉语阿拉伯语词典》	
16	东语系	印尼语教研室	《新印尼语汉语词典》	
17	英语系	辜正坤等	《世界名诗鉴赏词典》	
18	亚非所	樊建明等	《中国周边国家专项研究》	
19	高教所	闵维方	《高等教育规模扩展的形式与办学效益的研究》	

1992年获北大光华安泰青年教师科研成果奖项目

序号	院系	作者	获奖论著	备注
1	中文系	集体项目	《全宋诗》	
2	中文系	夏晓虹	《觉世与传世》	
3	中文系	刘勇强	《奇特的精神漫游》、《西游记新说》	
4	历史系	牛大勇	《国民革命时期影响列强对华政策的若干因素》	
5	中古史中心	王小甫	《唐、吐蕃、大食政治关系》	
6	考古系	李水城	《中国北方地带的蛇纹器研究》	
7	考古系	徐天进	《试论关中地区的商文化》	
8	哲学系	王宗昱	《梁漱溟》	
9	外哲所	徐凤林	《关于解放思想、实事求是》《关于一手抓改革一手抓打击犯罪》	

序号	院系	作者	获奖论著	备注
10	经济学系	刘春旭	《中国九十年代消费发展战略的选择基点——国际经验的比较与借鉴》	
11	国际经济系	李敏	《国际金融实务与理论》	
12	经济管理系	梁钧平	《我国产业结构的转化与出路》	
13	法律系	乔聪启	《孙中山法律思想体系研究》	
14	社会学所	周星	《民族学新编》	
15	图书馆学系	祁延莉	《论中国图书馆学情报学教育》	
16	东语系	段晴	《于阗文的蚕字、茧字、丝字》	
17	英语系	程朝翔	《〈琼斯皇〉与〈原野〉：比较还是比附》	
18	亚非所	尚会鹏等	《中日传统家庭制度的比较研究》	
19	高教所	魏新	《教育对我国大型联合企业"无形的劳动投入"及生产影响的定量分析》	
20	政治学系	金安平	《近代留日学生与中国早期共产主义运动》	
21	校刊编辑部	赵为民	《历代名篇赏析集成》《词学论荟》	

1994 年获北大安泰青年教师科研成果奖项目

序号	院系	作者	获奖论著	备注
1	中文系	王洪君	《汉语常用的两种语音构词法》	
2	中文系	程郁缀	《五代词人李煜生平及其词初探》	
3	中文系	商金林	《闻一多研究述评》	
4	中文系	沈阳	《现代汉语空语类研究》	
5	比较文学所	陈跃红	《阐释的权利——当代文艺研究格局中的比较诗学》	

序号	院系	作者	获奖论著	备注
6	历史系	邓小南	《宋代文官选任制度诸层面》	
7	历史系	许平	《法国乡村社会从传统到现代的历史嬗变》	
8	考古系	赵辉等	《石家河遗址调查报告》	
9	考古系	李水城	《沙井文化研究》	
10	考古系	王迅	《东夷文化与淮夷文化研究》	
11	哲学系	丰子义	《历史发展普遍规律与中国特色的社会主义道路》	
12	哲学系	张志刚	《宗教文化学导论》	
13	外哲所	李超然	《理解生命——狄尔泰哲学引论》	
14	政治学与行政管理系	周志忍	《英国的行政改革与西方行政管理新趋势》	
15	政治学与行政管理系	杨明	《论现代西方文官制度建立的历史作用》	
16	国政系	孔凡君	《国际妇女劳动节起源者》	
17	国政系	张海滨	《中国环境外交初探》	
18	经济学院	刘伟	《经济发展中的结构转换》	
19	光华管理学院	王立彦	《乡村企业股份制:组建与运行》	
20	光华管理学院	刘力	《股份公司财务管理》	
21	法律系	武树臣	《中国传统法律文化》	
22	法律系	吴志攀	《香港商业银行与法律》	
23	法律系	周旺生	《立法论》	
24	法律系	龚刃韧	《国家豁免问题的比较研究》	
25	社会学系	孙立平	《改革以来中国社会结构的变迁》	

序号	院系	作者	获奖论著	备注
26	社会学系	谢立中	《1952—1990年中国社会发展的因素分析》	
27	社会学系	马戎	《西藏的经济形态及其对区域间人口迁移的影响》	
28	东方学系	于荣胜等	《大学日语》(1—4册)	
29	东方学系	谢秋荣	《论纳吉布·乌夫兹的"三部曲"》	
30	东方学系	王邦维	《略论大乘〈大般涅槃经〉的传译》	
31	东方学系	郭胜华	《格助词的用法》	
32	西语系	喻天舒	《基督教与中世纪的西方文学发展》	
33	西语系	丁文林	《近乎天堂》(长篇小说译著)	
34	英语系	辜正坤	《英汉对照毛泽东诗词选译》	
35	英语系	高一虹	《生产性双语现象考察》	
36	俄语系	张冰	《一组优美的抒情诗篇》	
37	俄语系	陈松岩	《外国抒情诗赏析辞典》(部分)	
38	信息管理系	刘兹恒	《图书馆学基础理论研究在中国》	
39	高教所	丁小浩	《中国高等院校规模效益再分析》	
40	人口所	郑真真	《妇女参政意识》《妇女文化程度对妇幼健康的影响》	
41	亚非所	刘渤	《论宋与高丽的关系》	
42	亚非所	吴强	《略论我国与中亚经贸及投资关系的现状与前景》	
43	亚非所	马志学	《阿拉伯被占领土货币金融活动探讨》	
44	马克思主义学院	尹保云	《韩国为什么成功》	
45	马克思主义学院	张京华	《藏传佛教的活佛转世》	

序号	院系	作者	获奖论著	备注
46	马克思主义学院	张守民	《论生产力的实质及其发展动力和规律》	

1995 年获北大安泰青年教师科研成果奖项目

序号	院系	作者	获奖论著	备注
1	考古系	张辛	《郑州地区的周秦墓研究》	
2	社会学系	程为敏	《社会流动中的边缘群体》	
3	信息管理系	岳剑波	《中国的信息环境问题及其对策》	
4	英语系	周小仪	《唯美主义与消费文化；王尔德的矛盾性及其社会意义》	
5	西语系	佟秀英	《德语三百句》	
6	俄语系	查晓燕	《北方吹来的风——俄罗斯、苏联文学与中国》	
7	东语系	赵杰	《现代满语与汉语》	
8	亚非所	李寒梅	《日美关系的现状及九十年代的展望》	
9	人口所	李伟	《人力资源的发展与脱贫致富——对中国 23 个贫困县的研究》	
10	社会学与人类学研究所	高丙中	《民俗文化与民俗生活》	
11	马克思主义学院	杨河	《关于"月亮问题"的哲学思考》	
12	高教研究所	魏新等	《关于我国实行高等教育基金制的研究》	

1994 年获首届北大岗松青年教师科研成果奖项目

序号	院系	作者	获奖论著	备注
1	中文系	郭锐	《汉语动词的过程结构》	

序号	院系	作者	获奖论著	备注
2	历史系	张帆	《论元代相权》	
3	哲学系	任元彪	《乡镇企业在高新技术发展战略中的位置》	
4	经济学院	肖治合	《世界经济概论》	
5	西语系	罗炜	《评〈柏林·亚历山大广场〉——德布林哲学思想的演绎》	
6	国政系	朱文莉	《竞争性的相互依存》	
7	信息管理系	姚伯岳	《版本学》	

1995 年获北大岗松青年教师科研成果奖项目

序号	院系	作者	获奖论著	备注
1	中文系	邵永海	《从〈左传〉和〈史记〉看上古汉语的双宾结构及其发展》	
2	历史系	欧阳哲生	《自由主义之累——胡适思想的现代阐释》	
3	哲学系	王博	《老子思想的史官特色》	
4	国政系	李义虎	《世界的裂变与弥合》	
5	政治学系	燕继荣	《政府的腐化总是由"原则"的腐化开始的——论孟德斯鸠的政府腐化解体的思想》	

1995 年获美国通用电器公司经济学奖项目

序号	院系	作者	获奖论著	备注
1	经济学院	何晖	《国有企业改革中的委托—代理分析》	
2	经济学院	周黎安	《交易的制度结构》	
3	经济学院	杨开忠	《迈向空间一体化——中国市场经济与区域发展战略》	
4	经济学院	刘伟	《经济发展与结构转换》	

第八章 科学研究

序号	院系	作者	获奖论著	备注
5	经济学院	李心愉	《基本数据法在测定技术进步中的应用》	
6	光华管理学院	刘力	《收入分配与企业决策权》	
7	光华管理学院	梁均平	《论我国农村社区政企关系的有效模式》	
8	法律系	张守文等	《市场经济与新经济法》	
9	法律系	吴志攀	《香港商业银行与法律》	

1993 年获北大 505 中国文化奖首届获奖项目

序号	院系	作者	获奖论著	备注
1	中文系	古文献研究所	《全宋诗》	
2	中文系	阴法鲁等	《中国古代文化史》	
3	中文系	季镇淮	《来之文录》	
4	中文系	方锡德	《中国现代小说与文学传统》	
5	历史系	王小甫	《唐、吐蕃、大食政治关系史》	
6	历史系	徐凯	《论雍乾枢要之臣张廷玉》（论文）	
7	考古系	葛英会	《释"戴丘沇盟"玺》（论文）	
8	哲学系	万俊人	《现代西方伦理学史》	
9	经济学院	赵靖	《中国经济思想通史》	
10	艺术教研室	彭吉象	《银幕世界的魅力》	

（二）理科

1. 1977—1997 年发表的论文和出版的科学技术专著、译著

这一阶段,北大理科科学研究工作取得很大进展。据不完全统计,1980—1997 年在国内外学术刊物发表论文 23566 篇,1977—1997 年出版科学技术专著 1297 部,译著 222 部,合计 1519 部。

1980－1997 年理科在国内外学术刊物发表论文篇数统计

年份	国外学术刊物	全国性学术刊物	地方性学术刊物	小计
1980	35	266	未统计	301
1981	75	430	未统计	505
1982	100	618	未统计	718
1983	137	616	127	880
1984	141	644	33	818
1985	156	740	95	991
1986	176	751	129	1056
1987	341	1045	71	1457
1988	342	858	99	1299
1989	457	1043	93	1593
1990	405	1101	191	1697
1991	394	1002	66	1462
1992	539	1089	124	1752
1993	454	906	134	1494
1994	497	1184	81	1762
1995	453	1114	57	1624
1996	746	1224	132	2102
1997	674	1255	126	2055
合计	6122	15886	1558	23566

1991－1996 年理科发表的科技论文被《科学引文索引》等收录的情况

年份	SCI		ISCP		ISR		EI		小计
	被收录篇数	在全国高校中的排名	被收录篇数	在全国高校中的排名	被收录篇数	在全国高校中的排名	被收录篇数	在全国高校中的排名	被收录篇数
1991	192	1	68	1	4	1	49	4	313

年份	SCI		ISCP		ISR		EI		小计
	被收录篇数	在全国高校中的排名	被收录篇数	在全国高校中的排名	被收录篇数	在全国高校中的排名	被收录篇数	在全国高校中的排名	被收录篇数
1992	184		89				72		345
1993	206	2	81	3			97	4	384
1994	232	2	83				13	9	328
1996	286		80				152		518
合计	1100		401		4		383		1888

注:1. SCI:科学引文索引;ISCP:科学技术会议录索引;ISR:科学评论索引;EI:工程索引。

2. 根据国家科委公布的中国科技论文统计结果。

1991—1996 年理科发表的科技论文被引证的情况

统计时间	年 份	被引证篇数	被引证次数	在全国高校中的排名
1991	1985—1990	233	437	1
1992	1987—1991	231	458	
1993	1987—1992	259	511	1
1994	1989—1993	230	435	2
1996	1990—1994	216	647	2

注:根据《科学引文索引》(SCI)统计。

1977—1997 年出版的科学技术专著、译著统计表(部)

年份	专著	译著	小计
1977—1981	130	38	169
1982	46	11	57
1983	42	11	53
1984	34	14	48
1985	49	20	69

年份	专著	译著	小计
1986	63	12	75
1987	81	17	98
1988	63	14	77
1989	82	16	98
1990	105	15	120
1991	87	14	101
1992	97	16	113
1993	82	7	89
1994	98	4	102
1995	68	2	70
1996	79	5	84
1997	90	6	96
合计	1297	222	1519

注:专著、译著中含少量教材。

1977－1981 年出版的科学技术专著

序号	书名	作者	出版社
1	《常微分方程与无穷极数》	蓝以中	人民教育出版社
2	《信号数字处理的数学原理》	程乾生	石油出版社
3	《线性泛函分析入门》	关肇直　张恭庆　冯光	上海科学技术出版社
4	《计算方法》	胡祖炽等合著	科学出版社
5	《一元函数积分学》	文丽	上海科学技术出版社
6	《多元函数积分学》	方企勤	上海科学技术出版社
7	《数学中的自然辩证法》	周民强等合著	上海教育出版社
8	《偏微分方程》	姜礼尚	人民教育出版社
9	《线性代数引论》	蓝以中	北京大学出版社
10	《同伦论基础》	廖山涛　刘旺金	

序号	书名	作者	出版社
11	《有限元方法及其理论基础》	姜礼尚　庞元垣	
12	《常微分方程几何理论与分支问题》	张锦炎	北京大学出版社
13	《可逆马尔可夫过程》	钱敏　钱敏平 龚光鲁等	湖南科学技术出版社
14	《正交试验法》	刘婉如　汪仁官	科学出版社
15	《许宝騄文集》	许宝騄	科学出版社
16	《固体力学基础》	王仁　丁中一 殷有泉	地质出版社
17	《旋转壳的应力分析》	武际可　王大钧 袁明武	水利电力出版社
18	《弹性力学引论》	武际可　王大钧	北京大学出版社
19	《热学》	李椿　章立源 钱尚武	人民教育出版社
20	《电磁学（上、下册）》	赵凯华　陈熙谋	高等教育出版社
21	《原子物理学》	褚圣麟	人民教育出版社
22	《第二类超导体和弱连接超导体》（《超导电性》第二册）	吴杭生　管唯炎 李宏成著	科学出版社
23	《量子场论导引》	邹国兴	科学出版社
24	《物理学习题集》（一）、（二）	张之翔　龚镇雄 李淑娴等	人民教育出版社
25	《超导电性（第一册）：物理基础》	管唯炎 李宏成 蔡建华 吴杭生著	科学出版社
26	《超导电性导论》	章立源　毕金献	人民教育出版社
27	《晶体管原理与设计》	林昭炯　韩汝琦	科学出版社
28	《半导体物理基础》	黄昆　韩汝琦	科学出版社

序号	书名	作者	出版社
29	《光学原理》（上册）	杨葭荪	科学出版社
30	《电磁学习题选解》	周岳明　冯庆荣 史同起　曹树石	北京大学出版社
31	《量子力学》（上、下册）	曾谨言	科学出版社
32	《遥感物理基础》	吕斯骅	商务印书馆
33	《大学物理力学教学研究》	蔡伯濂	北京大学出版社
34	《天气分析和预报》	北京大学 地球物理系 气象教研室	科学出版社
35	《恒星世界》	彭秋和等	北京出版社
36	《时间和历法》	钱景奎等	北京出版社
37	《气象站天气预报基础》	北京大学 地球物理系 气象教研室	农业出版社
38	《理论地球物理导论》	北京大学 地球物理系 地球物理教研室	科学出版社
39	《天气预报中的物理问题》	王绍武　林本达	科学出版社
40	《动力气象学》	杨大升　刘余滨 刘式适	气象出版社
41	《地震学教程》（上、下册）	傅淑芳　刘宝诚 李文艺	地震出版社
42	《云物理学基础》	北京大学 地球物理系 云物理教学组	农业出版社
43	《原子核物理》	卢希庭主编 汪厚基　杨伯君	原子能出版社

第八章　科学研究

序号	书名	作者	出版社
44	《原子核物理实验方法》	复旦大学 清华大学 北京大学合编	原子能出版社
45	《核素数据手册》	卢希庭　陈志才 陈进贵编	原子能出版社
46	《核电子学基础》	周志城编	原子能出版社
47	《电子显微镜的原理与设计》	西门纪业 葛肇生编著	科学出版社
48	《增量调制》	余耀煌	邮电出版社
49	《脉码调制复接设备》	无线电物理教研室	邮电出版社
50	《数字电子计算机原理》（第一册）	杨天锡　王攻本 许卓群　任守奎 于瑞钊	科学出版社
51	《数字电子计算机原理》（第二册）	周炜　郑胜利	科学出版社
52	《数字电子计算机原理》（第三册）	周炜　陆钟辉	科学出版社
53	《曲线的光顺和圆弧拟合》	陆容　唐荣锡 吴骏恒	国防工业出版社
54	《对称性原理（一）： 对称图像的群论原理》	唐有祺编著	科学出版社
55	《铂族元素的极谱催化波》	高小霞 姚修仁 编著	科学出版社
56	《稀土》（上下册）	徐光宪 刘余九 编著	冶金工业出版社
57	《乳状液的理论与实践》	化学系 胶体化学教研室	科学出版社
58	《结构化学》（上下册）	谢有畅　邵美成 编著	人民教育出版社

序号	书名	作者	出版社
59	《化学工程基础》（第二版）	北京大学化学系《化学工程基础》编写组编	高等教育出版社
60	《对称性原理（二）：有限对称群的表象及其群论原理》	唐有祺编著	科学出版社
61	《大学普通化学》（上下册）	傅鹰编著（华彤文、杨骏英、严宣升负责整理）	人民教育出版社
62	《化学动力学和反应器原理》	唐有祺编著	科学出版社
63	《无机化学演示实验》	应礼文　胡学复主编	人民教育出版社
64	《〈化学原理〉习题选解》	方锡义　王连波刘叔珍编著	北京大学出版社
65	《〈化学原理〉习题选解（续编）》	方锡义编著	北京大学出版社
66	《化学发展简史》	《化学发展史》编写组赵匡华张青莲等参加编写	科学出版社
67	《量子化学：基本原理和从头计算法》（上册）	徐光宪　黎乐民编著	科学出版社
68	《物理化学习题解答》（上、下册）	王文清　高执棣郑克祥　高盘良编著	北京大学出版社
69	《基础有机化学》	邢其毅　徐瑞秋周政　裴伟伟编著	高等教育出版社
70	《酸碱平衡的处理》	彭崇慧编著	北京大学出版社
71	《高分子合成化学》（上册）	冯新德	科学出版社
72	《络合滴定原理》	彭崇慧张锡瑜编著	北京大学出版社
73	《物理化学实验》	北京大学化学系物理化学教研室实验课教学组	北京大学出版社

序号	书名	作者	出版社
74	《简明分析化学手册》	常文保 李克安 编著	北京大学出版社
75	《普通化学实验》	北京大学 化学系普通化学 教研室胡学复 应礼文编著	北京大学出版社
76	《晶体结构测定》	周公度编著	科学出版社
77	《植物学(形态、解剖部分)》	高信曾编著	高等教育出版社
78	《植物制片技术》	李正理	科学出版社
79	《植物系统学》	张景钺 梁家骥	高等教育出版社
80	《棉花形态学》	李正理	科学出版社
81	《基础生理学》	北京大学生物学系 生理学教研室	高等教育出版社
82	《植物生理学》(上下册)	曹宗巽 吴相钰	人民教育出版社
83	《兔的解剖》	杨安峰	科学出版社
84	《生物化学实验指导》	北京大学生物学系 生物化学教研室	高等教育出版社
85	《昆虫学》(下)	尚玉昌 蔡晓明等	人民教育出版社
86	《生物与环境》	林昌善 尚玉昌	人民教育出版社
87	《生物化学》(上下册)	沈同 王镜岩 赵邦悌	高等教育出版社
88	《生化实验方法和技术》	张龙翔 张庭芬 李令媛	高等教育出版社
89	《遗传与进化》	张宗炳	人民教育出版社
90	《医学生物电镜图谱》	翟中和等	科学出版社
91	《微生物基础知识及实验指导》	钱存柔 董碧红	科学出版社
92	《维生素手册》	郑昌学 陈濂生 曾耀辉	科学普及出版社

序号	书名	作者	出版社
93	《大鼠的解剖与组织》	杨安峰 王平	科学出版社
94	《生物医学超微结构》	翟中和	科学出版社
95	《生物化学实验室的安全问题》	李令媛 杨安峰	科学出版社
96	《普通生物学专题汇编(上册) 植物学部分》	胡适宜 何笃修	北京大学出版社
97	《组织学实验指导》	王平 等编著	北京大学出版社
98	《中央电视大学生物学 专题(细胞)》	李萌蓁	科学出版社
99	《细胞》	李萌蓁 曹同庚 陈阅增	
100	《斑岩铜矿及其找矿》	北京大学地质地理学系编,刘如曦主编	冶金工业出版社
101	《我国斑岩铜矿结构构造图册》	桂林冶金 地质研究所、 北京大学 地质地理学系	冶金工业出版社
102	《地球和地球科学的发展》	孙荣圭	人民教育出版社
103	《地热能及其应用》	北京大学地质学系 地热研究室	科学出版社
104	《西藏地热》	佟伟 章铭陶 张知非 廖志杰 由懋正 朱梅湘 过帼颖 刘时彬	科学出版社
105	《地质力学教程》	北京大学地质学系 地质力学教研室	地质出版社
106	《光性矿物学》	北京大学地质学系 岩矿教研室	地质出版社
107	《岩石岩体野外工作方法》	北京大学地质学系 岩矿教研室	地质出版社

序号	书名	作者	出版社
108	《遥感图像地质解译教程》	朱亮璞　承继成　潘德杨　范心圻　马文璞	地质出版社
109	《承德市滦河镇的历史变迁》	徐兆奎	承德市文物局
110	《群山峙千仞（中国名山）》	谢凝高　崔之久编	锦乡出版社
111	《历史地理学的理论与实践》	侯仁之	上海人民出版社
112	《北京史话》	侯仁之　金涛	上海人民出版社
113	《芜湖市历史地理概述——芜湖市的聚落起源、城址变迁》	唐晓峰　于希贤　尹钧科　高松	芜湖城市建设局
114	《钱塘江和钱塘潮》	侯仁之主编　李君益参加编写	中国青年出版社
115	《植物地理学（附植物学基础）》	北京大学　兰州大学等　参加人：陈昌笃　崔海亭　吴荔明	高等教育出版社
116	《环境污染与保护简明原理》	陈静生　陈昌笃　周振惠　徐云麟	商务印书馆
117	《现代沉积环境概论》	任明达　王乃梁　编著	科学出版社
118	《滇池地区历史地理》	于希贤	云南人民出版社
119	《自然地理学》	陈传康　田连恕　吴荔明	人民教育出版社
120	《地球资源卫星相片的地质解译》	承继成　潘德杨　石世民　范心圻	地质出版社
121	《普通地貌学》	王乃梁　江美球　田昭一	人民教育出版社
122	《测量学与地图学》	毛占猷　范心圻等	人民教育出版社
123	《土壤学基础和土壤地理学》	徐启刚　黄润华	人民教育出版社

序号	书名	作者	出版社
124	《现代科学技术词典（地理学与地质学条目)》	陈传康 李昌文 杨吾扬	上海科学技术出版社
125	《世界地理》	北京大学地理学系《世界地理》编写组	
126	《步芳集》(再版)	侯仁之	北京出版社
127	《普通心理学》(下册)	孟昭兰等	人民教育出版社
128	《电子显微镜应用研究（第一分册)》	电子显微镜实验室	北京大学印刷
129	《电子显微镜应用研究（第二分册)》	电子显微镜实验室	北京大学印刷

1977—1981 年出版的科学技术译著

序号	书名	作者译著	出版社
1	《古今数学思想（一至四卷)》	北京大学数学系数学史翻译组译	上海科学技术出版社
2	《微积分与数学分析引论（第一卷第一分册)》	张鸿林 周民强译	科学出版社
3	《伽罗华理论》	李同孚译	上海科学技术出版社
4	《微积分及其应用与计算（第一卷第一、二册)》	黄敦 胡祖炽 黄禄萍 滕振寰 卢绮令译	人民教育出版社
5	《二阶椭圆形偏微分方程》	叶其孝 任朝佐 刘西垣 吴兰成 等译	上海科学技术出版社
6	《泛函分析讲义》(第二卷)	邵士敏 张锦炎 译(部分)	科学出版社

序号	书名	作者译著	出版社
7	《流体流动中的有限元》	吴望一译	科学出版社
8	《统计力学》	楚珏辉译	科学出版社
9	《伯克力物理教程（力学）》	陈秉乾等译	
10	《材料的磁性》	褚圣麟等译	科学出版社
11	《光学原理》（下册）	陈熙谋　陈秉乾译	科学出版社
12	《固体潮译文集》	刘克仁 刘品仁 吴庆鹏 陈益惠译	科学技术文献出版社
13	《电离层和磁性物理引论》	肖佐 吴雷 宋笑亭译 肖佐 总校	科学出版社
14	《相对论导论》	岳增元 等译	科学出版社
15	《地球热量平衡》	沈钟译 殷宗昭校	气象出版社
16	《大气环流的性质和理论》	北京大学地球物理系气象专业译	科学出版社
17	《过渡现象》	陈诗闻译	人民邮电出版社
18	《噪声中信号的检测》	A. D. 惠伦著 刘其培　迟惠生译	科学出版社
19	《数学传输系统》	P. 比兰斯基、D. G. W. 英格兰姆著 迟惠生译	人民邮电出版社
20	《锎化学》	舒尔茨著 唐任寰 高宏成译	原子能出版社
21	《乳状液理论与实践》 （修订版）	B. 贝歇尔著 北京大学 胶体化学 教研室译	科学出版社

序号	书名	作者译著	出版社
22	《化学原理》(上下册)	华彤文 方锡义等译	北京大学出版社
23	《TEXAS 可编程序计算机的使用》	蔡生民编译	北京大学出版社
24	《物理化学实验》	刘瑞麟 郝润蓉 林秋竹等译	人民教育出版社
25	《高分子化学实验室制备》	蒋硕健 王盈康等译	科学出版社
26	《植物解剖学(下册)》	李正理译	北京科学出版社
27	《种子植物解剖学》(第二版)	李正理译	上海科学技术出版社
28	《心脏生理学》	刘泰槿 高天礼译	
29	《现代生物化学方法》	袁厚积 赵邦悌译	人民教育出版社
30	《昆虫生态学》	林昌善 蔡晓明 等译	人民教育出版社
31	《地下热能 (资源、生产、人工激发)》	佟伟 廖志杰 施洪熙 黄尚瑶译	地质出版社
32	《地热能》	北京大学 地质地理学系 地热研究组、 中国科学院 地质研究所 地热研究组译	科学出版社

序号	书名	作者译著	出版社
33	《地热资源勘探译文集》	北京大学地质学系地热研究室译	地质出版社
34	《汉英对照地质图判释》	理卡德著郑亚东译	地质出版社
35	《环境遥感概论》	刘心务译	商务印书馆
36	《伊朗》	地理学系世界地理翻译组	
37	《以色列》	地理学系世界地理翻译组	
38	《心理学》	周先庚等译	文化教育出版社

1982－1997 年出版的科学技术专著

1982 年

序号	书名	作者	出版社
1	《抽样论》	许宝騄	北京大学出版社
2	《复变函数论基础》	沈燮昌	上海科学技术出版社
3	《概率统计讲义》	陈家鼎　刘婉如　汪仁官	高等教育出版社
4	《高等数学（Ⅰ）》	蒋定华　张晓波	化学工业出版社
5	《高等数学（Ⅱ）》	董镇喜　张景春	化学工业出版社
6	《高等数学（Ⅲ）》	李正元　朱学贤	化学工业出版社
7	《内燃机性能研究》	应隆安等	铁道出版社
8	《线性移位寄存器序列》	丁石孙	上海科学技术出版社
9	《向量场的旋转度理论及其应用》	李正元　钱敏	北京大学出版社
10	《亚纯函数的奇异方向》	庄圻泰	科学出版社
11	《塑性力学基础》	王仁	科学出版社
12	《塑性力学知识》	王仁等	北京大学出版社

序号	书名	作者	出版社
13	《理论力学》(上下册)	朱照宣　周起钊　殷金生	北京大学出版社
14	《顶吹转炉氧枪设计》	吴凤林　蔡扶时	冶金工业出版社
15	《塑性力学引论》	王仁　熊祝华　黄文彬	北京大学出版社
16	《理论物理力学论文集》	魏中磊　黄永念　钮真南	科学出版社
17	《带电粒子加速机制》	陈秉乾	科学出版社
18	《普通物理实验》	林抒　龚镇雄	人民教育出版社
19	《大学物理力学教学研究》	蔡伯濂	北京大学出版社
20	《动力气象学》	杨大升　刘余滨　刘式适	气象出版社
21	《太阳耀斑》	钱景奎　周道祺　杨海涛　吴林襄　尹其丰　及其他单位合编	科学出版社
22	《天体物理学进展》	杨海涛　乔俊　吴鑫基　邢骏　吴月芳　徐兰平　及其他单位合编	科学出版社
23	《数字电子计算机原理》	周伟　陆钟辉	科学出版社
24	《基础化学》(上下册)	华彤文　严宣申　杨骏英	人民教育出版社
25	《物理化学实验技术》	杨文治编著	北京大学出版社
26	《无机结构化学》(无机化学丛书第11卷)	周公度编著	科学出版社
27	《无机化学丛书》(共18卷)	张青莲主编	科学出版社
28	《有机化学文献及其查阅法》	张明哲编著	高等教育出版社

北京大学志（第二卷）

序号	书名	作者	出版社
29	《酸碱平衡的处理》（修订版）	彭崇慧编著	北京大学出版社
30	《共振论的回顾与展望》	邢其毅编著	北京大学出版社
31	《电化学基础》	杨文治编著	北京大学出版社
32	《电化学分析方法在环境监测中的应用》	高小霞编著	科学出版社
33	《可编程序计算器在化学中的应用》	刘万祺　蔡生民编著	北京大学出版社
34	《植物染色体及染色技术》	朱澂	科学出版社
35	《种子植物解剖》（第二版）	李正理	上海科学技术出版社
36	《植物学简明教程》	高信曾　汪劲武	人民教育出版社
37	《被子植物胚胎学》	胡适宜	人民教育出版社
38	《植物生理生化实验》	袁晓华　杨中汉	高等教育出版社
39	《昆虫毒理学的新进展》	张宗炳	北京大学出版社
40	《地震地质学》	修保琨　刘锡大主编	地震出版社
41	《中国北方牙形石研究》	安泰庠	科学出版社
42	《广西及邻区泥盆纪生物地层》	白顺良　金善燏褚叙兴　郝维诚等	北京大学出版社
43	《地质研究论文集（一）》	北京大学地质学系	北京大学出版社
44	《工业地理学（工业布局原理）》	魏心镇	北京大学出版社
45	《西方心理学史大纲》	唐钺	北京大学出版社
46	《中国比内测验指导书、中国比内测验记录纸、填空测验》等6种	吴天敏	北京大学出版社

1983 年

序号	书名	作者	出版社
1	*Lectures on Nielsen Fixed Point Theory*	姜伯驹	美国数学会出版社

序号	书名	作者	出版社
2	《高等代数》（上）	丘维声	北京大学出版社
3	《高等代数题解》	王尊芳	北京大学出版社
4	《高等代数讲义（上）习题解答》	丘维声	中央广播电视大学出版社
5	《高等代数讲义》（上下册）	邵士敏　蒋定华	中央广播电视大学出版社
6	《微分几何讲义》	陈省身　陈维桓	北京大学出版社
7	《图像识别导论》	程民德　沈燮昌等	上海科学技术出版社
8	*Pao-Lu Hsu Collected Papers*	许宝騄	德国 Springer 出版社
9	《系统与控制理论中的线性代数》	黄琳	科学出版社
10	《流体力学》（上下册）	吴望一	北京大学出版社
11	《激光原理》	陈天杰　孙驹亨	科学出版社
12	《气轨上的物理实验》	龚镇雄等	北京大学出版社
13	《物理演示实验》	陈熙谋等	高等教育出版社
14	《论台风》	李宪之	气象出版社
15	《动力气象学》（第二版）	杨大升　刘余滨　刘式适	气象出版社
16	《动力气象学习题解》	刘余滨　刘式适	气象出版社
17	《原子物理学和核物理学的量和单位》（中华人民共和国国家标准）	卢希庭等	技术标准出版社
18	《辐射防护基础》	李星洪	原子能出版社
19	《原子核物理导论》	蒋明	原子能出版社
20	《电子和离子光学原理及像差导论》	西门纪业	科学出版社
21	《脉码调制原理》	杜声孚　谢柏青　芦淑华	人民邮电出版社

序号	书名	作者	出版社
22	《并发程序的系统结构》	杨芙清	国防工业出版社
23	《有机化学文献及其基础阅读》	张明哲编著	高等教育出版社
24	《液晶结构单元上具有代表性的热致型聚酯的合成及其表征》	周其凤	美国 UMI 公司出版
25	《化学工程基础》（修订版）	北京大学化学系《化学工程基础》编写组	高等教育出版社
26	《高分子物理实验》	北京大学化学系高分子教研室	北京大学出版社
27	《107 种元素的发现》	赵匡华编著	北京出版社
28	《电解质溶液理论导论》（修订版）	黄子卿编著	科学出版社
29	《小麦形态和解剖结构图谱》	徐是雄 朱澂	北京大学出版社
30	《脊椎动物学》（上册）	杨安峰	北京大学出版社
31	《生物学中的电子显微镜技术》	朱丽霞 程乃乾 高信曾	北京大学出版社
32	《分子遗传学简介》	吴鹤龄	北京大学出版社
33	《动物的类群》	任淑仙 施浒 杨安峰	人民教育出版社
34	《植物解剖学》	李正理 张新英	高等教育出版社
35	《矿床成因论》	冯钟燕	地质出版社
36	《华北及邻区牙形石》	安泰庠 张放 崔占堂等	科学出版社

序号	书名	作者	出版社
37	《地球是怎么演变的》	何国琦	中国青年出版社
38	《毛乌素沙区自然条件及其改良利用》	北京大学地理学系（李孝芳　陈传康　陈昌笃　林雅贞　田连恕）	科学出版社
39	《幼学游记百汇》（父母必备丛书）	侯仁之主编	山西人民出版社
40	《第四纪地质》	曹家欣	商务印书馆
41	《城市环境与规划》	林雅贞　董黎明　周一星	中国建筑工业出版社
42	《实验心理学》	陈舒永　杨博民　等	北京大学出版社

1984 年

序号	书名	作者	出版社
1	《多项式最佳逼近的实现》	沈燮昌	上海科学技术出版社
2	《复变函数》	庄圻泰　张南岳	北京大学出版社
3	《高等代数讲义》（下）	王尊芳	北京大学出版社
4	《非牛顿流体力学》	陈文芳	科学出版社
5	《光学》（上下册）	赵凯华　钟锡华	北京大学出版社
6	《普通物理实验、实验箱讲义》	宋立尔　严隽珏　龚镇雄　谢慧媛	中央广播电视大学出版社
7	《半导体物理学》（上）	叶良修	高等教育出版社
8	《非晶态物理学》	韩汝琦	科学出版社
9	《地电概论》	孙正江　王华俊	地震出版社
10	《气象中的谱分析》	黄嘉佑　李黄	气象出版社

序号	书名	作者	出版社
11	《原子核物理实验》	夏宗璜　张钰蓉 主编	原子能出版社
12	《图像编码基础》	姚庆栋 徐孟侠等	邮电出版社
13	《电子数字计算机原理》 （第一册）	许卓群等	科学出版社
14	《大规模集成电路的实现》	许卓群　陆钟辉	科学出版社
15	《萃取化学原理》	徐光宪 王文清 吴瑾光 高宏成等	上海科学技术出版社
16	《基础有机化学》（上下册）	邢其毅 徐瑞秋 周政	高等教育出版社
17	《立体化学》	叶秀林	高等教育出版社
18	《表面活性剂物理化学》	赵国玺著	北京大学出版社
19	《稳定同位素化学》 （"无机化学丛书"第17卷）	郭正谊编著	科学出版社
20	《定量分析习题集》	陈凤　江子伟 马崇德　焦书明 编著	北京大学出版社
21	《相平衡、化学平衡和热力学》	唐有祺编著	科学出版社
22	《动物的发育》	于豪建	人民教育出版社
23	《植物个体发育》	朱澂	科学出版社
24	《杀虫毒剂及昆虫毒理进展》	龚坤元主编，张宗 炳写其中第一章	科学出版社
25	《中国及邻区海陆大 地构造图（1：500万）》 （中、英文版）	张文佑主编 地质学系　钱祥麟 何国琦　崔广振 李茂松　参加	科学出版社
26	《地质科学史纲》	孙荣圭	北京大学出版社

序号	书名	作者	出版社
27	《遥感地质学》	陈华慧主编 朱亮璞等	地质出版社
28	《孢粉学概论》	王宪曾	北京大学出版社
29	《华北古生物图册 微体化石分册》	安泰庠（部分参加）	地质出版社
30	《青藏高原水热活动区 分布图及其说明书》	廖志杰　刘时彬 沈敏子　张知非	地图出版社
31	《遥感概论》	马蔼乃	科学出版社
32	《历史地理学的理论与实践》 （修订版）	侯仁之	上海人民出版社
33	《构造地貌文集—— 中国地理学会 第一次构造地貌学术 讨论会论文选集》	中国地理学会地貌 专业委员会编辑	科学出版社
34	《生理心理学》	邵郊著	人民教育出版社

1985 年

序号	书名	作者	出版社
1	《计算方法引论不等式入门》	徐萃薇　文丽	人民教育出版社
2	《简明不列颠百科全书： 代数和数论部分》	丘维声	中国大百科全书出版社
3	*Analytic Functions of One Complex Variable*	庄圻泰　杨重骏 主编	美国数学会出版社
4	*Infinite Dimensional Morse Theory and Its Applications*	张恭庆	加拿大蒙特利尔大学出版社
5	《概率论》	谢衷洁	人民邮电出版社
6	《共形映射与边值问题》	闻国椿	高等教育出版社
7	《计算方法引论》	徐萃薇	高等教育出版社
8	《实变函数》	周民强	北京大学出版社
9	《试井分析理论基础》	姜礼尚　陈钟祥	石油工业出版社

序号	书名	作者	出版社
10	《微分方程定性理论》	张芷芬　丁同仁 黄文灶　董镇喜	科学出版社
11	《正交法与三次设计》	刘婉如	科学出版社
12	《连续介质引论》	杜珣	清华大学出版社
13	《科技新领域今后五年展望》	张远鹏等	《参考消息》编辑部
14	《力学》	蔡伯濂	湖南教育出版社
15	《光波衍射与变换光学》	钟锡华	高等教育出版社
16	《光的偏振》	张之翔	高等教育出版社
17	《低温物理实验原理与方法》	阎守胜　陆果	科学出版社
18	《物理学辞典(低温物理分册)》	物理系低温教研室	科学出版社
19	《高等教育自学丛书：物理学》	胡望雨　张为合	化学工业出版社
20	《大学物理解题方法》	周岳明　张瑞明	电子工业出版社
21	《大气臭氧研究》	王桂琴	科学出版社
22	《中期天气预报》	仇永炎	科学出版社
23	《可计算性项目的三次设计》	余道衡	北京大学出版社
24	《中华人民共和国水利电力部标准——水文自动测报系统规范》	唐镇松　沈伯弘 参加编写	水利电力出版社
25	《计算机操作系统原理》	徐联舫	机械工业出版社
26	《量子化学——基本原理和从头计算法(中册)》	徐光宪　黎乐民 王德民	科学出版社
27	《高分子科学进展》	冯新德　张洪志	科学出版社
28	《X射线与紫外光电子能谱》	桂琳琳 黄惠忠 吴念祖 郭心霖等	北京大学出版社
29	《表面化学物理》	谢有畅 赵璧英 刘英骏 卜乃瑜等	北京大学出版社
30	《定量化学分析简明教程》	彭崇慧　冯建章 张锡瑜编著	北京大学出版社

序号	书名	作者	出版社
31	《物理化学实验》（第二版）	北京大学化学系物化教研室实验课教学组	北京大学出版社
32	《自然科学发展简史》	潘永祥 阮慎康等编著	科学出版社
33	《奇妙的表面世界》	顾惕人编著	科学普及出版社
34	《中国古代化学史研究》	赵匡华主编	北京大学出版社
35	《脊椎动物学》（下册）	杨安峰	科学出版社
36	《种子植物分类学》	汪劲武	高等教育出版社
37	《木材学》	盛俊卿	中国林业出版社
38	《发生遗传学》（上下册）	李汝祺	科学出版社
39	《大鼠的解剖和组织》	杨安峰　王平	科学出版社
40	《实验生物学论文选集》	李汝祺	科学出版社
41	《动物生理学》	陈守良	高等教育出版社
42	《稳定同位素地球化学分析》	郑淑蕙	北京大学出版社
43	《岩石有限应变测量及韧性剪切带》	郑亚东 常志忠等	地质出版社
44	《地球化学》	魏菊英	科学出版社
45	《地质研究论文集（二）》	北京大学地质学系	北京大学出版社
46	《冀东前寒武纪铁矿地质》	钱祥麟　崔文元 王时麒　王关玉	河北科学技术出版社
47	《北京历史地图集》	侯仁之主编	北京出版社
48	《地貌学教程》	杨景春主编	高等教育出版社
49	《徐霞客名山游记选注》	徐兆奎	中国旅游出版社

1986 年

序号	书名	作者	出版社
1	*Group Theory*	段学复主编	德国 Springer 出版社
2	《复变函数论基础习题解答》	沈燮昌	中央民族学院出版社

序号	书名	作者	出版社
3	《高等数学(生化类)》(上册)	周建莹　张锦炎	北京大学出版社
4	《高等数学(生化类)》(下册)	张锦炎	北京大学出版社
5	《临界点理论及其应用》	张恭庆	上海科学技术出版社
6	*Proceedings of the 1983 Beijing Symposium on Differential Geometry and Differential Equations*	廖山涛主编	科学出版社
7	《数学分析(第一册)》	方企勤	高等教育出版社
8	《数学分析(第二册)》	沈燮昌	高等教育出版社
9	《数学分析(第三册)》	廖可人　李正元	高等教育出版社
10	《数学分析习题集》	林源渠　方企勤 李正元　廖可人	高等教育出版社
11	《数学竞赛与集训试题解评》	李正元	北京科学技术出版社
12	《数学物理方程讲义》	姜礼尚　陈亚浙	高等教育出版社
13	《数值分析》	胡祖炽　林源渠	高等教育出版社
14	《线性与非线性椭圆型方程》	闻国椿	上海科学技术出版社
15	《有限群论基础》	王萼芳	北京大学出版社
16	《亚纯函数的不动点与分析论》	庄圻泰　杨重骏	北京大学出版社
17	《常微分方程定性理论》	张芷芬等	科学出版社
18	《英汉风工程与空气动力学词汇》	孙天风	上海翻译出版公司
19	《流变学进展》	陈文芳	学术书刊出版社
20	《优化与最优控制中的计算方法》	叶庆凯　王肇明	科学出版社
21	《力学小问题一百例》	朱照宣　殷金生 秦寿珪	大连工学院出版社
22	《原子光谱与分子光谱导论》	王国文	北京大学出版社

序号	书名	作者	出版社
23	《近代物理实验》(上下册)	吴思诚　王祖铨	北京大学出版社
24	《理论力学》	胡慧玲 林纯镇 吴维敏	北京大学出版社
25	《力学概论》	方励之　李淑娴	安徽科学技术出版社
26	《光学》	陈秉乾　金钟辉	河北人民出版社
27	《电磁学》(第二版)	赵凯华　陈熙谋	高等教育出版社
28	《数值天气预报》	张玉玲	科学出版社
29	《地磁学教程》	北京大学 地球物理教研室、 中国科学 技术大学地球物理 教研室	地震出版社
30	《核电子学基础》	周志成	原子能出版社
31	《量子频标原理》	王义道　王庆吉 付济时　董太乾	科学出版社
32	*Aberration Theory in Electron and Ion Optics*	西门纪业	Academic Press
33	《FORTRAN 程序设计》	谢柏青	北京大学出版社
34	《微型机 BASIC 语言》	谢柏青	电子工业出版社
35	《计算机基础: BASIC、dBASEⅢ》	谢柏青 史美琪 熊蔚明	高等教育出版社
36	《电子光学原理》	陈文雄　西门纪业	北京大学出版社
37	《电子线路原理》(上册)	王楚　余道衡	北京大学出版社
38	《操作系统结构分析》	杨芙清　俞士汶	北京大学出版社
39	《电子数字计算机原理》	余娟文　贾秉文	科学出版社
40	《汉字信息处理技术》	毛德行　王选等	国防工业出版社
41	《有趣的 Logo 语言》	俞士汶	科学普及出版社
42	《高等无机化学实验》	张启运主编	北京大学出版社

序号	书名	作者	出版社
43	《电分析化学导论》	高小霞等编著	科学出版社
44	《分析化学中的配位化合物》	慈云祥　周天泽 编著	北京大学出版社
45	《饱和聚酯与缩聚反应》	冯新德　张鸿志 林其梭编著	科学出版社
46	《萃取化学原理》	徐光宪　王文清 吴瑾光　高宏成 施萧	上海科学技术出版社
47	《大熊猫解剖》	王平 杨安峰 （与北农大、 北二医合作）	科学出版社
48	《微生物学实验》	钱存柔　林稚兰	北京大学出版社
49	《植物解剖学（细胞与组织）》 （上册）（第二版）	李正理	科学出版社
50	《昆虫神经生理与神经毒剂》	张宗炳	科学出版社
51	《李继侗文集》	李继侗	科学出版社
52	《环境生物学》	林昌善　吴聿明	中国环境科学出版社
53	《害虫综合治理》	张宗炳	上海科学技术出版社
54	《中国变质地质图（1∶400万） 及其说明书》（中、英文版）	董申保　沈其韩 孙大中　卢良兆 主编	地质出版社
55	《中国及邻区 海陆大地构造》	张文佑主编 钱祥麟　何国琦 等参加编写	科学出版社
56	《中国南部早 古生代牙形石》	安泰庠　杜国清 高琴琴	北京大学出版社
57	《北京人谈北京》	侯仁之主编	地质出版社
58	《环境地学》	陈静生编著	中国环境科学出版社
59	《交通运输地理学》	杨吾扬 张国伍等	商务印书馆

序号	书名	作者	出版社
60	《人格心理学》	陈仲庚　张雨新	辽宁人民出版社
61	《情绪心理学》	孟昭兰	辽宁人民出版社
62	《法律心理学》	沈政主编	北京大学出版社
63	《老年心理学与老人精神健康》	沈政主编	北京大学出版社

1987 年

序号	书名	作者	出版社
1	《泛函分析讲义》（上册）	张恭庆　林福渠	北京大学出版社
2	《变分不等方程》	王耀东	
3	《大学文科数学教程》（上下册）	姚孟臣　徐信之	
4	《代数学》（上）	莫宗坚　蓝以中 赵春来	北京大学出版社
5	《代数学引论》	聂灵昭　丁石孙	
6	《近代数学与力学》	郭仲衡主编	北京大学出版社
7	《微分动力学系统原理》	张筑生	科学出版社
8	《微分流形导引》	詹汉生	北京大学出版社
9	《有限群导引》（上册）	徐明曜	科学出版社
10	《随机微分方程引论》	龚光鲁	北京大学出版社
11	《流速测量技术》	盛森芝 沈熊 舒玮	北京大学出版社
12	《固体力学非线性 有限元引论》	殷有泉	北京大学出版社
13	《有限元方法及其在 地学中的应用》	殷有泉	地震出版社
14	《多自由度结构固 有振动理论》	胡海昌	科学出版社
15	《变分法》	胡海昌	建筑工业出版社
16	《分析动力学》	陈滨	北京大学出版社

序号	书名	作者	出版社
17	《原子光谱及晶体光谱原理与应用》	宋增福	科学出版社
18	《铁磁学(上册)》	戴道生　钱昆明	科学出版社
19	《铁磁学(中册)》	钟文定	科学出版社
20	《FORTRAN 程序设计》	秦克诚	电子工业出版社
21	《统计光学》	秦克诚	南开大学出版社
22	《量子统计物理学》	章立源　林宗涵　包科达	北京大学出版社
23	《激光基础》	陈天杰	高等教育出版社
24	《广义相对论引论》	俞允强	北京大学出版社
25	《群论》	韩其智　孙洪洲	北京大学出版社
26	《原子核物理导论》	褚圣麟	高等教育出版社
27	《北京大学普通物理教学研究论文集(1)》	张之翔主编	北京大学出版社
28	《超导物理》	章立源　张金龙　崔广霁	电子工业出版社
29	《原子核结构理论》	曾谨言　孙洪洲	上海科学技术出版社
30	《半导体物理学》(下)	叶良修	高等教育出版社
31	《降水问题》	李宪之	海洋出版社
32	《大气物理学》	王永生等	气象出版社
33	《大气探测原理》	赵柏林　张霭琛等	气象出版社
34	《共振》	李守中	科学出版社

序号	书名	作者	出版社
35	《长期天气预报基础》	王绍武　赵宗慈	上海科学技术出版社
36	《天气和次天气尺度系统的动力学》	陈秋士	科学出版社
37	《地球物理实验》	刘宝诚　孙正江	地震出版社
38	《原子核理论》（第一卷）	胡济民　杨伯群　郑春开	原子能出版社
39	《原子核理论》（第二卷）	胡济民　杨伯群　郑春开	原子能出版社
40	《电子线路原理》（下册）	王楚　余道衡	北京大学出版社
41	《物理、无线电中常用算法》	谢柏青　王树德	四川教育出版社
42	《离散数学》（上下册）	耿素云　方新贵	北京大学出版社
43	《概率统计》	耿素云　张立昂	北京大学出版社
44	《办公用轻印刷系统》	秦振山	人民邮电出版社
45	《微机绘图软件——AutoC AD》	吕凤翥	清华大学出版社
46	《有机化学辞典》	邢其毅主编	科学出版社
47	《固体化学导论》	苏勉曾编著	北京大学出版社
48	《现代化学基础》（上册）	王连波　赵钰琳　丁鉴	化学工业出版社
49	《普通无机化学》	严宣申　王长富编著	北京大学出版社
50	《稀土萃取化学》	徐光宪　吴瑾光　李标国	科学出版社
51	《量子化学习题解》	黎乐民　王德民　许振华　叶学其　朱芝仙	科学出版社
52	《量子化学基本原理和从头计算法题解》	黎乐民　王德民　许振华　叶学其　朱芝仙编著	科学出版社
53	《稀土溶液萃取》	徐光宪　袁成业编著	科学出版社
54	《化学动力学基础》	韩德刚　高盘良编著	北京大学出版社

第八章　科学研究

877

序号	书名	作者	出版社
55	《物质结构》（第二版）	徐光宪　王祥云 编著	高等教育出版社
56	《胶体化学基础》	周祖康　顾惕人 马季铭等编著	北京大学出版社
57	《植物制片技术》（第二版）	李正理	科学出版社
58	《植物的类群》	梁家骥　汪劲武	人民教育出版社
59	《植物学（形态、解剖部分）》（第二版）	高信曾编著	高等教育出版社
60	《细胞生物学基础》	翟中和	北京大学出版社
61	《光合作用》	梅镇安　孙琦 容寿榆	北京大学出版社
62	《杀虫药剂的分子毒理学》	张宗炳	农业出版社
63	《植物解剖学》	李正理	高等教育出版社
64	《中国变质地质图编制与研究论文集（第一辑）》	董中保　沈其韩 主编	地质出版社
65	《变质原岩图解判别法》	王仁民等	地质出版社
66	《六射珊瑚》	齐文同	科学出版社
67	《应用孢子粉学》	王宪曾	陕西科学技术出版社
68	《晶体化学原理》	陈芸菁	地质出版社
69	《沉积岩石学教程》	任磊夫	地质出版社
70	《经济地理学导论》	胡兆量等著	商务印书馆
71	《青海省经济地理》	胡兆量	新华出版社
72	《中国自然保护纲要》	陈昌笃	中国环境科学出版社
73	《湖泊营养化调查规范》	江德爱	中国环境科学出版社
74	《商业地理学》	杨吾扬	甘肃人民出版社
75	《云南古代游记选》	于希贤	云南人民出版社
76	*Urbanization in China： An Inside-out Perspective*	周一星　杨汝万	M. E. Shape Inc. U. S. A.
77	《水环境化学》	陈静生	高等教育出版社
78	《中国的名山》	谢凝高	上海教育出版社
79	《明代地理学家徐霞客》	于希贤	科学普及出版社
80	《组织管理心理学》	任宝崇	华夏出版社
81	《普通心理学》（上下册）	曹日昌主编	人民教育出版社

1988 年

序号	书名	作者	出版社
1	*Lectures on Complex Analysis*	庄圻泰主编	新加坡 Word Scientific 出版公司
2	《高等代数教程》	蓝以中	北京大学出版社
3	《高等数学简明教程(上下册)》	姚孟臣　高成修等	武汉大学出版社
4	《计算方法》	单豪侠	
5	《解析几何》	丘维声	北京大学出版社
6	《拟共形映射及其在黎曼曲面论中的应用》	李忠	科学出版社
7	《偏微分方程初值问题差分方法》	胡祖炽　雷功炎	北京大学出版社
8	《微分几何讲义》	陈省身　陈维桓	台湾联经出版社
9	《亚纯函数的不动点与分解论》	庄圻泰　杨重骏	北京大学出版社
10	《有限元方法讲义》	应隆安	北京大学出版社
11	《张量(理论和应用)》	郭仲衡	科学出版社
12	《调和分析中的近代方法》	韩永生	科学出版社
13	《参数设计与容差设计》	刘婉如	国防工业出版社
14	《环境数理统计学应用及程序》	卢崇飞　高惠璇　叶文虎	高等教育出版社
15	《塑性力学进展》	王仁　黄克智　朱兆祥	中国铁道出版社
16	《普通物理学(力学、热力、电磁学、光学与近代物理)》于1988—1990年先后出版	吴伟文　包科达　励子伟　宋建平　胡望雨　李衡芝	北京大学出版社
17	《铁磁学》(下册)	廖绍彬	科学出版社
18	《磁性测量原理》	周文生编	电子工业出版社
19	《金属及合金的物理性能手册》	周文生(合作完成)	冶金工业出版社

序号	书名	作者	出版社
20	《多晶硅薄膜及其在集成电路中的应用》	王阳元	科学出版社
21	《固体物理学》	韓汝琦	高等教育出版社
22	《超导物理学发展简史》	刘兵 章立源著	陕西科学技术出版社
23	《氧化物超导材料物性专题报告文集》	甘子钊 韩汝珊 张瑞明主编	北京大学出版社
24	《电磁学教学札记》	张之翔	高等教育出版社
25	《特殊函数》	刘式达　刘式适	气象出版社
26	《大气光学》	潘乃先　毛节泰 王永生	科学出版社
27	《日地空间物理学（行星际与磁层）》（上册）	涂传诒等	科学出版社
28	《日地空间物理学（行星际与磁层）》（下册）	涂传诒等	科学出版社
29	《热力学统计物理》	钟云霄	科学出版社
30	《化学专业计算机基础》	杨致葳　王祥云	原子能出版社
31	《原子结构与原子光谱》	郑乐民　徐庚武	北京大学出版社
32	《压电换能器和基阵》	栾桂冬 张金铎 王仁乾	北京大学出版社
33	《电声词典》	沈山豪 张金铎 栾桂冬 王仁乾 李迎春	科学出版社
34	《声学习题集》	何作辅　赵玉芳 王仁乾　栾桂冬	国防工业出版社
35	《三北防护林遥感综合调查》	周心铁　许卓群 陆钟辉　孙文惠	科学出版社
36	《计算机软件工程环境和软件工具》	董士海	科学出版社

序号	书名	作者	出版社
37	《电化教学》	肖树滋　万明高 杜淑敏等	河北人民出版社
38	《编译程序设计原理》	杜淑敏　王永宁	北京大学出版社
39	*Molecular Structure，Chemical Reactivity and Biology Activity*	徐筱杰　唐有祺	
40	《多相催化剂研究方法》	尹根元主编 李宣文　杨锡尧 等编写第三章	化学工业出版社
41	《无机化学新兴领域导论》	项斯芬编著	北京大学出版社
42	《植物形态》	李正理	中国大百科全书 出版社
43	《杀虫剂毒力测定》	张宗炳	科学出版社
44	《秦岭大熊猫的自然庇护所》	潘文石　吕植等	北京大学出版社
45	《心肌电生理学》	刘泰槰	北京大学出版社
46	《生物电子学》	刘克球　吕以乔	北京大学出版社
47	《地质过程的理论模拟》	江培谟	科学出版社
48	《地质热力学基础》	江培谟	科学出版社
49	《碳酸盐岩实用分类及微相分析》	杨承运	北京大学出版社
50	《下扬子地区中下三叠纪青龙群岩相古地理研究》	主编　冯增昭 副主编　王英华 李尚武	云南科学技术出版社
51	《中国变质地质图编辑与研究论文集（第二辑）》	董申保　沈其韩 主编	地质出版社
52	《地热和地热发电》	佟伟　刘时彬等	水利电力出版社
53	《矾山杂岩体磷—铁矿床》	牟保磊　江培谟 曾贻善　阎国翰	北京大学出版社
54	《燕园史话》	侯仁之	北京大学出版社

序号	书名	作者	出版社
55	《锦绣中华》（中华大地丛书）	侯仁之主编	地质出版社
56	《燕园景观：北京大学校园园林》	谢凝高 陈青慧 何绿萍	北京大学出版社
57	《成吉思汗封赏长春真人之继》	（元）李志常 耶律楚材撰文 纪流　注释 侯仁之 于希贤审校	中国旅游出版社
58	《云南古代游记选》	于希贤　沙露茵	云南人民出版社
59	《心理治疗与咨询》	陈仲庚著	辽宁人民出版社
60	《人事心理学》	肖健	新华出版社
61	《心理学小辞典》	郭淑琴	北京科学技术出版社
62	《心理学专业自学考试大纲》	心理学系	华夏出版社
63	《环境数理统计学应用及程序》	叶文虎（第三作者）	高等教育出版社

1989 年

序号	书名	作者	出版社
1	*The Theory of Fixed Point Classes*	江泽涵	德国 Springer 出版社、 科学出版社
2	《变形体非协调理论》	郭仲衡　梁浩云	重庆出版社
3	《广义解析函数及其拓广》	闻国椿	河北教育出版社
4	《解析几何》	章学诚	北京大学出版社
5	《偏微分方程的 L2 原理》	王耀东	北京大学出版社
6	《数学与教育》	丁石孙　张祖贵	湖南教育出版社
7	《数值代数直接法教学软件包》	徐萃薇	北京大学出版社
8	《统计计算方法》	程兴新　曹敏	北京大学出版社
9	《线性代数(XDSB)软件包》	徐萃薇	北京大学出版社
10	《力学实验》	吴凤林	高等教育出版社
11	《线性系统与多变量控制》	叶庆凯	国防工业出版社

序号	书名	作者	出版社
12	《塑性力学》	余同希	高等教育出版社
13	《力学实验》(下)	苏先基　王廷栋	高等教育出版社
14	《计算流体力学的理论》	吴江航　韩庆书	科学出版社
15	《岩石力学新进展》	殷有泉等	东北工学院出版社
16	《物理实验手册》	申世璋　朱世嘉等	机械工业出版社
17	《非晶态物理》	戴道生　韩汝琦 主编	电子工业出版社
18	《量子力学专题分析》	曾谨言　钱伯初	高等教育出版社
19	《粒子物理学概要》	秦旦华　高崇寿	高等教育出版社
20	《普通物理学》	包科达	北京大学出版社
21	《量子力学新探》	黄湘友	四川科学技术出版社
22	《地震学简史》	吴忠良　刘宝诚	地震出版社
23	《非线性动力学和自然界中的复杂现象》	刘式达　刘式适	气象出版社
24	《天气过程诊断分析》	陶祖钰　谢安	北京大学出版社
25	《气象站天气分析与预报》	陶祖钰	农业出版社
26	《核电子技术原理》	王芝英　楼滨乔 朱俊东　王根福	原子能出版社
27	《〈GRAPH〉FORTRAN绘图软件包》	张如菊	北京大学出版社
28	《信号检测与估计》	刘有恒	人民邮电出版社
29	《数字逻辑电路》	王楚　沈伯弘	高等教育出版社
30	《表面物理》	(日)中村胜吾 张兆祥	学术书刊出版社
31	《软件人员学习指导(程序员级)》	朱慧贞 徐国平 主编	清华大学出版社
32	《管理信息系统的分析与设计》	张世龙	北京大学出版社
33	《组合数学》	屈婉玲	北京大学出版社

序号	书名	作者	出版社
34	《再生资源遥感研究——资源信息系统部分》	许卓群 陆钟辉 孙文慧等	科学出版社
35	《计算机算法与程序设计技术》	顾小凤	北京大学出版社
36	《最新计算机科学技术词典》	吕凤翥（合著）	山东教育出版社
37	《黄子卿选集》	刘瑞麟编	冶金工业出版社
38	《结构化学基础》	周公度编著	北京大学出版社
39	《有机化学》（上册）	蒋硕健 丁有骏 编著	北京大学出版社
40	《有机化学》（下册）	蒋硕健 丁有骏 李明谦编著	北京大学出版社
41	《有机合成中氧化还原反应》	李良助编著	高等教育出版社
42	《中国炼丹术》	赵匡华编著	中华书局（香港）有限公司
43	《自然科学概论》	潘永祥 阮慎康等 编著	台湾五南图书出版社
44	《量子化学——基本原理和从头计算法》（下册）	徐光宪 黎乐民 王德民 陈敏伯 编著	科学出版社
45	《普通化学原理》	华彤文 杨骏英 编著	北京大学出版社
46	《物理化学的气相色谱研究法》	杨锡尧 侯镜德编著	北京大学出版社
47	《生态学和社会经济发展》	尚玉昌 孙儒泳等	湖南科学技术出版社
48	《生物医学电子学》	刘克球 吕以乔 周益民	北京大学出版社
49	《种子植物分类学实验和实习》	汪劲武 杨继	高等教育出版社
50	《环境生物学》（第二版）	林昌善 吴丰明	中国环境科学出版社

序号	书名	作者	出版社
51	《杀虫剂的环境毒理学》	张宗炳	农业出版社
52	《变质岩石学》	王仁民 游振东 富公勤	地质出版社
53	《华北地台早古生代碳酸盐岩岩石学》	王美华 张秀莲 杨承运著	地震出版社
54	《腾冲地热》	佟伟 章铭陶 廖志杰 张知非 朱梅湘 过帼颖	科学出版社
55	《拉美地区自然资源和东方移民》	安泰庠	科学出版社
56	《岩石圈地质科学》(一)	北京大学地质学系	地震出版社
57	《光性矿物学教程》	杨承运	地质出版社
58	《显微构造地质学》	刘瑞珣	北京大学出版社
59	《泥晶碳酸盐岩的超微分析及其意义》	王英华 张秀莲 张万中	北京大学出版社
60	《腾冲热海热泉嗜热微生物》	张昀(合著)	科学出版社
61	《前寒武纪生命演化及化石记录》	张昀	北京大学出版社
62	《环境变迁研究》(第一、二、三辑)	侯仁之主编	北京燕山出版社 海洋出版社
63	《九州》(第二辑)	唐晓峰等主编	商务印书馆
64	《地理学思想简史》	杨吾扬	高等教育出版社
65	《区位论原理——产业、城市和区域的区位经济分析》	杨吾扬	甘肃人民出版社
66	《中国东部第四纪冰川与环境问题》	施雅风 崔之久 李吉钧等著	科学出版社
67	《地方志与现代科学》	于希贤 杨静琦	河南大学出版社
68	《北京旅游地理》	陈传康等	中国旅游出版社
69	《自然科学基础》(下册)	陈传康	高等教育出版社

第八章 科学研究

序号	书名	作者	出版社
70	《中国地区产业政策研究》	杨开忠等著	中国经济出版社
71	《安阳发展战略》	陈传康等	河南人民出版社
72	《环境地球化学》	陈静生等编著	海洋出版社
73	《生理心理学》	沈政 林庶芝	华夏出版社
74	《法律精神病学》	沈政 郑瞻培 王克俭	中国政法大学出版社
75	《心理统计方法》	杨博民 陈舒永	光明日报出版社
76	《青年心理学》	王垒	光明日报出版社
77	《人类情绪》	陈仲庚 孟昭兰	上海人民出版社
78	《心理学概论》	孟昭兰 王垒 张志勇等	文化艺术出版社
79	《情绪控制的理论与方法》	骆正	光明日报出版社
80	《实验心理学》	朱滢 焦书兰	光明日报出版社
81	《儿童发展心理学》	许政援	吉林教育出版社
82	《当代西方心理学评述》	北京大学心理学系编著	辽宁人民出版社

1990 年

序号	书名	作者	出版社
1	《FORTRAN 习题选》	周芝英 谢柏青	高等教育出版社
2	《Pade 逼近概论》	徐献瑜	上海科学技术出版社
3	《等周问题与夫妇入座问题》	丁石孙主编	北京大学出版社
4	《二阶矩阵群的表示与自守形式》	黎景辉 蓝以中	北京大学出版社
5	《反应扩散方程引论》	叶其孝 李正元	科学出版社
6	《泛函分析讲义》(下册)	张恭庆 郭懋正	北京大学出版社

序号	书名	作者	出版社
7	《FORTRAN 习题选》	周芝英 谢柏青	高等教育出版社
8	《复变函数百题多解》	沈燮昌	广西人民出版社
9	《高等数学》(物理类)(共三册)	文丽 吴良大	北京大学出版社
10	《高等数学习题课教材》(生化类)	周建莹 李正元	北京大学出版社
11	《气体动力学计算方法》	李文绚	机械工业出版社
12	《数学分析习题课教材》	方企勤 林源渠	北京大学出版社
13	《数学分析新讲》(共三册)	张筑生	北京大学出版社
14	《数学与文化》	邓东皋 孙小礼 张祖贵	北京大学出版社
15	《微分几何初步》	陈维桓	北京大学出版社
16	《随机过程引论》	钱敏平	北京大学出版社
17	《时间序列分析》	谢衷洁	北京大学出版社
18	《系统与控制理论中的线性代数》	黄琳	科学出版社
19	《流体力学习题集》	沈钧涛 鲍慧芸	北京大学出版社
20	《控制系统计算机辅助设计》	叶庆凯	北京大学出版社
21	《塑性力学和地球动力学文集》	余同希 王大钧	北京大学出版社
22	《量子力学》(卷 I)	曾谨言	科学出版社
23	《量子力学专题分析》(上)	曾谨言 钱伯初	高等教育出版社
24	《量子力学新探》	黄湘友	四川科学技术出版社
25	《粒子物理与核物理讲座》	高崇寿 曾谨言	高等教育出版社
26	《半导体异质结物理》	虞丽生	科学出版社
27	《遥感大词典》	吕斯骅(合编)	科学出版社
28	《普通物理实验指导》(光学)	陈怀琳 邵义全	北京大学出版社
29	《普通物理实验指导》(力学)	龚镇雄 刘雪林	北京大学出版社
30	《普通物理实验指导》(电磁学)	谢慧媛 梁秀慧 朱世嘉 严隽珏	北京大学出版社
31	《量子规范场论》	曹昌祺	高等教育出版社
32	《简明天文学》	周体健	高等教育出版社
33	《全波震相分析》	赵鸿儒	地震出版社

序号	书名	作者	出版社
34	《地球流体力学中的数学问题》	刘式达 刘式适	海洋出版社
35	《气象统计分析与预报方法》	黄嘉佑	气象出版社
36	《OLR 的应用和图集》	蒋尚城 朱亚芬	北京大学出版社
37	《分岔理论和耗散结构计算方法》	刘式达	科学出版社
38	《锕系及锕系后元素》	唐任寰　刘元方 张青莲　张志尧	科学出版社
39	《放射化学》	刘元方　江林根	科学出版社
40	《〈GRAPH〉207》	张如菊	北京大学出版社
41	《大气环境化学》	唐孝炎　李金龙 陈旦华　栗欣	高等教育出版社
42	《集合论导引》	耿素云　屈婉玲	北京大学出版社
43	《离散数学习题集》	耿素云	北京大学出版社
44	《近代无线电实验系统》	施蕴陵	北京大学出版社
45	《电子光学计算机辅助设计》	童林夙　西门纪业 丁守谦	国防工业出版社
46	《模式识别应用》	程民德　石青云 戴汝为　边肇祺	北京大学出版社
47	《近代电磁理论》	龚中麟　徐承和	北京大学出版社
48	《压电换能器和换能器阵》（上册）	栾桂冬　张金铎 王仁乾	北京大学出版社
49	《压电换能器和换能器阵》（下册）	栾桂冬　张金铎 王仁乾	北京大学出版社
50	《计算机概论》	谢柏青等	北京大学出版社
51	《FORTRAN 习题集》(数理类专业)	谢柏青　周芝英	高等教育出版社
52	《编译程序设计原理》	杜淑敏 王永宁	北京大学出版社
53	《电化教学大全》	万明高　刘家祯 杜淑敏	河北教育出版社
54	《离散数学习题集》 （抽象代数分册）	张立昂	北京大学出版社

序号	书名	作者	出版社
55	*Heteroatom Chemistry* (Chapter 20,P. 345—370)	汤卡罗 唐有祺编著	
56	*Advances in Catalysis* (Chapter 1, P. 1—43)	谢有畅 唐有祺编著	
57	《无机化学丛书》 (第二卷 第七章)	臧希文 汤卡罗编写	科学出版社
58	《基础化学》	李庭梅 阮慎康编著	中国人民大学出版社
59	《活泼中间体的研究方法》	徐广智 唐有祺编著	科学出版社
60	《多相催化反应动力学基础》	李作骏编著	北京大学出版社
61	《分析化学中的数值方法》	李克安 童沈阳编著	北京大学出版社
62	《极谱催化波》	高小霞编著	科学出版社
63	《有机化学实验》	关烨第　王文江 葛树丰　眭元龙 等编著	北京大学出版社
64	《傅鹰选集》	顾惕人编选	冶金工业出版社
65	《化学通史》	赵匡华编著	高等教育出版社
66	《高分子实验与专论》	丘坤元等编著	北京大学出版社
67	《无机化学》(地学类)	臧希文 罗淑仪 范景晖编著	北京大学出版社
68	《实用科学名词术语词典》	李良助(编委之一)	华夏出版社
69	《生命科学中的化学 问题》(第八章)	徐筱杰 李根培 唐有祺编写	
70	《有机合成中氧化及还原反应》	李良助	高等教育出版社
71	*Gallstone Disease*	R. D. Soloway 吴瑾光等合著	
72	《生物化学》	李建武	北京大学出版社
73	《植物生理学实验》	朱广廉　钟海文 张爱琴	北京大学出版社
74	《动物遗传学实验方法》	王宗仁　贾凤兰 吴鹤龄	北京大学出版社
75	《植物人工种子研究》	李修庆等	北京大学出版社

第八章　科学研究

序号	书名	作者	出版社
76	《细胞生物学进展》（第一卷）	翟中和　潘唯钧　张唯杰　戴尧仁等	文教出版社
77	《黏虫生理生态学》	林昌善　蔡晓明等	北京大学出版社
78	《麦田生态学的计算机模拟及最优控制》	夏北成	北京大学出版社
79	《无脊椎动物学》（上册）	任淑仙	北京大学出版社
80	《害虫防治：策略与方法》	杨俭美（合著）	科学出版社
81	《色谱仪器》	杨澄（合著）	科学出版社
82	《酶的结构与催化原理》	杜锦珠　卫新成　茹炳根	北京大学出版社
83	《微生物生理代谢实用手册》	徐浩　袁明秀等	中国科学技术出版社
84	《鄂尔多斯盆地围缘的牙形石》	安泰庠	科学出版社
85	《化石岩石学》	王英华　张秀莲　迟元苓	中国矿业大学出版社
86	《河北碳酸盐岩图册》	王英华　赵震　胡钦德	科学出版社
87	《北山板块构造及成矿规律》	左国朝　何国琦	北京大学出版社
88	《珊瑚和珊瑚礁的奥秘》	齐文同	地质出版社
89	《中国的火山、温泉和地热资源》	廖志杰	科学普及出版社
90	《华北地台早古生代岩相古地理》	冯增昭　王英华　张秀莲等	地质出版社
91	《遥感地质学基础文集》	刘燕君　金丽芳等著	科学技术文献出版社
92	《事件地层学》	齐文同	地质出版社
93	《应用孢粉学》	王宪曾　王开发	陕西科学技术出版社
94	《济南市村镇建设研究》	魏心镇	海洋出版社
95	《山东济南小城镇问题研究》	魏心镇等	山东人民出版社
96	《自然地理学与中国区域开发》	陈传康	中国旅游出版社
97	《贵州省地域结构与资源开发》	蔡运龙	海洋出版社

序号	书名	作者	出版社
98	《中国海岸卫星遥感解译》	任明达　吕斯骅　张绪定	海洋出版社
99	《气相色谱分析》	王永华等	海洋出版社
100	《中国古代地理学史略》	于希贤	河北科学技术出版社
101	《土壤地理学教程》	徐启刚 黄润华	高等教育出版社
102	《延缓衰老的奥秘》	姜德珍　沈政　肖健　沈德灿	中国经济出版社
103	《动物的智能》	任仁眉 胡丹	科学出版社
104	《环境法学》	程正康	高等教育出版社
105	《环境保护法》	金瑞林等	北京大学出版社
106	《固液两相流基本理论及其最新应用》	倪晋仁　王光谦　张红武	科学出版社

1991 年

序号	书名	作者	出版社
1	*Boundary Value Problems for Elliptic Equations and Systems*	闻国椿等	英国 Longman 科学技术出版公司
2	*Integral Equations and Value Problems*	闻国椿等主编	新加坡 World Scientific 出版公司
3	*Proceedings of Asian Mathematical Conference* 1990	李忠等主编	新加坡 World Scientific 出版公司
4	*Proceedings of the Second Conference on Numerical Methods for Partial Differential Equations*	应隆安　郭本瑜主编	新加坡 World Scientific 出版公司
5	《21 世纪中国数学展望》	程民德等主编	北京大学出版社 德国 Springer 出版社
6	《常微分方程教程》	丁同仁 李承治	高等教育出版社
7	《大学文科基础数学》(共三册)	姚孟臣	北京大学出版社
8	《调和分析论文集》	程民德等主编	德国 Springer 出版社
9	《二阶椭圆型方程与椭圆型方程组》	陈亚浙 吴兰成	科学出版社

序号	书名	作者	出版社
10	《绳圈的数学》	姜伯驹	湖南教育出版社
11	《实变函数》	周民强	台湾儒林图书公司
12	《数学分析纵横谈》	沈燮昌　邵品琮	北京大学出版社
13	《双曲几何》	李忠　周建莹	湖南教育出版社
14	《双曲型守恒率方程及其差分方法》	应隆安　滕振寰	科学出版社
15	《微分动力系统导引》	张锦炎　钱敏	北京大学出版社
16	《邮票·自行车·果园·雨中行》	丁石孙主编	北京大学出版社
17	《有限元的数学理论》	张鸿庆　王鸣	科学出版社
18	《稳定性理论》	黄琳	北京大学出版社
19	《变分及其应用》	叶庆凯　郑应平	国防工业出版社
20	《流体力学习题集》	沈钧涛　鲍慧云	北京大学出版社
21	《激光物理》	邹英华　孙騆亨	北京大学出版社
22	《定性与半定量物理学》	赵凯华	高等教育出版社
23	《人类是如何认识电的》	张之翔	科学文献出版社
24	《电磁学定律与电磁场理论的建立与发展》	陈熙谋　陈秉乾	高等教育出版社
25	《狭义相对论》	蔡伯濂	北京大学出版社
26	《量子力学》(卷 I)	曾谨言	台湾凡翼出版社
27	《量子力学习题精选与剖析》	钱伯初　曾谨言	台湾凡翼出版社
28	《近代物理学实验技术》(I)	吕斯骅　朱印康	高等教育出版社
29	《大气动力学》	刘式达　刘式适	北京大学出版社
30	《电子线路基础》	陈诗闻	气象出版社
31	*Free Electron Lasses*	陈佳洱　赵夔等	新加坡 World Scientific 出版公司
32	《环境监测原理与应用》	吴鹏鸣　姚荣奎等	化学工业出版社
33	《〈GRAPH400〉FORIRAN 绘图软件包》	张如菊	北京大学出版社
34	《热阴极电离真空计》	王逊　何焕玮	北京大学出版社

序号	书名	作者	出版社
35	《薄膜物理》	薛增泉　吴全德　李浩	电子工业出版社
36	《智能物理－规范通用的汉字输入方法》	朱守涛　谢柏青　吴亚平	北京大学出版社
37	《数据结构基础》	张乃孝　杨冬青　邵维忠	北京大学出版社
38	《离散数学习题集》（图论分册）	耿素云	台湾儒林图书有限公司
39	《杂环化学》	花文廷编著	北京大学出版社
40	《普通化学实验》（第二版）	胡学复　应礼文编著	北京大学出版社
41	《物理化学例题解析及习题》	高执棣　高盘良　李友敏　王保怀　张克旭编著	河北教育出版社
42	《有机化学命名浅谈》	张明哲编著	化学工业出版社
43	《化学分析原理》（第一卷 第一册）	张锡瑜编著	科学出版社
44	《表面活性剂物理化学》（修订版）	赵国玺编著	北京大学出版社
45	《电分析化学导论》	高小霞编著	科学出版社
46	《胶体化学基础》（修订版）	周祖康　顾惕人　马季铭编著	北京大学出版社
47	《普通化学实验》（修订版）	北京大学化学系普通化学教研室编著	北京大学出版社
48	《相平衡和相图基础》	顾菡珍　叶于浦编著	北京大学出版社
49	《聚合物近代仪器分析》	汪昆华　罗传秋编著	清华大学出版社
50	《分析化学文献简介》	孙亦梁　官宜文编著	北京大学出版社
51	《中国古代化学》	赵匡华编著	山东教育出版社
52	《化工百科全书》（第一卷）	吴念祖（合著）	化学工业出版社
53	《无脊椎动物学》（下）	任淑仙	北京大学出版社
54	《植物学名词》	李正理	科学出版社
55	《植物学简明教程》	高信曾　汪劲武	高等教育出版社
56	《无脊椎动物学实验》	张闰生　任淑仙　徐利生	高等教育出版社

序号	书名	作者	出版社
57	《生物化学》（上册）	沈同　王镜岩	高等教育出版社
58	《细胞生物学进展》	翟中和　尚克刚 蔡树涛	高等教育出版社
59	《植物染色体的研究技术》	李懋学　张敬文	东北林业大学出版社
60	《河北植物志》（第三卷）	汪劲武	河北科学技术出版社
61	《英汉沉积学解释词典》	杨伟东　关平 李建明主编	北京大学出版社
62	《遥感找矿的原理和方法》	刘燕君编著	冶金工业出版社
63	《中、下扬子区海相碳 酸盐成岩作用研究》	王英华主编	科学技术文献出版社
64	《中外著名山川湖泊辞典》	黄懋枢　于洸主编	山东友谊书社
65	《遥感地质学文集》	刘燕君等	科学技术文献出版社
66	《再生资源遥感研究－TM 图像的计算机－光学处理 方法及其在调查中的应用》	郭仕德	万国学术出版社
67	《环境监测与作物 估产的遥感研究》	徐希孺主编	北京大学出版社
68	《中国地名史话》	徐兆奎	中共中央党校出版社
69	《中国的名山与大川》	任继愈主编 谢凝高著	中共中央党校出版社
70	《文化地理学导论》 （人·地·文化）	王恩涌	高等教育出版社
71	《山水审美——人与 自然的交响曲》	谢凝高	山东科学技术出版社
72	《连云港市域发展战略研究》	陈传康	海洋出版社
73	《再生资源遥感研究——内蒙 古草原牧场防护林区》	毛赞猷主编	万国学术出版社
74	《经济结构理论、应用与政策》	杨开忠等（合著）	中国社会科学出版社
75	《经济冷热病的背后—— 中国耐用消费品的兴衰》	杨开忠等（合著）	中国社会科学出版社

序号	书名	作者	出版社
76	《中国区域经济研究》	杨开忠等（合著）	中国经济出版社
77	《区域经济研究的新起点》	杨开忠等（合著）	经济管理出版社
78	《九十年代西部发展战略研究》	杨开忠等（合著）	华夏出版社
79	《中国城市化的宏观研究》	周一星	黑龙江人民出版社
80	《环境地学》	陈静生	台湾科技图书股份有限公司
81	《陕西佳县经济发展系统研究》	武弘麟等（合著）	海岸出版社
82	《普通心理学和实验心理学研究》	王甦主编	四川科学技术出版社
83	《简明心理学百科辞典》	王甦　邵郊　陈仲庚　高云鹏	北京大学出版社
84	《沉积物环境化学》	程承旗	环境出版社
85	《国家大气环境质量管理信息系统》	林红　王淑芳　桑鑫增　刘玉民　孙立	海洋出版社
86	《环境监测原理及应用》	姚荣奎　陈大宜　邵可声等	化学工业出版社
87	《集成电路工艺基础》	王阳元　关旭东　马俊如	

1992 年

序号	书名	作者	出版社
1	*Qualitative Theory of Differential Equations*	张芷芬　丁同仁　黄文灶　董镇喜	美国数学会出版社
2	*Conformal Mappings and Boundary Value Problems*	闻国椿	美国数学会出版社
3	《高等数学习题课教材》（物理类）（上册）	邵士敏　庄大蔚　蒋定华	北京大学出版社
4	《高等数学习题课教材》（物理类）（下册）	邵士敏　庄大蔚　蒋定华	北京大学出版社

序号	书名	作者	出版社
5	《大学基础数学辞典》	蒋定华　丘维声 庄大蔚　林源渠 孙山泽	化学工业出版社
6	《数学分析习题课教材》	方企勤　林源渠	台湾儒林图书有限公司
7	《无限元方法》	应隆安	北京大学出版社
8	《复变函数逼近论》	沈燮昌	科学出版社
9	《初等数论》	潘承洞　潘承彪	北京大学出版社
10	《数值代数软件（包括 全套软盘及说明书）》	魏泽光	复旦大学出版社
11	《最优化软件（包括 全套软盘及说明书）》	刘化荣	复旦大学出版社
12	《流体力学》（上、下）	周光坰　严宗毅	高等教育出版社
13	《塑性力学引论》（修订版）	王仁　黄文彬 黄筑平	北京大学出版社
14	《数学物理方法》	杜珣　唐世敏	高等教育出版社
15	《稳定性理论》	黄琳	北京大学出版社
16	《实验流体力学》	顾大椿编著	高等教育出版社
17	《材料力学》	殷有泉　邓成光	北京大学出版社
18	《现代数学理论与方法在力 学、振动与控制中的应用》	陈滨主编	科学出版社
19	《塑性力学和细观力学 文集》	王自强　徐秉业 黄筑平	北京大学出版社
20	《周培源科学论文集》	黄永念　石光漪 黄超光选编	中国科学技术出版社
21	《湍流》	是勋刚	天津大学出版社
22	《工程材料及其力学行为》	余同希　李世莺	湖南教育出版社
23	《塑性弯曲理论及其应用》	余同希　章亮炽	科学出版社

序号	书名	作者	出版社
24	《相对论流体力学》	是长春	科学出版社
25	《力学实验设计》	龚镇雄	高等教育出版社
26	《电磁学定律和电磁场理论的建立与发展》	陈熙谋　陈秉乾	高等教育出版社
27	《量子力学导论》	曾谨言	北京大学出版社
28	《漫话物理实验方法》	龚镇雄	科学出版社
29	《群论及其在粒子物理学中的应用》	高崇寿	高等教育出版社
30	《高等量子力学》	杨泽森	北京大学出版社
31	《固体物理中的格林函数方法》	卫崇德　章立源　刘福绥著	高等教育出版社
32	《北京大学普通物理教学研究论文集(2)》	张云翔主编	北京大学出版社
33	《大气扩散的数值计算》	桑建国	气象出版社
34	《孤波和湍流》	刘式达　刘式适	上海科技教育出版社
35	《理论气候模式》	黄建平	气象出版社
36	《多元大气数值模拟》	王书仁　陈献伟　游永乾　王桂琴	气象出版社
37	《大气探测原理》	赵柏林　张霭琛　张铮	气象出版社
38	《〈GRAPHVGA〉FORTRAN绘图软件包》	张如菊	北京大学出版社
39	《热力学与统计物理》	钟云霄	科学出版社
40	《量子力学》	张启仁	高等教育出版社
41	《电动力学》	虞福春　郑春开	北京大学出版社
42	《生命科学中的微量元素》(上、下)	王夔　徐辉碧　唐任寰　罗贤懋	中国计量出版社

序号	书名	作者	出版社
43	《离散数学习题集（抽象代数分册)》	张立昂	台湾儒林图书有限公司
44	《离散数学》	耿素云 屈婉玲 张立昂	清华大学出版社
45	《计算机综合应用知识》	罗晓沛主编 张立昂 屈婉玲 耿素云 余娟芬 参加编写	清华大学出版社
46	《概率统计》(繁体版)	耿素云 张立昂	台湾儒林图书有限公司
47	《实用 C 语言程式设计》	孙玉方 张乃孝	台湾儒林图书有限公司
48	《现代电子科学技术词典》	屈婉玲	电子工业出版社
49	《分形论——奇异性探索》	林鸿溢 李映雪	北京理工大学出版社
50	《计算机综合基础知识》	罗晓沛 余娟芬	清华大学出版社
51	《软件设计方法》	王选	清华大学出版社
52	《钪，稀土元素》	易宪武 黄春辉 编著	科学出版社
53	*Crystallography in Modern Chemistry: A Resource Book of Crystal Structures*	麦松威 周公度	Wiley-Interscience
54	《有机合成进展》	张滂主编	科学出版社
55	《有机合成原理和技术》	李良助 林垚 宋艳玲 袁晋芳 汤卡罗编著	高等教育出版社
56	《晶体结构的周期性和对称性》	周公度编著	高等教育出版社
57	《有机反应中的电子效应》	尚振海编	高等教育出版社
58	《多相催化反应动力学及其扩散影响》	余启全 金韵 编著	中国科学技术出版社
59	《有机化合物的光谱鉴定》	唐恢同编著	北京大学出版社

序号	书名	作者	出版社
60	《大学化学辞典》	周公度编著	化学工业出版社
61	《物理化学实验技术》	杨文治	北京大学出版社
62	《世界著名科学家传记》	邢其毅（作者之一）	科学出版社
63	《钴及稀土元素》	黄春辉　吴瑾光	科学出版社
64	《生物学中的放射性核技术》	任时仁	北京大学出版社
65	《脊椎动物学》（修订版）	杨安峰	北京大学出版社
66	《普通生态学》（上册）	尚玉昌　蔡晓明	北京大学出版社
67	《人体生理学多项选择习题集》	贺慕严　陈守良	北京大学出版社
68	《从动物脏器和废弃物制取药用和食用制品》（全国星火计划丛书）	陈来同	北京大学出版社
69	Agriculture Biotechnology	陈章良	中国科学技术出版社
70	《植物形态学发展史》	尤瑞麟　胡玉熹	科学出版社
71	《简明植物生物化学》	李雄彪　张金忠	南开大学出版社
72	《英汉生命科学辞典》	刘兆乾　向华明　李汝琪	中国科学普及出版社
73	《植物生理与分子生物学》	吴相钰　吴光耀	科学出版社
74	《植物生理学习题集》	李雄彪　关琦	北京大学出版社
75	《甘肃北山中生代新发现燕山早期走滑挤压推覆构造带》	左国朝　郑亚东	地质出版社
76	《内蒙古乌拉山韧性剪切带特征及其与金矿化的关系》	张准　朱亮璞	地质出版社
77	《太行山北段控岩控矿构造的遥感地质研究》	朱亮璞	地质出版社

序号	书名	作者	出版社
78	《长春地质学院学报：花岗岩专辑》	林强　刘树文	长春地质学院学报
79	《花粉－环境－人类》	王宪曾	地质出版社
80	《冀东太古庙花岗岩》	林强　刘树文	科学出版社
81	《结构矿物学导论》	郑辙编著	北京大学出版社
82	《北秦岭裂陷的形成与变质作用》	安三元　王仁民	西北大学出版社
83	《皖浙赣地区元古代地体和多期碰撞造山带》	徐备　郭令智　施央申	地质出版社
84	《油气生成过程中的微粒－质点矿物》	任磊夫　关平著	地质出版社
85	《粘土矿物与粘土岩》	任磊夫	地质出版社
86	《中国地学大事典：古生物学与古人类学卷》	杨守仁	山东科学技术出版社
87	《世界文化与自然遗产——中国泰山》	谢凝高	山东科学技术出版社
88	《地球科学：自然科学基础第四册》（第二版）	陈传康　黎勇奇编	高等教育出版社
89	《水环境化学》	陈静生	台北晓园出版社
90	《中国水环境重金属研究》	陈静生　周家义主编	中国环境科学出版社
91	《大学生心理卫生与咨询》	王登峰	北京大学出版社
92	《法律心理学》	沈政主编	台北五南图书出版有限公司
93	《脑模拟与神经计算机》	沈政　林庶芝	北京大学出版社
94	《人类心理发展历程》	孟昭兰　王垒	辽宁人民出版社
95	《认知心理学》	王甦	北京大学出版社
96	《实验临床心理学》	陈仲庚	北京大学出版社
97	《当代心理学研究》	王甦　邵郊　孟昭兰等著	北京大学出版社

1993 年

序号	书名	作者	出版社
1	《数理统计学讲义》	陈家鼎　孙山泽　李东风	高等教育出版社
2	*Case Studies in Time Series Analysis*	谢衷洁	新加坡 World Scientific 出版公司
3	《生存分析与可靠性引论》	陈家鼎	安徽教育出版社
4	《大学数学词典》	孙山泽等	化学工业出版社
5	《血液流变学》	严宗毅　魏茂元　于天文	黑龙江科学技术出版社
6	*Cell-to-cell Mapping*	C. S. Hsu(徐皆苏)	Springer Verlag
7	《奥林匹克物理(1)》	舒幼生	湖南教育出版社
8	《爱因斯坦是怎样创建相对论的》	尤广建	湖南教育出版社
9	《电磁学实验》	张洁天　宋世嘉　梁秀慧	北京大学出版社
10	《经典物理与现代物理——20世纪物理概观》	尤广建	陕西教育出版社
11	《量子世界》	马耳　陈秉乾	湖南教育出版社
12	《物理学难题集萃》(上)	陈秉乾　胡望雨　舒幼生　金仲辉	高等教育出版社
13	《物理学难题集萃》(下)	陈秉乾　胡望雨　舒幼生　金仲辉	高等教育出版社
14	《原子物理学习指南》	甄长荫　陈熙谋　胡镜寰	高等教育出版社
15	《原子与原子核物理手册》	主编　陈辰嘉　副主编　周治宁　刘洪涛　张树霖　刘继周	北京大学出版社
16	《长江黄河旱涝灾害发生规律及其经济影响的诊断研究》	王绍武　黄朝迎	气象出版社

序号	书名	作者	出版社
17	《分型与分维论》	刘式适	气象出版社
18	《气候预测与模拟研究》	王绍武	气象出版社
19	《太空地球人类（空间时代的电离层物理学）》	肖佐	科学出版社
20	《气候诊断研究进展》	王绍武	气象出版社
21	《现代科学的哲学探索》	赵光武　冯国瑞　罗先汉	北京大学出版社
22	《大气辐射学基础》	尹宏	气象出版社
23	《气候变化对中国农业的影响》	张镡	北京科学技术出版社
24	《原子核理论（第一卷）》（修订版）	胡济民　杨伯君　郑春开	原子能出版社
25	《加速器物理基础》	陈佳洱主编　方家训　李国树　裴元吉　郭之虞　参加编写	原子能出版社
26	《微量元素与中医药》	曹治权主编　唐任寰等参加编写	中国中医药出版社
27	《辐射化学》	吴季兰　戚生初　主编	原子能出版社
28	《〈GRAFTVGA〉FORTRAN绘图软件包》	张如菊	北京大学出版社
29	《电声词典》	张金铎　王仁乾　李迎春　栾桂冬	国防工业出版社
30	《电子发射与电子能谱》	薛增泉　吴全德	北京大学出版社
31	《基础数学》	张立昂	清华大学出版社
32	《离散数学》（繁体版）	陈进元　屈婉玲　耿素云　方新贵	台湾儒林图书有限公司
33	《离散数学习题集——数理逻辑与集合论分册》	耿素云	北京大学出版社
34	《研究生入学考试数学模拟试题》	邵士敏　张立昂	北京大学出版社

序号	书名	作者	出版社
35	《集成电路工业全书——技术、经济、管理》	王阳元	电子工业出版社
36	《奥林匹克化学》	吴国庆　李克安　严宣申　段连运　程铁明编著	北京大学出版社
37	《结构与物性》	周公度编著	北京大学出版社
38	《中国化学教育史话》	徐振亚　郭保章　梁英豪编著	江西教育出版社
39	《核科学技术辞典》	刘元方编著	原子能出版社
40	《大学化学新实验（二）》	周孝贤主编　刘万祺等副主编	兰州大学出版社
41	《基础分析化学实验》	北京大学化学系分析化学教研室编著	北京大学出版社
42	《辐射化学》	吴季兰　戚生初　主编	原子能出版社
43	《无机化学（生物类）》	孙淑声　赵钰林　王连波　李俊然编著	北京大学出版社
44	《胶体与界面化学实验》	北京大学化学系胶体化学教研室编著	北京大学出版社
45	《水溶液中的离子平衡与化学反应》	严宣申　王长富编著	高等教育出版社
46	《鲍林规则与价键理论》	邵美成编著	高等教育出版社
47	《普通化学原理》（第二版）	华彤文　杨骏英　陈景祖　刘淑珍编著	北京大学出版社
48	《基础有机化学（上册）》（第二版）	邢其毅　徐瑞秋　周政　裴伟伟编著	北京大学出版社
49	《蛋白质的结构预测与分子设计》	来鲁华编著	北京大学出版社

序号	书名	作者	出版社
50	*Fundamentals of Structural Chemistry*	周公度编著	新加坡 World Scientific 出版公司
51	《杀虫药剂毒理及应用》	张宗炳　杨俭美	化学工业出版社
52	《河南农业昆虫志》	闫凤鸣	中国农业科技出版社
53	《棉属植物核型研究》	聂汝芝　李懋学	科学出版社
54	《脑科学的进展与认识的生理机制》	蔡益鹏	北京大学出版社
55	《生物工程概论》	赵国凡　林稚兰	辽宁大学出版社
56	《细胞生物学》（生物学大学生教科书）	翟中和	高等教育出版社
57	《细胞生物学进展（第三卷）》（研究生教科书）	郑国昌　翟中和	高等教育出版社
58	《细胞生物学前沿动态》	翟中和　王永潮	上海科学技术出版社
59	《组织学实验指导》	曹焯　陈茂生	北京大学出版社
60	《生物技术》	顾孝诚	上海出版社
61	《中国湖相碳酸盐岩》	王英华　周书欣　张秀莲	中国矿业大学出版社
62	《热水溶液中化学元素的迁移形成》	曾贻善	地质出版社
63	《中国叠层石》	朱士兴　张知非	天津大学出版社
64	《岩石圈地质科学（二）》	北京大学地质学系	地震出版社
65	《矿产信息的遥感地面模式》	刘燕君　金丽芳等	地质出版社
66	《中国地貌特征与演化》	杨景春	海洋出版社
67	《新兴学科百万个为什么（第12卷天文、地学类）》	徐海鹏　罗先汉主编	旅游教育出版社
68	《新的产业空间——高技术产业开发区的发展与布局》	魏心镇　王辑慈	北京大学出版社

序号	书名	作者	出版社
69	《环境变迁研究·第四辑》	侯仁之主编	北京古籍出版社
70	《宋代农业地理》	韩茂莉	山西古籍出版社
71	《林超地理学论文选》	林超著	北京大学出版社
72	《历史地理与地名研究》	徐兆奎	海洋出版社
73	《综合自然地理学》（高等学校教材）	陈传康　伍光和　李昌文编	高等教育出版社
74	《自然地理学的回顾与展望》	陈传康　李寿深　刘继韩等	测绘出版社
75	《地理信息系统》	王学军	中国环境科学出版社
76	《城市、区域与环境》	北京大学城市与环境学系编	海洋出版社
77	《迈向空间一体化》	杨开忠	四川人民出版社
78	《当代心理学研究》	王甦　朱滢　杨治良　彭聃龄　陈永明　邵郊　沈政　孟昭兰　王重鸣	北京大学出版社
79	《人格心理学概要》	陈仲庚	北京时代文化出版社
80	《生理心理学》	沈政　林庶芝	北京大学出版社
81	《信息加工与脑能量函数》	沈政	北京大学出版社
82	《环境经济学》	程福祜　王翊亭　张世秋	高等教育出版社

1994 年

序号	书名	作者	出版社
1	《概率论引论》	汪仁官	北京大学出版社
2	《农业正交试验设计法》	吴岚等	冶金工业出版社
3	《弹性理论》	王颖坚　刘凤丽	辽宁大学出版社
4	《弹性系统的稳定性》	武际可　苏先樾	科学出版社

序号	书名	作者	出版社
5	《一般力学(动力学、振动与控制)最新进展》	叶文虎　陈滨　王照林	科学出版社
6	《动力学、振动与控制的研究》	陈滨主编	北京大学出版社
7	*Fundamentals of Physics*	李椿　王楚　郑乐民	联合国教科文组织出版
8	《粒子世界探秘》	高崇寿	湖南教育出版社
9	《奥林匹克物理(二)》	舒幼生	湖南教育出版社
10	《常用物理概念精析》	陈熙谋　陈秉乾　胡望雨	科学出版社
11	《激光与光电子技术》	王国文　王兰萍　许祖华	上海科学技术出版社
12	《系统科学大辞典》	刘式达等(合著)	云南科学技术出版社
13	《大气环流基础》	谢安　江剑民	气象出版社
14	《非线性动力学》	刘式达　刘式适	气象出版社
15	《海洋气象学》	周静亚　杨大升	气象出版社
16	《气候系统引论》	王绍武	气象出版社
17	《从蝴蝶效应谈起》	刘式达	湖南教育出版社
18	《行星地球动力学引论》	钱维宏	气象出版社
19	《动力气候学引论》	林本达　黄建平	气象出版社
20	《怎样使用自然码》	卢咸池	电子工业出版社
21	《空间等离子体物理学》	濮祖荫	科学出版社
22	《现代核分析技术及其在环境科学中的应用(加速器质谱学)》	郭之虞　李新　刘元方	原子能出版社

序号	书名	作者	出版社
23	《现代核分析技术及其在环境科学中的应用》	邵敏　李金龙　唐孝炎	原子能出版社
24	《生命的化学进化》	王文清　戚生初　王德民	原子能出版社
25	《电子光学正则理论与束流计算》	西门纪业	国防工业出版社
26	《电磁理论研究导引》	龚中麟　徐承和　刘铁军　蒋曼英　王长清	北京大学出版社
27	《电磁场计算中的时域有限差分法》	王长清　祝西里	北京大学出版社
28	*Fundamentals of Wave Electron Optics*	西门纪业	Academic Press
29	《可持续发展之路》	王义遒　叶文虎　承继成　潘懋　李涌平　张世秋　栾胜基　张万中　王立彦　夏正楷	北京大学出版社
30	《离散数学基础》	耿素云　屈婉玲	北京大学出版社
31	《计算机用户界面及其工具》	董士海	科学出版社
32	《FoxBASE 基础和应用技巧》	徐其钧　马莲芬	人民邮电出版社
33	《Hyperscript　Tools 使用指南》	杨冬青　徐其钧　王文婷	北京大学出版社
34	《Hyperscript　语言》	唐世渭　杨冬青　王文婷　裴芳	北京大学出版社
35	《图像格式编程指南》	董士海　郑全战	清华大学出版社
36	《表面化学》	顾惕人　朱步瑶　李外郎　马季铭　戴乐蓉　程虎民　编著	科学出版社

序号	书名	作者	出版社
37	《非银盐感光材料》	曹维孝等编著	化学工业出版社
38	《生物化学实验原理和方法》	李建武　肖能庆 余瑞元　袁明秀 陈丽蓉　陈雅蕙 陈来同	北京大学出版社
39	《近代傅里叶变换红外光谱及应用》	吴瑾光　许振华 等编著	科技文献出版社
40	《液晶高分子》	周其凤　王新久 编著	科学出版社
41	《基础有机化学(下册)》(第二版)	邢其毅　徐瑞秋 周政　裴伟伟 编著	高等教育出版社
42	《近代傅里叶变换红外光谱技术及应用(上卷)》	吴瑾光编著	科学出版社
43	《近代傅里叶变换红外光谱技术及应用(下卷)》	吴瑾光编著	科学出版社
44	《骨肿瘤的超微病理》	郭振泉	北京大学出版社
45	《细胞生物学进展(第三卷)》	翟中和　张传花 陈建国　张博	高等教育出版社
46	《细胞生物学新动态》	翟中和　丁明孝 张传花　王小忠 裴霁	上海科学技术出版社
47	《植物进化生物学》	杨继(合著)	武汉大学出版社
48	《41种生物化学产品生产技术》	陈来同　唐运	金盾出版社
49	《高级生物化学实验教程》	王重庆　李云兰 李德昌　陈劲秋 周光婉　郝富英 廖助荣　袁洪生	北京大学出版社
50	《动物细胞培养》	高伟良	台湾金石图书有限公司

序号	书名	作者	出版社
51	《细胞生物学》	翟中和　丁明孝 焦仁杰　蔡树涛	高等教育出版社
52	《植物基因工程学》	陈章良	吉林科学技术出版社
53	《植物科学》	李正理	中国林业出版社
54	《数学地质基础》	徐振邦	北京大学出版社
55	*Devonian Event and Biostratigraphy in South China*	白顺良　白志强 马学平　王大锐 孙元林	北京大学出版社
56	《恒山早前寒武纪地壳演化》	李江海　钱祥麟	山西科学技术出版社
57	《中国新疆古生代 地壳演化及成矿》	何国琦　李茂松 刘德权　唐延龄 周汝洪	新疆人民出版社
58	《植硅石分析:在考古 学和地质学中的应用》	姜钦华　王宪曾 邓平	山西科学技术出版社
59	《岩石圈地质科学(三)》	北京大学地质学系	地震出版社
60	《华北北部麻粒 岩带地质演化》	钱祥麟　王仁民 主编	地震出版社
61	《伸展构造研究》	钱祥麟	地质出版社
62	《内蒙古东南部铜多金属 成矿条件及找矿模式》	王关玉	地震出版社
63	《横断山区温泉志》	佟伟　章铭陶 张知非　廖志杰 朱梅湘　过帼颖 沈敏子　刘时彬等	科学出版社
64	《黄河文化》	侯仁之主编	华艺出版社
65	《历史地理学四论》	侯仁之著	中国科学技术出版社

序号	书名	作者	出版社
66	《林虑山风景名胜区总体规划》	陈传康等主编	河南人民出版社
67	《应用数理统计方法》	陶澍编著	中国环境科学出版社
68	《地理环境概述》	胡兆量　陈宗兴　张乐育编	科学出版社
69	《中国古代风水的理论与实践：对中国古代风水的再认识》	［美］于涌　于希贤著	光明日报出版社
70	《现代工业地理学》	王缉慈编著	中国科学技术出版社
71	《中国小百科全书（第一卷）》	黄润华副主编	团结出版社
72	《变态心理学》	王登峰（合著）	北京时代文化出版社
73	《普通心理学》	孟昭兰主编	北京大学出版社
74	《心理测量》	陈绍建	北京时代文化出版社
75	《心理治疗的理论与技术》	王登峰　谢栋	北京时代文化出版社
76	《心理咨询与心理治疗》	钱铭怡	北京大学出版社
77	《组织管理心理学》	王垒	北京大学出版社
78	《脑信息与脑障碍》	沈政　林庶芝	上海科技教育出版社
79	《电脑打字与排版操作实务》	游永乾	经济日报出版社
80	《C 语言入门》	吕凤翥	北京大学出版社
81	《C 语言自我测试习题集》	吕凤翥	北京大学出版社
82	《Microsoft　DOS 6.0—6.2用户指南》	李培清　梁振亚	北京大学出版社
83	《微型计算机绘图 Auto CAD11 版本》	吕凤翥	北京大学出版社
84	《微型计算机基础》	吕凤翥	北京大学出版社

序号	书名	作者	出版社
85	《环境质量评价学》	叶文虎　栾胜基	高等教育出版社
86	《环境保护概论考试参考书》	叶文虎　关伯仁　郭怀成	中央广播电视大学出版社
87	*Micro-Computer Spatial Information System*	李京	MACRES
88	*Remote Sensing Application for Marine Studies*	李京	MACRES
89	《遥感地质学基础文集》	刘燕君	科学技术文献出版社
90	《遥感找矿的原理和方法》	刘燕君	冶金工业出版社
91	《矿产信息的遥感地面模式》	刘燕君　金丽芳　任建卫	地质出版社
92	《中国心理科学》	王甦主编	吉林教育出版社
93	*Organizational Psychology*	Robert B. Lawson　沈政	Oxford University Press
94	《婴儿心理学》	孟昭兰	北京大学出版社
95	《管理者》	王垒	经济管理出版社
96	《数学空间中的数学形态学理论及应用》	龚炜　石青云　程民德	科学出版社
97	《C 语言应用教程》	吕风翥　吕波	北京大学出版社
98	《C 语言程序设计实用问答》	吕风翥　吕波	北京大学出版社

1995 年

序号	书名	作者	出版社
1	《矩阵计算的理论与方法》	徐树方	北京大学出版社
2	《自由边界问题的函数论方法及其在力学中的应用》	闻国椿　戴中维　田茂英	高等教育出版社

序号	书名	作者	出版社
3	《单复变函数的几个论题》	庄圻泰 相重骏 何启赞 闻国椿	科学出版社
4	《硕士研究生入学考试辅导与综合训练》	田茂英	科学普及出版社
5	*Smooth Ergodic Theory of Ramdom Dynamical Systems*	刘培东 钱敏	Springer
6	《序贯分析》	陈家鼎	北京大学出版社
7	《统计分析》	高惠璇	北京大学出版社
8	《滤波及其应用》	谢衷洁	湖南教育出版社
9	《SAS系统－基础统计分析》	高惠璇 李东风 耿直	北京大学出版社
10	《介观物理》	阎守胜 甘子钊 主编	北京大学出版社
11	《超导物理学》（改版）	章立源 张金龙 崔广霁著	电子工业出版社
12	《新概念物理教程：力学》	赵凯华 罗蔚茵	高等教育出版社
13	《低能及中高能原子核物理学》	程檀生 钟毓澍	北京大学出版社
14	《中学物理竞赛指导》	舒幼生 胡望雨 陈秉乾	北京大学出版社
15	《微机中文信息处理》	卢咸池	气象出版社
16	《火山活动对全球气候的影响》	李晓东	中国科学技术出版社
17	*MHD Structure, Waves and Turbulence in the Solar Wind: Observations and Theories*	涂传诒	Kluwer Academic Publishers
18	《大气动力学》（上册）	刘式达 刘式适	北京大学出版社
19	《大气动力学》（下册）	刘式达 刘式适	北京大学出版社

序号	书名	作者	出版社
20	《分子天体化学》	杨石方　吴月芳等	四川科学技术出版社
21	《原子核物理——它的成就、问题和发展》	张启仁	山西教育出版社
22	《近代物理学》	王正行	北京大学出版社
23	《现代无线电实验》	郭汝嵩　余耀煌　唐镇松等	国防工业出版社
24	《理论力学基础》	吴德明	北京大学出版社
25	《热力学与统计物理》	薛增泉	北京大学出版社
26	《复杂系统中的电磁波》	金亚秋　聂在平　汪文秀　葛佳彪　王长清等	复旦大学出版社
27	《微机应用软件》	马莲芬　徐其钧	北京大学出版社
28	《80×86汇编语言教程》	朱慧真编著	清华大学出版社
29	《奔腾586PC系统结构与操作指南》	蔡建新	北京大学出版社
30	《普通化学实验》（修订本）	北京大学化学系普通化学教研室编著	台湾艺轩图书出版社
31	《结构化学基础》（第二版）	周公度　段连运编著	北京大学出版社
32	《物理化学实验》（第三版）	北京大学化学系物理化学教研室编著	北京大学出版社
33	《今日化学》	《大学化学》编辑委员会编著	北京大学出版社
34	《有机化学实验》	北京大学化学系有机化学教研室编著	台湾艺轩图书出版社
35	《高等化学试题库软件》（DOS版）		高等教育出版社
36	《神秘之土——稀土科学基础研究》	阮慎康等编著	湖南科学技术出版社

序号	书名	作者	出版社
37	《有机化学习题精选》	樊杰　葛树丰 周晴中　田桂玲 李翠娟	北京大学出版社
38	《稀土(上)》	徐光宪主编	冶金工业出版社
39	《植物基因与分子操作》	顾红雅　瞿礼嘉 明小天　潘乃穟 陈章良	北京大学出版社
40	《细胞生物学》	翟中和　王嘉忠 丁明孝　蔡树涛 焦仁杰　王永潮 周青山　韩贻仁	高等教育出版社
41	《植物分子生物学》	吴相钰　吴光耀	科学出版社
42	《太谷核不育小麦 在育种中的作用》	陈朱希昭	科学出版社
43	《医学与衰老》	田清涑(合作)	人民卫生出版社
44	《人类衰老学》	田清涑副主编	上海医科大学出版社
45	《吞噬细胞与肌体防御》	高伟良	台湾金名图书有限公司
46	《普通生态学(下册)》	蔡晓明　尚玉昌	北京大学出版社
47	《生物技术(现代高技术丛书)》	陈章良　顾孝诚	上海科学文献出版社
48	《无脊椎动物学(上)》	任淑仙	台湾淑馨出版社
49	《无脊椎动物学(下)》	任淑仙	台湾淑馨出版社
50	《华北地台北缘元古宇 中铅锌矿床的地球化学》	魏菊英　曾贻善 牟保磊	地质出版社
51	《新疆主要造山带地壳发 展的五阶段模式及成矿》 (新疆地质专辑之一)	何国琦	新疆人民出版社 香港文化教育出版社
52	《沉积学及岩相古 地理学新进展》	王英华　鲍志东 朱筱敏编	石油工业出版社

序号	书名	作者	出版社
53	*High Resolution Correlation, Milankoritch Cyclicity, and Nickel Event*	白顺良	北京大学出版社
54	《奋蹄集》	侯仁之	北京燕山出版社
55	《文化地理学》	王恩涌　李贵才　黄石鼎	江苏教育出版社
56	《城市地理学》	周一星	商务印书馆
57	《中国生态环境补偿费征收的理论与实践》	杨朝飞　王学军等	环境科学出版社
58	《玉门老君庙油田 M 层低渗透裂缝型块状砂岩油藏储层沉积学与开发模式》	杨秀森　任明达　贡东林	中国科学技术出版社
59	《气候学》	刘继韩编著	北京大学出版社
60	《房地产开发与经营管理》	董黎明　冯长春　林坚　楚建群　张东航　胡建颖　何绍一	北京大学出版社
61	《土地估价的经济学理论与方法》	冯长春　洪亚敏　杨重光　张东航　林坚等	中国改革出版社
62	《社会心理学》	沈德灿　侯玉波	中国科学技术出版社
63	《女性心理与性别差异》	钱铭怡　苏彦捷　李宏	北京大学出版社
64	《环境科学基础教程》	关伯仁　郭怀成　陆根法　任耐安　韦进宝等	中国环境科学出版社
65	《微体实用基础教程》	吕凤翥	北京大学出版社
66	《Windows 快速入门》	吕凤翥	青岛出版社
67	《自学电脑快速入门》	游永乾	地质出版社
68	《语言信号数字处理》	杨行峻　迟惠生	电子工业出版社

1996 年

序号	书名	作者	出版社
1	《高等数学(上、下册)》	丘维声	高等教育出版社
2	*Vortex Method*	应隆安　张平文	科学出版社 荷兰 Kluwer 出版社
3	《数学物理方法讲义》 （第二版）	姜礼尚　陈亚浙 陈西垣　易法槐	高等教育出版社
4	《微分拓扑讲义》	张筑生	北京大学出版社
5	*Nonlinear Elliptic Boundary Value Problems and Their Applications*	H. Begeh　闻国椿	Longman Limited
6	《中国数学会 60 年》	杨乐　李忠	湖南教育出版社
7	《高等数学》	姚孟臣　刘俊山 韩云瑞　赵宝泽 编著	东北大学出版社
8	《现代数学引论》	杜珣	北京大学出版社
9	《高等概率论》	程士宏	北京大学出版社
10	《计算机图像处理技术基础》	张远鹏　董海 周文灵	北京大学出版社
11	*Plastic Bending Theory & Applications*	余同希　章亮炽	新加坡 World Scientific 出版公司
12	《奥林匹克物理(3)》	舒幼生	湖南教育出版社
13	《奥林匹克物理设计实验题解荟萃》	朱世嘉　张毓英 刘雪林	北京大学出版社
14	《激光物理实验》	黄植文　黄显玲 等编著	北京大学出版社
15	《生命科学中的物理学》	甘子钊　韩汝珊	北京大学出版社
16	《大气中的对流和结构》	钱维宏	气象出版社
17	《非线性大气动力学》	刘式达　刘式适 谭本馗	国防工业出版社
18	《气候预测研究》	王绍武	气象出版社

序号	书名	作者	出版社
19	《工程多波地震勘探》	赵鸿儒等	地震出版社
20	《空间物理学》	肖佐	科学出版社
21	《21世纪初科学发展趋势（日地系统整体行为）》	濮祖荫	科学出版社
22	《重力与固体潮》	李晓东	气象出版社
23	《量和单位国家标准实施指南》	王以铭主编 卢希庭等编著	中国标准出版社
24	《原子核理论（第二卷）》（修订版）	胡济民	原子能出版社
25	《电子电路手册》	余道衡　徐承和	北京大学出版社
26	《真空冷冻干燥与气调保鲜》	张兆祥　晏继文 徐成海　张光华 王智英	中国民航出版社
27	《近代电磁理论》	龚中麟　徐承和	台湾凡异出版社
28	《微机动画的制作与应用》	忻宏杰	大连理工大学出版社
29	《线性代数》	赵丽琴	北京大学出版社
30	《可计算性与计算复杂性导引》	张立昂	北京大学出版社
31	《全国计算机等级考试指导》	罗晓沛　耿素云 杨冬青　陈向群等 （北京大学为参加者）	高等教育出版社
32	《窗口系统引论》	董士海　熊志国	国防工业出版社
33	《面向对象数据应用开发—开发工具 Informix-New Era》	唐世渭　杨冬青	清华大学出版社
34	《英汉对照计算语言词汇学汇编》	俞士汶　朱学锋 E. Kaske　冯志伟	北京大学出版社

序号	书名	作者	出版社
35	《中国古代化学（增订版）》	赵匡华编著	商务印书馆
36	《定量化学分析简明教程》	彭崇慧　冯建章　张锡瑜编著	台湾艺轩图书出版社
37	《普通化学原理习题解答》	北京大学化学系普通化学原理教学组编著	北京大学出版社
38	《界面化学基础》	朱步瑶　赵振国著	化学工业出版社
39	《分子对称性群》	高松　陈志达　黎乐民编著	北京大学出版社
40	《有机化学》（第二版）	蒋硕健　丁有骏　李明谦编著	北京大学出版社
41	《中国苏铁植物》	管中天	四川科学技术出版社
42	《植物组织制片学》	李正理	科学出版社
43	《植物学实验指导（形态、解剖部分）》	高信曾	高等教育出版社
44	《植物细胞骨架》	徐是雄　朱澂	科学出版社
45	《动物生理学》（第二版）	陈守良	北京大学出版社
46	《脊椎动物比较解剖学实验指导》	程红	北京大学出版社
47	《蜜蜂病理学》	杜芝兰　贾福相	北京大学出版社
48	《中国淡水藻志（第三卷　轮藻门）》	韩福山　宿文瞳	科学出版社
49	《内蒙古赤峰地区金矿地质》	王时麒　孙承志　崔文元　伍程序　于凤芝　余靖安　赵宝林　王玉芳	内蒙古人民出版社
50	*The Proterozoic Glaucophane-Schist Belt and Some Eclogites of North Yangtze Craton, Central China*	董申保　崔文元　张立飞	科学出版社

序号	书名	作者	出版社
51	《岩石圈地质科学(四)》	北京大学地质学系	地震出版社
52	《硅酸盐熔体结构学》	朱永峰　张传清著	地质出版社
53	《董申保文集 (北京大学院士文库)》	董申保著	北京大学出版社
54	*China's Postdoctors' Contributions to the 30th International Geological Congress*	陈衍景等编著	石油工业出版社
55	《断裂构造的研究》	庄培仁　常志忠 编著	地震出版社
56	《环境变迁研究(第五辑)》	侯仁之主编	海洋出版社
57	《环境变迁研究(第六辑)》	侯仁之主编	海洋出版社
58	《泥石流沉积与环境》	崔之久等著	海洋出版社
59	《地貌与第四纪环境—纪念王乃梁先生诞辰80周年》	纪念王乃梁先生诞辰80周年筹备组编	海洋出版社
60	《山西地堑系新生代沉积与构造地貌》	王乃梁　杨景春 夏正楷　莫多闻 李有利　潘懋著	科学出版社
61	《北京历史地图集(第二集)》	侯仁之　武弘麟	北京出版社
62	《中国古代风水与建筑选址》	于希贤	河北科学技术出版社
63	《北京历史人口地理》	韩光辉	北京大学出版社
64	《土地估价相关经济理论与方法》	冯长春　洪亚敏	中国改革出版社
65	《高等经济地理学》	杨吾扬　梁进社	北京大学出版社
66	《中国中等城市土地利用空间变化》	王超　Peter Foggin　胡兆量	中国环境出版社
67	《开放后的中国》	胡兆量　韩茂莉 Peter Foggin　黄定华	中国环境科学出版社

序号	书名	作者	出版社
68	《新世纪的中国城市》	胡兆量 谢正观	台湾唐山出版社
69	《临床心理学》	王登峰	高等教育出版社
70	《教育心理学》	包燕	中国科学技术出版社
71	《中国大百科全书(简明版)》	高文鹏	中国大百科全书出版社
72	《社会心理学》	沈德灿 侯石波	中国科学技术出版社
73	《儿童心理学》	许政媛 沈家群 吕峥 曹子方	吉林教育出版社
74	《脑模拟与神经计算机》	沈政 林庶芝	台湾五南图书出版有限公司
75	《计算微电子学》	吉利久	科学出版社
76	《英汉对照计算语言学词语汇编》	俞士汶 朱学锋 E. Kaske 冯志伟	北京大学出版社
77	《微机基础与应用》	吴世琪 孙光斗	北京大学出版社
78	《微机动画设计基础与应用》	梁振亚 李培清 编著	北京大学出版社
79	《Auto CAD基础教程》	吕凤翥	清华大学出版社

1997 年

序号	书名	作者	出版社
1	《数学的思想、方法和应用》	张顺燕	北京大学出版社
2	《高等数学(一)同步练习册第一、二、三册》	姚孟臣 吴宝科 张清允等	高等教育出版社
3	《高等数学(一)学习指导书》	姚孟臣 吴宝科 张清允等	高等教育出版社
4	《大学文科高等数学(第一册)》	姚孟臣 徐庆和等	高等教育出版社
5	《随机过程论》	钱敏平 龚光鲁	北京大学出版社
6	《数理统计学》	陈家鼎 孙山泽 李东风	台湾五南图书出版有限公司

序号	书名	作者	出版社
7	《数理统计学习题解答》	陈家鼎　孙山泽　李东风	台湾五南图书出版有限公司
8	《高等代数教程（上、下册）》	王尊芳	清华大学出版社
9	《高等代数教程习题集》	王尊芳	清华大学出版社
10	《向量场的分岔理论基础》	张芷芬　李承治　郑志明　李伟国	高等教育出版社
11	*Vortex Methods*	应隆安　张平文	Kluwer Science Press
12	《有限群和紧群的表示论》	丘维声	北京大学出版社
13	《固体力学动态测试技术》	苏先基　励争	高等教育出版社
14	《约束力学系统的运动稳定性》	梅凤翔　朱海平等	北京理工大学出版社
15	《力学与工程科学专业英语》	周光坰	北京大学出版社
16	《力学概论》	王大钧	北京大学力学与工程科学系出版
17	《现代力学与科技进步（1）（2）（3）》	武际可副主编	清华大学出版社
18	《基础物理学》	陆果编著	高等教育出版社
19	《物理教学的理论思考》（论文集）	陈熙谋　胡望雨　舒幼生　陈秉乾	
20	《自然科学学科发展战略调研报告：空间物理学》	肖佐　濮祖荫	科学出版社
21	《气候统计分析与预报方法》	黄嘉佑	气象出版社
22	《气候物理学引论》	李晓东	气象出版社
23	《高等地震学》	傅淑芳　朱仁益	地震出版社
24	《天气学原理》	谢义炳等	气象出版社

序号	书名	作者	出版社
25	《核分析技术与环境科学》	"现代核分析技术及其在环境科学中的应用"项目组	原子能出版社
26	《生物医学物理研究（第四卷）》	主编 熊建平 编者 包尚联等	海洋出版社
27	《生物医学电子学》	蔡建新等	北京大学出版社
28	《原子核裂变》	胡济民	北京大学出版社
29	《中国生物无机化学十年进展》	韩万书主编	高等教育出版社
30	《原子核的宏观模型》	胡济民 钟云霄	山东科学技术出版社
31	《电机工程手册应用卷（二）》	朱惜安 赵渭江等（合作）	北京工业出版社
32	《微型计算机应用基础》	许卓群 谢柏青 谢新洲	高等教育出版社
33	《微型计算机应用信息系统》	许卓群 谢新洲 王益民 谢柏青	高等教育出版社
34	《微型计算机基本原理与应用》	王克义	北京大学出版社
35	《微型计算机使用基础》	马莲芬	海洋出版社
36	《离散数学—数学分册:数理逻辑》	王捍贫	北京大学出版社
37	《计算概论——叩开信息世界的大门（上册）》	许卓群 裘宗燕	高等教育出版社
38	《高校文科计算机基础教材:微型计算机应用》	许卓群主编 谢柏青等著	高等教育出版社

序号	书名	作者	出版社
39	《软件工程》	王立福　张世琨　朱冰	北京大学出版社
40	《Visual Foxpro 3.0 中文版－应用入门》	徐其钧　徐佳	人民邮电出版社
41	*Symposium on Frontiers of Chemistry*	Yun-Dong Wu Yi-Jing Yan	The Hong Kong University of Science & Technology
42	《生物化学实验原理和方法》	李建武　肖能庆 余瑞元　袁明秀 陈丽蓉　陈雅惠 陈来同编著	台湾艺轩图书出版社
43	《结构化学基础》(繁体字版)	周公度　段连运 编著	台湾淑馨图书出版社
44	《结构化学习题解析》	周公度　段连运 编著	北京大学出版社
45	《仪器分析教程》	北京大学化学系仪器分析教学组编著	北京大学出版社
46	《稀土配位化学》	黄春辉编著	科学出版社
47	《分析仪器手册》	朱良漪　孙亦梁 编著	化学工业出版社
48	《稀土农用与电分析化学》	高小霞编著	北京大学出版社
49	《当代化学前沿》	唐有祺著	中国致公出版社
50	《化学与社会》	唐有祺　王夔 主编	高等教育出版社
51	《纳米液滴里的世界》	沈兴海	湖南教育出版社
52	《定量化学分析简明教程》(第二版)	彭崇慧　冯建章 张锡瑜　李克安 赵凤林编著	北京大学出版社
53	《化学热力学》	韩德刚　高执棣 编著	高等教育出版社

序号	书名	作者	出版社
54	《有机化学习题精选》	樊杰　葛树丰　周晴中　田桂玲　李翠娟编	北京大学出版社
55	《现代分析仪器分析方法通则及计量检定规程》	吴佩强　高松　杨清传	科学技术文献出版社
56	《无机物相平衡》	叶于浦　顾菡珍　郑朝贵　张维敬	科学出版社
57	《组织学实验指导》	曹焯　陈茂生	北京大学出版社
58	《分子免疫学基础》	王重庆	北京大学出版社
59	《生化实验方法和技术》（第二版）	张龙翔　张庭芳　李令媛等	北京大学出版社
60	《普通生物学:生命科学通论》	陈阅增等	高等教育出版社
61	《生化工艺学》	陈来同等	北京大学出版社
62	《生命的过去、现在和未来》	尚玉昌	湖南教育出版社
63	《现代分子生物学》	朱玉贤　李毅	高等教育出版社
64	《辽西太古庙地质与金矿》	崔文元　王时麒等	地震出版社
65	《地球深部物质科学导论》	郑海飞等（合作）	科学出版社
66	《大兴安岭及其邻区铜多金属矿床成矿规律与远景评价》	王关玉等（合作）	地震出版社
67	《中国同位素地球化学研究》	魏菊英（合作）	科学出版社
68	《热弹性问题的有限元方法及程序设计》	蔡永恩	北京大学出版社
69	《环境地学概论》	潘懋等（合作）	中国环境科学出版社
70	《环境地质学》	潘懋等	地震出版社
71	《中国环境状况回顾与展望》	潘懋等（合作）	地震出版社

序号	书名	作者	出版社
72	《中国塔里木盆地构造特征与油气(中、英文)》	郭召杰等(合作)	石油工业出版社
73	《北京大学国际地质科学学术研讨会论文集》	北京大学地质学系编 李茂松主编	地震出版社
74	《北京北部山区古长城遗址地理勘查报告》	唐晓峰 陈品祥 主编	学苑出版社
75	《北京城的起源与变迁》	侯仁之 邓辉	北京燕山出版社
76	《燕京学报》新三期	侯仁之等主编	北京大学出版社
77	《帝都风韵聚幽燕——北京》	邓辉	中国地质大学出版社
78	《化学物质的风险评价》	胡建英等编著	科学出版社
79	《长江中游湿地生物多样性保护的生态学基础》	方精云 赵淑清 唐志尧等著	高等教育出版社
80	《地理学与环境:系统分析方法》	A. G. 威尔逊 蔡运龙	商务印书馆
81	《中国区域经济差异及其对策》	胡兆量 王恩涌 韩茂莉	清华大学出版社
82	《地理环境概述》	胡兆量 陈宗兴 张乐育编	科学出版社
83	《中国的名山大川》	谢凝高 任继愈	商务印书馆
84	《城市地理学——面向21世纪课程教材》	许学强 周一星 宁越敏	高等教育出版社
85	《第四纪环境学》	夏正楷	北京大学出版社
86	《环境学基础教程》	黄润华 贾振邦	高等教育出版社
87	《瑞典环境学概论》	王学军等(合作)	中国环境科学出版社
88	《高等经济地理学》	杨吾扬	北京大学出版社

序号	书名	作者	出版社
89	*Changing Spatial Patterns of Medium-Sized Cities in China*	王超 胡兆量等（合作）	China Enriron Sci. Press
90	《济南市城区土地定级估价》	冯长春　董黎明 张东航　楚建群 李宏　杨黎鸿 张永　黄敏 宫文学　陈畅	黄河出版社

1982—1997 年出版的科学技术译著

1982 年

序号	书名	作者	出版社
1	《Fourier 分析》	周民强译	高等教育出版社
2	《微积分和数学分析引论（第一卷第二分册）》	戴中维　刘嘉善 等译	科学出版社
3	《油气勘探中地球物理的时间序列反褶积》	甘章泉　程乾生译	石油工业出版社
4	《重离子物理实验方法》	K.特格编 汪栋兴　刘洪涛译	原子能出版社
5	《扩展频谱系统》	R.C.狄克孙著 王守仁　项海格 迟惠生译	国防工业出版社
6	《开发程序的系统结构》	杨芙清　方裕 孙家骕　柳纯禄 邵维忠译	国防工业出版社
7	《多相催化作用——原理及应用》	庞礼　李琬 张嘉郁译	北京大学出版社
8	《化学分析》	H.A.莱蒂南著 南京大学 复旦大学 吉林大学 北京大学 四川大学 兰州大学译	人民教育出版社

序号	书名	作者	出版社
9	《玻璃毛细柱气相色谱》	徐秉玖　官宜文译	北京大学出版社
10	《发育生物学中的形态模式和实验》	等著　于豪建译	人民教育出版社
11	《植物生理学》	吴相钰　戴尧仁译	科学出版社

1983

序号	书名	作者	出版社
1	《偏微分方程理论》	蒋定华译	高等教育出版社
2	《索伯列夫空间》	叶其孝　王耀东　应隆安等译	人民教育出版社
3	《黏性流体力学》	魏中磊译	机械工业出版社
4	《异质结构激光器（上册）》	杜宝勋译　郭长志校	国防工业出版社
5	《激光原理》	吕云仙等译	科学出版社
6	《量子论的物理原理》	W.海森伯著　王正行　李绍光　张虞译	科学出版社
7	《电子学和电分析化学》	黄慰曾等编译	北京大学出版社
8	《功能高分子》	神周原主编　李福绵译	科学出版社
9	《聚合物科学实验》	王盈康　曹维孝译	科学出版社
10	《同位素分离》	张榕森　顾镇南等译	原子能出版社
11	《维管植物比较形态学》	李正理等译	科学出版社

1984 年

序号	书名	作者	出版社
1	《有限置换群》	王尊芳译	科学出版社
2	《整函数》	张顺燕译	上海科学技术出版社
3	《概率与几率》	程乾生译	科学出版社
4	《拓扑学的首要概念》	江泽涵　蒋守方译	上海科学技术出版社
5	《重离子碰撞理论导论》	W. 内伦堡著 郑春开　杨伯君 王正行译	原子能出版社
6	《异质结构激光器（下册）》	郭长志译	国防工业出版社
7	《大规模集成电路的实现》	R. W. 霍恩 C. H. 塞奎因著 许卓群　陆钟辉译	科学出版社
8	《接触催化－工业催化剂原理、制备及其应用》	李宣文　黄志渊译	石油工业出版社
9	《X-射线与紫外光电子能谱》	桂琳琳　黄惠忠 郭国霖译 吴念祖　桂琳琳校	北京大学出版社
10	《表面的物理化学》	A. W. 亚当森著 顾惕人译	科学出版社
11	《表面化学物理》	赵璧英　刘英俊 卜乃瑜等译	北京大学出版社
12	《X-射线与光电子能谱》	褚德莹　李芝芬译 韩德刚校	北京大学出版社
13	《细胞生理学》	高天礼译	科学出版社
14	《地质历史与板块构造》	白顺良　翦万笃译	地质出版社

1985 年

序号	书名	作者	出版社
1	《不等式入门》	文丽译	北京大学出版社
2	《复变函数逼近论》	沈燮昌译	湖南教育出版社
3	《几何学的新探索》	陈维桓译	北京大学出版社
4	《连分数》	张顺燕译	北京大学出版社
5	《数学中的智巧》	李忠译	北京大学出版社
6	《微分方程的最大值原理》	叶其孝　刘西垣译	科学出版社
7	《无限的用处》	应隆安译	北京大学出版社
8	《有趣的数论》	潘承彪译	北京大学出版社
9	《单复变函数》	吕以辇　张南岳译	上海科学技术出版社
10	《微积分和数学分析引论（第二卷第一分册）》	林建祥　刘婉如朱德威等译	科学出版社
11	《实验应力分析》	韩铭宝　邓成光译苏先基校	北京大学出版社
12	《奇异最优控制——线性二次性问题》	王肇明译	科学出版社
13	《电子学计算手册》	M.考夫曼编王守仁　迟惠生译	国防工业出版社
14	《科学新领域——今后五年展望》	桂琳琳　张远鹏译	新华社《参考消息》编辑部
15	《化学平衡原理（第四版）》	戴冈夫　谭曾振韩德刚译	化学工业出版社
16	《化学，社会，人类》	张榕森　李国英阮慎康译	科学出版社
17	《现代合成反应》	花文廷　李书润王定基译　叶秀林校	北京大学出版社
18	《现代化学技术（第二卷）》	李彦齐译	北京大学出版社
19	《无脊椎动物学（上册）》	杜芝兰译	北京大学出版社
20	《地热系统——原理和典型地热系统分析》	北京大学地质学系地热研究室译	地质出版社

1986 年

序号	书名	作者	出版社
1	《几何不等式》	刘西垣译	北京大学出版社
2	《奇异积分与函数的可微性》	程民德　邓东皋 周民强　潘文杰译	北京大学出版社
3	《微积分与数学分析习题集》	周民强译	科学出版社
4	《线性多变量对馈系统分析的复变方法》	黄琳译	科学出版社
5	《工程师用的边界单元法》	C. A. 布莱比亚著 武际可　傅子智译	科学出版社
6	《空气污染——物理化学基础》	J. H. 塞思菲尔德著 孙国英　哈鸿飞 殷宗昭　袁荣尧 王淑芬等译	科学出版社
7	《UNIX 操作系统》	孙玉芬　董士海译	电子工业出版社
8	《超大规模集成电路系统导论》	陆容　杨柳林译	科学出版社
9	《现代化学技术（第一卷）》	官宜文译	北京大学出版社
10	《现代化学技术（第三卷）》	官宜文译	北京大学出版社
11	《无机与结构化学习题》	麦森威等编著 吴谨光　许振华 雷金玲译 黎乐民校	科学出版社
12	《胶体与表面化学原理》	周祖康　马季铭译	北京大学出版社

1987 年

序号	书名	作者	出版社
1	《几何变换（Ⅰ）》	尤承业译	北京大学出版社
2	《几何变换（Ⅱ）》	詹汉生译	北京大学出版社
3	《几何变换（Ⅲ）》	章学诚译	北京大学出版社
4	《力学和物理学中的变分不等方程》	王耀东译	科学出版社
5	《数学手册》	周民强　孙山泽　王莲芬等译	工人出版社
6	《应用力学最新进展（上册）》	郭仲衡等译	科学出版社
7	《电子学》	林福亨　唐健正译	北京大学出版社
8	《一维数学信号处理》	杜声孚　谢柏青译	高等教育出版社
9	《计算机和难解性：NP 完全理论导引》	张立昂　沈泓　毕源章译	科学出版社
10	《聚合物形态原理》	张国跃　周其凤等译	科学出版社
11	《物理化学（上册）》	褚德萤　李芝芬　张玉芬译	北京大学出版社
12	《物理化学（下册）》	李芝芬　张玉芬　褚德萤译	北京大学出版社
13	《固体化学及其应用》	苏勉曾　谢高阳　申泮文　龚曼玲　阮慎康　郝润蓉译	复旦大学出版社
14	《生物化学习题入门》	姚仁杰　刘德富译	北京大学出版社
15	《心理学导论》	周先庚等译	北京大学出版社
16	《人的信息加工——心理学概论》	王甦　孙晔等译	科学出版社
17	《水中无机组分的化学分析》	江德爱译	地质出版社

1988 年

序号	书名	作者	出版社
1	《代数学引论（上、下册）》	张顺燕 蓝以中 丘维声译	高等教育出版社
2	《动力系统的几何理论》	陈藻平 董镇喜 金成桴译	科学出版社
3	《日本全国大学数学入试问题（第一册）》	周民强 胡德焜 孙山泽 王杰 张惜光等译	台湾九章出版社
4	《实验应力分析》	韩铭宝	海洋出版社
5	《连续与数字电子系统设计》	刘北延 梁庆林等译	国防工业出版社
6	《日本计算机应用软件人员全国统考试题及解答》	朱学锋	清华大学出版社
7	《表面活性剂作用的物理化学——阴离子表面活性剂》	朱步瑶 吴佩强 丁慧君 杨培增译	轻工业出版社
8	《现代化学技术（第五卷）》	官宜文译	北京大学出版社
9	《现代化学技术（第六卷）》	官宜文译	北京大学出版社
10	《化学中的成就》	华彤文 范景晖等译	北京大学出版社
11	《植物分子生物学》	吴相钰译	北京大学出版社
12	《植物细胞和组织培养实验手册》	尤瑞麟 王模善译	北京大学出版社
13	《土壤资源——起源与性状》	黄润华等译	科学出版社
14	《大气光学》	潘乃先 毛节泰 王永生译	科学出版社

1989 年

序号	书名	作者	出版社
1	《日本全国大学数学入试问题(第二册)》	周民强　胡德焜　孙山泽　王杰　张惜光等译	台湾九章出版社
2	《多项式一致逼近函数导论》	方企勤　沈燮昌　娄元仁　邢冨冲译	北京大学出版社
3	《拟共形映射与黎曼曲面》	李忠　陈怀惠译	科学出版社
4	《微积分和数学分析引论(第二卷第二分册)》	张恭庆　邓东皋　叶其孝　廖可人　吴兰成　林源渠译	科学出版社
5	《微积分和数学分析引论(第二卷第三分册)》	刘西垣　张南岳　林源渠译	科学出版社
6	《几何讲义》	石生明　陈维桓译	高等教育出版社
7	《弹性力学基础》	井上达雄著　刘凤丽　王德祥　殷有泉校	辽宁大学出版社
8	《表面物理》	张兆祥　陆华　姜纪冰译	学术书刊出版社
9	《古地磁学》	阚济生　陈养炎　蒋邦本译	地震出版社
10	《可计算性、复杂性、语言：理论计算机科学基础》	M. D. Davis　E. J. Weyuker 著　张立昂　陈进元　耿素云译	清华大学出版社
11	《窗口环境用户指南》	董士海等编译	北京大学出版社
12	《Microsoft Excel 函数与宏手册》	董士海　王克宁编译	北京大学出版社
13	《VLSI 器件的计算机辅助计算及其应用》	吉利久　甘学温　赵宝英　张天义译	电子工业出版社
14	《黄子卿选集》	刘瑞麟(合译)	冶金工业出版社
15	《香味与香料化学——嗅觉的科学》	E. T. 塞默主编　陈祖福　叶秀林译	科学出版社
16	《催化剂表征与测试》	庞礼　李琬　李国英等译	轻工业出版社

1990 年

序号	书名	作者	出版社
1	《日本全国大学数学入试问题（第三册）》	周民强　胡德焜　孙山泽　王杰　张惜光等译	台湾九章出版社
2	《早期数学史选编》	周民强译	北京大学出版社
3	《模式识别应用》	程民德　石青云　等译	北京大学出版社
4	《数学物理中的微分形式》	C.V.威斯顿霍尔兹著　叶以同译　武际可校	北京大学出版社
5	《镓铟砷磷合金半导体》	刘弘度等译	人民邮电出版社
6	《显微镜使用与显微镜摄影》	王发挥译	日本光学工业株式会社出版社
7	《分岔理论和耗散结构计算方法》	刘式达译	科学出版社
8	《固体化学及其应用》	苏勉曾　谢高阳　申诗文等译	复旦大学出版社
9	《卫生检验方法手册（加注详解）》	化学系分析化学教研室译	北京大学出版社
10	《液晶物理学》	孙政民　王新久　编译	上海翻译出版公司
11	《实用多相催化》	庞礼文等译	北京大学出版社
12	《新功能膜》	清水刚夫　仲川勤等著　李福绵　李双基译	北京大学出版社
13	《生物化学》	唐有祺译	北京大学出版社
14	《化学中的机会——今天和明天》	华彤文等译	北京大学出版社
15	《典型构造分析》	植村武　水谷申治郎著　邵济安编译	地质出版社

1991 年

序号	书名	作者	出版社
1	《振动中的反问题》	王大钧　何北昌译	北京大学出版社
2	《操作机器人的控制》	叶庆凯译	科学出版社
3	《半导体注入型激光器与发光二极管》	王德煌译	清华大学出版社
4	《EGA/VGA 程序员手册》	董士海　张倪肖磊　王磊译	北京大学出版社
5	《UNIX 操作系统(修订版)》	孙王方　董士海译	电子工业出版社
6	《液晶电视显示》	金子英二著王新久等译	电子工业出版社
7	《高分子络合物的电子功能》	土田英俊等编李福绵等译	北京大学出版社
8	《高分子在临床各科的应用》	陈慧英　朱锡莹译	人民卫生出版社
9	《金属的化学吸附和催化作用导论》	赵壁英　吴念祖卜乃琦译	北京大学出版社
10	《有机反应机理测定的研究方法》	李崇熙　李译叶秀林校	北京大学出版社
11	《膜模拟化学》	J. H.芬德勒著程虎民　高月英译	科学出版社
12	《酶的结构和作用机制》	杜锦珠　茹炳根卫新成译	北京大学出版社
13	《微生物地球化学》	杨承运等译	地质出版社
14	《人类心理发展历程》	孟昭兰等译	辽宁人民出版社

1992 年

序号	书名	作者	出版社
1	《线性代数与微分几何》	陈维桓　石生明译	高等教育出版社
2	《面向对象的分析》	邵维忠　廖钢城　李力译	北京大学出版社
3	《地震学算法理论》	朱仁益译	地震出版社
4	《UNIX 系统（V）程序员参考手册(1.12)》	AT&T 公司著　董士海　孙玉芬译	电子工业出版社
5	《程序员指南：Xll/Ne　WS图形窗口系统服务方指南(1.26)》	AT&T 公司著　董士海　熊志国译	电子工业出版社
6	《面向对象的设计》	邵维忠　廖钢城　苏渭珍译	北京大学出版社
7	《经济数学》	姚孟臣　刘勇等译	北京大学出版社
8	《高分子综合物的电子功能》	李福绵译	北京大学出版社
9	《分析化学原理》	张锡瑜　童沈阳　彭崇慧译	科学出版社
10	《有机反应机理测定的研究方法》	李崇熙译	北京大学出版社
11	《胶体化学实验》	H.C.拉甫罗夫主编　赵振国译	高等教育出版社
12	《人体生理学多项选择习题集》	贺慕严　黄玉芝　庄道斌　陈守良译	北京大学出版社
13	《神经生物学——从神经元到大脑》	张人骥　潘其丽译	北京大学出版社
14	《火成岩》	黄福生译	地质出版社
15	《活断层特性》	P.L.汉考克等著　侯建军等译	地震出版社
16	《历史地理学：对象和方法》	热库林著　韩光辉译	北京大学出版社

1993 年

序号	书名	作者	出版社
1	《90 年代物理学:原子、分子物理学和光学》	伍烈尧　陈凌冰译　朱昂如校　陈熙谋终校	科学出版社
2	《Perry 化学工程手册》	张立昂译	化学工业出版社
3	《多晶硅发射板晶体管及其集成电路》	王阳元　张利春　赵宝瑛译	科学出版社
4	《超扭曲液晶》	王新久等译	航空工业出版社
5	《哺乳动物和鸟类的冬眠和蛰眠》	蔡益鹏译	北京大学出版社
6	《利用胚胎干细胞将突变引入小鼠种系》	刘爱民　尚克刚译	
7	《国外矿床图册》	冯钟燕译	北京大学出版社

1994 年

序号	书名	作者	出版社
1	《与设备无关的计算机图形学》	董士海　吕凤翥　梁振亚译	北京大学出版社
2	《光电化学太阳能转换》	波利斯科夫著　张天高译　蔡生民校	科学出版社
3	《气体和液体的性质》	李芝芬等译	石油工业出版社
4	《植硅石:在考古学和地质学中的应用》	姜钦华　王宪曾　邓平译	山西科学技术出版社

1995

序号	书名	作者	出版社
1	《电化学测定方法》	姚建年　陈震译　蔡生民审定	北京大学出版社
2	《普通地质学》	何国琦等译	北京大学出版社

1996 年

序号	书名	作者	出版社
1	《有限元方法手册》	H.卡德斯图赛主编 王大钧　武际可 译	科学出版社
2	《混沌的实质》	刘式达　刘式适译	气象出版社
3	《Windows95 实用指南》	朱冰　黄柏素 陈小群译	北京大学出版社
4	《世界动物百科》	杨安峰　程红译	台湾众文图书股份有限公司
5	《地理学中的解释》	大卫·哈维著 高泳源　刘立华 蔡运龙译	商务印书馆

1997 年

序号	书名	作者	出版社
1	《SAS 系统 BaseSAS 软件》	高惠璇译	中国统计出版社
2	《SAS 系统 SAS/STAT 软件使用手册》	高惠璇译	中国统计出版社
3	《工业电子加速器及其 在辐射加工中的应用》	赵渭江　哈鸿飞 朱芝仙译	原子能出版社
4	《CD-ROM 的革命》	蔡建新译	北京大学出版社
5	《数字蜂窝移动通信》	王守仁　何英姿 冯梅萍　李斗 李志敏译	人民邮电出版社

2. 科学研究成果获奖项目

1978 年至 1997 年，北京大学理科获全国科学大会奖 68 项；国家自然科学奖 46 项，发明奖 9 项，科技进步奖 61 项，星火奖 1 项，合计 117 项；部委（不含国家教委）、省、自治区、直辖市科技成果奖 274 项；国家教委科技进步奖 297 项，教学仪器奖 12 项，合计 309 项；科技攻关奖 98 项；科技专项奖 189 项；国际科技奖 24 项。以上共计 1079 项。

1978—1997年科学研究成果(理科)获奖项目统计表(按年份统计)

年份	全国科学大会奖	国家级奖					部委(不含国家教委)、省、自治区、直辖市科技成果奖	国家教委奖		科技攻关奖	科技专项奖	国际科技奖	合计
		自然科学奖	发明奖	科技进步奖	星火奖	小计		科技进步奖	教学仪器奖				
1978	68						2						70
1979							4						4
1980							4						4
1981							13				1		14
1982		9	1	1		11	18				1		30
1983			2			2	11						13
1984							5			2	3	1	11
1985			1	10		11	25	30					66
1986				2		2	31	21	10	7	7	4	82
1987		17		10		27	23	28				1	79
1988				2		2	10	16			4	1	33
1989		5	1	3		9	13	14	2	3	3	1	45
1990			3	7		10	14	33		2	8	2	69
1991		5		4		9	7	18		8	2	1	44
1992				1		1	12	42		55	36	1	147
1993		2		4	1	7	15	6			12	2	41
1994							17	32			64	3	116
1995		3	1	4		8	11	7			24	3	52
1996				5		5	17	30		21	13	2	88
1997		5		8		13	22	20			11	2	67
共计	68	46	9	61	1	117	274	297	12	98	189	24	1079

1978—1997 年科学研究成果(理科)获奖项目统计表(按获奖等级统计)

奖项名称	特等奖	一等奖	二等奖	三等奖	四等奖	其他奖	优秀科技成果	合计
全国科学大会奖							68	68
国家级自然科学奖		4	16	23	3			46
国家级发明奖			1	5	3			9
国家级科技进步奖	2	8	25	26				61
国家级星火奖				1				1
部委(不含国家教委)、省、自治区、直辖市科技成果奖	5	64	95	65	7	38		274
国家教委科技进步奖	1	61	167	58			10	297
国家教委教学仪器奖		2	3	7				12
科技攻关奖						98		98
科技专项奖	2	16	13	20		138		189
国际科技奖						24		24
共计	10	155	320	205	13	298	78	1079

北大在以上各类奖中,每类获奖的具体情况如下。

(1)获全国科学大会奖项目

1978 年 3 月 18 日至 31 日,中共中央在北京召开全国科学大会。大会制订了《1978—1985 年全国科学技术发展规划纲要(草案)》。会议表彰了 7675 项优秀科技成果的先进单位和个人。

北京大学共有 67 项科学技术研究成果获奖,其中学校独立完成的 16 项,学校与其他单位合作完成的 51 项。另,地质地理学系地热科研组获"在科学技术工作中作出重大贡献的先进集体"奖状。

1978 年获全国科学大会奖项目表

受奖单位	独立完成的科学研究成果	与外单位合作完成的科学研究成果
数学力学系	1. 均匀各向同性湍流统计理论（周培源、蔡树棠等） 2. 关于不动点类理论（江泽涵、姜伯驹、石根华） 3. 断裂力学研究（应隆安、韩厚德、郭仲衡） 4. 泛函分析与偏微分方程（张恭庆、姜伯驹、姜礼尚） 5. 大范围分析结构稳定（廖山涛） 6. R. Nevanlinna 的一个不等式的推广（庄圻泰）	1. 叶轮机械三元流动气动热力学——任意非正交曲线坐标下的基本方程组、求解方法与计算机程序 2. 新丰江水库地震的研究 3. 破甲机理研究 4. 河北平原（黑龙港地区）地下水资源评价及合理开发利用的研究 5. 水工建筑抗震设计规范 6. 石油地震勘探数字处理方法和程序的研究 7. 北京西郊地区环境污染调查与环境质量评价研究
物理学系	1. DL－8 型中真空电离计（普通物理教研室电离真空计研制组） 2. 长征 DCH－I 型红外测距仪	1. 毛主席纪念堂工程 2. 激光在建筑中的应用 3. 核数据编评和理论研究 4. 强子结构的层子模型 5. 较低温成盘扩散法制备铌三锡超导长带（低温物理专业）
地球物理学系	1. 热带副热带大型环流及中低纬环流系统的相互作用 2. 热成风建立和破坏与大尺度天气系统发生发展的物理过程 3. 大气污染扩散规律的研究	1. 气象卫星云图在天气分析预报中的应用 2. "75·8"河南特大暴雨成因分析和华北内陆台风预报 3. 近五百年旱涝研究及超长期天气预报的试验 4. 微波辐射计 5. 降水性层状冷云微物理特性的初步探讨 6. 飞机气象仪研制 7. 用于降水预报的五层原始方程数值预报模式 8. 介乙醛作为冷云催化剂的实验研究 9. 北京西郊地区环境污染调查与环境质量评价研究 10. 西北太平洋五层天气预报模式 11. 低纬度天气预报分析方法

受奖单位	独立完成的科学研究成果	与外单位合作完成的科学研究成果
化学系	1. 萃取分离及其理论（稀有元素化学专业徐光宪、黄春辉等） 2. 结晶牛胰岛素的全合成	1. CD-2、CD-3、TSS 米吐尔、对苯二酚微量检测方法 2. 电影洗片废液再生回收污水处理 3. 铂族元素的极谱催化波研究及其在矿石分析中的应用 4. 溴氧化镧高速感光增感屏 5. 塑合木材的研究 6. QJC-01 型大气污染监测车 7. 氯霉素新合成方法及有关的立体化学研究（有机教研室邢其毅） 8. 催化裂化轻柴油中芬烃抽提研究 9. 高密度聚乙烯 10. 聚丙烯—抗氧剂 1010 及紫外线吸收剂 UV327 11. 油井防腊新工艺
生物学系	1. 小麦 T 型雄性不育系和保持系花粉发育的电子显微镜研究（植物学教研室）	1. 经络传感现象的研究 2. 胰岛素晶体结构测定
地质地理学系	1. 中元古代的真核细胞化石（地层古生物专业）	1. 青藏铁路建设中冻土问题研究总结 2. 北京西郊地区环境污染调查与环境质量评价研究 3. 官厅水库水资源保护研究 4. 地热发电（热水扩容法） 5. 赣南构造体系与主要矿产分布规律 6. 喜马拉雅地热带地热资源情况考察 7. 中国的黄土
电子仪器厂	硅栅 N 通道 1024 位 MOS 随机存贮器	1. DJS-11 型（150）大型数字电子计算机 2. 高速计算机多层印刷线路板
制药厂		1. 新的生化药物——辅酶 Q_{10}
汉中分校技术物理系		1. 水坠法筑坝及水力冲填技术

续表

受奖单位	独立完成的科学研究成果	与外单位合作完成的科学研究成果
汉中分校力学系		1. 同位素技术及其在生物医学中的应用 2. 核数据编评和理论研究
汉中分校无线电电子学系		1. 低噪声行波管设计手册 2. 铷原子频率标准

（2）获国家级自然科学奖和国家级发明奖项目

1982—1997 年获国家自然科学奖、国家发明奖项目获奖等级统计表

年份	国家级自然科学奖					国家级发明奖				
	一等奖	二等奖	三等奖	四等奖	小计	一等奖	二等奖	三等奖	四等奖	小计
1982	1	4	4		9				1	1
1983							1		1	2
1984										
1985								1		1
1986										
1987	3	6	6	2	17					
1988										
1989		3	2		5				1	1
1990								3		3
1991		1	4		5					
1992										
1993			1	1	2					
1994										
1995		1	2		3	1				1
1996										
1997		1	4		5					
合计	4	16	23	3	46	1		5	3	9

1982—1997 年获国家级自然科学奖科学研究成果项目表

序号	项目名称	年份	获奖等级	主要作者
1	人工全合成牛胰岛素研究	1982	一等奖	纽经义　龚岳亭　邹承鲁　杜雨花（中国科学院上海生物化学研究所）邢其毅　季爱雪　陆德培　李崇熙　施溥涛　叶蕴华　汤卡罗（北京大学化学系）汪猷　徐杰诚（中国科学院上海有机化学研究所）
2	湍流的基本理论研究	1982	二等奖	周培源等（北京大学、清华大学、中国科学院）
3	层子模型	1982	二等奖	朱洪元（中国科学院原子能研究所）胡宁（北京大学）何祚麻（中国科学院原子能研究所）戴元本（中国科学院数学研究所）
4	微分动力体系	1982	二等奖	廖山涛（北京大学）
5	猪胰岛素晶体结构的测定	1982	二等奖	梁栋材　李鹏飞（中国科学院物理研究所）林正炯（中国科学院生物物理研究所）唐有祺　卫新成等（北京大学化学系、生物学系）
6	二相渗流和双重介质中的渗流	1982	三等奖	陈仲祥（石油部石油勘探开发科学研究院）姜礼尚（北京大学数学系）刘慈祥（中国科学院兰州冰川冻土研究所）袁曾光（地质部上海海洋地质调查局）
7	不动点类理论	1982	三等奖	姜伯驹　石根华（北京大学数学系）
8	带间断非线性项偏微方程的理论与应用	1982	三等奖	张恭庆（北京大学数学系）
9	极谱催化波的研究	1982	三等奖	高小霞（北京大学化学系）姚修仁（地质科学研究院）
10	微分动力系统稳定性研究	1987	一等奖	数学系　廖山涛

序号	项目名称	年份	获奖等级	主要作者
11	青藏高原隆起及其对自然环境与人类活动影响的综合研究	1987	一等奖	合作完成 地质学系、地理学系参加合作
12	酵母丙氨酸转移核糖核酸的人工全合成	1987	一等奖	合作完成 生物学系胡美浩参加合作
13	临界点理论及其应用	1987	二等奖	数学系　张恭庆
14	曲面自映射的不动点理论	1987	二等奖	数学系　姜伯驹
15	中国降水过程与湿斜压天气动力学	1987	二等奖	地球物理学系　谢义炳　陈受钧 张镡　陶祖钰　蒋尚城　张玉玲 谢安
16	晶体结构与晶体化学的基础研究	1987	二等奖	化学系、物理化学研究所　唐有祺 林炳雄　邵美成　张婉静　徐筱杰 汤卡罗　刘振义等
17	应用量子化学—成键规律和稀土化合物的电子结构	1987	二等奖	化学系　徐光宪　黎乐民　任镜清
18	大小分子晶体相结构与晶体化学的基础研究	1987	二等奖	化学系　唐有祺　林炳雄　邵美成 张婉静　徐筱杰　汤卡罗　刘振义 周公度　潘佐华　李根培　金祥林 张泽莹　杨清传　章士伟　韩玉真 李旺荣
19	非线性连续介质力学的一般理论	1987	三等奖	数学系　郭仲衡
20	相互作用玻色子模型的微观理论研究	1987	三等奖	物理学系　杨立铭　杨泽森　齐晖 卢大海　周治宁　刘庸

序号	项目名称	年份	获奖等级	主要作者
21	超微粒子—半导体薄膜材料的结构和特性研究	1987	三等奖	无线电电子学系　吴全德　薛增泉　刘唯敏
22	串级萃取理论及其应用	1987	三等奖	化学系　徐光宪　李标国　严纯华　黄春辉　金天柱　倪亚明
23	胺存在下的烯类聚合及引发机理	1987	三等奖	化学系　冯新德　丘坤元　曹唯孝　孙燕慧
24	中国及邻区海陆大地构造图（1:500 万）	1987	三等奖	合作完成地质学系　钱祥麟何国琦　崔广振　李茂松参加合作
25	电子和离子光学象差理论	1987	四等奖	无线电电子学系　西门纪业
26	核内 DNA 病毒在细胞质内的发生	1987	四等奖	生物学系　翟中和　丁明孝何大澄　戎宪辉　王晓
27	太阳风中阿尔芬脉动的波能串级理论	1989	二等奖	地球物理学系　涂传诒
28	量子场论大范围性质的研究	1989	二等奖	合作完成物理学系　宋行长
29	中国变质地质图（1:400 万）及中国变质作用及其与地壳演化的关系	1989	二等奖	地质学系与中国地质科学院合作完成主编董申保　沈其韩　孙大中卢良兆
30	拟共行映射与台希米勒空间	1989	三等奖	数学系　李忠
31	天气和次天气尺度系统发展的物理过程和分解方法	1989	三等奖	地球物理学系　陈秋士

序号	项目名称	年份	获奖等级	主要作者
32	新型稀土——铁金属间化合物研究	1991	二等奖	物理学系　杨应昌及其研究组
33	自由边界问题	1991	三等奖	数学系　姜礼尚　黄少云　陈亚浙
34	时间序列分析及其应用	1991	三等奖	概率统计系　谢衷洁 数学系　程乾生　叶抗生
35	非线性大气动力学若干问题的研究	1991	三等奖	地球物理学系　刘式达　刘式适 郑祖光
36	丝氨酸蛋白酶BOWMAN-BIRK型抑制剂复合物系列立体结构研究	1991	三等奖	化学系　唐有祺　李根培　来鲁华 威正武及其研究集体
37	细胞核骨架—核纤层—中间纤维体系的研究	1993	三等奖	生物学系　翟中和　焦仁杰 蔡树涛　陈枫　汪国顺　吴冬兰 丁明孝
38	涡度法的数学理论	1993	四等奖	数学系　应隆安
39	胰岛素分子正确结构形成蛋白质二硫键异构酶	1995	二等奖	生物学系　唐建国
40	随机场的预测理论和马氏模型的识别	1995	三等奖	概率统计系　江泽培　黄大威 蒋继明
41	旋涡诱发重联理论及其在地球磁层中的应用	1995	三等奖	地球物理学系　刘振兴　濮祖荫 （北京大学为第二获奖单位）

序号	项目名称	年份	获奖等级	主要作者
42	铕和铈的国际原子量新标准	1997	二等奖	化学与分子工程学院 张青莲 钱秋宇 赵墨田 王军
43	甲壳型液晶高分子(侧链型刚性液晶高分子)的研究	1997	三等奖	化学与分子工程学院 周其凤 新华 张东 朱兴隆 冯新德
44	现代模表示论及其应用	1997	三等奖	数学科学学院 张继平
45	李代数李超代数表示及其在原子核结构中的应用	1997	三等奖	合作完成 物理学系 孙洪洲 韩其智 刘玉鑫 王稼军 龙桂鲁
46	东亚与热带大气低频变化及其气候异常机理研究	1997	三等奖	合作完成 地球物理学系 刘式适等

1982—1997 年获国家级发明奖科学研究成果项目表

序号	项目名称	年份	获奖等级	发明者
1	催化剂挤条成型新助挤剂	1982	四等奖	湖南长沙炼油厂;石油部第二炼油设计研究院炼制研究所;石油部化工科学研究院;北京大学
2	高压强电离真空规	1983	三等奖	物理学系 郭元恒
3	激光电光调制测量光学双折射光程差的新方法及设备	1983	四等奖	物理学系 张合义 汪太辅 力学系 张远鹏 无线电电子学系 王楚

序号	项目名称	年份	获奖等级	发明者
4	利用磷肥副产品制造的新型杀菌剂氟硅胶	1985	三等奖	化学系
5	三氯甲基苯骈咪唑的改进及阳离子染料7GL联产工艺	1989	四等奖	化学系 张明哲 傅忠君 李书润（与外单位合作）
6	VLSI/VLSI-MOS结构陷阱电荷弛豫方法及测试技术	1990	三等奖	微电子学研究所 谭长华 许铭真 王阳元 张晖 刘晓卫
7	环己基类冠醚合成新方法	1990	三等奖	化学系 许振华（合作完成）
8	DQJ-I型激光测距森林罗盘仪	1990	三等奖	物理学系 赵绥堂（合作完成）
9	王浆、蜂蜜双高产浙农大 I 号意蜂品种的培育	1995	二等奖	生命科学学院 李绍文（北京大学为第六获奖单位）

（3）国家级科技进步奖和国家级星火奖项目

1982—1997年获国家级科技进步奖、国家级星火奖项目获奖等级统计表

年份	国家级科技进步奖					国家级星火奖				
	特等奖	一等奖	二等奖	三等奖	小计	特等奖	一等奖	二等奖	三等奖	小计
1982				1	1					
1985		1	6	3	10					
1986				1	2					
1987		4	2	4	10					

年份	国家级科技进步奖					国家级星火奖				
	特等奖	一等奖	二等奖	三等奖	小计	特等奖	一等奖	二等奖	三等奖	小计
1988			1	1	2					
1989	1			2	3					
1990			1	6	7					
1991			2	2	4					
1992				1	1					
1993		1	1	2	4					
1994									1	1
1995		1	2	1	4					
1996	1		3	1	5					
1997			6	2	8					
合计	2	8	25	26	61				1	1

1982—1997 年获国家级科技进步奖科学研究成果项目表

序号	项目名称	年份	获奖等级	主要作者
1	极谱催化波研究与应用	1982	三等奖	化学系　高小霞　姚修仁
2	短期数值天气预报业务系统（B)的建立与推广应用	1985	一等奖	地球物理学系　张玉玲　陈受均　（与北京气象中心、中科院大气所共同受奖）
3	大型复杂结构线弹性系统静力动力分析程序的移植和推广	1985	二等奖	力学系　曲圣年　邓成光　吴良芝　（与郑州机械研究所、二〇一所、北京工业学院共同受奖）

序号	项目名称	年份	获奖等级	主要作者
4	氟氯化钡铕的合成法、发光性能及其在X线照相高速增感屏的应用	1985	二等奖	化学系　苏勉曾　龚曼玲　段洁菲（与北京化工厂共同受奖）
5	X射线安全检查设备	1985	二等奖	无线电电子学系　王阳元　楼滨龙覃祖德　石自光　施永鉴　邵雪云张国祥
6	北方暴雨预报方法及理论研究的推广应用	1985	二等奖	地球物理学系　谢义炳　蒋尚城张镡　陈受均　谢安　张玉玲肖文保　孟广礼　陶祖钰（与吉林气象局气象所、河北气象局气象所、国家气象局气象科研研究院、中科院气象科学研究所共同受奖）
7	光导纤维通讯系统中光端机设备	1985	二等奖	无线电电子学系　郭汝嵩　余耀煌黄桂森　刘有恒　韩秀琴　唐镇松（与武汉邮电科学院共同受奖）
8	兰州西固地区大气光化学污染规律和防治对策的研究	1985	二等奖	技术物理系　唐孝炎　李金龙　陈旦华王文兴　田炳申　任镇海　黄建国（与科学院生态中心、甘肃省环保局、兰州大学地理学系共同受奖）
9	寒潮中期预报理论和方法研究	1985	三等奖	地球物理学系　仇永炎　朱亚芬张元箴（与新疆气象局、中科院大气所、北京气象中心、国家气象局气象科学研究院共同受奖）
10	浅层地下水资源评价攻关研究及其推广应用	1985	三等奖	数学系　姜礼尚（与河南地矿局水文地质管理处、武汉电力学院共同受奖）
11	环境污染分析方法研究及标样研制	1985	三等奖	化学系　慈云祥
12	粮食的污染调查	1986	二等奖	概率统计系　汪仁官（与中科院系统所合作）

第八章　科学研究

951

序号	项目名称	年份	获奖等级	主要作者
13	第一批 16 个重点核数据评价	1986	三等奖	技术物理系　唐国有等
14	华光型计算机—激光汉字编辑排版系统	1987	一等奖	计算机科学技术研究所　王选　陈堃銶　李新章　顾小凤　陈竹梅　山东潍坊计算机公司等
15	某项激波管	1987	一等奖	数学系　黄敦参加
16	微波辐射计及其环境遥感应用	1987	一等奖	地球物理学系　赵柏林　杜金林　胡成达　施庶民　李慧心　韩庆源　汪廷久　尹宏　朱元竞　傅强
17	国家激光波长标准系列	1987	一等奖	合作完成无线电电子学系　王楚
18	卫星遥感信息在山西农业自然资源定量分析中的应用研究	1987	二等奖	遥感技术应用研究所　承继成　石世民　李琦　陈凯　范心圻　刘燕君　王乃梁　（与其他单位协作完成）
19	3.5 公里光缆通信系统	1987	二等奖	无线电电子学系　郭汝嵩　余耀煌
20	数学软件库	1987	三等奖	合作完成　数学系
21	分散性 6500K 进标卤磷酸钙荧光粉合成技术	1987	三等奖	化学系　黄竹坡　陈朝宗　郭凤瑜　岳素兰　牟香玉　王洪滨　程子佩等
22	矿场原油采油集输添加剂的研究和应用	1987	三等奖	合作完成　化学系　李外郎　戴乐蓉
23	大气环境质量标准的制定	1987	三等奖	（合作研究,北大排名第四）　环境科学研究中心

序号	项目名称	年份	获奖等级	主要作者
24	模态分析软件研制及其在透平机械中的应用	1988	二等奖	力学系 陈德成 罗华耿 （与南京汽轮电机厂合作研究）
25	旋转壳应力分析理论程序及其在大型冷却塔设计等方面的应用	1988	三等奖	力学系 武际可 王大钧 陈健
26	金川资源综合利用	1989	特等奖	合作完成 化学系 技术物理系 地质学系
27	正交设计在国民经济中的应用	1989	三等奖	概率统计系 刘婉如 无线电电子学系 余道衡
28	^{14}C 测定年代用中国糖炭标准	1989	三等奖	考古学系
29	我国酸雨的来源、影响极其控制对策的研究	1990	二等奖	环境科学研究中心 地球物理学系 唐孝炎 毛节泰 秦瑜 张铮 盛裴轩等
30	人体尺寸的抽样调查	1990	三等奖	概率统计系 孙山泽 （与中科院系统所合作）
31	微型机结构分析通用程序 SAP84	1990	三等奖	力学系 袁明武 郑东 陈璞
32	北京电视机厂计算机辅助企业管理系统（BD-MIS）	1990	三等奖	计算机科学技术系 杨芙清 唐世渭 方裕等
33	人工降雨催化剂	1990	三等奖	合作完成 地球物理学系 张铮
34	中国自然保护纲要	1990	三等奖	合作完成 城市与环境学系 陈昌笃 法律学系 程正康

第八章 科学研究

序号	项目名称	年份	获奖等级	主要作者
35	遥感在内蒙古草场资源调查中的应用研究	1990	三等奖	遥感技术应用研究所 陈凯　毛赞猷
36	适用于中国等第三世界国家的家庭生命表模型的创立、应用及计算机软件研制	1991	二等奖	人口研究所　曾毅
37	系统化前庭功能检查计算机处理和评定系统	1991	二等奖	合作研究 生物学系　刘克球　胡定国　张烈 罗静初　全镐锡
38	材料动态断裂性能研究及其在典型机械零件上的应用	1991	三等奖	力学系　苏先基　励争
39	稀土萃取分离工艺的一步放大	1991	三等奖	化学系　李标国　严纯华　徐光宪 高松　周慎理
40	氧枪技术实验系统	1992	三等奖	力学系　吴凤林　鲁守智　陈凌 胡永生　李之年　侯少梅　李长龄
41	熊猫集成电路CAD系统	1993	三等奖	合作完成 计算机科学技术系　吴良芝等
42	指纹自动识别系统	1993	二等奖	信息科学中心　石青云　边肇祺 沈学宁　仇桂生　程民德
43	水厂铁矿露天矿边坡工程研究	1993	三等奖	力学系　殷有泉等
44	有限区分析预报业务系统的研究和应用	1993	三等奖	地球物理学系　张玉玲

序号	项目名称	年份	获奖等级	主要作者
45	北大方正电子出版系统	1995	一等奖	计算机科学技术研究所 北大方正集团 王选 陈堃銶 肖建国 阳振坤 宋再生 汪岳林 卢金鑫 邱崞姿
46	中国中期数值天气预报业务系统	1995	二等奖	地球物理学系 陈受均等 （北京大学为第四获奖单位）
47	应用遥感技术调查我国土壤侵蚀现状编制全国土壤侵蚀图	1995	二等奖	遥感与地理信息系统研究所 马蔼乃等 （北京大学为第二获奖单位）
48	中国控制系统计算机辅助设计（CADCSC）软件系统	1995	三等奖	力学系 叶庆凯等 （北京大学为第三获奖单位）
49	ABT生根粉系列的推广	1996	特等奖	数学科学学院 胡德琨等 生命科学学院 高崇明 （北京大学排名:19）
50	国产射频超导加速腔的研制	1996	二等奖	技术物理系 赵夔 陈佳洱 张保澄 王莉芳 于进 吕德泉
51	《固体物理学》	1996	二等奖	微电子学研究所 韩汝琦 黄昆 范印哲
52	全国土地利用总体规划	1996	二等奖	城市与环境学系 刘闯(4) （北京大学排名:2）
53	中国土壤环境背景值研究	1996	二等奖	城市与环境学系 陈静生(2) （北京大学排名:2）
54	COSA国产系统软件平台	1996	二等奖	计算机科学技术系 唐世渭等 （北京大学排名:2）

序号	项目名称	年份	获奖等级	主要作者
55	中国教育和科研计算机网CERNET示范工程	1997	一等奖	合作完成 计算中心　张兴华等
56	我国台风暴雨灾害性天气监测预报业务系统	1997	二等奖	合作完成 地球物理学系　陈受均等
57	^{60}Co辐照中药灭菌剂量标准的应用研究	1997	二等奖	合作完成 技术物理系　袁荣光（第三完成人）等
58	中国北方草地草畜平衡动态检测系统试点实验研究	1997	二等奖	合作完成 遥感与地理信息系统研究所
59	重点产粮区主要农作物遥感估产	1997	二等奖	合作完成 遥感与地理信息系统研究所 徐希孺等
60	多体充液柔性复杂系统稳定性与大幅晃动非线性动力学	1997	三等奖	力学系　王照林　李俊峰　吴翘哲 楚天广　曾江红
61	制苯装置扩量技术改造及BY-2裂解汽油加氢催化剂的工业应用	1997	三等奖	合作完成 化学与分子工程学院　桂琳琳等

1982—1997年获国家级星火奖科学研究成果项目表

序号	项目名称	年份	获奖等级	主要作者
1	高效复合菌肥	1993	三等奖	生物学系　陈德元　李玲君　梁崇铦 李荣娟

（4）部委（不含国家教委）、省、自治区、直辖市科技成果奖项目

1978—1997 年获部委（不含国家教委）、省、自治区、直辖市科技成果奖统计表

年份	获奖数						
	特等奖	一等奖	二等奖	三等奖	四等奖	其他奖	共计
1978		1		1			2
1979		1	1			2	4
1980			2		1	1	4
1981		3	5	5			13
1982		4	8	3		3	18
1983		3	6	1	1		11
1984			2	1	1	1	5
1985	1	4	4	11		5	25
1986		7	10	10	1	3	31
1987		5	8	6		4	23
1988		4	5			1	10
1989		2	8			3	13
1990		5	3	5	1		14
1991		3	1	2		1	7
1992	1	1	5	5			12
1993	1	3	6	4		1	15
1994		6	3	2		6	17
1995		2	4	3		2	11
1996	2	4	6	1		4	17
1997		6	8	5		3	22
合计	5	64	95	65	7	38	274

1978—1997 年获部委(不含国家教委)、省、自治区、直辖市科研成果奖项目表

序号	年份	奖励名称	获奖项目	获奖者
1	1978	北京市重大科技成果奖一等奖	86局－88局间光纤数字通信	无线电电子学系 迟惠生
2	1978	辽宁省科技成果奖三等奖	旅大地区构造体系与金刚石原生矿床分布规律	地质学系 郑亚东 (参加单位之一)
3	1979	河北省科技成果奖二等奖	河北平原(重点黑龙港地区)地下水资源评价及合理开发利用	数学系 地理学系
4	1979	北京军区科技成果奖四等奖	双三七高炮无线电遥控电击发与回话装置	无线电电子学系
5	1979	农林部科技成果奖一等奖	鸭瘟细胞疫苗	生物学系 翟中和 潘唯钧 马莱龄 高伟良 刘素珍
6	1979	河北省科技成果奖四等奖	秦皇岛海滨七星瓢虫群聚的研究	生物学系 蔡晓明 尚玉昌
7	1980	水利部优秀水利成果奖	土坝渗流有限单元法计算	数学系 魏泽光
8	1980	国防科委科技成果奖四等奖	中重核($\eta\rho$),反应截面积和 ρ 能谱的理论计算,及铀、钚同位素瞬发裂变中子能谱的理论计算,铀、钚同位素中子全截面及散射截面评价	物理学系 技术物理系
9	1980	一机部科技成果奖二等奖	大型复杂结构线弹力系统静力动力分析程序的移植和推广(SAP5)	力学系 曲圣年 邓成光 吴良芝
10	1980	国防工办科技成果奖二等奖	码分多址卫星通信体制研究	无线电电子学系 杨同立 梁庆林 项海格 刘北延 王守仁 周功珠 迟惠生等

序号	年份	奖励名称	获奖项目	获奖者
11	1980	北京市科技成果奖二等奖	光学设计程序的研究	数学系　张恭庆　姜伯驹　石青云(参加协作)
12	1981	一机部科技成果奖三等奖	超导电磁液分离仪	物理学系　尹道乐　李传义　张金龙　徐纪扬
13	1981	第五机械工业部科技进步奖二等奖	SAP5 程序的移植与推广	力学系　曲圣年等
14	1981	国防工办科技进步奖一等奖	CDMA 卫星试验系统	无线电电子学系(合作完成)
15	1981	北京市科技成果奖三等奖	自行车流量计数器	无线电电子学系　姜天仕　张金铎(与北京市市政设计院协作)
16	1981	北京市科技成果奖一等奖	北京市东南郊环境污染调查及防治途径研究	地球物理学系　殷宗昭　陈家宜　王淑芬　张霭琛　桑建国　刘式达　孙国英　徐金宝等(与北京市环保所等协作)
17	1981	中国科学院科技成果奖三等奖	21 厘米波段射电望远镜	地球物理学系　罗先汉　姚德一
18	1981	北京市科技成果奖二等奖	乙烯直接氢化制环氧乙烷银催化剂	化学系　林炳雄　张婉静　唐有祺　杨惠星　韩德刚等(与燕山石油化学公司研究院协作)
19	1981	北京市科技成果奖三等奖	北京市区煤和燃料油造成的二氧化硫污染现状、发展趋势及其控制途径	地球物理学系　陈家宜　王淑芬　孙国英(参加协作)
20	1981	北京市科技成果奖三等奖	氟氯化钡铕的合成和氟氯化钡铕 X 射线相系统增感屏研究	化学系　苏勉曾　龚曼玲　阮慎康等

序号	年份	奖励名称	获奖项目	获奖者
21	1981	国家医药管理总局科技成果奖二等奖	杜仲树大面积环状剥皮再生技术和组织学	生物学系　李正理
22	1981	北京市科技成果奖二等奖	北京地区1980年度地震地质会战第四专题：京津及华北地区现今应力场的模拟分析	地质学系　王仁 何国琦　黄杰藩　孙荀英 安 欧　郭世凤　黄庆华 沈淑敏　潘善德　宋惠珍 杨建华等参加协作
23	1981	山西省科技成果奖一等奖	陆地卫星象片太原幅目视解译系列图	地理学系　承继成 石世民　陈凯　范心圻 俞眉跃　李琦　王汝烨 教育部高校山西遥感协作组
24	1982	北京市科技成果奖二等奖	高精度、高灵敏度光学双折射测试仪	物理学系 张合义　汪太辅 力学系　张远鹏 无线电电子学系 王楚
25	1982	中央气象局科技成果奖三等奖	寒潮中期过程及其预报方法	地球物理学系　仇永炎 朱亚芬　张元箴 （协作完成）
26	1982	中央气象局科技成果奖三等奖	台风路径的天气学研究	地球物理学系　刘式适 （协作完成）
27	1982	国家科委、农委农业科技推广奖	卫星云图在天气分析预报中的推广应用	地球物理学系　蒋尚城 张元箴（协作完成）
28	1982	国家科委、农委农业科技推广奖	诊断分析在暴雨天气分析和预报中的应用	地球物理学系　谢安 （协作完成）
29	1982	北京市科技成果奖一等奖	3.3公里光缆通信光端机的研制	无线电电子学系 郭汝嵩　余耀煌 物理学系　刘弘度 林祥芝 （与外单位协作完成）

序号	年份	奖励名称	获奖项目	获奖者
30	1982	北京市科技成果奖二等奖	CLJ-I 型超声波流量计	无线电电子学系 姜天仕(协作完成)
31	1982	国家计量局计量科技成果奖二等奖	碘稳定氦氖激光器	无线电电子学系 王楚(协作完成)
32	1982	山西省科学技术奖	双层点荷配位场模型和不均匀 Feynman 力效应	化学系 杨频 黎乐民
33	1982	石油部石油工业优秀科技成果奖二等奖	高钼镍加氢精制催化剂的研究	化学系 华彤文 桂琳琳 赵璧英 刘英骏 (与石油科学研究院合作)
34	1982	石油部石油工业优秀科技成果奖二等奖	钼镍磷加氢精制催化剂的研究	化学系 华彤文 桂琳琳 赵璧英 刘英骏 (与石油科学研究院合作)
35	1982	北京市科技成果奖三等奖	双层配体场点电荷模型及其应用	化学系(协作完成)
36	1982	北京市科技成果奖一等奖	人工乙型肝炎病毒及其防治研究	生物学系(协作完成)
37	1982	北京市卫生局科技成果奖一等奖	人成骨内瘤细胞系的建立及其特征的观察	生物学系 尚克刚 郭振泉 王素云 李薇锦 郑玉兰 吴鹤龄(协作完成)
38	1982	国家医药管理局科技成果奖二等奖	杜仲环剥	生物学系 李正理 崔克明(协作完成)
39	1982	地质矿产部科技成果奖二等奖	马坑铁矿成因	地质学系 穆治国 陈成业(与地矿部地科院合作完成)
40	1982	地质矿产部科技成果奖二等奖	江西钨矿成因	地质学系 穆治国 黄福生 郑淑蕙 陈成业等(与江西地矿局合作完成)

序号	年份	奖励名称	获奖项目	获奖者
41	1982	农牧渔业部技术成果奖一等奖	陆地卫星象片太原幅农业自然条件目视解译系列图	遥感技术应用研究所 承继成　陈凯 李琦等（协作完成）
42	1983	电子工业部科技成果奖二等奖	DIPS/MC 数字图像处理系统	数学系　潘君卓等
43	1983	北京市科技成果奖二等奖	可见光氦—氖多谱线激光器（HND－120型）	物理学系　赵绥堂 董振基 无线电电子学系 游大江　周勇跃
44	1983	国家科委评比第三名	微桥射频超导量子干涉器	物理学系　崔广霁 孟小凡　李嘉璋　郭维新 吴克　薛立新 计算机科学技术系微电子研究室　吴修文 张太平　魏玉海　程云富 马连荣
45	1983	中央气象局科技成果奖二等奖	有限区域数值天气预报模式	地球物理系　张玉玲 吴辉碇　陈受钧 （协作完成）
46	1983	中央气象局科技成果奖二等奖	北方暴雨成因及预报方法的研究	地球物理学系 谢义炳　蒋尚城　张镡 陈受钧　谢安　张玉玲 尚文保　孟广礼　陶祖钰 （协作完成）
47	1983	黑龙江省科技成果奖二等奖	复配型破乳剂 AS2821 原油破乳机理	化学系　李外郎　戴乐蓉 （协作完成）
48	1983	总后勤部科研成果奖二等奖	HGG 合成及血管紧张素的转化酶测定	化学系　李崇熙等
49	1983	广东省科技成果奖四等奖	萨莉麝香	化学系　金声　宋艳玲 林祖铭　王显仑等

序号	年份	奖励名称	获奖项目	获奖者
50	1983	山西省科技成果奖一等奖	山西全省农业自然条件遥感研究	遥感技术应用研究所 承继成 石世民 陈凯 范心圻 俞眉跃 李琦 王汝烨（协作完成）
51	1983	电子工业科技成果一等奖	多用户汉字信息处理系统	北京大学 福建电子所 福建计算机厂
52	1983	电子工业科技成果一等奖	汉字/西文信息处理系统	计算机科学技术研究所
53	1984	北京市科技成果奖二等奖	CM2114 1K×4 静态存贮器	计算机科学技术系 祝忠德 陈贤 宁宝俊 盛世敏 武国英等
54	1984	北京市科技成果奖二等奖	铸抗氧化焊锡	化学系 张启运 刘淑祺
55	1984	北京市科技成果奖三等奖	超声多普勒流量计研制	无线电电子学系 姜天仕 吴全富 刘连博等
56	1984	中国有色金属总公司科技成果奖四等奖	铸铝变质剂 A1－Si 中间合金的电解制备	化学系 刘淑祺 张启运 刘东起
57	1984	电子工业重大贡献奖	计算机－激光汉字编辑排版系统	计算机科学技术研究所
58	1985	国防科技成果奖三等奖	计算群论与组合数学	数学系 王萼芳 石生明 徐明耀
59	1985	某部科技成果奖	有限群对一类组合问题的应用	数学系 段学复 王萼芳等
60	1985	某部科技成果奖	一重差值换等	数学系 丘维声
61	1985	机械工业部科技成果奖三等奖	大型复杂结构线弹性有限元静力动力分析程序(LISA)	力学系 曲圣年等

序号	年份	奖励名称	获奖项目	获奖者
62	1985	北京市科技成果奖三等奖	北京市区尘污染状况及控制途径的研究	地球物理学系
63	1985	北京市科技成果奖三等奖	激光波长计	无线电子学系　汤正雄（与北京市第二光学仪器厂协作）
64	1985	北京市科技成果奖三等奖	多普勒超声波流量计	无线电电子学系姜天仕　吴全富　刘发臣郑水亮　杨慕蕴　张金铎（与北京市市政设计院合作）
65	1985	电子工业部科技成果奖一等奖	DJ240 机操作系统（DJS200/XT2）	北京大学计算机科学技术系等
66	1985	北京市科技成果奖三等奖	高速硅栅 CMOS 电路	计算机科学技术系张利春　倪学文　张录闫桂珍　（与北京市半导体器件五厂合作）
67	1985	国家经济委员会荣誉证书	在计算机－激光汉字编辑排版系统研制过程中做出了贡献	计算机科学技术系俞士汶　朱学锋等
68	1985	福建省科技成果奖二等奖	白兰头香捕集与组分分析	化学系　邢其毅金声　林祖铭
69	1985	北京市科技成果奖二等奖	稀土络合物显色反应的研究	化学系　慈云祥胡可人　孙淑声
70	1985	北京市科技成果奖三等奖	铝锶中间合金的研究	化学系　张启运
71	1985	北京市科技成果奖三等奖	废水中金的富集回收	化学系　慈云祥杨若明　常文保
72	1985	北京市科技成果奖三等奖	丙烯酸酯－丙乙烯共聚乳液中残余单体消除和检测方法	化学系　蒋硕健　罗传秋

序号	年份	奖励名称	获奖项目	获奖者
73	1985	北京市科技成果奖三等奖	大气监测车用 NOX、CO 自动监测仪的研制	化学系　高小霞等
74	1985	国防科工委重要成果奖	129、171 系列铝钎剂	化学系　张启运 刘淑祺　郑朝贵
75	1985	农牧渔业部科技进步奖二等奖	水稻花品种"中花 9 号"	生物学系　张新英
76	1985	中国科学院重大科技成果奖一等奖	腾冲火山与地热研究	地质学系　地热研究室
77	1985	中国科学院重大科技成果奖一等奖	腾冲区域航空遥感应用研究	地质学系　地热研究室
78	1985	中国科学院科技进步奖特等奖	青藏高原隆起及其对自然环境和人类活动影响的综合研究	地质学系与中国科学院等单位合作完成
79	1985	贵阳市科技成果奖二等奖	贵阳土地类型和自然区划	地理学系
80	1985	建设部优秀城市规划设计奖三等奖	芜湖市总体规划	地理学系
81	1985	全国农业区划一等奖	山西省农业遥感信息在农业区划和管理中的应用研究	遥感技术应用研究所 承继成　石世民　李琦 陈凯　范心圻　刘燕君 王乃梁
82	1985	电子工业突出贡献奖	计算机－激光汉字编辑排版系统	计算机科学技术研究所汉字信息处理技术研究室　王选　陈堃銶 顾小凤　宋再生 陈竹梅　李新章 毛德行　王君 赵鸿　杨贞一
83	1986	协作奖二等奖（电子工业部）	YTCX 遥感图像处理系统	数学系　张绪定等 （协作完成）

序号	年份	奖励名称	获奖项目	获奖者
84	1986	北京市科技进步奖二等奖	正交设计在国民经济中的应用	概率统计系　刘婉如　周赛花　无线电电子学系　余道衡　数学系　周芝英　蒋定华等
85	1986	北京市科技进步奖二等奖	耳聋的预测预报	概率统计系　谢衷洁　同仁医院　李琳　周婉蓉
86	1986	协作奖二等奖（北京市）	噪声性耳聋的预测预报	概率统计系（协作完成）
87	1986	协作奖三等奖（北京市）	强声对中耳的损伤	概率统计系　谢衷洁（协作完成）
88	1986	协作奖三等奖（水利电力奖）	核电站冷却水运区热核污染的数值计算的一种新方法	力学系　韩庆书　吴江航等
89	1986	国家核安全局奖励	QUAD-4 土壤结构地震响应	力学系　袁明武等
90	1986	国家核安全局奖励	ANSR-1 平面结构非线性动力分析	力学系　袁明武等
91	1986	协作奖二等奖（北京市）	城市大气质量控制研究	地球物理学系（协作完成）
92	1986	国家地震局科技进步奖一等奖	1975 年 2 月 4 日海城 7.3 级地震预报	地球物理学系　陈伯舫　蒋邦本　王兴邦　阚济生
93	1986	北京市科技进步奖二等奖	400Kev 倍加器氘束脉冲化装置	技术物理系　陈佳洱等
94	1986	协作奖三等奖（电子工业部）	治疗缺铁性贫血药物山梨醇铁及注射液的研究	技术物理系（协作完成）

序号	年份	奖励名称	获奖项目	获奖者
95	1986	协作奖三等奖（北京市）	直线加速器辐射灭菌	技术物理系（协作完成）
96	1986	国家科委、有色金属总公司科技成果奖三等奖	溶剂萃取法从金川铑、铱矿液中分离、提纯铑	技术物理系　蒋明 王祥云　刘新起 申国荣　刘元方
97	1986	北京市科技进步奖三等奖	高精确度激光波长仪	无线电电子学系 汤俊雄　王永达等
98	1986	电子工业部科技成果奖一等奖	软件工程核心支撑环境 BETA-85	计算机科学技术系
99	1986	第十一届亚运会电子服务系统设计方案评审二等奖	第十一届亚运会电子服务系统设计方案	计算机科学技术系 张世龙　邹悦 吕晋育等
100	1986	协作奖一等奖（电子工业部）	DJS-200 系统机 XCY 语言编译系统及 DJS-200/XT2 操作系统研制	计算机科学技术系 杨芙清　邵维忠 刘永进等（协作完成）
101	1986	协作奖二等奖（电子工业部）	多功能 MOS 恒流及恒电荷电压瞬态技术的原理和应用	计算机科学技术系 电子仪器厂　谭长华 许铭真　陈文茹 梁海威（协作完成）
102	1986	协作奖三等奖（北京市）	大型综合管理系统	计算机科学技术系 杨芙清　方裕　唐世渭 王铁生　张苹　张晓明 王欣欣等（协作完成）
103	1986	电子工业部、水利电力部一等奖	从镍系统钴渣制取纯氧化钴粉新工艺	化学系（协作完成）
104	1986	协作奖二等奖（国家科委）	从镍系统钴渣制取纯氧化钴粉新工艺	化学系（协作完成）
105	1986	四川省人民政府奖二等奖	三种野生和四个栽培棉种的核型研究	生物学系　李懋学

序号	年份	奖励名称	获奖项目	获奖者
106	1986	协作奖一等奖（水利电力部）	中国及邻区海陆大地构造图	地质学系　协作完成
107	1986	地质矿产部科技进步奖四等奖	河北省平泉县小寺沟铜钼典型矿床研究	地质学系　艾永富
108	1986	协作奖三等奖（水利电力部）	伊洛河水质评价和管理规划研究	地理学系 关伯仁　徐云麟 王恩涌　郭怀成 黄润华　邵庆山 周材敬　李玲君 梁崇志　吴万里 司志中等（协作完成）
109	1986	北京市科技进步奖学术奖	风象在城市规划和工业布局中的应用	地理学系　杨吾扬等
110	1986	协作奖三等奖（水利电力部）	小浪底水库区域稳定性研究报告——利用遥感技术研究东部重力异常梯度带对小浪底水利枢纽的影响	遥感技术应用研究所刘燕君 （协作完成）
111	1986	北京地区先进应用系统一等奖	计算机－激光汉字编辑排版系统	计算机科学技术研究所
112	1986	1986年全国计算机应用展览项目评比一等奖	华光Ⅲ型计算机－激光汉字编辑排版系统	计算机科学技术研究所山东潍坊计算机公司
113	1986	协作奖三等奖（北京市）	电子膨胀仪测量自动化	电子仪器厂（协作完成）
114	1987	电子工业部科技成果奖二等奖	YCXT遥感图像处理系统应用软件	数学系　张绪定等
115	1987	解放军全军科技进步奖三等奖	飞行员智能与脑电位的关系	概率统计系 谢衷洁　叶抗生 北京航空医学研究所 金璋瑞

序号	年份	奖励名称	获奖项目	获奖者
116	1987	北京市优秀软件三等奖	时间序列软件包	概率统计系　谢衷洁　叶抗生　张平
117	1987	北京市科技进步奖二等奖	正交设计在国民经济中的应用	概率统计系　刘婉如　无线电电子学系　余道衡
118	1987	航空工业部科技进步奖二等奖	低速风洞天平手册	力学系（合作完成）
119	1987	国家计量局科技进步奖二等奖	医用核素活度测量标准的研究	无线电电子学系　王楚（合作完成）
120	1987	航天部科技进步奖二等奖	卫星数据扩频通信网	无线电电子学系　项海格　王守仁　廖旭强等
121	1987	北京市科技进步奖三等奖	大型综合企业管理信息系统 IBMIS	计算机科学技术系　杨芙清等
122	1987	北京市科技进步奖三等奖	企业管理信息系统 IB-MIS	计算机科学技术系　杨芙清　唐世渭等
123	1987	总参科技进步奖二等奖	芬太尼类麻醉镇痛剂的量子化学研究	化学系　陈常英　陈冀胜　黎乐民
124	1987	石油部科技进步奖二等奖	矿场原油采油集输添加剂的研制和应用	化学系　李外郎　戴乐蓉
125	1987	北京市科技进步奖三等奖	中药直线加速器辐射灭菌研究	化学系　袁荣尧等（合作项目）
126	1987	北京市科技进步奖学术奖	多元络合物形成、显色反应及机理研究	化学系　慈云祥　常文保　孙淑声　姚凤姬　徐一成
127	1987	医药管理局科技进步奖	RE-200 型高速医用增感屏	化学系　苏勉曾
128	1987	北京市学术成果奖	大熊猫解剖的研究	生物学系　李杨文　林大诚　王平　杨家军　房利翔　杨安峰　曹焯　陈茂生

序号	年份	奖励名称	获奖项目	获奖者
129	1987	北京市科技进步奖三等奖	蜜蜂属的生化鉴定	生物学系 李绍文 张宗炳等
130	1987	地质矿产部科技进步奖一等奖	中国变质地质图（1：400万）及中国变质作用及其与地壳演化的关系	地质学系 董申保领衔主编（与地质科学院合作完成）
131	1987	建设部科技进步奖二等奖	京津唐国土规划纲要：城镇课题研究	地理学系
132	1987	内蒙古自治区科技进步奖一等奖	遥感在内蒙古草场资源调查中的应用研究	遥感技术应用研究所 地理学系 陈凯 毛赞猷 徐希孺 崔海亭等
133	1987	河南省科技进步奖一等奖	小浪底水库稳定性研究	遥感技术应用研究所 刘燕君（合作完成）
134	1987	电子工业科技进步奖一等奖	信息交换用汉字15×16、24×24点阵字模集及数据库 GB5199.1、GB5119.2－85	北京大学等
135	1987	1987年全国计算机应用及新产品展览会荣誉奖	华光计算机－激光汉字编辑排版系统	北京大学
136	1987	1987年北京地区优秀软件评选一等奖	华光型计算机－激光汉字编辑排版系统科技排版软件	计算机科学技术研究所
137	1988	山东省教委科技进步奖一等奖	线性与非线性椭圆形复方程	数学系 闻国椿
138	1988	机电部科技进步奖二等奖	光电阴极自动控制仪	无线电电子学系 薛增泉（合作完成）
139	1988	甘肃省科技进步奖二等奖	景泰川灌区梯级泵站微机控制系统	无线电电子学系 唐镇松（合作完成）

序号	年份	奖励名称	获奖项目	获奖者
140	1988	林业部科技进步奖一等奖	三北防护林遥感综合调查	计算机科学技术系 许卓群等（合作完成）
141	1988	北京市科技进步奖二等奖	北京电视机厂计算机辅助企业管理系统（BD-MIS）	计算机科学技术系 杨芙清 唐世渭 方裕 杨冬青 阎承志 刘大中 崔建国（与北京市新技术应用研究所、北京电视机厂合作）
142	1989	山东省科技进步奖一等奖	三氯甲基苯并咪唑的改造及阳离子染料7GL联产工艺	化学系 张明哲 傅忠君 李书润
143	1988	北京市科技进步奖二等奖	膝盘状软骨改形术——关于膝半月板切除后再生问题的实验室研究	生物学系 郭振泉等（合作完成）
144	1988	国家新闻出版署二等奖	冀东前寒武纪铁矿地质	地质学系 钱祥麟 崔文元 王关玉等
145	1988	国家技术开发优秀成果奖	计算机－激光汉字编辑排版系统	北京大学
146	1988	建设部、国家环保局科技进步奖一等奖	泰山风景名胜资源综合考察评价及其保护利用的研究	地理学系 谢凝高 何绿萍 地质学系 朱亮璞 张昀
147	1989	国家技术监督局科技进步奖二等奖	人体尺寸的抽样调查	概率统计系 孙山泽（与中科院系统所合作）
148	1989	北京地区优秀软件二等奖	计算机病毒检测、清除和免疫工具	力学系 奚红宇等
149	1989	北京市科技进步奖二等奖	北京市大气污染预测、预报研究	技术物理系 唐孝炎 李金龙 陈旦华 李孝珍 白郁华 陈淑芬 禹仲举 郭花捷

序号	年份	奖励名称	获奖项目	获奖者
150	1989	国家环保局科技进步奖一等奖	我国酸雨来源、影响及其控制对策的研究	技术物理系　唐孝炎 毕木天　孙庆瑞　王美蓉 邵可声　姚荣奎　栗欣 李金龙 地球物理学系　毛节泰 秦瑜　张铮 盛裴轩等
151	1989	国家技术监督局科技进步奖二等奖	国家标准(原子物理学和核物理学的量和单位)	技术物理系　卢希庭
152	1989	天津市科技进步奖二等奖	医用嵌段聚醚型聚氨酯抗凝血材料研究	化学系　黄祖琇 杨福良　曾宪森等
153	1989	南京市科技进步奖二等奖	沥青中石蜡晶相测定方法的研究	化学系　林炳雄等
154	1989	冶金部科技进步奖二等奖	包头矿轻、中、重稀土三出口萃取工艺流程的理论设计和工业应用	化学系　李标国　李辉 严纯华　徐光宪
155	1989	陕西省科技进步奖二等奖	胆结石成因及防治系列研究	化学系　石景森　刘绍浩 吴瑾光等
156	1989	山东省科技协会第二届优秀学术成果奖	多粘芽孢杆菌质轮的研究	生物学系 林稚兰　钱存柔
157	1989	四川省科技进步奖	陆地棉半野生种与近缘栽培的野生种的细胞遗传学比较研究	生物学系　李懋学
158	1989	国家环境保护局科技进步奖一等奖	中国自然保护纲要	地理学系　陈昌笃 法律学系　程正康(合作完成)
159	1989	国家计委、科委、财政部阶段成果奖	1微米薄膜技术研究	微电子学研究所 张利春　高玉芝 宁宝俊等

序号	年份	奖励名称	获奖项目	获奖者
160	1990	能源部电力科技进步奖四等奖	二滩水电站枢纽地基三维渗流有限元计算	数学系　魏泽光
161	1990	航天部科技进步奖三等奖	地空导弹武器系统的效能分析	概率统计系　陈家鼎郑忠国　戴中维等
162	1990	机械电子工业部科技进步奖二等奖	材料动态断裂性能研究及其在典型机械零件上的应用	力学系　苏先基励争等
163	1990	林业部科技成果奖一等奖	三北防护林实验区遥感调查实验研究	计算机科学技术系许卓群(参加单位)
164	1990	广东省科技进步奖二等奖	低钇稀土三出口萃取分离新工艺的工业应用——理论设计一步放大	化学系　李标国高松　严纯华徐光宪　陈优立吴式育
165	1990	陕西省医药卫生科技进步奖三等奖	用傅立叶变换红外光谱 FT-IR 测定胆结石和聚乙烯石蜡连续切片技术	化学系　石景森吴瑾光　R. D. Soloway等
166	1990	国家科委发明三等奖	分离核燃料同位素用环己基类冠醚合成新方法	化学系　许振华(第二发明人)(合作完成)
167	1990	中国科学院科技进步奖一等奖	遥感技术在地质找矿中的应用研究	地质学系　朱亮璞(合作完成)
168	1990	北京市科技进步奖一等奖	《北京历史地图集》	城市与环境学系侯仁之等
169	1990	中国科学院科技进步奖一等奖	新疆生态环境研究	城市与环境学系陈昌笃
170	1990	国家环境保护局科技进步奖三等奖	鸭绿江重金属污染及防治对策	城市与环境学系陈静生等
171	1990	1988－1989 年北京地区优秀软件一等奖	交互式报刊、图件软件	计算机科学技术研究所
172	1990	北京市科技进步奖二等奖	GBT－2000 通用中西文终端机	计算机科学技术研究所

序号	年份	奖励名称	获奖项目	获奖者
173	1990	广东省科技进步奖三等奖	GBT－2000 通用中西文终端机	计算机科学技术研究所
174	1991	国家地震局科技进步奖一等奖	超声地震模型实验及其在地震波传播特征中的研究	地球物理学系 赵鸿儒等
175	1991	卫生部科技进步奖三等奖	Co_p^{60} 射线辐照中药质量的研究	技术物理系 袁荣尧等（与中国药品、生物制品检验所合作研究）
176	1991	航天部科技进步奖一等奖	X 射线计算机实时图像处理系统	无线电电子学系 王树元 蔡辉等
177	1991	中国科学院科技进步奖二等奖	X 射线光电子能谱数据库的建立及应用	化学系 唐有祺 桂琳琳 吴念祖（与中国科学院化治所合作完成）
178	1991	北京市第二届哲学社会科学优秀科研成果一等奖	北京市昌平县城镇体系调查研究	城市与环境学系 卢培元
179	1991	首届全国 0500 系列微机软件产品集中测评优秀软件产品奖	1. 方正批处理书刊组版软件 V4.3 2. 方正西文集成排版软件 WITSV 1.00、方正互式报纸组版软件 NPM V3.00 3. 方正交互式表格/框图编辑排版软件 TA-BLEV1.0 4. 少数民族文科排版软件 V1.0、方正交互式图形排版软件 HDV2.2 5. 方正交互式五线谱编辑排版软件STV2.0、方正交互式棋牌编辑排版软件 QP	计算机科学技术研究所
180	1991	宁波市科技进步奖三等奖	宁波市大气环境区域性评价和规划研究	环境科学中心 刘宝章（合作完成）

序号	年份	奖励名称	获奖项目	获奖者
181	1992	冶金部科技进步奖二等奖	水厂铁矿露天矿边坡工程研究	力学系　殷有泉等
182	1992	国家环保局科技进步二等奖	大气环境质量信息系统	地球物理学系　林红　陈家宜　王淑芳等
183	1992	河南省气象局气象科学技术进步奖特等奖	河南省气象数据库和定量降水预报研究	地球物理学系　黄嘉佑
184	1992	北京市科技进步奖二等奖	体育运动技术快速分析系统	计算机科学技术系李诚志　吕晋育刘颖　曾南山陈少忠　刘洪
185	1992	国家计生委三等奖	嵌段共聚物高分子微囊针研究	化学系　冯新德等
186	1992	北京农林科学院奖一等奖	玫烟色拟毒霉制剂治虫增产和安全性研究	生物学系袁洪生　李德昌
187	1992	安徽省科委星火奖二等奖	高效复合菌肥	生物学系　陈德元李玲君　梁崇铦李荣娟
188	1992	农业部科技进步奖三等奖	棉种属及野生种系的核型研究	生物学系　李懋学
189	1992	河南省科技进步奖三等奖	七星瓢虫若干应用生态学的研究	生物学系　尚玉昌
190	1992	地矿部科技成果奖二等奖	甘肃北山板块构造与成矿研究	地质学系　左国朝何国琦等（与外单位合作）
191	1992	山东省科技进步奖三等奖	山东省土壤环境背景值研究	地质学系　潘懋王关玉　梁海华等城市与环境学系吴月照（与外单位合作）
192	1992	中国科学院科技进步奖三等奖	资源与环境信息系统中的一些重要软件	信息科学中心　唐世渭

序号	年份	奖励名称	获奖项目	获奖者
193	1993	中国科学院科技进步奖一等奖	涡旋诱发重联理论及其在地球磁层中的应用	地球物理学系　刘振兴 濮祖荫　胡一丁　李芳（与外单位合作）
194	1993	核工业部科技进步奖二等奖	404厂大气扩散实验	地球物理学系　陈家宜
195	1993	国家海洋局科技进步奖三等奖	气象卫星垂直探测资料接收处理及多功能云图显示技术	地球物理学系　赵柏林 朱元竞
196	1993	中国船舶工业总公司科技进步奖二等奖	拖曳线列阵用PVDF压电薄膜水听器	无线电电子学系 栾桂冬　黄进来 袁易全　沈寿彭（与外单位合作）
197	1993	中国科学院科技进步奖二等奖	薄膜成核生长理论和超微粒光电转换薄膜的实验研究	无线电电子学系 吴全德　董引吾　吴锦雷 刘唯敏　石自光　赵兴钰 薛增泉　庞世瑾（与外单位合作）
198	1993	北京市92优秀新产品奖	防爆铝合金材料	化学系　张启运
199	1993	陕西省医卫科技进步奖二等奖	黑色胆结石的红外光谱分型研究	化学系　石景森 吴瑾光等
200	1993	地矿部科技成果奖二等奖	赤峰北部（白音诺）地区锡铅锌多金属矿成矿条件及隐伏矿床预测	地质学系　鲍修波 张德全　艾永富　牟保磊 阎国翰　王关玉（与外单位合作）
201	1993	地矿部科技成果奖三等奖	内蒙古自治区巴林左旗白音诺铅锌矿成矿规律	地质学系　罗太阳 艾永富　牟保磊（与外单位合作）
202	1993	地矿部科技成果奖三等奖	辽西冀北地区多金属成矿地质条件及成矿远景研究	地质学系　权恒 韩庆云　艾永富等（与外单位合作）

序号	年份	奖励名称	获奖项目	获奖者
203	1993	中国石油天然气总公司科技进步奖三等奖	根据波速－压力关系评价岩石岩性、物性的实验研究	地质学系　沈联蒂 史　谞　王联娣 王建祈（与外单位合作）
204	1993	国家环境保护局科技进步奖一等奖	中国土壤环境背景值研究	城市与环境学系 魏复盛　陈静生 吴燕玉　郑春江 蒋德珍（与外单位合作）
205	1993	国家土地局科技进步奖二等奖	福建省永安市土地利用总体规划	城市与环境学系 陈章迥　涂蔡水　朱德威 李春波　林春泉　戴燕 （与外单位合作）
206	1993	北京市科技进步奖特等奖	北大方正电子出版系统	北京大学新技术公司 北京大学计算机科学技术研究所　王选 陈堃銶　宋再生 肖建国　王永达 郑民　麻世雄 路明治　邱崭
207	1993	电子工业部科技进步奖一等奖	卫星版面远传系统	计算机科学技术研究所 宋再生　王振铎 五志武　陆红琦 杨晓波　王泉 陈敏　王恩志 卫翔　秦争 刘金鹏　赵东岩 程大雄　何智敏 丛海嵩
208	1994	中国工程物理研究院奖	短期热力效应对结构的破坏	力学系　王仁 韩铭宝
209	1994	全国第一届计算机辅助教学优秀软件一等奖	理论力学课件	力学系　张端云 高飞
210	1994	中国核工业部科技进步奖三等奖	秦山核电二期工程大气扩散试验与研究（含风洞模拟实验）	地球物理学系　潘乃先

序号	年份	奖励名称	获奖项目	获奖者
211	1994	河北省地震局科技进步奖二等奖	河北省超低频电磁波台网建设与预报研究	地球物理学系　陈峰
212	1994	航空航天部科技进步奖一等奖	计算机 X 射线实时成像图像处理及应用研究	无线电电子学系 王树元　蔡辉 （合作完成）
213	1994	中国人民解放军总参谋部科技进步奖二等奖	激光定位与干扰系统	无线电电子学系 蔡辉　王树元
214	1994	国家卫生部 1993 年优秀软件一等奖	刘渡舟教授运用经方治疗心病专家系统	计算机科学技术系 杨维一　王天芳 许卓群
215	1994	农业部科技进步奖一等奖	浙农大一号意蜂品种的培育	生命科学学院　李绍文
216	1994	内蒙古自治区区调成果二等奖	白音宝力道地区（K－49－24－A）、（K－49－24－C）1/5 万区调及研究	地质学系　徐备 陈斌　白志强 张臣
217	1994	地质矿产部部级优秀图幅奖	额尔德尼布拉格幅地质图（1：5 万）	地质学系　徐备　陈斌 白志强　张臣
218	1994	地质矿产部科技进步奖三等奖	燕辽地区多金属金、银成矿地质远景	地质学系　艾永富
219	1994	农业部科技进步奖一等奖	中国北方草地草畜平衡动态监测系统试点试验研究	遥感与地理信息系统研究所　李京 （合作完成）
220	1994	水利部科技进步奖一等奖	应用遥感技术调查我国土壤侵蚀现状编制我国土壤侵蚀图	遥感与地理信息系统研究所　马蔼乃等 （北大为第二获奖单位）
221	1994	1994 年度优秀软件产品	北大方正彩色电子出版系统	计算机科学技术研究所
222	1994	1994 年度优秀软件产品	方正报纸排版软件 NPM	计算机科学技术研究所

序号	年份	奖励名称	获奖项目	获奖者
223	1994	1994年度优秀软件产品	方正交互式高级排版维思（WITS）	计算机科学技术研究所
224	1994	1994年度优秀软件产品	方正批处理科技书刊排版软件	计算机科学技术研究所
225	1995	中国科学院自然科学奖二等奖	农田防护林体系区域性防护效益理论及边界层特征的研究	地球物理学系　刘树华
226	1995	河北省科技进步奖一等奖	河北省人工增雨的气象条件及作用技术研究	地球物理学系　胡成达　朱元竞
227	1995	河北省科技成果奖	河北省超低频电磁波台网建设与预报研究	地球物理学系　陈峰
228	1995	江西省科技进步奖三等奖	昌江流域水文自动测报系统	无线电电子学系　顾康德等（合作完成）
229	1995	中国分析测试协会科学技术成果二等奖	光谱法在牙线剖析和研制中的应用	化学与分子工程学院　吴瑾光等　技术物理系　周维金等
230	1995	后勤部重大科技成果奖	系统化前庭功能检查计算机处理和评定系统	生命科学学院　刘克球　胡定国　全镐锡　罗静初　张烈
231	1995	卫生部科技进步奖二等奖	杂色曲霉素与人癌症的关系	生命科学学院　楼建龙　郭振泉　刘兆乾
232	1995	青海省科技进步奖二等奖	青海柴达木尕斯油田储层研究	地质学系　潘懋
233	1995	水电部科技进步奖三等奖	黄河水系砷的环境地球化学行为研究	城市与环境学系　黄润华
234	1995	首届中国PC机应用软件设计大赛一等奖	方正飞腾排版系统FJT.1.0	计算机科学技术研究所　汤帜等7人

第八章　科学研究

979

序号	年份	奖励名称	获奖项目	获奖者
235	1995	浙江省科技进步奖二等奖	宁波市区域环境评价和规划对策研究	环境科学中心　刘宝章（合作完成）
236	1996	国家安全部科技二等奖	政治安全的定量评价	概率统计系　郑忠国等
237	1996	中国航天总公司科技进步奖二等奖	导弹武器系统可靠性增长试验的统计分析和试验设计	概率统计系　陈家鼎等
238	1996	吉林省林业科技进步奖一等奖	CJI型测绘径靠尺	物理学系　赵绥堂　赵同堂　李凤鸣
239	1996	中国工程物理研究院预研基金奖一等奖	短期热力效应对结构的破坏	力学与工程科学系　王仁　韩铭宝
240	1996	国家气象局科技进步奖一等奖	暴雨落区和强度的动力统计释用方法的研究	地球物理学系　黄嘉佑
241	1996	国家气象局科技进步奖二等奖	气象卫星遥感资料反演技术的研究	地球物理学系　朱元竞　赵柏林（北大排名：2）
242	1996	中国科学院自然科学奖二等奖	大气低频振荡的研究	地球物理学系　李崇银　刘式适
243	1996	中国核工业部科技进步奖二等奖	600MWe核电站放射性排出物环境弥散及其后果的研究	地球物理学系　桑建国
244	1996	电子工业部科技进步奖特等奖	大型软件开发环境青鸟系统	计算机科学技术系　杨芙清　邵维忠　陈钟　王立福　朱三元　钱乐秋　金茂忠　许卓群　梅宏　徐家福　等35人

序号	年份	奖励名称	获奖项目	获奖者
245	1996	电子工业部科技进步奖特等奖	COSA 国产系统软件平台	计算机科学技术系 信息科学中心 黄万锰 黄晓明 孟庆余 唐世渭 谢立
246	1996	95 电子十大科技成果	大型软件开发环境青鸟系统	计算机科学技术系 杨芙清等
247	1996	国家科委科技进步奖特等奖	ABT 生根粉系列的推广	生命科学学院 高崇明
248	1996	中国石油天然气总公司科技进步奖二等奖	塔里木盆地构造特征	地质学系 郭召杰
249	1996	国家环境保护局科技进步奖三等奖	两次和多次相平衡/液上气相色谱法测定水中挥发性有机污染物	城市与环境学系 王永华等
250	1996	北京市科技进步奖一等奖	支持 Postseript Levelz 和 BDPDL 的方正 93 栅格图像处理器	计算机科学技术研究所 方正集团公司 阳振坤 王选 刘志红 陈峰 贾文华 张力 汪岳林 黄渭平
251	1996	95 年全国十大科技成就	北大方正电子出版系统	第一完成单位 北京大学计算机科学技术研究所
252	1996	1995 年度推荐优秀软件产品	北大方正彩色电子出版系统	计算机科学技术研究所 北大方正集团公司
253	1997	广东省高等学校自然科学奖一等奖	容错推理	数学科学学院 林作铨
254	1997	中国人民解放军科技进步奖三等奖	提高库存血效益的方法建立和应用	数学科学学院 郑忠国等(合作完成)
255	1997	中国人民解放军科技进步奖三等奖	脑脊血、血液流变学的实验研究和应用研究	数学科学学院 郑忠国等(合作完成)
256	1997	中国人民解放军科技进步奖	血液库存的统计分析	数学科学学院 郑忠国等

序号	年份	奖励名称	获奖项目	获奖者
257	1997	中国人民解放军科技进步奖	脑积液的定量分析	数学科学学院　郑忠国等
258	1997	国家统计局科技进步奖三等奖	罗吉斯提回归的可压缩性	数学科学学院　郭建华
259	1997	国家统计局科技进步奖三等奖	可靠性评估软件	数学科学学院　郑忠国等
260	1997	国家统计局科技进步奖三等奖	部分线性模型的统计分析	数学科学学院　施沛德
261	1997	中国科学院预研基金奖一等奖	短期热力效应对结构的破坏	力学与工程科学系　王仁　韩铭宝
262	1997	机械工业部科技进步奖二等奖	强碳化物形成因素衬底金刚石膜界石物理结构规律性预测和揭示	地理学系　高巧君　袁洪　林汀　王平等(合作完成)
263	1997	北京市科技进步奖二等奖	π电子共轭分子三阶光学非线性研究	物理学系　化学与分子工程学院　龚旗煌　羌笛　孙宇星　黄植文　周锡煌　武永庆　李福绵
264	1997	北京市科技进步奖二等奖	新型有机非线性光学材料的研究	物理学系　龚旗煌等
265	1997	吉林省科技进步奖二等奖	森调仪器的研究(测径靠尺显微测树仪)	物理学系　赵绥堂等(合作完成)
266	1997	国家气象局科学进步奖二等奖	有限区同化预报业务系统的研制和应用	地球物理学系　张玉玲
267	1997	国家气象局科技进步奖二等奖	暴雨科学试验和天气动力学研究	地球物理学系　陶祖钰
268	1997	金融科技进步奖二等奖	保险业务综合管理业务系统	计算机科学技术系　唐世渭　王文婷　裴芳　刘军　(合作完成)
269	1997	中国石油化工总公司科技进步奖二等奖	制苯装置扩量技术改造及BY-2裂解汽油加氢催化剂的工业应用	化学与分子工程学院　桂琳琳　傅贤智等(合作完成)
270	1997	电力工业部科技进步奖一等奖	云南腾冲地热发电可行性研究	地质学系　佟伟等

序号	年份	奖励名称	获奖项目	获奖者
271	1997	冶金工业部科技进步奖一等奖	驾鹿金矿床含氧矿物及新矿物研究	地质学系　舒桂明等（合作完成）
272	1997	山东省土地管理局科技进步奖一等奖	济南市城区土地定级估价	城市与环境学系冯长春 董黎明 张东航楚建辉 李宏 杨黎鸿张永 黄放等（合作完成）
273	1997	1996年度优秀软件产品	北大方正彩色电子出版系统	计算机科学技术研究所北大方正集团公司
274	1997	国家环境保护局科技进步奖一等奖	我国酸沉降及其生态环境影响研究	环境科学中心唐孝炎（合作完成）

（5）获国家教委科技进步奖、教学仪器奖项目

1985—1997年获国家教委科技进步奖、教学仪器奖项目获奖等级统计表

年份	科技进步奖获奖数						教学仪器奖获奖数			
	特等奖	一等奖	二等奖	三等奖	优秀科技成果奖	共计	一等奖	二等奖	三等奖	共计
1985		7	13		10	30				
1986		3	18			21	2	2	6	10
1987		7	21			28				
1988		2	13	1		16				
1989		3	11			14		1	1	2
1990		5	18	10		33				
1991		5	6	7		18				
1992	1	11	13	17		42				
1993		1	4	1		6				
1994		5	17	10		32				
1995		3	3	1		7				
1996		6	21	3		30				
1997		3	9	8		20				
合计	1	61	167	58	10	297	2	3	7	12

1985—1997 年获国家教委科技进步奖科学研究成果项目表

序号	项目名称	年份	获奖等级	主要作者
1	临界点理论及其应用	1985	一等奖	数学系　张恭庆
2	关于原子核集体运动形态以及核内新自由度的研究	1985	一等奖	物理学系　杨立铭　杨泽森　孙洪洲　韩其智　杨新华　齐辉
3	中国降水过程与湿斜压天气动力学	1985	一等奖	地球物理学系　谢义炳　陈受钧　张镡　陶祖钰　蒋尚城　张玉玲　谢安
4	串级萃取理论及其在稀土分离和金川钴镍分离工艺中的应用	1985	一等奖	化学系　徐光宪　李标国　黄春辉　金天柱　严纯华　倪亚明　李俊然
5	ZSM-5 分子筛结构的研究	1985	一等奖	化学系　唐有祺　林炳雄　张婉静　刘振义　李旺荣　郑春苗
6	核内 DNA 病毒在细胞质内的发生	1985	一等奖	生物学系　翟中和　丁明孝　何大澄　戎宪辉　王晓
7	卫星遥感信息在山西农业自然资源定量分析中的应用研究	1985	一等奖	遥感技术应用研究所　承继成　陈凯　石世民　范心圻　李琦　刘燕君　王乃梁（合作研究）
8	气体中冲击波（激波）的反射、绕射的力学、数学分析、数值模拟和应用	1985	二等奖	数学研究所、数学系计算数学教研究室　黄敦　胡祖炽　滕振寰　李文绚　黄录平　雷功炎　丁霭丽等
9	非线性弹性的一般理论	1985	二等奖	数学系　郭仲衡
10	有限元方法和无限元方法	1985	二等奖	数学系　应隆安
11	强子结构和强作用动力学	1985	二等奖	物理学系　胡宁　赵光达　高崇寿　彭宏安　秦旦华

序号	项目名称	年份	获奖等级	主要作者
12	关于有限盘厚度正常旋涡星系的 I II III	1985	二等奖	地球物理学系　岳曾元
13	码分多址卫星通信体制研究	1985	二等奖	无线电电子学系　杨同立　梁庆林　项海格　刘北延　王守仁　周功珠　迟惠生
14	软件工程研究	1985	二等奖	计算机科学技术系　杨芙清　方裕　邵维忠　苏渭珍　刘永进
15	吸附现象研究	1985	二等奖	化学系　顾惕人　赵振国　高月英
16	应用量子化学	1985	二等奖	化学系　徐光宪　黎乐民　任镜清　王秀珍　吾榕之
17	快速麻醉剂氯胺酮的合成研究及其应用	1985	二等奖	化学系　金声　徐瑞秋　叶秀林
18	计算机控制/数据库处理的 X 射线衍射仪	1985	二等奖	化学系、仪器厂、电子仪器厂、无线电电子学系　江超华　韩晓琴　王寿恭　王心一　石自光
19	黏虫发生规律的理论及其应用的研究	1985	二等奖	生物学系　林昌善　张宗炳　蔡晓明　夏曾铣
20	小鸭病毒性肝炎的防治	1985	二等奖	生物学系　王平　潘文石　曹炜　邵绍源　唐兆亮
21	指纹图像数据库系统	1985	优秀科技成果奖	数学系　石青云　程民德　沈学宁
22	多元调和分析	1985	优秀科技成果奖	数学系　邓东皋　潘文杰　韩永生　彭立中　钱涛
23	葛洲坝船闸设计中的计算和理论问题	1985	优秀科技成果奖	数学系　姜礼尚　吴兰成　叶其孝

序号	项目名称	年份	获奖等级	主要作者
24	亚纯函数的值分布与式规族理论	1985	优秀科技成果奖	数学系　庄圻泰
25	有限群及其表示论与组合数学——基础理论及其计算机方法与应用	1985	优秀科技成果奖	数学系　王尊芳　石生明　徐明曜
26	结构物的风荷载的研究	1985	优秀科技成果奖	力学系　孙天风　睢行严　陈为炎　顾志福
27	北京大学低湍流风洞	1985	优秀科技成果奖	力学系　魏中磊　钮珍南　诸乾康　俞达成　丁吾泉
28	西藏地热	1985	优秀科技成果奖	地质学系　佟伟　张知非　廖志杰　朱梅湘　刘时彬
29	地球应力场的数学模拟及其应用	1985	优秀科技成果奖	地质学系、力学系　王仁　丁中一　殷有泉　何国琦　孙荀英
30	历史地理学的理论及其应用	1985	优秀科技成果奖	地理学系　侯仁之
31	Nielsen 不动点理论	1986	一等奖	数学系　姜伯驹
32	微波辐射计及其环境遥感应用	1986	一等奖	地球物理学系　赵柏林　杜金林　胡成达　李慧心　韩庆源　尹宏　朱元竞　付强等
33	大熊猫的生物学研究	1986	一等奖	生物学系　王平　杨安峰　潘文石　曹炜　陈茂生　卢光莹　卫新成　华子千　顾孝诚　张龙翔　梁宋平
34	马氏过程的可逆性、环流、熵产生率与非平衡态	1986	二等奖	数学系　钱敏　钱敏平　龚光鲁　郭懋正
35	拟线性蜕化抛物型与椭圆形方程(组)	1986	二等奖	数学系　姜礼尚　陈亚浙　吴德佺　叶其孝　东经良

序号	项目名称	年份	获奖等级	主要作者
36	拟共形映射与台希米勒空间	1986	二等奖	数学系　李忠
37	CCSCAD 优化与优控子包	1986	二等奖	力学系　叶庆凯等
38	强光与原子、分子及相干光与半导体相互作用理论	1986	二等奖	物理学系　甘子钊　杨国桢
39	超导器件的物理和工艺	1986	二等奖	物理学系　孟小凡　吴修文　李嘉璋　崔广霁　张太平　戴远东
40	微波开放式谐振腔理论	1986	二等奖	无线电电子学系　徐承和　龚中麟　周乐柱　徐安士
41	毫米波传输与新型器件的研制	1986	二等奖	无线电电子学系　徐承和　龚中麟等
42	软件工程基础研究（软件结构与工具）	1986	二等奖	北京大学计算机科学技术系
43	软件工程研究：软件结构、软件工具的研究及 DJS200/XTZ 的研制	1986	二等奖	计算机科学技术系　杨芙清　邵维忠等
44	大规模集成电路绝缘层物理及 MOS 性能分析方法	1986	二等奖	计算机科学技术系　谭长华　许铭真　王阳元　李树栋　吉力久　陈文茹
45	胺存在下的烯类聚合与引发机理	1986	二等奖	化学系　冯新德　丘坤元　曹维孝　孙燕慧等
46	生物活性丙烯酸酯的研究	1986	二等奖	化学系　陆承勋　冯新德　李德昌　王重庆
47	萃取机理与稀土络合物的红外光谱研究	1986	二等奖	化学系　徐光宪　吴瑾光　金天柱　黎乐民　高宏成　施鼐　许振华　翁诗甫等

序号	项目名称	年份	获奖等级	主要作者
48	分散型 6500K 进标卤磷酸钙荧粉的合成技术	1986	二等奖	化学系　黄竹坡　陈朝宗 郭凤瑜　岳素兰　牟香玉 王洪滨　程子佩
49	生物活性高分子	1986	二等奖	化学系　陆承勋　季爱雪
50	高等植物的受精作用	1986	二等奖	生物学系　胡适宜　朱澂
51	工业地理学（工业布局原理）	1986	二等奖	地理学系　魏心镇
52	微分动力系统稳定性研究	1987	一等奖	数学系　廖山涛
53	单晶硅中氢的行为和与氢有关的缺陷	1987	一等奖	物理学系　秦国刚　杜永昌
54	太阳风中阿尔芬脉动的波能串级理论	1987	一等奖	地球物理学系　涂传诒
55	溶剂萃取法从金川铑、铱矿液中分离、提纯铑、铱	1987	一等奖	技术物理系 蒋明　王祥云　刘新起 申国荣　刘元方
56	丝氨酸蛋白酶及其复合物系列立体结构	1987	一等奖	化学系　唐有祺　陈忠国 李培根　徐筱杰等
57	氢氧化物或盐类在载体上单层分散的自发倾向及其在多项催化中的应用	1987	一等奖	化学系　唐有祺　谢有畅 桂琳琳　刘英骏　赵璧英 蔡小海　段连运　吴念祖 张玉芬　卜乃瑜
58	中国寒武纪奥陶纪牙形石研究	1987	一等奖	地质学系　安泰庠
59	非线性振动问题——调和解与La-grange稳定性	1987	二等奖	数学系　丁同仁

序号	项目名称	年份	获奖等级	主要作者
60	有理函数逼近及其应用	1987	二等奖	数学系　沈燮昌
61	LIENARD方程极限环的个数问题和拓扑动力系统的几个例子	1987	二等奖	数学系　张芷芬
62	积分方程与偏微分方程函数论方法及数值求解和线性与非线性椭圆形复方程	1987	二等奖	数学系　闻国椿等
63	椭圆形复方程	1987	二等奖	概率统计系　戴中维 数学系　闻国椿　田茂英
64	旋转壳应力分析理论程序及其在大型冷却塔设计等方面的应用	1987	二等奖	力学系　武际可 王大钧　陈健
65	弹性结构理论中两类算子的正定性和紧致性研究	1987	二等奖	力学系　王大钧　胡海昌 武际可
66	非晶态磁性合金的构性研究	1987	二等奖	物理学系　戴道生等 （合作完成）
67	天气和次天气尺度系统发展的物理过程和分解方法	1987	二等奖	地球物理学系　陈秋士
68	胆色素型胆结石的组成结构及生成机理的研究	1987	二等奖	化学系　吴瑾光　周孝思 徐光宪　石景森　翁诗甫 许振华　刘佛岸　申国荣 林锦湖　刘会洲等
69	轻稀土"三出口"萃取分离工艺理论设计及其工业实践	1987	二等奖	化学系　李标国　严纯华 徐光宪　张宝臧　楼吉翔 刘艳

序号	项目名称	年份	获奖等级	主要作者
70	萃合物结构与萃取机理研究	1987	二等奖	化学系 黄春辉 徐光宪 李标国 金天柱 徐筱杰 任镜清 张德龙
71	稀土极谱分析机理研究和在农业增产中的应用	1987	二等奖	化学系 高小霞 李南强
72	铜、银簇合物的合成与晶体结构的研究	1987	二等奖	化学系 唐有祺 汤卡罗 金祥林 杨清传
73	表面活性剂溶液的物理化学研究	1987	二等奖	化学系 赵国玺 朱步瑶 丁慧君
74	花粉与受精的生物化学	1987	二等奖	生物学系 曹宗巽 杨中汉 李一勤 朱广廉
75	昆虫神经毒素的研究及新型杀虫剂的探索	1987	二等奖	生物学系 张宗炳 倪逸声
76	华北北部地壳上地幔物质组成、构造演化及其与成矿作用、地震活动关系的研究	1987	二等奖	地质学系 何国琦 及其研究集体
77	构造地貌研究	1987	二等奖	地理学系 王乃梁 韩慕康 杨景春
78	试论北京市城市规划建设的两个基本原则	1987	二等奖	地理学系 侯仁之
79	新疆维吾尔自治区土壤侵蚀类型分级遥感目视解译与计算机制图软件系统	1987	二等奖	遥感技术应用研究所、计算中心 马蔼乃 梁振亚 林赛乐 李培清 陈子丹
80	微局部分析及其在Schrödinger算子研究中的应用	1988	一等奖	数学系 王雪平

序号	项目名称	年份	获奖等级	主要作者
81	高临界温度氧化物超导体的研究	1988	一等奖	物理学系 甘子钊 尹道乐 化学系 唐有祺 林炳雄 陈凤翔 李能 张玉芬 郑香苗
82	土壤水渗流的数学问题	1988	二等奖	数学系 萧树松 黄少云
83	数学软件的研究与开发	1988	二等奖	数学系 黄禄平 胡德焜 徐萃薇 王莲芬 孙绳武 高惠璇 魏泽光 刘化荣
84	优化与最优控制中的计算方法	1988	二等奖	力学系 叶庆凯 王肇明
85	流速测量技术	1988	二等奖	力学系 盛森芝 沈熊 舒玮
86	稀土—过渡族金属间化合物的结构与磁性	1988	二等奖	物理学系 杨应昌 何文望 陈海英
87	光学瞬间相干效应及其应用研究	1988	二等奖	物理学系 孙騆亨
88	长期天气预报与气候变化	1988	二等奖	地球物理学系 王绍武 赵宗慈 林本达 黄嘉佑 陈振华
89	电子和离子光学的象差理论	1988	二等奖	无线电电子学系 西门纪业
90	超微粒子—半导体薄膜结构与特性的研究	1988	二等奖	无线电电子学系 吴全德 薛增泉 刘唯敏
91	两半导体激光器差频跟踪系统	1988	二等奖	无线电电子学系 冯卫 谢麟振 王义遒 侯蓓
92	正离子开环聚合"活性"链的研究	1988	二等奖	化学系 张鸿志 冯新德

序号	项目名称	年份	获奖等级	主要作者
93	多肽合成方法的研究	1988	二等奖	化学系 邢其毅 李崇熙 叶蕴华 林垚 薛楚标 李根 金恒亮 季爱雪
94	《机编西文图书联合目录》计算机系统	1988	二等奖	图书馆 董成泰 李淑敏 张文然
95	有机及金属有机晶体结构数据库	1988	三等奖	化学系 徐筱杰等 （与中国科学院合作）
96	微机结构分析通用程序	1989	一等奖	力学系 袁明武 陈璞 郑东等
97	北大2号对虾饲料	1989	一等奖	化学系 金声 林垚 王显仑等
98	程序设计语言研究	1989	一等奖	计算机科学技术系
99	BD－2型恒温式热线流速仪系统	1989	二等奖	力学系 电子仪器厂 俞达成 诸乾康 颜大椿 郑莲 董礼国 商福田 刘志欣
100	宽带激光偏振旋转器等五种新型光学器件	1989	二等奖	物理学系 董振基
101	东亚环流系统的数值模拟	1989	二等奖	地球物理学系 陈受均
102	萃取机理与稀土络合物的红外光谱研究	1989	二等奖	技术物理系 施鼐 高宏成
103	锁相法塞曼激光稳频及其理论与应用	1989	二等奖	无线电电子学系 王楚 吴义芳 郑乐民 王庆吉 汤俊雄 沈伯弘
104	含离子聚合物—聚甲基丙烯酸烷基磺酸酯的合成、形态、表面动态性能及抗凝血性	1989	二等奖	化学系 陈慧英 朱宜 陈竹生 黄祖琇 许炳智 孙丹红 羌笛 何元康 冯新德

序号	项目名称	年份	获奖等级	主要作者
105	电解质混合溶剂溶液中分子间相互作用及其结构性质研究	1989	二等奖	化学系　刘瑞麟　李芝芬　褚德莹　倪朝烁
106	镧氢 Y 型分子筛酸性中心的性质及其结构模型的研究	1989	二等奖	化学系　李宣文　佘励勤　刘兴云
107	生物活性核酸类似物的合成	1989	二等奖	化学系　陆承勋
108	中国公路自然区划	1989	二等奖	地理学系　杨吾扬　陈传康
109	CW 中文语词处理技术	1989	二等奖	电子仪器厂　朱守涛　吴亚平　张洁　计算机科学技术研究所　毛德行
110	新型稀土—铁金属间化合物研究	1990	一等奖	物理学系　杨应昌　孔麟书　张晓东　程本培　裴楷弟　杨继廉　孙弘
111	非线性大气动力学	1990	一等奖	地球物理学系　刘式达　刘式适　郑祖光
112	大规模集成电路中多晶硅薄膜氧化动力学和电学性质的研究	1990	一等奖	计算机科学技术系　王阳元　张爱珍　陶江　佟深　孙铁军　冯孙齐
113	稀土萃取分离三出口工艺的一步放大	1990	一等奖	化学系　李标国　严纯华　廖春生　高松　徐光宪等
114	适用于中国等第三世界的家庭状态生命表模型的创立、应用及计算机软件研制	1990	一等奖	人口研究所　曾毅
115	有限群及其表示论	1990	二等奖	数学系　张继平

序号	项目名称	年份	获奖等级	主要作者
116	解析函数在不完备时的进一步研究	1990	二等奖	数学系　沈燮昌
117	函数空间的奇异积分算子研究	1990	二等奖	数学系　邓东皋　彭立中
118	随机加权法	1990	二等奖	概率统计系　郑忠国 涂冬生　姚泽清
119	动态光弹性和动态焦散线法的实验设备、基本方法和应用研究	1990	二等奖	力学系　苏先基　诸乾康 傅缤　刘承
120	中尺度大气环流的理论研究和数值模拟	1990	二等奖	地球物理学系　桑建国
121	人工降雨催化剂	1990	二等奖	地球物理学系　张铮 （合作完成）
122	X射线安全检查设备Ⅱ型	1990	二等奖	无线电电子学系　王树元 覃祖德　石自光　李平曾 刘美香
123	研究推广应用超声波流量计	1990	二等奖	无线电电子学系　姜天仁 吴全富　刘其培　刘连博 孙逢德
124	电极过程中微弱光—电、电—光响应的研究	1990	二等奖	化学系　蔡生明
125	烯类自由基聚合引发体系的研究	1990	二等奖	化学系 冯新德　丘坤元　冯维孝 郭新秋
126	植物形成层再生的研究	1990	二等奖	生物学系　李正理　崔克明
127	秦岭大熊猫的生态学研究	1990	二等奖	生物学系　潘文石　吕植
128	达乌尔黄鼠的诱发冬眠及其神经机制研究	1990	二等奖	生物学系 蔡益鹏　赵海青　黄钦恒 金宗濂

序号	项目名称	年份	获奖等级	主要作者
129	层析介质研究	1990	二等奖	生物学系　杨瑞
130	岩石韧性变形的显微构造特性及其应变测量	1990	二等奖	地质学系　郑亚东　王玉芳　刘瑞珣　邵济安
131	人类情绪的心理机制研究	1990	二等奖	心理学系　孟昭兰
132	新型固体材料的能谱研究	1990	二等奖	物理学系　宋增福　华道宏
133	磁层大尺度扰动电离层电场赤道电急流	1990	三等奖	地球物理学系　沈长寿　资民筠
134	量子频标原理	1990	三等奖	无线电电子学系　王义遒　王庆吉　付济时　董太乾
135	软件工程环境和软件工具的研究	1990	三等奖	计算机科学技术系　董士海
136	体育录像采集、处理、分析系统	1990	三等奖	计算机科学技术系　吕晋育　曾敬　王新潮　缪蓉　刘洪　曾南山　朱敏　刘颖
137	多相催化反应稳态、非稳态动力学及扩散	1990	三等奖	化学系　俞启全　金韵
138	$Pt-Al_2O_3$ 重整催化剂活性中心性质的研究	1990	三等奖	化学系　杨锡尧
139	含酸氨基功能性单体的聚合及聚合物的研究	1990	三等奖	化学系　李福绵
140	六射珊瑚研究	1990	三等奖	地质学系　齐文同

序号	项目名称	年份	获奖等级	主要作者
141	中国海相碳酸盐岩岩石研究	1990	三等奖	地质学系　王英华　张秀莲　杨承运
142	中国城市化与城市体系的研究	1990	三等奖	城市与环境学系　周一星　杨齐
143	时间序列分析及其应用	1991	一等奖	概率统计系、数学系　谢衷洁　程乾生、叶抗生
144	水文自动测报系统设备和组网技术（自报式）	1991	一等奖	无线电电子学系　唐镇松　沈伯弘　许培良　顾康德　高凡民
145	烟草抗病毒基因工程研究	1991	一等奖	生物学系　陈章良　潘乃穟
146	指纹自动识别系统	1991	一等奖	信息科学中心　石青云　沈学宁　仇桂生　程民德
147	氧枪技术实验系统	1991	二等奖	力学系　吴凤林　鲁守智　陈凌　胡永生　李之年　侯少梅　李长龄
148	长江中上游降水和暴雨发生发展机制的研究	1991	二等奖	地球物理学系　杨大升　周静亚　黄嘉佑
149	液晶高分子研究	1991	二等奖	化学系　周其凤
150	VSAT/COMA 卫星通信网	1991	二等奖	信息科学中心　迟惠生
151	马尾松毛虫预测、预报综合管理研究	1991	二等奖	环境科学中心　叶文虎　李天生　马小明　陈昌洁　吴坚　徐岩　周健生　江年　任立宗　张延娜　高树　朱琦（中国林科院、安徽林虫防总站参加）

序号	项目名称	年份	获奖等级	主要作者
152	日汉机器翻译系统	1991	二等奖	计算语言研究所　俞士汶（南京大学、清华大学、北京大学合作完成）
153	有限元软件包STSA（渗流、温度、应力、分析）	1991	三等奖	数学系　魏泽光　许国安　徐萃薇　尹中民　杜建会
154	新型固体材料的能谱研究	1991	三等奖	物理学系　宋增福等
155	软件工具与环境研究	1991	三等奖	计算机科学技术系　董士海等
156	体育录相采集处理分析系统	1991	三等奖	计算机科学技术系　吕晋育　王新潮　缪蓉　曾敬等
157	华北冬麦区麦田生态系统工程研究	1991	三等奖	生物学系　林昌善　李松岗　苏祥瑶　夏北成　孙平
158	华北地台早古生代岩相古地理研究	1991	三等奖	地质学系　冯增昭　王英华　张秀莲等
159	陕西省佳县经济发展系统研究	1991	三等奖	城市与环境学系　武弘麟　孟晓晨（北京师范大学、佳县政府、中科院地理所合作完成）
160	黏虫生理生态学	1992	特等奖	生物学系　林昌善　蔡晓明　宗志祥　夏曾铣　杨俭美　许崇任　李松岗　苏祥瑶
161	动力系统的结构稳定性与吸引子	1992	一等奖	数学系　钱敏　刘培东
162	涡度法的数学理论	1992	一等奖	数学系　应隆安
163	经典约束系统动力学基本理论	1992	一等奖	力学系　陈滨　梅凤翔　李子平

序号	项目名称	年份	获奖等级	主要作者
164	氮(碳)间隙原子效应磁性材料研究	1992	一等奖	物理学系　杨应昌　张晓东　潘琪　葛森林　杨继廉　孙麟书　程本培　裴谐弟
165	1.5GHz铌腔射频超导实验研究	1992	一等奖	技术物理系　陈佳洱　赵夒　张保澄　王光伟　王莉芳　刘微浪
166	表面活性剂在固液界面上的吸附研究	1992	一等奖	化学系　朱步瑶　顾惕人
167	细胞核骨架—核纤层—中间纤维体系的研究	1992	一等奖	生物学系　翟中和　焦仁杰　蔡树涛　陈枫　汪国顺　吴冬兰　丁明孝
168	我国高等新经济开发区环境的综合研究	1992	一等奖	生物学系　蔡晓明　宗志祥　许崇任　李松岗　杨俭美
169	基因工程抗病毒优质香料烟 h893.1	1992	一等奖	生物学系　陈章良　孙宝俊　潘乃穟　刘春清　刘玮（丹东农科所参加）
170	福建省湄洲湾新经济开发区环境规划综合研究	1992	一等奖	环境科学中心　唐孝炎　陈祥彬　陈金泉　王华东　程声通　叶文虎　陈振金　陈家宜　周世良　关伯仁　商少平　薛纪渝　刘志明　蔡晓明　栾胜基　任长久　梅凤乔
171	宁波市大气环境区域评价和规划研究	1992	一等奖	环境科学中心　陈家宜　刘宝章　马倩如　王树槐　尹洁芬　关伯仁　周中平　诸康　潘乃先　竺开泰　费永昌　蔡旭辉　徐金宝　谢玉真　尹静媛　王凤山
172	不可逆系统的 C^1 封闭引理	1992	二等奖	数学系　文兰

序号	项目名称	年份	获奖等级	主要作者
173	黄土高原三川河流域区域治理与开发信息系统	1992	二等奖	数学系 张绪定（合作完成）
174	非晶轻稀土—过渡金属薄膜的磁性	1992	二等奖	物理学系 戴道生 方瑞宜 彭初兵 万虹 刘尊孝
175	高自旋与超型变核态的研究	1992	二等奖	物理学系 曾谨言 吴崇试 邢正 赵恩广 孟杰
176	强磁场中的逆康普顿散射和第一个具有大质量伴星的脉冲双星的发现	1992	二等奖	地球物理学系 乔国俊 夏晓阳 吴鑫基
177	小型地球站时分复接码分多址卫星通信试验网	1992	二等奖	无线电电子学系 项海格 梁庆林 余耀煌 迟惠生 王守仁 廖旭强 金野 郭新平 侯蓓 李广侠 轩荫华 刘北延
178	微机环境下的地理信息系统软件 Geo-Union	1992	二等奖	计算机科学技术系 周心铁 许卓群 陆钟祥 孙贞寿 李钦敏
179	微乳状液形成与萃取有机相结构研究	1992	二等奖	化学系 吴瑾光 徐光宪 翁诗甫 许振华 陶家询 廖华 刘会洲 周乃扶 吴佩强 刘佛岸 D. NEUM 卞江 技术物理系 高宏成 施蕲 周维金
180	应用铈盐体系进行高分子改造的重新研究与新进展	1992	二等奖	化学系 冯新德 丘坤元 董建华 李炜 王伟
181	热水溶液中铁的迁移形式	1992	二等奖	地质学系 曾贻善 艾瑞英 陈月团 王凤珍
182	油气生成过程中的微粒—质点矿物	1992	二等奖	地质学系 任磊夫 关平

序号	项目名称	年份	获奖等级	主要作者
183	陕甘宁构造地貌机助分析制图综合研究	1992	二等奖	城市与环境学系　王乃梁　邬伦　韩慕康　杨景春　任伏虎　周厚荣
184	应用气象及陆地卫星等遥感资料综合分析技术进行资源、环境监测与预报	1992	二等奖	遥感技术应用研究所　徐希孺　陆登槐　李天杰　崔振奎　肖乾广
185	反应扩散方程及其应用	1992	三等奖	数学系　叶其孝　李正元　王明新　吴雅萍
186	非线性椭圆边值问题的新发展及应用	1992	三等奖	数学系　闻国椿
187	关于插值多项式沃尔什过收敛理论	1992	三等奖	数学系　娄元仁
188	动力分析中的WYD法	1992	三等奖	力学系　袁明武
189	强非线性水波的近代算法	1992	三等奖	力学系　陈耀松　鲁传敬
190	新型半导体的磁光光谱和磁性的研究	1992	三等奖	物理学系　陈辰嘉　王学忠　刘继周
191	大气边界层及湍流扩散过程研究	1992	三等奖	地球物理学系　桑建国
192	全弹性地震波场的超声模型实验研究	1992	三等奖	地球物理学系　赵鸿儒　唐文榜　孙进忠　郭铁栓
193	卫星OLR资料在热带环流及天气气候变化研究中的应用	1992	三等奖	地球物理学系　蒋尚城　谢安　朱亚芬　陶祖钰　朱元竞
194	2x6MV串列静电加速器的改造和运行	1992	三等奖	技术物理系　于金祥　李认兴　巩玲华　张征芬　陈佳洱　张桂筠　沈毅雄　金瑞鑫

序号	项目名称	年份	获奖等级	主要作者
195	DL-7型程控真空计	1992	三等奖	无线电电子学系　王逊　赵兴钰　石自光
196	多频道光纤通信与频率稳定性技术研究	1992	三等奖	无线电电子学系　谢麟振　吴德明　王楚　李爱国　周建英　张肇仪　史美其
197	额尔多斯构造带构造演化与成矿系列研究	1992	三等奖	地质学系　何国琦　韩宝福　郑亚东　王式洸　曲国胜
198	华北地台北部太古宙高级变质区地壳演化和成矿规律	1992	三等奖	地质学系　钱祥麟　崔文元　王时麒　王关玉
199	机载合成孔径雷达（SAR）图像在大中比例尺区调工作中的地质应用	1992	三等奖	地质学系　朱亮璞
200	混杂沉积相研究	1992	三等奖	城市与环境学系　崔之久　熊黑钢　谢又予
201	机器翻译译文质量评估软件	1992	三等奖	计算语言研究所　俞士汶　姜新　朱学锋　侯方　马希文
202	内蒙古草原牧场防护区遥感综合调查研究	1993	一等奖	遥感地理信息系统研究所　毛赞猷　任志弼　崔海亭　雍世鹏　李天杰　梅安新　武凤山　李博　林增春
203	IFV-900型智能流速测量系统	1993	二等奖	力学系　盛森芝　庄永基　徐月亭　刘松秋　张金钟　陈殿兰　丁吾泉
204	中国控制系统计算机辅助软件设计（CADCSC)软件系统	1993	二等奖	力学系　叶庆凯等
205	北京大学大气环境模式	1993	二等奖	地球物理学系　桑建国　陈家宜　蔡旭辉　吴显平　刘树华　栾胜基
206	利用黄瓜花叶病毒外壳蛋白基因提高番茄抗病能力	1993	二等奖	生物学系　陈章良　徐鹤林　米景九　朱玉贤　杨荣昌　胡天华

序号	项目名称	年份	获奖等级	主要作者
207	新型半导体的磁光光谱和磁性	1993	三等奖	物理学系　陈辰嘉等
208	随机场的预测和马氏模型的识别	1994	一等奖	概率统计系　江泽培　黄大威　蒋继明
209	系统鲁棒分析与综合	1994	一等奖	力学系　黄琳　王龙　于年才
210	圆柱壳在轴向冲击下塑性稳定性的第二临界速度研究	1994	一等奖	力学系　王仁　韩铭宝　茹重庆　杨青春　黄筑平
211	参类水溶性化学成分的研究	1994	一等奖	化学与分子工程学院　邢其毅　叶蕴华　杨柳　龙义成
212	铟和锑的国际原子量新标准	1994	一等奖	化学与分子工程学院　张青莲　钱秋宇　赵墨田　肖应凯
213	经典系统的几何和量子化	1994	二等奖	数学系　钱敏　郭懋正　刘张炬
214	微分方程质点法、差分法	1994	二等奖	数学系　滕振寰
215	点传递图研究中的群论方法	1994	二等奖	数学系　徐明曜
216	向量场分支的几个问题	1994	二等奖	数学系　李承治
217	低雷诺数流计算新方法的研究及其若干应用	1994	二等奖	力学系　吴望一　严宗毅
218	光力学中的光学微分方法和数字图像相减技术及应用	1994	二等奖	力学系　方竞　戴福隆
219	高温超导外延薄膜及人工弱连接约瑟夫森结	1994	二等奖	物理学系　甘子钊　熊光成　王世光　王守证　戴远东　尹道乐　李嘉璋　连贵君　黄祥辉　刘让蛟　李贻杰　陈名玲　李洁　张云
220	量子力学基础与费曼路径积分	1994	二等奖	物理学系　钱尚武　顾之雨

序号	项目名称	年份	获奖等级	主要作者
221	多电子束契伦柯夫自由电子激光振荡器实验研究	1994	二等奖	技术物理系　王清源 陈佳洱　胡克松　赵夔 陈裕涛　王平山
222	正则电子光学像差理论与正则束流光学计算	1994	二等奖	无线电电子学系　西门纪业 刘志雄
223	^{60}Co 的分离、分析、超导电性和非线性光学研究	1994	二等奖	化学与分子工程学院、物理学系　顾镇南　冯孙齐 孙亦梁　李传义　羌笛 龚旗煌　李福绵　韩汝珊 周锡煌　邹英华　张金龙 朱星　叶志远　武永庆 金朝霞　甘子钊
224	晶体的 X 射线发光及 X 射线存储发光的研究	1994	二等奖	化学与分子工程学院 苏勉曾　林建华　赵伟 陈伟
225	模拟过氧化物酶(M-POD)催化反应性能和分析应用研究	1994	二等奖	化学与分子工程学院 慈云祥　常文保　孙淑声 王芳　陈列　帖建科
226	南瓜家族丝氨酸蛋白酶抑制剂的结构功能关系研究及改造	1994	二等奖	化学与分子工程学院 黄其辰　刘身坪　唐有祺
227	早期陆生维管植物起源与演化	1994	二等奖	地质学系　郝守刚(第一完成单位)
228	山东庙岛群岛的黄土与环境变化	1994	二等奖	城市与环境学系　曹家欣
229	固液两相流理论及在泥沙运动研究中的应用	1994	二等奖	城市与环境学系　王光谦 倪晋仁 (合作完成)
230	单晶硅与砷化镓和非晶硅中氢的研究	1994	三等奖	物理学系　秦国刚　元民华 王兰萍　贾孟强　杜永昌 金泗轩　张丽珠　晏懋洵 吴恩
231	非线性光学效应产生 VUV/XUV 相干辐射	1994	三等奖	物理学系　田测产　孙骑亨 邹英华　王鹏谦

序号	项目名称	年份	获奖等级	主要作者
232	薄膜全场应力测试技术及系统	1994	三等奖	计算机科学技术系 武国英 方竞 徐立 陈文茹 张国炳 郝一龙 李志宏 齐佳 倪受庸
233	加氢精制催化剂载体效应的研究	1994	三等奖	化学与分子工程学院 桂琳琳 傅贤智 罗胜成 朱永法 唐有祺
234	稀土氯化物体系相图的测定及其变化规律的研究	1994	三等奖	化学与分子工程学院 郑朝贵 叶于浦 乔芝郁
235	相似分析—质谱法鉴定昆虫性信息素的双链位置及质谱的研究	1994	三等奖	化学与分子工程学院 袁谷 何美玉 贺晓然
236	以 DNA 为靶分子多作用位点的抗癌新药设计中的分子识别研究	1994	三等奖	化学与分子工程学院 杨铭 王保怀 朱树梅 张有民 王夔
237	华北太古宙灰色片麻岩、高压麻粒岩与早期地壳演化研究	1994	三等奖	地质学系 王仁民 陈珍珍 李平凡(第一完成单位)
238	我国前寒武纪铁矿的氧、碳同位素组成特征及其成因	1994	三等奖	地质学系 魏菊英 上官志冠 王关玉 郑淑蕙 强德美 莫志超(第一完成单位)
239	现代冰缘地貌研究	1994	三等奖	城市与环境学系 王炜 崔之久 熊黑纲 姚增 (合作完成)
240	东坪式金矿盲矿体的多元信息预测研究	1994	三等奖	遥感与地理信息系统研究所 刘燕君 金丽芳 冯钟葵 冯纪录
241	北京大学加速器质谱计的建立与^{14}C测年和示踪的研究	1995	一等奖	技术物理系 陈佳洱 李坤 郭之虞 刘克新 鲁向阳 陈铁梅 原思训 汪建军 斯厚智 高世军 刘洪涛 张如菊 严声清 李斌 钱伟述 袁敬琳 张征芳 杨凤玲

序号	项目名称	年份	获奖等级	主要作者
242	南方离子吸附型矿混合稀土的萃取全分离	1995	一等奖	化学与分子工程学院 严纯华 廖春生 李标国 贾江涛 张亚文 高松 马小桃 王建方 徐光宪 等
243	金属硫蛋白的结构与功能	1995	一等奖	生命科学学院 茹炳根 潘爱华 铁峰 王文清 李令媛 帖建科 殷慎敏 冯雅君 杨美珠 陈章良 孙军 罗静初 施定基 刘小青 于静
244	新型半导体的光谱特性	1995	二等奖	物理学系 陈辰嘉等
245	脉冲星和超新星遗迹的观测和理论研究	1995	二等奖	地球物理学系 吴鑫基 乔国俊 张承民 王德育
246	国产射频超导加速器的研制	1995	二等奖	技术物理系 赵夔 陈佳洱 张保澄 王莉芳 于进 吕德泉 宋进虎
247	马兰属生物系统学研究	1995	三等奖	生命科学学院 顾红雅
248	现代模表示论及其应用	1996	一等奖	数学科学学院 张继平
249	常微分方程周期解问题	1996	一等奖	数学科学学院 丁同仁
250	表面与界面原子结构的 LEED（低能电子衍射）及 EELS（电子能量损失谱）	1996	一等奖	物理学系 杨威生 贾金峰 赵汝光 方胜 季航 盖峥
251	铕和铈的国际原子量的新标准	1996	一等奖	化学与分子工程学院 张青莲 钱秋宇 赵墨田 王军

序号	项目名称	年份	获奖等级	主要作者
252	稀土络合物及其荧光复合新材料的结构性能研究和应用	1996	一等奖	化学与分子工程学院 吴瑾光　姚瑞刚　卞江 徐光宪　徐端夫　许振华 翁诗甫　李维江等 技术物理系　周维金 施萧　高宏成
253	中国教育和科研计算机网络 CERNET 示范工程	1996	一等奖	计算中心　张兴华　迟惠生 （北大排名：2）
254	映射几何学中若干猜想和问题的解决	1996	二等奖	数学科学学院　段海豹
255	小波算子及应用	1996	二等奖	数学科学学院　彭立中 蒋庆堂
256	模型的可压缩性和可分解性——含或不含完全数据	1996	二等奖	数学科学学院　耿直 郭建华
257	高温超导材料正常态热电势及 I/F 噪声的研究	1996	二等奖	物理学系　阎守胜　刘国良 熊光成　连贵君　董莉泰
258	半导体超晶格声子的拉曼光谱学研究	1996	二等奖	物理学系　张树霖　金鹰 侯永田　秦国刚　袁诗鑫 王迅　杨昌黎
259	俯冲带形态、物理性质及负浮力的研究	1996	二等奖	地球物理学系　臧绍先 宁杰远　吴忠良　陈峰等
260	湍流运动的第四效应——频散	1996	二等奖	地球物理学系　刘式适 刘式达
261	U^{238} 中子数据评价	1996	二等奖	技术物理系　唐国有 陈金象　张国辉　施兆民
262	水文自动测报系统设备和组网系统（自报式）	1996	二等奖	无线电电子学系　唐镇松 沈伯弘　许培良　顾康德 高繁民　王志军　吴建军

序号	项目名称	年份	获奖等级	主要作者
263	控制接枝点的自由基接枝共聚合研究	1996	二等奖	化学与分子工程学院 冯新德　丘坤元　董建华 赵金波　赵彤
264	液晶高分子、网络、凝胶的相变、构象性质	1996	二等奖	化学与分子工程学院 王新久
265	具有光学活性的配合物及其超薄有序膜的研究	1996	二等奖	化学与分子工程学院 黄春辉　赵新生　周德健 王科志　李辉　甘良兵
266	钙信使系统对花粉萌发和花粉管生长的调控	1996	二等奖	生命科学学院　龚明 曹宗巽　杨中汉(北大排名：2)
267	横断山区地热资源考察与研究	1996	二等奖	地质学系　佟伟　廖志杰 刘时彬　过国颖　朱梅湘 张知非　沈敏子　赵凤三 (北京大学：第一完成单位)
268	黔桂苏赣地区二叠—三叠纪海相地层古生物及沉积环境研究	1996	二等奖	地质学系　杨守仁　王新平 郝维诚 (北京大学：第一完成单位)
269	中国南极长城站地区地貌与沉积研究	1996	二等奖	城市与环境学系　崔之久 谢又予　朱诚　刘耕年 熊黑钢
270	拦减粗泥沙对黄河河道冲淤变化的影响	1996	二等奖	城市与环境学系　倪晋仁等 (北大排名：4)
271	难熔金属氮化物、砷化镓肖特基势垒的特性研究	1996	二等奖	微电子学研究所　张利春 高玉芝　宁宝俊　王阳元 等
272	GaAs集成电路中难溶金属氮化物栅的研究	1996	二等奖	微电子学研究所　张利春 高玉芝　宁宝俊等

序号	项目名称	年份	获奖等级	主要作者
273	难熔金属氮化物栅技术研究	1996	二等奖	微电子学研究所 张利春 高玉芝 宁宝俊 王阳元 等
274	难熔金属氮化物砷化镓集成电路技术研究	1996	二等奖	微电子学研究所 张利春 高玉芝 宁宝俊等
275	结构物群的风荷载	1996	三等奖	力学与工程科学系 孙天风 顾志福
276	高品质硅化物的离子束合成——某些新现象的发现、解释及一些新方法的采用	1996	三等奖	技术物理系 吴名枋
277	中国东北地体与东北亚大陆边缘演化	1996	三等奖	地质学系 邵济安 唐克东 王成源 詹立培 徐公愉 （北京大学:第一完成单位）
278	《新概念物理》	1997	一等奖	物理学系 赵凯华 罗蔚茵
279	《细胞生物学》	1997	一等奖	生命科学学院 翟中和 丁明孝 王喜忠 王永潮 韩贻仁 周青山 焦山杰 蔡树涛
280	《大气环境化学》	1997	一等奖	环境科学中心 唐孝炎 李金龙 栗欣 陈旦华
281	《流体力学》（上、下册）	1997	二等奖	力学与工程科学系 周光炯 严宗毅 许世雄 章克木
282	《近代物理学实验》	1997	二等奖	物理学系 吴思诚 王祖铨
283	《群论及其在粒子物理学中的应用》	1997	二等奖	物理学系 高崇寿
284	半导体超晶声子的拉曼光谱学研究	1997	二等奖	物理学系 张树霖
285	《大气动力学》	1997	二等奖	地球物理学系 刘式适 刘式达

序号	项目名称	年份	获奖等级	主要作者
286	4.5MV 单极静电加速器	1997	二等奖	技术物理系　陈佳洱 张英侠　谢大林　王建勇 巩玲华　袁喜忠　吕建钦 郭菊芬　严声清　许方官 张征芳　徐萍芳　全胜文 刘经之　王莉芳　刘智辉 姐栋林　沈子林
287	《原子核物理学》	1997	二等奖	技术物理系　胡济民 杨伯君　郑春开　卓益忠
288	《基础有机化学》	1997	二等奖	化学与分子工程学院 邢其毅　徐瑞秋　周政 裴伟伟
289	《生物化学》	1997	二等奖	生命科学学院　沈同 王镜岩　朱圣庚　徐长法 赵邦悌　李建武　余梅敏 杨瑞　杨福愉
290	结构物群的荷载	1997	三等奖	力学与工程科学系　孙天风 顾志福
291	《电动力学》	1997	三等奖	技术物理系　虞福春 郑春开　瞿定
292	《结构化学基础》	1997	三等奖	化学与分子工程学院 周公度　段连运
293	《结构和物性：化学原理的应用》	1997	三等奖	化学与分子工程学院 周公度
294	《脊椎动物学》	1997	三等奖	生命科学学院　杨安峰
295	《结构矿物学导论》	1997	三等奖	地质学系　郑辙
296	柴河铅锌矿对柴河水库水质的影响的研究	1997	三等奖	城市与环境学系　贾振邦 赵智杰
297	用于多晶硅发射极电路的专利和关键技术	1997	三等奖	微电子学研究所　张利春 高玉芝　钱钢　阎桂珍 何美华　宁宝俊

1986—1989 年获国家教委教学仪器奖项目

序号	项目名称	年份	获奖等级	主要作者
1	光泵磁共振仪	1986	一等奖	无线电电子学系　朱宋
2	激光拉曼分光计	1986	一等奖	物理学系能谱室　张树霖 史守旭　曹树石　朱印康 周学秋 仪器厂　金忠尧　霍继道 杨恩荣 无线电电子学系　石自光
3	电子自旋共振仪	1986	二等奖	物理学系　黄飞虎
4	单光子计数实验装置	1986	二等奖	物理学系　朱印康
5	阿贝成像原理和空间滤波实验装置	1986	三等奖	物理学系普通物理实验室
6	普通物理光学实验箱	1986	三等奖	物理学系普通物理实验室 谢慧媛
7	刚体在力偶作用下的运动	1986	三等奖	物理学系　陈熙谋
8	泵光谱演示仪	1986	三等奖	物理学系　谭国英
9	彩色分解与合成演示仪	1986	三等奖	物理学系　让庆澜
10	水面波盘	1986	三等奖	物理学系　陈熙谋
11	声—光效应实验仪	1989	二等奖	物理学系　吴仲英
12	PNI-A 型牛顿环纹演示及测量仪	1989	三等奖	物理学系　吴仲英

（6）获科技攻关奖、科技专项奖和国际科技奖项目

1981—1997 年获科技攻关奖、科技专项奖、国际科技奖项目获奖等级统计表

年份	科技攻关奖					科技专项奖						国际科技奖	共计
	国家科技攻关奖	国家计委、国家科委、财政部科技攻关奖	电子行业科技攻关奖	机电部科技攻关奖	小计	特等奖金奖	一等奖	二等奖	三等奖	其他奖	小计		
1981										1	1		1
1982										1	1		1
1983													
1984	2				2			2	1		3	1	6
1985													
1986	5	2			7		4	1	2		7	4	18
1987												1	1
1988										4	4	1	5
1989	3				3		1			2	3	1	7
1990		2			2				1	7	8	2	12
1991	6	2			8	1	1				2	1	11
1992				55	55	1			6	29	36	1	92
1993							2		4	6	12	2	14
1994							2	4	3	55	64	3	67
1995							2	2		20	24	3	27
1996	15	5	1		21		2	3	2	6	13	2	36
1997							2	1	1	7	11	2	13
合计	31	11	1		98	2	16	13	20	138	189	24	311

1984—1996 年获国家科技攻关奖项目表

序号	年份	奖励名称	获奖项目	获奖者
1	1984	"六五"国家科技攻关表彰奖	超导量子干涉器件及磁强计的研究	物理学系低温教研室 崔广霁 孟小凡 李嘉璋 郭维新 吴克 薛立新 计算机科学技术系微电子研究室 吴修文 张太平 魏玉海 程云富 马连荣
2			卫星遥感信息在山西农业资源定量分析中的应用研究	遥感技术应用研究所 承继成 石世民 李琦 陈凯 范心圻 刘燕君 王乃梁
3	986	"六五"国家科技攻关奖	南方海相碳酸盐岩地区油气普查勘探技术方法研究	数学系 （合作完成）
4			集成电路剖析技术的研究	计算机科技技术系 陈贤 宁宝俊 盛世敏 莫邦燹 祝忠德 武国英
5			软件理论研究	计算机科学技术系
6			功能高分子材料的研究	化学系
7			遥感在内蒙古地区草场资源调查中的应用研究	遥感技术应用研究所 陈凯 毛赞猷 徐希孺 地理学系崔海亭等
8	1989	"七五"国家科技攻关奖	半绝缘砷化镓单晶	物理学系秦国刚（合作完成）
9			微米薄膜技术研究	计算机科学技术系 武国英等
10			"英汉机器翻译"中的"译文评估"	计算机科学技术系 俞士汶等 （合作完成）
11	1991	"七五"国家科技攻关重大成果奖	反应堆结构安全软件审批系统	力学系 袁明武 陆明万等
12			VLSI 中薄膜的基本理化性质及应用研究	微电子学研究所 武国英等
13			微细加工技术研究	微电子学研究所 武国英等
14			小尺寸器件性能及物理限制研究	微电子学研究所 谭长华 许铭真 王阳元 刘晓卫等
15			用 ELD 技术制备 SOI 膜和三维集成电路基础技术研究	微电子学研究所 李映雪等

序号	年份	奖励名称	获奖项目	获奖者
16	1991	"七五"国家科技攻关突出贡献先进个人		计算机科学技术系 杨芙清
17			光纤光栅布拉格反射滤波器（FBR）及单频窄线宽 FBR 半导体激光器	物理学系 刘弘度等
18			台风、暴雨业务数值预报方法研究	地球物理学系 陶祖钰 陈受均（北大排名：4）
19			大型软件开发环境	计算机科学技术系 杨芙清
20			COSA 国产系统软件平台	计算机科学技术系（北大排名：2）
21			聚醚砜、聚醚醚酮、双马型聚酰亚胺等树脂专用料及其加工技术	化学与分子工程学院 张鸿志 张广利等（北大排名：8）
22	1996	"八五"国家科技攻关重大科技成果奖	新疆大型—超大型矿床成矿条件与大型靶区成矿预测	地质学系 何国琦等（北大为第一完成单位）
23			我国酸沉降及其生态环境影响研究	环境科学中心（北大排名：3）
24			滇池富营养化综合防治成套技术	环境科学中心（北大排名：5）
25			新工艺技术、新器件和电路研究——CMOS/NMOS-SOI电路研究	微电子学研究所 王阳元等
26			集成电路 CAD 技术研究	微电子学研究所（北大排名：9）
27			重点产粮区主要作物遥感估产	遥感与地理信息系统研究所（北大排名：4）
28	1996	"八五"国家科技攻关先进个人奖		地球物理学系 陶祖钰
29				计算机科学技术系 杨芙清
30				微电子学研究所 王阳元
31				微电子学研究所 张利春

1986—1996 年获国家计委、国家科委、财政部科技攻关奖项目表

序号	年份	奖励名称	获奖项目	获奖者
1	1986	"六五"科技攻关奖	超导器件的物理和工艺	计算机科学技术系 吴修文 张太平等
2		"六五"科技攻关重大成果奖	软件工程研究：软件结构软件工具的研究及DJS200/XT2的研究	计算机科学技术系 杨芙清 邵维忠等
3	1990	"七五"科技攻关奖	三级系统图件软件	计算机科学技术系 吴良芝（合作完成）
4			微差爆破时岩体反应的计算	计算机科学技术系 吴良芝（合作完成）
5	1991	"七五"科技攻关奖重大成果奖	软件工程支撑环境——青岛系统	计算机科学技术系 杨芙清 邵维忠等
6			小尺寸器件性能及物理限制研究	微电子学研究所 谭长华 许铭真 王阳元 刘晓卫等
7	1996	"八五"科技攻关奖重大成果奖	大型软件开发环境青鸟系统	计算机科学技术系 杨芙清 邵维忠等
8			多晶硅发射极超高速双极集成电路研究	微电子学研究所 张利春 王阳元 倪学文等
9			超大规模集成电路 MOS器件可靠性研究	微电子学研究所 谭长华 许铭真 王阳元 刘晓卫 何燕冬 段小蓉等
10			CMOS/SIMOXSOI 电路研究	微电子学研究所 李映雪 王阳元 张兴 奚雪梅 魏立琼 程玉华 赵清太等
11			集成电路 CAD 技术研究	微电子学研究所 吉利久 盛世敏等

1996 年获电子行业科技攻关奖项目表

序号	年份	奖励名称	获奖项目	获奖者
1	1996	"八五"科技攻关重大成果奖	COBASE 数据库管理系统	计算机科学技术系唐世渭等

1992 年获机电部表彰"七五"国家科技攻关优秀成果表

序号	获奖项目	获奖者
1	用 ELD 技术制备 SOI 膜和三维集成电路基础研究	计算机科学技术系　微电子学研究所
2	VLSI 中各种薄膜的基本理化性质及应用研究	计算机科学技术系　微电子学研究所
3	小尺寸器件性能及物理限制的研究	计算机科学技术系　微电子学研究所
4	微细加工技术研究	计算机科学技术系　微电子学研究所
5	CAD 三级系统总体设计、软件开发和实用化	计算机科学技术系（合作研究）
6	微波及功率集成电路 CAD	计算机科学技术系（合作研究）
7	0500 系列 32 位通用微机系统	计算机科学技术系（合作研究）
8	程序语言编译系统国产化	计算机科学技术系（合作研究）
9	软件工程技术、工具和环境	计算机科学技术系（合作研究）
10	标准化计算机网络系统开发	计算机科学技术系（合作研究）
11	微机通用管理信息系统 MIS	计算机科学技术系
12	图形支撑软件	计算机科学技术系（合作研究）
13	模式识别通用软件包	数学系（合作研究）
14	垂直记录技术	物理学系（合作研究）
15	自然语言理解与人机接口	计算语言研究所（合作研究）
16	英汉、日汉机器翻译系统	计算语言研究所（合作研究）
17	模式识别图像数据库	信息科学中心

先进个人：38人

计算机科学技术系：吴良芝　武国英　徐立　郝一龙　孙玉秀

张录　隋小平　李映雪　陈南翔　程玉华

张国炳　陈文如　洪秀花　谭长华　许铭真

刘晓卫　张晖　段小蓉　孙家骊　丁文魁

陈葆钰　杨冬青　王文婷　董士海　唐世渭

方裕　李卫民　邵维忠　陈钟　杨芙清

信息科学中心：石青云　程民德　沈学宁　仇桂生　王劲松

数学系：张绪定

物理学系：潘国宏

计算语言研究所：俞士汶

1981—1997 年获科技专项奖项目表

序号	年份	奖励名称	获奖项目	获奖者
1	1981	《国际控制与系统》杂志征文奖	自然科学中的控制论与系统理论	无线电电子学系　楼格
2	1982	1977—1981 年度全国优秀科技图书奖	《动力气象学》	地球物理学系　杨大升刘玉滨　刘式适
3	1984	全国微机成果展览二等奖	SAP81－CH 微机通用结构分析程序	力学系、电子仪器厂袁明武　陈璞　李原能沈东　沈心卓　李晓雷熊善继
4	1984	全国微机成果展览二等奖	静态图像传输系统	无线电电子学系、无线电工厂　王宏涛　王岳等
5	1984	包头钢铁公司科技三等奖	混合澄清槽流量自动控制仪	化学系、物理学系
6	1986	北京地区优秀软件一等奖	微机上的结构分析通用程序 SAP84	力学系　袁明武　陈璞郑东
7	1986	北京地区优秀软件一等奖	软件工程核心支撑环境（BETA－85）	计算机科学技术系杨芙清　方裕　唐世渭陈良华　陈钟　米宁姚杰　徐效竹　陈向群

序号	年份	奖励名称	获奖项目	获奖者
8	1986	北京地区先进应用系统奖二等奖	DIPS 数字图像信息处理系统	数学系　潘君卓等
9	1986	北京市科技成果及计算机管理系统评比一等奖	第十一届亚运会电子管理系统设计	计算机科学技术系 张世龙　邹悦　吕晋育
10	1986	北京市科技成果及计算机管理系统评比一等奖	高校财务管理系统	计算中心　吴世琪 孙绍芳　李建国　唐作继 计算机科学技术研究所 龚理嘉 财务处　胡妙慧　阎建忠
11	1986	国家重大科技成果	大规模集成电路中多晶硅薄膜基本性质的研究	微电子学研究所 王阳元　韩汝琦 张国炳等
12	1986	国家重大科技成果	大规模集成电路绝缘层物理 MOS 性能分析方法	微电子学研究所 谭长华　许铭真 王阳元等
13	1988	中国科协青年科技奖		数学系　张继平
14	1988	北京市青年科技奖		无线电电子学系 吴欣欣
15	1988	北京市科协青年科技奖		数学系　徐雷
16	1988	王世仪化学奖	元素周期律与生物规律的研究	技术物理系　刘元方 唐任寰　石进元等
17	1989	李四光地质科技奖		地质学系　丁中一
18	1989	中国专利发明创造金奖	高分辨率汉字字型发生器	计算机科学技术研究所 王选
19	1989	霍英东教育基金会青年教师科研奖		化学系　严纯华

第八章　科学研究

序号	年份	奖励名称	获奖项目	获奖者
20	1990	中国科学院赵九章优秀中青年科学家奖	环流异常历史演变的相似研究	地球物理学系　黄建平
21	1990	北京气象学会成立40周年优秀论文成果奖	农田水分蒸散计算方法的比较研究	地球物理学系　刘树华
22	1990	北京气象学会成立40周年优秀论文成果奖	考虑环流异常历史演变的相似——动力季节预报研究	地球物理学系　黄建平
23	1990	光华青年科研成果奖	大气近地面层湍流通量的计算方法	地球物理学系　刘树华
24	1990	中国科协青年科技奖		办学系　方竞
25	1990	中国科协青年科技奖		生物学系　陈章良
26	1990	全国科技实业创业奖		新技术公司　楼滨龙
27	1990	北京市公安局科技三等奖	北京市公安局刑侦指挥部计算机辅助系统	无线电电子学系　诸天鹏等
28	1991	国家重大技术装备成果特等奖	光华Ⅳ型计算机—激光汉字编辑排版系统	北京大学计算机科学技术研究所
29	1991	北京地区优秀软件奖一等奖	模式识别通用软件包	数学系　张绪定　张树义等
30	1992	王丹萍科学奖		物理学系　杨应昌
31	1992	王丹萍科学奖		地球物理学系　涂传诒
32	1992	钱宁泥沙科学技术奖		环境科学中心　倪晋仁
33	1992	中国科学院赵九章优秀中青年科学工作奖	大气边界层物理机制及应用研究	地球物理学系　刘树华
34	1992	北京市科协青年科技奖		地球物理学系　黄伟

序号	年份	奖励名称	获奖项目	获奖者
35	1992	光华科技基金奖一等奖		计算机科学技术系 王阳元
36	1992	光华科技基金奖三等奖		物理学系 杨东海
37	1992	光华科技基金奖三等奖		无线电电子学系 王树元
38	1992	光华科技基金奖三等奖		无线电电子学系 栾桂冬
39	1992	光华科技基金奖三等奖		无线电电子学系 李平曾
40	1992	光华科技基金奖三等奖		计算机科学技术系 张利春
41	1992	光华科技基金奖三等奖		生物学系 刘克球
42	1992	光华安泰奖项目奖	密码理论	数学系
43			512 路数字式自相关频谱仪	地球物理学系
44			小型地球站时分复接码分多址卫星通讯试验网	无线电电子学系
45			三微米 CMOS 集成电路工艺技术研究	计算机科学技术系
46			新型高效水质保护剂	化学系
47			金属硫蛋白的研究与应用	生物学系
48			地震活动度与地震危险性分析	地质学系
49			厦门市土地定级和土地估价	城市与环境学系
50			方正彩色出版系统	计算机科学技术研究所
51			湄洲湾大气、生态、规划研究	环境科学中心

序号	年份	奖励名称	获奖项目	获奖者
52				数学系　刘张炬
53				概率统计系　何书元
54				力学系　方竞
55				物理学系　张国义
56				地球物理学系 付绥燕
57				技术物理系　叶沿林
58				无线电电子学系 汪自雄
59	1992	光华安泰奖个人奖		计算机科学技术系 王玉广
60				化学系　来鲁华
61				生物学系　李雄彪
62				心理学系　钱铭仪
63				计算机科学技术研究所 邱崭姿
64				信息科学中心　龚伟
65				环境科学中心　张远航
66	1993	霍英东教育基金会青年教师科研奖		数学系　王杰
67	1993	霍英东教育基金会青年教师科研奖		计算机科学技术研究所 肖建国
68	1993	中国科协青年科技奖		化学系　来鲁华

序号	年份	奖励名称	获奖项目	获奖者
69	1993	中国科协青年科技奖		生物学系 顾红雅
70	1993	中国科协青年科技奖		生物学系 吕植
71	1993	胡刚复、饶毓泰、叶企孙、吴有训物理奖		无线电电子学系 杨东海 王义遒
72	1993	北京市政协优秀建议奖一等奖	北京市城市总体规划修订意见	城市与环境学系 周一星
73	1993	光华科技基金奖一等奖		信息科学中心 石青云
74	1993	光华科技基金奖三等奖		概率统计系 陈家鼎
75	1993	光华科技基金奖三等奖		技术物理系 赵夔
76	1993	光华科技基金奖三等奖		无线电电子学系 王庆吉
77	1993	光华科技基金奖三等奖		计算机科学技术系 倪学文
78	1994	胡刚复、饶毓泰、叶企孙、吴有训物理奖二等奖		技术物理系 汪建军
79	1994	何梁何利科学技术进步奖		化学与分子工程学院 徐光宪
80	1994	钱临照奖		生命科学学院 翟中和
81	1994	君安·北大科学家奖		技术物理系 刘元方 唐任寰 石进元
82	1994	中国分析测试协会"CAIA奖"一等奖	高难结构分析测试技术	化学与分子工程学院 杨清传 金祥林 章士伟 王铁良
83	1994	中国分析测试协会"CAIA奖"一等奖	微量量热法研究抗癌物质与生物大分子的相互作用	李芝芬 王夔 曾慧慧 杨铬

序号	年份	奖励名称	获奖项目	获奖者
84	1994	中国分析测试协会"ACIA 奖"二等奖	静态二次离子质谱（Static SIMS）测定负载型催化剂表面状态和表面结构层	化学与分子工程学院 黄慧忠 胡德红 赵璧英 郭沁林 周宇
85	1994	中国分析测试协会"CAIA 奖"二等奖	昆虫性信息素及类似物质谱测定的研究	化学与分子工程学院 何美玉 贺晓然 袁谷
86	1994	中共中央组织部中国青年科技奖		环境科学中心 倪晋仁
87	1994	中国青年科学家奖		数学系 王诗宬
88	1994	光华科技基金奖二等奖		无线电电子学系 王义遒
89	1994	光华科技基金奖三等奖		物理学系 刘弘度
90	1994	光华科技基金奖三等奖		无线电电子学系 项海格
91	1994	光华科技基金奖三等奖		计算机科学技术系 李映雪
92	1994	光华安泰奖项目奖	新型非线性光学材料的研究	物理学系 化学与分子工程学院
93			钇钡铜氧双晶研究及高灵敏 dc SQUID 磁强计	物理学系
94			南瓜家族丝氨酸蛋白酶抑制剂的结构功能关系研究及改造	化学与分子工程学院
95			细胞骨架体系及细胞核体外装配（重建）的研究	生命科学学院
96			支持 Post Script level2 和 BDPDL 的方正 93 栅格图像处理器	计算机科学技术研究所 阳振坤 王选 刘志红等 10 人

序号	年份	奖励名称	获奖项目	获奖者
97				数学系 刘和平
98				数学系 彭立中
99				数学系 谭小江
100				概率统计系 耿直
101				概率统计系 施沛德
102				力学系 杨黎明
103				物理学系 贾勇强
104				物理学系 朱星
105				地球物理学系 谭本馗
106				地球物理学系 王洪庆
107	1994	光华安泰奖个人奖		技术物理系 钱兴
108				技术物理系 许甫荣
109				无线电电子学系 段晓辉
110				计算机科学技术系 刘越
111				计算机科学技术系 梅宏
112				化学与分子工程学院 甘良兵
113				化学与分子工程学院 林建军
114				生命科学学院 陈建国
115				生命科学学院 李毅
116				生命科学学院 张传茂
117				生命科学学院 周迅雷
118				生命科学学院 朱玉贤

序号	年份	奖励名称	获奖项目	获奖者
119				地质学系　白志强
120				地质学系　郭召杰
121				地质学系　侯建军
122				地质学系　刘树文
123				地质学系　许保良
124				城市与环境学系　韩茂莉
125				城市与环境学系　刘耕年
126				城市与环境学系　王学军
127	1994	光华安泰奖个人奖		心理学系　王磊
128				计算机科学技术研究所　李旭阳
129				信息科学中心　封举富
130				信息科学中心　孙帆
131				环境科学中心　蔡旭辉
132				环境科学中心　魏斌
133				遥感与地理信息系统研究所　李京
134				遥感与地理信息系统研究所　曾琪明
135				数学科学学院　蒋庆堂
136				概率统计系　陈大岳
137				力学系　王龙
138	1994	冈松家族基金奖		物理学系　廖力
139				技术物理系　刘斌
140				无线电电子学系　朱立新
141				计算机科学技术系　裴芳

序号	年份	奖励名称	获奖项目	获奖者
142	1995	李四光地质科技奖荣誉奖		地质学系　董申保
143	1995	何梁何利科学技术进步奖	数学力学奖	数学科学学院　廖山涛
144	1995	何梁何利科学技术进步奖	数学力学奖	数学科学学院　张恭庆
145	1995	何梁何利科学技术进步奖	生命科学奖	生命科学学院　翟中和
146	1995	何梁何利科学技术进步奖	技术科学奖	计算机科学技术研究所　王选
147	1995	霍英东教育基金会青年教师研究奖一等奖		力学与工程科学系　王龙
148	1995	国际引力研究基金会优秀论文奖		力学与工程科学系　吴鑫基
149	1995	周培源数理基金成果奖	系统鲁棒分析与综合	力学与工程科学系　黄琳　王龙　于年才
150	1995	中国博士后科学奖		环境科学中心　倪晋仁
151	1995	光华科技基金奖一等奖		物理学系　孙骒亨
152	1995	光华科技基金奖二等奖		力学与工程科学系　黄敦
153	1995	光华科技基金奖二等奖		地球物理学系　刘式适
154	1995	光华科技基金奖三等奖		力学与工程科学系　韩铭宝
155	1995	光华科技基金奖三等奖		生命科学学院　朱玉贤

序号	年份	奖励名称	获奖项目	获奖者
156				数学科学学院　张继平
157				物理学系　龚旗煌
158				化学与分子工程学院　严纯华
159	1995	国家杰出青年科学基金		化学与分子工程学院　来鲁华
160				生命科学学院　唐建国
161				生命科学学院　赵劲东
162				城市与环境学院　陶澍
163				数学科学学院　王诗宬
164	1995	求是科学基金奖		化学与分子工程学院　来鲁华
165				化学与分子工程学院　赵新生
166	1996	王丹萍科学奖		计算机科学技术研究所　王选
167	1996	何梁何利科学技术进步奖	数学力学奖	数学科学学院　姜伯驹
168	1996	何梁何利科学技术进步奖	社学奖	化学与分子工程学院　唐有祺
169	1996	何梁何利科学技术进步奖	技术科学奖	环境科学中心　唐孝炎
170	1996	光华科技基金奖一等奖		计算机科学技术系　杨芙清
171	1996	光华科技基金奖二等奖		无线电电子学系　吴全德

序号	年份	奖励名称	获奖项目	获奖者
172	1996	光华科技基金奖三等奖		微电子学研究所 高玉芝
173	1996	光华科技基金奖三等奖		微电子学研究所 许铭真
174	1996	中国老年学研究十年优秀成果奖一等奖	延缓衰老的奥秘——老年心理学漫谈	心理学系 姜德珍 沈政 肖健 沈德灿
175	1996	中国分析测试协会分析测试年度奖二等奖	苯妥英荧光偏振免疫分析试剂盒的研制	化学与分子工程学院 慈云祥 常文保 王敏灿 刘兆兰 李元宗
176	1996	中国分析测试协会分析测试年度奖二等奖	仿生光电活性膜的电分析方法	化学与分子工程学院 肖以金
177	1996	中国化学会青年化学家奖		化学与分子工程学院 周德健
178	1996	中国科学院赵九章优秀中青年科学工作奖	磁层顶磁重聚研究	地球物理学系 付绥燕
179	1997	中国分析测试协会CAIA奖一等奖	柱技术、色谱保留指数等	化学与分子工程学院 孙亦梁 黄爱今 王天松 尹松峰（合作研究）
180	1997	中国光学会科技奖		物理学系 龚旗煌
181				数学科学学院 文兰
182	1997	香港求是基金会青年科学家奖		物理学系 龚旗煌
183				化学与分子工程学院 刘忠范
184	1997	"国氏"博士后奖励基金		数学科学学院 段海豹

序号	年份	奖励名称	获奖项目	获奖者
185	1997	第三届周培源数理专项基金成果奖	大气玻色孤立子动力学理论研究	地球物理学系　谭本馗
186	1997	何梁何利科学技术进步奖	技术科学奖	计算机科学技术系 杨芙清等
187	1997	光华科技基金奖一等奖		技术物理系　陈佳洱
188	1997	光华科技基金奖二等奖		生命科学学院　唐建国
189	1997	光华科技基金奖三等奖		地球物理学系　刘式达

1984—1997 年获国际科技奖项目表

序号	年份	奖励名称	获奖项目	获奖者
1	1984	联邦德国亚琛工学院"鲍尔休斯"奖章	在漩涡破裂理论研究取得的卓越成就	力学系　是勋刚
2	1986	维也纳第八届EMCSR大会最优论文奖	工业噪声下听力损伤的统计预报	概率统计系　谢衷洁 同仁医院　李琳 周婉蓉
3	1986	第三世界科学院数学奖	"周期变换"与微分动力系统	数学系　廖山涛
4	1986	陈省身数学奖	临界点理论及其应用	数学系　张恭庆
5	1986	第十四届日内瓦国际发明展览会金奖	华光 III 型计算机—激光汉字编辑排版系统	计算机科学技术研究所 王选
6	1987	陈嘉庚地球科学奖	青藏高原隆起及其对自然环境与人类活动影响的综合研究	地质学系、地理学系 (与中国科学院等单位合作完成)

序号	年份	奖励名称	获奖项目	获奖者
7	1988	芬兰帕尔门气象国际荣誉奖		地球物理学系　谢义炳
8	1989	陈省身数学奖		数学系　姜伯驹
9	1990	陈嘉庚奖	华光型计算机—激光汉字编辑排版系统	计算机科学技术研究所　王选　陈堃銶　郑民
10	1990	国际科技奖（优秀硬件新产品奖）	华光 IV 型激光照排控制器	计算机科学技术研究所
11	1991	联合国教科文组织1991 年度"贾鸟德·侯赛因"青年科学家奖		生物学系　陈章良
12	1992	国际空间组织奖		地球物理学系　涂传诒
13	1993	陈省身数学奖		数学系　丁伟岳
14	1993	第 15 届亚洲化学会对国民经济贡献奖		化学系　李标国
15	1994	第三世界科学院数学奖		数学系　张恭庆
16	1994	美洲中国工程师学会成就奖		计算机科学技术研究所　王选
17	1994	国际神经网络学会（INNS）领导(Leadership)奖	关于神经网络听觉模型的研究以及对促进神经网络研究在中国发展所做的贡献	信息科学中心　迟惠生
18	1995	联合国教科文组织科技奖		计算机科学技术研究所　王选
19	1995	联合国环境署臭氧层保护特别贡献奖		环境科学中心　唐孝炎

序号	年份	奖励名称	获奖项目	获奖者
20	1995	Jackson Hall 电影节国际科学纪录片大奖	纪录片"Secrets of the Wild Panda"	生命科学学院　潘文石
21	1996	美国生态基金会特别成就奖		生命科学学院　潘文石
22	1996	圣地亚哥动物学会野生动物保护奖章		生命科学学院　潘文石
23	1997	陈省身数学奖		数学科学学院　文兰
24	1997	荷兰金质方舟奖	对环境保护做出贡献的专家保护野生动物金奖	生命科学学院　潘文石

（7）北京大学科学研究成果（理科）奖

北大于 1986 年 5 月颁发首届科学研究成果（理科）奖，1993 年第四届起改称科学技术成果奖，至 1997 年共颁奖 7 次。

1986—1997 年获北京大学科学研究成果（理科）奖项目获奖等级统计表

届次	年份	奖励项目数					
		特等奖	荣誉奖	一等奖	二等奖	三等奖	小计
第一届	1986		2	12	30	44	88
第二届	1988	2		15	32	40	89
第三届	1991	2		10	30	59	101
第四届	1993			19	37	26	82
第五届	1994			19	20	16	55
第六届	1995			4	17	14	35
第七届	1997			10	9	10	29
合计		4	2	89	175	209	479

1986 年 5 月获北京大学首届科学研究成果(理科)奖项目表

(荣誉奖 2 项,一等奖 12 项,二等奖 30 项,三等奖 44 项)

序号	获奖项目	获奖等级	获奖者
1	亚纯函数的值分布与正规族理论	荣誉奖	数学系　庄圻泰
2	历史地理学的理论及其应用	荣誉奖	地理学系　侯仁之
1	临界点理论及其应用	一等奖	数学系　张恭庆
2	非线性弹性和非线性连续介质力学的一般理论	一等奖	数学系　郭仲衡
3	大型复杂结构线弹性系统静力、动力分析程序(SAP5)的消化、移植和推广	一等奖	力学系　曲圣年　邓成光　吴良芝
4	关于原子核集体运动形态及核内新自由度的研究	一等奖	物理学系　杨立铭　杨泽森　孙洪洲　韩其智　杨新华　齐辉
5	中国隆水过程与湿斜压动力学的研究	一等奖	地球物理学系　谢义炳　张玉玲　张镡　陈受均　陶祖钰　谢安　蒋尚城
6	X 光安全检查设备	一等奖	无线电电子学系　王树元　楼滨龙　覃祖德　石自光　施永鉴　邵雪云　张国祥
7	串级萃取理论及其在稀土分离和钴镍分离工艺中的应用	一等奖	化学系　徐光宪　李标国　黄春辉　金天桂　严纯华　倪亚明　李俊然
8	ZSM－5 分子筛结构的研究	一等奖	化学系　唐有祺　林炳雄　张婉静　刘振义　李旺荣　郑香苗
9	氟氯化钡的合成、发光性能及在 X 射线照相高速增感屏中的应用	一等奖	化学系　苏勉曾　龚曼玲　段洁菲
10	核内 DNA 病毒在细胞质内的发生	一等奖	生物学系　翟中和　丁明孝　何大澄　戎宪辉　王晓
11	华光 II 型计算机—激光汉字编辑排版系统	一等奖	计算机科学技术研究所汉字信息处理研究室
12	卫星遥感信息在山西农业自然资源定量分析中的应用研究	一等奖	遥感技术应用研究所　承继成　石世民　李琦　陈凯　范心圻　刘燕君　王乃梁
1	气体中冲击波(激波)的反射、绕射的力学、数学分析、数值模拟和应用	二等奖	数学研究所、数学系计算数学教研室　黄敦　胡祖炽　李文绚　腾振寰等

序号	获奖项目	获奖等级	获奖者
2	模式识别的理论与方法研究	二等奖	数学系　石青云
3	DIPS/MS 数字图像信息处理系统	二等奖	数学系信息教研室　无线电电子学系图像通讯组　潘君卓等
4	有限元方法与无限元方法	二等奖	数学系　应隆安
5	正交设计在国民经济中的应用	二等奖	概率统计系　刘婉如　无线电电子学系　余道衡
6	应用线性代数与线性系统理论	二等奖	力学系　黄琳　于年才　陈小林
7	结构物的风荷载的研究	二等奖	力学系　孙天风　雎行严　陈为炎　顾志福
8	强子结构和强作用动力学	二等奖	物理学系　胡宁　赵光达　高崇寿　彭宏安　秦旦华
9	超导器件的物理和工艺	二等奖	物理学系　孟小凡　张太平　郭维新　李嘉漳　崔文
10	原子核对关联及高自旋状态的研究	二等奖	物理学系　曾谨言　程檀先　吴崇试　成珂　林纯镇
11	关于有限盘厚度正常旋涡星系的结构 I、II、III	二等奖	地球物理学系　岳曾元
12	多频段微波辐射计及其遥感大气特性的应用	二等奖	地球物理学系　赵柏林　杜金林　胡成达　李慧心　傅强
13	原子核裂变和原子核宏观模型的研究	二等奖	技术物理系　胡济民　钟云霄　郑春开　陈俊珍　张敏钏
14	用溶液萃取法从金川铑、铱矿液中分离、提纯铑、铱	二等奖	技术物理系　蒋明　王祥云　刘新起　申国荣　刘元方
15	码分多址卫星通信体制研究	二等奖	无线电电子学系　杨同立　刘北延　项海格　梁庆林　周功锴
16	北京市 3.3 公里光缆通信系统终端	二等奖	无线电电子学系　郭汝嵩　余耀煌　韩秀芹　唐镇松

序号	获奖项目	获奖等级	获奖者
17	2500 型深弹水下弹道测试系统	二等奖	无线电电子学系　吴德明 吴全富　王永达　刘树民
18	软件工程基础研究：软件结构、软件工具的研究、DJS200/XT2 的研制	二等奖	计算机科学技术系　杨芙清 方裕　邵维忠　苏渭珍 刘永进
19	应用量子化学	二等奖	化学系　徐光宪　黎乐民 任镜清　王秀珍　吾榕之
20	快速麻醉剂氯西安酮的合成研究和应用	二等奖	化学系　金声　徐瑞秋 叶秀林
21	吸附现象研究	二等奖	化学系　顾惕人　赵振国 高月英
22	胺存在下的烯类聚合与引发机理	二等奖	化学系　冯新德　丘坤元 曾维孝　孙燕慧
23	计算机控制和数据处理的 X 射线衍射仪	二等奖	化学系、仪器厂、电子仪器厂、无线电电子学系 江超华　韩晓琴　王寿恭 王心一　石自光
24	高等植物的受精作用	二等奖	生物学系　胡适宜　朱澂
25	黏虫发生规律的理论及其应用研究	二等奖	生物学系　林昌善　张宗炳 蔡晓明　夏曾铣
26	小鸭病毒性肝炎防治	二等奖	生物学系　小鸭病毒防治小组
27	西藏地热	二等奖	地质学系　佟伟　张知非 廖志杰　朱梅湘　刘时彬
28	地球应力场的数学模型及其应用	二等奖	地质学系、力学系　王仁 丁中一　殷有泉　何国琦 孙荀英
29	工业地理学	二等奖	地理学系　魏心镇
30	中国公路自然区划	二等奖	地理学系　陈传康　杨吾扬 江美球　毛赞猷　李寿深

序号	获奖项目	获奖等级	获奖者
1	多元调和分析	三等奖	数学系 邓东皋 潘文杰 韩永生 彭立中 钱涛
2	葛洲坝船闸设计中的计算和理论问题	三等奖	数学系 姜礼尚 吴兰成 叶其孝
3	有理函数逼近及其应用	三等奖	数学系 沈燮昌
4	有限群及其表示论与组合数学——基础理论及其计算机方法与应用	三等奖	数学系 王尊芳 石生明 徐明曜
5	北京大学低湍流风洞	三等奖	力学系 魏中磊 钮珍南 诸乾康 俞达成 丁吾泉
6	在激波作用下水雷表面压力分布的计算	三等奖	力学系 邹光远 陈耀松
7	汽水混合换热器	三等奖	力学系 沈钧涛 是勋刚 丁吾泉
8	一种新的相干光谱学理论和实验研究	三等奖	物理学系 孙騆亨
9	五厘米波段数字式铁氧体微带移相器	三等奖	物理学系 磁学教研室微带移相组
10	RS-Ⅱ型四通道野外光谱仪	三等奖	物理学系、遥感技术应用研究所 金丽芳 吕斯骅 朱晓红
11	三厘米波段铁氧体非互易锁式移相器	三等奖	物理学系 朱生传 廖绍彬 周丽年 尹光俊 刘进
12	非晶体磁畴理论和实验研究	三等奖	物理学系 林肇华 戴道生 童莉泰 王勤堂 万玉珍
13	耦合磁性杂质理论	三等奖	物理学系 刘福绥
14	微波辐射率仪和反射率仪遥感地物特性	三等奖	地球物理学系 赵柏林 韩庆源 杜金林 尹宏 朱元竞

序号	获奖项目	获奖等级	获奖者
15	电离层突然骚扰（SIB）的连续监测设备及其记录资料的分析	三等奖	地球物理学系　肖佐 张树礼　邹积清　霍宏遒
16	超声地震模型试验系列研究	三等奖	地球物理学系　赵鸿儒 刘宝诚
17	河外射电源的研究	三等奖	地球物理学系　尹其丰 罗绍光
18	南极文献库数据	三等奖	地球物理学系　蔡蓉华 冯会芙　陈国棉　张玖良
19	萃取机理的研究	三等奖	技术物理系　王文清　高宏成 伊敏　彭立娥　陈定芳
20	永磁边引出潘宁型离子源	三等奖	技术物理系　宋执中　李认兴　袁忠喜　于金祥　王忠仪
21	束流输运模拟机	三等奖	技术物理系　沈定予　傅惠清
22	横向塞曼稳频 He-Ne 激光器	三等奖	无线电电子学系　王楚 吴义芳　沈伯弘
23	铯束管中 Majorana 跃迁的研究	三等奖	无线电电子学系　王义道 谢麟振　姚树桐　傅济时 田昆玉
24	开放腔理论研究	三等奖	无线电电子学系　徐承和 龚中麟　周乐柱　徐安士
25	超短波数据传输调制调解器	三等奖	无线电电子学系　唐镇松 姚同发　顾康德
26	ZJ-12（DL-7）型宽量程超高真空规管	三等奖	无线电电子学系、无线电工厂 王逊　张宛予　孔瑞芳
27	大规模集成电路绝缘层物理 MOS 性能分析方法	三等奖	无线电电子学系　谭长华 许铭真　王阳元　吉利久 陈文茹
28	多元络合物显色反应的研究	三等奖	化学系　慈云祥　孙淑声 常文保　姚凤姬　徐一成
29	珠峰地区水样中氢氧同位素的分析	三等奖	化学系　珠峰水样分析组

序号	获奖项目	获奖等级	获奖者
30	生物活性丙烯酸酯的研究	三等奖	化学系、生物学系　陆承勋　冯新德　李德昌　王重庆
31	催化理论烯烃复相氧化动力学	三等奖	化学系　杨惠星　宏存茂　徐美珍　韩德刚
32	钒钛配合物晶体结构化学研究	三等奖	化学系　唐有祺　邵美成　张泽莹　潘佐华　章士伟
33	破乳剂的组成结构与破乳的关系及原油破乳机理的研究	三等奖	化学系　李外郎　戴乐蓉
34	太谷核不育小麦花药败育的亚显微结构研究	三等奖	生物学系　陈朱希昭
35	硅酸盐和氧化物中氧同位素分析方法——五氟化溴法	三等奖	地质学系　郑淑蕙
36	广西泥盆纪生物地层及桂北石油深井地层划分	三等奖	地质学系　白顺良　金善燏　褚叙兴　郝维城
37	粘土矿物形成演化及其微观结构的研究	三等奖	地质学系　任磊夫　陈云菁
38	河北任丘县城总体规划	三等奖	地理学系　任丘城市总体规划组
39	风象在城市规划和工业布局中的运用	三等奖	地理学系　杨吾扬　董黎明　陈传康
40	伊洛河水质评价与管理规划研究	三等奖	地理学系　伊洛河水质评价与管理规划研究组
41	青藏高原地貌综合研究	三等奖	地理学系　崔之久
42	触觉信息加工:长度知觉及多点定位	三等奖	心理学系　王甦　韩凯　赵力信
43	高校财务管理系统CFAS的研制	三等奖	计算中心、计算机科学技术研究所、财务处　吴世琪　孙绍芳　唐作继　李建国　龚理嘉
44	液体闪烁法^{14}C年代测定技术的研究与推广	三等奖	考古学系　陈铁梅　原思训　王良训

1988 年 9 月获北京大学第二届科学研究成果（理科）奖项目表

（特等奖 2 项，一等奖 15 项，二等奖 32 项，三等奖 40 项）

序号	获奖项目	获奖等级	获奖者
1	微分动力系统稳定性研究	特等奖	数学系　廖山涛
2	高临界温度氧化物超导体的研究	特等奖	物理学系、化学系研究集体
1	曲面自映射的不动点理论	一等奖	数学系　姜伯驹
2	微型机结构分析通用程序 SAP84	一等奖	力学系　袁明武　陈璞 郑东
3	单晶硅中氢的行为和氢有关的缺陷	一等奖	物理学系　秦国刚　杜永昌 张玉峰　姚秀琛
4	太阳风中阿尔芬脉动的波能串级理论	一等奖	地球物理学系　涂传诒
5	软件工程核心支撑环境 BETA-85	一等奖	计算机科学技术系　杨芙清 方裕　唐世渭　陈良华 陈钟　米宁
6	丝氨酸蛋白酶和其复合物立体结构	一等奖	化学系　唐有祺　陈忠国 李根培　徐筱杰
7	北大 2 号对虾饲料	一等奖	化学系　金声　林垚 王昆仑
8	轻稀土"三出口"萃取分离工艺理论设计及其工业实践	一等奖	化学系　李标国　严纯华 徐光宪
9	晶体相结构与晶体化学的基础研究	一等奖	化学系　唐有祺　林炳雄 邵美成　张婉静　徐筱杰 汤卡罗　刘振义　周公度 潘佐华　李根培　金祥林 张泽莹　杨清传　章士伟 韩玉真　李旺荣
10	花粉及受精的生物化学	一等奖	生物学系　曹宗巽　杨中汉 李一勤　朱广廉
11	昆虫神经毒素的研究及新型杀虫剂的探索	一等奖	生物学系、化学系　金垣亮 倪逸声　叶秀林　张宗炳
12	大熊猫的生物学研究	一等奖	生物学系　王平　潘文石 杨安峰　张龙翔　卢光莹

序号	获奖项目	获奖等级	获奖者
13	中国寒武纪奥陶纪牙形石研究	一等奖	地质学系　安泰庠
14	构造地貌的研究	一等奖	地理学系　王乃梁　韩慕康 杨景春
15	遥感在内蒙古草场资源调查中的应用研究	一等奖	遥感与地理信息系统研究所 陈凯　毛赞献　崔海亭 徐希孺　张可　金丽芳 郭仕德
1	Lienard 方程极限环的个数问题和拓扑动力系统的几个例子	二等奖	数学系、数学研究所　张芷芬
2	有理函数逼近及其应用	二等奖	数学系　沈燮昌
3	非线性振动问题——调和解与 Lagrange 稳定性	二等奖	数学系　丁同仁
4	线性与非线性椭圆形复方程	二等奖	数学系、概率统计系　闻国椿 田茂英　戴中维
5	拟共形映射与台希米勒空间	二等奖	数学系　李忠
6	马氏过程的可逆性、环流熵产生率与非平衡态	二等奖	数学系、概率统计系　钱敏 钱敏平　龚光鲁　郭懋正
7	拟线性蜕化抛物型与椭圆型方程（组）	二等奖	数学系　姜礼尚　陈亚浙 吴德俅　叶其孝
8	旋转壳的应力分析理论、程序及其在大型冷却塔设计等方面的应用	二等奖	力学系　武际可　王大钧 袁明武　苏先基　韩铭宝 王颖坚　曲圣年
9	弹性结构理论中两类算子的正定性和紧致性研究	二等奖	力学系　王大钧　胡海昌 武际可
10	优化与最优控制中的计算方法	二等奖	力学系　叶庆凯　王肇明
11	强光与原子、分子及相干光与半导体相互作用理论	二等奖	物理学系　甘子钊
12	引力坍缩中的比角动量问题	二等奖	物理学系　俞允强
13	天气和次天气尺度系统发展的物理过程和分解方法	二等奖	地球物理学系　陈秋士
14	400KeV 倍加器氚束脉冲化装置	二等奖	技术物理系 陈佳洱　韩崇沽　何佩伦 叶文祥　梁仲鑫　严声清 李坤　袁忠喜

序号	获奖项目	获奖等级	获奖者
15	固体薄膜材料表面氢分布研究	二等奖	技术物理系 卢希庭 罗飞 江栋兴 刘洪涛
16	超微粒子——半导体薄膜材料的结构和特性	二等奖	无线电电子学系 吴全德 薛增泉 刘唯敏
17	两半导体激光器差频跟踪系统	二等奖	无线电电子学系 谢麟振 王义遒 侯蓓
18	景泰川灌区微机运动系统	二等奖	无线电电子学系 唐镇松 施蕴陵 崔玉芹 黄桂森 王武成 滑弟弟
19	色素胆结石的组成结构及生成机理的研究	二等奖	化学系 吴瑾光 徐光宪 申国荣 郭海 刘会洲 王加赋
20	正离子开环聚合"活性"链的研究	二等奖	化学系 张鸿志 冯新德
21	多肽合成方法的研究	二等奖	化学系 邢其毅 李崇熙 叶蕴华 林垚 季爱雪
22	铜银簇化物的合成与晶体结构的研究	二等奖	化学系 唐有祺 汤卡罗 金祥林 杨清传
23	表面活性剂溶液的物理化学研究	二等奖	化学系 赵国玺 朱步瑶 丁慧君
24	萃合物结构与萃取机理的研究	二等奖	化学系 黄春辉 徐光宪 李标国 金天柱 徐筱杰 任镜清 张德龙
25	分散型 6500K 进标卤磷钙荧光粉合成技术	二等奖	化学系 黄竹坡 陈朝宗 郭凤瑜 岳素兰
26	萃取机理与稀土络合物的红外光谱研究	二等奖	化学系 吴瑾光 徐光宪 金天柱 施蒲 高宏成 王秀珍 郭海 翁诗甫 许振华 黎乐民
27	稀土极谱分析机理研究和在农业增产中的应用	二等奖	化学系 高小霞 李南强
28	华北北部地壳上地幔物质组成、构造演化及其与成矿作用、地震活动关系的研究	二等奖	地质学系 何国琦 黄福生 王式洸 牟保磊 邵济安 李茂松 崔广振 艾永富 阎国翰 臧启家

序号	获奖项目	获奖等级	获奖者
29	毛乌素沙区自然条件及其改良作用	二等奖	地理学系　陈传康　林雅贞 毛赞猷　陈昌笃　刘继韩
30	试论北京市城市建设的两个基本条件	二等奖	地理学系　侯仁之
31	新疆维吾尔自治区土壤侵蚀类型分级遥感目视解译与计算机制图软件系统	二等奖	遥感与地理信息系统研究所、计算中心　马蔼乃　梁振亚 林赛乐　李培清　陈子丹 刘建忠　吴月照　颜琼雪 宋雅琴　张立云
32	DPS8/52 计算机升级到 DPS8/70 计算机	二等奖	计算中心　刘方　郑金俊
1	圆柱壳塑性动力失稳的第二个临界速度	三等奖	力学系　韩铭宝　杨青春 黄筑平　王仁
2	趣味力学软件	三等奖	力学系　张瑞云
3	激光晶体中三价稀土离子的能谱研究	三等奖	物理学系　宁增福　华道宏 王淑坤
4	1.3μ In Ga AsP/InP 长波长激光器	三等奖	物理学系　王舒民
5	非晶态稀土—过渡金属薄膜的电磁性能	三等奖	物理学系　戴道生　童莉泰 方瑞宜　阎守胜　刘尊孝 万虹
6	非线性频率变换	三等奖	物理学系　邹英华　孙骑亨 夏宗炬
7	云南日全食射电联合观测与研究	三等奖	地球物理学系　罗先汉 姚德一
8	低纬环流中期振荡（指数循环）分析研究和应用	三等奖	地球物理学系　张镡
9	非线性波及其稳定性	三等奖	地球物理学系　刘式适 刘式达
10	不对称核物质的相变、相平衡以及丰种子核体系	三等奖	技术物理系　王正行
11	原生动物四膜虫为模型对元素生物学规律的研究	三等奖	技术物理系、生物学系 刘元方　唐任襄　陈阅增 石进元　张庆熹　曹同庚

序号	获奖项目	获奖等级	获奖者
12	半导体激光器稳频系统	三等奖	无线电电子学系　吴欣欣 谢麟振　王义道　薛建为 姚树桐
13	YRT-85 型自报式遥测设备	三等奖	无线电电子学系　沈伯弘 唐镇松
14	采用微处理机的码分多址卫星通信终端	三等奖	无线电电子学系　项海格 王守仁　迟惠生　刘北延
15	集成电路剖析技术的研究	三等奖	计算机科学技术系　陈贤 宁宝俊　盛世敏　莫邦燹 祝忠德　武国英
16	黑洞物理学与弯曲时空量子场论	三等奖	计算机科学技术系　许殿彦
17	大型综合性管理信息系统	三等奖	计算机科学技术系　杨芙清 唐世渭　方裕　王铁生 王欣欣　张萍　张晓明
18	人事档案管理系统 PLMS	三等奖	计算机科学技术系、人事处 杨芙清　方裕　唐世渭 陈向群　陈良华　侯世君 侯荣菊
19	十六位微机局部网在深圳建设银行的应用	三等奖	计算机科学技术系　周炜 余娟芬　王克宁　郭宏
20	SIB 软件信息库和 DFD 图形工具	三等奖	计算机科学技术系　董士海等
21	北京大学行政管理综合信息系统	三等奖	计算机科学技术系、 校长办公室　宋再生 盛建　李沙　王晓
22	Honeywell DPS8 大学仪器设备管理信息系统	三等奖	计算机科学技术系、计算中心 许卓群　黄达武等
23	气象绘图包及多窗口系统	三等奖	计算机科学技术系　董士海等
24	镧氢 Y 型分子筛酸性中心性质及其结构模型的研究	三等奖	化学系　李宣文　余励勤 刘兴云

序号	获奖项目	获奖等级	获奖者
25	聚甲基丙烯酸烷基磺酸酯的合成、形态及抗凝血性能	三等奖	化学系　陈慧英　朱宜 陈竹生　黄祖琇　冯新德 许炳智　孙丹虹
26	金属催化作用的电子配位体效应	三等奖	化学系　杨锡尧　庞礼 刘乃立　王录平　姚丽君
27	花果头香成分研究	三等奖	化学系　林祖铭　金声 邢其毅
28	铁质电极半导体电化学和光化学研究	三等奖	化学系　蔡生民　杨文治
29	琼酯糖凝胶 QT4 QT6 层析介质的研制	三等奖	生物学系　杨端　韩志华 周先宛
30	我国重要经济作物的染色体研究	三等奖	生物学系　李懋学
31	神经节苷脂及对神经的保护作用	三等奖	生物学系　张宗炳
32	蜜蜂属的生化鉴定	三等奖	生物学系　李绍文　孟玉萍 张宗炳
33	用于分析地质与地震问题的粘弹塑性有限元程序及其应用	三等奖	地质学系、力学系　王仁 殷有泉　孙荀英　张宏 蔡永恩　兰腊保　梁海华
34	交通运输地理学	三等奖	地理学系　杨吾扬
35	不分流进样 Cu♯顶柱毛细色谱FTIR 联机技术研究	三等奖	地理学系　王永华
36	大型综合企业管理信息系统 IB-MIS	三等奖	信息科学中心
37	BD-PLOT 绘图和适量汉字系统	三等奖	计算中心　张立云　黑振强 童建昌
38	CW 中文语词处理系统	三等奖	电子仪器实验厂、计算机科学技术研究所　朱守涛　毛德行 吴亚平　张洁　王敏苑
39	DCT-4 型高压开关参数测量仪	三等奖	电子仪器实验厂　夏午炳 凌佩舜　李慰曾　张强
40	汉语科技文献自动标引系统	三等奖	图书馆学系　赖茂生 何建章　郭友仁　王哲卫 任广文　赵洗尘

1991 年 7 月获北京大学第三届科学研究成果(理科)奖项目表

(特等奖 2 项,一等奖 10 项,二等奖 30 项,三等奖 59 项)

序号	获奖项目	获奖等级	获奖者
1	华光 IV 型电子出版系统	特等奖	计算机科学技术研究所 王选　陈堃銶　郑民　肖建国 麻世雄　杨弘泉　王列　张踪 路明志　王永达　周秋莲　周宁 汪岳林　唐晓阳
2	Delta-S 指纹自动鉴定系统和 Live-ID 指纹自动识别系统	特等奖	信息科学中心 石青云　沈学宁　仇桂生　程民德
1	涡度法的数学理论	一等奖	数学系　应隆安
2	动力系统吸引子的结构稳定性与混沌	一等奖	数学系　钱敏　张锦炎　李贵斌
3	时间序列分析	一等奖	概率统计系　江泽培　何书元 黄大威　李贵斌
4	氧枪技术实验系统	一等奖	力学系　吴凤林　鲁守智　陈凌 李之年　侯少梅　李长龄
5	用旋转样品磁测量及磁缀饰研究高温超导中的磁通钉扎	一等奖	物理学系　电子显微镜室 阎守胜　孙允希　童莉泰 张存珪　陈海英
6	热带天气系统发生发展与海况的相互影响	一等奖	地球物理学系　杨大升　刘式达 朱亚芬　朱静亚　黄嘉佑　蒋尚城
7	标准化计算机网络系统开发	一等奖	计算机科学技术系　陈葆钰　王旭 杨一斌　刘建国　冯雪山　朱礼方 孙蓬举　李实
8	中华宽体金线蛭对称神经网络中标定神经元突触的再发生和部位分辨	一等奖	生物学系　张人骥　朱丽霞　王丹冰 张凡　邹东劲
9	全国土壤环境背景值地域分异规律研究	一等奖	城市与环境学系　陈静生　陶澍 邓宝山　王学军　潘懋　王永华 贾振邦　杨立庄　周丽琼

序号	获奖项目	获奖等级	获奖者
10	华南地区酸雨的大气物理、化学过程研究	一等奖	环境科学中心　技术物理系　地球物理学系　唐孝炎　毛节泰　毕木天　秦瑜　孙庆瑞　张铮　王美蓉　盛裴轩　邵可声　李金龙　张远航　栗欣　姚荣奎　陈旦华　白郁华　李孝珍　陈淑芬
1	有限元软件包 STSA（渗流、温度、应力分析）	二等奖	数学系　魏泽光　杜建会　徐萃薇
2	谱估计和非高斯线性过程的分解	二等奖	数学系　程乾生
3	次序统计量的极限定理	二等奖	概率统计系　程士宏
4	信号处理与模态分析程序 MASP	二等奖	力学系　陈德成　罗华耿　肖学军　华白力　贺白东　刘建岭
5	畴壁运动的量子效应	二等奖	物理学系　钟文定　兰健　刘尊孝
6	铁氧体吸波材料微波电磁参数的测量	二等奖	物理学系　尹光俊　廖绍彬
7	大气气溶胶光学遥感的研究	二等奖	地球物理学系　毛节泰　黎洁　栾胜基　李建国
8	磷酸三丁酯的辐射化学及其多元体系的能量传递	二等奖	技术物理系　吴季兰　袁荣尧　潘宪明　哈鸿飞　魏金山　魏根栓　周玉蓉　赵永和
9	水文自动测报系统遥测设备（系列）	二等奖	无线电电子学系　唐镇松　沈伯弘　许培良　顾康德　高凡民
10	使用新的稳频技术的两路 140Mb/S 频分复用相干光纤通信实验系统	二等奖	无线电电子学系　王楚　谢麟振　吴德明　江泉　张肇仪　史美祺　薛健为　汪中　徐金城
11	激光抽运铯原子束频率标准	二等奖	无线电电子学系　王义遒　杨东海　谢麟振　吴欣欣　姚树桐　徐月亭
12	功率晶体管背面金属化	二等奖	微电子学研究所　张利春　赵忠礼　高玉芝　宁宝俊　洪秀花　王阳元
13	气象数据存取系统	二等奖	计算机科学技术系　唐世渭　杨冬青　陈康　裴芳　关涛

序号	获奖项目	获奖等级	获奖者
14	VLSI 中各种薄膜的基本理化性质及应用研究微细加工技术研究	二等奖	微电子学研究所 武国英 谭长华 张国炳 许铭真 徐立 陶江 张晖 陈文如 刘晓卫 郝一龙
15	表面活性剂在固液界面上的吸附	二等奖	化学系 朱步瑶 顾惕人
16	高性能毛细管色谱柱	二等奖	化学系 黄爱今 孙亦梁
17	光电子能谱数据库（ES-CADB）建立及应用	二等奖	化学系 桂琳琳 唐有祺 吴念祖 周宇
18	胰蛋白酶分子设计及工程	二等奖	生物学系 张龙翔 倪逸声 卢光莹 郭虹
19	华北冬麦区麦田生态系统工程	二等奖	生物学系 林昌善 李松岗 苏祥瑶 夏北成 孙平
20	刚性、大孔、亲水琼脂糖高效液相层析介质系列产品和新型亲和层析介质制备	二等奖	生物学系 杨端 肖能庆 张庭芳 周先宛 李荣秀 贺延春 董建英
21	华北地台北部太古代高级变质区地壳演化和成矿规律	二等奖	地质学系 钱祥麟 崔文元 王时麒 王关玉
22	300℃ Fe_2O_3 在热水溶液中的溶解度研究	二等奖	地质学系 曾贻善 艾瑞英 陈月团
23	城市土地区位效益分析及土地利用评价的理论、方法	二等奖	城市与环境学系 董黎明 冯长春
24	混杂沉积相研究	二等奖	城市与环境学系 崔之久 熊黑钢
25	新疆植被及生态环境研究	二等奖	城市与环境学系 陈昌笃 曾辉
26	图像数据库管理系统 PRIDBMS 及地理信息系统 System-W	二等奖	信息科学中心 石青云 仇桂生 王劲松 季然 高清怀 李琦
27	二、三代类型区马尾松毛虫综合管理	二等奖	环境科学中心 叶文虎 马小明 徐岩 景燕 张延娜
28	现代汉语词语词法信息库	二等奖	计算语言研究所 余士汶 朱德熙 朱学锋 陆俭明 郭锐
29	机器翻译译文质量评估软件	二等奖	计算语言研究所 余士汶 姜新 朱学锋 马希文

序号	获奖项目	获奖等级	获奖者
30	核内夸克自由度与轻子—核深度非弹散射的研究	二等奖	技术物理系　孙佶
1	数域正规扩张的算术性质及其应用	三等奖	数学系　蓝以中
2	复 Birkhoff 插值逼近与 Bergman 空间的逼近	三等奖	数学系　沈燮昌
3	复分析经典定理	三等奖	数学系　张顺燕
4	关于插值多项式的 WALSH 过收敛理论	三等奖	数学系　娄元仁
5	数学软件的研究与开发——数值代数、最优化、多元分析	三等奖	数学系　徐萃薇　黄禄萍　胡德琨　王莲芬　孙绳武　高惠璇　魏泽光　刘化荣　张惜光
6	组合结构和群论的应用	三等奖	数学系　丘维声
7	地空导弹武器系统效能分析	三等奖	概率统计系　陈家鼎　郑忠国　戴中维　陈俭　栾世武　焦景广
8	血栓阻抗的数值模拟	三等奖	力学系　陈耀松
9	复合材料层合板非线性稳定性	三等奖	力学系　王颖坚
10	窄禁带半导体非线性光学	三等奖	物理学系　王威礼　邢启江　史守旭　彭松石　黄志军　周赫田
11	微波铁氧体材料退磁态磁导率的测量方法	三等奖	物理学系　朱生传　温凡平　陈海英　华莉珍
12	新型半导体材料的光磁性质	三等奖	物理学系　陈辰嘉　王学忠　刘继国
13	半导体超晶格电声子谱及其应用	三等奖	物理学系　张树霖　金鹰　朱星
14	脉冲星的逆康普顿散射（ICS）模型	三等奖	地球物理学系　乔国俊　吴鑫基
15	京津冀中尺度强烈天气概念模式研究	三等奖	地球物理学系　蒋尚城　陶祖钰　赵景忠　孟广礼
16	乡镇企业密集地区东莞市大气环境容量和规划研究	三等奖	地球物理学系　张蔼琛　张宏升　刘和平　刘树华　陈重　林雪兰　潘乃先

序号	获奖项目	获奖等级	获奖者
17	羟基分子射电谱线观测及数字自相关频谱仪研究	三等奖	地球物理学系 周体健 罗先汉 杜声孚 姚德一 李林
18	印度板块、太平洋板块对中国构造应力场的影响	三等奖	地球物理学系 臧绍先 刘宝诚 吴忠良 陈举
19	极地情报中心图书馆自动化集成系统(PLAIS)	三等奖	地球物理学系 蔡蓉华 刘义 王革新 陈国棉 冯会芙 张玖良 毛节泰
20	量子口袋动力学与少数重子系统的夸克结构	三等奖	技术物理系 张启仁 谢淑琴
21	$^{60}Co\delta$ 射线辐照中药质量评价研究	三等奖	技术物理系 袁荣尧 吴季兰 蔡中丽 何永克 秦兰英 魏根栓 张完白 张正国 张玉华 周玉荣 王彤文
22	拖曳线列阵用 PVDF 压电薄膜水听器	三等奖	无线电电子学系 栾桂冬 张金铎
23	通信网可靠性研究	三等奖	无线电电子学系 刘有恒 熊蔚明 李贤玉
24	气象预报节目制作系统	三等奖	无线电电子学系 褚天鹏 柴文辛 李星群
25	焦炉电力载波通讯机	三等奖	无线电电子学系 王树元 王道宪 贾祖德 李平曾
26	医用电视图像存储器	三等奖	无线电电子学系 王树元 王道宪 覃祖德 李平曾
27	三北防护林典型地区生态效益动态监测信息系统	三等奖	计算机科学技术系 许卓群 陆钟祥 李钦敏 陈炯 李文新
28	防病毒软件固化电路	三等奖	微电子学研究所 莫邦燹 吉利久 倪学文 盛世敏 付一玲 张录
29	80386 普及型工作站系统软件	三等奖	计算机科学技术系 余娟芬
30	QX 窗口系统和二维气象绘图软件(2D-GPAR)	三等奖	计算机科学技术系 董士海 熊志国

序号	获奖项目	获奖等级	获奖者
31	微小型数字保密通信机专用集成电路研究	三等奖	微电子学研究所　倪学文　阎桂珍　卢育钧　马连荣　付艳丽　张利春　吉利久　张录　盛世敏　莫邦燊　孙玉秀　付一玲　张太平　洪秀花
32	高速（56Kbps）传输网研制	三等奖	计算机科学技术系　陈葆珏　刘方　杨一斌　余耀煌　王克义　薛敏　项海格　韩秀琴　周功楷　李志淮
33	单脉冲激波管和激波管—激光纹影装置的研制及应用	三等奖	化学系　韩德刚　杨惠星　覃志伟　陈骅　张朝选　黄文生　胡永生
34	氢氧同位素标准水样的研制	三等奖	化学系　倪葆龄　金德秋　周锡煌
35	心肌细胞早后去极化特性的研究	三等奖	生物学系　刘泰槰　王忠民
36	大鼠心室肌细胞浦氏纤维的电生理特性及阴离子影响	三等奖	生物学系　高天礼　田葆杰
37	矾山钾质偏碱性层状超镁铁岩—正长岩杂岩体磷铁矿床地球化学	三等奖	地质学系　牟保磊　江培谟　曾贻善　阎国翰
38	中国东部部分地区土壤环境背景值研究及中国土壤母质岩图的编制	三等奖	地质学系　潘懋　吴月照　刘锡大　王关玉　梁海华　夏启翔　夏正楷　童建昌
39	鄂尔多斯地区下古生界碳酸盐岩成岩作用研究	三等奖	地质学系　王英华　张秀莲　杨承运
40	微粒质点矿物在成岩作用过程中与油气生成关系的研究	三等奖	地质学系　任磊夫　关平
41	北京历史人口地理研究	三等奖	城市与环境学系　韩光辉
42	氮转化与氮污染研究	三等奖	城市与环境学系　江德爱　唐懿达　王永华　孙艺成　龚宇阳　刘旺
43	地域结构、区域开发与土地规划的理论与实践	三等奖	城市与环境学系　蔡运龙
44	我国主要河流悬浮物组成地理分异及元素迁移规律	三等奖	城市与环境学系　严润娥

序号	获奖项目	获奖等级	获奖者
45	中国区域发展与政策研究	三等奖	城市与环境学系　杨开忠
46	深圳市土壤微量元素背景含量研究	三等奖	城市与环境学系　陶澍　陈静生 邓宝山　杨立庄　周丽琼
47	人类情绪的心理机制研究	三等奖	心理学系　孟昭兰　王垒
48	触觉信息加工：大小和形状知觉中的时空转换	三等奖	心理学系　王甦
49	手写印刷体汉字自动识别系统	三等奖	计算机科学技术研究所　顾小凤 白敏珠　李保荣　曲洪亚　陈可奋
50	高等数学练习系统 AMES	三等奖	计算机科学技术研究所　林建祥 朱万森　李树芳　蒋定华　马劲松
51	土壤侵蚀地理专家系统研究	三等奖	遥感技术应用研究所　马蔼乃 周长发　曾其明　薛勇　柴改
52	遥感技术在找矿（金属矿和油气）中的应用	三等奖	遥感技术应用研究所　刘燕君 金丽芳　刘本立　程承旗
53	北京地区大气环境背景及污染模式的研究和应用	三等奖	环境科学中心　陈家宜　李金龙 王淑芳　陈旦华　蔡旭辉　李孝珍 吴显平　白郁华　唐孝炎
54	京津唐地区水资源开发对环境影响的研究	三等奖	环境科学中心　关伯仁　郭怀成 赵克敏
55	大气污染评价模式软件的开发	三等奖	环境科学中心　王淑芳　陈家宜 蔡旭辉　吴显平
56	自然界含水构造玻璃的发现及其意义	三等奖	综合技术研究所　邵济安　臧启家 王玉芳
57	沉积相在油田开发中的应用	三等奖	综合技术研究所　城市与环境学系 任明达　徐海鹏　潘懋　徐建红 严润娥　张绪定
58	DL-9 稳定型电离真空规管	三等奖	生产管理处　何焕伟　黄燕云
59	追踪仪	三等奖	生产管理处　江超华　祖葆胜 刘玉珂　李保元

（一等奖 19 项，二等奖 37 项，三等奖 26 项）

序号	获奖项目	获奖等级	获奖者
1	经典系统的几何和量子化	一等奖	数学系　钱敏　刘张矩
2	向量场的分支问题	一等奖	数学系　李承志
3	随机场的预测和马氏模型的识别	一等奖	概率统计系　江泽培　黄大威　蒋继明
4	低富诺数流计算新方法的研究及其若干应用	一等奖	力学系　吴望一　严宗毅
5	不同非线性光学过程中碰撞增强 Hanle 共振	一等奖	物理学系　邹英华　龚旗煌
6	外延高 TC 超导氧化物薄膜的研究	一等奖	物理学系　熊光成　王守证
7	脉冲星和超新星遗迹的观测和理论研究	一等奖	地球物理学系　吴鑫基　乔国俊
8	涡旋诱发重联理论及其在地球磁层顶区中的应用	一等奖	地球物理学系　濮祖荫　付绥燕　霍澎涛　严明
9	夏季风和环流——天气—气候—农业年景系统模式研究	一等奖	地球物理学系　张镡　汪铎
10	法拉第反常色散光学滤波器及其应用	一等奖	无线电电子学系　王庆吉　汤俊雄
11	氟苯甲酰丙基类化合物的合成、结构和药理研究	一等奖	化学系　金声　杨增家
12	富勒烯 C^{60} 和 C^{70} 的制备、分离、分析和掺杂 C^{60} 的超导电性	一等奖	化学系、物理学系　顾镇南　孙亦梁等
13	黄瓜花叶病毒外壳蛋白基因的克隆及其在番茄中的表达	一等奖	生物学系　陈章良　杨荣昌
14	我国前寒武纪铁矿床的氧、碳同位素组成特征及其成因	一等奖	地质学系　魏菊英　上官志冠

序号	获奖项目	获奖等级	获奖者
15	早期陆生维管植物及其演化	一等奖	地质学系 郝守刚
16	酒西、柴达木、吐哈盆地中、新生界油气储层研究	一等奖	地质学系 潘懋 城市与环境学系 任明达
17	连云港市域发展战略研究	一等奖	城市与环境学系 陈传康 杨开忠
18	方正彩色排版系统	一等奖	计算机科学技术研究所、新技术公司 杨燕如 黄渭平 路明治 邱崭姿 王会民 肖建国
19	卫星版面远传系统	一等奖	计算机科学技术研究所、新技术公司 李沙 宋再生 王泉 赵东岩
1	三维映像中的紊动现象	二等奖	数学系 周建莹
2	可积系统及其显解	二等奖	数学系 庄大蔚 钱敏
3	复合材料板壳的大挠度和稳定性	二等奖	力学系 王颖坚
4	瞬态边的开路边条件	二等奖	力学系 邹光远
5	C^{60}、C^{70}单晶薄膜的制备及其掺杂的研究	二等奖	物理学系 李传义 叶志远
6	多孔硅形成和可见光发射机制的研究	二等奖	物理学系 张树霖 蔡生民
7	多相复合材料的微结构对其物理性质影响的研究	二等奖	物理学系 包科达 童莉泰
8	高温超导材料的磁有序	二等奖	物理学系 林勤 张玉芬
9	含碳的新型磁性化合物的研究	二等奖	物理学系 何文望 邢峰
10	全高 Tc 超导边缘结的制备及 dcSQID 噪声研究	二等奖	物理学系 王世光 戴远东
11	砷化镓和铌酸钾光折变效应研究	二等奖	物理学系 王威礼 王德煌
12	微机多道分析器	二等奖	物理学系 吕斯骅 唐存训
13	北京大学大气环境模式	二等奖	地球物理学系 桑建国 陈家宜
14	密近双星光变曲线中不对称性的柯氏效应解释	二等奖	地球物理学系 周道祺

序号	获奖项目	获奖等级	获奖者
15	某些电离层突然扰动的监测及形态研究	二等奖	地球物理学系　肖佐　张树礼　邹积清
16	气象统计分析与预报研究	二等奖	地球物理学系　黄嘉佑
17	含介子自由度的核模型与反常中子核反应测量	二等奖	技术物理系　张启仁
18	某些生物体中稀土元素与蛋白质结合物及稀土生物毒性的研究	二等奖	技术物理系　唐任寰　肖光庆
19	中子核反应测量	二等奖	技术物理系　唐国有　施兆民
20	电磁波对人体作用的研究	二等奖	无线电电子学系　王长清　祝西里
21	实时 TV 全息散斑干涉系统	二等奖	无线电电子学系　王树元　束继祖
22	用离子团束制备有机薄膜结构与特性的研究	二等奖	无线电电子学系　薛增泉　刘唯敏
23	功率肖特基二极管	二等奖	计算机科学技术系　张利春　王阳元　高玉芝　宁宝俊等
24	青鸟防病毒卡的研制	二等奖	计算机科学技术系　吴良芝　吉利久
25	储氢材料吸放氢动力学与中毒机理	二等奖	化学系　宏存茂　韩德刚
26	检测尿中吗啡 HI 试剂盒	二等奖	化学系　金声　胡然
27	BrdU 抗血清制备和应用的研究	二等奖	生物学系　尚克刚　楼庄伟
28	金属硫蛋白的结构和功能研究	二等奖	生物学系　茹炳根　潘爱华　技术物理系　王文清
29	体外培养牛白细胞中环形泰勒焦虫的增殖、释放与感染	二等奖	生物学系　高伟良　李荫蓁
30	华南元古代碰撞造山带	二等奖	地质学系　徐备　郭令智(南京大学)
31	黔桂苏赣地区二叠、三叠纪海相地层古生物及沉积环境研究	二等奖	地质学系　杨守仁　王新平
32	封建社会后期我国人口地理的户籍构成和都市人口规模的控制研究	二等奖	城市与环境学系　韩光辉

序号	获奖项目	获奖等级	获奖者
33	山东庙岛群岛的黄土与环境变化	二等奖	城市与环境学系 曹家欣 李培英
34	梧州地区城镇体系布局规划	二等奖	城市与环境学系 周一星 朱德威
35	激光—荧光脉冲和神经脉冲的同时记录技术	二等奖	心理学系 沈政 林庶芝 刘香风
36	多普勒声雷达 BDS-II 型	二等奖	电子仪器实验厂 凌佩舜 李慰曾
37	ZJ-54 系列稳定型热偶真空规的应用与推广	二等奖	无线电工厂 何焕伟
1	乘积空间上的调和分析理论	三等奖	数学系 朱学贤
2	空间 Ap(φ) 与 BMOA 中自由插值	三等奖	数学系 肖杰
3	置换群的计算机方法及其密码学应用	三等奖	数学系 王杰
4	BDS-2 烟线装置	三等奖	力学系 魏庆鼎 康凌
5	量子力学经典极限研究	三等奖	物理学系 黄湘友 钱尚武
6	新型和优质高密度磁记录薄膜介质	三等奖	物理学系 潘国宏 王勤堂
7	用能谱方法研究辐射与物质的相互作用	三等奖	物理学系 宋增福
8	中华学习机音乐功能	三等奖	物理学系 龚镇雄 赵双华
9	近地面层不同下垫面能量、物质交换观测研究	三等奖	地球物理学系 刘树华
10	用路径积分法研究非线性谐振子和阿哈罗诺夫—玻姆散射	三等奖	物理学系 钱尚武 顾之雨
11	恒星形成区的观测与研究	三等奖	地球物理学系 吴月芳
12	日冕磁结构平衡与非平衡的解析研究	三等奖	地球物理学系 孙凯
13	辐射技术在生物工程和生物医学中的应用	三等奖	技术物理系 哈鸿飞 吴季兰 张钰华 伊敏 翟茂林等
14	核物质体系的 Thomas-Fermi 统计理论	三等奖	技术物理系 王正行

序号	获奖项目	获奖等级	获奖者
15	计算机在分析化学中的应用	三等奖	化学系　李克安　曾伟
16	稀土氯化物相图的测定及其规律	三等奖	化学系　郑朝贵　叶于浦
17	害虫抗药性的治理策略及验证	三等奖	生物学系　杨俭美
18	硅酸岩中亚铁的封闭溶矿测定法	三等奖	地质学系　殷纯嘏
19	环境气相色谱方法研究	三等奖	城市与环境学系　王永华
20	秦皇岛全新世海岸演化与海岸保护	三等奖	城市与环境学系　徐海鹏　任明达
21	县域规划的基本理论与方法	三等奖	城市与环境学系　冯长春
22	中国百万分之一地貌（太原幅）及其说明书	三等奖	城市与环境学系　夏正楷　钟德才
23	责备的人际关系模型	三等奖	心理学系　王登封
24	牡丹江市城区大气烟尘总量控制研究	三等奖	环境科学中心　王淑芳　徐金宝
25	遥感找矿的原理和方法研究	三等奖	遥感与地理信息系统研究所　刘燕君　金丽芳
26	房地产计算机管理系统"教职工住房部分"	三等奖	房产处　崔玉芹　杜德华

1994 年 11 月获北京大学第五届科学技术成果奖项目表

（一等奖 19 项，二等奖 20 项，三等奖 16 项）

序号	获奖项目	获奖等级	获奖者
1	偏微分方程的质点法、涡团法和差分方法	一等奖	数学系　滕振寰
2	条纹载波方法及其在力学中的应用	一等奖	力学系　方竞　戴福隆　K. H. Laer
3	系统鲁棒分析与综合	一等奖	力学系　黄琳　王龙　于年才
4	薄膜全场应力测试技术及系统	一等奖	力学系　武国英　方竞　徐立　陈文茹　张国炳　郝一飞　李志宏　齐佳　倪受庸

序号	获奖项目	获奖等级	获奖者
5	条纹载波方法及其在力学中的应用	一等奖	力学系 方竞 戴福隆等
6	单晶硅与砷化镓和非晶硅中氢的研究	一等奖	物理学系、化学系 秦国刚 元民华 王兰萍 贾勇强 孔光临 杜永昌 金泗轩 张丽珠 晏懋洵 吴恩
7	新型非线性光学材料的研究	一等奖	物理学系、化学系 龚旗煌 羌笛 邹英华 孙宇星 杨少晨 夏宗炬 李福绵 陈慧英 周锡煌 武永庆
8	锗硅在 GaAs 和 InGaAsP 半导体上固相反应的研究	一等奖	物理学系 陈娓兮 王学忠 焦鹏飞 章蓓 王舒民
9	钇钡铜氧双晶结研究及高灵敏度 dcSQUID 磁强计	一等奖	物理学系 王世光 戴远东 曾祥辉 熊光成 王志光 连贵君 郑培辉
10	空间等离子体孤立波的研究	一等奖	地球物理学系 宋礼庭
11	重离子整体分离环型高频四极场（RFQ）加速技术的研究		技术物理系 陈佳洱 方家驯 李纬国 陆元荣 潘欧嘉 李德山 袁敬林 王丽珊 曾葆青
12	高性能原子共振滤光器及其在光通信系统的应用	一等奖	无线电电子学系 汤俊雄 王庆吉 段明浩 李义民 张量 甘建华 孔建坤 吴义芳 郑乐民
13	SOI 器件模型及器件、电路模拟	一等奖	计算机科学技术系 王阳元 程玉华 李映雪 奚雪梅 魏丽琼 甘学温 闫桂珍 孙玉秀
14	青鸟面向对象分析方法学及规范和多平台集成化分析出版工具	一等奖	计算机科学技术系 杨芙清 王立福 邵维忠 阮闿 蒋宁
15	南瓜家族丝氨酸蛋白酶抑制剂的结构功能关系研究及改造	一等奖	化学系 黄其辰 刘身坪 唐有祺
16	铟和锑的国际原子量新标准	一等奖	化学系 张青莲 钱秋宇 赵墨田 肖应凯
17	植物细胞中间纤维的证实	一等奖	生物学系 翟中和 杨澄 苏菲 邢力 李秀芬 吴冬兰

序号	获奖项目	获奖等级	获奖者
18	支持 PostScriptLevel12 和 BDPDL 的方正 93 栅格图像处理器	一等奖	计算机科学技术研究所 阳振坤　王选　刘志红　陈峰 张力　贾文华　黄渭平　汪岳林 赵汀枫　王立东
19	SIMOX 技术设备 SOI 及 SOI/CMOS 门列阵设计	一等奖	微电子学研究所　李映雪　王阳元 张兴　奚雪梅　魏丽琼　程玉华 赵清太等
1	小波变换与亨格尔算子	二等奖	数学系　彭立中　蒋庆堂
2	硅—二氧化硅界面态	二等奖	物理学系　陈开茅
3	大气湍流的频散效应	二等奖	地球物理系　刘式适　刘式达
4	陆面过程与机制研究	二等奖	地球物理学系　刘树华
5	云和降水过程的数值模拟	二等奖	地球物理学系　秦瑜　张远航
6	Co 及 Ni 的硅化物的离子束合成——某些新现象的发现及研究	二等奖	技术物理系　吴名枋
7	应用于地球科学的加速器质谱计的研制与建立（北京大学加速器质谱计）	二等奖	技术物理系　陈佳洱　李坤　郭之虞 严声清　刘克新　刘洪涛　斯厚智 陈铁梅　仇士华　郑淑蕙
8	环境信息库 BETA—87 及 JB 系统环境用户界面	二等奖	计算机科学技术系　杨芙清　陈钟 李卫民
9	参类水溶性化学成分的研究	二等奖	化学系　邢其毅　叶蕴华
10	单层分散态表面结构的 EXAFS 研究	二等奖	化学系　蔡小海　谢有畅　唐有祺
11	晶体的 X 射线发光和 X 射线存储发光	二等奖	化学系　苏勉曾　林建华　赵纬 陈伟
12	非细胞体系细胞核重建的研究	二等奖	生物学系　翟中和　张传茂　张博 蔡树涛　曲健
13	基因工程人尿激酶原的研制	二等奖	生物学系　胡美浩　张洪涛　徐扬 高音　赵春梅　隋广超　赵晖 周彦　徐长法
14	K-Ar 等时定年及地质应用	二等奖	地质学系　穆治国

序号	获奖项目	获奖等级	获奖者
15	孔隙度、渗透率、饱和度与声波速度关系的综合研究	二等奖	地质学系　史謌　沈联蒂　黄联捷
16	海南岛河流水化学研究	二等奖	城市与环境学系　陈静生　李远辉　乐嘉祥　陈梅　谢贵伯　王忠
17	宋代农业地理	二等奖	城市与环境学系　韩茂莉
18	动物骨化石的不平衡铀系测年与我国古人类和旧石器考古年表	二等奖	考古学系　陈铁梅　原思训　高世君
19	北大方正报纸分类广告系统	二等奖	计算机科学技术研究所　李旭阳　吕勇　胡蓉　张春慧
20	东坪金矿盲矿体预测信息系统	二等奖	遥感与地理信息系统研究所　刘燕君　金丽芳　冯钟葵　冯纪录　冯克武
1	H空间自映射的特征多项式	三等奖	数学系　段海豹
2	非半有界（拟）微分算子的谱分析	三等奖	数学系　樊启洪
3	溅射氮化铝膜和氮氧铝膜的研究	三等奖	物理学系　王德煌　郭良
4	矩型腔特征方程法测量微波介质参数的理论分析和实验研究	三等奖	物理学系　朱生传　陈海英　温凡平
5	钠原子高分辨率激光光谱研究	三等奖	物理学系　傅济时　郑乐民
6	新型稀磁半导体的磁性和光谱研究	三等奖	物理学系　陈辰嘉　王学忠　刘继周
7	中低纬电离层与日地能量输送	三等奖	地球物理学系　沈长寿　资民筠
8	化学进化中的对称性破缺、磷的作用及弱相互作用研究	三等奖	技术物理系　王文清　潘宪明　吴季兰　赵健　丁翔　戚生初　周玉荣　张茂良
9	JB1.1版的开发及其推广作用	三等奖	计算机科学技术系　陈钟　李卫民　张铭　洪建顺　廖钢城
10	被子植物的二细胞花粉型植物的雄性生殖单位：超微结构及三维重构	三等奖	生物学系　胡适宜　于宏实　朱澂

序号	获奖项目	获奖等级	获奖者
11	脑内去甲肾上腺素系统参与冬眠调控的实证	三等奖	生物学系　蔡益鹏
12	广西下—中泥盆纪界线的综合研究	三等奖	地质学系　白志强　白顺良
13	陕北鄂尔多斯盆地埋藏变质作用	三等奖	地质学系　张立飞　王启明
14	大青山地区晚更新世晚期及现代环境演变的研究	三等奖	城市与环境学系　崔海亭　黄润华　崔之久　吴万里　刘继韩　武弘麟
15	极地高山地貌与环境研究	三等奖	城市与环境学系　刘耕年　崔之久　熊黑钢
16	新的产业空间——高技术产业开发区的发展与布局	三等奖	城市与环境学系　魏心镇　王缉慈

1995 年 9 月获北京大学第六届科学技术成果奖项目表

（一等奖 4 项，二等奖 17 项，三等奖 14 项）

序号	获奖项目	获奖等级	获奖者
1	无穷维台希米勒空间中的几何	一等奖	数学系　李忠
2	^{238}U 中子数据评价	一等奖	技术物理系　唐国有　陈金象　施兆民　张国辉
3	难溶金属氮化物砷化镓肖特基势垒的特性研究	一等奖	计算机科学技术系　张利春　高玉芝　宁宝俊　王阳元
4	稀土络合物结构性能关系和稀土光致发光新材料	一等奖	化学与分子工程学院　吴瑾光　徐光宪　卞江　杨鲁勤　徐端夫　姚瑞刚　许振华　施蒴　周维金　翁诗甫　王秀珍　王立波　王加赋　惠建斌　廖华　高宏成
1	差集和乘子猜想	二等奖	数学系　丘维声
2	X 波段电子自旋共振成像仪	二等奖	物理学系　付济时　朱美栋　吴恩　毛晋昌
3	畴壁的内禀钉扎和宏观量子隧道效应	二等奖	物理学系　钟文定　刘尊孝　陈海英　李国忠
4	高温超导材料正常态热电势及 1/f 噪声反常行为的研究	二等奖	物理学系　阎守胜　刘国良　刘桑田　熊光成　连贵君

序号	获奖项目	获奖等级	获奖者
5	俯冲带的形态、物理性质及负浮力的研究	二等奖	地球物理学系　臧绍先　宁杰远　吴忠良　赵明　陈峰　周燕华
6	太阳大气中环状结构的理论研究	二等奖	地球物理学系　程久恒　吴林襄
7	离子在固体中的阻止本领研究	二等奖	技术物理系　卢希庭　夏宗璜　金长文　江栋兴　刘洪涛
8	万吨酒精生产微机网络测控系统	二等奖	无线电电子学系　姜玉祥　于洪波　王兰睿　陈志杰　王楚
9	极谱络合吸附波新体系的研究和应用	二等奖	化学与分子工程学院　李南强　贺维军
10	含稀土新氧化物陶瓷材料的研究	二等奖	化学与分子工程学院　郑朝贵　王双艳　荆西平
11	含稀土的光学活性配合物及其LB膜的研究	二等奖	化学与分子工程学院　黄春辉　赵新生　王科志　李辉　周德健　夏晓华　周永芬
12	多孔硅的特异光谱、AFM结构表征与化学处理	二等奖	化学与分子工程学院　蔡生民　张树霖　李经建　刘忠范　陈冰　贾霖
13	碱性岩的岩石学、大地构造环境及其地球动力学意义	二等奖	地质学系　许保良　闫国翰　牟保磊　王式洸　黄福生
14	吐哈盆地古构造应力场	二等奖	地质学系　潘懋　梁海华　丁中一　郑文涛　侯建军　刘锡大
15	塔里木板块北部边缘东段及塔北隆起东部构造特征	二等奖	地质学系　钱祥麟　李茂松　郭召杰　张志诚　史誩　杨庚　张明山
16	泥河湾层研究	二等奖	城市与环境学系　夏正楷
17	北京大学校园网	二等奖	计算中心　任守奎　刘贺相　张立云　杜冰　关勇　滕小玲　赵宜平　林赛乐　李建国
1	哈密顿系统和辛几何	三等奖	数学系　蒋美跃
2	Heisenberg群与Hardy空间	三等奖	数学系　刘和平
3	截断和次序统计量与极值统计	三等奖	概率统计系　祁永成

序号	获奖项目	获奖等级	获奖者
4	金刚石膜与强碳化物形成元素衬底界面结构规律的预测和提示	三等奖	物理学系　高巧君　林增栋　彭晓芙　赵安其　袁洪　林丁　王平
5	新型电光材料的物理研究	三等奖	物理学系　王威礼　王德煌
6	激光/声探测声隐身潜艇技术研究	三等奖	无线电电子学系　栾桂冬　张金铎
7	英·日·汉·德对照计算语言学词语库	三等奖	计算语言研究所　俞士汶　朱学锋　E. Kaske
8	程序设计方法学与新语言	三等奖	计算机科学技术系　张乃孝　许卓群　吴允曾　屈婉玲
9	医用嵌段聚醚氨脂的合成、性能及其表面接枝反应的研究	三等奖	化学与分子工程学院　黄祖秀　冯新德
10	应用离子选择性电极研究溶液热力学	三等奖	化学与分子工程学院　褚德莹　刘瑞麟
11	Drosophilauraria 复合种的进化遗传学研究	三等奖	生命科学学院　戴灼华　刘凤丽
12	花粉的生理学和生物化学研究	三等奖	生命科学学院　曹宗巽　杨中汉　龚明
13	汾河流域晚新生代沉积与地貌演化	三等奖	城市与环境学系　莫多闻　王乃梁　杨景春　夏正楷　徐海鹏
14	北京大学图书馆自动化集成系统(PULAIS)	三等奖	图书馆　孙辨华　朱强　张文然　邵柯　胡杰　吉素华　李淑敏　沈承凤　闻新　金洲　刘桂兰

1997 年 9 月获北京大学第七届科学技术成果奖项目表
(一等奖 10 项,二等奖 9 项,三等奖 10 项)

序号	获奖项目	获奖等级	获奖者
1	带权贝格曼空间上的测度与算子	一等奖	数学科学学院　肖杰
2	大气波包孤立子动力学理论研究	一等奖	地球物理学系　谭本馗
3	分子解离动力学与光谱学研究	一等奖	化学与分子工程学院　赵新生　尚海蓉　应立明　朱武生

序号	获奖项目	获奖等级	获奖者
4	核糖体失活蛋白的活性中心几何学及其脱嘌呤反应机理的晶体学研究	一等奖	化学与分子工程学院　黄其辰 唐有祺　金善炜　汪猷
5	中国兴蒙—北疆及邻区古生代岩石圈的演化研究	一等奖	地质学系、地球物理学系　何国琦 李茂松　唐克东　王莹　臧绍先 郑亚东　王时麒　齐文同　吴泰然
6	山西地堑系新生代沉积与构造地貌演化	一等奖	城市与环境学系　王乃梁　杨景春 夏正楷　莫多闻　李有利　潘懋
7	深港治理深圳河工程环境评估研究	一等奖	城市与环境学系　陶澍　倪晋仁 王学军　曾辉　黄润华　赵智杰 王光谦　杜文涛　林鹏
8	大气酸化和酸沉降过程的研究	一等奖	环境科学中心、技术物理系、地球物理学系　唐孝炎　孙庆瑞　毛节泰 秦瑜　王美蓉　陈旦华　张远航 李金龙　张铮
9	多晶硅发射极超高速双极集成电路研究	一等奖	微电子学研究所　张利春　王阳元 倪学文　莫邦燹　张录　张大成 闫桂珍　宁宝俊　高玉芝　马平西 郝一龙　赵宝瑛　张太平　王兆江 孙玉秀　何美华　马莲荣　张维 李婷　罗葵　刘诗美　王玮 张广勤　王铁松
10	超大规模集成电路 MOS 器件可靠性研究	一等奖	微电子学研究所　谭长华　许铭真 王阳元　刘晓卫　何燕冬　段小蓉等
1	李群表示，几何量子化及其应用	二等奖	数学科学学院　赵强
2	无穷维尺度在量子场和表示论中的应用	二等奖	数学科学学院　王正栋
3	BD多功能核子秤	二等奖	技术物理系　丁富荣　张如菊 周志成　马军　董卫中　袁沪宁 严声清　刘洪涛
4	边棱元法及其在微波谐振腔和波导分析中的应用	二等奖	电子学系　周乐柱
5	极性氧化物和半导体超微粉及其复合体的制备与光学性质研究	二等奖	化学与分子工程学院、物理学系 马季铭　程虎民　齐利民 赵振国　王德煌
6	富勒烯衍生物的合成及其性质研究	二等奖	化学与分子程学院、物理学系　甘良兵 黄春辉　周德健　骆初平

序号	获奖项目	获奖等级	获奖者
7	富集硒酵母（富硒康）的培育与生长条件的研究	二等奖	生命科学学院　罗大珍　朱慧秋　郭新洲　张唯杰　杨思林　李爱芬　芷淑萍　李荣娟
8	内蒙古变质核杂岩与推覆构造的关系	二等奖	地质学系　郑亚东　王玉芳　左国朝　刘瑞珣
9	本溪城市生态环境改善途径研究	二等奖	环境科学中心　徐云麟　茹江　宋国君　叶文虎　刘宝章　尹卫红　张世秋　段枚炎　魏彬　余升
1	非双曲动力系统研究的一些新结果	三等奖	数学科学学院　郑志明
2	7Li 第一激发态（478Kev）非弹散中子角分布研究	三等奖	重离子物理研究所　包尚联　黄斐增　刘金泉　施兆民　曹文田　黄正德　周洪全
3	核酸发光探针的研究	三等奖	化学与分子工程学院　李元宗　慈云祥　常文保　陈勇　刘晓
4	花粉多肽和多糖研究	三等奖	化学与分子工程学院　许家喜　缪平　宋艳玲　金声
5	元素碳矿物相在分子水平上的微结构及其性状	三等奖	地质学系　郑辙
6	岩石变形破坏的微细观机理和裂纹分维变化特征及其在地学中的应用	三等奖	地质学系　赵永红　黄杰藩　王仁　耿金达　梁海华　侯建军
7	断层活动度与地震危险性分析	三等奖	地质学系　侯建军　梁海华　潘懋　刘锡大　郑文涛
8	青岛地区酸雨沉降特征和防治研究	三等奖	环境科学中心、技术物理系、地球物理学系　李金龙　唐孝炎　张蔼琛　姚发奎　刘宝章　白郁华　胡敏　梁宝生　栗欣　邵可声　胡建信　李孝珍　陈旦华　陈淑芬
9	青岛市燃煤大气污染控制规划研究	三等奖	环境科学中心、技术物理系　唐孝炎　李金龙　王新英　胡建信　赵汝敖
10	青岛地区酸雨天气边界层气象特征	三等奖	环境科学中心　刘宝章

3. 主要科学研究成果简介

（1）人工全合成牛胰岛素研究

主要研究者：纽经义、龚岳亭、邹承鲁、杜雨花（中国科学院上海生物化学研究所）、季爱雪、邢其毅（北京大学化学系）、汪猷、徐杰诚（中国科学院上海有机化学研究所）。

该项目由中国科学院上海生物化学研究所、中国科学院上海有机化学研究所与北京大学化学系三个单位协作，经过六年又九个月的努力，于1965年9月17日完成。

人工全合成牛胰岛素研究于1958年12月提出，在中国科学院党组、高教部党组和上海市委支持下上马，从天然胰岛素的拆合开始，进而研究胰岛素的半合成，最后实现全合成。

此项研究成果具有重大意义。它是世界上第一次人工合成一种具有生物活力的结晶蛋白质，使人类在认识生命的长程中迈进了一步，标志着人工合成蛋白质的时代已经开始。

北大化学系参加此项研究工作的除季爱雪、邢其毅外，还有施溥涛、陆德培、李崇熙、叶蕴华、汤卡罗等。

此项研究成果1982年获国家自然科学奖一等奖。

（2）湍流的基础理论研究

主要研究者：力学系周培源等。

周培源教授在抗战初期开始湍流理论的研究工作。新中国成立后，周培源教授认为要进一步解释复杂的湍流运动，必须深入了解湍流的结构，并从求不可压缩黏性流体运动方程的涡旋入手。速度二元、三元和高次元的关联就是涡旋速度分量的各级乘积在空间中和涡旋轴在各个方向上的平均值，这样就可以克服用平均方法得出方程组的不封闭性的巨大困难。在20世纪50年代，他把这个理论应用到均匀各项同性湍流的后期衰变运动（黏性流体的运动方程可以线性化），得出和二元速度关联的已知实验相符合的理论结果。在20世纪60年代，计算出的三元速度关联所预见到的理论结果，到20世纪70年代被实验所证实。

关于衰变初期的均匀各向同性的湍流（流体运动方程是非线性的）理论，周培源教授引进相似性的概念，用一个特殊方法来解非线性运动方程并运用近似解。计算证明了他的理论是当时最能够说明多个实验的均匀各向同性湍流理论。

此项研究成果1982年获国家自然科学奖二等奖。

（3）层子模型

主要研究者：朱洪元（中国科学院原子能研究所）、胡宁（北京大学物理学系）、何祚庥（中国科学院原子能研究所）、戴元本（中国科学院数学研究所）。

1965年9月至1966年5月，我国朱洪元、胡宁、何祚庥、戴元本等科学工作者，从强子内部结构出发，引进描述强子结构的强子内部波函数，比较系统地研究了强子的电磁作用和弱作用性质的转化过程，并对强子的强作用过程进行初步的探讨,得到的结果与实验在定性上一致。其中许多结果在定量上与实验比较符合。原来看来彼此间没有什么联系的现象,现在通过强子的内部结构彼此联系起来,呈现出强子不同重态之间及介子和重子的性质和现象之间的联系,以及电磁相互作用过程和弱作用过程之间的联系。

"层子"一词的提出是基于这样的观点:即使"层子"也不是物质的最终单元;物质结构具有无穷层次,层子也只不过是其中的一个层次;层子也具有内部结构,存着比层子更深的物质结构组分。这一观点在当时的粒子物理理论界是第一次提出。

此项研究成果1982年获国家自然科学奖二等奖。

(4) 微分动力体系

主要研究者:数学系廖山涛。

微分动力体系研究,国际上流行的方法是几何和泛函分析式。廖山涛教授建立了新的方法,即"典型方程组"。在"典型方程组"的基础上,廖山涛教授又发现了"阻碍集"。从"典型方程组"到"阻碍集"两个重要概念的提出,以及用它们得出的成果,形成了一个独特的系统。

此外,廖山涛对正常集、极小歧变集等方面也都有相当系统的研究,取得了重要的成果。

此项研究成果1982年获国家自然科学奖二等奖。1986年3月,廖山涛教授因其在"周期变换"与"微分动力系统"方面的研究成果,获得第三世界科学院首次颁发的数学奖;1987年获国家教委科技进步奖一等奖。

(5) 猪胰岛素晶体结构的测定

主要研究者:胰岛素晶体结构分析组。

这一成果是中国科学院物理研究所、生物物理研究所,北京大学化学系、生物学系和中国科学院上海生化所、有机所、计算所、华东物构所的研究人员合作取得的。工作开始于1967年年初,于1970年9月、1971年1月和1973年分别完成了4埃、2.5埃和1.8埃分辨率的猪胰岛素晶体结构的测定。胰岛素晶体结构的测定包括胰岛素单晶体的培养、重原子衍生物的制备、X射线衍射数据的收集和处理、结构因子相角的求算、电子密度图的分析和解释、结构模型的建立等主要环节。测定胰岛素的晶体结构,为进一步研究其生物活性的作用机理、探讨其结构与功能的关系提供了重要的基础。

猪胰岛素晶体结构的测定,是继我国在世界上首先人工合成蛋白质——结晶牛胰岛素后,在测定蛋白质晶体结构的研究方面一个重要的成果。它为研究胰岛素结构与功能的关系提供了新的有利条件,也为今后研究生物大分子空间结构打下了基础。

此项研究成果 1982 年获国家自然科学奖二等奖。

(6)关于原子核集体运动形态以及核内新自由度的研究

主要研究者:物理学系杨立铭、杨泽森、孙洪洲、韩其智、杨新华、齐辉。

本项研究属于核物理研究最活跃的领域之一。研究者获得的成果主要包括:

1)集体运动的微观理论:从对关联出发,首次阐明了在唯象理论中提出的 S 玻色子与 D 玻色子的微观结构及性质,由此导出的集体哈密顿量比唯象理论有更丰富的内容。

2)集体运动的唯象理论:建立并分析了包括 g 玻色子的相互作用玻色子模型,并完成了对 U(6/12)超时称性的分析,用于分析 Pt 同位素的能谱及 E_2 跃迁等,结果与实验符合较好,还讨论了李超代数 Osp(m/2n)的可约表示。

3)核内的非核子的新自由度:在口袋模型的基础上,首次得出的包括两类自能图的强子谱,与实验基本符合,还试采用手征口袋(包括介子云口袋)模型得出核力的长程部分及中程部分的理论形式,其中长程部分与实验符合尚好,短程部分能给出合理的排斥心。

此项研究成果 1985 年获国家教委科技进步奖一等奖;1986 年获北京大学科学研究成果(理科)奖一等奖。

(7)串级萃取理论及其在稀土分离和金川钴镍分离中的应用

主要研究者:化学系徐光宪、李标国、黄春辉、金天柱、严纯华、倪亚明、李俊然。

本项目研制的萃取法分离钇、稀土与钴镍等元素的工艺流程,应用了十多年来研究的串级萃取理论,使工艺优化,投资减少,研制周期缩短。

此项研究成果 1985 年获国家教委科学技术进步奖一等奖;1986 年获北京大学科学研究成果(理科)奖一等奖;1987 年获国家自然科学奖三等奖。

(8)核内 DNA 病毒在细胞质内的发生

主要研究者:生物学系翟中和、丁明孝、何大澄、戎宪辉、王晓。

鸭瘟病毒与牛鼻气管炎病毒属疱疹病毒的 DNA 病毒。疱疹病毒是在细胞核内复制核酸与装配核壳体。本研究成果首先证明鸭瘟病毒除了在细胞核内装配核壳体外,在细胞质内有另一条发生途径,即在细胞质内有很特异的"病毒工厂"结构,核壳体就在其中装配。电镜放射自显影证明,在细胞质内存在大量病毒 DNA,它们是核壳体进行装配的"原料"。此后,研究者又在牛鼻气管炎病毒的研究中观察到类似结果,但牛鼻气管炎病毒在细胞质内的病毒"装配基地"和装配方式与鸭瘟病毒有区别。该研究同时还证明了牛鼻气管炎病毒感染的细胞质内也有病毒 DNA。这些结果对病毒学中的传统观点"DNA 病毒（除痘病毒与虹色病毒外）均是在细胞核内复制装配"有新的补充和修正。

此项研究成果 1985 年获国家教委科技进步奖一等奖；1986 年获北京大学科学研究成果（理科）奖一等奖；1987 年获国家自然科学奖四等奖。

（9）临界点理论及其应用

主要研究者：数学系张恭庆。

临界点理论属基础数学理论中大范围变分法的一个重要方面，主要是应用拓扑方法研究变分问题。本项目在以下几个方面推进了临界点理论的发展：

1）系统地发展了孤立临界点的无穷维 Morse 理论，建立了两种临界群定义的等价性，进而建立了 Morse 理论与 Leray Schauder 度之间的关系，并提供了若干临界群的计算。

2）应用上述理论获得了若干个估计临界点个数的定理，给出偏微分方程与常微分方程中的解的个数的下界。

3）所得的一个临界点个数估计定理给出了 Arnold 关于环面上保护测变换的不动点个数猜测的简洁证明。

4）在变分结构与序结构之间，建立了"山路引理"与"上、下解"的关系，从而发现了有一大类半线性椭圆形边值问题具多重解。

5）推广各种临界点定理于不可微但满足局部李氏条件的泛函，使临界点理论可应用于一大类自由边界问题、规划问题与某些力学问题。

6）研究了非线性波与弹性梁的多重周期解。

此项研究成果 1985 年获国家教委科技进步奖一等奖；1986 年获北京大学科学研究成果（理科）奖一等奖；1987 年获国家自然科学奖二等奖。张恭庆 1986 年获陈省身数学奖。

（10）中国降水过程与湿斜压天气动力学研究

主要研究者：地球物理学系谢义炳、陈受均、张镡、陶祖钰、蒋尚城、张玉玲、谢安。

降水问题，尤其是发生大范围暴雨的机理及其预报，在大气科学中是一个前沿课题。我国处于季风区，降水过程更为复杂，国外的研究成果不完全适用，必须建立新的概念、方法和理论，并接受天气预报的检验。本项目经三十多年的研究，发现了重要的观测事实，建立了新的天气尺度过程的概念模式和理论体系，系统地建立了中国降水过程的概念模式，并在此基础上提出了"湿斜压天气动力学"的理论体系，由此得到了暴雨预报的观点、方法，确立了我国在降水过程与降水预报业务方面处于国际先进水平。主要成果包括以下五个方面：

1) 发现东亚多层锋区与急流分支。澄清了 20 世纪 40 年代欧美气象工作者发现极峰以南上空强斜压性而缺乏解释的问题,第一次把副热带锋及副热带急流放在一个坚实的观测基础上,对大气环流的研究有着重要的理论与实际意义。

2) 建立了系统的东亚降水过程的概念模式。经过 30 年的实际考验,证明这一模式是正确的。该模式采用以湿度和温度要素合并的假相当位温代替温度要素用于天气尺度分析,由此揭示出降水系统很多特征。这一方法后来还被发展成"能量学方法",在全国气象系统中广泛使用。

3) 热带环流与台风的研究。首先分析出西太平洋台风绝大部分发生在赤道辐合带上的事实,阐明了赤道西风在台风发生中的重要作用。研究了切变气流的稳定性问题,为西太平洋台风研究开辟了新的方向。对台风移动规律的研究,指出台风沿所在厚度的平均风速运动,发现了热带季风系统有显著的低频振荡,并与台风发生有明显的关系。

4) 建立了中低纬度环流系统相互作用的概念模式。得到"相互作用"是暴雨过程的主要机理之一的结论,改变了传统的降水研究工作中分别考虑中纬度的低纬度环流系统的观点和方法。这一突破在暴雨研究上有重要的理论与实践意义。美国、法国开始研究的所谓"水汽爆发"就是沿这个方向进行的。

5) 建立"湿斜压天气动力学"的理论体系。明确了水汽在天气尺度中的重要作用,由此得到一系列新概念。该理论成功地解释了暴雨过程中一系列观测事实,并得到诊断分析和数值模拟试验的支持。这一理论将 20 世纪初发展起来的湿斜压理论推进到一个新的阶段。

上述 4)、5)项理论成果于 1978 年起广泛应用于北方 13 个省、自治区、直辖市及部分南方省市的气象业务系统,取得了良好的效果。

此项研究成果 1985 年获国家教委科技进步奖一等奖;1986 年获北京大学科学研究成果(理科)奖一等奖;1987 年获国家自然科学奖二等奖。1988年该项目负责人谢义炳获帕尔门气象国际荣誉奖。

(11) ZSM-5 分子筛结构的研究

主要研究者:物理化学研究所唐有祺、林炳雄、张婉静、刘振义、李旺荣、郑香苗。

ZSM-5 分子筛在石油炼制和石油化工等方面具有广泛的用途,是一种新型择形催化活性材料。从 20 世纪 70 年代中期开始,国内许多单位开展了合成和应用的研究,但对何种工艺条件下制备出来的分子筛是 ZSM-5 一直争论不止,对分子筛进行调变,使其适于不同反应的研究更未得到应有的重视。

本项成果的研究者应用多晶 X 射线衍射技术，对各种合成条件及后处理所得到的分子筛进行了结构研究，得出了一些新的方法。他们发现其结构存在易变性，通过物理调变可改变其三个结构参数以及得出化学调变的机理。由此得出结论：国内以成本低的直接法制得的分子筛也是 ZSM-5，可通过物理和化学调变方法改变其性能，进而开发应用。这一结论为中国石化总公司所接受并应用于实践，取得显著成绩，使 ZSM-5 分子筛在我国得到开发应用。

此项研究成果 1985 年获国家教委科技进步奖一等奖；1986 年获北京大学科学研究成果（理科）奖一等奖。

(12) 卫星遥感信息在山西农业自然资源中的应用研究

北大主要研究者：遥感技术应用研究所承继成、石世民、陈凯、范心圻、李琦、刘燕君、王乃梁。

这一研究是由北大遥感技术应用研究所牵头与北京师范大学、东北师范大学、华东师范大学、南京大学和山西省农业遥感研究室合作进行的。研究者利用陆地卫星影像，提取专题信息，结合地学分析，采用目视解译方法，从 1981 年至 1982 年，完成了全省 15.6 万平方千米面积的 1/25 万农业自然条件目视解译系列图 17 幅，为山西省进行农业区划提供了有力的科学依据。北大与山西的研究人员共同完成了系列图中的农业地质图、地貌图、农业生产条件及现状图、农业气候类型图、森林分布图、草地类型图等 6 幅图件。北大还参加了光学图像信息提取与放大专题研究。国家科委组织的评审会议认为：这些图体较真实地反映了山西全省自然资源的分布状况，图版界限较准确，定性定位精度高，内容丰富；系列图符合省级农业区划和农业综合研究的需要，是我国遥感技术在农业应用上的一项重要综合成果，达到了国内先进水平，对光学图像处理和一次整幅放大到 1/10 万的假彩色合成图像，也是高水平的。

此项研究成果 1985 年获国家教委科技进步奖一等奖；1986 年获北京大学科学研究成果（理科）奖一等奖；1987 年获国家科技进步奖二等奖。

(13) Nielson 不动点理论

主要研究者：数学系姜伯驹。

空间自映射 f 的 Nielson 数 N(f) 是 f 的不动点的一个下界，因此，对 N(f) 的研究在理论上和应用上都有重要意义。此项研究成果分为以下几个方面：

1) 研究了 N(f) 等 f 的同伦类中映射的不动点类下确界 M(f) 的条件，指出除欧拉示性数小于 0 的曲面外，所有无局部分割点的多面体的自映射 f 总有 N(F)＝M(f)，而对英曲面，当 f 是自同胚时，也有此等式。

2）给出了反例，说明对欧拉示性数小于 0 的曲面，有自映射 f，使 N(F) ＜W(f)。

3）给出纤维映射 Nielson 数乘积公式成立的充分条件。

4）提出同期总理论的许多基本概念。

此项研究成果 1982 年获国家自然科学奖三等奖；1986 年获国家教委科技进步奖一等奖。

（14）氧化物或盐类在载体上单层分散的自发倾向及其在多相催化剂研究中的应用

主要研究者：化学系唐有祺、谢有畅、桂琳琳、刘英骏、赵璧英、杨乃芳、张玉芬、段连运、郭沁林、蔡小海、黄惠忠、卜乃瑜、吴念祖。

此项成果首次发现氧化物或盐类相当普通地有在一般催化剂载体上成单层或亚单层分散的自发倾向。这一现象已得到 X 光衍射、光电子能谱、离子散射谱、高分辨电子显微镜、电子衍射、差热分析、吸附、表面酸性、还原性能及催化反应性能等大量实验事实的证实和支持。自发分散的根源是这些氧化物或盐类可与载体表面的离子或极性基因相作用生成相当强的表面键（离子键或极性键等），加上分散是使三维有序的晶相变动二维表面单层相，有序度降低，熵增大，结果使体系的总自由能降低。另外，表面扩散比体相扩散容易得多，也有利于在一定条件下形成单层分散相。

该项目的研究者先后在国内外发表论文 30 多篇。"自发单层分散"作为一种相当普遍而又有广泛应用价值的现象，已受到国内外催化界的重视，其研究者曾多次应邀在国外有关实验室进行介绍。

此项研究成果 1986 年获国家教委科技进步奖一等奖。

（15）用溶剂萃取法从金川铑、铱精矿液中分离和提取纯铑、铱的工艺

主要研究者：技术物理系蒋明、王祥云、刘新起、申国荣、刘元方。

研究者通过调整溶液中铑、铱的状态及铱的价态，用萃取法首先除去铁铜等贱金属，然后进行铑或铱与其他贵金属的分离。应用这一工艺获得的铑、铱产品纯度达 99.95％，回收率在 98％ 以上。这一工艺的主要优点有：

1）通过调整铂族金属离子的电荷状态，用普通的萃取剂实现了铑、铱的分离和提纯，方法新颖、独特，工艺先进，分离系数高。

2）流程简短，产品质量稳定可靠，金属回收率高。

3）生产成本低，1000 克的铑或铱的试剂消耗费用约为 1000 美元。

此项研究成果 1986 年获国家教委科技进步奖一等奖；1986 年获北京大学科学研究成果（理科）奖二等奖。

（16）大熊猫的生物学研究

主要研究者：生物学系王平、潘文石、杨安峰、张龙翔、顾孝诚、卢光莹、梁宋平等。

对于大熊猫在生物学上所表现出来的不同寻常的特征，分类学家们已争论了一百多年。1979年以来，此项目研究者对大熊猫进行了广泛的生物学研究。其中部分著作填补了有关研究领域的空白，部分工作达到了所在领域的前沿，这些研究加深了人们对大熊猫生命本质的认识。这些研究的内容包括：

1）系统地研究了大熊猫的器官组织学及其随年龄而发生变化的特点，发现大熊猫的初生幼仔的免疫系统、肾脏和眼睛等发育程度都差，大熊猫生育的是一个早产的胎儿。这为哺育初生大熊猫幼仔提供了科学依据。

2）分析了大熊猫赖以生存的竹子的化学成分。分析结果发现高山上的竹子不仅蛋白质含量高，而且必需氨基酸的比例也合理，具有较高的营养价值。对大熊猫粪便中竹子的显微结构进行研究后，发现大熊猫主要利用竹子薄壁细胞的内含物，同时也能消化少量的细胞壁。这为人工饲养大熊猫提供了科学依据。

3）研究了大熊猫、小熊猫和黑熊的血红蛋白组分离、结晶及氨基酸组分分析；比较了大熊猫及几种哺乳动物乳酸脱氢酶同工酶 M-4 一级结构；测定了大熊猫与几种近缘动物的血清免疫学性状。这为有争议的大熊猫系统进化地位及分类地位提供了新证据。

此项研究成果 1986 年获国家教委科技进步奖一等奖；1988 年获北京大学第二届科学研究成果（理科）奖一等奖。

（17）微波辐射计及其环境遥感应用

主要研究者：地球物理学系赵柏林、杜金林、胡成达、施庶民、李慧心、韩庆源、江廷久、朱元竞、尹宏。

利用大气、云雨微波辐射计测量遥感大气和云雨特性的方法，具有机动灵活、能连续观测的特点，在很多方面能代替无线电探空仪的职能，可以应用于大气探测、临近天气预报、人工影响天气和大气污染监测等方面。北大与有关单位协作，研制了气象用 5mm 至 3cm 波段中 5 个频率的微波辐射计，具有较高的灵敏度和稳定性。

为了提高微波遥感地物的水平，建立了微波遥感地物实验室，由介电常数测量系统、微波辐射率仪、微波反射率仪和遥感野外模拟实验四个部分组成，以研究微波遥感水面油污和土壤湿度为重点。实验室提供测量微波遥感地物特性的条件，提供遥感制图的数据和和微波遥感参数。该项目研究者研制了全部实验设备，可供业务实践使用。此外，还开展了利用气象卫星资料分析东亚大气尘暴过程及监测海上气溶胶浓度的研究。

此项研究成果 1986 年获国家教委科技进步奖一等奖;1987 年获国家科技进步奖一等奖。

(18) 华光型计算机—激光汉字编辑排版系统、北大方正电子出版系统

主要研究者:计算机科学技术研究所王选等。

华光型电子出版系统在北大计算机科学研究所、潍坊计算机公司、邮电部杭州通信设备厂、新华通讯社等单位的共同努力下,经过Ⅰ型、Ⅱ型、Ⅲ型、Ⅳ型的研制和开发,取得了很大的成绩。这套系统采用独特的高分辨率汉字字形信息压缩技术和先进的第四代激光照排机,在主要技术指标上达到了国际先进水平,使我国的印刷业告别了铅与火的时代。北大方正电子出版系统是在华光型系统的基础上研制成功的新一代电子出版系统。它采用王选教授新研制的专用超大规模集成芯片、新存储控制芯片和高速DMA 接口。它与华光Ⅳ型控制器相比,体积大大缩小,而传送速度和图形产生速度可快 10 倍,在同类产品中具有速度最快、体积最小、性能价格比最高的特点,并具有良好的字形和图形。它采用的技术有:

1) 汉字信息压缩技术。将汉字笔划分类为规则笔段、不规则笔段两大类。规则笔段取其轮廓信息,非规则笔段采用参数描述,从而使汉字信息较点阵形式压缩数百倍。

2) 汉字高速还原为点阵技术。采用电子技术设计专用芯片,可将经高倍压缩的汉字高速还原成点阵,还原速度每秒 700 字以上。

3) 计算机技术。编制了报版、书版、补字等各种程序,形成电子出版系统的软件。

上述汉字信息压缩技术、汉字高速还原技术均为专利技术,计算机排版软件是国内外首创。

"华光型计算机—激光汉字编辑排版系统"1986 年获北京大学科学研究成果(理科)奖一等奖;1986 年获第 14 届日内瓦发明展览金奖;1987 年获国家科技进步奖一等奖;1990 年获陈嘉庚奖。"高分辨率汉字字型发生器"1989 年获中国专利发明创造金奖。"北大方正电子出版系统"1992 年获北京市科技进步奖特等奖;1995 年获国家科技进步奖一等奖。王选 1994 年获美洲中国工程师学会成就奖;1995 年获联合国教科文组织科技奖;1995 年获何梁何利科学技术进步奖;1996 年获王丹萍科学奖。

(19) 微分动力系统稳定性研究

主要研究者:数学系、数学研究所廖山涛

廖山涛在微分动力系统研究方面提出典型方程组和阻碍集两个基本概念、形成自己独特的研究体系后,又采用与国际上不同的方法探讨了稳定性

等问题,取得了重要的成果。他继 1980 年给出了二维离散系统和三维无奇点常微系统稳定推测定理之后,于 1984 年证明了三维离散系统和四维无奇点常维稳定推测。此项研究还从扰动系统的周期轨道个数这一角度,用极小歧变集的性质得到三维无常奇点常微系统 Ω 稳定的特征性质。此结果与讨论热烈的混沌(chaos)问题有关,是用别的方法难以得到的。

此项研究成果 1987 年获国家自然科学奖一等奖;1988 年获北京大学科学研究成果(理科)奖特等奖。

(20) 曲面自映射的不动点理论

主要研究者:数学系、数学研究所姜伯驹。

不动点理论是数学中研究方程的一般理论。Nielson 理论研究不动点的个数问题,有理论上的重要性。姜伯驹首先证明,除曲面之外,无局部分割点的多面体的 Nielson 数一定等于最少不动点数,可见曲面正是难点之所在。姜伯驹又利用 Thurston 的曲面论,证明了对于曲面的自同胚,等号是成立的,从而证实了 Nielson 的基本设想。对于曲面的自映射,多年来人们怀疑等式不成立,并试图举出反例,但没有成功。姜伯驹利用辫群作工具,证明了在欧拉示性数为负数的曲面上(绝大多数曲面满足这个条件),总存在自映射,其同伦类最少不动点数大于 Nielson 数。这就揭示了对于不动点来说,二维的确是个特殊的维数,有着其他维数都没有的复杂现象,Nielson 理论已不能有效地估计不动点数,需要发展新的方向,因此本项研究开拓了一个新的研究领域。

此项研究成果 1987 年获国家自然科学奖二等奖;1988 年获北京大学科学研究成果(理科)奖一等奖。姜伯驹 1989 年获陈省身数学奖。

(21) 晶体相结构与晶体化学的基础研究

主要研究者:化学系、物理化学研究所唐有祺、林炳雄、邵美成、张婉静、徐筱杰、汤卡罗、刘振义、周公度、潘佐华、李根培、金祥林、张泽莹、杨清传、章士伟、韩玉珍、李旺荣。

晶体化学主要涉及晶体在原子水平上的结构理论。现代晶体化学是在大量实测晶体体相结构基础上总结规律的,它不仅是研究微观立体世界的高科技,而且是材料科学、生命科学、合成化学、地学、石油化学等学科在分子水平上进行深入研究的支柱。本项研究成果主要体现在以下三个方面:

1) 联系石油化工的 ZSM-5 型分子筛工业催化剂的应用基础研究。在我国首次应用多晶体 X 射线衍射方法,对国内外各种合成的 ZSM-5 型分子筛进行了体相结构和性能的研究,揭示了与择形性能密切相关的三个特征结构参数,发现了该型分子筛结构的易变性,提出了适合我国国情的廉价的工业生产路线——先以直接法制备该型分子筛,然后通过物理和化学调变,改善其择形性能,达到了国外用昂贵模板剂合成的 ZSM-5 型分子筛择形性能的水平。此成果已为产业部门采纳。在这方面的研究中,还发现了该型分子筛晶体内存在强度、酸量及稳定性不同的两类质子酸中心 S_1 和 S_2。这一发现为进一步开发应用指出了方向。

2) 对含生物、药物活性分子的创新霉素、鹤草酚、农药氟硅酸脲、胺草磷、男性避孕药醋酸棉酚等进行了结构研究。其中在防治小麦锈病的农药氟硅酸脲晶体结构中证实了含强对称氢键的脲合质子的存在,可满意地阐明此农药可通过缓解质子的机制以保持较高药效和减少药害等性能。铂系氨基酸结合物的结构研究,对抗癌铂系药物的筛选提供了基础结构信息。

3) 过渡、继过渡元素化合物结构化学的基础研究。以化学合成结合晶构分析对多核铜—硫、银—硫、钼—氧簇合物的新型结构及成簇规律进行了系统的研究。着重对贵金属铜、银簇合物系列中配位体空间位阻对簇合度及簇构型的规律进行了总结。对各类双核、多核有代表性的钒氧聚集体和此类化合物的成键规律及钒对双氧物种等小分子的活化进行了系统的研究。另外,对铁、钼、铼金属有机卡宾及其异构化物进行了系统的研究,在结构测定中发现的"卡宾物异构化"现象对其后的合成有重要指导作用。

此项研究成果 1987 年获国家自然科学奖二等奖;1988 年获北京大学科学研究成果(理科)奖一等奖。

(22) 应用量子化学成键规律和稀土化合物的电子结构

主要研究者:化学系徐光宪、黎乐民、任镜清。

此项研究成果是我国应用量子化学方面比较系统完整的一项工作,包括三个方面的内容:

1) 原子价的新概念和 nxcπ 规则。在总结大量新化合物的结构数据并通过量子化学计算了解某些新型化学键的成键情况的基础上,提出了共价的新定义,并由此推导出五条原子价规则,可说明许多化合物的结构。在 R. Hoffmann 等提出的分子片的基础上,把分子看作是由分子片组成,并提出用(nxcπ)4 个数的分子的结构类型进行分类,总结出 6 条结构规律,可以说明已知分子的结构,并预测一些可能存在的未知分子。

2) 稀土化合物的电子结构。结合我国生产的稀土元素化合物的研究,建立了可以计算稀土化合物(包括原子的 4f 轨道)的 INDO 分子轨道法的程序,并提出有关的计算参数。利用这一程序与有关参数得到下列结论:在大多数稀土络合物特别是稀土金属有机化合物中,稀土与配位原子是以带有不同离子性成分的共价键结合的。共价键的形成是由于镧原子的 5d、6s、6p 轨道与配体原子轨道的重叠,5d 轨道起更大作用。4d 轨道由于其高度定域性基本上不参与成键,但成键过程涉及 $4f \rightarrow 5d$ 跃迁,自旋极化也对 5d 等轨道产生影响,4f 轨道对稀土化合物的化学性质有间接的作用。稀土化合物的光、电、磁学物理性质是与未成键的 4f 电子直接联系的,但 5d、6s、6p 等轨道的成键作用对它也有一定的影响。

3）改进的 Hckel 分子轨道理论与正弦型同系线性规律。同系线性规律已提出多年,但基本上是一种经验规律,缺乏令人满意的理论解释。本项研究在 Hckel 分子轨道法中引进两价目不同的 β 积分,证明了一条图论定理,推导出正弦型同系线性规律的公式,从而为同系线性规律特别为指数型的经验同系线性规律提供了量子化学基础。实验证明正弦型公式比原先认为最准确的指数型公式还准确,应用范围也更广泛,而且有正确的渐进性质。这项工作使我国对这个问题的研究深入了一步。

此项研究成果 1987 年获国家自然科学奖二等奖。

（23）太阳风中阿尔芬脉动的波能串级理论

主要研究者:地球物理学系涂传诒。

阿尔芬脉动是太阳风中磁场矢量和速度矢量之间的一种相关起伏的现象,虽然许多学者在这方面做了很多研究工作,但都不能解释出空间观测得到的阿尔芬脉动的一些基本特征,即阿尔芬脉动具有波动和湍流两重性,脉动的功率谱有着明显的径向变化。本研究成果创建了新的理论方法,给予上述现象合乎逻辑的解释;在一些基本假设的前提下,导出了阿尔芬脉动功率谱变化的谱方程,创立了阿尔芬脉动波能串级理论。这一理论用统一的观点解释了长期以来存在的脉动的波动性和湍流性理论解释的矛盾,是目前唯一能解释脉动功率谱径向发展和质子加热率的理论模型。这一成就得到了国际上著名的行星学者的一致赞扬,被称为"涂氏模型",根据这一理论导出的函数被称为"涂氏函数"。空间物理学家们认为,"涂氏模型"的建立,不仅对阿尔芬脉动研究有重要意义,而且对太阳风动力学研究以及太阳大气物理研究都具有推动和指导作用。

此项研究成果 1987 年获国家教委科技进步奖一等奖;1988 年获北京大学科学研究成果（理科）奖一等奖;1989 年获国家自然科学奖二等奖。

（24）单晶硅中氢的行为和与氢有关的缺陷

主要研究者:物理学系秦国刚、杜永昌、张玉峰、孟祷提（清华大学）、姚秀琛。

半导体单晶硅中氢的行为及其对硅材料的电学性质、光学性质的影响,是国际上关于半导体中杂质和缺陷研究的前沿课题。此项研究的主要成果如下:

1）硅中氢能否引入深能级？其结构如何？这是长期悬而未决的问题。此项研究首次观测到 $E_c-0.20ev$ 与氢有关的深中心,并提出了一个合理的模型,又相继观测到其他与氢有关的深中心:$E_v+0.10ev,E_c-0.08ev,E_c+0.64ev$。

2)详细研究了硅中氢对辐射的钝化作用,解释了"会聚效应",为用氢杂质制备抗辐照硅材料与器件提供了可能的前景。

3)观测到质子注入硅中产生的与氢有关的深中心。

4)通过对中子辐照及 γ 射线辐照氢气氛生长硅红外吸收光谱的详细研究,对其两条重要的谱带 1832 和 1980cm^{-1} 提出了指认。

5)硼氢对的研究近五年来很受重视。该课题组与 Pankove 用不同方法同时观测到硅中 BH 对的局域振动模吸收带为 1873cm^{-1},还首次测出其光吸收截面为 6×10^{-18}cm^2,并用自由载流子吸收的变化证明了 BH 对的形成和分解。

此项研究成果 1987 年获国家教委科技进步奖一等奖;1988 年获北京大学科学研究成果(理科)奖一等奖。

(25)丝氨酸蛋白酶及其复合物系列立体结构研究

主要研究者:化学系唐有祺、陈忠国、李根培、徐筱杰。

丝氨酸蛋白酶广泛存在于生物体,它们能选择性地切断蛋白质中某些特定部位的肽链,又能同与之相结合的抑制剂一起执行一系列重要的生理机能。用 X 光衍射法测定它们的复合物立体结构是一箭双雕的事情,既可解决抑制剂的结构问题,同时又可揭示抑制酶的真实机理,从而揭示抑制剂在调节细胞内蛋白质代谢和处理前体蛋白质或多肽过程中分子识别作用机理,为寻找更有效而有意义的抑制剂、为蛋白质工程等提供可靠的结构依据。

该课题组用悬滴式蒸气扩散法获得了系列化的多种蛋白质复合物大单晶,在国内首次用分子置换法成功地解决了未知蛋白质晶体的相角问题,相继测定了一系列丝氨酸蛋白酶及其抑制剂复合物的立体结构:2.6Å 分辨率绿豆胰蛋白酶抑制剂与猪胰蛋白酶复合物四方晶体结构;1.68Å 分辨率苦瓜胰蛋白酶抑制剂与猪胰蛋白酶复合物三方晶体结构。

3Å 分辨率绿豆胰蛋白酶抑制剂 Lys 活力碎片与牛胰蛋白酶复合物晶体结构,在国际上第一次阐明 Bowman-Birk 型抑制剂立体结构特征,并展示了该类抑制剂抑制胰蛋白酶特异性和专一性的结构依据,也为它们的蛋白质工程提供了定量依据。这一结果又为丝氨酸蛋白酶的进一步深入研究,提供了蛋白质相互作用的实际模型,同时为现在修正中的 17Å 分辨率工作奠定了可靠基础。

此项研究成果 1987 年获国家教委科技进步奖一等奖;1988 年获北京大学科学研究成果(理科)奖一等奖。

（26）中国寒武、奥陶纪牙形石研究

主要研究者：地质学系安泰庠等。

此项研究将中国寒武、奥陶纪牙形石划分为华北型和华南型，分别建立了牙形石序列，共 47 个化石带，并通过过渡区的研究将两者联系起来。这样的联系只是在美国部分地做到。在华北区建立了完整的奥陶系层序，重新厘定了各组的含义，并解决了许多地层争论问题，其中，中、上奥陶统层序的建立是中国地层学中的一个突破。在此项研究中，"器官"的概念采用较早，这使该研究的牙形石生物学内容始终与国际先进水平同步。建新属 11 个，新种和新亚种 76 个，丰富了牙形石古生物学的内容。该课题研究区域之广、时间之长，材料之丰富，在牙形石学研究中是罕见的。

此项研究成果 1987 年获国家教委科技进步奖一等奖；1988 年获北京大学科学研究成果（理科）奖一等奖。"中国的奥陶系"、"中国的寒武系"1985 年获地矿部科技进步奖一等奖。《华北及邻区牙形石》一书 1985 年获中国出版工作者协会颁发的全国优秀科技图书奖状。

（27）高临界温度氧化物超导体的研究

主要研究者：物理学系甘子钊、尹道乐、李传义、戴远东、陆果、王守证、崔广霁、冯孙齐、闫守胜、卫崇德、韩汝珊、朱星、王世光、林勤。化学系唐有祺、林炳雄、陈凤翔、张玉芬、郑香苗、李能。

该项目是综合研究项目，包括高 T_c 超导氧化物体材料制备、结构研究、物理研究、新材料探索、高 T_c 超导器件研制、高 T_c 超导机理探索等多方面内容。它取得的主要成果如下：

1）Y 系超导体的研制。1987 年 3 月 4 日研制出液 N_2 温度 YBCO 超导体，位于世界第四位。当时所得零电阻温度已到 91K。随后在 YBCO 体材料制备方面，在国内最先发展了溶胶法，并仔细研究了有关问题。1987 年 7 月，在国内首先制得液 N_2 温度 $LaBa_2Cu_3O$ 超导体（与日本人田中几乎同时）。

2）独立地发展了多层蒸发后热处理制备高 Tc 超导氧化物薄膜的工艺。1987 年 6 月初制得零电阻温度 84K 的 YBCO 膜，当时仅次于美国 IBM 公司，与美国斯坦福大学共同名列世界第二。1998 年 3 月，用同样方法制得零电阻温度为 84K 的 Bi 超导膜，这一结果不仅在国内是第一次，在国际上也是最早的结果之一。

3）较早地观察到 YBCO 超导体的 Josephson 效应，从微波感应台阶证明了 YBCO 超导体的截流子是 2°。在国内首次开展了用微加工工艺处理高 T_c 氧化物薄膜的研究，并第一次制备出 YBCO 薄膜微桥，观察到它的 Josephson 效应。

4）高 T_c 器件研究方面。用 YBCO 超导薄膜制备了薄膜 DCSQUID 原理器件，并在低温下观察到三角波。这是当时国内唯一报道的高 T_c 超导氧化物薄膜 DCSQUID 器件。

5）新的液 N_2 温度氧化物超导体的研究。1988 年 2 月，研制出 Bi 系和 Tl 系液 N_2 温度超导体，并观察到 Bi 超导体的调制结构，该工作在国内仅晚于中国科学院物理研究所。其后，在国内最先制得 X 光纯相的 $Bi_2Sr_2CaCu_2$ O_x 和 $Tl_2Ba_2CaCu_2O_x$ 超导体。

6）高 Tc 氧化物的结构研究。独立地测定了 Y 系、Bi 系和 Tl 系超导体的结构，确定了 Cu-O 平面内 Cu-O 键的角度。在 Bi 系和 Tl 系的结构测定中，不仅给出了 Cu-O 层的弯曲模型，而且提出双 Bi 层和双 Tl 层之间具有氧原子的结构模型，这在国际上是独创的。

7）高 T_c 氧化物超导体电磁性质的研究。1987 年 4 月，发现 YBCO 类似于 LaBaCuO，呈现颗粒超导电性，并详细研究了它们的低场磁行为，较早地发现了低场磁化存在两个线性段。较早地系统测量了 T_c 降磁场（包括正反向）的依赖关系，并提出了相应的理论模型。

8）高 T_c 氧化物超导体物性研究。1987 年 6 月，与贝尔实验室同时独立地发现了 $GdBaCu_3O_7$ 中反铁磁与超导共存现象。

此项研究成果 1988 年获国家教委科技进步奖一等奖；1988 年获北京大学科学研究成果（理科）奖特等奖。

（28）微局部分析及其在 Schrödinger 算子研究中的应用

主要研究者：数学系王雪平。

该研究所取得的主要成果如下：

1）用微局部分析方法解决一些与 Schrödinger 算子有关的数学难题。

① 在进化方程的半经典逼近方面，研究了 Heisenberg 方程的半经典逼近，作为应用，给出了量子力学中 Bohr 对应原理的第一个数学证明。

② 在散射理论的时滞问题（Time-delay）方面，研究了短程势散射理论，通过建立酉群相互作用时的一致估计，利用细致的拟微分交换子，对广泛的短程势证明了时滞算子的存在性，给出了它与散射短阵之间的关系，从而解决了遗留数十年之久的量子力学中的一个数学问题。

2）Bohr 在 20 世纪 20 年代提出的量子力学和经典力学之间的对应原理是物理学家解释许多现象的依据。本项研究首次数学地证明了动力学意义下量子力学和经典力学的对应关系，同时，也为从半经典逼近的角度研究进化方程提供了基础。

此项研究成果 1988 年获国家教委科技进步奖一等奖。

（29）微型机上的结构分析通用程序 SAP84

主要研究者：力学系袁明武、陈璞、郑东。

微型机结构分析通用程序 SAP84 采用了近十几年来计算力学、数值方法和程序设计方面的一些成果，开发了先进的求解器和丰富的单元库，以及科学灵活的数据库组织系统，使得该程序能在微机上高效率地求解较大型的工程课题。SAP84 程序静力求解的容量为每个子结构 8000 个自由度、动力求解的容量是 6000 个自由度。单元库包括三维框架单元、平面单元、三维实体单元、剪刀墙单元、板壳单元和管道单元等。动力分析方面可用子空间迭代法及效率更高的 WYD 方法求解特征值问题，按中国规范的反应谱求解地震响应以及用振型组合和逐步积分法求任意瞬态载荷的动力响应。这些功能效率高、可靠性好。SAP84 采用自由格式输入，有丰富的节点坐标和单元生成功能，并有图形程序段，能绘制结构图、变形图、振型图和动力响应时程曲线，具有缩放、按观察点变换视角的功能，也可以向打印机和绘图输出。它有与其他软件如 AutoCAD、图形后处理程序 D3D、绘制工程图软件 FS-CAD 的接口。SAP84 程序还有按中国钢筋混凝土规范的配筋程序段。它充分考虑了我国工程实际的需要，程序使用方便，有较强的查错功能。

SAP84 是一个功能强使用灵活方便的微机结构分析通用程序，在我国国民经济的土建、水电、交通、机械、矿冶、石化、航空、铁路、轻纺等工程部门已经发挥了重要的作用，目前已有 200 多个用户单位，解决了数千个实际工程课题，取得了很大的经济效益。

此项研究成果 1988 年获北京大学科学研究成果（理科）奖一等奖；1989 年获国家教委科技进步奖一等奖。

（30）北大 2 号对虾饲料的研制和开发

主要研究者：化学系金声、林喆、王显仑、韩立本、陆书凯。

北大 2 号对虾饲料的研制和开发，是在北京大学化学系蜂产品化学研究和开发小组的科研成果的基础上于 1985 年研究试制成功，1985 年年底与济宁化工研究所共同进行开发和推广应用。

北大 2 号对虾饲料具有如下特点：

1）首次在对虾饲料中加入花粉提取物或代用品，这些物质中含有对虾生长所必需的营养成分和各种活性物质，如活性多肽、活性酶及活性多糖，诱食性好，可以促进对虾生长发育，增强对虾抗缺氧和防病能力；

2）配方的营养成分比例科学，适合我国的国情；

3）应用了新的天然黏结剂，降低了成本和饵料系数；

4）加工成型工艺简便；

5）适用地区广，南起广东，北至辽宁东沟县；

6）对虾个体大，产量高，平均亩产 124—150 公斤，个体大于 11.5 厘米，平均每亩纯利润 250 元，经济效益显著。1986—1988 年在近 6 万亩养虾池中使用，纯增利润 1000 多万元，1988—1989 年又在近 6 万亩水面使用，获利润 8454 万元。

此外，由于在对虾饲料中添加花粉提取物，可以促进养蜂业的发展，养蜂业又可促进农业增产，因此，本项目是具有显著经济效益的科技成果。

此项研究成果 1988 年获北京大学科学研究成果（理科）奖一等奖；1989年获国家教委科技进步奖一等奖。

（31）非线性大气动力学

主要研究者：地球物理学系刘式达、刘式适、郑祖光。

非线性大气动力学是大气动力学的前沿课题，难度很大。该研究在这一领域取得的主要成果有：

1）非线性大气波动

在国内外首创用行波法将描写大气非线性波动的编微分方程组化为常微分方程组，继而又用 Taylor 展开法将后者化为 Kdv 方程；在国内外首先求得非线性大气 Rossby 波波速 C 与波数 K 及无量纲振幅 a 的关系；利用数学定理论证了大气非线性波动有共同特征，存在并求得了周期解。

2）大气湍流和混沌

利用混沌理论首先论证波和湍流的分界线是 $Ri=\pi^2/Re^2(Re-\pi^2)$，当 $Re=\pi^2$ 时，就是分层流线性的 Miles 结果 $Ri=1/4$；首先用非线性分岔理论分析波和湍流的相互作用，指出初始 $Ri=1/4$ 的波动可变成 $Ri=1/4$ 的湍流，首次解释了大气湍流的间隙现象；在国内首先用湍流和气候资料计算了 Lyapunov 指数和分数维，研究了可预报性问题。

3）大气运动的分岔和突变

利用分岔和突变理论，研究了非线性重力内波、惯性重力内波和 Rossby波的稳定性，并给出了它们的拓扑结构；对大气对流动五维动力系统，在国内首先得到了它的分岔点曲线和极限点曲线；用细胞自动机模型，首次在计算机上模拟出各种类型的雪花图像。

此项研究成果 1990 年获国家教委科技进步奖一等奖；1991 年获国家自然科学奖三等奖。

（32）稀土萃取分离工艺的一步放大

主要研究者：化学系李标国、严纯华、廖春生、高松、徐光宪等。

稀土萃取分离工艺的一步放大，是指以计算机代替人工串级萃取小型试验、扩大试验，设计优化的萃取工艺参数，并直接应用于稀土工业生产。它的主要成果有：

1）建立了理论参数的放大系数计算方法，即针对各企业不同的分离对象、分离指标、萃取剂和设备性能，以及现场管理、操作水平等因素，进行综合评估、计算，对工艺的理论参数进行适当放大，获得符合实际的优化工艺形式及其参数。

2）将放大系数引入计算机，研制了各种工艺形式和生产状态下稀土萃取过程的仿真计算模型，用计算机对设计参数在应用于工业生产后的结果进行预测和验证，在稀土萃取工业中首次将工艺设计不经人工小试、扩试，一步放大到工业规模，大大缩短了新工艺从设计到生产的周期。

3）采用一步放大技术和研究者研制的其他新型工艺和方法，先后以北方包头矿和南方离子型矿等主要稀土资源为对象，在上海、广州、包头、甘肃等地建立了一批以新型工艺和技术为主体的稀土萃取生产线。实践表明，新流程完全达到设计指标，具有工序简短、结构合理、产品适应性强、投资少、收益高等特点。

此项研究成果1990年获国家教委科技进步奖一等奖；1991年获国家科技进步奖三等奖。

（33）时间序列分析及其应用

主要研究者：概率统计系谢衷洁；数学系程乾生、叶抗生。

此项目将信息论与系统论的思想运用于时间序列分析的建模、预报与特征的检测，在数学上突出谱域，并广泛地将这些理论、方法应用于自然科学研究中，在理论上主要提出拟合模型的极大互息原理（MMI）、最优谱的选择，给出由一维扩张成向量的马氏过程的有关参数的明显表示，以及非平稳预报的实用分解式建模方法。该项目在应用上取得一系列成就：

1）对强工业噪音背景下工人听力损伤的预报，用马氏扩张思想建立的预报公式，在5—10年中对300多人次检验成功。其论文1996年在EMC-SR会议上授予"最优论文奖"。

2）用时间序列提出天王星环有第六个环的结论（美国原以为已有5个环，后美国查明是10个环）。

3）用谱分析方法检验视觉诱发电位（VEP）与智能（AIT）的关系，经101名飞行员检测表明，AIT与VEP有高度相关性。

4）用时间序列分析发现离体脑垂体LH释放的节律性。

此项研究成果1991年获国家教委科技进步奖一等奖；1991年获国家自然科学奖三等奖。

（34）大规模集成电路中多晶硅薄膜氧化动力学和电学性质的研究

主要研究者：计算机科学技术系王阳元、张爱珍、陶江、佟深、孙铁军、冯孙齐。

该项目在氧化动力学研究方面,在国际上首次提出了多晶硅薄膜氧化存在着一个加速氧化的特征阶段;首次观测到未掺杂多晶硅薄膜晶粒间也存在着增强氧化现象,提出了应力增强氧化模型,从而将著名的 Deal-Grove 模型创造性地推广到多晶硅薄膜;提出了多晶硅氧化特征参量 τpoly,给出了便于工程计算的近似计算公式。该成果使大规模集成电路工艺研究重要领域——多晶硅氧化动力学有了系统的科学描述,并可指导实践。

在电学特性研究方面,该研究基于晶粒间界模型,针对多晶硅薄膜载流子迁移率随杂质浓度变化的规律,提出了一个统一的物理模型,从而使国际上发表的互相矛盾的实验数据,有了统一的理论解说;计算了与极大值相应的掺杂浓度 N_{DM} 与晶粒大小的函数关系,对大规模集成电路研制中多晶硅掺杂浓度的选择和电导率的准确计算有指导意义。

此项研究成果 1990 年获国家教委科技进步奖一等奖。

(35)新型稀土—铁金属间化合物研究

主要研究者:物理学系杨应昌、孔麟书、张晓东、程本培、裴楷第、杨继廉、孙弘。

探索稀土—铁金属间化合物,寻找新型永磁材料,是目前世界性的热潮。杨应昌教授率先开拓该领域的研究,在国际上首先合成具有 TmMn12 型晶体结构的富铁的新相,并通过中子衍射研究阐明了该结构的特点,为进一步研究该类型的金属化合物开辟了途径;同时,为进一步提高该类材料的内禀磁性,对该系列金属间化合物的交换作用机制、电子能带结构的特点和磁晶各向异性的行为,从实验上和理论上进行了系统研究,找到了提高居里温度、增强饱和磁化强度的控制磁晶各向异性的方法;利用中子衍射和穆斯堡尔效应等手段,分析了该系列金属间化合物的晶体结构和磁结构,为解释宏观磁性和微观机制的联系提供了依据。关于钕—铁—硼型磁性的结构与磁性,杨教授在国际上最早开展了系统的代换效应研究。在此基础上研制成功多元的钕—铁、铅、钴—硼型磁体,可同时增强磁体的矫顽力和居里温度。该研究在低温下研制成功具有强内禀磁强度的钕—铁—硼型磁性,为实现高矫顽力开辟了又一个新的途径。

此项研究成果 1990 年获国家教委科技进步奖一等奖;1991 年获国家自然科学奖二等奖。

(36)适用于中国等第三世界国家的家庭状态生命表模型的创立、应用及计算机软件研制。

主要研究者:人口研究所曾毅。

此项研究的成果有:

1)建立了"家庭户标记"概念,并提出了估算家庭户标记转换率的一系

列方法,解决了如何在模型中同时分析核心家庭与三代家庭这一国内外多年来未能解决的问题;

2）解决了如何利用同一模型对人口要素变动对家庭规模与家庭结构和家庭生命历程的影响进行深入分析这一难题;

3）在国际上首次建立婚后离家模型,并首次提出了估算 BRassGomperty 相关模型的主要参数 α 与 β 的解析法;

4）就我国不同时期对比人口要素变动如何影响未来我国家庭人口结构进行了深入的分析,提出了独到的见解;

5）开发出通俗易懂、方便适用的配套中、英文软件。此项研究为人口家庭规划决策管理提供了科学依据。

此项研究成果 1990 年获国家教委科技进步奖一等奖;1991 年获国家科技进步奖二等奖。

（37）基因工程抗病毒优质香料烟 PK873

主要研究者:生物学系陈章良、孙宝俊、潘乃穟、刘春涛、刘玮（丹东市农业科学研究所）。

我国烟田总面积约 1500 万亩,香料烟的比重很小,仅 10 多万亩,主要依赖进口。目前,烟草工业在我国国民经济收入中占重要地位,香料烟在国内外市场上供不应求。此项研究成功地克隆了我国的烟草花叶病毒（TMV）的外壳蛋白基因,建立了对植物进行基因转化的载体系统,并将此基因成功地转入了东方型香料烟品种,获得了抗病毒的工程植株,选育了基因工程香料烟 PK873,为我国急需发展的香料烟提供了一个抗病优质的全新料。鉴定证明,PK873 的内在品质优良、香纯、味正,经过两年的大田试验,生长良好,遗传性能稳定,为我国在农业生产中推广植物基因工程高技术产品提供了新的重要模式。同时,制定出适合我国山区条件、符合香料保质要求的技术条件措施,为推广扩大此烟的种植、为山区农民脱贫致富创造了条件。1991年种植面积已达 2000 余亩。

此项研究成果 1991 年获国家教委科技进步奖一等奖。

（38）水文自动测报系统设备和组网技术（自报式）

主要研究者:无线电电子学系唐镇松、沈伯弘、许培良、顾康德、高凡民。

水文自动测报系统,即水文遥测系统,是防洪、水利调度、水文预报的重要手段,所研制的设备不仅适用于水利部门,还适用于气象、地震、海洋、森林防火、安全等部门的数据采集和调度。

自报式水文遥测系统设备由 YCZ－01 微功耗终端机、YZM－01 音频中继机、Yjs－01 再生终继机、YZH－01 双 CPV 主从式前置机、人工前置机、人工置数装置、多功能测试仪、监视器等组成。当传感器所接参数发生增量变化(如雨量增减1毫米,水位升降1毫米)或定时间隔到终端机采集数,通过超短波发射机主动发送,由中心站的前置机接收数据,必要时线路间增加一级或多级中继机,这种方式称为测站式主动发送方式。

无人值守、无交流电源供电的水文数据采集系统,过去主要依赖于进口设备,但其功耗大,价格高,因而很难推广。该系统各设备的值守功耗、调制解调器的抗干涉性能均达到国内外先进水平,而终端机、中继机、前置机的价格仅为国外同类产品的1/2—1/4。采用自动测报系统技术之后,可将原需几小时以至一天以上的水情收集时间,缩短到15分钟以内,对防洪及水利调度有重大价值。

此项研究成果1991年获国家教委科技进步奖一等奖。

(39)指纹自动鉴定新方法及其软件开发

主要研究者:信息科学中心石青云、沈学宁、仇桂生、程民德、孙靖。

本项目在1985年5月经过技术鉴定的"指纹图像数据库系统"的基础上,又进行了深入研究与大量的软件创新工作,在实验阶段的基础上又进行了五方面的研究:

1)提高中心、三角、细节和纹线的提取速度,设计了先进的并行算法。

2)提高利用形线相似性度量进行指纹查对的速度。

3)对于残缺指纹,利用形态特征的相似性度量进行指纹查对,并提高其查对速度。对于现场提取的模糊指纹,由人用"Mouse"辅助找中心、三角、细节并引导出形线,同样可进行自动鉴定。

4)为提高库存效率,进行先进的指纹图像数据压缩。

5)完善指纹图像数据库管理系统与用户界面,提高系统的各种功能。

以上五方面的研究,使完成的AFIS软件技术能在中小型计算机上成为实用系统,填补了国内空白,并取得了国际竞争的优势。经与美国加州洛杉矶AMAX应用技术有限公司洽谈确定,本项目作为该公司的技术入股,并保留了我方的技术所有权,获技术补偿费10万美元,商品化后有更大的经济效益。此项成果在公安、安全、银行、信用等方面有广泛的前途,有重大的社会效益。

此项研究成果1991年获国家教委科技进步奖一等奖;1993年获国家科技进步奖二等奖。

(40)动力系统的结构稳定性与吸引子

主要研究者:数学系钱敏、刘培东。

此项研究成果有两部分。第一部分是对J—J式方程动力学行为的研究。此类方程主要来源于物理。钱敏等在该方程的动力学行为方面取得一系列重要结果,刻画了存在整体一维吸引子(这意味着不存在混沌行为)的条件。第二部分是对不可逆动力系统结构稳定性的研究。由于物理、化学等诸多自然系统是不可逆的,本课题研究在这种系统的轨道空间结构稳定性方面取得一系列成果。

此项研究成果 1992 年获国家教委科技进步奖一等奖。

（41）涡度法的数学理论

主要研究者:数学系应隆安。

涡度法是近十几年来国际上流行的偏微分方程计算方法,它涉及高雷诺数流动、边界层、涡流、湍流等课题。本项目较系统地研究了较为复杂的初边值问题,并在两个方面取得了系统的成果。一是首次证明了二维 Euler 方程初边值问题涡度法的收敛性。二是关于 Navier-Stokes 方程的黏性分离,找到了一个方法,给出了一系列新的公式,证明了收敛性。这一结论适用于二维、三维、单连通区域、多连通区域、内问题,外问题等多种情况。

此项研究成果 1991 年获北京大学科技成果一等奖;1992 年获北京大学周培源科学基金奖;1992 年获国家教委科技进步奖一等奖;1993 年获国家自然科学奖四等奖。

（42）经典约束系统动力学基本理论

主要研究者:力学系陈滨、梅凤翔、李子平。

经典约束系统动力学是经典分析力学的一个重要方面,近年来科技的发展使它获得更多的应用,其理论和方法还需要进一步完善。本项目在此领域提出了一些重要的本质性的新的基本概念,如微变空间、Neilson 算子、对称性与守恒律的等价性及其内在联系等。同时,它首次对非完整保守系统创立了 Noether 理论;首次对 Dirac 约束奇异系统创立了 Noether 理论;首次将场方法论成功地推广并应用于一阶和高阶非完整约束系统的方程;应用经典约束系统动力学理论研究了陀螺动力学的理论,得到了章动漂移及结构漂移规律;首次提出"等刚度设计原则"等。

本项目所发展的"经典约束系统动力学基本理论"在数学、力学和理论物理学上有重要的科学意义,同时,也广泛应用于车辆、航空航天器、电机系统、机器人及其他控制系统等工程实际的研究中。Dirac 约束奇异系统的研究在物理学上有重要意义。

此项研究成果 1992 年获国家教委科技进步奖一等奖。

（43）氮（碳）间隙原子效应与新型磁性材料研究

主要研究者:物理学系杨应昌、张晓东、潘琪、葛森林、杨继廉、孔麟书、程本培、裴谐弟。

本项目在国际上率先把氮原子加入到不同类型的稀土—铁金属间化合物中,开拓了一个新的磁性材料领域:稀土间隙化合物。

1）把氮原子加入到 $R(Fe,M)_{12}$ 的结构中，发现其显著改变了居里温度（增 200K），增强了磁饱和强度（约 20％），并改变了稀土离子的磁晶各向异性；首先合成发现 $Nd(Fe,M)_{12}N_x$ 具有 $Nd_2Fe_{14}B$ 相媲美的内禀磁性，并且比 $Nd_2Fe_{14}B$ 更具有居里温度高和原材料成本低的特点，是有应用价值的新一代稀土－铁永磁材料。

2）对 $R_2Fe_{17}N_x$、$R(Fe,M)_{12}N_x$ 和 $R_2Fe_{14}BN_x$ 进行中子衍射研究，确定了氮原子所占据的间隙晶位，并阐述了晶体结构与内禀磁性之间的联系。课题组还根据氮原子在 R_2Fe_{17} 中的占位，解释了 Sm_2Fe_{17} 在吸氮前后易磁化方向的变化；根据氮原子在 $ThMn_{12}$ 结构中的占位，计算了 $R(Fe,Ti)_{12}N_x$ 的晶场系数，对 $(Fe,Ti)_{12}$ 吸氮以后稀土离子磁性各向异性发生根本变化，做出了理论分析。

3）进一步研制成功碳、氮最佳组合的新材料 $Sm_2Fe_{17}CN_x$。新材料的居里温度、饱和磁化强度和各向异性场均超过 $Sm_2Fe_{17}N_x$。同时，还合成了具有 $ThMn_{12}$ 型晶体结构的稀土镨的化合物。它具有优异的内禀磁性。

此项研究成果 1991 年获国家自然科学奖二等奖；1992 年获国家教委科技进步奖一等奖。

（44）$1.5GH_z$ 铌腔射频超导实验研究

主要研究者：技术物理系陈佳洱、赵夔、张保澄、王光伟、王莉芳、刘微浪等。

本研究项目成功地进行了低温射频超导腔的实验研究，为改变我国在射频超导加速器研究领域的空白作出了贡献。该项研究的成功对我国超导加速器和高水平自由电子激光器技术的发展有着重要的意义。其主要研究内容有：

1）射频超导腔的研究。它是当前世界新型加速器技术发展的热点和前沿之一。采用射频超导腔的超导加速器，不仅有很高的电效率，并能提供具有低能散度、低发射度的高品质束流。射频超导腔的研究，涉及多种高新技术，包括超高真空技术、低温技术、微波技术、表面处理技术、射频超导、加速器物理等，难度很大，要求有高水平的实验设备与技术。目前世界上仅有几个发达国家做过此类工作。

2）$1.5GH_z$ 铌腔是 L 波段超导直线加速器的加速腔，为开展其实验研究，技术物理系建成了拥有先进仪器和设备的具有较高水平的射频超导实验室（包括低温液氦系统、超高真空系统、超净表面处理系统以及高稳定度的微波系统），为我国射频超导技术在加速器领域的应用奠定了基础。建立的低温液氦系统包括：100 升液氦恒温器、100 升液氦杜瓦、高质量液氦输液管道、500 米氦气回收管道、减压降温系统以及控制测量系统。经减压降温

3）建立了高稳定度（10^{-10}/日）、高分辨（$0.4H_2$）的微波锁相测量系统，解决了捕捉腔的谐振频率点和用锁相环路将超导腔锁定在谐振状态的高难技术；整套微波系统实现了计算机控制和在线数据获取、处理和存储，并编制了专用程序；经过努力，建立了具有当代国际先进水平的全数字化微波测量系统。

此项研究成果 1992 年获国家教委科技进步奖一等奖。

（45）表面活性剂在固液界面上的吸附研究

主要研究者：化学系朱步瑶、顾惕人。

表面活性剂在固液界面上的吸附在传统产业和新技术领域都有应用。此项目开展了固体自溶液中吸附表面活性剂规律的研究，以建立吸附理论。其成果主要如下。

在实验方面：1）发展了 $\delta-\theta$ 法、黏附张力法、连续平衡法等测定低能固体表面吸附的方法。2）在控制物化条件下，研究各类高纯表面活性剂在各种固体上的吸附，提供了各基本类型的吸附等温线及其变化规律。3）首次深入研究表面加溶作用，提供定量数据。

在理论方面：1）提出了两阶段吸附模型，应用质量作用原理和统计力学方法，分别导出三常数的通用吸附等温线公式。2）扩大公式应用至无疏水效应的非水体系，首次提出表面反胶团概念。3）发展吸附及表面胶团热力学。4）导出计算临界表面胶团浓度的公式。5）导出单体、表面胶团和表面空位的个别等温线公式，提供界面组成信息。6）导出固液界面膜压（π）的计算公式，为界面膜的状态和相变提供信息。7）找出三常数间的关系及其与表面活性剂临界胶团浓度 cmc 的关系，在公式中引入 cmc，得到二常数公式和一常数公式（除 cmc 外），它不仅可以指示 cmc 对吸附的影响，而且简化了实验研究的手续，得到全程等温线只需测定两个实验点。

上述成果形成了独树一帜的表面活性剂吸附理论。

此项研究成果 1992 年获国家教委科技进步奖一等奖。

（46）细胞核骨架—核纤层—中间纤维体系的研究

主要研究者：生物学系翟中和、焦人杰、蔡树涛、陈枫、汪国顺、吴冬兰、丁明孝。

核骨架与核纤层是 20 世纪 80 年代仅在高等动物细胞内逐渐被认识的结构，但它们是否存在于所有真核细胞是不清楚的。该项目研究者经过六年多较系统的工作，得出结论：核骨架—核纤层—中间纤维是贯穿在细胞核与细胞质的、结构上相互联系的统一网路体系。其具体成果有：

1）在国内首先建立了核骨架—核纤层—中间纤维体系研究的实验基

础,系统研究了 Hela 细胞与 BHK21 细胞核骨架—核纤维—中间纤维结构体系的构建与成分。

2)在国际上首次证实原始真核细胞(甲藻)中存在细胞核骨架体系,最原始的染色体中存在染色体骨架,其主要成分为酸性蛋白。这为真核细胞核与染色体的起源与进化提供了新的重要资料。

3)在核骨架、中间纤维体系与病毒 DNA 复制、基因表达、病毒装配关系和研究中取得了较系统的结果。(a)证实新合成的腺病毒 DNA 特异地结合在核骨架上,腺病毒 DNA 是在核骨架上合成的。(b)证实腺病毒活性基因转录是在核骨架上进行的。(c)证明 PremRNA 均结合在核骨架上。(d)首次清晰地显示腺病毒的装配是以核骨架网络为支架的。(e)首次证明疫苗病毒的装配是以中间纤维为支架、其 DNA 复制是在中间纤维上进行的。

4)在国际上首次证实染色体天然末端—端粒与核骨架有特异的结合。它为说明核骨架与 Lamina 在染色体(质)的空间结构布局与染色体的行为所起的作用,提供了首创性的实验依据。

此项研究成果 1992 年获国家教委科技进步奖一等奖;1993 年获国家自然科学奖三等奖。

(47)福建省湄洲湾新经济开发区环境规划综合研究

主要研究者:北大环境科学中心唐孝炎、叶文虎、陈家宜、栾胜基、蔡晓明;福建省环境保护研究所陈祥彬、陈振金、周世良、林孔光;厦门大学陈金泉、商少平;北京师范大学王华东、薛纪瑜;清华大学程声通、刘志明。

湄洲湾新经济开发区是福建省 20 世纪 90 年代发展战略中的关键部分。该项研究以经济与环境协调发展为基础,以系统论、控制论和信息论为指导,针对新经济开发区需要的特点,进行了七个方面的研究,包括:基础调查与环境现状分析;大气扩散规律及其在环境规划中的应用研究;海域污染物迁移扩散自净能力及其在环境规划中的应用研究;开发区生物生态及滩涂养殖业的发展趋势研究;开发区水资源、土地资源和人口问题分析研究;规划区环境污染综合整治对策研究;开发区环境规划研究。该研究首次提出了新经济开发区域承载力的指标体系、量度方法,并将微观研究成果与宏观决策要求结合起来,实现了环境—经济决策的整体性、综合科学性和可操作性;开发了水质预测模式、海湾生态动力学模式、陆—海—陆大气扩散模式等。该成果已在福建省湄洲湾新经济开发区得到应用。该项研究对我国新经济开发区的环境规划研究、对区域的经济开发有指导意义。

此项研究成果 1992 年获国家教委科技进步奖一等奖。

(48)宁波市大气环境区域评价和规划研究

主要研究单位:北京大学环境科学中心和清华大学

　　主要研究者：陈家宜、刘宝章、马倩如、王树槐、尹结芬、关伯仁、周中平、诸康、潘乃先、竺开泰、费永昌、蔡旭辉、徐金宝、谢玉真、尹静媛、王凤山。

　　本项目对宁波地区冬、夏两季大气边界层进行了综合观测（包括边界层风场、温度场和地面湍流强度的观测）、污染物浓度监测（主要污染物为 SO_2、TSP 和 NO）和风洞模拟实验，摸清了宁波地区（2000 km^2）空气污染现状、大气边界层风、温场结构、湍流扩散能力、大气污染物输送路径，以及典型天气条件下的海陆风现象，进行了 TSP 来源的研究；建立了三种适用于宁波地区的区域大气环境评价及规划的空气质量模式，在估算经济发展的基础上，选用了先进的计算模式，预测了 2000 年和 2010 年宁波地区主要污染物的浓度分布和变化规律；分网格计算了大气环境容量，指明了宁波地区今后适宜的投资范围和污染发展趋势，针对宁波地区社会经济总体设想，提出了相应的综合防治对策建议，为宁波市经济建设和环境保护的协调发展、综合规划的制定提供了科学依据。

　　此项研究成果 1992 年获国家教委科技进步奖一等奖。

　　（49）内蒙古草原牧场防护林区遥感综合调查研究

　　主要研究单位：北京大学、农科院草原研究所、内蒙古大学、北京师范大学、华东师范大学、南京大学、东北师范大学、高校联合遥感应用研究中心。

　　主要研究者：毛赞猷、任志弼、崔海亭、雍世鹏、李天杰、梅安新、杨美华、武凤山、陈钦峦、李博、林增春、林仁材。

　　本专题研究的任务是：在内蒙古防护林区应用遥感技术，调查防护林（重点是成林）的类型、分布、面积、保存率和草场的数量、质量与分布，以及土地资源的类型、分布、数量与利用现状；在此基础上建立防护林生态效益动态监测系统，对防护林的防护效益和不同类型地区造林适宜性作出分析评价，为"三北"地区综合治理提供连续可靠的数据、分析资料和图件。

　　13 个单位 48 名科技工作者经过 4 年的努力，调查了造林重点县 35 个，典型县 1 个；进行了研究区 22 万平方千米陆地卫星 TM1:20 万比例尺图像的处理；编制了 1:20 万重点县专题地图草图 350 幅、1:10 万典型县专题地图 10 幅、8 个县（旗）的 1:50 万专题地图彩图 50 幅；完成了 36 个重点县 5 种专题地图草图（森林分布图、宜林地立地条件类型图、草地资源图、土地利用现状图、土地资源评价图）的面积量算，取得了森林、草地、土地利用、土地质量评价和立地条件的类型数据；在典型县凉城县建立微机资源管理系统，已建立 4 个子系统，进行数据 DTM、专题图件及分析评价的信息处理；完成本专题研究范围内科尔沁沙地、毛乌素沙地、京包线农牧交错带典型区域防护林生态效益的分析与评价。

　　该项研究成果对使用遥感技术、运用多种遥感数据进行综合分析，全面系统地研究草原牧场防护林的资源、环境,形成较完整的防护林遥感生态评价体系,提供了较完整的经验。它在图像处理、遥感制图、动态分析方面使用的一些方法亦具有推广价值。

此项研究成果 1993 年获国家教委科技进步奖一等奖。

(50)随机场的预测理论和马氏模型识别

主要研究者:概率统计系江泽培、黄大威、蒋继明。

此项研究在随机场的预测研究中提出了具有开创性的系统理论:首次给出了半平面正则性、奇异性的谱鉴别;两块 Wold 分解的显明谱表示;预测值的谱表示;F_4 性质与四块 Wold 分解的等价关系;圆满地解决了国际上关注的齐次场的重数问题。

此项目还深入研究了随机场的马氏模型的识别,对两类模型给出了严格而完整的刻划,在十分宽松的情况下对 AR 模型的阶和系数的估计量论证了比较理想的收敛速度。

此项研究成果 1994 年获国家教委科技进步奖一等奖。

(51)系统鲁棒分析与综合

主要研究者:力学系黄琳、王龙、于年才。

鲁棒控制是当今控制理论研究的热点之一。该项目主要研究在系统存在非微有界的参数摄动下的性能分析与综合问题。研究成果主要有:

1)在多项式族稳定性研究上,利用系数空间中几何分析的方法,得到稳定性区域的一些主要几何性质,给出了国际上称为棱边定理的重要结果,在国际上已成为该领域引用率最高的基本文献之一。

2)提出了值映射与等价族参数化方法与概念,建立了多项式族 D 稳定的最基础结果——边界定理,并用该定理推导出一系列主要结果,同时将边界定理推广到复系数多项式族和根分布问题上,得到了相应结果。

3)给出了离散系统与连续系统凸组合鲁棒稳定性的主要充分条件—相角条件。这一条件便于检验且可统一已知的一系列充分条件。

4)深入讨论了几类多项式族稳定性的边界检验,给出了同期国际上检验量最少的结果,发现了几种工程上有意义且对区间系统一定存在顶点检验稳定性的稳定区域。

5)对严格正实性的顶点检验进行了深入的研究,推进了这方面最小检验的结果,与 Chapellat 的结果几乎同时发表。提出反映该性质的特征指标,并给出特征指标取极小的有限检验。

6)将鲁棒稳定性分析用于经济系统。

此项研究成果 1994 年获国家教委科技进步奖一等奖;1994 年获北京大学科技成果奖一等奖。

（52）圆柱壳在轴向冲击下塑性稳定性的第二临界速度研究

主要研究者：力学系王仁、韩铭宝、茹重庆、杨青春、黄筑平。

本研究是从航天多级火箭突然加载时对前一级结构的作用以及导弹入地起爆前不致失稳的需要进行的实验和理论研究。这方面的研究已被应用在舰艇上和民用工程中的耐撞结构分析上。

此项研究从实验中发现：在保持圆柱壳内腔完整的条件下，冲击速度比阈速度提高约一倍，还存在一个临界速度，它对应的失稳波形是非均匀或非轴对称（菱形）波形，这是内腔的完整遭到破坏，丧失了承载能力。为区别于阈速度，这一速度被称为第二临界速度。这是国际上首次发现的新现象。此后，在不同材料、不同半径/厚度比、轴向冲击与内（外）压联合作用的实验中，确定在一定范围内半径/厚度比中均存在两个临界速度，与此相对应有两种失稳波形。据此，提出对于较厚的壳体，当轴向冲击速度超过首次轴对称屈曲的阈速度一倍时，将发生第二次的非均匀或非轴对称屈曲，并由此进一步提出使用于柱壳的动力塑性屈曲的能量准则。它可以用于求柱壳动力塑性的轴对称屈曲载荷和后屈曲的非轴对称屈曲条件。本研究成果是柱壳塑性后屈曲非线性动态研究领域的重大突破。它不仅具有理论意义，而且具有较大的工程实用价值。

此项研究成果 1994 年获国家教委科技进步奖一等奖。

（53）参类水溶性化学成分的研究

主要研究者：化学与分子工程学院邢其毅、叶蕴华、杨柳、龙义成。

水溶性化学成分研究难度较大，过去人参化学成分的研究主要集中在醇溶性与脂溶性部分。本项目致力于其水溶性化学成分的研究，取得如下成果：首次分离并鉴定了一个重要的神经传导递质 γ-氨基丁酸（GABA）及神经兴奋毒 β-草酰基-α-β-二氨基丙酸（β-N-ODAP）；首次检测到三七中含有重要神经生理活性的 α-氨基己二酸；建立了一种方法可将分子量在 500——2000 的小肽粗分为酸性、中性、碱性肽三部分；首次从人参中分离得到一组 N 末端为谷氨酸并以其 γ-羧基形成肽键的寡肽；首次分离鉴定了吉林参与三七中含有氧化型谷胱甘肽（GSSG）及其异构体氧化型谷甘胱肽（IGSSG），经化学合成验证了 IGSSG 的结构。

此外，与上海生理所合作，首次发现 β-N-ODAP 有显著的促醒作用；首次发现 IGSSG 有促睡眠作用，且促眠作用明显高于 GSSG；发现三七中的糖肽有中枢神经抑制作用。

上述成果，对阐明参类奇特的双向药理调节作用及合理使用参类提供了科学根据。

此项研究成果 1994 年获国家教委科技进步奖一等奖。

(54) 铟和锑的国际原子量新标准

主要研究者:化学与分子工程学院张青莲、钱秋宇、赵墨田、肖应凯。

该项目研究用精密质谱法测定了铟原子量为 114.818±0.003;用高富集同位素校准质谱法测定了锑原子量为 121.760±0.001。两项结果都被国际原子量委员会审定为新的国际原子量标准。

此项研究成果 1994 年获国家教委科技进步奖一等奖;1994 年获北京大学科学技术成果奖一等奖。

(55) 金属硫蛋白的结构与功能

主要研究者:生命科学学院茹炳根、潘爱华、铁锋、王文清、李令媛、帖建科、殷慎敏、冯雅君、杨美珠、陈章良、孙军、罗静初、施定基、刘小青、于静。

金属硫蛋白(MT)是 1957 年发现的,但长期以来缺乏对它的生物学功能的认识。该项目的研究成果主要是:建立了两种高灵敏检测 MT 的方法——ELISA-SLV 和线扫极谱法,可检测 ng 水平,且重复性好,干扰因素少,适用于儿童缺锌早期诊断和水域重金属污染早期预测;设计和合成了 MT 的两种突变体 αn 和 α-α,已建立表达系统,其中 αn 已在烟草、矮牵牛等植物中获得表达,并已得到抗重金属的转基因植物,具有从土壤中排除重金属的功能;获得转基因工程植物,并已在小区试验,有可能推向实用;已获得 4 种转 MT 蓝藻工程藻,且具有较好的表达率,工程藻与野生型生长一样好,通过进一步改进可推向实用;建立了 MT 的昆虫细胞表达系统;改进了 MT 的分离纯化技术,大大简化了原有工艺;改进了 MT 结晶条件,使多年无法结成大晶体的问题得到解决,已经可以进行 X 衍射晶体结构分析。

该项基础研究在推动 MT 在临床医学、农业、工业、国防和环境等方面的应用有良好的作用。

此项研究成果 1995 年获国家教委科技进步奖一等奖。

(56) 应用于地球科学的加速器质谱计的研制与建成

主要研究单位:北京大学技术物理系、中科院上海原子核研究所、中国社科院考古所。

主要研究者:陈佳洱、李坤、郭之虞、严声清、刘克新、刘洪涛、斯厚智、陈铁梅、仇士华、郑淑蕙。

北京大学以 EN 串列加速器为主机的加速器质谱计全面建成。该质谱计使用了专门研制的多靶位强流溅射离子源;采用了国际上先进的快交替注入测量方法;由多个高分辨本领的分析器所组成的质量分析系统具有很强的抑制干扰本底能力;束流输运系统有良好的平顶传输特性;所研制的重离子探测器鉴别不同核素粒子的性能优良;数据获取与测量系统的在线数据采集与处理功能齐全;配套建立的两个碳、铍样品制备实验室均建立了完整的、高质量的样品制备流程。总的来看,该加速器质谱计总体设计先进、合理,性能和工作特性良好。

此项目研究组开展了 ^{14}C、^{10}Be 与 ^{26}Al 等宇宙成因核素测量的实验研究,在高丰度同位素与同量异位素的干扰本底抑制、分馏效应研究、系统运行参数选择与优化、系统传输及其稳定性研究、测量程序及数据处理方法等方面积累了很多工作经验,建立了 ^{14}C、^{10}Be 和 ^{26}Al 测量方法。这三种核素的测量灵敏度分别达到 3×10^{-14}、4.2×10^{-13} 与 1.3×10^{-13};测量精度分别达到 1.7%、3.5% 与 8.1%。其中,^{14}C 与 ^{26}Al 在国内都是首次测量,填补了国内空白。这一成果目前在国内处于领先地位。

北京大学加速器质谱计的建成,为我国地质学、地球化学、古生物学以及冰川、海洋等地球化学的研究创造了良好的条件,也为考古学、环境科学与生物医学的发展提供了新的研究手段。

此项研究成果 1995 年获国家教委科技进步奖一等奖。

(57) 南方离子吸附型矿混合稀土的萃取全分离

主要研究者:化学与分子工程学院严纯华、廖春生、李标国、贾江涛、张亚文、高松、马小桃、王建方、徐光宪。

到目前为止,离子吸附型稀土矿只在我国南方有产出,它富含世界短缺的中重稀土元素,经济价值和科技价值很高。但目前采用的稀土分离方法有缺陷。

本项目提出并完成了非恒定混合萃取比体系稀土分离的设计方法,发展了徐光宪教授创立的串级萃取理论,解决了重稀土分离的工艺设计难题。离子吸附型矿混合稀土萃取全分离工艺,同时应用二组分多出口技术、稀土萃取连续浓缩技术、新型稀土反萃技术、稀土洗涤技术、连续皂化技术,实现了离子矿单一稀土元素分离工艺的优化。经工业化实际生产证明,它可以取代成本高、效率低的色层分离技术,生产各种中重稀土产品,使效率提高3—5倍。

北京大学发明的离子型混合稀土萃取全分离技术迅速在南方稀土工业体系的大中型骨干企业中推广。据不完全统计,1989—1994 年,由于推广该项技术,新增产值 10 多亿元,企业节约开支 3000 多万元。

此项研究成果 1996 年获国家教委科技进步奖一等奖。

(58) 现代模表示论及其应用

主要研究者:数学科学学院张继平。

现代模表示论是国际代数学研究中的重要前沿分支之一。这一理论的迅速发展,有力地推动了群论以及整个代数学的发展,日益应用到数学领域和物理学、化学等学科中。

此项目研究取得的重要成果有:把著名的 Puig 猜想约化为有限单群的情形;创立和发展了群的算术理论,进而解决了著名的 Huppert 猜想和类长猜想,并在代数数论和微分几何中得到重要应用;完成了 AT-群的结构刻划问题,从而解决了模表示论、代数组合论和模型论的一些重要问题;引入了强 P-子群的概念,完全决定了强 P-子群何时成为亏数群的问题,进而解决了与 Alperin 猜想紧密相连的由 Alperin 提出的一个重要问题。

此项研究成果 1995 年获国家教委科技进步奖一等奖;1997 年获国家自然科学奖三等奖。

(59) 常微分方程的周期解问题

主要研究者:数学科学学院丁同仁。

本项目研究的成果有:

1) 用相平面分析法和 Poincare-Birkhoff 扭转定理,系统地证明了超线性、次线性、半线性的 Duffing 方程(D)分别拥有大量的高阶次调和解,而且对协和解的存在定理放宽了某些非共振条件。这些结果加深了对 Duffing 方程周期解的认识。

2) 研究了 Lotka-Volterra 生态方程,证明了调和解的存在性,发现了大量的次调和解。这些结果说明生态数学中的周期循环是很普遍的。

3) 对一般 $C^{(\infty)}$-光滑的拓扑传递系统进行改造,使得新系统仍保持拓扑传递性,但拥有一个非锐化的不变真子集,这样就否定了 Morse 猜想,而对环面上的解析动力系统予 Morse 猜想一个肯定的回答。

4) 利用特征乘数的计算和稳定性的讨论,证明了一类带小阻尼的半线性 Duffing 方程只有一个调和解,而且没有同宿解,从而推出混沌的不存在性。

5) 推广了二阶周期系统的 Massera 定理,它被认为是对平面自治系统的 Poincare-Bendixson 定理的推广。

此项研究成果 1996 年获国家教委科技进步奖一等奖。

(60) 表面及界面原子结构的 LEED(低能电子衍射)及 ELS(电子能量损失谱)研究

主要研究者:物理学系杨威生、贾金峰、赵汝光、方胜、季航、盖峥。

本项目属于凝聚态物理表面物理学科,是在超真空系统中利用低能电子衍射(LEED)、电子能量损失谱(ELS)及俄歇电子谱(AES)等方法,研究表面及界面原子结构。其研究成果主要有:

1) 获得 LEED 实验的最佳效果,使超真空系统达 $5 \times 10^{-11} - 2 \times 10^{-10}$,具备优良的表面处理技术及图形、数据采集技术。

2) 建立全套 QKLEED 计算程序,包括模型输入、强度计算、模型搜索,发现在进行 LEED 模型计算时,对某些表面必须作畴平均,并在确定 Si(001)2×1模型时利用了这一方法。

3) 发现了由"分数束的稳定性"可得到层次多次散射可以忽略的结论。

4) 发现由"消失斑点"可得到原胞的结构的信息,得到了 C(111)(2×1)、Si(001)(2×2)、Ge(111)C(2×8)、Ge(001)(3×6)—Pb 等的结构。

5) 系统地改进和发展了常动量数据平均(CMTA)的实验方法及准运动学(QKLEED)计算方法,找到了 Si(111)(7×7)、Si(111)(3×3)-Ag、Al、Au、Sn,S(113)(1×1)-Pb,Si(001)C(4×2)等原子模型。

6) 在研究 Si(001)-Pb 及 Ge(001) － Pb 表面重构与覆盖度的关系上,得到了前人未能得到的准确、详细的相图。

7) 找到了正确确定亚晶面的有效方法,并揭示了一个重要现象,即Ⅲ族元素 Al 能够降低高指数晶面(310)的表面能。

8) 发展了可调探深 ELS 方法,在研究 Pb/Ni(001)、Pb/Si(111)、Pb/Si(001)、Pb/Si(113)、Pb/Ge(111)、Pb/Ge(001)及 Sn/Si(111)、Sn/Si(001)等界面的互混问题上取得成功。

此项研究成果 1996 年获国家教委科技进步奖一等奖。

(61) 铕和铈的国际原子量新标准

主要研究者:化学与分子工程学院张青莲、钱秋宇、赵墨田、王军。

此项研究用质谱法精确测定了铕和铈的原子量,分别为:$Ar(Eu) = 151.964 \pm 0.001$ 和 $Ar(Ce) = 140.116 \pm 0.001$。它们于 1995 年被国际原子量委员会评定为新的国际标准原子量。

该研究成果 1994 年获国家教委科技进步奖一等奖;1997 年获国家自然科学奖二等奖。

(62) 稀土络合物及其荧光复合新材料的结构、性能研究和应用

主要研究者:化学与分子工程学院吴瑾光、姚瑞刚、卞江、徐光宪、徐端夫、施蒲、许振华、翁诗甫、周维金、李维红、孙波、惠建斌、杨鲁勤、申国荣、田文、王秀珍、高宏成、赵莹、廖华、王加斌。

我国有丰富的稀土资源,但需进行深度加工,制成具有新颖性和高附加值的高科技新产品。本项目通过大量溶液络合物和固体稀土络合物的制备和结构性能研究,测定其晶体结构、表征和光谱特性,探索具有荧光特性的稀土络合物的结构与性能的关系,研制成若干荧光性能优异、结构独特的稀土络合物,总结出这类稀土络合物的配位结构与荧光特性的关系和规律性,为开拓光致发光稀土荧光络合物和功能性稀土新材料的研究,建立了科学依据,奠定了理论基础。

本项目还研制成多种荧光复合材料。这些复合材料荧光强度高,光稳

定性好,应用范围广。例如,这些材料中的稀土荧光防伪技术已应用于增值税发票,用于多种新特产品的防伪标志,有效地保护了消费者的利益,产生了良好的社会效益和经济效益。又如研制的稀土光致发光涂料和稀土光致变色印染剂可用于室内装、工艺美术品及光致变色织物等,具有很大的经济效益。

此项研究成果1995年获北京大学科学技术成果奖一等奖;1996年获国家教委科技进步奖一等奖。

第四节　学术演讲、学术会议

学术演讲(报告、讲座)和学术会议(学术讨论会、论坛),是开展学术研究、促进学术交流、提高学术水平的重要形式和平台。北京大学从1917年蔡元培长校后,在各个发展时期都举行各类学术演讲和学术会议,形成了学术传统。

一、中华民国成立至抗日战争全面爆发时期

中华民国成立后的头几年,校内学术研究尚未提上日程,不曾举办专门的学术演讲。仅于1912年10月31日,梁启超在北大欢迎他结束15年的海外流亡生活回到北京的全校大会上,发表了长篇演讲,主要内容是阐述大学的性质、责任和对大学生的希望。

1917年1月,蔡元培校长到校视事后,实行"思想自由,兼容并包"的办学方针。为了引起学术研究的兴趣,蔡元培联络北京六所大专学校校长发起成立"学术演讲会",由各校教授就自己的研究成果分期举行学术演讲。这一时期,校、系、研究所、研究会、学会等也都举办各类学术演讲和学术讨论会,同时邀请一些外国学者、专家来校进行学术演讲或讲学。学术演讲很活跃,在校内外学术界、思想界产生了广泛的影响。

(一)"学术演讲会"的成立及其举办的学术演讲活动

1917年12月,蔡元培和北京高师校长陈宝泉、北京医专校长汤尔和、北京农专校长金邦正等六所大专学校校长,发起组织"学术演讲会"。该会章程规定:"凡各校教职员及各界人士来会听讲者,皆为本会会员。""本会地点暂附设于北京大学。"学术演讲的会场,分设在北京大学、北京高师和教育部会场三处。1918年2月24日举行了首场演讲,分别由北大教授章士钊演讲"论理学"、陶孟和演讲"社会与教育"、王星拱演讲"燃料"。蔡元培校长亦曾应"学术演讲会"之邀,于1920年5月作了"美术的起源"的演讲。

据《北京大学日刊》所载，"学术演讲会"的演讲活动在 1918 年和 1926 年比较集中。

如 1918 年有：3 月 3 日，陈大齐演讲"现代心理学"；3 月 24 日至 4 月 14 日，胡适分四次演讲"墨翟哲学"；4 月 28 日，李煜瀛演讲"生物与人生哲学"；5 月 5 日，秦汾演讲"天文学"；5 月 26 日，何育杰演讲"电子相对论"；6 月 30 日，陈启修演讲"政治学"；6 月 30 日，夏树人演讲"园艺学、害虫学"；7 月 7 日，孙宗浩演讲"农业化学"。

1926 年有：10 月 30 日，周鲠生演讲"列强在华之势力范围"；11 月 6 日，冰心演讲"中西戏剧之比较"；11 月 9 日，王世杰演讲"中国工会法问题"；11 月 16 日，高仁山演讲"二十世纪初叶的教育"；11 月 27 日，王桐龄演讲"北京在国史上的地位"；11 月 28 日，刘半农演讲"语言的进化"；12 月 4 日，梁启超演讲"王阳明的知行合一"；12 月 5 日，陈达演讲"中国劳工问题"；12 月 16 日，周作人演讲"希腊闲话"；12 月 18 日，徐炳昶演讲"怎样才能够整理国故"；12 月 26 日，钱玄同演讲"历史的汉字改革"。

(二)校部、学系(门)、研究所、研究会、学会举行的各类学术演讲、讲座和讨论会

这一时期校、系、研究所、研究会、学会举行的学术演讲、学术讲座和学术讨论会很多。从《北京大学日刊》所载有关这方面的启事、通告等信息来看，学术演讲的场次当以百数讲。其中有面对全校和社会的大型公开演讲，如"爱因斯坦演讲月"；有专业的内部演讲，如研究所国学门的"月讲"；有学系组织的专题演讲，如政治学系的"现代政治"系列演讲；有研究会举行的系列讲座，如地质学会的"地球及其生物之进化"系列讲座。演讲的内容涉及面很广，在人文社会科学方面以哲学、经济、文学、政治学较多，在自然科学方面以地质学、物理学、化学较多。演讲的学者以校内教授为主(包括聘为本校教授的外籍教授如葛利普等)，也邀请社会上一些著名的学者如梁启超、章太炎等。兹将这一时期校、系、研究所、研究会等单位举办的在校内外有较大影响的学术演讲列举如下。

在社会科学方面，由学校举办的学术演讲有 1918 年 11 月 15 至 11 月 27 日，为庆祝协约国胜利，在天安门、中山公园举行演讲大会，蔡元培演讲"黑暗与光明的消长""劳工神圣"；胡适演讲"武力解决与解决武力"；马寅初演讲"中国希望在于劳动者"；李大钊演讲"庶民的胜利"。1920 年下半年，梁漱溟演讲"东西文化及其哲学"(连续讲 10 次)。1922 年 12 月 18 日，钢和泰演讲"近年新疆的考古学上新发现"。1923 年 11 月至 12 月，梁漱溟演讲"答胡适评《东西文化及其哲学》"(讲 5 次)、"评所谓玄学与科学之争"。1926 年 7 月，胡适演讲"学术救国"。1930 年总理纪念周演说会，梁漱溟演讲"怎样解决中国的问题"；黄文弼演讲"新疆民族分布与地理"。

由国文学系（中国文学系）、国学门研究所、国文学会举办的学术演讲有1918年3月到5月，国学门研究所请刘师培演讲"文学史"、钱玄同演讲"音韵"、黄季刚演讲"文字孳乳"。1926年12月，钱玄同在国文学系做题为"国语·罗马字的读音和拼音"的演讲。1929年5月27日，国文学会请鲁迅演讲"现今新文学的概观"。1930年1月9日，请钱玄同演讲"'六经注我'与'托古改制'"。1931年12月30日，中国文学系请胡适演讲"中国文学的过去和来路"；3月19日，请郑振铎演讲"新文坛的昨日、今日与明日"。1939年4月8日，中国文学系和研究所国学门共同邀请章太炎演讲"知识学界救国之说"。1932年4月15日，请俞平伯演讲"诗体之变迁"；5月5日请罗常培演讲"知彻澄娘的读音问题"；5月7日，请叶公超演讲"新文学中的几个问题"；10月29日，请胡适演讲"陈独秀与文学革命"；11月22日，请鲁迅演讲"帮忙文学与帮闲文学"。1937年4月5日，胡适为中国文学系作题为"做学问的习惯"的演讲。

由哲学门研究所、哲学系和哲学研究会举行的学术演讲有1918年2月到5月，哲学门研究所请章行严演讲"逻辑学史"；胡适演讲"中国名学"；刘筱珊演讲"老庄哲学"；梁漱溟演讲"佛教哲学"。1919年10月11日，哲学研究会请胡春林演讲"孔子伦理学之研究"。1922年3月4日、5日，请梁启超演讲"评胡适的《中国哲学史大纲》"。1925年5月19日，请胡适演讲"从历史上看什么是哲学"；11月27日，请谢循初演讲"佛洛脱的心理学"。1929年12月8日，哲学系同学会请傅佩青演讲"当代各派哲学对于'科学命题'是否真理之见解"；12月18日，请张心沛演讲"现象学在现代哲学上之位置及其思想之渊源"。1930年请许地山演讲"古代印度哲学与古希腊哲学之比较"。1935年1月21日，哲学会请张君劢演讲"需要哲学与创造哲学"。1935年4月14日、15日，第一届中国哲学年会在北大二院宴会厅举行，宣读的论文有：张申府的《我所了解的辩证唯物主义》、张荫麟的《论可能性》、黄子通的《康德与怀德海之现在观》、彭基相的《柏拉图的理念观》等。1936年4月4日、5日，第二届中国哲学年会在北大二院举行，宣读论文有：郑昕的《康德论物如》、贺麟的《文化的类型》、金岳霖的《形与质》、朱光潜的《克罗齐美学的批评》、胡适的《程绵庄的哲学》等。

由经济门研究所、经济学会举办的学术演讲有1918年4月11日经济门研究所请胡钧演讲"财政学"；5月4日，请马寅初演讲"银行货币"；1919年11月26日，请马寅初演讲"吾国今日各种重要经济问题"，12月13日演讲"经济界之危险预防法"；1921年12月18日，经济学会请马寅初演讲"上海一百四十个交易所"；1922年12月24日，请马寅初演讲"何谓经济"；12月29日，请李大钊演讲"社会主义的将来"；1923年1月6日，请李大钊演讲"社会主义下的经济组织"，4 月 26 日，请顾孟余演讲"现代经济之几种观察"。1924 年 3 月 22 日，请马寅初演讲"改革吾国币制之第一步"，4 月 14 日，请李春涛演讲"俄、英、意三国最近政治改革与马克思主义所谓政治革命"；1930 年 12 月 3 日，请李光忠演讲"喀费尔近著《现代经济世界及其改进》"。

由政治学系、政治研究会、政治学会举行的学术演讲有：1920 年 9 月，政治学系请陶孟和、李守常、陈启修、张慰慈作"现代政治"专题演讲。1921 年 12 月 5 日，政治研究会请杨安宅演讲"共产制度"。1922 年 12 月 26 日，政治学系教授会请周鲠生演讲"国会与外交"。1923 年 12 月，请王世杰演讲"现代之出版自由"。1924 年 1 月到 3 月，请高一涵演讲"苏维埃联合的根本组织法"，燕树棠演讲"中俄交涉问题"，周览演讲"民族主义与国际主义"，5 月 23 日，政治学会请李大钊演讲"人种问题"。1926 年 1 月 18 日，政治学系请王世杰演讲"国际移民问题"，5 月 1 日，请陈翰笙演讲"法西斯政治"。1929 年 11 月 19 日，政治学会请陶孟和演讲"太平洋国交会讨论的经过"，11 月 28 日请鲍明钤演讲"太平洋国交讨论会之中国外交问题"。1932 年 4 月 29 日，政治学系请张忠绂演讲"国际政治与中国"，5 月 14 日，请燕树棠演讲"国际公法之趋势"。

1918 年 3 月 30 日，法律学门研究所请罗文干演讲"刑法"；5 月 24 日，请王宠惠演讲"比较法律"。1922 年 3 月 31 日，法律研究会请王宠惠演讲"华会外交问题"。1931 年 5 月 25 日，法律学会请梅汝璈演讲"近代法学之趋势"。

教育研究会 1922 年 12 月 26 日请孙惠卿演讲"初等教育最近的趋势"，12 月 27 日请陶孟和演讲"大学的课程问题"。教育学系 1926 年 7 月 5 日请胡适演讲"东西文化"，7 月 21 日请马寅初演讲"俄庚款问题"。教育学会 1929 年 6 月 9 日请傅斯年演讲"西欧大学中的文学教育"，11 月 17 日请刘钧演讲"德国的新教育"。1932 年 3 月 14—18 日，请朱经农演讲"中国教育问题（义务教育问题）"，4 月 26—28 日，请蒋梦麟演讲"中国教育问题（高等教育问题）"。1934 年 10 月 27 日，教育学系请胡适演讲"国语教育问题"。

北大史学会 1929 年 6 月 22 日请陈垣演讲"缩短时间的读书法"。东方考古协会 10 月 29 日请张星烺演讲"中国人种中之印度、日耳曼种分子"，徐炳昶演讲"中国西北科学考察团考古工作情况"。

中国社会学会 1921 年 3 月 6 日请张耀翔演讲"青年犯罪之倾向"。太平洋问题研究会 1921 年 10 月 30 日请王世杰演讲"华盛顿会议及国际裁兵"；11 月 20 日，请黄右昌演讲"太平洋会议与我国人口政策"；12 月 18 日，请燕树棠演讲"华盛顿会议之根本原因"。北大新闻记者同志会 1922 年 2 月 14 日举行成立会，请李大钊作题为"给新的世界开一新纪元"的演说。

马克思学说研究会 1922 年 2 月 19 日由李大钊公开演讲"马克思的经济学说";1925 年 11 月 17 日举行纪念苏俄革命八周年公开演讲会,请吴稚晖演讲"中俄关系",陈启修演讲"苏俄之政治经济状况",罗觉演讲"苏俄革命之根据及其在世界革命史上之意义",赵士炎演讲"鲁纳会议与关税会议"。

研究所国学门 1927 年 3 月 5 日至 6 月 5 日举行内部"月讲"(即每月 5 日讲一次),请陈垣演讲"回回教进中国的源流",刘半农演讲"从五音六律说到三百六十律",马幼渔演讲"戴东原对古音学的贡献",沈兼士演讲"求语根的一个方法";1931 年 2 月 20 日,请马叔平演讲"从实际上窥见汉石经之一斑",5 月 20 日,请许守白演讲"研究宋词之我见"。

在自然科学方面,由学校举办的"爱因斯坦演讲月",1922 年 11 月 24 日至 12 月 23 日共讲九讲:丁燮林演讲"爱因斯坦以前之力学",何育杰演讲"相对各论",高叔钦演讲"旧观念之时间及空间",夏元瑮演讲"爱因斯坦生平及其学说"(分两次讲),王士枢演讲"非欧几里得的几何",文范村演讲"相对通论",张竞生演讲"相对论与哲学",秦汾演讲"天文学与牛顿力学"。举办演讲月,是为迎接爱因斯坦来华讲学作准备,后爱因斯坦因故未能来华,但这次公开演讲把爱因斯坦及其相对论学说介绍到中国。

数理学会 1921 年 1 月 15 日请颜任光演讲"相对论之发展",1 月 22 日请颜仁光演讲"爱因斯坦之重力论",1 月 29 日请何育杰演讲"近世电磁学"。中国数理学会 1930 年 2 月 23 日请吴正之演讲"光量子存在的证据"。物理学会 1930 年 12 月 21 日请文元模演讲"光电效果及其应用";1932 年 5 月 29 日,请严复光演讲"谈谈我们现在做的研究"。北大、清华物理系 1936 年 6 月 20 日联合举办物理讨论会,请严济慈演讲"稀有气体对于碱金属主系元谱线之位移"。

数学会 1930 年 11 月 30 日,请顾炎式演讲"极限与连续"。1931 年 2 月 1 日,请冯汉叔演讲"指数函数";3 月 26 日请常伯琦演讲"时间观念之我见";5 月 10 日请孙光远演讲"三十年来射影微分几何之新发展"。

化学门在 1918 年 3 月 11 日举办演讲会,请谭君声演讲"钾之新来源"。12 月 28 日,请陈世璋演讲"化学实验室设备之研究";1923 年 6 月 6 日,请赵汉威演讲"格林雅氏反应";1924 年 1 月 5 日,请戴济演讲"白色颜料制法之沿革";1926 年 5 月 26 日,请陈聘丞演讲"化学职业成功之关键";12 月 11 日,请薛培元演讲"Bohr 氏之电子说及其在有机化学上之应用";1929 年 5 月 8 日,请张贻侗演讲"量子学说与化学反应";5 月 22 日,请赵石民演讲"中国延胡索之研究(延胡索为中药名)";11 月 15 日,请李麟玉演讲"氮素之新工业及其将来";1930 年 11 月 30 日,请赵学海演讲"毒气";12 月 28 日演讲"化学战争之防御";12 月 31 日,请张贻侗演讲"化学上两电子结合学说"。

生物学会 1929 年 6 月 13 日请徐轶游演讲"蛔虫和人生",12 月 13 日请胡先骕演讲"研究植物学之方法及经验"。

地质研究会 1920 年 11 月 28 日请王烈演讲"中国之支那海侵时代及昆仑海侵时代";12 月 8 日,请葛利普演讲"地球及生物之原始";12 月 12 日,演讲"生物记载之造作及保存";12 月 27 日演讲"地史上古生代主要之生物";1921 年 1 月 16 日演讲"古生物界之大革命";2 月 19 日演讲"中生界之伟大动物";3 月 6 日演讲"近生代:(1)哺乳动物之进化,(2)人类之起源";12 月 11 日演讲"适应环境";12 月 18 日演讲"遗传性及结论";11 月 27 日,翁泳霓演讲"中国之地震中心及近世之地震"。地质学会 1929 年 12 月 16 日请孙云铸演讲"中国地质史及生物之进化";12 月 18 日请葛利普演讲"北京大学学生在地质科学上之贡献";1931 年 3 月 15 日请丁文江演讲"中国地质学者之责任"。

（三）邀请外国学者、专家来校作学术演讲或讲学

这一时期,学校、系、所、研究会等都很重视邀请外国学者、专家作学术演讲或讲学,进行学术交流。应邀的学者先后有几十人之多,讲学次数更多,仅就其中一部分列举如下。

（法）沙来博士,1917 年 10 月 15 日演讲"法兰西与科学"。

（美）杜威,1919 年 9 月 20 日起讲授"社会哲学与政治哲学"(一年内讲 16 次);9 月 21 起讲授"教育哲学"(一年内讲 16 次)。1920 年 1 月 14 日起,在哲学研究会讲"现代的三个哲学家:詹姆士、柏格森、罗素"(讲 6 次);1 月 16 日起讲"思想的派别"(讲 8 次)。

（德）卫礼贤,1920 年 6 月 15 日、21 日,在哲学研究会讲"中国哲学与西洋哲学之关系"。1922 年 8 月 11 日演讲"葛德人生观及宇宙观";12 月 17 日在学校召开的演讲会上演讲"文化的组织"。

（英）罗素,1920 年 11 月 9 日起,在哲学研究会讲"哲学问题"(连续讲多次);11 月 15 日起讲"心之分析"(连续讲多次);12 月 28 日起讲"物之分析"(连续讲多次)。1921 年 1 月 2 日在哲学研究会讲"宗教问题";3 月 8 日在数理学会讲"算学的论理学";3 月 31 日在社会研究会讲"社会的结构"。

（法）班乐卫(数学家、巴黎大学教授、前法国总理),1920 年 8 月 31 日,北京大学举行授予他和儒班(里昂大学校长)名誉学位典礼之后,发表"关于科学真理"的演讲。

（日）片上伸,1922 年 9 月 20 日演讲"俄国文学及俄国最近的文艺思潮"。

（日）福田德三,1922 年 10 月 3 日、6 日演讲"马克思主义的几个基本思想"。

（日）今西龙,1922年12月26日起在史学系演讲"朝鲜史"。

（日）田边尚雄,1923年5月14日在国文系演讲"中国古代音乐之世界的价值"。

（美）柯脱,1923年12月12日演讲"进化论之现在";12月19日演讲"植物学为国家之富源";12月26日演讲"科学与近世文明"。

（法）雷维,1923年4月29日演讲"东方人文主义"。

（德）杜里舒,1923年1月27日至1924年1月21日演讲"系统哲学"（共26讲）。

（日）河口慧海1924年4月20—24日在史学系演讲"西藏文化的发达史"。

（日）小坂狷二,1924年4月23日在世界语研究会演讲"世界语的效用与中国"。

（日）市村瓒次郎,1924年10月6—11日在史学系演讲"论环境与文化关系并以两晋南北朝佛学之影响为例证"。

（日）植原悦二郎,1925年11月27日在法律系和政治系演讲"日本之政党及政府"。

（美）韦尔巽博士,1925年12月30日应化学会邀请演讲"爱脱华德及洛萨之食物在人体中产生热量的测定法"。

（美）莫力士,1922年11月11日演讲"美国第三亚洲调查队在蒙古及中亚调查结果"。

（美）韩德,1926年1月5日在学术研究会演讲"男女关系与经济道德问题";1月12日讲"避孕方法与生育限制"。

（美）葛丽英,1926年1月16日在政治学会演讲"美国女子参政问题"。

（美）威尔逊,1929年6月5日演讲"条约与国际法关系"。

（美）马丁教授,1929年11月25日演讲"国际关系诸问题";11月26日演讲"文化之结合";11月27日演讲"新国际公法"。

（日）藤泽亲雄,1930年11月4日演讲"国际政治之新原则"。

（法）郎之万,1931年12月22日至1932年1月11日,在北大、清华联合举办的讲座中,在北大讲5次,讲题为"相对论力学和量子论及其在磁性中的应用"。

（英）莱斯特女士,1933年10月11日演讲"印度甘地"。

（法）郝伯特,1934年1月9日演讲"国际合作的哲学"。

（丹麦）马列克氏,1934年2月9日演讲"丹麦之合作运动与土地政策"。

（英）富斯德,1935年5月29日在教育学系演讲"英国人的思想与特性";6月3日演讲"牛津与剑桥";6月5日演讲"英国学制系统"。

（丹麦）波尔，1937 年 5 月 31 日演讲"原子核的构造论"；6 月 4 日演讲"物理学上的因果律"。

二、西南联合大学时期

西南联大时期，各学术团体、学生自治会、学系和学校经常举行学术演讲、时事政治讲座活动。

1940 年，著名记者陆诏作"目前抗战情势"报告。1941 年，老舍演讲"抗战以来之文艺"。1942 年 4 月，举办国际形势系列讲演，首先由钱端升讲"国际关系之思想背景"，随后由周炳琳、邵循正等九位教授发表演讲。1943 年 3 月 19 日起，中国国际同志会云南分会举行现代问题讲座：蔡维藩讲"盟国胜利与德日挣扎"，王信忠讲"远东战略之展望"，王赣愚讲"自由主义之危机"，邵循恪讲"国际和平组织之过去与未来"，杨西孟讲"当前的物价问题"，滕慕桐讲"国际计划经济与国家计划经济"，何启元讲"经济战争与现代战争"，鲍觉民讲"中国地大物博之真相"，张印堂讲"缅甸地理与滇西战场"，戴世光讲"中国与印度"。1944 年 4 月，法商学院举办宪政系列讲演：陈序经讲"中华民国与宪法"，陈岱孙讲"宪政与预算制度"，周炳琳讲"宪政中的经济政策"。

1945 年 3 月，学生自治会举办"战后的中国"时事讲演会，主讲人及演讲题目是：雷海宗讲"战后世界和平与中国"，钱端升讲"战后的国防问题"，张印堂讲"实施宪政与政党政治"，王赣愚讲"战后的政治机构"，何启元讲"战后的中国经济往何处去"，周作仁讲"战后的币制问题"，陈达讲"构成战后的人口政策"。1945 年 8 月，学生自治会举办时事讲演会、时事晚会，钱端升讲"参政会与会后中国政治"，周新民讲"日本投降的影响"，王赣愚讲"新局势下的内政外交"，吴晗讲"如何制止内战"，罗隆基讲"如何走向民主团结的道路"。1945 年 11 月 25 日，学生自治会举行时事晚会，钱端升讲"中国政治之认识"，指出内战必然毁灭中国；何启元讲"从财政经济观点论内战必须避免"；费孝通讲"美国与中国内战之关系"，呼吁中美人民应该联合起来，反对中国内战；潘大逵讲"如何制止内战"等。

这期间一些社团和学会举办了一系列学术讲座。1938 年底，群社请孙伏园讲鲁迅生平及《阿 Q 正传》创作发表的经过，魏建功讲解鲁迅的旧体诗等。1940 年，冬青社请闻一多、朱自清、李广田、卞之琳等作文艺问题的专题讲演。1941 年，毕业留校的一些青年教师组织演讲会，两周一次，报告读书和研究心得。1942 年春天，国文学会举办中国文学 12 讲，两周讲一次：朱自清讲"诗的语言"，沈从文讲"短篇小说"，冯友兰讲"哲学与诗"，罗常培讲"元曲中之故事类型"，罗庸、王力、杨振声等也做了专题演讲。1943 年 11 月起国文学会和历史学会合办文史讲座，每周举行两次，一学期的主讲人和演讲题目在月初就公布出来。如闻一多讲"从人首蛇身说到龙的图腾"，雷海宗讲"西汉皇帝的私生活"，杨振声讲"书画同源考"，唐兰讲"甲骨文"，吴晗讲"唐宋时代的战争"，蔡维藩讲"七十年来的英俄关系"，浦江清讲"中国小说之演化"等。所讲题目都是学者的专攻，演讲后质疑问难，很受学生欢迎。文史讲座举行了六十多次，一直延续到1943年的暑假。

1944年5月，五四运动25周年前夕，国文学会举行"五四运动与新文艺"的专题演讲晚会：罗常培讲"五四前后新旧文体的辩争"，冯至讲"新文艺中诗歌的收获"，朱自清讲"新文艺中散文的收获"，孙毓棠讲"谈谈现代中国戏剧"，沈从文讲"五四以来小说的发展及其与社会的关系"，李广田讲"新文艺中杂文的收获"，闻一多讲"新文艺与文学遗产"，杨振声讲"新文艺的前途"。

理科的学会也组织了一些系列学术讲演。如地质学会请孙云铸讲"中国地层""中外地质文献""欧美各大学地质学系概况"，王烈讲"中国地质教育史"，冯景兰讲"西康地质考察""康东铜矿地质"，袁复礼讲"西康构造地质"，米士讲"澄江地质""滇西大理及丽江地质""喜马拉雅山探险"等；还邀请著名地质学家谢家荣讲"关于中国锡矿床问题"，朱庭祜讲"关于中国西南盐矿问题"，王宠佑讲"关于中国钨锑矿"，杨钟健讲"关于周口店洞穴层与北京猿人"，王竹泉讲"关于煤田地质"等。

三、复员北平后时期

这一时期举办的学术演讲主要有，1946年12月29日，历史系邀请中央研究院历史研究所所长徐炳昶演讲"整理中国古代文献亟须注意之二点"。1947年4月，由历史系、哲学系有关教授分别作"历史研究法"的讲座，共分十二讲。第一讲由胡适讲"史学与证据"。其他各讲担任之教授和讲题分别为：余逊讲"历代史籍"，邓嗣禹讲"重要工具书之应用"，杨人楩讲"历史口写出"，邓广铭讲"历史与传记"，向达讲"考古学与史学"，韩寿萱讲"博物馆与史学"，张政烺讲"近五十年来中国史学上之新发现"，郑天挺讲"整理档案的方法"，汤用彤讲"研究思想史的方法"，邵循正讲"元史的研究法"。

1947年4月25日，应胡适校长邀请，英国政治学者葛德邻教授来北大作学术演讲。当日讲第一讲，讲题为"世界文化的危机与人生价值的争取"；4月28日作第二讲，讲题为"权力的心理"；4月30日作第三讲，讲题为"实际的结论"。1947年北大聘请的印度客座教授师觉月氏作"印度文化系列讲演"，4月26日演讲"吠陀时代文化"，6月14日演讲"贵霜王朝之历史与文化"。

北大文艺社主办文学讲座，1947年11月16日，邀请清华大学国文系教授朱自清作第一讲"好与妙";11月23日,邀请清华大学国文系教授李广田讲"作家与作品"。

1947年11月22日,北大文学院代理院长朱光潜教授给部分师生演讲"休息与娱乐"。

1948年8月14日,北大法律系与东北大学、中正大学二校法律系联合举行学术讲演,第一讲由芮沐教授讲"法律——政治斗争工具"。1948年9月7日,北大、清华、燕大、东大、山大五大学政治学会,邀请北大教授作公开学术演讲,讲题为"英国三党政治的前途"。1948年11月25日,史学系邀请北平研究院史学研究所研究员黄文弼演讲"新疆在古代中西文化上之地位"。1948年11月30日,地质系举行学术演讲会,邀请凿井专家钱尚忠讲"凿井常识"。1948年12月4日,自治会理事会举办周末学术演讲,请周炳琳教授讲第一讲,讲题为"构成混乱局面的几个因素"。1948年6月5日,西方语文学会邀请耶鲁大学教授金守拙演讲"语言教授法"。1948年6月11日,国际关系研究会举行"国际关系讨论会",讨论"美国在华利益与对华政策"。1948年8月10日,政治系及经济学会举行时事座谈会,请樊弘、许德珩等教授出席指导,主要座谈:国民党内部之矛盾与派系;体制之改革。1948年,医学院邀请维也纳眼科专家溥克斯作学术讲座,讲授"眼科病理""眼科病症"等。

四、中华人民共和国成立至"文革"结束时期

（一）学术演讲

20世纪五六十年代,文科各系举行的学术演讲很丰富。1954年4月,中文系邀请苏联毕达可夫教授作"关于接受古典文学遗产问题"的学术报告。同年6月27日,古典文学教研室举行学术讨论会,围绕林庚教授所作的"诗人李白"学术报告展开讨论。1954年10月,哲学系举办学术报告会,金岳霖作题为"批判唯心主义哲学关于逻辑和语言的思想"的报告,任华作题为"批判为帝国主义服务的反动的语义哲学"的报告,黄楠森作题为"我国过渡时期的经济基础与上层建筑性质的报告"。

1957年3月起,历史系举办"历史问题讲座",以贯彻"百花齐放,百家争鸣"的方针。讲座邀请国内外史学家作了六次学术报告。

1962年学生会举办"星期天讲座",请赵以炳讲"健康与长寿";李赋宁讲"怎样阅读西方文学作品";陈伯尘讲"我们怎样理解鲁迅";侯仁之讲"旅行家徐霞客在科学史上的贡献";冯至讲"关于诗人杜甫"。1963年2月12日,学校邀请中国科学院院长、著名历史学家郭沫若来校作"郑成功的经济政策"的学术报告。

20 世纪五六十年代理科各系举行的学术报告主要有：1955 年，著名物理学家中科院学部委员钱三强作"关于学习原子能问题"的报告；1957 年，中科院力学研究所所长钱学森作"如何向科学进军"的报告；钱三强作"关于苏联科学的伟大成就及有关人造卫星"的学术报告；1962 年 1 月，学生会举办"星期六讲座"。

20 世纪 70 年代，应北大邀请的国外学者和来校进行学术访问、学术交流者，多作学术讲演。1972 年，有 3 位学者作学术演讲 6 次，美籍华人物理学家杨振宁演讲 4 次，美籍华人数学家陈省身演讲 1 次，美国哈佛大学经济学教授约翰·肯尼斯·加尔布雷斯讲演 1 次。1973 年，有 20 位学者作了 24 次学术演讲。

1974 年，杨振宁教授作"关于目前物理研究的一些普遍看法"演讲。1975 年，旅美中国科学家黄云湖教授演讲"美水星 10 号飞船对水星磁场的测量结果"、"太阳风"；欧洲核子研究中心科学家布霍夫、金茨克、恰巴克、韦斯科夫 4 位教授分别作了 4 次关于核子理论方面的演讲；美籍华人高能物理学家丁肇中教授作学术报告。1976 年，法国数学家韦伊来校访问并作学术报告。

（二）五四科学讨论会

1955 年 3 月 2 日，校务委员会作出《北京大学 1954—1955 学年科学讨论会决定》。该决定指出，这是为了"检查我校科学研究的初步成果，开展学术上的自由论争和批判，提高学术思想，推动科学研究工作"。此后每年都举行一次"五四科学讨论会"。讨论会分全会和分会。全会主要是由学校确定的若干篇学术论文的作者做报告。分会基本上是以系为单位进行的学术报告和学术讨论。全会和分会穿插进行，会期一般一到二周左右。从 1955 年至 1963 年，除 1957 年因"反右"斗争、1958 年因"大跃进"未举行外，共举行 7 次；1964 年进行社教运动至"文革"结束中断了 13 年；1978 年恢复，至 1980 年举行了 3 次。从 1981 年起，不再举行全校性集中统一的"五四科学讨论"。

1955 年至 1963 年 7 次"五四科学讨论会"主要情况如下。

1. 1955 年 5 月 4 日，"北京大学 1954—1955 学年科学讨论会"在办公楼礼堂举行开幕式。全校教师、研究生、进修教师和四年级本科生参加。高教部部长杨秀峰、副部长黄松龄、曾昭抡、刘皑风，中科院副院长张稼夫，苏联、匈牙利、蒙古科学院代表，中山大学、复旦大学、南京大学、东北人民大学等兄弟院校和科研机构 40 多个单位负责人或代表出席了开幕式。马寅初校长致开幕词。开幕式后，举行了第一次全会。会上宣读了哲学系金岳霖、汪子嵩、张世英、黄楠森联名写的论文《批判胡适实用主义》。从 5 月 5 日开始，讨论会以数学力学、物理学、化学、气象学、生物学、地理学、中国语言文学、历史哲学、经济法律、外国语言文学等 10 个分会进行学术报告和讨论。5 月 6 日、8 日、15 日又举行了三次全会。会议由江隆基副校长致闭幕词，他总结了这次科学讨论会的情况和特点，提出了今后科研工作应注意的几个问题。他说，这次"五四科学讨论会"举行了 4 次全会，10 个分会共开会 36 次，宣读论文 100 篇，其中在全会上宣读 7 篇。在 100 篇论文中，自然科学方面 64 篇，人文科学方面 36 篇。从论文性质上看，属于理论探讨的 53 篇，学术思想批判的 18 篇，直接联系生产实际的 14 篇，评述性的 13 篇，经验总结和介绍的 2 篇。提出科学论文的共 133 人（有联合写的），其中苏联专家 6 人，教授、副教授、研究员 60 人，讲师、助教和进修教师 56 人，研究生和四年级学生 10 人，职员 1 人。

2. "北京大学 1955—1956 学年科学讨论会"于 1956 年 5 月 4 日开幕，全校教师和兄弟院校等单位来宾一千余人出席。这一届讨论会举行了 2 次全会，宣读论文 3 篇；37 次分会，宣读论文 89 篇。其中自然科学 47 篇，人文科学 42 篇。

3. 1959 年 5 月 4 日至 5 月 9 日，举行了 1958—1959 学年"五四科学讨论会"。此次讨论会由各系分别举行，不举行全校性会议。各系讨论会宣读的论文 122 篇，其中理科 82 篇，文科 40 篇。在理科的 82 篇论文中，专题性论文 52 篇（其中 18 篇是基本理论研究），综合评述 20 篇，工作报告 10 篇。文科 40 篇论文中，直接联系社会主义革命和建设实际的 14 篇，专题性的 10 篇，评述性的 9 篇，学术批判论文 7 篇。在讨论中有 162 人发言，其中校外的 33 人，本校教授、副教授 30 人，青年教师 42 人，学生 57 人。讨论会认真贯彻"百花齐放，百家争鸣"的方针，形成自由讨论的学术气氛。

4. 1960 年 5 月 4 日至 20 日举行的 1959—1960 学年度"五四科学讨论会"由各系分别进行。文科有 64 篇论文、理科有 173 篇论文在会上宣读。文科论文主要内容是阐述毛泽东思想，批判修正主义和资产阶级学术思想。如中文系批判"人道主义"，历史系批判"史料挂帅"，法律系批判"和平长入社会主义""阶级斗争熄灭论"，外语系批判"人性论"。

5. 1961 年 5 月 4 日至 20 日，举行 1960—1961 学年度"五四科学讨论会"。本次讨论会是以教研室、科研组、系级为单位举行，不开全校性会议。共有 151 篇论文在讨论会上宣读，其中科学研究论文 77 篇，评述性论文 56 篇，结合教学讨论性论文 18 篇。

6. 1962 年"五四科学讨论会"，仍以各系为单位进行。文科从 5 月 4 日开始，至 5 月底结束，共宣读论文 74 篇；理科从 5 月 4 日开始，至 6 月下旬结束，共举行了 70 次会议，宣读论文 124 篇。理科 1958 年以来的重点研究项目,如"光合作用""计算机研制""超高显频电子学理论"等都有研究报告提出。数学力学系闵嗣鹤教授报告函数论文方面的研究成果;地质地理系乐森璕教授对中国南部泥盆石炭系分界问题提出了新的看法。

7. 1963年"五四科学讨论会"于5月4日开始,5月15日结束。多数在教研室范围内举行,少数在全系范围内举行,共报告论文110篇。

五、改革开放时期

"文革"十年,科学研究几乎陷于停顿。"文革"结束进入改革开放新时期,迎来了科学的春天。各学科的学术研究迅速恢复和发展,各类学术演讲和学术会议也日益举办起来。1978年恢复了"五四科学讨论会",至1980年连续举办了三届后,为适应科研繁荣发展的形势,学校决定不再举行集中统一的"五四科学讨论会",由各系所、教研室根据情况适时举行学术讨论会。这一时期一个突出的特点,是随着对外开放的不断扩大,各种学术会议尤其是国际性学术会议频繁举行。过去学校很少举办国际学术会议,教师也很少走出去参加国际学术会议。20世纪80至90年代,很多教师的学术论文都是在国际学术会议上报告的。据不完全统计,1980年理科各系、所在国际学术会议上报告的论文有95篇。1977年至1981年,文科各系、所派出100多人参加国际学术会议。1980年至1997年间,北大主办(联合主办)、承办的国际或双边会议有180多次,其中人文社科领域110多次,自然科学方面有70多次。这种学术交流与合作的活跃局面是前所未有的。

(一) 学术演讲(报告、讲座、论坛)

这一时期,学校和各系、所,乃至校团委、研究生会等单位,纷纷举办各种学术演讲、学术讲座和学术论坛,邀请著名学者、专家讲授最新研究成果,介绍新的学术动向,以开拓学术研究的新视野和新思路。兹列举部分学术演讲如下。

1978年10月,应数学系邀请,美国伯克利加州大学数学系林节玄教授作关于(有限)群的表现的学术讲座。

1979年3月6日,校团委、学生会举办学术讲座,请地理系主任侯仁之教授讲"北京城的历史变迁和新中国成立后的改造"。3月20日,请西语系主任李赋宁教授讲"怎样提高英语的四会能力"。

1979年10月25日,学校举行"纪念李大钊诞辰90周年报告会",萧超然教授作"李大钊在中国共产主义运动中的历史地位"的学术报告。

1980年1月28日,应学校邀请,著名物理学家杨振宁教授来校作题为"时间反演会导致熵减少吗?"的学术报告。

1980年5月,应学校邀请,美国基特峰国家天文台台长、《天文和天体物理》期刊主编基弗雷·伯比吉博士来校做关于活动星系的学术报告。

1981年3月21日，应校团委邀请，军事科学院研究员、全国系统分析学会理事长朱松春作题为"运筹学和系统分析在我国的发展和未来"的学术讲座。

1981年3月25日，应经济系外国经济研究室邀请，社科院情报所蔡声宇研究员作"关于'新左派'（激进经济学）经济理论"的学术报告。

1983年3月12日，学校举行纪念马克思逝世一百周年报告会，马列主义教研室萧超然教授作题为"东方的曙光——简论1917－1927年马克思主义与中国革命实际相结合的情况"的学术报告；国政系李景鹏教授作题为"中国的社会主义和社会主义的中国"的学术报告。

1983年3月14日，应社会学系邀请，社科院青少年研究所费德宇研究员作"当代青少年心理特征"的学术讲座。

1983年3月16日，法律系召开"纪念马克思逝世一百周年学术报告会"，赵震江教授作题为"马克思法律观的形成和发展"的学术报告。

1983年4月2日，应校学生会邀请，澳大利亚昆士兰大学政治学博士邱重亮作"台湾政治经济发展状况"的讲座。

1983年4月27日，应校学生会邀请，中国法国研究会会长、社科院外国文学所研究员罗大冈作"关于罗曼·罗兰与怎样欣赏《约翰·克利斯朵夫》"的讲座。

1983年10月12日，应校团委邀请，国务院体制改革委员会杨启先来校为团干部作"关于我国经济体制改革"的报告。

1983年12月24日，学校举行"纪念毛泽东诞辰90周年大会"，哲学系主任黄楠森教授作"坚持和发展毛泽东思想，建设有中国特色社会主义"的报告。

1984年10月5日，应学校邀请，诺贝尔奖获得者、美国哥伦比亚大学教授李政道来校作题为"高能物理的现状和将来"的学术报告。

1984年11月21日，应学校邀请，中国专利局黄坤益局长向理科有关系、所作"我国专利法形成的过程及其意义"的报告。

1984年12月27日，学校举行授予杨振宁名誉教授仪式，杨振宁作题为"对称性和近代物理"的讲演。

1985年5月27日，西语系和《国外文学》期刊编辑部举行纪念法国伟大作家维克多·雨果逝世一百周年学术报告会，邀请法国巴黎第十二大学若望·戈东教授作"关于雨果小说《悲惨世界》"的报告。

1985年7月14日，北大和中国宇航学会联合邀请美籍华人科学家、参加美国航天飞机"挑战者号"第17次飞行的宇航员王赣骏作"太空飞行和科学试验"的报告。

1986年5月15日,学校邀请美国伯克利加州大学化学系教授、诺贝尔化学奖获得者、华裔学者李远哲来校作题为"漫说从事基础科学的体会"的演讲。

1986年6月19日,应中文系和校学生会的邀请,美籍华人作家聂华苓作"我的创作历程"的报告。

1987年5月11日,英语系邀请瑞典皇家文学院院士、诺贝尔文学奖评奖会委员、斯德哥尔摩大学文学史系主任谢尔·埃斯帕马克教授作学术报告,分析了西方象征主义诗歌的表现特征与中国现代诗歌的某些相通之处。

1987年9月15日,学校举行授予国际著名物理学家、第三世界科学院院长阿卜杜斯·萨拉姆名誉教授仪式。仪式之后萨拉姆作了题为"基本力的统一"的学术报告。

1988年9月18日,学校为配合北京市"科技活动月",举行"科技活动日"活动,组织20名中青年教师分别作学术报告,其中有:数学系徐雷讲"从人工神经网络研究的衰落和复兴看模式识别的发展"、徐明耀讲"从几道益智题谈起"、张继平讲"单群风云";概率系谢衷洁讲"概率统计在各学科中的应用";物理系章立源讲"高温超导体及其可能的应用"、孙陶亨讲"激光及其应用";技术物理系王正行讲"高能重离子碰撞和物质的新形态"、李昆讲"加速器质谱"、包尚联讲"裂变与中子物理概况";无线电系谢麟振讲"光通讯的现状与未来";化学系来鲁华讲"多肽及蛋白质分子的力学研究";地球系王绍武讲"气候变化与未来50年气候预测"、傅淑芳讲"近二十年来地震活动和展望";生物系张人骧讲"神经科学现状与展望"、吴鹤龄讲"动物基因工程"、戴尧仁讲"衰老生物学"、陈章良讲"植物基因工程"。

1991年11月7日,校研究生会邀请社科院台湾研究所张凤山研究员作"'台独'产生的渊源、背景、组织活动、发展趋势和我国政府的对策"的报告。

1991年12月11日,校研究生会邀请著名作家、《中流》杂志主编魏巍作"社会主义的命运与我们的使命"的报告。

1992年10月24日,人口所举办"马寅初人口科学"系列讲座,邀请国际人口学会名誉主席、普林斯顿大学教授安斯勒·科勒作"关于人口和经济发展的关系及前苏联人口问题"的学术报告。

1995年5月9日,应北大青年天文学会邀请,中科院院士陈建生来校作"面向21世纪天体物理学和中国天文战略"的学术报告。

1995年9月20日,工商管理学院邀请著名经济学家、国务院研究室主任王梦奎作"世纪之交的中国经济"学术讲座。

1996年4月12日,科学与社会研究中心举行中心成立10周年学术报告会,孙小礼作"关于科学、技术与社会研究"的报告。

1996年4月15日,经济学院举办"第五届经济文化节"开幕式,请国家计委副主任马凯作"'九五计划'和2010年远景规划"的报告。

1996年4月19日,应北大中国经济研究中心邀请,世界银行行长、首席经济学家迈克·布里诺来校作题为"中国经济转轨的经验教训对其他国家的借鉴意义"的学术演讲。

1996年5月19日,物理系"物理文化节"开幕,邀请美国哥伦比亚大学教授李政道作题为"从过去到未来"的学术报告。

1996年10月,中文系举办"孑民学术论坛",每周讲一次。邀请社科院历史所所长李学勤讲"考古新发现与中国古代文明",《中国文化》期刊主编刘梦溪讲"王国维、陈寅恪与近代中国的学术",社科院哲学所庞朴研究员讲"中国思维方式的一分为三特色",北大客座教授陈鼓应讲"道家诸派及其特点"。

1996年12月20日,校团委和艺术教研室联合举办纪念一·二九系列讲座,请梁柱教授讲第一讲"蔡元培与北京大学"。

1997年3—4月,马克思主义学院庆祝建院5周年,举办"传统文化与社会主义精神文明建设"系列讲座。3月15日,请张岱年教授讲"儒家传统道德与新时代道德建设"。

1997年9月,人口所迎国庆举办"知名学者论坛",邀请联合国前统计司司长讲"国际社会对中国人口问题的评价",人口所所长曾毅讲"中国若干重要人口问题及对策"。

(二)学术会议

这一时期,校、系、所、中心等,举办了为数众多的各种类型学术会议,记述如下。

1. 五四科学讨论会

1978年恢复了五四科学讨论会,至1980年举行了三次。

1978年5月4日开始至5月19日结束的五四科学讨论会,进行了半个月。这次讨论会分25个分会场,举行了100多次论文报告和讨论会;提交学术论文487篇;有数百个单位的数千名来宾和校友分别参加了各系的讨论会。

1979年的五四科学讨论会只就文科领域举行,5月4日开始至5月20日结束。这次讨论会会议共提交论文271篇。文科各系、所、室举行报告会、讨论会80余次。

1980年的五四科学讨论会,从5月4日开始至暑假前结束,持续了两个月。共提交论文560多篇。这次讨论会,文科兼顾理论、历史和现状三个方面,特别注意研究四化建设中提出的重要问题;理科既重视基础科学,又重视应用科学和技术科学。

2. 各种校内、国内学术会议

1978 年 3 月 14 日,由北大、师大、师院三校中文系联合举行"现代文学讨论会",300 余名学者出席会议,会议中心议题是关于 20 世纪 30 年代的"国防文学"和"民族革命战争的大众文学"两个口号论争的性质。

1978 年 3 月 23 日,经济系召开"按劳分配与'物质刺激'"专题讨论会。社科院、清华等 21 个单位 40 多位学者出席会议。

1979 年 3 月 1 日,经济学系召开"关于价值规律问题"专题讨论会。

1979 年 3 月 10 日,哲学系召开"理论与实践问题"讨论会。

1980 年 9 月,南亚东南亚所和西安佛学会联合在西安举办"佛教学术讨论会",60 余人与会。

1980 年 11 月,南亚东南亚所举行"印度社会性质讨论会"。

1981 年 8 月,南亚东南亚所和社科院外文所联合召开"泰戈尔学术讨论会",50 余人出席。

1982 年 9 月,南亚东南亚所在济南举行"印度现代与当代文学讨论会",100 余人与会。

1983 年 4 月 15—23 日,西语系和社科院外国文学研究所联合举办"歌德学术讨论会",60 余人与会,宣读论文 30 多篇。

1983 年 5 月 8 日至 10 日,地质学系和中国古生物学会联合举行"乐森璕教授从事地质科学和教育工作 60 周年"学术讨论会,600 余人出席开幕式,收到学术论文 110 篇。

1983 年 8 月 23、24 日,历史学系和北京史学会联合召开"纪念戊戌变法85 周年"学术讨论会,100 多位学者出席,收到论文 20 多篇。

1984 年 6 月 11 日,经济学系和社会科学处联合召开"微观经济学学术讨论会"。

1986 年 10 月 16—18 日,物理学系举办"我国半导体专业创办 30 周年学术研讨会",黄昆等作了报告。会议讨论了半导体专业人才培养、半导体科学研究和工业发展等问题。

1986 年 10 月 20—24 日,由北大、美中交流协会主办,国际关系研究所承办的"中美关系史(1945—1955)"学术讨论会在北大举行,30 多位学者与会,会议就中美关系格局、朝鲜战争影响等问题进行了交流、讨论。

1987 年 1 月 5 日,学校召开"信息化问题"研讨会,11 个系、所代表参加讨论。

1987 年 2 月,受中国人口学会委托,由北大人口所、河北大学人口所联合举行"中国农村人口理论"讨论会，60 多人与会，收到论文 40 余篇。会议讨论了计划生育和农村人口再生产特点、农村养老、人口素质、人口转移、婚姻家庭等问题。

1987 年 5 月 4—6 日，化学系 1957 级 110 名校友返校举行"现代化学新进展"学术报告会，16 位同学宣读论文。化学系张青莲、邢其毅、唐有祺、徐光宪等老教授到会并讲话。

1987 年 5 月 4 日，国政系和校研究生会联合召开"国际问题研讨会"，讨论新中国对外关系、社会主义国家间关系、当前军备竞赛和谈判等问题。

1987 年 5 月，经济学院召开"社会主义经济理论与实践研讨会"，50 多人参加讨论。

1987 年 10 月 20—24 日，北大环境中心和中国环境学会在北大举行"中国环境学会第一次酸雨讨论会"，来自全国 63 个单位 130 名代表参加，围绕酸雨对环境污染和减少酸雨对生态系统的危害等问题进行讨论。

1988 年 4 月，经济学院召开"股份制理论与实践讨论会"，32 人参加讨论。

1988 年 5 月，在庆祝北大 90 周年校庆期间，各系、所纷纷举行学术报告会、讨论会。5 月 3 日，校学生工作部和校刊编辑部主办的"北大精神研讨会"在办公楼举行，季羡林、张岱年、萧超然等教授到会并发表自己的看法。

5 月 3 日，历史系举行"史学理论与翦伯赞的学术成讨论会"。

5 月 3—4 日，中文系举行"王力对中国语言学的贡献专题讨论会"和"吴组缃学术贡献和创作成就专题讨论会"。

5 月 4 日，哲学系召开"十一届三中全会以来马克思主义哲学研究评论讨论会"。

5 月 5—6 日，国政系举行了"戈尔巴乔夫改革和新思维讨论会"。

5 月 4 日，生物学系召开"现代生物科学发展趋势研讨会"。

5 月 3—4 日，化学系举办"理论及应用化学报告会"，对活性氧自由基的研究、晶体结构测定在化学中的作用等专题进行了讨论。

5 月 15 日，由中文、心理、哲学三系联合筹建的"文艺心理学会"召开"文艺心理讨论会"。

5 月 24 日，亚非所举行"跨入九十年代的亚非地区形势展望"学术讨论会，外交部、中联部、国务院国际问题研究中心、社科院等 20 多个单位的专家、学者出席。

1988 年 9 月 26—28 日，北大、北师大和山东大学三校数学系和数学研究所发起的"纪念闵嗣鹤教授学术讨论会"在山东大学举行，会议收到论文 30 多篇。我校丁石孙、姜伯驹、张恭庆作学术报告。

1988年10月8日至12日，中国地理学会主办、北大地理学系承办的"全国乡村发展和农业地理学学术讨论会"在北大举行，与会学者80余人。

1988年12月9日，《北京大学学报》编辑部举办"系统科学讨论会"，校内11个教学和科研单位19名学者、专家参加讨论。

1988年12月5—7日，当代中国社会发展研究中心和校团委为纪念十一届三中全会召开10周年，联合举办"十年改革：回顾与展望"研讨会，来自理论界、新闻界和党政部门150余人参会，厉以宁、孙立平等学者作了发言。

1991年5月27日，数学系为庆祝江泽涵先生90寿辰及在北大执教60周年，举办"拓扑学及其相关学科学术讨论会"，来自清华、复旦、南开及中科院的200多人出席会议。

1991年6月21、22日，为纪念中国共产党成立70周年，学校举行"马克思主义与中国现代化"学术讨论会。薛汉伟教授作题为《现代化与社会主义》的发言。

1991年6月15日，中国高等教育学会美育研究会和北大艺术教研室联合召开"艺术学研讨会"。

1991年7月3—5日，北大和中国李大钊研究会联合举办"李大钊与中国社会主义道路"学术研讨会，70多名代表出席，收到论文50余篇。

1991年9月9日，中文系和社科院语言所、民族所联合在北大召开"现代语言学研讨会"，近百名专家、学者与会。

1991年10月7日，历史学系和北京史学会联合在北大举行"首都史学界纪念辛亥革命80周年"学术座谈会，30多位学者参加。

1991年11月1—3日，由中国计算机学会、北京计算机学会和北大计算机系联合举办的"第四次全国软件工程会议"在北大召开，各地与会代表80余人出席。

1991年11月20—23日，由中国地质学会构造地质专业委员会主办、北大承办的"伸展构造专题学术研讨会"在北大召开，来自全国有关高校和生产单位的代表90余人出席，收到论文74篇。

1992年5月20日，市教育工委和北京大学联合在北大召开"首都高校纪念毛主席《在延安文艺座谈会上的讲话》发表50周年理论研讨会"，首都高校50多人出席。

1992年6月8日，亚非所、日本研究中心和亚太研究中心联合召开"日本的国家发展战略及其对亚太地区的影响"研讨会。

1992年8月28日，北京大学人学研究中心、北京市哲学会、《人文杂志》编辑部联合发起的"主体性问题研讨会"在北大召开，30余位学者与会展开讨论。

1992 年 11 月 3 日,在美籍华裔物理学家李政道的倡议和支持下,由北大筹办的"全国音乐物理、音乐心理研讨会第二次会议"在现代物理研究中心召开。

1992 年 10 月 6－9 日,北京大学人学研究中心联合人大、中央党校等 9 所高校和研究机构在北大召开"全国人权理论研讨会",全国 30 多所高校和研究机构的 100 多位学者、专家与会,收到论文 50 多篇。会议就人权和国家主权、生存权和发展权以及如何建设有中国特色的人权理论等问题进行了探讨,并发表了《维护人权、尊重主权、反对霸权》的会议纪要,出版论文集《当代中国人权》。

1993 年 1 月 12－13 日,亚非所召开"中亚形势研讨会",外交部、中联部、社科院中亚研究所等 20 多个单位 50 多人参加。

1993 年 3 月 19 日,哲学系召开"市场经济新体制和哲学科学新问题"研讨会,20 多位中青年学者参加。黄楠森主持并讲话。

1993 年 5 月 3 日,历史学系召开"中国传统文化与现代化"研讨会,邓广铭、周一良、季羡林、张岱年、侯仁之等老教授出席并发言。

1993 年 5 月 5 日,政治学与行政管理系召开"当代中国的政治发展与现代化"研讨会。

1993 年 5 月 6 日,中文系召开"中国语言学研究方法"研讨会,6 位中青年教师发言。

1996 年 5 月 3 日,学校召开"96 理论研讨会",各学科 70 多位老中青学者参加。自 1993 年以来,学校每年举行一次跨学科理论研讨会,该年研讨的主题是"跨世纪的思想道德和文化建设问题"。

1996 年 5 月 4 日,中国古生物学会和北大地质学系在北大举行"纪念葛利普教授逝世 50 周年暨中国古生物学会第 18 届学术年会",120 余人出席会议。

1996 年 10 月 22 日,北大亚非所、社科院亚太研究所召开"亚洲宗教、民族热点问题与社会发展研讨会",与会学者 54 人。

1996 年 11 月 7－8 日,亚非所举办"当今民族主义问题"学术研讨会,北大、南京大学、社科院、外交学院等 10 多个单位 50 多名学者出席,就世界范围内民族主义发展的原因、特征、影响等问题展开讨论。

1997 年 1 月 29－2 月 4 日,现代科学与哲学研究中心召开"可持续发展战略学术研讨会",校内外学者 30 多人出席。

1997 年 3 月 27－29 日,亚非所召开"中亚国家政治经济发展研讨会",会议对中亚五国的政治经济变化、中国与中亚关系等进行了探讨。

3. 主办（联合主办）、承办的国际和双边学术会议（文科）

会议时间	会议名称	主办单位	会议主题	出席人数	备注
1980.6	南亚与中国国际学术讨论会	南亚东南亚所		70人	
1982.8.17—8.19	第15届国际汉藏语言学讨论会	北大中文系、社科院语言所	语言学、音韵学、语言与方言、文学与翻译	180余人	10个国家和地区代表参加
1984.5.14—5.17	宋史国际学术讨论会	北大与杭州大学			来自美国、德国、日本等国的学者出席会议
1986.8.18—8.22	朝鲜语言文学国际学术讨论会	东方语言文学系	朝鲜语言文学		中国朝鲜语学会朝鲜文学研究会共同举办
1987.7	"人和自然"讨论会	哲学系和国际形而上学联合会	人和自然关系；东方和西方；历史和现实		
1987.9.15	国际海涅学术研讨会	俄语系、世界文学研究中心		中方50人外宾14人	参加开幕式400余人，论文60篇
1987.10.12	中日文化比较研讨会	东语系、东方文化研究所	中日语言、文学、哲学、宗教、艺术等的比较	中方70人，外宾10人	论文40篇
1987.10.22	家庭结构与人口老化问题国际学术讨论会	北大人口所	中西家庭结构及其发展趋势、人口老龄化过程等	75人（外宾20人）	

会议时间	会议名称	主办单位	会议主题	出席人数	备注
1987.11.1—4	福克纳国际研讨会	北大英语系、香港中文大学	福克纳作品与美国南方历史、文化的关系	中外学者40余人	
1987.11.9—11.13	亚太地区知识产权教学与研究专题讨论会	世界知识产权组织（WIPO）和国家教委联合举办。北大承办	高校知识产权的课程、教材及教学方法等	110人。亚太16个国家和地区98名代表参加	
1988.5.4—5.7	纪念蔡元培诞辰120周年国际学术讨论会	北京大学蔡元培研究会	蔡元培教育思想、蔡元培与莱比锡大学等。	80人	美、德、法、日出席
1988.5.5—5.6	关于戈尔巴乔夫《改革与新思维》研讨会	北大国政系			中外学者专家、留学生参加
1988.6.16—6.19	纪念《西行漫记》发表50周年学术讨论会	中国"三S"研究会、美国斯诺基金会、北大、对外友协。	从历史、新闻、报告文学、中美关系等方面回顾总结《西行漫记》发表产生的作用和影响	68人	宣读论文30余篇。"三S"即史沫特莱、斯特朗、斯诺三人。
1988.8.22—8.25	第一次中日唯物辩证法讨论会	北大哲学系、日本大阪经济法科大学哲学研究室		40人（日方8人）	会后分别出版中日文版《唯物辩证法问题探讨》论文集（中方11篇、日方8篇）

会议时间	会议名称	主办单位	会议主题	出席人数	备注
1988.8.23—8.28	第二次朝鲜学国际学术研讨会	北大朝鲜文化研究所	朝鲜语言、文学、历史、法律、经济等	150人	
1989.3.27—3.31	中日禅学研究学术讨论会	北大哲学系	中日佛教文化研究的现状和最新成果	30人（日方5人）	
1989.4.23—4.27	"现代化与中国文化"研讨会第四次会议	北大社会学与发展研究中心		外方25人	与香港中文大学联合举办
1990.3.14—3.16	"法律与经济发展——立法与现代化"国际学术研讨会	国务院法制局、北大法律系	法律与社会经济发展、立法的研究	30人（外宾8人）	
1990.7.1—7.5	中苏文学关系国际学术研讨会	俄语系苏俄研究室	中苏文学交流回顾与展望	28人（外方12人）	宣读论文23篇
1990.7.12—7.14	中国加拿大研究会第四届年会暨国际加拿大学术研究会	北大中国加拿大研究中心	中国与加拿大	100人（外宾40人）	16个国家和地区的学者专家参加
1990.7.25—7.30	中国比较文学学会第三届年会暨国际学术讨论会	中国比较文学学会、北大比较文学与比较文化研究所	世界文化中的中国文学；少数民族神话和文学比较研究	120人（其中外宾20人）	会议由贵州省社科院承办，在贵阳市举行

会议时间	会议名称	主办单位	会议主题	出席人数	备注
1990.8.1—8.5	20世纪中国小说史国际学术讨论会	北大中文系	20世纪中国小说整体特征	34人（外宾5人）	外国在京专家和有关科研人员10多人列席
1990.8.4—8.16	第二届中美教育评估研讨会	北大、北师大、武汉大学、华东师范大学、美中教育交流机构	如何评价高校办学的社会效益、教育评估在促进教育质量提高发挥的作用	250人（外宾14人）	主会场在北师大，随后在华东师大、武大两个分会场开会
1990.10.6—10.25	比较高等教育研讨会	北大高等教育科学研究所	东北亚地区若干国家高等教育管理、体制、财政、招生制度、研究生教育等比较研究	12人（外宾7人）	
1990.10.22—10.25	沈家本法律思想国际学术研讨会	北大法律系	沈家本法律改革和中外法律交流思想	90人（外方20人）	
1990.10.30—11.1	东北亚地区经济合作国际研讨会	北大亚太研究中心、香港岭南学院亚太研究中心	东北亚地区的经济合作问题	27人（外方15人）	
1991.3.23—3.27	中日民俗比较学术讨论会	北大日本研究中心	中日称谓习俗、宗教信仰和生活习惯异同等	50人（外方15人）	会后北大出版社出版论文集

会议时间	会议名称	主办单位	会议主题	出席人数	备注
1991.6.17—6.19	"面向 21 世纪的挑战——中国国际关系的发展"国际学术会议	北大国际关系研究所		50 人（外方 20 人）	会议在长富宫饭店举行。收到论文 24 篇。
1991.7	"人和社会"讨论会	哲学系与国际形而上学联合会		北大代表 4 人，外宾 14 人	在香港举行
1991.8.6—8.8	东方文化国际学术研究会	东语系、东方文化研究所、中国东方文化研究会	东方三个文化圈（中国文化、闪族文化、印度文化）的特点及相互关系。佛教、伊斯兰教对东方文化的影响	中方 100 人外宾 15 人	会议期间举行了季羡林 80 华诞庆祝会。季羡林作《再谈东方文化》报告。出版《东方文化研究》论文集
1991.8.19—8.21	第二次中日唯物辩证法研究会	北大哲学系，日本大阪经济法科大学哲学研究室	主体与客体、环境与人、精神与物质、中国传统哲学等	48 人（日方 19 人）	会后出版中、日文《唯物辩证法问题探讨》论文集
1992.4.7—4.10	比较法研究国际学术讨论会	北大比较法和法律社会研究所	比较法与立法，比较法与司法，比较法与法学教育	57 人（外宾 15 人）	中国法学会比较法研究会第一次学术会同时举行

会议时间	会议名称	主办单位	会议主题	出席人数	备注
1992.5.28—5.30	"俄语语法教学与研究"国际研讨会	北大俄语系，东北师大俄语系	交流语法教学、讨论形式语法与功能语法的关系及其训练	47人（外方7人）	近30所高校人员参加
1992.6.7—6.10	"历史、文化与国际关系"国际学术讨论会	北大国际关系研究所、加拿大约克大学亚太研究中心	多极世界与历史文化、国际关系中东亚文化比较	30人（外方16人）	
1992.7.2—7.4	纪念埃德加·斯诺第五届学术研讨会	北京大学、对外友协、美国斯诺基金会、中国国际友人研究会	以斯诺精神发展中美两国人民的友谊		中国国际友人研究会会长黄华、对外友协会长韩叙等致词
1992.8.20—8.22	第四次朝鲜学国际学术讨论会	北大朝鲜文化研究所，日本大阪经济法科大学亚太研究所	朝鲜语言文学、历史、经济、政治、法律、教育、宗教文化艺术等		
1992.9.27—9.29	敦煌、吐鲁番国际学术研讨会	中国敦煌吐鲁番学会（挂靠北大）等		79人（外宾7人）	会议收到14篇论文
1992.11.29—12.1	"亚洲太平洋地区经济文化合作"国际学术研讨会	北大亚太研究中心、韩国汉阳大学中苏研究所	东北亚与东南亚经济合作、亚太地区经济新秩序探讨	40人（外宾13人）	

会议时间	会议名称	主办单位	会议主题	出席人数	备注
1992.11.23 —11.27	北京大学首届妇女问题国际学术研讨会	北大中外妇女问题研究中心	从文学、历史学、政治学、社会学、法学、人口学、心理学等不同学科探讨中外妇女问题	70人（外方8人）	重点讨论改革大潮中的中国妇女、妇女与法律等。收到论文41篇
1992.12.7— 12.9	第一届中韩经济文化合作研讨会	北大国际关系研究所、韩国高丽大学	两国国内政治经济发展及对外关系、经济文化合作前景	31人（韩方16人）	
1993.3.10— 3.13	后现代文化与中国当代文学国际学术研讨会	北大中文系、社科院文学所	后现代主义在中国文学创作和批评中的接受和变形，写实小说与后现代主义比较研究	48人（外宾8人）	中国比较文学会后现代研究中心、德国歌德学院北京分院协办
1993.5.14— 5.16	传统中国文化与未来文化的发展	台大哲学系、北大哲学系、中国社科院哲学所			会议在台湾举行
1993.5.28— 5.30	"迎接21世纪的中国考古学"国际学术讨论会	北大考古文博学院、美国赛克勒艺术、科技与人文基金会	考古学理论与博物馆学、中国史前和各时代考古学、科技考古与文物保护	131人（外宾49人）	赛克勒考古与艺术博物馆于1993年5月27日揭幕

第八章　科学研究

会议时间	会议名称	主办单位	会议主题	出席人数	备注
1993.6.18—6.22	"独角兽与龙——在寻找中西文化普遍性中的误读"国际学术研讨会	北大比较文学研究所、欧洲跨文化研究院、中国文化书院	中外文化交流中的误读和相互吸收、文化个性与文化传统及其与外来文化影响的关系	22人(外宾17人)	《独角兽与龙——论文化的误读》论文集由北大出版社出版
1993.7.12—7.21	中国比较文学学会第四届年会暨国际学术讨论会	中国比较文学学会、北大比较文学研究所	中国文学与外来文化、民间文学和少数民族文学与外来文化、文字和其他文化表现形式等	153人(外宾29人)	湖南比较文学学会,湖南师大、湘潭大学承办
1993.8.9—8.13	第八届国际中国哲学会议	北大哲学系、国际中国哲学会	中国传统哲学的现代意义与展望,中国当代马克思主义与中国传统哲学的关系等。	161人(外宾50人)	国际中国哲学会是设在美国的学术机构,1972年成立。这是第一次在中国举办。
1993.10.23—10.25	三老(张申府、汤用彤、梁漱溟)学术思想国际研讨会	中国哲学与文化研究所	中西印文化的融合及其发展前景	60人(外宾10人)	论文48篇

会议时间	会议名称	主办单位	会议主题	出席人数	备注
1993.11.23—11.26	第二届妇女问题国际研讨会	北大中外妇女问题研究中心	迎接1995年世界妇女大会、妇女的社会参与和发展等	110人（外宾20人）	
1994.4.23—4.25	华人社区社会工作教育发展研讨会	亚太区社会工作教育协会、中国社会工作教育协会联合主办，北大社会学系承办		91人	收到论文66篇
1994.6.19—6.23	1994年国际行为北京国际学术研讨会	国际行为发展研究学会总部与北京大学共同主办		150人（外宾75人）	
1994.7.8—7.9	第二届东北亚女性研究——儒家文化与中韩妇女地位学术研讨会	北大韩国学研究中心、北大中外妇女问题研究中心、韩国淑明女子大学、梨花女子大学共同主办	儒家思想对当代妇女的影响和作用	70人（外方30人）	"东北亚女性研究"第一次会议1993年12月在韩国汉城举行
1994.7.12—7.17	"诺思诺普·弗莱与中国"国际研讨会	北大、加拿大维多利亚大学	弗莱的遗产及其在20世纪西方文化科学中的地位、弗莱在中国的接受	34人（外宾10人）	弗莱是加拿大籍文学批评理论家和比较文学学者

会议时间	会议名称	主办单位	会议主题	出席人数	备注
1994.8.10—8.12	东西经济发展与中韩经贸合作学术研讨会	北大社会发展研究所、韩国朝鲜大学政治与外交系		45人（外宾25人）	
1994.9.15—9.16	"走向21世纪的女性与将来世代——中日韩视角比较"国际学术会议	北大中外妇女问题研究中心、日本将来世代国际财团、将来世代综合研究所	走向21世纪女性与世代之间的伦理，走向21世纪理想家庭，中国女性与将来世代	42人（外宾7人）	
1994.10.26—10.28	中美哲学与宗教学讨论会	北大哲学系、美国国际合作研究院	中国现有主要宗教的历史与现状，中西文化与宗教比较研究，当代宗教哲学研究中的主要问题	40人	
1994.11.7—11.10	东亚现代化历史经验国际学术研讨会	北大世界现代化进程研究中心	东亚现代化的历史经验与教训，东亚转型期的政治文化问题	42人（外方13人）	
1994.11.23—11.25	中国妇女与中国传统文化国际学术研讨会	北大中外妇女问题研究中心		43人（外宾10人）	

会议时间	会议名称	主办单位	会议主题	出席人数	备注
1994.12.5－12.7	"21世纪的世界与中国"国际学术会议	北大国际政治系、国际关系研究所	21世纪亚太的崛起；21世纪的中美关系；中国特色的国际政治经济学的建设和发展	30人（外宾15人）	
1994.12.21	阿拉伯文化研讨会	北大东方学系、东方文化研究所、北大阿拉伯—伊斯兰文化研究所	阿拉伯文学与世界文学；阿拉伯文学作品在中国的翻译与研究	136人（外宾52人）	论文15篇
1995.4.24－4.26	21世纪各国水稻生产和需求预测及其政策	北大中国经济研究中心、国际食物政策研究所、国际水稻研究所	中国水稻长期供求趋势及政策；21世纪大米市场和稻米增产潜力；全球食物供求和贸易预测	50人（外宾39人）	论文35篇
1995.5.5－5.7	1995年度北京大学史学国际学术研讨会	北大历史学系、北大日本研究中心、中国社会经济文化交流协会	中国古代各朝代的政治制度；反法西斯战争与中国抗战；战后太平洋地区的国际关系	150人（外宾17人）	论文70篇

第八章　科学研究

会议时间	会议名称	主办单位	会议主题	出席人数	备注
1995.5.10—5.12	洪州窑学术研讨会	北大考古文博学院,江西文物考古研究所	洪州窑瓷器特色、制作工艺和唐代其他青瓷窑的关系	25人(外宾10人)	
1995.6.20—6.23	妇女与文学国际学术研讨会	北大英语系、中外妇女文学研究会	妇女的作品与社会文化关系,文学中女性形象的演变,女作家笔下的婚姻与家庭	62人(外宾20人)	
1995.7.5—7.8	"社会工作的理论与实践"国际研讨会	北大社会学系,英国诺丁汉大学社会研究院、香港理工大学社会科学系	社会工作的理论与实践;老人服务,精神健康;中国社会工作的反思与前瞻	26人(外宾2人)	香港12名代表参加
1995.7.18—7.22	第22届国际系统功能语法高级学术研讨会	北大英语系、香港理工大学外语系	语言功能与文化教育、系统功能语言学、社会语言学、语义学等	202人(外宾110人)	本届大会召开之际,第四届全国系统功能语法研讨会同时举行。

会议时间	会议名称	主办单位	会议主题	出席人数	备注
1995.7.28—7.31	《文心雕龙》国际学术研讨会	北大中文系、中国《文心雕龙》学会、韩国岭南中国语言学会		119 人（外宾 29 人）	《文心雕龙》是中国一部文学理论著作,已有日、英、意、西班牙、韩文全译本,于 1984 年、1988 年在上海、广州召开过两次国际学术会议
1995.8.1—8.3	中韩文化交流国际学术研讨会	北大比较文学与比较文化研究所			
1995.8.6—8.8	"联合国与东亚"国际学术研讨会	北大国政系、北大国际关系研究所	联合国与东亚合作、联合国与东亚安全等	49 人（外宾 11 人）	论文集由北大出版社出版
1995.8.6—8.10	"文化研究：中国与西方"国际研讨会	北大英语系、美国弗吉尼亚大学、社科院文学所、大连外国语学院	文化研究在西方的历史演变和现状、中国当代文化研究的理论课题等	60 人（外宾 17 人）	会议在大连举行
1995.8.7—8.10	东亚现代化国际学术讨论会	北大历史学系、北京市中日文化交流史研究会、中国国际文化交流中心	中、日、韩三国社会结构、现代化进程、21 世纪的和平发展问题	37 人	

第八章 科学研究

会议时间	会议名称	主办单位	会议主题	出席人数	备注
1995.8.8—8.10	"和平·合作·进步：面向21世纪"国际学术会议	北大国际合作部	纪念第二次世界大战结束50周年，总结正反面经验，力争创立和平发展环境	160人（外宾60人）	中、日、韩等国学者出席
1995.8.10—8.13	中韩经济社会发展学术研讨会	北大社会发展研究所、韩国庆尚大学统一问题研究所	中韩两国经济社会发展互补性及合作形式、前景	74人（韩方34人）	会后出版论文集
1995.8.30—9.8	第四届世界妇女大会非政府组织论坛				会议在北京怀柔举行
1995.10.4—10.6	第二届中美哲学与宗教研讨会	北大哲学系	当代宗教哲学研究的前沿问题，各大宗教与中国文化的关系	中方20人，外方10人	
1995.10.9—10.11	"文化对话与文化误读"国际学术研讨会	北大比较文学与比较文化研究所、中国比较文学学会	中外文化和文学交流过程中的对话原则和与此有关的误读问题	104人（外宾41人）	论文英文版在澳大利亚出版

会议时间	会议名称	主办单位	会议主题	出席人数	备注
1995.10.19 —10.21	韩国传统文化国际学术研讨会	北大韩国学研究中心	韩国传统文化与社会发展、中韩传统文化的相互影响和交流	66人（韩方12人）	出版《韩国学论文集——韩国传统文化国际学术研讨会专刊》
1995.10.26 —10.28	现代日本学术讨论会	北大经济学院	中日两国在世界经济格局中的地位、21世纪中日两国经济发展前景	40人（日方13人）	出版论文集
1995.10.29 —11.2	"儒学、退溪学与未来社会"国际学术研讨会	北大哲学系、韩国退溪学会	国际退溪学研究由对其本人思想的研究转向对儒学、未来社会影响的探讨	31人（外宾15人）	
1995.11.21 —11.23	"澜沧江—湄公河的过去、现在和未来：历史与经济"学术研讨会	北大亚非所、法国国立东方语言文化学院	法国学者论文以历史研究为主；中国学者主要论述现状与开发前景	28人（外宾8人）	此会为庆祝法国国立东方语言文化学院建校200周年活动之一。
1995.12.4 —12.6	中国公司法理论与实务研讨会	北大法律系、日本综合法律事务所	中国公司法实施中的理论与思考、中国公司法与外国公司法	25人（日方5人）	论文集分别用中、日文出版

会议时间	会议名称	主办单位	会议主题	出席人数	备注
1995.12.5— 12.17	"东亚近代化历程的杰出人物"中日共同研讨会	北大日本研究中心、日本国际日本文化研究中心	对 1840 年至 1911 年中日两国 20 多位杰出人物及东亚国家社会文化现象的探讨	50 人（日方 18 人）	
1995.12.6	台湾诗人罗门·蓉子诗歌创作研讨会	北大文学研究所、海南大学文学院、《海南日报》社			罗门·蓉子是享誉海内外的台湾诗人
1995. 12. 15 —12.17	"印度尼西亚语在东亚"国际研讨会	北大亚非研究所、亚太研究中心、东方学系、印尼《佳特拉》新闻周刊	东亚地区的印度尼西亚语言、文学和其他文化的教学与研究	23 人（外宾 16 人）	以中英文对照出版论文集
1995.3.28— 3.29	"21 世纪中国与日本"国际学术研讨会	北大日本研究中心、亚太研究中心、北大经济学院	从国际政治、经济、文化三方面，展望 21 世纪中日关系	50 人（日方 10 人）	论文结集出版
1996.3.25— 3.27	中英妇女与法律问题学术研讨会	北大法律学系、英国驻华大使馆文化教育处	以妇女和法律为主题	40 人（外方 6 人）	以中英文出版论文集

会议时间	会议名称	主办单位	会议主题	出席人数	备注
1996.6.22— 6.24	人权与发展权学术研讨会	北大国际法研究所、加拿大渥太华大学人权研究与教育中心	从文化、哲学、法律角度看人权；经济社会发展与人权	24 人（加方 10 人）	分别在中加两国出版中英文论文集
1996.7.7— 7.10	"文化的接受与变形"国际研讨会	北大英语系、南京师范大学	西方文化思潮在现当代中国的接受和变形	60 人（外宾 11 人）	会议在安徽黄山举行
1996.7.10— 7.12	中国可持续发展目标、机制与运作国际高级学术研讨会	北大中国可持续发展研究中心	中国可持续发展的目标、体系、运作机制	60 人（外宾 30 人）	
1996.7.21— 7.25	"中国佛教文化与现代化社会"国际学术研讨会	北大宗教学系、北大哲学系、中国东方文化研究所	佛教文化在中国的传播，对中国哲学、艺术、民俗方面的影响，佛教伦理道德与现代社会	60 人（外宾 17 人）	
1996.8.10— 8.13	中国比较文学学会第五届年会暨国际学术研讨会	中国比较文学学会、北大比较文学与比较文化研究所、东北师范大学	多种文化语境中的文学对话	110 人（外宾 30 人）	会议在东北师大举行

会议时间	会议名称	主办单位	会议主题	出席人数	备注
1996.8.12—8.16	道家文化国际学术研讨会	北大哲学系、中国哲学与文化研究所、香港道教学院	周秦时期的道家文化及其在后世的演变、道家各流派的研究	161人（外宾52人）	会议期间成立了"国际道家文化联合会"
1996.8.14—8.16	"中国与世界：面向21世纪的国际传媒与文化交流"国际学术研讨会	北大国际关系学院、北大国际文化传媒研究所、美国俄亥俄州肯特州立大学传播学院	文化差异与跨文化传播、传播学应用与研究、中国传播学研究取向	102人（外宾34人）	
1996.8.19—8.22	第二届古汉语语法国际学术研讨会	北大中文系	历代语法系统及其发展，古代的文字、音韵、训诂中的学术问题	70人（外宾28人）	
1996.9.3—9.5	"宗教学研究在中国：回顾与展望"国际学术研讨会	北大宗教学系，北大哲学系	中国宗教与中国文化传统、宗教学的理论与实践、当代世界宗教的发展趋势	128人（外宾30人）	

会议时间	会议名称	主办单位	会议主题	出席人数	备注
1996.9.8— 9.16	朱光潜、宗白华诞辰100周年国际学术研讨会	北大哲学系、德国波恩大学汉学系、安徽社科院	朱光潜与中西美学、宗白华与中西美学、两人与当代中国美学	59人(外宾14人)	会议在安徽黄山举行
1996.9.20— 9.21	"中国文化对未来世界发展的贡献"国际学术讨论会	北大社会学人类学研究所、民盟中央委员会、江苏省吴江市	社会学、人类学的学科建设学术思想与治学方法的探讨	36人(外宾7人)	
1996.10.16 —10.18	第三届中美哲学与宗教学术研讨会	北大哲学系		45人(外宾13人)	
1996.10.20 —10.23	亚洲可持续发展问题中日研讨会	北大可持续发展研究中心,日本东京大学生产技术研究所	可持续发展理论体系,基础学科研究保障可持续发展的实现	100人(日方20人)	中日资源与环境、经济、地理、管理、工程技术学人士参加,出版论文集
1996.11.28	中泰关系的现状与未来学术研讨会	北大泰国研究所		50人	北大泰国研究所举行成立大会
1996	东亚文化交流国际学术研讨会	中国比较文学学会、中韩文化关系研究会、北大比较文学与比较文化研究所		50人(外宾11人)	

会议时间	会议名称	主办单位	会议主题	出席人数	备注
1997.1.20—1.22	中美高校合作与交流研讨会	北京大学、美国东方文化研究中心、夏威夷大学中国研究中心发起，美方两单位承办	中美两国大学交流的方式，双方学者、学生签证的办理程序，两国汉语教学现状与发展	中方13人	会议在夏威夷大学举行
1997.3.12	"伊朗学在中国"学术研讨会	北大东方学系		中伊两国40人	
1997.4.20—4.30	青铜文化保护研修班	北大考古学系、台湾"中研院"历史语言研究所、美国华盛顿赛克勒美术馆、美国佛利尔美术馆	青铜文物考古发掘、提取、现场保护等；青铜文物的铸造、金相分析，锈蚀机理等	24人	中美7位专家授课
1997.5.7—5.9	当代企业文化国际研讨会	北大当代企业文化研究所、北大历史系、当代商城		100余人	中、美、德、英、日、韩近百名企业界、理论界代表出席
1997.8.20—8.22	1997大学国际交流与合作国际研讨会	北京大学			

会议时间	会议名称	主办单位	会议主题	出席人数	备注
1997.9.15—9.19	北京海涅国际学术讨论会	北京大学、德国杜赛尔多夫亨利希·海涅大学	纪念海涅200周年诞辰	50人（外方20人）	
1997.10.15—10.17	研究生教育国际研讨会	中国学位与研究生教育学会、北京大学、清华大学	研究生教育与经济社会和科技发展的关系；研究生教育质量评估——理论、方法和实施效果	131人	北大研究生院承办
1997.10.20—10.25	"中日韩三国关系与东北亚的和平与发展"国际研讨会	北大历史系东北亚研究所		中日韩学者80人	

4. 主办（联合主办）、承办的国际和双边学术会议（理科）

会议时间	会议名称	主办单位	会议主题	出席人数	论文	备注
1982.5.12—5.14	第二次中日自由基聚合讨论会	北大化学系	自由基聚合的理论及应用	32(13)	25(12)	（　）内的数字为出席会议的外宾及其提供的论文数。下同
1983.8.29—9.9	第四届微分方程和微分几何讨论会	中科院、教育部主办，北京大学承办	微分动力系统和常微分方程	84(13)	43(13)	从1980年起，每年举行一次

会议时间	会议名称	主办单位	会议主题	出席人数	论文	备注
1983.9.8—9.18	国际原子核集体运动态专题讨论会	北京大学、兰州大学、吉林大学、苏州大学		60(16)		
1983.9.12—9.16	亚洲地区实验物理教学会议	北大物理学系		81(24)	71	受联合国教科文组织中国委员会委托,北大物理学系主办
1984.8.27—9.5	国际群论讨论会	北大数学系	有限群及其与组合数学的联系、典型群、代数群、李群。	58(8)	54(8)	
1984.9.10—9.29	北京国际分析学讨论会	北大数学系、北大数学研究所	拟微分算子、编微分方程、多元复变函数	81(7)		
1985.4.16—4.24	"遥感在规划管理决策中的应用和发展"国际讨论会	国家遥感中心主办,北大遥感技术应用研究所承办				

会议时间	会议名称	主办单位	会议主题	出席人数	论文	备注
1985.9.2—9.7	国际粒子物理和核物理讨论会	北大理论物理研究所、技术物理系	核子物理方面：强子动力学和强子过程；标型模型及相关的进展；规范场理论和反常问题；超弦和超引力。原子核物理方面：核内集体运动；核内集团效应；高自旋态；核内夸克效应和核力	250(50)	145(59)	会议宣读论文104篇
1986.6.23—6.27	第十届国际流体力学数值方法会议	北大数学系		100(70)		中国空气动力学研究会与中国科协组织，北大数学系承办。
1986.8.3—8.17	国际青年天文学家讲习班	北大地球物理学系	太阳物理学；射电天文学；近代天体物理前沿课题	52(6)		国际天文学会(IAU)委托，讲员有国外专家4人，中国专家9人。讲课、讨论都用英语

会议时间	会议名称	主办单位	会议主题	出席人数	论文	备注
1986.8.31—9.5	国际物理教育学术讨论会	南京工学院、北京大学、大连工学院联合主办	物理教育研究对课堂教学的影响;物理教学中的评估问题;物理实验教学及仪器的改进和科学技术的影响	95(27)		本次会议受物理教育国际委员会委托举办,会议在南京工学院举行。会议期间展出物理仪器74种
1986.10.1—10.5	第四次中日自由基聚合讨论会	北大化学系	自由基聚合的理论及应用	51(21)	43(18)	会议在成都举行。宣读论文41篇
1987.4.8—4.17	国际激光及应用研讨会	北大物理学系	在亚洲地区推广和提高有关激光及激光应用的科学研究和发展问题	110	80余篇	联合国教科文组织委托,联合国教科文组织中国委员会批准
1987.6.30—7.5	高临界温度超导物理国际讨论会	中科院物理所、北京现代物理研究中心		468(13)	210	中国科学院院长周光召院士、国家科委副主任朱丽兰等出席开幕式。
1987.11.16	物理电化学研讨会	北京大学承办	电化教育手段在物理教学中的作用	20所院校70多名代表		联合国教科文组织亚洲物理网(ASPEN)召开,北京大学承办。
1988.4.21—4.24	国际地球生物圈中美工作会议	北京大学承办				

会议时间	会议名称	主办单位	会议主题	出席人数	论文	备注
1988.5.3—5.7	国际高分子生物材料讨论会	北京大学化学系、南开大学		100（31）		在昆明举行
1988.8.11—8.24	自由电子激光学术讨论会					
1988.8.21—8.28	"神经系统的修复与再生"国际学术讨论会	北大生物学系、北大生命科学中心、瑞士巴塞尔大学合作主办	神经系统中传递机制、可塑性、整合与再生			
1988.9.1—9.6	城市规划与环境保护国际讨论会					
1988.9.5—9.7	中美中尺度气象科学工作会议	气象科学研究院、北大地球物理学系、中科院大气物理研究所		50（20）		宣读论文18篇
1988.9.20—9.29	超新星系列报告会					
1989.9.4—9.8	北京高Tc超导第二次国际会议	北京现代物理研究中心		135（38）		9位获诺贝尔奖的外国科学家应聘为本次会议顾问委员会委员，该主题的会议此次是第二次在中国举行

会议时间	会议名称	主办单位	会议主题	出席人数	论文	备注
1990.3.31—4.9	第二届国际激光及应用研讨会	北大物理学系、北京光学会、北京电子学会	半导体激光技术的进展；中国激光技术和产品。	51(17)	27(13)	本次会议受联合国教科文组织委托召开。国内外12位专家作专题讲座或报告
1990.8.12—8.20	国际地理学联合会（IGU）1990年亚太区域地理大会	国际地理学联合会、中国地理学会、中国科协国际会议中心	地理教育；演变中的地理学；全球变化和地理监测及预报；地貌学；气候、水文和冰川学；人口、文化及旅游地理学；工业变化和能源发展；土地利用、农业系统、粮食问题；运输、商业及第三产业地理；城市发展和城市化；环境管理和区域开发；特殊地区的地理和生态环境；数学模型及地理信息系统；亚太地区发展	1000(400)	850	会场在北京大学。14个专业组中，北大城市与环境学系教师在4个组担任第一召集人

会议时间	会议名称	主办单位	会议主题	出席人数	论文	备注
1990.8.15—8.21	北京加速器质谱计国际研讨会	北京现代物理研究中心	就加速器质谱计（AMS）领域各种技术及应用课题进行交流	60(17)	31(17)	论文集由新加坡世界科学出版公司出版
1990.8.27—9.15	中国国际夏季物理学校1990年北京国际高温超导物理研讨会	中科院物理所、国家超导中心、北大物理学系		52(24)		12位教授（中国10位，外国2位）作系统性学术报告
1990.9.2—9.7	积分方程与边值问题国际学术会议	北大、北师大、武大、中大、复旦大学联合主办	会议就偏微分方程的边值问题、积分方程的理论与方法、积分方程的边值问题的应用和数值方法等进行交流和讨论。	113(10)	110	论文集由新加坡世界科学出版公司出版
1990.9.20—9.25	第三届中日双边熔盐化学和技术学术会议	上海科技大学主办，北大化学系承办。	议题：熔盐的基础研究、应用理论研究、应用研究	51(14)	51	论文集由北京大学出版社出版

会议时间	会议名称	主办单位	会议主题	出席人数	论文	备注
1991.5.27—5.29	拓扑学及相关学科国际学术讨论会	北大数学系,北大数学研究所、中国数学会、北京市科协	拓扑学和动力系统；微分几何学的学术成果及发展动向	90(10)		陈省身教授参加并作报告。会议向江泽涵教授祝贺90华诞。
1991.7.18—8.1	第三届国际第四纪大会及国际第四纪科学讲习班	北大城市与环境学系	国际第四纪科学的进展与现状；第四纪年代学；遥感和计算机技术在第四纪研究中的应用			国际第四纪委员会委托北京大学举办,主要吸收发展中国家的学员。讲课专家25人,其中教授14人(中国6人)。
1991.7.22—7.2	"多晶金属在大变形下的本构关系"国际讨论会	国际理论及应用力学协会(IVTAM)批准中国力学会的申请,在中国举办,由北京大学组织。	主题:金属多晶体弹塑性大变形本构关系。	160(60)	宣读论文32篇	特邀专家42人(外籍24人)。论文集由德国施普林格出版社与北京大学出版社联合出版
1991.10.8—10.12	第六次中日自由基聚合讨论会	北大化学系、日本大阪市立大学	论题:自由基聚合的基础理论研究；新单体或特种单体自由基聚合；高分子合成新途径等	67(17)	43(13)	

会议时间	会议名称	主办单位	会议主题	出席人数	论文	备注
1991.10.13—10.18	第五届中日双边辐射化学学术会议	北大技术物理系辐射化学教研室、北京市射线应用中心	辐射化学基础理论研究、辐射剂量及辐射装置,辐射加工及相关研究、高分子材料的辐射接收、辐射交联,以及辐射合成和降解	88(18)	88	宣读论文63篇
1991.10.28—10.30	'91国际软件工程(CASE)环境研讨会	北大计算机科学技术系		63(23)	宣读论文20篇	日本软件工程师协会等单位协办
1992.5.17—5.23	1992年北京介观物理研讨班	北京现代物理研究中心	介观物理是在基础研究及应用上均很重要、发展很快的一个新领域,为推动我国在这一领域研究工作的开展,特举办此研讨班	52		

会议时间	会议名称	主办单位	会议主题	出席人数	论文	备注
1992.6.1—6.3	国际流体力学和理论物理科学讨论会	北京大学、中国力学会、中国物理学会	湍流理论及其应用、实验和测量;流体力学和非线性力学;相对论、宇宙论、引力论、场论、基本粒子理论	200(50)	宣读论文123篇	庆贺周培源教授90诞辰,400多人参加大会。流体力学特邀报告8篇,理论物理特邀报告9篇。陈省身、林家翘、李政道、杨振宁、吴大猷、吴健雄及中国科学院二十多位学部委员(现称院士)参加
1992.9.3—9.5	中美双边高压变质作用学术讨论会	北大地质学系、美国斯坦福大学地质学系	总结自1989年北大地质学系与斯坦福大学地质学系合作研究中国中部高压变质带取得的成果。	60(15)		
1993.8.17—8.21	第一届海外及归国中国生物学者生命科学及生物技术讨论会	北京大学蛋白质工程和植物基因工程实验室	涉及:分子生物学、细胞学、植物生理学、神经生物学、发育生物学、免疫学等10个议题。另设生物技术和市场开发等专题报告会	159(67)	宣读论文70篇	

会议时间	会议名称	主办单位	会议主题	出席人数	论文	备注
1993.8.21—8.29	国际晶体联合会第十六届大会	北京大学化学系	涉及生物大分子晶体学、生物小分子晶体学等21个专题	1400	1254篇（特邀报告20篇）	会后，在福州、北戴河举行卫星会议
1993.8.23—8.26	第二届国际非线性力学会议	中国力学会、北京大学、武汉市科学技术协会、上海工业大学		159(70)		会议主席钱伟长。大会作了18个邀请报告，宣读了150篇论文
1993.8.31—9.4	第五届国际离子源会议	北大重离子物理研究所	交流近两年来国际离子源领域取得的进展	126(106)	150	会议得到北京现代物理研究中心主任李政道教授的支持。收到论文摘要200篇。
1993.10.10—10.14	发展中国家城市与区域开发国际学术会议	北大城市与环境学系、中国区域科学协会	以交流发展中国家城市和区域开发，促进区域科学发展为主题，涉及城市和区域人口、资源、环境、经济和社会持续发展，以及城市与区域发展规划、特区与开发区等	100(40)	70	1月15日—17日举办区域科学国际研讨班

会议时间	会议名称	主办单位	会议主题	出席人数	论文	备注
1993.10.11—10.22	神经系统活动光学记录研讨班	北大生命科学学院	讲学与科学实验相结合，技术引进与推广相结合	39(9)		6位美国教授讲学，在北大生命科学学院神经生物学光学记录实验室做实验
1993.10.27—10.30	第一届亚洲统计计算学术讨论会	北大概率统计系、中国统计学会	统计计算是统计科学与计算机科学相结合的新学科分支，近十年来得到迅速发展。	125(44)	108	论文集收录论文93篇，其中我国学者69篇。会议期间成立了亚洲统计计算学会
1994.3.3—3.6	全球能量与水分循环亚洲季风区实验国际科学研讨会	中国国家自然科学基金委员会、北京大学、中国气象科学院、中科院大气物理研究所、水利部水调中心、中科院地理研究所共同主办		105(35)	92(47)	此次会议由中国全球能量和水分循环联络组、日本全球能量和水分循环委员会联合组织

会议时间	会议名称	主办单位	会议主题	出席人数	论文	备注
1994.8.1－8.4	第四届东亚工业化国际学术讨论会	北大城市与环境学系	东亚国家间的经济合作背景；工业区的形成和发展；沿海地区的工业变化；城市和区域生产力的研究方法；农村工业化问题	25(13)	18(9)	这是定期举办的中、日、韩三边区域性学术会议（工业地理学会议）
1994.8.27－8.30	第二届中日联合核物理讨论会	北大技术物理系	交流中日双方在核物理基础研究方面取得的成果，展望国际核物理的动向,促进和加强中日两国及亚洲国家之间的交流与合作	80(30)		第一次会议1992年11月30日－12月3日在东京工业大学举行，中国方面由中国原子能科学研究院、北京大学等单位15位核物理学家组团参加
1994.9.26－9.30	第二届海外及归国中国生物学者生命科学及生物技术讨论会	北大蛋白质工程和植物基因工程实验室				

会议时间	会议名称	主办单位	会议主题	出席人数	论文	备注
1994.11.7	第二届南北人类基因组国际会议	联合国教科文组织、联合国教科文组织中国委员会、北京大学共同主办	人类基因组项目最初由美国科学家于20世纪80年代中期提出，1990年正式实施，计划15年完成，总耗资30亿美元。			
1995.4.20—4.24	亚洲聚合反应与精细高分子讨论会	北大化学系	包括高分子化学的诸多议题：自由基聚合与共聚合；新型单体与功能单体；新引发体系与新聚合反应；高分子反应；精细高分子；乳液聚合与功能化微粒等	110(42)	104(44)宣读论文84篇	会议由北京大学与河南大学共同承办，会议在河南开封举行。大会特邀报告10个，分组口头报告74个
1995.6.7—6.9	大气环境研讨会	北大环境科学中心、韩国科技研究院环境研究中心	交流在共同感兴趣的领域取得的科研成果；就合作领域进行探讨	21(6)		

会议时间	会议名称	主办单位	会议主题	出席人数	论文	备注
1995.6.12—6.15	大学发明创造及其商业利用学术讨论会	北大知识产权研究中心承办	大学研究成果转化的途径与模式;高等学校校办科技产业的发展;高新技术与知识产权保护	80(30)		世界知识产权组织与中华人民共和国教育委员会联合举办,联合国开发计划署赞助,北京大学承办
1995.7.21—7.24	第三届海外及归国中国生物学者生命科学暨生物技术学术会议	北大生命科学学院、北大蛋白质工程及植物基因工程国家重点实验室	主要议题:生物体内的信号传导;植物分子生物学;真核基因表达调控;蛋白质工程与药物设计;生物信息学及数据库;免疫生物学;人类及水稻基因组研究;基因治疗;环境生物学;生物技术等	50	51(28)	会议代表来自13个国家和地区
1995.8.20—8.26	第一届华人青年化学家学术会议暨第三届全国青年化学家学术会议	国家教委、中科院、国家自然科学基金委主办,北京大学承办			200(82)	

会议时间	会议名称	主办单位	会议主题	出席人数	论文	备注
1995.9.3—9.5	北京国际固—液界面电化学新进展讨论会	北大化学与分子工程学院、光电智能材料研究会	主要议题：固/液界面现场测试的理论和实验；固/液界面的新现象、新材料和新方法；电化学中基元过程和重要过程的新进展	104(46)	100(42)	论文集的英文版在澳大利亚出版；中文版在中国出版
1995.10.15—10.20	UNEP臭氧层环境影响评估专家组年会	北大环境科学中心	讨论臭氧层损耗对环境影响方面的新进展	54(24)		UNEP臭氧层环境影响评估专家组每年举行例会，今年的例会轮到在中国举行
1996.5.1—5.4	中韩双边CDMA技术研讨会	北大无线电电子学系、韩国庆北大学电子学院	交流CD-MA技术发展的概况，就CD-MA技术进行广泛的研讨	30(12)	9(1)	参观了北大无线电电子学系研制的CDMA-PCN和CDMA/TDMUSAT卫星通信系统等产品

会议时间	会议名称	主办单位	会议主题	出席人数	论文	备注
1996.5.4—5.6	纪念葛利普教授逝世50周年暨中国古生物学会第18届学术年会	中国古生物学会、北大地质学系	葛利普教授是著名的地质学家、古生物学家,1920年应聘为北京大学教授,兼农商部地质调查所古生物室主任,1946年在华逝世。会议纪念葛利普教授逝世50周年,交流中国古生物学研究的新成果	200	99(6)宣读论文28篇	
1996.5.9—5.14	调和分析国际会议	北大数学科学学院、北大数学研究所	"调和分析"是基础数学的一个重要分支,80年代中期在调和分析基础上发展起"小波分析研究",会议主要交流这方面的研究成果	70(25)		中科院数学研究所协办

会议时间	会议名称	主办单位	会议主题	出席人数	论文	备注
1996 6.17—6.21	北京动力系统学术会议	北大数学科学学院		80(22)		
1996.7.1—7.7	1996年偏微分数值解国际研讨会	北大数学研究所		57(17)		特邀报告7人,30多名青年学者报告了科研成果
1996.7.16—7.20	国际中国历史地理学术研讨会	北大历史地理研究中心	历史地理学理论与方法;历史自然地理环境变迁研究;历史人文地理与沿革地理研究及地名考证;古代地理文献研究与历史地图编制;历史地理学发展趋势	132(11)	112(9)宣读论文38篇	受中国地理学会历史地理专业委员会委托,北大历史地理研究中心主办
1996.7.21—7.24	第四届中国多肽学术讨论会	北大化学与分子工程学院	多肽及多肽模拟物的合成;生物活性肽的分离、纯化、结构、功能及作用机理;生物活性肽的构象分析;免疫肽及艾滋病;受体与识别;多肽合成方法的研究	150(50)		本次会议是北大化学与分子工程学院受中国生物化学学会、中国医学科学院委托主办,会议在成都举行

会议时间	会议名称	主办单位	会议主题	出席人数	论文	备注
1996.7.24—7.29	第四届海外及归国中国生物学者生命科学暨生物技术讨论会	北大蛋白质工程及植物基因工程国家重点实验室	疾病的分子生物学基础	60(30)		
1996.10.6—10.11	1996年北京医学磁共振成像物理国际学术研讨会	中国高等科学技术中心、北京现代物理研究中心、北大重离子物理研究所	MRI软件的现状和最新进展、新原理、新方法和新技术；MRI硬件的现状和最新进展、新原理、新方法和新技术；用功能MRI和PET开展脑功能研究的现状和最新进展；MRI和SPECT的临床需求和研究进展。	132(12)		
1996.11.2—11.5	第二届中日湍流研讨会	北大力学系		20(10)		第一届中日湍流研讨会1994年11月在清华大学举行，决定第二次会议在北京大学举行

会议时间	会议名称	主办单位	会议主题	出席人数	论文	备注
1997.4.22—4.23	通信与数学信号处理学术会议					
1997.6.27—6.30	第五届海外与归国中国生物学者生命科学暨生物技术讨论会	北大蛋白质工程及植物基因工程国家重点实验室	植物分子生物学与农业生产技术；新药研制的前沿学科	60(30)	56	宣读论文31篇
1997.8.26—8.31	第五届有限维与无限维复分国际会议	北大数学研究所				

第五节　学术期刊

北京大学创办学术期刊,始于1919年出版的《北京大学月刊》。五四前后,北大出版了一批学术刊物,由校方主办的除《北京大学月刊》外,还有《国学季刊》《社会科学季刊》;由研究所国学门主办的有《国学门周刊》《国学门月刊》《歌谣周刊》;由社团、学会创办的有《新潮》《国民》《国故》《新闻周刊》《北京大学数理杂志》《绘学杂志》《音乐杂志》《北京大学地质研究会年刊》等。另外,还有著名的政治理论刊物《新青年》《每周评论》。此后,北大在各个发展时期,都创办有各种学术刊物。下面将各个时期较重要的学术期刊作一简要介绍。

一、中华民国成立至抗日战争全面爆发时期

1.《新青年》

1915年9月15日,陈独秀在上海创办《青年杂志》月刊,1916年9月第二卷第 1 号起改名为《新青年》。1917 年 1 月,陈独秀受聘北京大学教授、文科学长,《新青年》随迁北京。《新青年》原由陈独秀个人主编,迁到北京后,从 1918 年 1 月 15 日出版的第四卷第 1 号起改为同人刊物。李大钊、胡适、鲁迅、钱玄同、刘半农、沈尹默、高一涵、周作人等参加了编辑工作。《新青年》与北大文科相结合,以编辑部为核心,形成了一个革新营垒,推动新文化运动迅猛发展。《新青年》是五四新文化运动中影响最大、最著名的政论刊物,十月革命以后,逐渐成为宣传马克思主义和社会主义的一个重要阵地。

2.《每周评论》

《每周评论》是五四时期影响仅次于《新青年》的重要刊物,由陈独秀、李大钊于 1918 年 12 月 22 日创刊。该刊设有国内国外大事论述、社论、时评、通讯、读者言论、新刊批评、选论等栏目。刊物主要撰稿人有陈独秀、李大钊、张申府、高一涵等。1919 年 6 月 8 日,主编陈独秀因散发爱国传单被捕入狱,李大钊也避居外地,《每周评论》从第 25 号以后由胡适主编。在第 31号上,胡适发表了《多研究些问题,少谈些“主义”》一文,李大钊随即写了《再论问题与主义》进行批驳,形成“问题与主义”之争。《每周评论》从 1918 年12 月 22 日创刊至 1919 年 8 月 31 日被北洋政府封禁,共出版了 37 期。

3.《北京大学月刊》

1917 年 1 月,学校创办《北京大学日刊》,刊登学校重要纪事,兼载文艺、学术方面的稿件,传播新思想,报道师生和社团的活动。1918 年校内曾发行《理科大学月刊》,由理科学长夏元瑮负责。1918 年 3 月 1 日,蔡元培写了《北京大学〈理科大学月刊〉简章》。1918 年秋,蔡元培提出创办《北京大学月刊》。1919 年 1 月,《北京大学月刊》创刊号出版。《北京大学月刊》是全校性文理综合学术刊物,以登载学术论文,“介绍东西洋最新最精之学术思想为主”。《北京大学月刊》每年一至六月,及十至十二月,月出一期,七、八月暑假停刊,九月出临时增刊一册。由各门研究所主任轮流编辑。1922 年 8 月 1日,学校评议会议决出版自然科学、社会科学、国学和文艺四种季刊。1922年 3 月,月刊出到一卷九号即停刊。

4.《国立北京大学社会科学季刊》

1922 年 8 月 19 日,季刊编辑会议议决发行四种季刊,“均自本年八月起,每季出一本”。后文艺季刊未能出版,《自然科学季刊》直到 1929 年才出版。1922 年 10 月,《社会科学季刊》第一卷第 1 号出版。年出四册,于二、五、八、十一月出版。《社会科学季刊》编辑主任王雪艇,编辑有陶孟和、胡适、蒋梦麟、朱经农、张竞生、高一涵、马寅初、陈大齐、皮宗石等人。

5.《国立北京大学国学季刊》

《国立北京大学国学季刊》于 1923 年 1 月创刊。鲁迅设计封面,蔡元培题写刊名，胡适撰写发刊宣言。创刊号上所附编辑委员会名单，胡适为编委会主任，委员有沈兼士、周作人、顾孟余、马裕藻、刘文典、钱玄同、李大钊、朱希祖等人。编委成员皆出自研究所国学门，但编委会和《国学季刊》直属学校，所刊稿件面向全校。《国学季刊》按计划年出四期，但因受时局动荡的影响，从1923年创刊到1925年间，总共出了五期。在五期中，除刊登国学门的研究活动消息外，刊载正式来稿37篇。后数次停刊，直到1952年终刊，共出版七卷27期。

6.《歌谣周刊》

《歌谣周刊》是研究所国学门所属歌谣研究会创办，1922年12月正式出版。所刊稿件包括歌谣、方言、民俗等。因为有关方言、民俗等方面文章越来越多，刊载歌谣内容反而较少。1922年5月11日，经研究所国学门讨论，决定出版《北京大学研究所国学门周刊》。《歌谣周刊》于是年暑假出到第96号为止，发表歌谣总数2226首。

7.《北京大学研究所国学门周刊》

《北京大学研究所国学门周刊》1925年10月14日正式出版，每期24版。顾颉刚、魏建功、冯淑兰先后主持其编辑工作。从1925年10月创刊至1926年8月停刊，共出版了两卷24期，发表文章181篇。

8.《国学门月刊》

由于教育部拖欠或发不出学校经费，《国学门周刊》不断衍期，从1926年10月起，将周刊改为月刊。主编魏建功。《国学门月刊》较周刊增加了篇幅；从1926年10月至1927年11月，出版8期后停刊。

9.《新潮》

由学生社团"新潮社"创办的《新潮》杂志于1919年1月出版创刊号。该刊初为学生傅斯年、顾颉刚、徐彦之创议，后罗家伦、康白情等加入筹备。陈独秀、李大钊给予鼓励和支持，胡适任顾问。主编傅斯年，编辑罗家伦，编辑部书记杨振声。1920年周作人加入新潮社，为唯一的教授社员，被选为编辑部主任，毛子水、顾颉刚、孙伏园为编辑。"批评的精神""科学的主义"和"革新的文词"是该刊的显著特征。《新潮》呼应《新青年》《每周评论》提倡的各项改革，在五四新文化运动中有较大影响。《新潮》共出版12期。

10.《国民》

1919年1月创刊的《国民》杂志，是设在北京大学的"学生救国会"的机关刊物。该刊图文并茂，辟有通论、专著、译述、调查、艺林、通讯等10个栏目；由北大学生邓中夏、黄日葵、高君宇、许德珩、周炳琳等担任编辑。《国民》得到蔡元培校长和李大钊、陈独秀、杨昌济、徐悲鸿等人的支持和帮助。李大钊任顾问；蔡元培为创刊号作序，提出正确、纯洁、博大三项要求；徐悲

鸿设计封面。《国民》月刊以其鲜明的爱国反帝色彩为特征。《国民》从 1919
年 1 月创刊,至 1921 年 5 月,共出版两卷 8 期。

　　11.《国故》

　　《国故》月刊由刘师培、黄侃等创办,特别编辑有陈汉章、马叙伦,1919 年
3 月 20 日出版创刊号。该刊"以保存国粹为宗旨"。其印刷依照古书,不加
标点,只用文言文。该刊共刊行四期;1919 年 9 月 20 日第四期出版后停刊。

　　12.《新闻周刊》

　　《新闻周刊》为新闻学研究会创办,1919 年 4 月 20 日出版创刊号。徐宝
璜担任编辑主任。该周刊只出版了三期。它是中国最早传播新闻知识之
刊物。

　　13.《音乐杂志》

　　《音乐杂志》由北大音乐研究会创办,1920 年 3 月出版创刊号。年出 10
册,共出二卷 20 期,至 1921 年 12 月停刊。

　　14.《绘学杂志》

　　《绘学杂志》由北京大学画法研究会创办,1920 年 6 月出版第一期。蔡
元培题写刊名,并撰写《美术的起源》代发刊词。该刊出了三期即停刊。
1923 年春,画法研究会和书法研究会合并组成造型美术研究会,1924 年 6 月
曾刊印《造型美术》第一期。

　　15.《北大经济学会半月刊》

　　《北大经济学会半月刊》于 1922 年 12 月 17 日出版第一号。其发刊词说
明其宗旨是"集思广益博采兼收,欲以谋经济之繁昌,求学术之发展"。该刊
曾出过"劳动纪念号""马克思纪念号""平民生活问题号"等。1925 年 5 月 17
日终刊,共出 38 期。

　　16.《北京大学数理杂志》

　　《北京大学数理杂志》为数理学会创办,1919 年 1 月出版第一卷第 1 期。
秦汾为创刊号作序。该刊以"增进研究数学、物理之兴趣为宗旨";计划年出
3 期;从第三卷起改为年出 4 期,由商务印书馆发行。至 1921 年 3 月,共出
版三卷 5 期。

　　17.《北京大学化学会年刊》

　　1922 年 11 月成立北京大学化学研究会;1926 年 6 月出版《北京大学化
学会年刊》第一期。

　　18.《北京大学地质研究会年刊》

　　1921 年 10 月,《北大地质研究会年刊》第一期出版,蒋梦麟、何杰分别作
序。1921—1924 年,出版两期;1928 年出了第三期,刊名改称《国立北京大
学地质研究会会刊》。

19.《北京大学地质学系研究录》

1920年，地质学系教授李四光创办《北京大学地质学系研究录》，将系内教师在国内外发表的论文，增印成册，按期编号，与国内外学术机关交流。此刊在昆明西南联大还出过几期。

20.《科学常识》

《科学常识》由化学、地质、物理三系学生组成的"科学常识杂志社"编辑，1922年6月出版第一期。第一期刊载的文章有科学问答、救火、电光和雷鸣、地震、地球等。

1927年，北大被并入京师大学校，学校举办的各种刊物均停办。1929年北大复校后，陆续恢复和新刊印了各种刊物。由学校主办的有《北京大学月刊》《国学季刊》《社会科学季刊》《自然科学季刊》等。由社团、学会创办的有《北京大学学生月刊》《北京大学学生周刊》《北京大学经济学报》《北京大学化学会会刊》《北大理科报告》《史学论丛》等。

二、西南联合大学时期

1.《西南联合大学校刊》

《西南联合大学校刊》是西南联大第一份期刊，1938年7月6日创刊，主要刊登学校布告、法令和各学术团体的活动。为周刊，仅出7期，1938年8月17日即停刊。

2.《学术季刊》

《学术季刊》由西南联大中国学术研究会创办，1942年1月11日创刊。该刊为文理综合性学术期刊，辟有论著、哲学、宗教、历史、文艺等栏目。汤用彤、郑昕、顾颉刚、冯至、罗常培、闻一多等学者都在该刊上发表论文。1943年9月5日停刊，共出1卷3期。

3.《人文科学学报》

由西南联大人文科学编委会编辑出版，1942年创刊。1942至1943年出第一卷3期，1945年第二卷出了1期即停刊，共出两卷4期。该刊原为中国人文科学社刊物，抗战时期，总社设于西南联大，由联大编辑出版。

4.《今日评论》

由钱端升教授发起并主编，1939年1月1日创刊。该刊以政论为主，是有较大影响的各界著名学者的论坛。1944年4月13日停刊，共出版5卷14期。

5.《治史杂志》

由北大史学会创办，1937年3月创刊，1939年6月在昆明西南联大复刊。在北平出版第1期，在昆明出版第2期。

6. 《北大化讯》

1944 年 3 月由北大化学同学会创刊,双月刊,1944 年 3 月出版第一期。至 1947 年 3 月,共出版 19 期。

7. 《国文月刊》

1940 年 6 月,由西南联大师范学院国文系创办,1940 年 10 月 16 日开明书店出版第一卷第 1 期。初始主编浦江清,后由余冠英接任。联大中文系教师朱自清、罗常培、魏建功、罗庸、王力、沈从文、李广田等都曾参加编委会。发表朱自清、王力、闻一多、余冠英、施蛰存等教授的文章,也发表学生的优秀作品。1940—1946 年共出版了 40 期。联大结束后,夏丏尊、叶圣陶继续主编《国文月刊》,又出了 40 期。1949 年停刊。

8. 《北大法学院社会科学季刊》

联大法学院主办。1942 年和 1943 年各出 1 卷,每卷 4 期。主编:燕树棠、蔡枢衡。

三、复员北平后时期

北大复员北平后的两年多时间里,出版的刊物很少,主要有以下几种。

贺麟主编的《哲学评论》,在 1947—1948 年有较大影响。北大工学院学生自治会主编的《北大工程》,1948 年 3 月出版创刊号。

由北大学生自治会主办的综合性期刊《北大半月刊》创刊于 1948 年 3 月 20 日。该刊受中共北大地下党组织的支持和指导,以鲜明的立场,团结和鼓舞广大青年学生和进步人士同国民党反动派进行斗争,迎接解放。《北大半月刊》围绕青年学生最关心的问题做文章,又不断刊登一些名教授的作品,受到读者欢迎。1948 年 8 月 19 日,国民党北平当局公布了通缉各校“匪谍学生”的黑名单,随即军警宪特冲进清华进行搜捕。清华学生自治会创办的《清华旬刊》继续出版有困难,经过两校学生自治会协商,由《清华旬刊》和《北大半月刊》编辑部联合出版《北大清华联合报》,每 10 天出 1 期,由北大统一编排出版。1948 年 11 月 11 日,《北大清华联合报》出版最后一期,宣布停刊。

四、中华人民共和国成立至“文革”结束时期

1. 《国学季刊》

1950 年 11 月《国学季刊》恢复出版,续编了第六卷 4 号和第七卷 1—3 号。1952 年 12 月,第七卷第 3 号上刊载“休刊声明”称:“我校院系调整后,所有学术性刊物将统一编印,本刊从第七卷第 3 号后休刊,特此声明。”《国学季刊》从 1923 年创刊到 1952 年终刊,延续时间达 30 年之久,共出版了七卷 27 期。

2.《北京大学学报（人文科学）》

1955 年创刊的《北京大学学报（人文科学）》是由学校主办的综合性学术理论刊物。

1954 年 11 月 3 日，校务委员会讨论通过《关于出版〈北京大学学报〉的决定》。

1955 年 4 月 15 日，学校公布《北京大学学报（人文科学）》编委会成员：向达、季羡林、冯友兰、冯至、陈守一、游国恩、翦伯赞、蔡仪、魏建功。主编翦伯赞。

1955 年 7 月，《北京大学学报（人文科学）》创刊号出版。马寅初校长撰写发刊词。从 1956 年第一期起，封面采用郭沫若题写的刊名。

1955 年《北京大学学报（人文科学）》出了第 1、2 两期；1956 年改为季刊，到 1960 年每年出 4 期（1959 年出了第 5 期）。1961 年改为双月刊，至 1964 年每年出 6 期；1964 年 11 月因开展"社教"运动停刊。

1973 年《北京大学学报》复刊，1 月 25 日出版了试刊号。从试刊号起，"人文科学版"改为"哲学社会科学版"。至 1976 年，每年出 4 期（1974 年出了 6 期），1976 年底停刊。

3.《北京大学学报（自然科学版）》

《北京大学学报（自然科学版）》于 1955 年 12 月创刊，是由学校主办的自然科学（包括技术科学）综合性学术期刊。

1955 年 4 月 15 日，学校公布了《北京大学学报》第一届编委会名单："自然科学版"主编周培源，副主编邢其毅、赵以炳，编委有叶企孙、黄子卿等人。自 1956 年起，《北京大学学报（自然科学版）》由半年刊改为季刊，每年出 4 期，刊名为郭沫若题写。1955—1966 年间，共出版 12 卷 38 期。1966 年下半年，因"文革"开始而停刊。

1973 年《北京大学学报》复刊。"自然科学版"以试刊形式出版了 1 期。而后，在 1974—1975 年间，和《清华大学学报》合刊，以《清华北大理工学报》刊名连续出版了 7 期。1976 年学报再次停刊。

4.《文学研究集刊》

1955 年创刊，北京大学文学研究所编辑，人民文学出版社出版。刊行时间 1955 至 1957 年。

5.《学习与翻译》

北大西方语言文学系主办，1956 年创刊。

6.《外国政法学习资料》

北大法律系主办，1964—1966 年刊印。

7.《地理译丛》

北大地质地理系主办，1972 年创刊。

8.《国外哲学社会科学动态与资料》

北京大学学报编辑部编印，1972年创刊。

五、改革开放时期

（一）文科刊物

1.《北京大学学报（哲学社会科学版）》

1978年《北京大学学报（哲学社会科学版）》正式复刊，当年出版了3期。1979年起改为双月刊，每年出6期。至1997年，总共出版184期。

1995年《北京大学学报（哲学社会科学版）》获国家新闻出版署评选的"优秀学术理论期刊奖"，1997年获新闻出版署"首届全国百种重点社科期刊奖"。

据全国高等学校文科学报研究会编的《会务简报》统计，《北京大学学报（哲学社会科学版）》从1991年至1996年5年中所发论文的转载率平均为74.96％，最高年份达85.8％，为全国高校文科学报之冠。

1997年起《北京大学学报（哲学社会科学版）》扩版，由每期128页增加到160页；发行世界50多个国家和地区，和海外220个大学图书馆、研究机构建立了期刊交换关系。

《北京大学学报（哲学社会科学版）》历届主编、副主编（编辑委员会主任、副主任）：1955年至1960年，主编：翦伯赞，副主编：朱光潜、郑昕、杨晦。1960年至1964年，主编：冯定；1978年2月至1980年4月，主编：汪小川，副主编：马石江、冯定、王力、季羡林；1980年4月至1985年，编辑委员会主任：冯定，副主任：马石江、玉力、季羡林、王学珍；1985年至1991年，主编：朱德熙，副主编：黄楠森、厉以宁、金开诚；1992年至1995年，主编：黄楠森，副主编：厉以宁、金开诚、薛汉伟（常务副主编）。1995年起，编辑委员会主任：黄楠森，副主任：厉以宁、金开诚、萧蔚云、薛汉伟（常务）。在编委会下设主编，龙协涛任主编。

2.《中外法学》

1979年，北大法律学系创办《国外法学》，1989年改称《中外法学》，双月刊，北京大学出版社出版。该刊宗旨是繁荣我国社会主义法学，促进中外法学交流。设有论文、评论、判例研究、专题研讨等栏目。主编：萧蔚云；副主编：罗玉中、李贵连。

3.《国外文学》

1980年2月创刊，北京大学主办，季刊。北大出版社出版。该刊办刊方针是：以提高为主，兼顾普及；以发表研究、评论文章为主，同时刊登一些外国文学名篇；以发表北大师生的论著为主，发挥北大国外文学研究和翻译的优势，为外国文学教学和科研服务。主编：季羡林；副主编：杨周翰。

4.《经济科学》

1979 年 11 月由经济学系创办,双月刊,是面向国内外发行的经济理论刊物。该刊宗旨是:发展经济理论,促进学术交流,为教学科研服务。主要内容包括经济学、经济管理、国际经济、经济学史、经济思想史等。名誉主编:陈岱孙;主编:刘方棫;副主编:张德修、周元。

5.《大学图书馆学报》

1981 年 8 月创办,双月刊。全国高校图书情报工作委员会主办,编辑部设在北大图书馆。图书馆馆长任主编。

6.《市场与人口分析》

1994 年 12 月创刊,由北大经济学院人口研究所(后独立为人口研究所)、国家统计局人口与就业统计司合办,双月刊。国内外公开发行。

7.《高等教育论坛》(内部刊物)

1986 年创刊,是综合性教育研究刊物,由北大高等教育研究所和北大学报编辑部联合负责编辑出版工作。该刊立足北大的工作实践,面向全国,刊登内容包括教育理论、教育思想、教育决策、教育管理、教育研究和队伍建设等。主编:汪永铨。

8.《亚非研究》

《亚非研究》为北大亚非研究所创办的不定期综合性学术论文集。该刊主要刊登关于亚非地区和国家的政治、经济、文化、教育、民族、宗教等方面的研究成果,也选登一些国内外的学术动态和重要的书刊评介等。北大出版社出版。

9.《政治研究》

1984 年创刊,北大国际政治系主办。1984—1988 年出版发行。

10.《东方世界》

1985 年创刊,不定期学术刊物,东方学系主办,东方文化研究所编辑,北京大学出版社出版。主编:季羡林;刊名题写:赵朴初。

11.《北大史学》

1993 年创刊,北大历史学系主办,北京大学出版社出版。为不定期史学论文集,发表中外历史学研究论文、译文和书评,刊登国内外、校内外史学界同仁来稿。

12.《国学研究》

1993 年 4 月创刊,为大型学术年刊,中国传统文化研究中心主办,北大出版社出版。前两卷发表校内专家的研究成果,从第三卷起兼登校外稿件。主编:袁行霈。

13.《日本学》

1987 年创刊,为不定期学术论文集,日本研究中心主办,北京大学出版社出版。

14.《亚太研究论丛》

1991 年创刊,不定期学术刊物,北京大学亚太研究中心主办,北大出版社出版。

15.《人类学与民俗学研究通讯》

1994 年创刊,北大人类学与民俗研究中心主办。

16.《社会主义问题研究》

1984 年 12 月创刊,北大国际政治学系主办。季刊,内部发行。刊发系内外研究成果。

17.《图书情报研究》

1986 年 3 月创刊,北大图书馆学系主办。

18.《北京大学中国经济研究中心简报》

1995 年创刊,北大经济研究中心编辑。

19.《社会理论论坛》

1992 年创刊,北大社会学系主办。

20.《外国哲学参考资料》

1979 年出版第 1 期(创刊号),北京大学外国哲学研究所编辑。

(二)理科刊物

1.《北京大学学报(自然科学版)》

1977 年正式复刊。从 1982 年起,《北京大学学报(自然科学版)》由季刊改为双月刊。1987 年开始,对文章进行分科刊登,即 1、3、5 期主要刊登数学、物理(包括地球物理)、电子学和信息科学类文章,2、4、6 期主要刊登化学、生物学、心理学、地质地理学、环境科学类的文章。1988 年《北京大学学报(自然科学版)》恢复了卷号,在卷终按学科分类编排总目录。这一时期,《北京大学学报(自然科学版)》和海外 130 多家大学、科研机构进行交流,被国际权威科学文摘 CA、MR、PЖ 等收录;1996 年被国际权威检索机构 Ei 收录;1992 年被评为综合性科学技术类中文核心期刊;1995 年,获国家教委"全国高校自然科学学报系统优秀学报"二等奖;1996 年获国家教委"优秀科技期刊"一等奖。1977—1997 年,《北京大学学报(自然科学版)》共出版 21 卷 121 期。

《北京大学学报(自然科学版)》历任主编、副主编(编辑委员会主任、副主任):1955 年至 1966 年,主编:周培源,副主编:邢其毅,赵以炳;1980 年 4 月至 1985 年 3 月,编辑委员会主任:周培源,副主任:张龙翔、邢其毅;1985

年3月至1987年9月,主编:徐光宪,副主编:姜礼尚、陈守良、钱祥麟;1987年9月至1995年5月,主编:高崇寿,副主编:姜伯驹、陈守良、钱祥麟、黎乐民。1995年5月起,编辑委员会主任:甘子钊,副主任:姜伯驹、黎乐民、朱圣庚、刘瑞珣、项海格。在编委会之下设主编,赵进元任主编。

2.《无线电电子学汇刊》

1980年创刊,北大无线电系资料室编辑,1980—1988年印行。

3.《生物化学杂志》

1985年2月创刊,北大生物系主办,北京大学出版社出版。

另外,还有自然科学方面的三种刊物,不是北大主办,但编辑部设在北大,由北大有关教授任主编。

1.《物理化学学报》

《物理化学学报》是中国化学学会主办的学术刊物,1985年创刊,编辑部设在北大化学系。该刊是国内一级科技学术刊物,主要刊载物理化学领域具有一定创新成果的论文及简报、通讯。编委会成员为全国物理化学界的知名专家学者。顾问:卢嘉锡、唐敖庆。编委主任:唐有祺。副主任:韩德刚、胡日恒、楼南泉、江元生。

2.《数学进展》

《数学进展》创刊于1955年,由中国数学学会主办。编辑部设在北大数学系。首任主编是华罗庚。该刊以登载综合性报告为主,刊登创造性成果的摘要或短文、数学及有关学科的发展动态、博士论文摘要、书评、学术活动短讯等。已与美、俄、英、法、德、意、日、荷等10多个国家开展学术交流。主编:段学复。

3.《大学化学》

《大学化学》创刊于1986年,是中国化学学会和高等学校化学教育中心共同主办的双月刊,编辑部设在北大化学系。该刊宗旨是为大学化学教育改革服务,为促进高校化学教师知识更新、扩大学生的知识面、提高化学教学水平服务。主要栏目有:今日化学、教学研究与改革、化学实验、化学史、学生园地、国内外学术动态、书刊评介等。主编:华彤文。

第六节　科技开发与成果转让

一、科技开发与成果转让的有关规定与管理

改革开放以后,主要是20世纪80年代中期开始,社会上对科学技术的

需求不断增加,高等学校为更好地为经济建设和社会发展服务,发挥自己在人才和科学技术方面的优势,开展了"四技"(技术咨询、技术培训、技术服务、技术转让)活动。北大于1984年3月发布《关于科学技术服务管理的试行办法》,1985年9月又制定了《关于"科学技术服务管理的试行办法"的补充规定》。该试行办法和补充规定要求各院系、研究所、研究中心,在保证完成国家下达的教学、科学研究任务的前提下,调动各方面的积极性,挖掘潜力,充分利用人才和设备等有利条件,努力加强同生产、科研和社会各方面的联系,主动适应经济、社会发展和科技进步的需要,开展人才培训、科研协作、科技文化服务、科技成果转让等工作,为"四化"多作贡献,促进学校教学、科研、生产等事业发展,同时为学校筹集资金。该补充规定还对项目分类、经费管理、组织管理等作出了规定。

1984年10月,学校设立科技开发部,以加强对科技开发工作的管理。为便于开展与校外的联系和合作,同时设立了科技开发公司,科技开发部与科技开发公司是两块牌子、一套人马。科技开发公司在工商管理部门注册登记,成为学校直接领导的企业法人。1987年6月学校制定了《北京大学关于科技开发工作中若干问题的规定(暂行)》,规定北京大学科技开发部是负责全校科技开发工作的一个职能机构。它主要有三方面的职能:(1)在主管校长和教务长的领导下,负责联系、协调、管理和组织各系(所)的科技开发工作;(2)它具有法人资格,可以代表学校对外进行谈判和签订技术转让或经营合作协议与合同;(3)它也是校办公司董事会的日常办事机构,负责贯彻董事会的决定和对公司进行日常管理工作。

学校还设立了综合技术研究所,该所是专门进行产品开发研究工作的业务单位。它既可以根据本所技术人员结构情况自己立项,也可以做相关院系已经取得研究成果、有希望开发成产品而又无力进行开发的那些项目,即所谓二次开发工作。综合所开发出来的新成果和产品,既可向校内公司、工厂转让,也可以向校外单位转让。与其他系(所)一样,综合所本身不进行经营活动。

二、科技成果转让情况

1985—1997年,签订技术转让合同382项,成交金额7247.38万元。按受让方类型统计,最多的是国有大中型企业,共139项,占36.4%;按社会经济目标统计,促进工业发展的共149项,占39.0%。

技术转让情况表(按受让方类型统计)

年份	签订技术转让合同			其中:专利出售			国有大中型企业			国有小型企业			集体所有制企业		
	合同项数	成交金额(千元)	当年收入(千元)	合同项数	成交金额(千元)	当年收入(千元)	合同项数	成交金额(千元)	当年收入(千元)	合同项数	成交金额(千元)	当年收入(千元)	合同项数	成交金额(千元)	当年收入(千元)
1985	85	670	510				69	548	388	16	122	113			
1986	12	925	519				6	700	450	5	150	34			
1987	20	2115.5	947.5							16	1996.5	843.5	1	20	5
1988	16	779	374				1	50	50	9	618.5	213.5	6	110.5	110.5
1989	15	915.7	416				6	459	160.4	4	72.5	72.5			
1990	12	763	482				6	685	404	3	43	43	3	35	35
1991	9	390.7	290.7				5	370	270	4	20.7	20.7			
1992	29	8500	5300				13	5935	4180	10	1125	290	2	200	80
1993	19	3611	1605				3	289	229	5	1390	860	8	1190	340
1994	21	7081	2291	2	3150	680	3	2650	730	3	145	105	6	910	665
1995	26	8387	1928	5	2680	410	16	2009	795				1	200	120
1996	46	13200	6059	2	2300	1500	6	5272	2320	2	85	40	5	2590	1630
1997	62	25135.8	8572	1	150	75	5	1293	1033	1	50	0	9	4203	371
合计	382	72473.8	29294.2	10	8280	2665	139	20260	11009.4	78	5818.2	2635.2	41	9458.5	3356.5
各类型合同所占比例							36.4%			20.4%			10.7%		

年份	乡镇企业			个体企业			三资企业			国外(境外)企业			其他		
	合同项数	成交金额(千元)	当年收入(千元)	合同项数	成交金额(千元)	当年收入(千元)	合同项数	成交金额(千元)	当年收入(千元)	合同项数	成交金额(千元)	当年收入(千元)	合同项数	成交金额(千元)	当年收入(千元)
1985															
1986													2	175	85
1987	1	2	2										2	97	97
1988															
1989	1	10	10										4	374.2	173.1
1990															
1991															
1992	1	40	30				3	1200	720						
1993	3	742	176												
1994	3	115	30	2	16	16	1	3000	600				3	245	145
1995	8	5142	412	2	190	100	2	40	25				7	806	476
1996				2	300	200	3	465	153	2	827	2	26	3663	1714
1997	1	30	30	2	6500	3250	1	120	120	4	1840	681	39	11099.8	3087
合计	18	6081	690	8	7606	3566	10	4825	1618	6	2667	683	83	16460	5777.1
各类型合同所占比例	4.7%			2.1%			2.6%			1.6%			21.7%		

技术转让情况表（按社会经济目标统计）

年份 / 社会经济目标	1985 合同数	1985 比例(%)	1986 合同数	1986 比例(%)	1987 合同数	1987 比例(%)	1988 合同数	1988 比例(%)	1989 合同数	1989 比例(%)	1990 合同数	1990 比例(%)	1991 合同数	1991 比例(%)
技术转让合同数	85		12		20		16		15		12		9	
陆地、海洋和大气的开发与估价														
民用宇宙空间														
农业、林业和渔业的发展					1	5.0	7	43.7						
促进工业的发展	61	71.7	2	16.7	13	65.0	8	50.0	13	86.7	7	58.3	6	66.7
能源的生产、储存和分配	20	24.6	1	8.3										
交通、通讯事业的发展					2	10.0								
教育事业的发展			2	16.7										
卫生事业的发展	4	4.7	2	16.7	3	15.0					4	33.3	1	11.1
社会发展和社会经济服务					1	2.0							2	22.2
环境保护			1	8.3										
知识的全面发展									1	6.6				
其他民用目标			3	25.0			1	6.3	1	6.6	1	8.3		
国防			1	8.3										

年份 社会经济目标	1992		1993		1994		1995		1996		1997		合计	
	合同数	比例(%)	合同数	比例(%)	合同数	比例(%)	合同数	比例(%)	合同数	比例(%)	合同数	比例(%)	合同数	比例(%)
技术转让合同数	29		19		21		36		46		62		382	
陆地、海洋和大气的开发与估价									1	2.2	1	1.6	2	0.05
民用宇宙空间	1	3.4											1	0.03
农业、林业和渔业的发展	13	44.8	5	26.4	5	23.7	2	5.4	3	6.5			36	9.4
促进工业的发展	4	13.8	4	21.1	2	9.4	10	27.7	2	4.4	17	27.4	149	39.0
能源的生产、储存和分配			1	5.3			4	11.1	2	4.4	5	8.1	33	8.6
交通、通讯事业的发展	4	13.8	1	5.3	1	4.7	5	13.9	4	5.7	1	1.6	18	4.7
教育事业的发展									11	23.8	7	11.3	20	5.2
卫生事业的发展	4	13.8	4	21.1	10	47.5	2	5.4	5	10.8	6	9.7	45	11.8
社会发展和社会经济服务	1	3.4							4	8.7	4	6.4	12	3.1
环境保护	1	3.4					1	2.7	1	2.2	5	8.1	9	2.4
知识的全面发展							1	2.7	7	15.2	2	3.2	11	2.9
其他民用目标	1	3.4	4	21.1	3	14.8	9	25.0	4	8.7	11	17.3	38	9.9
国防							2	5.4	2	4.4	3	4.8	8	2.1

第七节　专利

一、专利事务管理机构与专利管理

我国《专利法》于1985年4月1日开始实施。为适应形势发展的需要，我校在自然科学处设立科研成果与专利管理科，其职责之一就是管理专利事务。后来，又成立了北京大学专利事务所，接受委托，代理专利申请工作。

为了保证专利申请及专利管理工作的顺利进行，学校还制订了《关于专利申请及专利管理若干规定》，自1989年1月1日起施行。该文件就专利的"申请程序""获得和维持专利权的费用""对发明人的奖励""专利经济效益的分配""专利管理""专利基金的管理和使用"等作出了规定。

关于"申请程序"，规定："发明人填写北京大学专利申请表，提交给教研室和系主任审批，而后转交自然科学处复审，审定后由自然科学处将上述审批文件的复印件交给专利事务所委托代理。专利事务所接受委托后，即可全权代理申请专利的全过程。"

关于"获得和维持专利权的费用"，规定："（一）申请专利的申请费、代理费、实审费、维持费由发明人的课题组支付，当专利获得经济效益后，将上述经费如数还给原提出专利申请的课题组。（二）专利申请的专利证书费、年费等由专利基金中支付。"

关于"对发明人的奖励"，规定："根据《专利法》第16条及《专利法实施细则》第70条和71条，获得专利权后，应给予发明人奖励，参考《专利法实施细则》第71条分别发给奖金。每项发明专利不少于300元，每项实用新型专利或外观设计专利不少于100元，该项费用由专利基金中支付。"

关于"专利经济效益的分配"，规定："所述经济效益包括：许可校内或校外单位或个人实施本校持有的专利，所得许可费纳税后的金额。该金额按以下各项分配：（一）偿还课题组支付的申请费、代理费、实审费、维持费等费用。（二）发给发明人的报酬。许可校内或校外单位或个人实施本校持有的专利，按照《专利法实施细则》第72条和73条的规定，每年从各项专利的许可费纳税并扣除以上（一）款中所述费用后的金额中提取相应比例为报酬，发给发明人或设计人。对于某些经济效益或社会效益特别大的项目，学校还可另外给发明人以特别奖励。根据《专利法实施细则》第74条，发明人和设计人的个人所得应依法纳税。以上所述的发明人和设计人是泛指的，与具体人数无关。

（三）以上（一）、（二）项分配后的剩余金额全部归入专利基金。"

关于"专利管理"，规定："（一）学校的职务发明专利权属学校持有，不论校内单位或校外单位或个人实施，皆由北京大学法人授权的专利管理机构办理，发明人和发明人所在单位不经学校授权的自行办理者视为违法。（二）发明人和发明人所在单位有义务提供专利实施方案、措施和途径，无权自行实施或许可其他单位和个人实施。（三）发明人和发明人所在单位不经学校许可自行实施或许可其他单位和个人实施，所得经济效益全部由学校处理，学校并保留追究其违法的责任。（四）校内各单位经学校许可实施本校持有的专利，给予优惠条件。具体内容经与学校专利管理机构协商后签订许可合同。"

关于"基金的管理和使用"，规定："（一）为了有利于专利工作的开展和统一管理有关专利的经济收支，学校决定设立专款 20 万元，作为专利基金。该基金由学校专利管理机构管理，并向学校法人代表负责。根据收支情况，每年年底由学校决定抽取一定金额，充入学校总预算。（二）专利基金的使用还包括下列内容：1.有偿资助学校认为需要而且有必要资助的发明项目，但申请资助者要与学校专利管理机构按项目订立合同。2.用于奖励开展专利工作有特殊成绩的单位或个人。3.其他学校认为应该由专利基金中开支的费用。"

二、专利申请与授权情况

1985 年至 1997 年学校共申请发明专利 116 项、实用新型专利 33 项，合计 149 项。1986 年至 1997 年获授权的发明专利 49 项、实用新型专利 30 项，合计 79 项。

1985 年－1997 年专利申请及授权项目数

年份	申报专利数			授权专利数		
	发明专利	实用新型专利	小计	发明专利	实用新型专利	小计
1985	11	3	14	/	/	/
1986	1	2	3	4	2	6
1987	9	3	12	1	2	3
1988	5	4	9	4	2	6
1989	20	2	22	1	1	2

年份	申报专利数			授权专利数		
	发明专利	实用新型专利	小计	发明专利	实用新型专利	小计
1990	12	3	15	7	6	13
1991	3	2	5	4	/	4
1992	12	2	14	6	6	12
1993	12	6	18	11	1	12
1994	6	2	8	2	5	7
1995	13	2	15	4	2	6
1996	7	2	9	3	3	6
1997	5	/	5	2	/	2
合计	116	33	149	49	30	79

1985年—1997年申请专利项目情况

年份	专利类型	序号	项目名称	发明(设计)人
1985	发明专利	1	高分辨率字形高速旋转的方法	北大计算机科学技术研究所、潍坊计算机公司电子计算机厂 王选　吕之敏　汤玉海　向阳
		2	制备聚丁二醇的方法	化学系　张鸿志　冯建荣　冯新德
		3	含铁盐酸酸性废液的处理方法	北大化学系、冶金工业部建筑研究总院 徐光宪　吴瑾光　陈敏伯　刘佛崖 金天柱　胡德禄　郭海　孙冬秀　徐宁
		4	骨髓素的制备方法	解放军309医院、北大生物学系、北京市第一生物化学制药厂　陈濂生　肖斐亚 张洪骊　刘汉民　陈德明　李芳芳 曹照根　王孟淑　任时仁　刘孝峰
		5	光调制自动光测弹性应力的方法和装置	无线电电子学系、物理学系 张远鹏　王楚　张合义　朱美栋 施末荣　陈燕仲　武润玺　柴玉明

年份	专利类型	序号	项目名称	发明(设计)人
1985	发明专利	6	高分辨率汉字字形发生器	北大计算机科学技术研究所、潍坊计算机公司 王选 吕之敏 向阳 汤玉海
		7	照排机和印字机共享的字形发生器和控制器	北大计算机科学技术研究所、潍坊计算机公司 王选 吕之敏 汤玉海 向阳
		8	彩色分解与合成演示仪	物理学系 让庆澜 华利珍 李文河
		9	喇曼光谱样品架	物理学系 张树霖 刘丽玲 周赫田
		10	定温式热偶真空计	无线电工厂 段振华 朱晓松
	实用新型专利	11	化学实验箱	无线电电子学系 严瑞芳
		1	用锁相环实现横向塞曼激光稳频	无线电电子学系、无线电工厂 王楚 沈伯弘 胡义芳 段振华 郭红 王道宪
		2	蚀流放大式电离真空计发射电流稳定器	无线电工厂 段振华 张虹
		3	小型可调谐光学隔离器	物理学系 董振基 李桂棠
1986	发明专利	1	台面高度与斜度可调的写字台连书柜	技术物理系 蔡友林
	实用新型专利	1	智宫	生物学系 蓝田
		2	多功能全自动用电保安器	物理学系 韦爱群
1987	发明专利	1	酒的高效催陈方法及其设备	化学系 谢文蕙 张淑仙
		2	汉字输入装置	北大计算机科学技术研究所、松下电器产业株式会社 钟耀坤 顾小凤 俞士汶 陈竹梅 朱学锋 李保荣 甘利康则 大杉达
		3	光束横移器及其调节方法	物理学系 董振基

年份	专利类型	序号	项目名称	发明（设计）人
1987	发明专利	4	取代二苯胺－4－重氮盐的制备方法	化学系 曹维孝 曹建伟 冯新德
		5	二氧化硫的极性非质子溶剂吸收法	北京工业大学、北京大学 张有民 张敦仪 王保怀 李惕川
		6	超宽带可调谐光速偏振面旋转器	物理学系 董振基
		7	用计算机及图形输入板制作高分辨率汉字字形的方法	计算机科学技术研究所 顾小凤 钟耀坤 李保荣 王正秦
		8	便携式激光穴位照射仪	物理学系 董振基
		9	激光液滴直径测量仪	物理学系 赵绥堂 周勇跃 范正
	实用新型专利	1	新型光学二极管	物理学系 董振基
		2	新型光束偏转器	物理学系 董振基
		3	宽频带回路寄生阵天线	技术物理系 龚中麟
1988	发明专利	1	烃类加氢脱硫催化剂	化学系 杨锡尧 傅贤智 李日初 邢录中
		2	通用中西文终端机	计算机科学技术研究所 钟耀坤 陈力尔 林声 吴军 廖尉赍
		2	森林激光测距罗盘仪	吉林省林业科学研究院、 北大物理学系 赵绥堂 赵同堂
		4	液氮温区的超导磁屏蔽筒及其制造方法	中南工业大学、北京大学 林彩东 曾庆畏 刘瑞芝 付应生 李传义 谢伍喜
		5	数字式液体比重计	无线电电子学系 周云镍 轩荫华
	实用新型专利	1	能模拟堆积脉冲的信号发生器	技术物理系 楼滨乔
		2	电流补偿式微电容变化量测试装置	微电子研究所 谭长华 许铭真 金杰 王阳元
		3	小型家用对数周期全频道电视天线	技术物理系 龚中麟
		4	上下活动黑板	仪器厂 霍继延 吕敬明

年份	专利类型	序号	项目名称	发明(设计)人
1989	发明专利	1	汉字字形发生器在处理笔画交错情况时的一个措施	计算机科学技术研究所　王选
		2	一种适合单路和多路扫描的照排机输出正阳、正阴、反阳、反阴图的控制设备	计算机科学技术研究所　王选　吕之敏
		3	逐段生成大号字字形点阵和图形点阵的设备和方法	计算机科学技术研究所　王选
		4	具有 THMKR－型结构的稀土－铁永磁材料	物理学系　杨应昌
		5	溅射氧化铁薄膜的制备	物理学系　周增钧
		6	磁性贴物及其黏合技术	物理学系　周增钧
		7	分段生成报纸和书刊版面点阵的方法高集成度的字形发生器和控制器	计算机科学技术研究所　王选　吕之敏
		8	铌酸钾晶体（KNbO₃：Fe）相于光载像放大器及（KNbO₃：Fe）晶体内角反射式自泵蒲相共轭器	物理学系　张合义
		9	含新型高硅 Y 沸石的裂化催化剂	化学系　刘兴云　李宣文
		10	从中钇富镧稀土氧化物中分离高纯氧化钇和氧化镧的方法	化学系　李标国　朱振东　黄春辉　严纯华　徐光宪
		11	高速 PS 版	计算机科学技术研究所　李新章　物理学系　虞宝珠　化学系　曹维孝
		12	稀土复合氧化物一氧化碳助燃剂	化学系　唐有祺　林炳雄
		13	高速产生倾斜字和任意角度旋转字的方法	计算机科学技术研究所　王选　吕之敏

年份	专利类型	序号	项目名称	发明（设计）人
1989	发明专利	14	一种氧气的发生装置	化学系　慈云祥
		15	溶液萃取法生产高纯氧化铽	化学系　李标国　严纯华　魏兆杰
		16	光固化组合物及其制备方法和用途	化学系　蒋硕健　沈未名　贾欣茹　李明谦　冉瑞成
		17	指纹鉴别特征提取电路	计算机科学技术系　徐浚
		18	硅器件芯片背面银系溅射金属化研究	微电子研究所　张利春等
		19	硅铝组合物及其制法和用途	地质学系　任磊夫
		20	一种制备高硅Y沸石的方法	化学系　李宣文　刘兴云
1989	发明专利	1	天线自动定向器	无线电电子学系　施永鉴　张金铎
		2	综合光学干涉器	物理学系　何静圣
	实用新型专利	1	稀土非整比钙铁矿型助燃净化催化剂	化学系　唐有祺　林炳雄
		2	光谱分析实时显示系统	无线电电子学系　汪中
		3	机动车前照灯快速自动搜索装置	无线电电子学系　周云镍　秦凤环
		4	软背衬新型压电材料水听器	无线电电子学系　栾桂东　张金铎
		5	灌注成型压电高聚物水听器	无线电电子学系　栾桂东　黄进来
		6	"固体氧"便携式氧气发生器	化学系　常文保　慈云祥等

年份	专利类型	序号	项目名称	发明（设计）人
1990	发明专利	7	陷阱电荷弛豫谱方法及其测试系统	微电子研究所　谭长华等
		8	半导体红外光医疗仪	物理学系　赵一广
		9	MnBi 加轻稀土元素的磁光薄膜介质	物理学系　方瑞宜等
		10	一种稀土荧光复合物及其用途	化学系　姚瑞刚等
		11	牛乳粉的制造方法	生物学系　葛世军等
		12	预消化高蛋白植物性婴幼儿代乳粉的制造方法	生物学系　葛世军等
	实用新型专利	1	金属薄膜弹性各向导性全自动超声波检测仪	无线电电子学系　张金铎　施永鉴
		2	超声多普勒流量用高温超声流量计	无线电电子学系　刘欣荣等
		3	超声多普勒流量计用超声换能器	无线电电子学系　吴全福等
1991	发明专利	1	一种负性预涂感光印刷板及其制法	化学系　曹维孝　王仁祥
		2	毛竹板材塑化改性树脂、塑化工艺及黏合剂	化学系　李福绵等
		3	利用家蚕高效表达天花粉蛋白及其他有用蛋白的方法	生物学系　储瑞银
	实用新型专利	1	新型滴体积法测定表(界)面张力装置	物理化学研究所　张兰辉
		2	DL－11 宽量程电离规管	青鸟集团　何焕玮

年份	专利类型	序号	项目名称	发明（设计）人
1992	发明专利	1	测径靠尺及其测径方法	物理学系　赵绥堂
		2	防伪系列复合荧光材料	化学系　郭凤瑜
		3	分离提纯富勒烯碳60的方法	化学系　顾镇南
		4	分离重金属杂质制高纯稀土的方法	化学系　黄春辉
		5	干式冷却塔控风特性实验系统设计方案	力学系　魏庆鼎
		6	硅的深槽刻蚀技术	微电子研究所　张利春
		7	石化固沙防尘筑路及建屋的方法	地质学系　马瑞志
		8	牙齿口腔的保健牙线	化学系　李彦
		9	一类高聚物稀土荧光组合物及其用途	化学系　卞江
		10	一种高效作物防病增产菌的选育与生产工艺	生物学系　王雅平
		11	一种制备固态动物脂肪油和植物油制品的方法	生物学系　王素云
		12	制备三环异色满的方法	校办产业办公室　米宝雨
	实用新型专利	1	旋风抽油烟机	力学系　杨立清
		2	一种四极式宽量程电离规管	青鸟集团　何焕玮

年份	专利类型	序号	项目名称	发明（设计）人
1993	发明专利	1	保健壮阳口服液	化学系 郭海
		2	二次锂离子水溶液电池	化学系 杨华铨
		3	固定化复合外肽酶蛋白质全水解及脱苦方法	生命科学学院 葛世军
		4	降脂红曲及制备方法（50%）	化学系 张茂良
		5	离子注入局部补偿集电区的方法（50%）	微电子研究所 张利春
		6	利用昆虫细胞高效表达人尿激酶及其他有用蛋白质的方法（50%）	生命科学学院 徐扬
		7	马铃薯葡萄糖琼脂干燥培养基的制造方法	生命科学学院 刘伊强
		8	人胰岛素前体基因在大肠杆菌中的直接表达及后加工方法	生命科学学院 唐建国
		9	一种液面高度检测方法及其装置	力学系 沈钧涛
		10	印章识别方法及其系统	无线电电子学系 王树元
		11	用调控方法培养体细胞胚获得人工种子贮藏的方法减50%	生命科学学院 黄美娟
		12	用重结晶法分离、提纯富勒烯碳70的方法（60%）	化学系 周锡煌 顾镇南 钱久信 金朝霞 武永庆 熊燕 孙碧云 孙亦梁

年份	专利类型	序号	项目名称	发明（设计）人
	实用新型专利	1	便携式血栓血压糖尿宁	力学系　吴望一
		2	波纹渐变式保温换气机	技术物理系　袁忠喜
		3	空调换气机	技术物理系　袁忠喜　陈佳洱　拉索尔
		4	离心式筒型换气机	技术物理系　袁忠喜
		5	离心式筒型热交换气机	技术物理系　袁忠喜
		6	同步虹吸流量计	化学系　李标国　严纯华　贾江涛　廖春生　张亚文
1994	发明专利	1	高效花生增产剂及其制备方法	化学与分子工程学院　李星洪
		2	合成 α-吡咯烷酮乙酰胺的方法（50％）	化学与分子工程学院　花文廷
		3	晶格缺陷金属与贮氢合金的复合材料及其制备和用途	化学与分子工程学院　宏存茂
		4	雷米普利的合成方法	化学与分子工程学院　花文廷
		5	小麦醇溶蛋白分子微胶囊制备方法（50％）	生命科学学院　王素云
		6	用含氮和磷的双功能萃取剂提取分离和纯化铂钯铑铱的新方法	化学与分子工程学院　王祥云
	实用新型专利	1	多功能空调换气机	力学系　胡永生
		2	一种显迹定位笔	计算机科学技术研究所　叶志远

年份	专利类型	序号	项目名称	发明（设计）人
1995	发明专利	1	稀土铁类金属磁性材料	物理学系　杨应昌　潘祺等
		2	平板式光纤扫描照排制版机	计算机科学技术研究所 李新章　谭国英　李锋　邹库 宋炳麟　曹赤　吕效明　曹杰峰
		3	辐射改性沸石在洗涤粉剂中的应用	技术物理系 伊敏　田德祥　哈鸿飞
		4	基于神经网络结构的可编程阵列电路	微电子研究所 王阳　王阳元
		5	一种从含钪稀土混合物中富集和制备高纯钪的方法	化学与分子工程学院 严纯华　张毅　廖春生　魏兆杰 张亚文　李标国
		6	重稀土元素铥、镱、镥的溶剂萃取分离新体系	化学与分子工程学院 严纯华　廖春生　易涛　贾江涛 王祥云　李标国
		7	萃取法稀土料液浓缩技术	化学与分子工程学院 严纯华　张亚文　廖春生　贾江涛 王建方　李标国
		8	有机相连续皂化技术	化学与分子工程学院 廖春生　严纯华　贾江涛　李标国
		9	亚扭曲液晶显示	化学与分子工程学院 王新久　周其凤
		10	一种用基因工程方法培育的抗黄瓜花叶病毒病甜椒	生命科学学院　陈章良
		11	一种用基因工程方法培育的抗病香料烟草	生命科学学院　陈章良
		12	用基因工程培育抗黄瓜花叶病毒病番茄的方法	生命科学学院　陈章良　杨荣昌
		13	一种用靶向探针技术检测高血脂血清方法	生命科学学院　王素云
	实用新型专利	1	热管式空调换气扇	力学与工程科学系 杨立清　丁吾泉　胡永生　黄福华
		2	强对流型保温换气机	技术物理系 袁忠喜　陈佳洱　拉索尔

年份	专利类型	序号	项目名称	发明（设计）人
1996	发明专利	1	中红外光纤测定人体血糖的方法	化学与分子工程学院　沈韬
		2	酿酒酵母金属硫蛋白产生菌的选育发酵与提取工艺	生命科学学院　林稚兰
		3	一种豆荚内特异表达毒蛋白的转基因植物	生命科学学院　朱玉贤
		4	水稻中一种抗真菌蛋白及其基因	生命科学学院　顾红雅
		5	用电话网或 INTERNET 网管理数据网的方法	电子学系　谢麟振　韩乃骞
		6	高效生物复合肥及其制备方法	化学与分子工程学院　李星洪
		7	波分复用光纤通信波长控制方法和系统	电子学系　张倪　吴扬　徐安士　朱立新
	实用新型专利	1	贵重物品存放柜	青鸟集团　任卫东
		2	在线淀积 LPCVD 多晶日硅石英系统保护层装置	微电子研究所　孙玉秀
1997	发明专利	1	两性蛋白质转染药物试剂的制备方法（60%）	生命科学学院　王素云
		2	超长电磁波遥感探测方法及其装置	电子学系　王树元
		3	一种阴图预涂感光板及其制法（60%）	化学与分子工程学院　曹维泉
		4	水性阴图预涂感光板及其制法和用途（减缓 60%）	化学与分子工程学院　曹维泉
		5	GaN/Al_2O_3 复合材料在 Ⅲ-Ⅴ 族氮化物外延生长中做衬底的方法（减缓 60%）	物理学系　张国义

1986 年－1997 年获国家专利权项目情况

年份	专利类型	序号	项目名称	发明(设计)人
1986	发明专利	1	化学实验箱	无线电电子学系　严瑞芳
		2	定温式热偶真空计	无线电工厂　段振华　朱晓松
		3	用锁相环实现横向塞曼激光稳频	无线电电子学系、无线电工厂　王楚　沈伯弘　吴义芳　段振华　郭红　王道宪
		4	高分辨率字形高速旋转的方法	北大计算机科学技术研究所、潍坊计算机公司电子计算机厂　王选　吕之敏　汤玉海　向阳
	实用新型专利	1	蚀流放大式电离真空计发射电流稳定器	无线电工厂　段振华　张虹
		2	小型可调谐光学隔离器	物理学系　董振华　李桂棠
1987	发明专利	1	高效吸附剂及其制备方法和用途	化学系　谢有畅
	实用新型专利	1	彩色分解与合成演示仪	物理学系　让庆澜　华莉珍　李文河
		2	存储器型复费率电度表	物理学系　黄湘友　李孝同　曹昌祺
1988	发明专利	1	二氧化硫的极性非质子溶剂吸收法	北京工业大学、北大化学系　张有民　张敦仪　王保怀　李惕川
		2	用计算机及图形输入板制作高分辨率汉字字形的方法	计算机科学技术研究所　顾小凤　钟耀坤　李保荣　王正秦
		3	便携式激光穴位照射仪	物理学系　董振基
		4	激光液滴直径测量仪	物理学系　赵绥堂　周勇跃　范正
	实用新型专利	1	新型光学二极管	物理学系　董振基
		2	新型光束偏转器	物理学系　董振基

年份	专利类型	序号	项目名称	发明(设计)人
1989	发明专利	1	酒的高效催陈方法及其设备	化学系 谢文蕙 张淑仙
	实用新型专利	1	上下活动黑板	仪器厂 霍继延 吕敬明
1990	发明专利	1	光束横移器及其调节方法	物理学系 董振基
		2	森林激光测距罗盘仪	吉林省林业科学研究院、北大物理学系 赵绥堂 赵同堂
		3	超宽带可调谐光速偏振面旋转型	物理学系 董振基
		4	含铁盐酸酸性废液的处理方法	北大化学系、冶金工业部建筑研究院 徐光宪 吴瑾光 陈敏伯 刘佛崖 金天柱 胡德禄 郭海 孙冬秀 徐宁
		5	制备聚丁二醇的方法	化学系 张鸿志 冯建荣 冯新德
		6	取代二苯胺—4—重氮盐的制备方法	化学系 曹维孝 曹建伟 冯新德
		7	通用中西文终端机	计算机科学技术研究所、 广州市自动控制研究所 钟耀坤 陈力尔 林声 吴军 廖蔚贲
	实用新型专利	1	能模拟堆积脉冲的信号发生器	技术物理系 楼滨乔
		2	小型家用对数周期全频道电视天线	技术物理系 龚中麟
		3	宽频带回路寄生阵天线	技术物理系 龚中麟
		4	天线自动定向器	无线电电子学系 施永鉴 张金铎
		5	综合光学干涉仪	物理学系 宋立尔 何圣静
		6	电流补偿式微电容变化量测试装置	微电子研究所 谭长华 许铭真 金杰 王阳元

年份	专利类型	序号	项目名称	发明(设计)人
1991	发明专利	1	一种适合单路和多路扫描的照排机输出正阳、正阴、反阳、反阴图的控制设备	计算机科学技术研究所　王选　吕之敏
		2	分段生成报纸和书刊版面点阵的方法;高集成度的字形发生器和控制器	计算机科学技术研究所　王选　吕之敏
		3	高速产生倾斜字和任意角度旋转字的方法	计算机科学技术研究所　王选　吕之敏
		4	光谱分析实时显示系统	无线电电子学系　汪中
1992	发明专利	1	溶液萃取法生产高纯氧化铽	化学系　李标国　严纯华　魏兆杰
		2	硅铝组合物及其制法和用途	地质学系　任磊夫
		3	硅器件芯片背面银系溅射金属化	微电子研究所　张利春等
		4	汉字字形发生器在处理笔画交错情况时的一个措施	计算机科学技术研究所　王选
		5	获得高纯氧化钇和氧化镧的方法	化学系　李标国　朱振东　黄春辉　严纯华　徐光宪
		6	烃类加氢脱硫催化剂	化学系　杨锡尧　傅贤智　李日初　邢录中
	实用新型专利	1	超声多普勒流量计用超声换能器	无线电电子学系　吴全福等
		2	超声多普勒流量用高温超声流量计	无线电电子学系　刘欣荣等
		3	金属薄膜弹性各向异性全自动检测仪	无线电电子学系　张金铎　施永鉴
		4	微机控制的跳跃箱	心理学系　林庶芝
		5	一种滴体积法测表(界)面张力的装置	物理化学研究所　张兰辉
		6	一种四极式宽量程电离规管	青鸟集团　何焕玮

年份	专利类型	序号	项目名称	发明（设计）人
1993	发明专利	1	磁性贴物及其黏合技术	物理学系　周增均
		2	硅的深槽刻蚀技术	微电子研究所　张利春
		3	含新型高硅 Y 沸石的裂化催化剂	化学系　刘兴云　李宣文
		4	溅射氧化铁薄膜的制备	物理学系　周增均
		5	陷阱电荷弛豫谱方法及其测试系统	微电子研究所　谭长华等
		6	新型稀土－铁－氮永磁材料	物理学系　杨应昌
		7	一种氧气的发生装置	化学系　慈云祥
		8	一种制备高硅 Y 沸石的方法	化学系　李宣文　刘兴云
		9	指纹鉴别特征提取电路	计算机科学技术系　徐浚
		10	钍－锰 12 型结构的稀土－铁永磁材料	物理学系　杨应昌
		11	铌酸钾自泵浦相共轭器	物理学系　张合义
	实用新型专利	1	便携式血栓血压糖尿宁	力学系　吴望一
1994	发明专利	1	半导体红外光医疗仪	物理学系　赵一广
		2	锰铋加轻稀土元素的磁光薄膜介质	物理学系　方瑞宜等
	实用新型专利	1	波纹渐变式保温换气机	技术物理系　袁忠喜
		2	离心式筒型换气机	技术物理系　袁忠喜
		3	离心式筒型热交换换气机	技术物理系　袁忠喜
		4	同步虹吸流量计	化学与分子工程学院　李标国　严纯华　贾江涛　廖春生　张亚文
		5	旋风抽油烟机	力学系　杨立清

年份	专利类型	序号	项目名称	发明（设计）人
1995	发明专利	1	离子注入局部补偿集电区的方法	微电子研究所　张利春
		2	石化固沙防尘筑路及建屋的方法	地质学系　马瑞志
		3	一种稀土荧光复合物及其用途	化学与分子工程学院　姚瑞刚等
		4	光固化组合物及其制备方法	化学与分子工程学院　蒋硕健　沈未名　贾欣茹　李明谦　冉瑞成
	实用新型专利	1	一种显迹定位笔	计算机科学技术研究所　叶志远
		2	多功能空调换气机	力学与工程科学系　胡永生
1996	发明专利	1	新型高硅 Y 沸石的制备方法	化学与分子工程学院　刘兴云
		2	一种激光扫描直接制版系统	计算机科学技术研究所　李新章　谭国英　李锋　邹庠　宋炳麟　曹赤　吕效明　黄杰峰
		3	印章识别方法及其系统	电子学系　王树元
	实用新型专利	1	空调换气机	技术物理系　袁忠喜　陈佳洱　拉索尔
		2	强对流型保温换气机	技术物理系　袁忠喜　陈佳洱　拉索尔
		3	热管式空调换气扇	力学与工程科学系　杨立清　丁吾泉　胡永生　黄福华
1997	发明专利	1	用重结晶法分离、提纯富勒烯碳 70 的方法（60%）	化学与分子工程学院　周锡煌　顾镇南　钱久信　金朝霞　武永庆　熊燕　孙碧云　孙亦梁
		2	定温条件下用的宽量程热偶规管	无线电工厂　段振华

第八章　科学研究